HANS DOLLINGER

SCHWARZBUCH DER WELTGESCHICHTE

Hans Dollinger

Schwarzbuch der Weltgeschichte

5000 Jahre der Mensch des Menschen-Feind

MANFRED PAWLAK VERLAGSGESELLSCHAFT MBH, HERRSCHING

BILDNACHWEIS

Archiv f. Kunst und Geschichte, Berlin (2), Associated Press, Frankfurt a. M. (5), Capa, Robert (1), Gronefeld, Gerhard (1), Historia-Foto, Bad Sachsa (8), Keystone-Bildarchiv (1), Staatsbibliothek Berlin (25), stern-Bildarchiv (1), Süddeutscher Verlag, Bildarchiv, München (12), Ullstein-Bildarchiv, Berlin (3), alle anderen Bildvorlagen stammen aus dem Archiv des Autors.

Genehmigte Lizenzausgabe für Manfred Pawlak Verlagsgesellschaft mbH, Herrsching

Gesamtherstellung: Buch- und Offsetdruck Uhl, Radolfzell
ISBN 3-88199-030-5

Inhalt

Die Welt ist voll böser Gewalt
oder
»Ihr seid Kinder, die mit Rasierklingen spielen!«

Wer sich aber wundern sollte, daß nach so vielen Geschichtsschreibern auch mir die Abfassung einer solchen Schrift in den Sinn kommen konnte, der lese zuvor alle Schriften jener anderen durch, mache sich darauf an die meinige, und dann erst wundere er sich.

Flavius Arrianus

Die Welt ist voll böser Gewalt. Jeden Tag lesen und hören wir von neuen Gewaltakten, bei denen Unschuldige bedroht und getötet werden. Die Gewalt, so scheint es, wird uns zur Gewohnheit. Sie hat bereits Eingang in unsere Alltagssprache gefunden. Wir reden von einer Suppe, die »grausam« geschmeckt hat, oder wir beklagen uns über ein »mörderisches« Tagespensum. Gewalt und der Mißbrauch gesellschaftlicher Macht, die beide im Gewand von Gesetzen erscheinen, machen nicht selten sogar die Geschichte des Rechts zu einer Leidensgeschichte der Menschen: heute, gestern und vorgestern. Dabei lautet ein französisches Sprichwort: Das Recht ist das Leben. Es sieht eher danach aus, daß Unrecht das Leben sei. Beides ist richtig.
Eingeschlagene Schädel, aus der Urzeit der Besiedlung der Erde ausgegraben, beweisen uns, daß bereits der Vormensch vor Millionen Jahren seinen andersartigen und andersrassigen Bruder erschlug. Nach ihm taten dies alle seine Nachfahren bis heute, wenn sie mit anderen Stämmen und Rassen zusammentrafen. Überdeckt vom falschen Glanz der Siege und des Ruhmes hat die Geschichte der Menschheit eine dunkle Seite, eine Kehrseite, die allzu häufig in den Geschichts- und Schulbüchern vergangener und unserer Zeiten übergangen wird: eine nie abreißende Kette von Verbrechen gegen den Menschen, von Verfolgungen, Vertreibungen, Massenfluchten, Aussiedlungen und systematischen Ausrottungen, meist verbunden mit lauttönenden Proklamationen zur Mordhetze unter den verschiedensten Vorzeichen. Die Geschichte ist nicht nur eine Folge von Kulturen, die stets größere Höhen erklimmen. Und der Fortschritt ist nicht einfacher Fortschritt. Daß der Mensch mehr Freiheit und Macht errang, ermöglichte ihm nicht nur, mehr Gutes zu tun, sondern auch mehr Unheil anzurichten; nicht nur schöpferisch tätig zu sein, sondern auch zu zerstören.
Dieses Buch legt Zeugnis ab von der Kehrseite der Menschheitsgeschichte. Und weil »ein Augenzeuge so wertvoll wie zehn Berichte aus zweiter Hand« ist, wie bereits der römische Dichter Titus Maccius Plautus vor 2200 Jahren schrieb, sind Augen-

zeugen und Zeitgenossen die Berichterstatter in dieser Dokumentation der Verbrechen durch rund fünf Jahrtausende menschlicher Zivilisationsgeschichte: geschehen im Namen von Königen, von Staaten, von Völkern, im Namen der Freiheit und nicht zuletzt im Namen der Religion. Allein die Anzahl der Menschenopfer, die seit dem Beginn des Christentums, also seit dem 4. Jahrhundert, dem Gott der Christen dargebracht wurden, wird auf mindestens 50 Millionen geschätzt. Dieses Buch will zeigen, zu welchen bestialischen Grausamkeiten der Mensch gegen seine Schwestern und Brüder, seine eigenen Artgenossen, fähig ist – ein Verhalten, das allein ihn unter den Lebewesen auf der Erde auszeichnet –, denn Tiere kennen dieses grausame Verhalten nicht. Sigmund Freud, der Vater der Psychoanalyse, der Wissenschaft von der Erforschung des Unbewußten im Menschen, schrieb im September 1932 an Albert Einstein über den menschlichen Trieb zum Hassen und Vernichten: »Wir nehmen an, daß die Triebe des Menschen nur von zweierlei Art sind, entweder solche, die erhalten und vereinigen wollen ... und andere, die zerstören und töten wollen; wir fassen diese als Aggressionstrieb oder Destruktionstrieb zusammen ...« Und einer der berühmtesten Nachfolger Freuds heute, Professor Friedrich Hacker, erläutert weiterführend dazu: »Die moderne Antwort auf die alte Frage, ob der Mensch mehr dem Wolf oder dem Lamm gleiche, lautet, daß er in seinem Verhalten um so wahrscheinlicher dem reißenden Raubtier ähnelt, je mehr er sich als eigentlich nicht aggressives, unschuldiges Opfer verkennt, das heißt, sofern er alle Aggressionen auf den Gegner projiziert und gleichzeitig die eigene Aggression verdrängt und verleugnet.

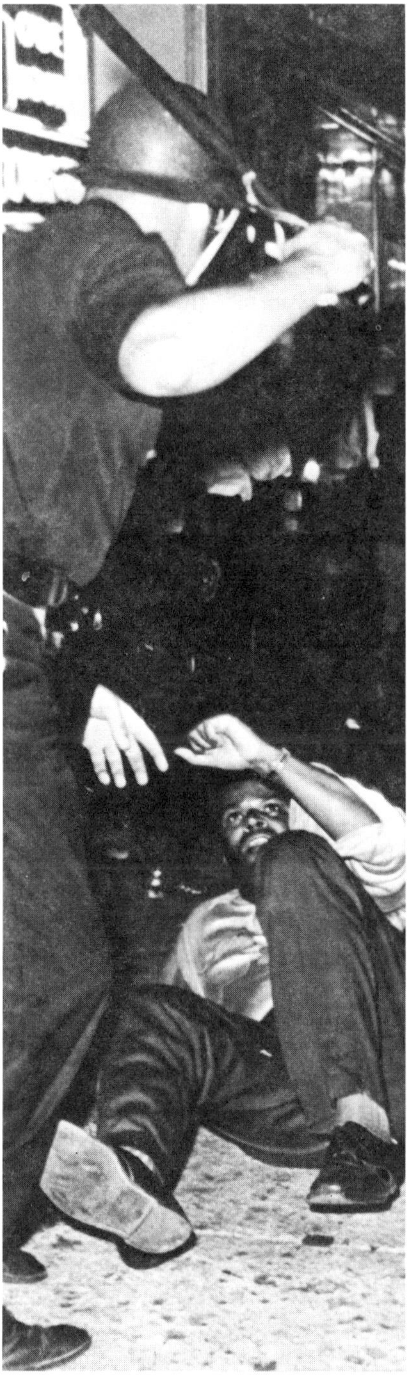

Was der Selbstbehauptung, der Selbstverteidigung und der Bewahrung der eigenen höchsten Werte zu dienen scheint, wird nicht mehr als Aggression, sondern als ›natürliche‹ Notwendigkeit empfunden ...« Wenn dann Menschen ihren als »natürliche Notwendigkeit« getarnten Urantrieben nachgeben, wenn sie in die Lage kommen, sie ohne strafrechtliche Konsequenzen ausleben zu können, so tun sie es fast ohne jede Hemmung, ohne »Gewissensbisse«. Und wenn dann noch staatliche Instanzen zur Grausamkeit ermutigen, so werden die aggressiven Urantriebe vollends freigesetzt und führen zu unfaßbaren Greueltaten, auch unter sogenannten Kulturnationen. Denn auch jeder Krieg ist ein Freibrief für staatlich sanktionierten Sadismus, bei dem sentimentale oder nationale Phrasen, wie etwa »Verteidigung des Vaterlandes«, zur Verbrämung von Scheußlichkeiten, wie Folter, Verfolgung und Massenmord, führen.
Zwei Drittel der Menschheit sind heute noch nicht frei. Sie leben mit dem Gespenst der Angst vor der Grausamkeit anderer Menschen: in den Religionskriegen zwischen Christen, Hindus und Moslems in Asien; in den blutigen Bürgerkriegen in Südamerika, Afrika und Asien; unter dem gegenseitigen Terror zwischen Palästinensern und Israelis; unter dem Diktat des Rassenhasses zwischen Schwarz und Weiß in Amerika und Afrika; als politisch Verfolgte in den Gefängnissen von Diktaturen und Demokratien in West und Ost.
Präsident Nixon hat im November 1972 nach seiner Wiederwahl für die Welt eine »Friedensepoche« angekündigt. Ein anderer Amerikaner, Walter Lippmann, blieb skeptisch: »Geschichte ist nur selten eine sichere Sache, und die Menschen, die in ihr leben, wissen kaum, wohin ihr Weg führt!«
Für alle die Mächtigen dieser Welt kommt es heute aber nicht nur darauf an, die Raketen nicht fliegen zu lassen, einen Atomkrieg zu verhindern und Abrüstungsgespräche zu führen. Sie und wir alle müssen darüber nachdenken, was wir für den Aufbau einer menschlicheren Welt, in der nicht mehr der Mensch ewig und immer des Menschen Feind ist, tun können. Wir müssen darüber nachdenken, wie das schreckliche Wort von Jakob Burckhardt widerlegt werden kann: »Alle politische Größe ist mit den furchtbarsten Verbrechen erkauft worden. Der Friede ist nur eine kleine Atempause bis zum nächsten Völkermorden!« Dieses Buch beweist, daß Burckhardt die bisherige Weltgeschichte richtig gesehen hat. Das Buch soll aber auch Anregung zum Nachdenken bieten über die Möglichkeiten der Veränderung, die die vielfach zitierten »begründeten Hoffnungen« auf ein humanes Zeitalter endlich Wirklichkeit werden lassen. Erinnern wir uns der mahnenden Worte des großen Politikers der Gewaltlosigkeit, Mahatma Gandhis, der 1927 schrieb: »Wodurch zeichnet sich eine Zivilisation aus, die in einer einzigen Nacht eine Tageszeitung von 120 Seiten Umfang herzustellen vermag, wenn der größte Teil ihres Inhalts banal oder gar lasterhaft ist und man in ihr kaum zwei Spalten findet, die des Aufhebens wert sind? Welchen Beitrag hat die Luftfahrttechnik dem Menschen gebracht, der dieses Mittel auch zur eigenen Zerstörung nutzen kann? Ihr seid Kinder, die mit Rasierklingen spielen!«

Wörthsee, im Sommer 1973 *Hans Dollinger*

I.

Altertum und frühes Mittelalter

GÖTTER, HEIDEN, CHRISTEN UND SKLAVEN

Gilgamesch-Epos

*»Das ewige Leben, das du suchst, wirst du nicht finden.
Als die Götter die Menschen schufen,
setzten sie den Tod ein für die Menschheit ...«*

Hieronymus v. Strido

»Eifer für Gott ist keine Grausamkeit.«

»Die Erde ist umgestürzt wie die Scheibe eines Töpfers . . .«

Ägypter, Sumerer, Hethiter, Assyrer, Babylonier, Perser, Inder und Chinesen — Vorderasien und Asien um 3000 v. Chr. bis 200 v. Chr.

2650 bis 2190
Aufstände in Ägypten gegen die Pyramidenbauer (Cheops-Pyramide um 2530 fertiggestellt)

um 2500
Lugalzaggisi zerstört Umma. Menschenopfer in den Königsgräbern von Ur

um 2000
Elamiter und Amoniter erobern Sumer. Bürgerkriege in Ägypten

1728 bis 1686
Hammurabi von Babylon

1531
Babylon vom Hethiterkönig Mursilis I. erobert

um 1500
Mohenjo-daro in Indien zerstört und die Einwohner niedergemetzelt

883 bis 859
Massenhinrichtungen unter dem Assyrer Assurnasipal II.

um 700
Sanherib zerstört Babylon und tötet die Bewohner

662
Assurbanipal erobert Ägypten

um 600
Babylonier zerstören Assur und Ninive

um 550
Bürgerkrieg in China

um 539
Perserkönig Kyros erobert Babylon

um 270
Inderkönig Aschoka tritt angesichts der Kriegsgreuel in Kalinga zum Buddhismus über

Die Geschichte der Menschheit begann um 3000 v. Chr. Damals ließen sich im Europa der Jungsteinzeit die ersten Großfamilien in größeren Siedlungen nieder und begannen mit Ackerbau und Viehzucht; zur selben Zeit entstanden die ersten Hochkulturen der Geschichte am Nil in Ägypten, an Euphrat und Tigris in Mesopotamien, am Indus in Indien und am Hoangho in China.
Die Menschen dieser ersten Hochkulturen bildeten sehr bald eine je nach Herkunft und Beruf streng gegliederte Gesellschaft. Ganz oben stand der Herrscher, der die

Macht über alle und alles hatte, ein Priesterkönig und Stellvertreter des Gottes, dem die Stadt gehörte. Ganz unten befanden sich die am meisten Getretenen, die Sklaven. Dazwischen befahlen und arbeiteten, kämpften und litten die Priester, Krieger, Beamten, Handwerker, Händler und Bauern. An dieser Ordnung des menschlichen Zusammenlebens vor 5000 Jahren hat sich bis heute nur wenig geändert.
Die Herrscher in Ägypten waren die Pharaonen, die sich als Söhne Gottes oder auch selbst als Gott verehren ließen. Für ihre Gräber ließen sie sich riesige und prunkvolle Totenhäuser errichten. Ganze Heere von Arbeitern und Handwerkern schufteten sich zu Tode, um etwa für die berühmte Cheops-Pyramide aus Steinbrüchen, die Hunderte von Kilometern entfernt lagen, rund zweieinhalb Millionen Steinblöcke, von denen manche 150 und alle im Durchschnitt zweieinhalb Tonnen wogen, heranzuschaffen. Der Grieche Herodot, der um 450 v. Chr. Ägypten bereist hat, schrieb über diese Pyramide, ihren Erbauer und die Ausbeutung der Arbeiter:

»Bis auf den König Rampsinit nun, sagten sie, sei in Ägypten Recht und Gerechtigkeit gewesen, und das Land hätte sich in großem Wohlstande befunden; aber nach diesem sei Cheops König geworden, der es ganz schlecht getrieben habe. Denn zuerst hätte er alle Tempel geschlossen und sie vom Opfer abgehalten; sodann hätte er befohlen, daß alle Ägypter ihm Frondienste leisteten. Und einige hätte er angestellt, daß sie aus den Steinbrüchen im arabischen Gebirge Steine bis an den Nil zögen, und wenn die Steine auf Fahrzeugen über den Fluß gesetzt waren, stellte er andere an, die sie von da bis an das Libysche Gebirge ziehen mußten. Und es arbeiteten je zehnmal zehntausend Mann drei Monate hindurch. Und es dauerte, da das Volk so bedrückt war, zehn Jahre, daß sie den Weg bauten, auf dem sie die Steine zogen – ein nicht geringeres Stück Arbeit als die Pyramide selbst.«

Bei diesem unmenschlichen Übermaß aufgezwungener Frondienste, die Jahrhunderte hindurch alltäglich waren, kam es bei den ägyptischen Arbeitern immer wieder zu Aufständen gegen die Aufseher und Vorarbeiter. Immer wieder verlangten die Geschundenen erträglichere Arbeitsbedingungen, wie diese Aufzeichnungen an einen Vorarbeiter beweisen:

»Hunger und Durst hat uns hierher gebracht, wir haben keine Kleider, wir haben kein Öl, wir haben kein Essen. Schreibe unserem Herrn dem Pharao darüber und schreibe dem Statthalter, der über uns gesetzt ist, damit man uns etwas für unseren Unterhalt gebe.«

Ägypten, 3. Jahrtausend v. Chr.: Aus Hunderten von Kilometern entfernten Steinbrüchen mußten für die Pyramiden der Pharaonen Tausende von Steinblöcken mit durchschnittlich zweieinhalb Tonnen Gewicht herangeschleppt werden. Herodot: »Und es arbeiteten je zehnmal zehntausend Mann drei Monate hindurch ...« Wenn auch im romantisierenden Stil des 19. Jahrhunderts, gibt das Gemälde »Pyramidenbau« von Gustav Richter eine eindrucksvolle Totalsicht über diese »Baustellen« im alten Ägypten, wo unzählige Menschen rücksichtslos zu Tode geschunden wurden.

Unterdrückung und Ausbeutung waren seit Beginn der Weltgeschichte das Los der Masse der Menschen in den unteren Klassen. Hinter den gewaltigen kulturellen Leistungen der Ägypter, Sumerer und Babylonier, die wir in ihren ausgegrabenen Kult- und Kunstzeugnissen bewundern, steckt die Arbeit ungezählter Namenloser, deren Blut, Schweiß und Tränen. Über ihren wenig glanzvollen Alltag blieben wenige Zeugnisse. Ein Stoßseufzer ist uns aus dem 3. Jahrtausend v. Chr. überliefert, er ist erstaunlich modern und doch uralt: »Die Herzen sind raubgierig. Jedermann nimmt, was seinem Nächsten gehört!«
Auch aus dem alten Mesopotamien, wo einst der Garten Eden, das Paradies, gewesen sein soll, in dem Mensch und Tier friedlich miteinander lebten und in dem der Mensch den Menschen nur als Freund und Bruder kannte, erreicht uns aus dem Ende des 3. Jahrtausends v. Chr. im Gilgamesch-Epos der Sumerer eine ganz andere Botschaft. Dort ist über die Errichtung der Mauern um Uruk zu hören:

»Held Gilgamesch erbaute Uruks Mauer,
die mächtige, die da steht wie erzgegossen,
so lotrecht sind die Ziegel aufgetürmt . . .
Ersteiget Uruks Mauer, geht auf ihr,
bewundert ihren allgewaltigen Bau!
Die Männer Uruks zürnten sehr und schalten,
die Mütter und die Töchter klagten weinend,
denn schwer lag ihres Königs Hand auf ihnen,
und seine Herrschaft dünkte Uruk hart.
Die Mauer, rühmenswert in späten Tagen –
in harter Fron ließ er sie auferbauen.
Es werkten hier die Männer Tag und Nacht.
Es durfte nicht der Sohn den Vater suchen,
das Mädchen konnte seinen Freund nicht sehn,
der Mann die Gattin in den Arm nicht nehmen:
was lebte, diente einzig nur dem Bau . . .«

Uruk, 3. Jahrtausend v. Chr.: Dem Priesterfürsten des sumerischen Stadtstaates (rechts) werden Gefangene zur Blendung vorgeführt. Die Zeichnung wurde nach einem Zylindersiegel aus Uruk angefertigt.

Unter den Stadtfürsten der ersten Hochkulturen gab es gelegentlich auch den Einäugigen unter den Blinden, einen Reformer und Humanisten seiner Zeit, der das Los der Menschen zu verbessern suchte. Bei den Sumerern war dies Urukagina, der Fürst von Lagasch. Die Inschriften, die aus seiner Zeit unvollständig erhalten blieben, dokumentieren erstmals den Willen eines Herrschenden zu sozialen Veränderungen:

»Er sprach, und die Kinder von Lagasch befreite er von Dürre, von Diebstahl, von Mord ... Er setzte ein die Freiheit. Der Waise und der Witwe tat der Mächtige kein Unrecht an ...«

Aber dann berief sich einer der zahllosen Blinden in der Weltgeschichte auf seinen göttlichen Auftrag, hinter dem er eigene Machtansprüche und Eroberungsgier verbarg, und befahl in diesem göttlichen Auftrag Grausamkeit, Verwüstung, Schändung und Schlächterei unter den Nachbarn. Zur Zeit von Urukagina von Lagasch hieß der Blinde Lugalzaggisi, der Herrscher des benachbarten Umma. Er überfiel etwa um die Mitte des 3. Jahrtausends v. Chr. die Stadt Lagasch und zerstörte sie. Die Klage der Geschlagenen um ihren König und über ihr Elend gehört zu den bewegendsten Dokumenten der Weltgeschichte:

»Die Männer Ummas haben Brand gelegt,
das Antasurra setzten sie in Flammen,
sie raubten Silber, raubten Edelstein,
vergossen Blut in Tirasch, dem Palast!
Ja, Blut vergossen sie im Enliltempel
und wieder Blut in Babas Heiligtum ...«

Dokumente über Zerstörungen von Städten, Ausplünderungen der Feinde und Versklavungen der Gefangenen kennt die Weltgeschichte mehr als Erlasse und Urkunden wie die eines Urukagina. Die sumerischen Königsgräber in Ur beweisen uns außerdem, daß die Stadtkönige jener Zeit ihren göttlichen Auftrag auch im Jenseits fortführen wollten und deshalb viele Soldaten, Tänzerinnen, Musikanten, Zofen, Beischläferinnen, Fahrer und andere Diener und Dienerinnen mittels Gift mit in den Tod nahmen oder beim Tod der Königinnen mit in den Tod schickten. Der Fluch der Eroberungen des Stadtfürsten Lugalzaggisi von Umma, der in Lagasch »Blut und wiederum Blut vergossen« hatte, fiel im 24. Jahrhundert v. Chr. auf ihn selbst zurück. Aus den Wüsten im Norden stürmte ein noch stärkerer Eroberer gegen die sumerischen Phalanxen des Lugalzaggisi heran und vernichtete sie – ein historischer Vorgang, wie er bis heute leider der Hintergrund aller Veränderungen menschlicher Gemeinschaften ist. Der neue Eroberer in Mesopotamien war Sargon I., der um 2350 v. Chr. die semitische Dynastie von Akkad begründete und wegen seiner weitreichenden Eroberungen, bei denen er reiche Beute machte und Tausende von Menschen tötete, den Beinamen »der Große« erhielt. Er »unterwarf Uruk«, nahm den König gefangen, »vor dem Tor des Enlil schmiedete er ihn fest« und war auch »siegreich im Kampf gegen die Einwohner von Ur« und Umma. Aber auch der »Gott von Akkad«, der »König der

Akkad, um 2000 v. Chr.: Ein Gefangener, gefesselt mit Seil und an den Handgelenken mit einem Ring (Vasenfragment).

vier Weltgegenden«, mußte abtreten, und seine Söhne gingen mit ihrem Erbe im Ansturm wilder Bergstämme unter. Die »Drachen der Berge« zerstörten Akkad:

»Auf den Treidelpfaden seiner Kanalschiffe wächst nur noch Unkraut /
auf seinen Fahrstraßen wächst nur noch die Seufzerpflanze /
auf den Treidelpfaden und Kais seiner Kanalboote /
wandelt auch kein Mensch mehr aus Furcht vor den Wildziegen,
dem Ungeziefer, der Schlange
und dem Bergskorpion /
Auf den Ebenen, auf denen die herzerquickenden Gewächse wuchsen,
wächst nur noch das Tränenrohr /
In Akkad, statt süßfließender Gewässer, fließt bitteres Wasser /
Wer da sagt: ›Ich möchte in dieser Stadt wohnen‹, findet dort keine gute Wohnung /
Wer da sagt: ›Ich möchte mich in Akkad zur Ruhe legen‹, findet dort keine gute Schlafstätte.«

Wieder hofften die Besiegten und Geschlagenen auf ein Zeichen von irgendeinem Gott:

»Um die Waisen zu trösten und auf daß es keine Witwen mehr gebe,
um für die Mächtigen eine Stätte des Verderbens zu schaffen,
um die Mächtigen den Schwachen zu überantworten . . .
ergründet Nansche die Herzen der Menschen.«

Aber sie hoffen umsonst, und wie vorher und noch eine geraume Zeit nachher bei den Babyloniern wurde jeder zehnte der Gefangenen aus den Raubzügen den Göttern geopfert. Um 2000 v. Chr., nach einer kurzen Wiedergeburt, versank nach der Eroberung Urs durch die Elamiter und Amoriter Sumer und seine Geschichte:

»O Sumer, du Land der Angst, deine Menschen verzweifeln,
der König floh, und seine Kinder klagen.«

Während die letzten Generationen der Sumerer das Joch der Sklaverei auf sich nehmen und sich oder ihre Kinder verkaufen mußten oder als Staatssklaven der Sieger in Gefangenenhäusern arbeiteten, erreichen uns schriftliche Zeugnisse aus der gleichen Zeit über grausame Schrecken eines Bürgerkrieges in Ägypten, wo ein Jahrhundert lang am Ende des Alten Reichs um eine Erneuerung der Einheit des Staates im Mittleren Reich auf dem Rücken des Volkes ein blutiger Streit ausgetragen wurde:

»Der Nil war überschwemmt, aber niemand pflügt den Boden. Kein Schiff fährt gegen Norden nach Byblos, um Zedern und kostbare Öle zu holen: Die Armen der Städte, die früher nie die Sonne gesehen, und die Taglöhner, die vom Aufgang bis zum Untergang der Sonne die Felder bewässerten, wandern jetzt ohne Zwang umher und begrüßen den Tag ohne Bangen. Alle Arbeit steht still. Die Ernte davon ist unser Hunger. Weil aber Hunger und Gewalt herrschen, erfüllt Weinen und Seufzen das ganze Land. Die Bilder der Götter werden zertreten ... Das Volk rühmt sich offen seines Unglaubens. Sie hören auf, Rauch- und Tieropfer zu bringen. Heiligtümer werden geplündert, Leichen aus den Gräbern geholt, der alte Glaube ist krank geworden. Die Priester haben ihr Ansehen verloren. Ägypten hat keine Säule mehr, Ägypten besteht nicht mehr. Alles ist verloren. Die Menschen sind selten geworden ... Nirgends, nirgends kann man Ägypter finden; alles ist umgekommen. Das Volk ist wie ein geknicktes Schilf. Es gibt keinen Führer. Wo ist er jetzt? Schläft er? Seine Stärke ist nicht zu sehen. Durch Hungern sind die Menschen heruntergekommen, man kann Lebende von Toten nicht unterscheiden. Der Große und der Kleine sagen: Ich möchte sterben. Hingemähtem Flachs gleicht das Volk. Die Erde ist umgestürzt wie die Scheibe eines Töpfers.«

Babylon, 2. Jahrtausend v. Chr.: Gottkönig Hammurabi tötet einen gefesselten Gefangenen mit einer Axt.

Um 1790 v. Chr. riß in Mesopotamien Babylon unter dem berühmten Gesetzesmacher Hammurabi die Macht an sich. Einige Jahrzehnte spürten

auch die unteren Schichten wieder eine gewisse Fürsorge in den Reformgesetzen des »Codex Hammurabi«, obwohl die Härte der Strafbestimmungen darin uns heute unmenschlich vorkommt. Sie waren von dem grausamen Gewohnheitsrecht der Nomadenkrieger jener Zeit bestimmt und verlangten zum Beispiel zum Schutz des Privateigentums: »Gesetzt, ein Mann ist in ein Haus eingebrochen, so wird man ihn vor selbigem Loch töten und ihn dort einscharren . . .«
Hammurabis mächtiges und reiches babylonisches Großreich weckte den Neid seiner Nachbarn, vor allem derer im Norden. Unter den dortigen Bergvölkern, die keine Semiten, sondern möglicherweise Nachkommen europäischer Einwanderer aus der Neusteinzeit waren, also Indogermanen, fielen besonders die Hethiter mit wichtigen Neuerungen im Kriegswesen auf: Pferd und Streitwagen. Damit überrollten sie auch um 1531 v. Chr. Babylon. Die Stadt ging im Brand und Mord der Hethiter unter ihrem wilden König Murschili I. unter. Danach zogen die Hethiter mit riesiger Beute wieder nach Norden, denn sie konnten die eroberten Gebiete nicht halten, so groß waren diese. Die ersten »Arier« aus dem Norden hinterließen nach ihrem ersten Besuch im semitischen Süden Ruinen, Schutt und Leichen. Die Überlebenden verfluchten sie als gewalttätige Räuber und Mörder. Mesopotamien lernte in den nachfolgenden Jahren einen allgemeinen Bürgerkrieg kennen:

»Das eine Land das andere Land,
die eine Stadt die andere Stadt,
das eine Haus das andere Haus,
den einen Bruder der andere Bruder
nicht verschone, sie sollen einander ermorden!«

Etwa zur gleichen Zeit hinterließen die indoeuropäischen Arier auch in Indien blutige Spuren. Im Namen ihres Kriegsgottes Indra, dem »Festungszerstörer«, der »Festungen zerreißt, so wie das Alter ein Kleid zerschleißt«, zerstörten sie die erste Indus-Kultur (etwa um 2500 bis 1500 v. Chr.). Eine der beiden größten Städte dieser Kultur, Mohenjo-daro am Indus, wurde vor wenigen Jahren ausgegraben. Dabei fanden die Archäologen in einem einzigen Raum der Unterstadt von Mohenjo-daro 13 Skelette von Erwachsenen und einem Kind, deren Stellung eindeutig verrät, daß sie in einem unbarmherzigen Gemetzel niedergemacht worden waren. Die Eroberer aus dem Westen hatten die Einwohner in den Straßen und Häusern der Stadt erschlagen, die Stadt geplündert und dem Erdboden gleichgemacht.
Danach blieb sie über 2000 Jahre verlassen, ehe buddhistische Mönche sich dort niederließen.
Die Hethiter im Norden Mesopotamiens, den Bergländern des heutigen Iran, machten noch längere Zeit nach diesem Ereignis um die Mitte des 2. Jahrtausends v. Chr. von sich reden. Ihre Könige rühmten sich noch Jahrhunderte später ihrer Eroberungswut, wie etwa Mursilis III. um 1250 v. Chr.: »Und die einen starben eines gewaltsamen Todes, die anderen auf natürliche Weise. Alle aber erledigte ich.«

Babylon war inzwischen unter die Vorherrschaft des übermächtigen Ägypten der Neuzeit (ab 1570 v. Chr.) gekommen und den Pharaonen am Nil tributpflichtig geworden. Thutmosis III. war ein Pharao, der seine Macht bis nach Palästina hinein ausbreitete. Er ließ in einer Chronik im April des Jahres 1479 v. Chr. nach der siegreichen Schlacht bei Megiddo, einer Stadt nahe Nazareth, über das Schicksal der Besiegten festhalten:

»Sie priesen den König und rühmten seinen Sieg. Dann brachten sie die Beute herbei, die abgeschlagenen Hände der Feinde, die Gefangenen, die Pferde und die Kampfwagen. Der Pharao aber gab seinem Heere den folgenden Befehl: ›Erobert tüchtig, erobert tüchtig, meine tapferen Krieger! Heute sind die Fürsten aller abgefallenen Länder in dieser Stadt beisammen. 1000 Städte haben wir eingenommen, wenn wir Megiddo einnehmen. Erobert tapfer, erobert tapfer!‹ Und nach der Eroberung der Stadt kamen die Fürsten der Länder auf ihren Bäuchen gekrochen, um die Erde zu küssen vor der Stärke seiner Majestät, um Atem für ihre Nasen zu erbitten von der Größe seiner Macht.«

Wenig später verbreiteten dann die Assyrer Schrecken mit grausamer Kriegführung und unmenschlichen Strafexpeditionen gegen unbotmäßige Nachbarn. Sie waren im Norden Mesopotamiens aus dem Stadtstaat Assur hervorgegangen. Die Könige und Herrscher der Assyrer in ihren wichtigsten Städten Assur, Dar Scharrukin (heute Chorsabad), Kalasch

Indien, Mitte des 2. Jahrhunderts v. Chr.: Sir M. Wheeler photographiert bei der Ausgrabung von Mohenjo-daro die Skelette der niedergemetzelten Einwohner, die von indoeuropäischen Ariern bei der Zerstörung der ersten Indus-Kultur getötet worden waren.

(heute Nimrud) und Ninive (gegenüber dem heutigen Mosul) zeichnete eine für die bisherige Weltgeschichte ungewöhnliche Brutalität aus. Dem übernommenen Strafvollzug nach Hammurabi fügten sie einen ganzen Katalog sadistischer Strafen hinzu und bereicherten damit die Liste der bekannten Möglichkeiten des Schindens von Menschen um neue Varianten: langsames Pfählen, Entstellung des Gesichts durch Begießen mit heißem Erdpech, Abschneiden der Ohren, der Nase oder der Unterlippe, Blenden. Bei ihren Strafexpeditionen verschleppten sie ganze Völker in Gefangenschaft, versklavten die Frauen und Kinder und köpften oder kreuzigten solche männliche Gefangenen, die ihnen nicht mehr als Arbeitskräfte nutzten und auch als versklavte Kriegsleute wertlos waren. In einem Siegeslied Tiglatpilesars I. (1112 bis 1074 v. Chr.) heißt es:

Assyrien, 1. Jahrtausend v. Chr.: Assyrische Soldaten bringen Siegestrophäen, abgeschlagene Köpfe gefallener Feinde.

»Er zerfetzte die Leiber
der Schwangeren /
er durchbohrte die Körper
der Schwachen /
den Mächtigen schnitt er
die Hälse durch /
im Rauch ihres Landes starben
die Krieger ... /
Zum Trümmerhaufen wird das Land,
das gegen Assur kämpft.«

Assurnasirpal II. (883 bis 859 v. Chr.) ging als grausamster Assyrerkönig in die Geschichte ein. Mit seiner Reiterei und den von den Hethitern übernommenen Streitwagen überrollte er Mesopotamien und das heutige Syrien, befahl Massenhinrichtungen und besiedelte seine Residenz Kalasch mit Deportierten. Aufrührern im eigenen Lager begegnete er so:

»Ich tötete immer den zweiten Mann; ich baute eine Mauer vor den Haupttoren der Stadt. Schinden ließ ich die Rädelsführer, und mit ihrer Haut überzog ich jene Mauer. Einige wurden darin lebendig eingemauert, andere entlang der Mauer gepfählt. Eine große Zahl ließ ich schinden und bekleidete die Mauer mit ihrer Haut. Ihre Köpfe ließ ich in Gestalt von Kränzen und ihre Leiber als Girlanden sammeln.«

Durch mehrere Jahrhunderte dauerte die assyrische Gewaltherrschaft, den wenigen Königen, die sich nicht unterwerfen wollten, erging es so, wie die Chronik Salmanassars aus dem Jahr 858 v. Chr. über König Aram von Urarta zu berichten weiß:

Assyrien, um 800 v. Chr.: Der Reliefausschnitt zeigt Sklaven bei der Fronarbeit. Sie schleppen Körbe mit und werden von bewaffneten Assyrern bewacht (oben).

»In die Adduri-Berge stieg er hinauf und ich ihm nach. Eine mächtige Schlacht lieferte ich in den Bergen, 3400 Krieger schmetterte ich mit meinen Waffen nieder, wie der Wettergott Adad ließ ich die Wolke der Zerstörung über sie niedergehen. Mit ihrem Blut färbte ich den Berg wie rote Wolle, sein Lager eroberte ich, seine Streitwagen, Reiter, Pferde, Maulesel, Kälber, sein Vermögen, und reiche Beute brachte ich von den Bergen.
Aram flüchtete, sein Leben rettend, auf einen unzugänglichen Berg. In meiner mächtigen Kraft zerstampfte ich wie ein Auerochse sein Land; die Siedlungen verwandelte ich in Ruinen und verbrannte sie mit Feuer ...«

Ähnliche Nachrichten sind von Tiglatpilesar III. (745 bis 727 v. Chr.), Sargon II. (722 bis 705 v. Chr.) und Sanherib (704 bis 681 v. Chr.) überliefert. Letzterer unterwarf im Jahre 701 v. Chr. ganz Juda, belagerte Jerusalem und zerstörte 689 v. Chr. schließlich die Weltstadt Babylon, weil sie den Glanz seiner Metropole, Ninive, seiner Meinung nach »verdunkelte«. In einer Felsinschrift bei Bavian, nördlich von Ninive, ließ er für die Nachwelt diese Schilderung seiner Taten einmeißeln:

»In einem zweiten Feldzug zog ich eilends nach Babylon, das ich mir zu erobern vorgenommen hatte, und wütete dort wie der Anprall einer Sturmflut. Wie ein Orkan warf ich es nieder. Die Stadt umgab ich mit einem Kordon. Abgabe und Beute eroberten meine Hände. Ihre Bewohner, ob klein, ob groß, ließ ich nicht am Leben. Mit ihren Leichen füllte ich die Straßen der Stadt ... Die Stadt und ihre Häuser zerstörte, verwüstete und verbrannte ich von den Grundmauern bis zu den Dachfirsten ... Ich machte ihre Zerstörung vollständiger, als es eine Überschwemmung vermocht hätte.«

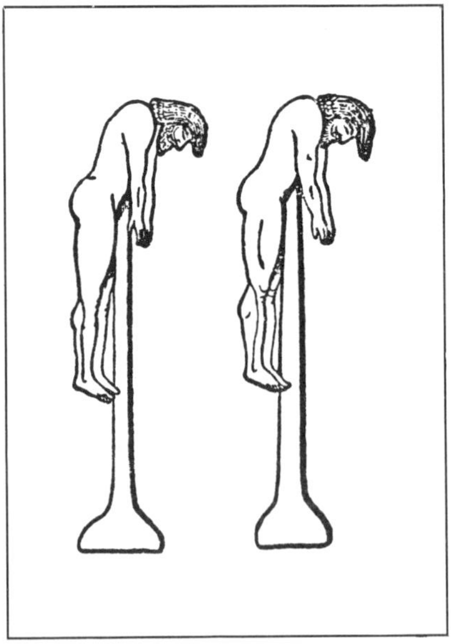

Assyrien, um 730 v. Chr.: König Tiglatpilesar III. läßt nach der Eroberung einer Stadt die Gefangenen pfählen. Die Zeichnung ist nach einem Relief auf den Bronzetüren in Imgur-Bel gemacht.

Mit riesigen Zwangsarbeiterheeren, mit Sklaven, die weniger als das Vieh geachtet wurden, ließ Sanherib in Ninive seine prächtigen Tempel, Paläste und Denkmäler errichten. Und als die hölzernen Achsen unter der Last der berühmten Stierkolosse aus Babylon brachen, schleifte menschliche Zugkraft die Riesenfiguren auf Holzplanken am Boden dahin. Viele Tausende von Sklaven ließen dabei ihr Leben, während bewaffnete assyrische Einheiten immer bereitstanden, eventuelle Verzweiflungsakte sich empörender Sklaven mit dem Schwert niederzuschlagen. Sanheribs Sohn Asarhaddon (680 bis 669 v. Chr.) machte im Stil seines Vaters weiter. Er eroberte Ägypten bis Nubien:

»Ich ließ den Rauch von 34 eroberten Städten zur Höhe steigen, wohlgefällig meinen Göttern, mit ihrem Geruch versengten Fleisches – allen jenen, die meines Gottes Assur Namen beleidigt, ließ ich die Zunge ausreißen ... Man schlug den Gefangenen die Gliedmaßen ab, sie wurden meinen Löwen und meinen Hunden vorgeworfen, um das Herz meiner Götter, der herrschenden, zu erfreuen ...«

Die größte Ausdehnung des assyrischen Reiches erreichte schließlich Assurbanipal (668 bis 626 v. Chr.), der ganz Ägypten eroberte und Theben plünderte und zerstörte. Da erhob sich sein Bruder gegen ihn, er verließ Ägypten und führte einen zehn Jahre andauernden Bürgerkrieg:

»An die Stadt Kinabu, die Festung des Hulai, kam ich heran. Mit der Masse meiner Truppen schloß ich in einer wilden Schlacht die Stadt ein und nahm sie. 600 ihrer Kämpfer erschlug ich mit der Waffe, 3000 Gefangene verbrannte ich mit Feuer, ließ keinen lebend als Geisel übrig. Hulai, ihren Stadtherrn, fing ich lebendig, ihre Leichen schichtete ich zu Türmen auf, verbrannte ihre Jünglinge und Mädchen mit Feuer. Dem Hulai, ihrem Stadtherrn, zog ich die Haut ab und hängte sie auf die Mauer ... auf. Die Stadt riß ich ein, zerstörte und verbrannte sie.«

Nach Assurbanipal jedoch kam für das erste Reich der Geschichte, das »imperialistische Züge trägt« (Veit Valentin), für das erste, das sich blinder Zerstörungswut und grausamem Blutrausch hingegeben hatte, ein Ende mit Schrecken. Zuerst entrissen die Skythen dem durch innere Unruhen geschwächten Assyrien das Gebiet des heutigen Syrien. Dann zerstörten 614 v. Chr. die Meder die alte assyrische Hauptstadt Assur, verbündeten sich mit den Chaldäern aus Babylon und stürmten nach zweijähriger Belagerung schließlich im Jahre 612 v. Chr. Ninive.
Die überlebenden Assyrer marschierten in die babylonische Sklaverei. Das entvölkerte Land wurde zur verlassenen Wüste.
Unter den Siegern über Ninive war auch Nebukadnezar, der spätere König Babylons (605 bis 562 v. Chr.), der diese Stadt zu größtem Glanz und Ruhm brachte, aber auch 587 v. Chr. Jerusalem zerstörte und 8000 jüdische Familien in die Gefangenschaft nach Babylon brachte (siehe Seite 34).
Auch Ägypten hatte, vor Augen die zahllosen Beispiele assyrischer Kriegführung, noch einige Pharaonen aufzuweisen, denen unmenschliches Handeln vorzuwerfen ist. So heißt es in einem Preislied über Ramses II. (um 1200 v. Chr.): »Der das Land der Hethiter zertritt und es zu einem Leichenhaufen macht ...«

Ein sogar damals ungewöhnliches Verfahren beim Zählen der getöteten Feinde ist von den Pharaonen Meremptah (1234 bis 1225 v. Chr.) und Ramses III. (1197 bis 1165 v. Chr.) noch zu melden: Sie ließen den getöteten Libyern die Geschlechtsteile abschneiden und auf Esel verladen, um die Beweisstücke dem Volk

Ägypten, 1. Jahrtausend v. Chr.: Unter den Pharaonen Meremptah und Ramses III. werden getöteten, möglicherweise auch gefangenen Feinden, die Geschlechtsteile zwecks Zählung der Opfer abgeschnitten. Sie wurden auf Esel verladen und dann zu Hause als Beweisstücke für die Anzahl der erledigten Feinde vorgezeigt.

zu Hause vorzuzeigen. Einige Historiker meinen, daß diese Methode gelegentlich auch bei der Zählung der Kriegsgefangenen angewandt wurde.
Ägypten und Babylon wurden im 6. Jahrhundert v. Chr. die Opfer der Nachfahren der medischen Eroberer aus dem Osten. Der Perserkönig Kyros II. hatte 539 v. Chr. mit Babylon genauso leichtes Spiel bei der Unterjochung zur persischen Provinz wie wenige Jahrzehnte später einer seiner Nachfolger, Kambyses, mit der Unterwerfung Ägyptens (525 v. Chr.). Auch die anderen asiatischen Hochkulturen des Altertums in Indien und China veränderten in den letzten Jahrhunderten vor der Zeitwende, ebenfalls durch blutige Umstürze, Eroberungen und Bürgerkriege, ihre ursprüngliche Gestalt. In China verschwanden vom 8. bis 3. Jahrhundert v. Chr. durch den stetigen Machtgewinn der Lehnsherren, die ihre Unabhängigkeit erkämpften, allmählich die feudalen Königsstaaten. Es bildeten sich Fürstentümer, die sich in zahllosen Kriegen mit fremden Nomadeneinfällen selbst schwächten und schließlich in Bürgerkriegen endeten. Um 550 v. Chr. schrieb ein Dichter über die Zustände in seiner Heimat:

»Das Volk war geflohen. Unsere Wohnungen waren verwüstet... Wehe! Die Menschen von heute sind nicht mehr wie die früheren...«

Warum es dem Volk der Chinesen auch noch Jahrzehnte später schlecht ging, notierte Lao-tse (604 bis 520 v. Chr.), ein Zeitgenosse des großen Konfuzius (551 bis 479 v. Chr.): »Die Hungersnot des Volkes ist auf die zu hohen Steuern zurückzuführen. Darum ist das Volk hungrig.«
Bis um 250 v. Chr. hielten die Not und der Hunger in den Bürgerkriegen der zu Ende gehenden alten, in Kleinstaaten zerfallenen chinesischen Hochkultur an: »Alle Völker stehen gegeneinander, verletzen sich mit Wasser, Feuer und Gift. Die heutigen Unruhestifter sind wie Tiere.«
So schrieb der Philosoph Me-tse. Sein Kollege Mong-dsi erklärte dazu:

»Der Krieg wird geführt um Länder, so daß die Getöteten die Anger erfüllen. Der Krieg wird geführt um Städte, so daß die Getöteten die Städte erfüllen ... In üblen Erntejahren und in Hungerszeit war im Volke große Not; die Alten und Schwachen krümmten sich vor Hunger in den Straßengräben; die Kräftigeren wurden in alle Winde zerstreut. Die Zahl der Opfer ging in die Tausende.«

Die »in alle Winde zerstreuten Kräftigeren« verdingten sich als Leibeigene an die Großgrundbesitzer. Das führte zu einer gefährlichen Landflucht, die auch noch im 1. Jahrhundert v. Chr. anhielt und im Jahre 107 v. Chr. zwei Millionen, im Jahre 153 n. Chr. noch 300 000 bis 400 000 Menschen erfaßte. Die Bauern auf dem Lande konnten dem Boden kaum ein knappes Existenzminimum abringen. Im Jahre 178 v. Chr., als bereits eine Zeit des Wiederaufbaus begonnen hatte, die Hunnen im Norden abgewehrt werden konnten und ein neuer Einheitsstaat der Chinesen unter einer neuen Dynastie aufgebaut wurde, schrieb ein Zeitgenosse in einer Throneingabe über das Los der Bauern in China:

»In einer Bauernfamilie von fünf Personen müssen nicht weniger als zwei Arbeitsdienst verrichten; das Land, das sie pflügen können, ist nicht mehr als 100 Mu (weniger als zwei Hektar), und es trägt nicht mehr als 100 Scheffel (etwa 30 Doppelzentner). Im Frühjahr pflügen sie, im Sommer jäten sie, im Herbst ernten sie, und im Winter bringen sie die Ernte in die Scheune. Sonst sammeln sie Brennholz, reparieren Amtsgebäude und verrichten Arbeitsdienst. Im Frühling sind sie Stürmen und Staubwolken ausgesetzt, im Sommer der Hitze, im Herbst dem Nebel und Regen, im Winter der Kälte und dem Frost. Keine der vier Jahreszeiten bringt ihnen einen Ruhetag. Und sie müssen den Toten das Geleit geben, die Braut einholen, Hinterbliebene und Kranke besuchen, und auch das Großziehen der Kleinen und die Erziehung der Kinder gehören dazu. Und wo die Arbeit so schwer ist, trifft sie noch das Unheil der Überschwemmungen und Dürren, treffen sie drückende und grausame Maßnahmen des Staates und Steuern, die nicht der Zeit gerecht werden und bei denen der Befehl vom Morgen am Abend schon wieder anders lautet. Solange sie noch etwas haben, müssen sie es zum halben Preis verkaufen, und wenn nichts mehr da ist, müssen sie leihen und dafür Zinsen zahlen, die so hoch sind wie der geliehene Betrag. So gibt es denn Menschen, die ihre Felder und Gehöfte verkaufen und ihre Kinder und Enkel in Pfand geben, um ihre Schulden zu bezahlen.«

Ausbeutung, Hungersnot und Bürgerkriege beherrschten China vor der Zeitenwende, während in Zentralindien die erste bedeutende Herrscherfigur nach dem Ende der Indus-Hochkultur durch die arischen Nomadenvölker und deren Vermischung mit den Persern aus dem Dunkel der geschichtlichen Anfänge trat. Von diesem ersten historisch nachgewiesenen indischen Herrscher namens Tschandragupta notierte sich ein Botschafter Alexanders des Großen, er wäre ein ungewöhnlich ängstlicher Diktator gewesen, der aus Furcht vor Meuchelmord jede Nacht in einem anderen Zimmer seines Palastes in Pataliputra (dem heutigen Patna) schlief und die Hauptstadt mit Spionen durchsetzt hatte. Seine Untertanen soll er erbarmungslos versklavt haben; wer nicht seiner Meinung war, wurde hingerichtet. Dieser Tschandragupta starb um 298 v. Chr. Sein Sohn Bindusara eroberte dem Reich seines Vaters in einem Vierteljahrhundert beträchtliche Gebiete im mittleren und südlichen Indien hinzu, ehe der Enkel Aschoka im Jahre 273 v. Chr. auf den Thron Indiens kam. Er war der typische Reformer, wie sich nach seinem ersten und letzten Angriffskrieg zeigte: Angesichts der Hunderttausende von fürchterlich zugerichteten Opfern an Soldaten und Zivilisten, von denen viele auch an Hunger und Seuchen gestorben waren, soll Aschoka vom Übel derartiger Gewaltmaßnahmen überzeugt worden sein und sich zum Buddhismus bekehrt haben. Er erklärte: »Dem Gesetz der Liebe zu folgen – das ist der einzige Weg, der volle Seligkeit ist.« Und er verstand dies so: »Gehorsam gegenüber den Eltern, Achtung vor dem Alter und geziemendes Benehmen gegenüber Brahmanen und Asketen, Armen und Elenden, ja selbst Dienern und Sklaven.«

Die Geschichtsschreibung berichtet, daß Aschoka diese Vorschriften nicht nur für das Volk erließ, sondern auch selbst danach handelte. Er hob Zwangsgesetze auf und begnadigte Gefangene. Dieser Aschoka, der 232 v. Chr. starb, hatte offenbar das Zeug dazu, ein Vorbild für die Herrscher der nachfolgenden zwei Jahrtausende Weltgeschichte bis heute zu sein. Daß diesem Vorbild, wie wir sehen werden, nicht nachgeeifert wurde, liegt vielleicht auch daran, daß Aschoka nur 40 Jahre Zeit hatte, nach seinem Gesetz der Liebe zu regieren.

»Jerusalem – voll unschuldigen Blutes von einer Ecke bis zur anderen«

Ägypter, Assyrer, Babylonier, Perser und Römer gegen Juden — Das alte Israel um 1500 v. Chr. bis 135 n. Chr.

um 1530 v. Chr.
Palästina unter ägyptischer Herrschaft

um 1220 v. Chr.
Ägypter unterwerfen die Israeliten in Kanaan

um 1000 v. Chr.
König David zerstört das Ammoniter-Reich

925 v. Chr.
Palästinafeldzug der Ägypter, Eroberung und Plünderung von Jerusalem

722 v. Chr.
Assyrer zerstören Samaria. Zwangsdeportation vieler Israeliten nach Nordmesopotamien

587 v. Chr.
Nebukadnezar zwingt nach der Zerstörung Jerusalems 8000 Familien in die »Babylonische Gefangenschaft«

167 v. Chr.
Makkabäer-Aufstand gegen die syrischen Besatzer

39 bis 4 v. Chr.
Herodes rottet die Hasmonäer aus

70 n. Chr.
Belagerung und Zerstörung Jerusalems durch die Römer unter Titus. Versklavung und Vertreibung der Juden

132 bis 135 n. Chr.
Jüdischer Aufstand gegen die Römer unter Simon Bar Kochba

»Sage und Geschichtsschreibung gehen von demselben Punkt aus: vom Ereignis«, sagt der Historiker Ernst Herzfeld. Das gilt vor allem für die Geschichte der Juden, deren Väter aus dem Schmelztiegel Mesopotamien hervorgingen, sich im Gelobten Land am Jordan in der Zeit der ersten Hochkulturen an Nil, Euphrat und Tigris niederließen und das Volk der Israeliten begründeten. Halten wir uns bei der Dokumentation der blutigen Eroberung des Jordan-Landes durch das »auserwählte Volk« und dessen Leidensgeschichte im ersten Staat Israel also auch an die Ereignisse.

Abraham, der »Erzvater« der Hebräer, der mit seiner Großfamilie etwa um 2000 v. Chr. in das Land Kanaan zog, kam aus dem sumerischen Stadtstaat Ur. Das Land Kanaan, das den Nomaden aus Mesopotamien als das Gelobte Land erschien, ist das Küstengebiet längs des Jordan-Flusses, im Norden begrenzt vom Libanon-Gebirge, im Süden vom Roten Meer. Als Abraham wie ein Beduinen-

scheich mit Weib, Nebenfrauen, Kindern, Zelten und Herden in Kanaan einzog, war das Land von einem Gemisch verschiedener, aber verwandter Rassen bewohnt. Die Kanaaniter, nach denen das Land benannt wurde, waren ebenso semitische Stämme wie die Amoriter und die eingewanderten Hebräer unter Abraham.
Gelegentlich erschienen auch die Hethiter und später die Assyrer am Jordan, als sie auf dem Weg nach Ägypten waren.
Am längsten hatten aber die Ägypter die Vorherrschaft über das Land, auch als Abraham mit seinen zwölf Söhnen die zwölf Stämme Israels begründete und diese nach den Namen der Söhne benannte. Abrahams zweiter Sohn, Jakob, bekam den Zunamen Israel, der vierte Sohn hieß Judah. Von dem Stamm dieses Sohnes wurde der etwa seit 516 v. Chr. nachgewiesene Sammelbegriff Jude für die Israeliten abgeleitet.
Da die Ägypter wegen ihrer zeitweiligen Unterjochung durch die semitischen Hyksos im 17. Jahrhundert v. Chr. gegen alle semitischen Völker aus dem Osten feindlich eingestellt waren, übertrugen sie ihren Haß auch auf die hebräischen Siedler und verfolgten diese von Anfang an. Im 13. Jahrhundert v. Chr. wurden sie regelrecht versklavt und – nach altägyptischen Texten – zur Fronarbeit beim Bau der Städte Pithom und Ramses gezwungen. Auf der Grabsäule des Pharaos Merneptah (1225 bis 1215 v. Chr.) wurde erstmals urkundlich die Lage der Israeliten nach ihrer Unterwerfung belegt:

»Die Fürsten haben sich auf die Knie geworfen und rufen Shalom! (Friede!)
Keines der Vasallenvölker erhebt mehr sein Haupt!
Tehenu (ein libyscher Volksstamm) ist verwüstet, Hatti (die
Hethiter) befriedet; Kanaan ist geplündert mit allen Bösewichten;
Askalon ward deportiert, Gezer zu Boden geworfen, Yanu'am
(alle drei sind Ortschaften in Palästina) vernichtet;
Israel ist zerstört und hat keine Nachkommen mehr.
Palästina wurde zur Witwe (bildlich für verachtete und wehrlose Person)
für Tameri (poetische Bezeichnung für Ägypten).«

Tausende von Hebräern starben vermutlich an Erschöpfung unter den Peitschenhieben der ägyptischen Vorarbeiter und Aufseher. Für die Sage von Moses, der angeblich einen Aufseher voller Empörung und Wut niedergeschlagen und getötet haben soll, spricht die Tatsache, daß seine heimliche Geburt durchaus entsprechend der Legende denkbar ist. Der Pharao Seti I. (1313 bis 1301 v. Chr.) hatte als besonders ausgeprägter Semitenhasser tatsächlich den königlichen Erlaß herausgegeben, wonach allen hebräischen Hebammen befohlen wurde, männliche Säuglinge der hebräischen Fronarbeiter und Sklaven zu töten. Und Moses' Auszug aus Ägypten plazieren die Historiker heute in die Regierungszeit des Pharaos Ramses II. (um 1301 bis 1234 v. Chr.), der nach dem Alten Testament bekanntlich die Hebräer mit dem Seufzer losschickte: »Macht euch auf und ziehet fort!«, nachdem sein Volk den Hebräern die Schuld an den berühmten Plagen – offensichtlich die Anhäufung von Naturkatastrophen – in die Schuhe geschoben hatte.

Die Israeliten erobern Kanaan, bestrafen die Gottlosen und zertrampeln die besiegten Feinde. Die Illustration zum Davids-Psalm stammt aus dem Utrechter Psalter, der nach der Reimser Schule um 835 entstanden ist.

Dieses Abwälzen unbegreiflicher Schrecken und Katastrophen, auch selbstverschuldeter, zu Lasten der Juden, löste bis in unsere Zeit hinein immer wieder Verfolgungen und Pogrome gegen die »Kinder Abrahams« aus.

Nach Moses übernahm Josua im wahrsten Sinn des Wortes das Kommando über die Israeliten. Er war verantwortlich für die blutige Eroberung Kanaans, die sich im Buch Josua des Alten Testaments widerspiegelt. Allerdings muß dabei hinzugefügt werden, daß etwa der Bericht über die Mordbrennerei bei der Eroberung Jerichos mit Sicherheit Legende ist. Trompeten konnten die Mauern nicht zum Einsturz gebracht haben. Ausgrabungen zwischen 1952 und 1956 haben bewiesen, daß Jericho schon vor der israelitischen Eroberung verwüstet worden ist. Die älteste Stadt der Weltgeschichte, deren Ursprung für das 7. Jahrtausend v. Chr. nachgewiesen wurde, war übrigens eine Vorstufe zu den Stadtstaaten der ersten Hochkulturen (siehe Seite 11 ff.).

Das Buch Samuel im Alten Testament jedoch, das über die ersten Könige Israels, Saul und David, berichtet, bezeichnet die Geschichtswissenschaft als »ein Stück echter Geschichtsschreibung, das offenbar von einem Zeitgenossen, wenn nicht sogar von einem Augenzeugen« (E. L. Ehrlich) stammt. Das »goldene Zeitalter« unter König David war demnach keineswegs »golden« für seine Nachbarn. Der betont kriegerische David unterwarf in blutigen Kämpfen die Edomiter, Moabiter, Syrer und Philister und verbreitete durch Sippenmord großen Stils bei den Überlebenden dieser Stämme Angst und Entsetzen. Was er mit den Einwohnern der Königsstadt Rabba der ebenfalls unterjochten Ammoniter machte, hört sich

»Und legte sie unter eiserne Sägen und Zacken und eiserne Keile und verbrannte sie in Ziegelöfen . . .«, berichtet das 2. Buch Samuel (12, 31) über das Zersägen der Einwohner der Ammoniterstadt Rabba durch die Kriegsknechte König Davids. Der Holzschnitt stammt aus dem »Spiegel menschliche Behaltnisse«, Basel, 1476.

auch in dem sicher gemäßigten Bericht des Israeliten Samuel noch grausig genug an:

»Also nahm David alles Volk zuhauf und zog hin und stritt wider Rabba und gewann sie. Und nahm die Krone ihres Königs . . ., und er führte aus der Stadt sehr viel Raubs. Aber das Volk drinnen führte er heraus und legte sie unter eiserne Sägen und Zacken und eiserne Keile und verbrannte sie in Ziegelöfen. So tat er allen Städten der Kinder Ammons . . .«

David vereinigte alle israelitischen Stämme, wurde Herrscher über Juda und Israel, auf dem Boden, den er durch die Ausrottung der Kanaaniter und anderer Völker gewann, die meist Kinder der gleichen semitischen Vorfahren wie die Israeliten waren. Der jüdische Schriftsteller Egon Friedell schrieb über David: »Erst der Heiligenschein macht ihn zum Scheinheiligen.«
Nach der friedlichen Regierung Salomons (etwa 966 bis 926 v. Chr.) zerfällt der erste Judenstaat wieder in das nördliche Israel und das südliche Juda, das »Haus Davids«. Über zweihundert Jahre hinweg folgte nun eine lange Reihe von Königen beider Reiche, die sich gegenseitig in Bruderkriegen zerfleischten, obwohl tödliche Invasionen von außen – von den Ägyptern (925 unter Pharao Scheschonk I., dem Sisak der Bibel) und von den Assyrern (722 zerstörten sie Samaria im Norden und deportierten viele Israeliten zur Zwangsarbeit ins assyrische Großreich) – sie eigentlich zu einer Schicksalsgemeinschaft hätte zusammenführen müssen.
Sargon II., der assyrische Eroberer des Nordreiches Israel und seiner Hauptstadt Samaria, hat in seinen »Annalen« festgehalten: »Samaria belagerte und eroberte ich. 27 290 Leute, die darin wohnten, führte ich fort . . .«
Sie wurden nach Nordmesopotamien, Assyrien und Medien deportiert. Im leeren Samaria siedelte Sargon II. andere Deportierte an:

»Leute der Länder, Kriegsgefangene meiner Hände in ihr, ließ ich wohnen. Meine Beamten setzte ich als Statthalter über sie, und Abgabe und Tribut legte ich ihnen auf.«

Tributpflichtig den Assyrern wurde bald auch das Südreich Juda und blieb es, bis sich 705 v. Chr. Hiskia im Bunde mit den Ägyptern gegen Sanherib auflehnte, alle assyrischen und kanaanitischen Götzenbilder zerstörte und deren Priester tötete. Sanheribs Strafgericht 701 v. Chr. traf vor allem die Ägypter und die Juden außerhalb Jerusalems, das er so lange belagerte, bis Hiskia die Tributzahlungen wieder aufnahm. Nach Hiskia zeigten sich dessen Nachfolger sogar so unterwürfig, daß der phönikische Baal-Kult mit seinen Menschenopfern überall in Juda praktiziert wurde. Im 2. Buch der Könige steht zu lesen, daß damals »Jerusalem voll war des unschuldigen Blutes von einer Ecke zur anderen«.

Im 8. und 7. Jahrhundert v. Chr. fallen die Assyrer immer wieder in Palästina ein und erobern neben israelitischen Städten im Norden, wie Samaria, auch die Königsstädte anderer Völkerschaften. Dieses Relief aus Ninive zeigt die Eroberung der Elamiter-Königsstadt Khamanu durch die Krieger Assurbanipals um 640. Im Wasser des Flusses unten treiben verwundete und tote Elamiter.

Die Assyrer ließen bei der Eroberung der semitischen Reiche den abgeschlagenen Kopf des Elamiterkönigs zur Abschreckung für alle Unterworfenen an einem Baum aufhängen (Reliefausschnitt aus Ninive).

Nach dem Historiker Hans-Joachim Kraus ist damit eine »gewalttätige Unterdrückung« derer gemeint, »die sich allen heidnischen Greueln zum Trotz zu Jahwe, dem Gott Israels, bekannten« und vermutlich »schwere innere Kämpfe ausgetragen wurden«. Die Stimme des Gottes Israels verstummte damals für lange Zeit, denn »das Schwert fraß sie wie ein reißender Löwe«.

Mit dem Erstarken Babylons und dem Ende der ägyptischen Vorherrschaft im 6. Jahrhundert v. Chr. war auch das Schicksal des Reiches Juda besiegelt. Als sich König Jojakim gegen den neuen Herrn in Babylon, Nebukadnezar, empörte, beschwor er damit das Ende des Königshauses David herauf. Nach achtzehnmonatiger Belagerung eroberte Nebukadnezar im Frühsommer 587 v. Chr. Jerusalem. Die babylonische Chronik berichtet:

»Gegenüber der Stadt der Judäer warf er (sein Lager) auf und erobert am 2. Adar die Stadt. Den König nahm er gefangen, einen König seiner Wahl betraute er darin. Ihre schwere Abgabe nahm er und ließ sie nach Babylon bringen.«

Nach dem Bericht des Baruch ben Nerija – von diesem Schüler des Augenzeugen Jeremia stammt die Aufzeichnung des Buches Jeremia in der Bibel – ließ Nebukadnezar die Königsfamilie töten, den Palast und Tempel in Jerusalem zerstören und die Mauern der Stadt schleifen. Das Land wurde mit babylonischen Besatzungstruppen überzogen und alle noch stehenden Festungen zerstört. Viele Juden flohen heimlich aus dem Land und traten als Söldner in ägyptische

Nebukadnezar II. (604 bis 562) besetzt 587 v. Chr. Jerusalem, zerstört Palast und Tempel und läßt die Mauern der Stadt schleifen. Danach führt er rund 45 000 Juden in die »Babylonische Gefangenschaft«. Die Zeichnung (oben) zeigt die Zerstörung des Tempels von Jerusalem (rechts ein Ausschnitt aus dem Vordergrund der obigen Zeichnung, der den Abtransport einer Gruppe gefangener Juden zeigt).

Dienste. Die Deportation der Juden ab 586 v. Chr. nach Babylon dürfte etwa rund ein Viertel der Gesamtbevölkerung des alten Reiches Juda ausgemacht haben. Die Geschichtsschreibung spricht von 45 000 Deportierten. Sie waren in Babylon übrigens entsprechend der dortigen sozialen Gliederung keine Sklaven, sondern dienten als Halbfreie, das heißt, daß sie sich frei bewegen konnten, über ihre Arbeitskraft aber der Staat verfügte. Nicht ganz ein halbes Jahrhundert später, im Jahre 538 v. Chr., verkündete ein neuer Eroberer aus dem Osten, der Perserkönig Kyros II. (559 bis 530 v. Chr.), den im Exil lebenden Juden sein berühmtes Edikt. Vorher hatte er Babylon seinem neuen Großreich einverleibt:

»Alle Königreiche der Erde hat mir der Herr, der Gott des Himmels, gegeben, und er selbst hat mir aufgetragen, ihm zu Jerusalem, der Stadt in Juda, einen Tempel zu bauen. Wer immer unter euch zu seinem Volk gehört, sein Gott sei mit ihm, er ziehe hinauf nach Jerusalem in Juda und erbaue den Tempel des Herrn ...«

Die Rückkehrer hatten 515 v. Chr. den neuen Tempel in Jerusalem vollendet, und die Israeliten behaupteten sich nun über mehr als zwei Jahrhunderte hindurch gegen innere und äußere Feinde, allerdings unter Vorherrschaft der Perser und später der Griechen.
Erst als das kleinasiatisch-hellenistische Herrscherhaus der syrischen Seleukiden mit Antiochus IV. (175 bis 163 v. Chr.) den

Im 5. Jahrhundert v. Chr. erwirkte Haman, der erste Minister des Perserkönigs Xerxes I. (485 bis 465), Enkel von Kyros II., den Befehl zur Vernichtung aller Juden in Persien. Doch die jüdische Frau Xerxes', Esther, widersetzte sich mit Erfolg diesem Ausrottungsbefehl, und Haman wurde mit seinen zehn Söhnen aufgehängt. Die Darstellung ist eine Buchmalerei aus dem italienischen »Rothschild«-Manuskript aus dem 15. Jahrhundert.

Juden gewaltsam den Hellenismus aufzwingen wollte und damit den Lebensnerv der Juden, ihre wiedererstarkte Religion, gefährdete, kam es erneut zu blutigen Zusammenstößen in der Provinz Juda. Ab 168 v. Chr. ließ Antiochus IV. die Juden rücksichtslos verfolgen. Und als er von einem Feldzug gegen Ägypten an Jerusalem vorbeizog, wo inzwischen ein offener Aufstand gegen ihn ausgebrochen war, bestrafte er sie nach dem Bericht der Makkabäer-Chronik auf folgende Weise:

»Er gab den Soldaten Befehl, schonungslos alle zu töten, die ihnen in die Hände fielen, und auch diejenigen niederzuschlachten, die sich in ihren Häusern befanden. Es geschah ein Hinmorden von Jungen und Alten, ein Ausrotten von Jungmännern, Frauen und Kindern, ein Abschlachten von Jungfrauen und Säuglingen. 80 000 Menschen gingen an diesen drei Tagen zugrunde, 40 000 im Handgemenge, und nicht weniger als getötet wurden, verkaufte man in die Sklaverei.«

Als Antiochus schließlich noch die Frechheit besaß und das Heiligtum des wiederaufgebauten Tempels in Jerusalem betrat und dort 1800 Talente raubte, kannte der Haß der Juden keine Grenzen mehr. Ein spontaner Aufstand brach los, der Aufstand der Hasmonäer oder Makkabäer, benannt nach der Familie der jüdischen Anführer. Die Folge davon war die erste Religionsverfolgung der Geschichte in großem Stil. Die Juden flohen in Scharen in die Wüste, doch die syrischen Soldaten der Seleukiden holten sie ein, und sie »kamen um mit ihren Frauen und Kindern und ihrem Viehbestand; es waren gegen 1000 Personen«.

In Jerusalem selbst wurde laut der Makkabäer-Chronik alles auf den Kopf gestellt:

»Denn der Tempel war mit Schwelgerei und Gelagen erfüllt durch die Heiden, die mit Buhlerinnen scherzten und in den heiligen Vorhöfen Weibern beiwohnten und noch dazu mancherlei Unziemliches hineinbrachten. Der Altar war voll von ungebührlichen Dingen, die von den Gesetzen verboten waren; und es war weder möglich, den Sabbat zu halten noch die väterlichen Feste zu begehen noch überhaupt sich als Juden zu bekennen.«

Erst nach dem Tode Antiochus IV. hoben die Seleukiden das Religionsverbot für die Juden wieder auf, und die Schrecken der Verfolgung ebbten langsam wieder ab. 20 Jahre später endlich, im Jahre 142 v. Chr., gewährten die Seleukiden den Juden in ihrer Provinz, die allerdings unter ihrer Oberherrschaft blieb, weitgehende politische und religiöse Unabhängigkeit.

Die letzten Herren, die für die Juden schließlich das Ende ihrer politischen Existenz in Palästina durch lange Jahrhunderte hindurch brachten, waren die Römer. Das Ende des alten Israel begann mit der Eingliederung Palästinas in das Römische Reich durch Pompejus im Jahre 63 v. Chr. Der junge Feldherr und Schwiegersohn des großen Cäsar erschien vor Jerusalem und eroberte es trotz des Widerstandes der Bewohner unter Aristobulos. Der damals jüdische Feldhauptmann Flavius Josephus erzählt im »Jüdischen Krieg« als Augenzeuge:

»Im dritten Monat der Belagerung drangen die Römer, nachdem sie mit Mühe einen der Türme zerstört hatten, in das Heiligtum ein. Der erste, der die Mauer zu überschreiten wagte, war Sullas Sohn, Faustus Cornelius, und nach ihm drangen zwei Centurionen, Furius und Fabius, ein. Es folgte jedem seine Schar; sie umstellten das Heiligtum und töteten die einen auf der Flucht zum Tempel, die anderen nach kurzer Verteidigung. Da verharrten viele Priester, ob sie auch die Feinde mit dem Schwert in der Hand auf sich zukommen sahen, ruhig bei dem Gottesdienst; beim Ausgießen des Trankopfers wurden sie hingeschlachtet und bei der Darbringung des Räucherwerks, und so achteten sie ihre Rettung geringer als den Gottesdienst. Sehr viele wurden aber von den Widersachern im eigenen Volk getötet, und von den Abhängen stürzten sich Ungezählte selbst hinab. Einige zündeten auch die Gebäude an der Mauer an, wahnsinnig wegen ihrer Hilflosigkeit, und wurden mit verbrannt. Von den Juden kamen 12 000 ums Leben, bei den Römern gab es nur ganz wenig Tote, aber Verwundete in größerer Anzahl.«

Mit Hilfe römischer Schwerter hielt sich danach eine Reihe römischer Statthalter in Jerusalem, bis sie 37 v. Chr. durch den vom römischen Senat gewählten König Herodes von Judäa abgelöst wurden. Auf seinem Weg zur Macht flossen Ströme von Blut, vornehmlich jüdisches von Anhängern und Nachkommen des Geschlechtes der Hasmonäer, die er nach der Einnahme Jerusalems durch seine Söldner regelrecht ausrotten ließ. Flavius Josephus schrieb von »tausendfachem Mord«:

»Reihenweise wurden die Besiegten in den engen Gassen zusammengedrängt, in den Häusern und auf der Flucht zum Tempel hingeschlachtet. Weder für die Kinder noch für das Alter, noch für die schwachen Frauen gab es Erbarmen . . .«

Als der »grausamste Tyrann, der jemals in unserem Land zur Regierung gelangt ist« (Josephus) im Jahre 4 n. Chr. starb und das geknechtete Land der Juden unter seinen Söhnen Archelos (später durch Statthalter Pontius Pilatus abgelöst) und Herodes Antipas aufgeteilt wurde, saß der Haß der Juden gegen die Herodianer so tief, daß er noch Jahrzehnte weitergärte und eine entscheidende Rolle während der späteren Bruderkriege bis zum Ende des alten Israel spielte. Ständiger Grund zum Aufflackern des Hasses gegen Römer und die von ihnen gestützten Herodianer waren im 1. Jahrhundert n. Chr. die Auswüchse des Kaiserkults der Römer, die im krassen Gegensatz zum Gesetz der Juden standen, wonach sie keine anderen Götter neben ihrem verehren durften. Als zu Ehren Caligulas (37 bis 41 n. Chr.) im Tempel in Jerusalem eine kaiserliche Kultstätte eingerichtet wurde, kam es erstmals zu offener Empörung der Juden. Auf seiten der Römer standen nur die Herodianer. In Alexandria, wo eine starke jüdische Gemeinde schon lange lebte, führten Auseinandersetzungen über den römischen Kaiserkult zu einem Sturm auf das Judenviertel. Als Caligula davon hörte, soll er bemerkt haben: »Schließlich sind alle, die an meine Göttlichkeit nicht glauben, eher dumm als gerissen.« Den Römern ging es bei der Unterwerfung unter den göttlichen Kaiser zwar nur um ein politisches Bekenntnis, eine Art obligaten Trinkspruch auf einen weit weg herrschenden Souverän. Doch die Juden konnten

und wollten solche Bekenntnisse mit ihrer strengen Religion nicht vereinbaren.
Ab 66 n. Chr. begann der Aufstand der Israeliten gegen die Römer und erfaßte wie eine Flutwelle ganz Palästina. Römische Truppenteile wurden in Hinterhalte gelockt und niedergemacht. Die römische Festung Masada, die im heutigen Israel als Symbol des jüdischen Selbstbehauptungswillens gilt, fiel damals den Juden in die Hände, und sie wurde später das letzte Bollwerk gegen die Römer, das erst 73 n. Chr. fiel. Wo mehr Juden als Römer lebten, bedeutete das Tod und Vertreibung für die Römer, wo die Römer stärker waren, war es umgekehrt. Von einem Blutvergießen in Cäsarea berichtet Flavius Josephus:

»Am selben Tag und zur selben Stunde töteten die Einwohner von Cäsarea wie durch göttliche Vorsehung die bei ihnen wohnenden Juden, so daß in einer einzigen Stunde über 20 000 von ihnen niedergemetzelt wurden und ganz Cäsarea frei von jüdischer Bevölkerung wurde.«

Auch in Alexandria kam es im Jahre 66 n. Chr. zu entsetzlichen Massenmorden:

»Statthalter Tiberius Alexander erkannte, daß die Aufständischen ohne strenge Gewaltmaßnahmen keine Ruhe geben würden, er ließ darum die beiden in der Stadt liegenden römischen Legionen und mit ihnen noch 2000 Soldaten, die zum Unheil der Juden gerade aus Libyen eingetroffen waren, gegen sie ausrücken. Er gestattete nicht nur uneingeschränkten Waffengebrauch, sondern auch die Plünderung

Jerusalem, 70 n. Chr.: Die Römer unter Titus metzeln bei der Eroberung der Stadt die Einwohner nieder. Das Relief ist ein Ausschnitt aus dem Triumphbogen des Titus in Rom.

des jüdischen Besitzes und das Niederbrennen der Häuser. Die Soldaten drangen nun in das sogenannte Delta ein – dort nämlich wohnte die Judenschaft beieinander –, sie führten die Befehle aus, freilich nicht ohne eigene blutige Verluste. Denn die Juden hatten sich dicht zusammengeschlossen und die am besten Bewaffneten in die vorderen Reihen gestellt; so leisteten sie lange Zeit Widerstand. Sobald sie aber einmal ins Wanken geraten waren, wurden sie hemmungslos niedergemacht. Das Verderben kam über sie auf ganz verschiedenartige Weise: die einen ereilte es auf freiem Felde, die anderen dicht zusammengedrängt in den Häusern, an die die Römer nach und nach Feuer legten, sobald sie deren Inhalt geplündert hatten. Die Soldaten zeigten weder Erbarmen mit den kleinen Kindern noch Ehrfurcht vor den Greisen, sie mordeten Menschen aller Altersstufen, so daß der ganze Bezirk mit Blut überschwemmt war; 50 000 Leichen häuften sich auf, und es wäre niemand übriggeblieben, wenn sich die Juden nicht auf das Bitten verlegt hätten. Aus Mitleid mit ihnen gab nun Alexander den römischen Truppen den Befehl, sich zurückzuziehen ...«

Schließlich holte Rom zum Todesstoß gegen die jüdischen Provinzen aus. Nero (37 bis 68 n. Chr.) schickte Flavius Vespasianus (9 bis 79 n. Chr.), der Britannien erobert hatte, mit seinen Legionen nach Palästina, um das Land zu »pazifizieren«. Vespasianus »säuberte« mit seinem Sohn Titus, der seine Soldaten aus Ägypten ebenfalls nach Palästina geführt hatte, das Land Judäa von Ort zu Ort gegen den verzweifelten Widerstand der Juden, die das nahe Ende ihres Volkes wohl ahnten. Der schon zitierte Chronist Flavius Josephus wechselte nach der Eroberung von Jotapata die Fronten und wurde Obrist auf römischer Seite. Seine Berichte sind für die Juden deshalb Zeugnisse eines »Verräters«, aber diesem »Verrat verdankt das jüdische Volk die Tatsache, daß unsere Kenntnisse dieser Periode zwar einseitig, aber doch detailliert sind« (Cecil Roth).
Vor dem Marsch auf Jerusalem, den sich Vespasianus wegen der inneren Streitigkeiten dort bis zuletzt aufsparte, waren den Römern vor allem Gischhalab sowie der Berg Tabor mit den Städten Tarichäa und Gamala in Galiläa im Wege. Am Beispiel des Kampfes um Gamala, von Flavius Josephus geschildert, wird klar, mit welcher Härte und Grausamkeit die Römer den Juden ein Ende mit Schrekken bereiteten:

»Von den Bewohnern Gamalas waren mittlerweile die Kühneren durch verwegene Flucht verschwunden, während die körperlich Schwächeren durch Hunger dahingerafft wurden. Titus war inzwischen eingetroffen ... Er rückte mit 200 Reitern und einigem Fußvolk in aller Stille in die Stadt ein. Als die Wachen seinen Einmarsch merkten, eilten sie mit Geschrei zu den Waffen; auch den Einwohnern wurde der Überfall schnell offenbar. Die einen ergriffen ihre Kinder und Frauen, schleppten sie mit sich und flohen unter Jammern und Schreien nach dem Gipfel hinauf. Andere, die dem Titus entgegentraten, fielen nacheinander. Diejenigen aber, die nicht in der Lage waren, auf den Gipfel zu eilen, gerieten in ihrer Hilflosigkeit unter die Wachtposten der Römer. Überall vernahm man das schreckliche Stöhnen der zu Tode Getroffenen, und das Blut, das die Abhänge herunterfloß, überschwemmte die ganze Stadt. Gegen die Juden, die sich auf den Gipfel geflüchtet hatten, griff nunmehr Vespasian mit seiner ganzen Streitmacht ein. Der Gipfel war an allen Seiten felsig und schwer zu besteigen; seine Höhe wuchs unermeßlich empor, und überall sah man nichts als Tiefe, die von Steilhängen rings umgeben war. Von dorther fügten die Juden dem heranrückenden Feind mit Geschossen aller Art und herabgewälzten Felsstücken schweren Schaden zu, wobei sie wegen ihrer hoch gelegenen Stellung ihrerseits für ein Geschoß schwer erreichbar waren. Da erhob sich zu ihrem Verderben gegen sie ein von höherer Macht gesandter Sturm, der die Pfeile der Römer zu ihnen trug, ihre eigenen aber in schräger Richtung weglenkte. Die Macht des Sturmes war so groß, daß sie sich nicht auf die Vorsprünge stellen und festen Fuß fassen noch den heranrückenden Feind sehen konnten. So kamen die Römer herauf und umzingelten mit überraschender Schnelligkeit die Juden, von denen die einen sich wehrten und die anderen die Hände um Erbarmen ausstreckten. Aber die Erinnerung an die Opfer des ersten Einbruchs steigerte nur die Wut der Römer, die sich gegen alle ohne Unterschied richtete. Von allen Seiten umzingelt, verzweifelten die meisten Männer an ihrer Rettung und stürzten ihre Kinder und Frauen und danach sich selbst kopfüber in die Schlucht hinab, die gerade unterhalb des Gipfels besonders tief in das Erdreich eingegraben war. So traf es sich, daß der Zorn der Römer gegenüber dem verzweifelten Selbstmord der Eingeschlossenen noch in milderem Licht erscheinen mußte, denn 4000 wurden von diesen erschlagen, von denen aber, die sich selbst hinabgestürzt hatten, fand man über 5000 ...«

Das Ende Jerusalems wurde im Jahre 68 n. Chr. durch den Tod Neros und die Ausrufung Vespasians zum Kaiser hinausgezögert. Während dieser Zeit taten die zerstrittenen jüdischen Führer in Jerusalem alles, um sich gegenseitig die eigenen Reihen in Bruderkämpfen zu lichten, anstatt sich auf den Endkampf mit den Römern vorzubereiten. Als dann Titus mit seinen Legionen vor den Mauern Jerusalems im Frühjahr des Jahres 70 n. Chr. erschien, war die Widerstandskraft der Juden angeschlagen, es blieb ihnen nur noch der Kampf mit dem Mut der Verzweiflung. Titus belagerte von April bis August die durch eine dreifache Mauer geschützte Stadt. Mit Sturmböcken und Widderstößen, riesigen, aus Stein und Holz gebauten Rammfahrzeugen, brachen und überquerten die Römer trotz des Pfeilhagels der Verteidiger diese Mauern und drangen in die Unterstadt Jerusalems vor. Der berühmte Tempel wurde fast auf den Tag genau am Jahrestag der Zerstörung des ersten Salomon-Tempels durch Nebukadnezar 700 Jahre zuvor erstürmt und verbrannt. Den letzten Akt der Tragödie, in der Titus und seinen Offizieren die Kontrolle über ihre im Blutrausch vorwärts stürmenden Soldaten völlig entglitt, schilderte der Augenzeuge Flavius Josephus:

»Da nun die Römer der Ansicht waren, daß nach Einäscherung des Tempels die Schonung der umliegenden Gebäude keinen Sinn mehr habe, steckten sie alles übrige vollends in Brand, nämlich die Reste der Hallen und die sämtlichen Tore mit Ausnahme von zweien, des östlichen und des südlichen, die sie indes später gleichfalls zerstörten. Hierauf verbrannten sie auch die Schatzkammern, in denen ungeheure Summen baren Geldes, große Mengen Kleiderstoffe und andere Kostbarkeiten, mit einem Wort die gesamten Schätze der Juden, aufgehäuft waren, da die Reichen dort ihr Vermögen untergebracht hatten. Alsdann ging es an die noch unversehrte Halle des äußeren Tempelhofes, in welche sich Weiber, Kinder und ein zahlreicher gemischter Volkshaufen, etwa 6000 Köpfe stark, geflüchtet hatten. Bevor sich jedoch der Caesar über das Schicksal dieser Leute schlüssig wurde oder die Offiziere einen Befehl dazu erteilten, zündeten die Soldaten in ihrer Wut die Halle an, worauf die einen mitten in den Flammen umkamen, die anderen, indem sie sich daraus hervorstürzten; von der ganzen Menge wurde auch nicht eine Seele gerettet.«

Als die Römer die Leichen zu zählen begannen, waren es so viele, daß sie nicht mehr begraben werden konnten, sondern einfach über die Mauern in die Schluchten vor der Stadt hinuntergeworfen wurden. Titus soll beim Anblick dieser Berge von Toten seine Hände zum Himmel erhoben und Gott zum Zeugen angerufen haben, daß »dies nicht sein Werk sei«.
Zweimal noch flackerten Aufstände der versprengten jüdischen Gemeinden in Judäa auf, ehe sie endgültig aus Jerusalem vertrieben, ihre Volkssubstanz in Palästina vernichtet und die Überlebenden und ihre Nachkommen für über 18 Jahrhunderte in alle Welt zerstreut wurden. Ein erster Aufstand wurde unter Trajan im Jahre 115 n. Chr. niedergeschlagen. Der zweite Aufstand geschah unter Kaiser Hadrian in den Jahren 132 bis 135 n. Chr. Der Anführer der Juden war Simon Bar Kochba, ein religiöser Eiferer, der die Juden nochmals aufrütteln konnte, obwohl ihre Lage aussichtslos war. Die Quellen über diesen Aufstand, der sich immerhin drei Jahre lang behauptete, sind spärlich. Der griechische Geschichtsschreiber Cassius Dio (155 bis 235 n. Chr.) hinterließ nur eine Seite über ihn und der Hellene Spartian nur eine Zeile. Das ist wohl als Beweis dafür zu nehmen, daß man in Rom diesen letzten Freiheitskampf der Juden mit Verachtung strafte. Der Römer Julius Severus, Hadrians bester Feldherr, schlug ihn in zahllosen kleinen, brutal geführten Einzelgefechten nieder. Dadurch zersplitterte er die Kräfte der Aufständischen, ohne selbst ein großes Risiko eingehen zu müssen. Insgesamt fielen unter den römischen Schwertern nach Cassius Dio rund 580 000 Juden, wobei die nicht gezählt wurden, die durch Hunger und Seuchen umkamen. Die jüdischen Anführer, soweit sie nicht wie Bar Kochba im Kampf gefallen waren, wurden grausam hingerichtet.
Bis zum Jahre 425 n. Chr. vegetierten noch Reste des jüdischen Volkes in Palästina. Das neue religiöse »Ersatz-Zentrum« der Juden war in Jamnia. Mit der Abschaffung des Amtes der Patriarchen durch Theodosius II. im 5. Jahrhundert n. Chr. »verschwand das letzte Überbleibsel der jüdischen Autonomie, die seit der Rückkehr aus dem Exil ... bestanden hatte« (Cecil Roth).

Die nachfolgenden 1500 Jahre jüdischer Existenz in der Diaspora sind überschattet von der Verfolgung und dem Mord an den Kindern des »auserwählten Volkes«, vom todbringenden Haß der Christen, Moslems und Andersgläubigen.

»Ihr, die ihr die Menschen wie Zugtiere gebraucht . . .«

Griechen und Römer, ihre Sklaven und Nachbarn — Das antike Griechenland und Rom in der Zeit um 1000 v. Chr. bis etwa 300 n. Chr.

4. Jahrhundert v. Chr.
Ein Drittel der Bevölkerung Athens sind Sklaven

335 v. Chr.
Alexander der Große zerstört Theben und versklavt seine Bewohner

332 v. Chr.
Alexander der Große erobert und zerstört Tyros

1. Jahrhundert v. Chr.
Im Römischen Reich leben mehrere Millionen Sklaven

146 v. Chr.
Karthago von den Römern erobert und zerstört

136 bis 132 v. Chr.
20 000 Sklaven von den Römern im Sklavenkrieg getötet

88 v. Chr.
Mithridates VI. von Pontos läßt in Kleinasien und Delos rund 100 000 Italiker niedermachen

82 bis 79 v. Chr.
Sulla läßt 90 Senatoren und 2600 Ritter töten

73 bis 71 v. Chr.
Sklavenaufstand unter Spartakus. 6000 Sklaven gekreuzigt

25 v. Chr. bis 90 n. Chr.
Eskalation der Grausamkeiten unter den römischen Kaisern

39 bis 40 n. Chr.
Caligula läßt mehrere Hundert Patrizier ermorden

61 n. Chr.
Kelten massakrieren ca. 70 000 römische Kolonisten in Britannien

69 n. Chr.
Römische Legionäre unter Vespasian ermorden in Cremona mehrere Tausend Einwohner

212 n. Chr.
Römer unter Kaiser Caracalla bringen 20 000 Anhänger seines ermordeten Bruders Geta um

276 n. Chr.
Römer töten etwa 400 000 Alemannen in Gallien

Wenn die Völker der Antike fremde Stämme und Städte unterwarfen und eroberten, wurden die Besiegten — und zwar Soldaten und Zivilisten — entweder gleich getötet oder verschleppt und zur Fronarbeit gezwungen. So entwickelte sich bereits mit Beginn der Geschichte der Menschheit auch die Geschichte der Sklaverei. Die Sklaven waren von Anfang an eine nützliche »Haustierkaste« für ihre Herren, mit Hilfe derer diese zuerst ihre Äcker bestellten und ihr Vieh versorgten. Später mußten die Sklaven den Herrenvölkern die Befestigungen, Städte und Tempel bauen sowie die Bodenschätze heben. Der Grieche Diodorus berichtet in seiner im 1. Jahrhundert v. Chr. entstandenen »Historischen Bibliothek« über das Los der Sklaven in den Goldbergwerken von Ägypten:

»Die Könige von Ägypten schicken nämlich in die Goldbergwerke die verurteilten Verbrecher und die Kriegsgefangenen, auch Leute, die man auf falsche Anklage hin verdammt oder in der Hitze der Leidenschaft verhaftet hat. Durch diese Strafe, die manchmal nicht bloß den Schuldigbefundenen selbst, sondern mit ihm seine sämtlichen Verwandten trifft, verschaffen sie sich also zugleich die zur Hebung ihrer großen Schätze nötigen Arbeiter.«

Das Herrenrecht des Siegers bestimmte also von Anfang an einen Weg in der Weltgeschichte, der den Menschen vom friedlichen Primaten zum tyrannischen Herrn dieser Erde führen mußte. Dieser Weg, der geradewegs in die Neuzeit der Weltgeschichte mündet, sieht denn auch im antiken Griechenland und Rom die Sklaverei als festen Bestandteil der menschlichen Gesellschaftspyramide. Das Wort des Philosophen Hegel, wonach »in der Knechtschaft des Knechtes auch der Herr seine Menschheit verliert«, wird für die Antike erst so recht klar, wenn wir uns vergegenwärtigen, daß im »goldenen Zeitalter« Athens, also im 5. und 4. Jahrhundert v. Chr., ein Drittel der Gesamtbevölkerung Sklaven waren. Die griechische Menschlichkeit gegenüber ihren Sklaven — wir können das in der griechischen Literatur, zum Beispiel bei Aristophanes, nachlesen — sah so aus, daß diese überwiegend als derbe Knechte gekennzeichneten Diener häufig von ihren Herren geschlagen und gefoltert wurden, während die als dumme Mägde verspotteten Dienerinnen als berufsmäßige Dirnen gehalten wurden und selbstverständlich zur persönlichen Lust eines Hausherrn stets zur Verfügung stehen mußten. Der große Platon hatte nichts dagegen, daß ein Mensch als Besitzstück wie ein Maultier auf dem Markt gekauft und verkauft wird. Die Sklaven der Griechen blieben auch trotz schöner Reden der Philosophen menschliche Nullen, auch wenn ihnen später die Möglichkeit zugesprochen wurde, ihr Sklaventum durch eine Art innere Freiheit zu überwinden. Damit wurde lediglich das Dasein der Haussklaven im Dienste griechischer Humanisten gemildert, für die Mehrheit galt immer das Wort des Platon-Schülers Herakleidos Pontikos:

»Genießen und Wohlleben ist Sache der Freien, denn dies erhebt und steigert die Seelen. Schuften dagegen ist Sache der Sklaven und kleinen Leute, daher verkümmern diese auch in ihrer Natur.«

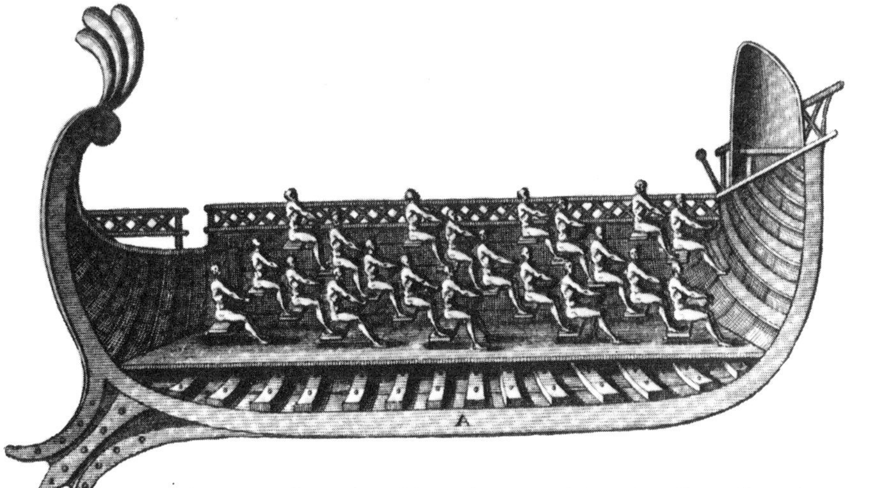

Die Römer machten die Sklaverei zur sozialen Grundlage ihres Staates. Sklaven waren für sie »sprachbegabte Werkzeuge« (Varro) und wurden auf den Schiffen als menschliche Antriebskräfte eingesetzt. Der Kupferstich zeigt einen Querschnitt durch eine fünfrudrige römische Galeere mit den Sklavenruderern, die in fünf Etagen übereinander die Ruder bedienen müssen.

Bei den Römern, vor allem als die römischen Heere im Orient Tausende von Kriegsgefangenen als Sklaven nach Hause schickten, nahm die Versklavung ganzer Völkerschaften noch grausamere, unmenschlichere Ausmaße an. Die Sklaverei erhielt auch in Rom ihren genau definierten, rechtmäßigen Platz. Der Jurist Florentinus ordnete diesen Platz unter Kaiser Alexander Severus im 3. Jahrhundert n. Chr. so ein: »Sklaverei ist eine völkerrechtliche Bestimmung, durch die jemand gegen die Natur einer fremden Gewalt unterworfen wird.«
Aufgrund solcher Vereinfachung wurden Tausende »Unterworfene« in die Latifundien Siziliens und Italiens sowie nach Rom verfrachtet — allein in den 200 Jahren von 229 bis etwa 30 v. Chr. sollen es insgesamt mehrere Millionen Sklaven gewesen sein. Und welchen Wert für die reichen Römer ein Sklavenleben hatte, ist an der Tatsache zu messen, daß Vedius Pollio, ein Freund des Kaisers Augustus, einen Sklaven zur Strafe für ein geringes Vergehen in den Fischteich als Futter für seine Muränen werfen ließ. »Der Herr übt die absolute Herrschaft über seine Sklaven aus. Er kann über Leben und Tod verfügen«, hieß es in der römischen Rechtsprechung. Rom wurde als Mittelpunkt des Römischen Weltreiches das Zentrum eines Menschenhandels von gewaltigen Ausmaßen. Ein Netz von Sklavenmärkten besorgte die Zulieferung. Das Sklavenheer, dem es nie an Nachschub mangelte, setzte sich aus Kriegsgefangenen, Geraubten, durch Piraten erbeutete Passagiere und ausgesetzten, verkauften und verstoßenen Frauen und Kindern zusammen. Kaiser Trajan brachte von einem Feldzug allein 50 000 Gefangene mit nach Hause, die auf dem Sklavenmarkt landeten. Für Rom wurden in Rußland und Indien, in Afrika und Britannien Sklaven aller Rassen angekauft und verschickt. Massenversklavungen gab es ab dem 4. Jahrhundert v. Chr. auf dem Balkan unter Griechen und Makedoniern, unter

Illyrern, Thrakern und Römern, in Italien schon seit der Frühgeschichte unter Etruskern, Latinern, Karthagern und Römern, in Spanien unter den Karthagern und Römern, in Gallien unter den Römern, wobei sich besonders der große Cäsar während seiner Eroberungszüge hervortat: nach der römischen Geschichte des Griechen Appianos (2. Jahrhundert n. Chr.) unterwarf Cäsar in Gallien in zehn Jahren etwa 400 Völkerstämme, eroberte über 800 Orte und führte rund eine Million Menschen in die Sklaverei. Massenversklavungen großen Stils betrieben die Römer bis etwa zum 4. Jahrhundert n. Chr. auch bei ihren Feldzügen in Korsika, Sardinien und Sizilien, in Nordafrika und in Kleinasien. Vor allem während des langwierigen Aufstandes der Juden gegen die Römer im 1. Jahrhundert n. Chr., von dem wir schon gehört haben (siehe Seite 36 ff.), wurden viele jüdische Frauen und Kinder, die bei den Gemetzeln übriggeblieben waren, verkauft. Insgesamt sollen es rund 97 000 Juden gewesen sein.

Die zur Sklaverei bestimmten Gefangenen wurden meist an Ort und Stelle entweder an die Soldaten verteilt oder an Händler verkauft. Auf dem Landweg oder per Schiff wurden die Sklaven nach Rom und Italien überführt. Dort organisierten die reichen Bürger ihre teilweise bis zu mehreren Tausenden angewachsenen Arbeitssklaven wie ein gutgeordnetes Heer. In Rom ließen sich Herr und Herrin in Sänften ständig auf den Schultern von sechs bis acht stämmigen Sklaven durch die Straßen tragen. Solch alltägliche Bilder kommentierte damals der Dichter Lucian (120 bis 180 n. Chr.):

»Ihr, die ihr die Menschen wie Zugtiere gebraucht, laßt sie auf ihrem Nacken die Sänften, die Wagen schleppen. Ihr selbst aber liegt üppig darauf und lenkt von da aus die Menschen, als wären es Maulesel.«

Ein Sklave wird ausgepeitscht (Zeichnung nach einem pompejanischen Bronzerelief).

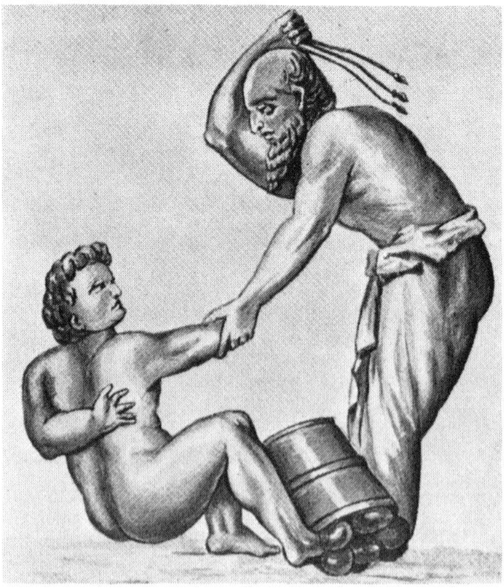

Der Satiriker Juvenal (um etwa 60 bis 140 n. Chr.) beobachtete wieder andere Gewohnheiten zwischen Herrin und Sklaven:

»Wenn sich die Herrin geärgert hat, ist die Spinnmeisterin verloren, die Schneiderinnen bringen nie die rechten Kleider, der Sänftenträger kommt zu spät; auf dem einen zerbrechen Ruten, den anderen rötet die Peitsche, den dritten die Knute; manche Frauen zahlen den Folterknechten ein besonderes Jahrgeld. Sie läßt ihre Leute schlagen und schminkt sich dabei das Antlitz; sie gibt ihren Freundinnen Audienz oder betrachtet die breite Goldstickerei ihres Gewandes, und dabei regnet es Schläge; sie überrechnet die langen Reihen des Kassenbuches:

Die Hiebe prasseln nieder, bis endlich die Schlagenden ermüden und ein donnerndes ›Hinaus!‹ erschallt.«

Rom erlebte durch den ständigen Zustrom an Sklaven aus aller Welt eine gewaltige Bevölkerungsexplosion. Lucian klagte mit Recht: »Rom ist nicht mehr von eigenen Bürgern bevölkert, sondern von der Hefe des Erdballs.« Und da nicht wenige Sklaven überdurchschnittlich gebildet waren, mußten verständlicherweise gerade in den Zeiten des stärksten Zustroms, also etwa von 200 bis 150 v. Chr., als allein eine Viertelmillion neuer Sklaven nach Rom kam, auch die großen Sklavenaufstände, die sich dann nochmals zwischen 140 und 70 v. Chr. wiederholten, ausbrechen. Die vielen Massen frei geborener Menschen unterworfener Völker nahmen ihr Los nicht einfach so hin wie die Nachkommen der Menschen, die bereits Generationen vorher als Sklaven lebten und an diesen Zustand gewöhnt waren.
Seit etwa 200 v. Chr. hatten die Römer mehrere Sklavenaufstände niederzuschlagen, wobei allein 132 v. Chr. 20 000 Sklaven getötet worden waren. Nach dem Sieg über die Sklaven des ehemaligen Gladiators Spartakus aus Thrakien setzten sie dann im Jahre 71 v. Chr. einen fürchterlichen Schlußpunkt, der seine abschreckende Wirkung nicht verfehlte: Längs der Via Appia zwischen Rom und Capua, wo der Aufstand ausgebrochen war, wurde ein Kreuz nach dem anderen aufgerichtet. An sie schlug man insgesamt 6000 besiegte Sklaven. Mit dieser grauenvollen Massenhinrichtung beendeten die Römer einen fast drei Jahre anhaltenden Kleinkrieg gegen rund 70 000 Sklaven, die unter Spartakus zeitweilig ganz Süditalien besetzt und verwüstet hatten. Die Sklavensoldaten, die aus Bergwerken, Arbeitslagern, Haushalten und Latifundien geflohen waren, hielten die damals besten Legionen der Welt in Atem, zogen die römischen Soldatenheere immer wieder in offene Feldschlachten hinein und schlugen sogar mehrmals ihre ihnen weit überlegenen Gegner. Erst als die Disziplin im Sklavenheer zusammenbrach, besiegten schließlich die Feldherrn Crassus und der gerade aus Spanien zurückgekehrte Pompejus Spartakus' nun zügellos gewordene Haufen.

Grausamkeiten übten Römer wie Griechen in der Weise, wie sie solche in der Frühgeschichte ihrer Völker bei anderen Völkern kennengelernt hatten. Die Griechen lernten sie von den Persern kennen, die im 5. Jahrhundert v. Chr. Athen eroberten und andere griechische Städte zerstörten. Herodot (etwa 480 bis 420 v. Chr.) notierte dazu:

»Als die Athener die Feinde oben auf der Akropolis sahen, stürzten sich die einen von der Mauer herab und gaben sich den Tod; die anderen flüchteten in das Innere des Tempels. Die heraufgestiegenen Perser wandten sich zuerst zu dem Tore und öffneten es, dann töteten sie die Athener, die um Gnade baten. Als alle erschlagen waren, plünderten sie den Tempel und zerstörten die ganze Akropolis durch Feuer ... Es war auch eine Orakelstätte dort, die noch jetzt besteht. Auch dies Heiligtum plünderten und verbrannten sie, fingen auch einige Phoker, die sie auf die Berge verfolgten, und einige Weiber brachten sie um, indem Massen von Soldaten sie schändeten.«

Mit den Phokern, von denen Herodot spricht, waren Phönikier gemeint, deren Nachfahren später von Karthago aus unter ihrem Feldherrn Hannibal die Römer dann das Fürchten lehrten und von Anfang an den Griechen als grausame Feinde galten, die ihre eigenen Kleinkinder ihrem Gott Baal opferten. Die Phönikier waren zwischen 1000 und 774 v. Chr. die führende Macht in Kleinasien. Von den Städten Byblos, Sidon und Tyros aus, die an der Küste zum Mittelmeer, gegenüber der Insel Zypern, lagen, unterwarfen sie die nordafrikanischen Siedlungen, segelten mit ihren Schiffen die westafrikanische Küste hinunter, gründeten in der Nähe des heutigen Tunis das berühmte Karthago und errichteten schließlich an der Südostküste Spaniens (Cadiz), auf Korsika und Sardinien sowie an der Westspitze Siziliens und auf Malta ihre Kolonien.
Der Phönikier-Gott Baal ist derselbe Gott wie Kronos bei den Griechen, von dem der Sage nach bekannt ist, daß er seine eigenen Kinder fraß. Es machte deshalb wohl auch keinen Unterschied, wenn die Phönikier und Karthager ihre Götter durch das Opfern von Kleinkindern besänftigen wollten oder die Griechen — vor allem in Sparta — ihre Babys aussetzten und damit ebenfalls dem Tod preisgaben, wenn diese ihnen als mißgestaltet oder einfach im Rahmen ihrer damaligen Form von »Geburtenkontrolle« nicht erwünscht erschienen. Daß auch die Griechen, wie übrigens alle Völker der Antike, das Menschenopfer kannten, geht schon aus der Tatsache hervor, daß der griechische Feldherr Themistokles vor der Schlacht von Salamis von seinen Leuten gezwungen wurde, drei gefangene vornehme Perser auf dem Altar von Dionysos zu opfern, um den Sieg zu erflehen. Nach einem Sieg der Karthager im Jahre 300 v. Chr. über den Syrakuser Agathokles geschah nach Diodorus folgendes:

»Sie wählten unter den Gefangenen, welche ihnen dabei in die Hände gefallen waren, sogleich die stattlichsten Leute aus. Unmittelbar vor dem heiligen Zelte, in welchem das Heer ein Götterbild mit sich führte, schürten sie noch in selbiger Nacht ein mächtiges Opferfeuer an und übergaben den Flammen desselben diesen auserlesensten Ertrag ihres Sieges.«

Ein ähnlicher Vorfall hatte auch 332 v. Chr. den großen Alexander so gereizt, daß er bei der Eroberung der phönikischen Stadt Tyros grausam Rache nehmen ließ. Arrian, ein Grieche aus dem 2. Jahrhundert n. Chr., erzählt in seiner Historie von »Alexanders Siegeszug durch Asien« davon:

»Jetzt verläßt die Hauptmasse der Tyrier die Mauer, wie sie sehen, daß sie schon in Gewalt der Feinde ist. Sie sammeln sich bei dem sogenannten Agenortempel und wenden sich dort gegen die Makedonen. Da stürmt Alexander im Verein mit den Hypaspisten gegen sie; die einen vernichtet er im Kampf Mann gegen Mann, die anderen, die fliehen, verfolgt er. Es war ein furchtbares Morden, da die vom Hafen Kommenden die Stadt schon in ihrer Gewalt hatten und die Abteilung des Koinos in diese eingedrungen war. Denn die Makedonen wüteten gegen alles, was ihnen in die Hände fiel; waren sie doch infolge der langen Dauer der Belagerung erbittert, vor allem aber, weil die Tyrier einige von ihnen, die

Römer und Griechen lernten Grausamkeit gegenüber dem besiegten Feind in ihrer Frühgeschichte kennen; die Griechen von den Persern, die in Griechenland einfielen und Athen und andere Städte eroberten. Das Relief aus dem 5. Jahrhundert zeigt einen athenischen Krieger zu Pferd, der einen schon geschlagen am Boden liegenden Feind mit seiner Lanze (im Lauf der Jahrtausende verwittert) ersticht.

von Sidon heransegelten, gefangen, und damit es vom makedonischen Lager aus gesehen werden könnte, auf die Stadtmauer geschleppt, dort abgeschlachtet und ins Meer geworfen hatten.«

Alexander ließ deshalb in Tyros 8000 Verteidiger töten und 30 000 Einwohner in die Sklaverei verkaufen. Sein strahlender Historienglanz weist übrigens auch noch andere dunkle Flecken auf. Wie der letzte Akt der Eroberung Thebens 335 v. Chr. abrollte, als seine Soldaten bereits über den Marktplatz vorgestürmt waren, lesen wir wieder bei Arrian:

»Kurze Zeit halten noch die geschlossenen Verbände der Thebaner beim Amphieion stand. Wie aber die Makedonen sie von allen Seiten angriffen und Alexander bald hier, bald dort mitten unter seinen Truppen erschien, schlugen sich die Reiter der Thebaner durch die Stadt auf das freie Feld draußen durch, während sich von ihrem Fußvolk jeder, so gut es ging, zu retten suchte. Da richteten in furchtbarer Kampfwut nicht so sehr die Makedonen als vielmehr die Phoker, Plataier und die anderen Boioter, selber aus Rand und Band, unter den Thebanern, die an keine Gegenwehr mehr dachten, ein gräßliches Blutbad an; die einen erschlugen sie in den Häusern, in die sie einbrachen; ebenso die anderen, die sich noch zur Wehr setzten, und jene, die in den Heiligtümern an den Altären Schutz suchten. Nicht einmal Frauen und Kinder verschonten sie.«

Wir wissen heute auch, daß auf Alexanders Eroberungszug bis zum Indus noch mehrere Fälle von Massenversklavungen und Massenmorden an den Besiegten vorkamen. Aus dem eroberten Gaza ließ Alexander Kinder und Frauen verkaufen, nachdem die Männer getötet worden waren. Persepolis gab er seinen Soldaten zur Plünderung frei. Aufrührer und Mitschuldige eines Abfalls tötete er einmal selbst, ließ sie töten oder in die Sklaverei verkaufen. Am Tanais ließ er von vorher eingebrachten Gefangenen eine Stadt mit Namen Alexandreia erbauen. In Indien und im Königreich des Sambos, der von ihm als eingesetzter Satrap abgefallen war, ließ er mehrmals nach der Eroberung von Siedlungen und Städten die Bewohner als Sklaven verkaufen. Wenn dabei im genannten Königreich des Sambos schon allein über 80 000 Menschen erschlagen worden sind, muß die Zahl der Versklavten sicher sehr hoch gewesen sein.
Die Geschichte des Römischen Weltreiches, das nach den Geschichtsbüchern das geistige Erbe des Alexander-Reiches antrat, ist von Anfang an mit dem Blut und Leid der unterworfenen Nachbarvölker belastet. Das bekamen erstmals im Jahre 146 v. Chr. gleichzeitig die Nachbarn im Osten, die Griechen, und die Nachbarn im Süden, die Karthager, zu spüren: Der römische Feldherr Mummius besiegte den achäischen Bund, zerstörte die Stadt Korinth, ließ deren Einwohner in die Sklaverei verkaufen und Griechenland dem römischen Statthalter von Makedonien unterstellen; sein Kollege Scipio Aemilianus erfüllte die machtpolitische Forderung des Römers Cato nach der Zerstörung Karthagos. Er ließ die damals prachtvollste Stadt der Antike niederbrennen, eine jahrhundertealte Kultur auslöschen und neun Zehntel der Einwohner unter den Schwertern seiner Soldaten verbluten. Der Chronist des Auftaktes römischer Weltherrschaft, der Grieche Polybios (etwa 200 bis 120 v. Chr.), berichtet von mehreren blutigen Eroberungen der Römer schon aus der Zeit vor der Zerstörung Karthagos, so von der Eroberung Neukarthagos in Spanien im Jahre 209 v. Chr. durch den Prokonsul Publius Cornelius Scipio:

»Sobald nun Publius fand, daß eine ausreichend große Zahl seiner Leute in die Stadt gedrungen sei, ließ er die Mehrzahl davon nach römischer Sitte sich auf die Bewohner werfen und gab den Betreffenden die Weisung, daß sie jeden, der ihnen in den Weg käme, niedermachen und keinen verschonen, die Plünderung jedoch

Im Jahre 146 v. Chr. erfüllt Scipio Aemilianus die Forderung des Senators Cato: Er zerstört mit seinen Truppen das »New York des Altertums«, die jahrhundertealte Stadt Karthago in Nordafrika.

nicht früher beginnen sollten, als bis das Zeichen gegeben wäre. Der Zweck dieser Sitte scheint die Verbreitung von Schrecken zu sein. Daher kommt es bei der Eroberung von Städten durch die Römer auch oft vor, daß nicht bloß Menschen getötet, sondern daß auch Hunde entzweigeschnitten und anderen Tieren einzelne Gliedmaßen abgehauen werden. Eben damals wurde besonders viel Blut bei der starken Bevölkerung der eingenommenen Stadt vergossen.«

Über die Zerstörung des alten Karthagos notiert Augenzeuge Polybios, inzwischen als Freund Scipios den Römern mehr zugetan:

»Die Straßen, die vom Marktplatz zur Byrsa führten, waren von sechsstöckigen Häusern flankiert, von denen aus die Verteidiger die Römer mit einem Geschoßhagel überschütteten. Sobald die Angreifer in die Gebäude eindrangen, ging der Kampf auf den Dächern und auf den Planken weiter, die man über die Lücken gelegt hatte. Viele wurden zur Erde hinunter oder auf die Waffen der Kämpfer in den Straßen geschleudert. Scipio befahl, dieses ganze Viertel in Brand zu stecken und die Trümmer wegzuräumen, um seinen Truppen einen besseren Durchgang zu verschaffen, und als das geschehen war, stürzten zugleich mit den Mauern die Leichen vieler Menschen herab, die sich in den oberen Stockwerken versteckt hatten und dort verbrannt waren, und zugleich mit ihnen andere, die noch lebten, verwundet oder schwer verbrannt. Scipio hielt Soldaten bereit, um die Straßen für den raschen Vormarsch seiner Leute zu räumen. Tote und Lebende wurden gemeinsam in Gruben geworfen, und oft geschah es, daß solche, die noch nicht tot waren, von den dahintrabenden Pferden der Reiterei zertrampelt wurden, nicht mit Absicht, sondern in der Hitze der Schlacht.«

Polybios wies übrigens auch darauf hin, daß der Eroberer Scipio schließlich angesichts der brennenden Stadt geweint und »das Schicksal des Feindes beklagt« habe. Doch das »New York des Altertums« versank in Blut und Trümmer. Seine Häuser und Tempel stürzten zusammen, die Hafendämme brachen, die Leuchttürme knickten um, und im höchsten Baal-Tempel forderte Baal-Kronos seine letzten Opfer: Rund 900 Karthager, darunter auch die Gattin des wankelmütigen Hasdrubal, der sich dem Eroberer Scipio und »seiner Gnade« auslieferte, steckten den Tempel selbst in Brand und ließen sich darin verbrennen. Nach dem Tag der Eroberung brannte die Stadt noch weitere 17 Tage.

Auch die römische Eroberung Kleinasiens im 1. Jahrhundert v. Chr. gab den Römern Anlaß, genügend Schrecken zu verbreiten. Aber auch Widerstand und Gegenterror mußten sie erfahren. So etwa, als Mithridates VI., der König von Pontos (um 113 bis 63 v. Chr.), aus Wut gegen die sich anbahnende römische Vorherrschaft im Jahre 88 v. Chr. in Kleinasien und auf Delos mit seinem Blutbefehl von Ephesos 80 000 Römer und Italiker niedermetzeln ließ.

Der Feldherr, der kurze Zeit später in Kleinasien die römische Herrschaft wieder festigte, war nach den Berichten Plutarchs, der etwa hundert Jahre später lebte, ein besonders blutrünstiger Mann, der Tausende auf dem Gewissen hatte, die grausam getötet worden waren. Es war Sulla (138 bis 78 v. Chr.), der sich selbst den Beinamen Felix, »der Glückliche«, gab. Im Jahr 86 v. Chr. war er verantwortlich für die römische Eroberung Athens, wobei nach Plutarch Ströme von unschuldigem Blut vergossen wurden:

»Dann rückte er um Mitternacht wie ein Schreckgespenst mit lautem Trompetengeschmetter und Hörnerklang in die Stadt ein. Unter Kriegsgeschrei und Siegesjubel ließ er seine Soldaten zum Rauben und Morden los. Mit bloßen Schwertern stürmten sie durch die engen Gassen, so daß man die Leichen der Gefallenen nicht zählen konnte, doch pflegt man ihre Zahl noch jetzt zu schätzen nach der Breite des Blutstroms, der dort floß. Denn abgesehen von den Toten, die in den übrigen Stadtteilen hingemordet waren, erstreckte sich das Gemetzel um den Markt herum über den ganzen Kerameikos innerhalb des Dipylons. Ein Blutstrom soll sich auch durch die Tore in die Vorstadt ergossen haben. Ebenso groß wie diese Schar Erschlagener war die Zahl derer, die sich selbst das Leben nahmen, aus Jammer über ihr geliebtes Vaterland, das sie für verloren hielten.«

Als Sulla im Bürgerkrieg der jungen römischen Republik in den achtziger Jahren des letzten Jahrhunderts v. Chr. gegen seinen Gegenspieler Marius die Oberhand behielt, übertraf er in seiner blindwütigen Rache an den Anhängern des Marius bei weitem dessen vorausgegangene Terrorherrschaft. Er erklärte jeden für vogelfrei, der nicht mit ihm zusammen gekämpft hatte. Viele seiner politischen Freunde erschraken vor seiner skrupellosen Verfolgungspraxis, andere nutzten die chaotische Situation, um ihr privates Süppchen zu kochen, und ließen persönlichen Rachegelüsten freie Bahn. Auf öffentlichen Listen wurden Namen zur Aburteilung vorgeschrieben (Proskriptionen), die man aus den verschiedensten Gründen einfach aus dem Weg räumen lassen wollte. Und Sulla selbst hatte seine Gegner nicht nur auf dem Schlachtfeld getötet, er ließ sogar die Gefangenen zu Tausenden abschlachten. Plutarch schreibt vom Blutbad in Antemnä:

»Dort erreichte ihn eine Abordnung, die dreitausend seiner Gegner aus Rom zu ihm geschickt hatten. Er versprach ihnen Sicherheit, wenn sie, ehe sie zu ihm kämen, noch unter den übrigen früheren Gesinnungsgenossen aufräumen wollten. Sie trauten diesen Zusicherungen, fielen über die anderen her und richteten ein allgemeines Blutbad an. Gleichwohl ließ Sulla den Rest jener dreitausend und die Anhänger des Marius, gegen sechstausend Menschen, im Zirkus zusammentreiben und berief den Senat in den Tempel der Bellona. Während er seine Rede begann, schlachteten die dazu bestimmten Henker die sechstausend ab. Der Todesschrei der auf so kleinem Raume niedergemetzelten Menge drang bis in den Senat; entsetzt sprangen die Senatoren auf. Doch mit unveränderter, beherrschter Miene mahnte sie Sulla, lieber auf seine Worte zu achten und sich nicht um die Vorgänge draußen zu kümmern, es würden auf seinen Befehl nur ein paar Verbrecher gezüchtigt.«

Wohin die Soldaten Sullas auch kamen, markierten Brandstätten und Leichen ihren Weg. Große Städte wie Capua und Nola verschwanden damals vom Erdboden. Plutarch faßt die Schreckenszeit zusammen:

»So hatte Sulla sich also aufs Morden festgelegt und erfüllte mit Hinrichtungen ohne Maß und Zahl die Stadt. Viele Männer, die nie etwas mit ihm zu tun gehabt hatten, wurden nun das Opfer persönlicher Rache der Anhänger Sullas, denen er aus persönlicher Gefälligkeit die Erlaubnis zu dem Mord gab. Da wagte es der junge Gaius Metellus, Sulla im Senat zu fragen, wann diese Schrecken einmal ein Ende nehmen würden und wie weit er noch gehen wolle, bevor man auf ein Aufhören dieser Leiden hoffen könne. ›Wir bitten‹, sprach er, ›nicht für die, denen du den Tod bestimmt hast; nimm nur denen die Ungewißheit, deren Leben du schonen willst.‹ Und auf Sullas Entgegnung, er wisse noch nicht, wen er am Leben lassen wolle, erwiderte Metellus: ›So nenne wenigstens die Männer, die du bestrafen willst.‹ Das versprach Sulla. Nach einigen Quellen hat nicht Metellus diese letzten Worte gesprochen, sondern Fufudius, einer von denen, die um Sullas Gunst warben. Sulla ließ nun, ohne Mitteilung an den Magistrat, achtzig Bürger in die Acht erklären. Da aber ganz Rom darüber entsetzt war, ließ er einen Tag verstreichen und ächtete dann weitere hundertundzwanzig, am dritten Tag noch einmal so viele. Dann erklärte er öffentlich, er habe jetzt die geächtet, auf die er sich besinnen könne, ein andermal würden die folgen, die ihm jetzt entfallen seien. Und er fuhr fort mit den Proskriptionen. Wer einen Geächteten aufnahm oder in Sicherheit brachte, verfiel für seine Menschenfreundlichkeit dem Tode, weder Bruder, noch Sohn oder Eltern nahm er aus. Wer einen Geächteten tötete, bekam als Lohn zwei Talente, mochte auch der Sklave seinen Herrn oder der Sohn seinen Vater töten. Für das grausigste Unrecht aber galt, daß er auch den Söhnen und Enkeln der Geächteten die bürgerlichen Ehrenrechte aberkannte und ihre Vermögen einzog. Die Proskriptionen beschränkten sich nicht auf Rom, sie gingen durch alle Städte Italiens. Kein Göttertempel blieb unbefleckt vom Mord, kein gastlicher Herd, kein Vaterhaus. Männer wurden in den Armen ihrer Frauen, Söhne vor den Augen ihrer Mütter hingerichtet ... Nach seiner Ankunft in Präneste begann Sulla damit, die Gegner einzeln abzuurteilen. Noch dauerte ihm das zu lange, und so ließ er denn alle auf einen Fleck zusammentreiben und töten, zwölftausend Mann. Nur seinem Wirt schenkte er das Leben, der aber erklärte ihm offen und freimütig, er wolle dem Henker seiner Vaterstadt nicht sein Leben zu verdanken haben. Er schloß sich freiwillig seinen Landsleuten an und wurde mit ihnen niedergemetzelt.«

Auf Sullas Denkmal auf dem Marsfeld wurde eine von ihm selbst verfaßte Inschrift eingemeißelt, die verkündete, daß kein Freund ihn im Guten, kein Feind im Bösen übertroffen habe. Letzteres traf jedoch nur zu seinen Lebzeiten zu. Nach ihm lernten die Römer noch einige Vertreter der berühmt-berüchtigten Cäsaren kennen, die Sulla im Bösen noch übertrafen.
Da war zum Beispiel der grausame Kaiser Tiberius (42 v. Chr. bis 37 n. Chr.), der von 14 bis 37 n. Chr. regierte und über den Sueton (etwa 70 bis 140 n. Chr.), der erste Biograph der Geschichtsschreibung, in seinen »Cäsarenleben« berichtet:

»Seine grausamen Taten einzeln zu berichten, würde zu weit führen; es mag genügen, die verschiedenen Arten an Stelle von Einzelbeispielen aufzuzählen.

Kein Tag verging ohne Hinrichtungen, nicht einmal Feier- und heilige Tage. Manche Todesstrafen wurden selbst am Neujahrstag vollzogen. Viele wurden mit ihren Kindern und sogar von ihren Kindern angeklagt und verurteilt. Ein Edikt verbot den Angehörigen, ihre zu Tode verurteilten Verwandten zu betrauern. Den Anklägern wurden hohe Belohnungen zuerkannt, manchmal auch den Zeugen. Keinem, der Angaben machte, wurde Glaubwürdigkeit abgesprochen. Jedes Verbrechen wurde mit dem Tode bestraft, selbst wenn es nur in wenigen unschuldigen Worten bestand ...

Noch heute zeigt man auf Capri die Richtstätte, von wo er die Verurteilten nach langen, ausgesuchten Martern vor seinen Augen ins Meer hinabstürzen ließ. Unten fing sie dann eine Matrosenschar auf und zerschlug ihre Körper mit Stangen und Rudern, um ihnen vollends den Rest zu geben. Unter den Marterarten hatte er sich noch eine ganz besonders raffinierte ausgedacht. Arglistigerweise ließ er die Leute reichlich Wein trinken und ihnen dann plötzlich das Schamglied dergestalt unterbinden, daß sowohl die straff angezogenen Schnüre als auch der zurückgehaltene Urin ihnen die furchtbarsten Schmerzen bereiteten ...«

Bereits fünfzig Jahre vor Sullas Diktatur waren die Römer schon von Mordaktionen unter den Senatoren erschreckt worden. Im Jahr 129 v. Chr. erschlagen Senatoren den reformbegeisterten Volkstribun Tiberius Gracchus und seine Freunde (im Bild), sechs Jahre später müssen sein Bruder Gaius und dessen Anhänger dasselbe Schicksal erleiden.

Nach dem Tod von Tiberius soll, nach Sueton, das Volk im Freudentaumel auf die Straßen gelaufen sein und gerufen haben: »In den Tiber mit Tiberius!« Aber die Freude der Römer war verfrüht, denn der Nachfolger, sein vierundzwanzigjähriger Enkel Gaius, genannt Caligula, war ein wahnsinniges Scheusal in Menschengestalt. Selbst der verruchte alte Tiberius mußte eine Vorahnung von Schlimmmem gehabt haben, als er über seinen Günstling Gaius sagte: »Gaius ist zu meinem und aller Verderben am Leben geblieben.« Tatsächlich wurde Caligula nach vier Jahren Schreckensherrschaft von 37 bis 41 n. Chr. in der unterirdischen Galerie des Theaters von seinen eigenen Offizieren wie ein toller Hund erschlagen.
Über das Schuldkonto des Caligula notiert Sueton unter anderem:

»Viele geachtete Männer befahl er zu brandmarken und verurteilte sie dann zur Zwangsarbeit im Bergwerk, zum Straßenbau oder zum Kampf mit wilden Tieren. Er sperrte sie auch selbst wie Raubtiere in Käfige, wo sie sich nur auf allen vieren fortbewegen konnten, oder ließ sie mitten durchsägen. Und das alles keineswegs immer wegen schwerer Verbrechen, sondern nur, weil sie sich vielleicht über ein von ihm veranstaltetes Gladiatorenspiel geringschätzig geäußert oder kein einziges Mal bei seinem Genius geschworen hatten. Die Väter zwang er, der Hinrichtung ihrer Söhne beizuwohnen. Einem, der sich mit Krankheit entschuldigte, schickte er eine Sänfte, einen anderen lud er unmittelbar von der Stätte, auf der sein Sohn hingerichtet war, zu Tisch und forderte ihn in aller Freundlichkeit auf, doch heiter und vergnügt zu sein. Einen Aufseher der Fechterspiele und Tierhetzen ließ er mehrere Tage hintereinander vor seinen Augen mit Ketten peitschen und nicht eher töten, als bis ihn vor dem Geruch des in Verwesung übergegangenen Gehirns ekelte ... Selten ließ Caligula die Hinrichtung eines Verurteilten anders vollziehen, als daß er ihm viele, aber schwache Streiche verabreichen ließ. Dabei lautete jedesmal seine schon bekannte Mahnung an den Henker: ›Triff ihn so, daß er das Sterben fühlt!‹ Infolge einer Namensverwechslung war einmal ein anderer als der von ihm bestimmte hingerichtet worden. Caligula sagte darauf: ›Auch der Mann hat dasselbe verdient!‹ Häufig prahlte er mit dem bekannten Ausspruch des tragischen Dichters: ›Mögen sie (mich) hassen, wenn sie (mich) nur fürchten!‹«

Diese Worte von Agamemnons Vater Atreus in der gleichnamigen Tragödie des römischen Dichters Accius (170 bis 85 v. Chr.) trafen auch auf die späteren Kaiser Claudius (41 bis 54 n. Chr.), Nero (54 bis 68 n. Chr.), Vitellius (69 n. Chr.) und Domitian (81 bis 96 n. Chr.) zu. Sie wurden gehaßt und gefürchtet. Ihre Grausamkeit bei der Auswahl bestimmter Arten von Foltern und Quälereien der meist willkürlich zum Tode Verurteilten ist nicht nur durch Suetons möglicherweise in einigen Fällen übertriebene Biographien überliefert. Auch andere Schriftsteller nach der Kaiserzeit berichten davon, und noch heute beschäftigt die Historiker die Frage, inwieweit solche Grausamkeiten im römischen Charaker überhaupt verankert waren. Die blutrünstigen Spiele in den Theatern und Zirkusarenen römischer Städte, von denen wir eben bei Caligulas Sündenregister hörten, sind

Noch Anfang des 4. Jahrhunderts wurden zum Beispiel in Trier in der Zirkusarena gefangene Franken vor einem begierig gaffenden und nach Blut schreienden Publikum wilden Tieren zum Fraß vorgeworfen. Ein Augenzeuge notierte 306: »Die Bestien ermatteten ob der Menge ihrer Opfer!«

ohne diesen Charakterzug als Triebfeder jedenfalls kaum zu erklären. Diese Spiele mußten genau die grausamen Instinkte wecken, denen sie entsprungen waren. Und die Mehrzahl der Römer suchte eben lieber Entspannung beim damaligen »Sex and Crime« als bei Musik und Theater. So wie die Reichen und Mächtigen in Rom sich an den unglaublich rohen, ja geradezu bestialischen Schauspielen der Gladiatorenkämpfe, Tierhatzen, Triumphzüge, Hinrichtungen, Marterungen und Peinigungen aller Art delektierten, wollte auch das gemeine Volk daran Anteil nehmen und war sich mit den Mächtigen einig in dem Ruf nach »Brot und Spielen« (Panem et circenses). Die Kaiser gaben dem Mob fast täglich solche Spiele, denn die meisten von ihnen hatten Angst vor dem Volk, was zum Teil auch ihre grausame Unmenschlichkeit gegen jeden Verdächtigen erklärt, der sich auch nur den Anschein einer abweichenden Meinungsäußerung gab. Der Todeskampf und das Ende von Mensch und Tier wurde öffentlich in der Arena begafft, belacht, verhöhnt oder auch verwünscht, wenn vorher abgeschlossene

Wetten nicht aufgegangen waren. Der Philosoph Seneca (um 55 v. Chr. bis 41 n. Chr.), der als Gegner solcher Spiele bei Nero gelegentlich auch unblutige Spiele durchsetzen konnte, hat aufgeschrieben, wie das Volk auf unzufrieden verlaufende Gladiatorenkämpfe reagierte:

»Töte, brenne, peitsche! Warum fällt jener so furchtsam in das Schwert? Warum tötet dieser mit so wenig Herzhaftigkeit? Warum stirbt der so ungern?«

Nachschub für die Massenmorde in den Arenen holten sich die Römer ebenfalls auf dem weltweiten Sklavenmarkt. Die Zahlen über Massenversklavungen ganzer Völkerschaften, von denen wir eingangs dieses Kapitels hörten, stehen also in direktem Zusammenhang mit der ständigen Nachfrage der Veranstalter der Spiele nach neuem Menschenmaterial. Diese Forderungen wurden dann durch Massenversklavungen wie zum Beispiel in Spanien gedeckt, wo unter Galba im Jahre 155 v. Chr. die Römer zuerst 9000 Lusitaner niedermetzelten und hinterher noch an die 20 000 Überlebende in die Sklaverei verschleppten. Auch nach dem Mordbrand von Cremona, wo 69 n. Chr. Legionäre des Gegenkaisers Vespasian Tausende von Cremonern zuerst abschlachteten, sollte der Rest der Überlebenden als Sklaven verkauft werden. Laut Tacitus (etwa 55 bis 120 n. Chr.) schämten sich jedoch die Römer hinterher, im Bürgerkrieg erzwungene Sklaven des eigenen Volkes weiterzuverkaufen. Auch die Soldaten wollten sie nicht als Beute. Erst als diese begannen, die Gefangenen umzubringen, wurden sie von Angehörigen und Verwandten, wenn sie solche hatten, wieder losgekauft. Den Massenmord in Cremona gibt Tacitus so wieder:

»Vierzigtausend Bewaffnete stürzten sich in die Stadt, eine noch größere Zahl von Troßknechten und Marketendern, die in ihrem hemmungslosen Wüten einen noch schlimmeren Grad von Verdorbenheit darstellten. Nicht Stand, nicht Alter boten Schutz davor, daß sich Vergewaltigung zu Mord, Mord zu Vergewaltigung gesellten. Hochbetagte Greise, am Ende ihres Lebens stehende Frauen, die als Beute keinen Wert darstellten, schleppten sie mit sich und trieben ihren Spott mit ihnen. Wo eine erwachsene Jungfrau oder ein wohlgestalter Mann die Augen auf sich zog und ihnen in den Weg lief, riß man sich um ihn unter Gewaltanwendung und im Handgemenge, um ihn fortzuschleppen, bis er zuletzt die Plünderer selbst dazu brachte, sich gegenseitig umzubringen. Während sie, jeder für sich, Geld oder schwergoldene Tempelgeschenke fortschleppten, wurden sie von anderen, die stärker waren, niedergehauen. Manche ließen was am Wege war liegen und forschten, während sie die Besitzer schlugen und folterten, nach verstecktem Gut, wühlten heraus, was vergraben war, mit Fackeln in der Hand, die sie, sobald sie die Beute herausgeschafft hatte, in ihrem Mutwillen in die leeren Häuser und in die ausgeplünderten Tempel warfen.«

Auch im letzten Jahrhundert des vorchristlichen Römischen Reiches gab es Fälle von Massenmorden an den Grenzen des Reiches, wobei sich auch viele römische »Hilfsvölker« – etwa afrikanische Nubier, Syrer oder auch versklavte Gallier – beteiligten. So haben sich die Soldaten des unseligen Kaisers Caracalla, der im

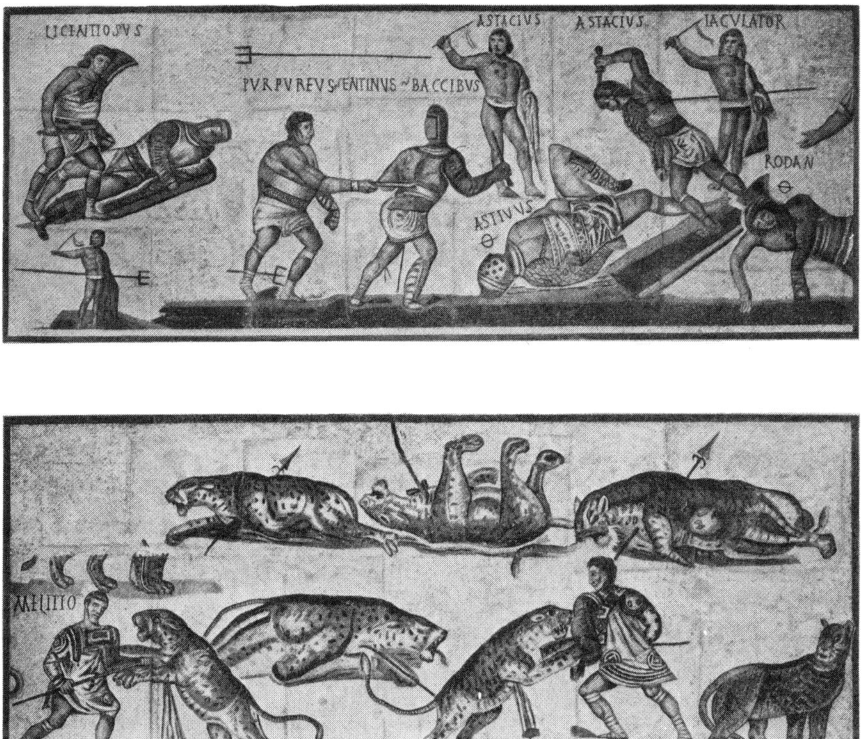

»Warum stirbt der so ungern? Warum fällt jener so furchtsam in das Schwert?« sollen die Zuschauer bei Gladiatorenkämpfen laut Seneca gerufen haben. Dieses Mosaikfragment mit äußerst lebendigen Darstellungen von Gladiatorenkämpfen und Tierhetzjagden stammt aus dem 3. Jahrhundert (Museo Borghese, Rom).

Jahre 212 n. Chr. seinen mitregierenden Bruder Geta zusammen mit 20 000 seiner Gefolgsleute ermorden ließ, mit dem Blutbad von Alexandria im Jahre 215 n. Chr. traurigen Ruhm erworben. Weil Caracalla zu Ohren gekommen war, daß viele Alexandriner ihn wegen seines Brudermordes beschimpften, lockte er die Mächtigen und das einfache Volk von Alexandria in eine Falle und befahl seinen Legionären, Tausende zusammenzuschlagen. Cassius Dio berichtete davon, daß »die Stadt sehr groß« gewesen sei, und »da alle überall bei Tag und bei Nacht gemordet wurden, so konnte man – auch wenn man es wollte – zwischen Freunden wie Feinden keine Unterschiede machen«. Der Caracalla-Gegner und städtische Beamte aus Alexandria, Herodianos, beschrieb als Augenzeuge die Schlächterei so:

»Bewaffnete kämpften da gegen Wehrlose, die sie von allen Seiten umzingelt hatten. Während ein Teil der Soldaten das Mordgeschäft vollzog, hoben andere außerhalb des Kreises ungeheure Gruben aus, wohin sie die Gefallenen schleppten und hineinwarfen, worauf sie Erde schütteten und bald einen ungeheuren Leichenhügel auftürmten. Viele wurden auch noch halb lebendig in die Grube geschleppt, ja manchmal sogar, ohne verwundet zu sein, mit verscharrt. Aber auch von den Soldaten kamen nicht wenige ums Leben; denn diejenigen, die noch einigermaßen atmeten und Kräfte hatten, schlangen sich, während man sie hinabstieß, um die Soldaten und zogen sie mit hinab.
So groß war das Blutbad, daß Ströme von Blut durch die Ebene flossen und die Mündungen des Nils, so groß sie auch sind, und das ganze Ufer rings um die Stadt rot gefärbt waren.«

Aber auch im Norden des Römerreiches, an den Grenzen zu Gallien und Germanien, zog das zerfallende Riesenreich noch Tausende von massakrierten Angehörigen der germanischen und gallischen Grenzvölker mit ins Massengrab dieser Geschichtsepoche. Im Kampf um die Rheinlinie und um Gallien, nördlich wie südlich der Alpen, sollen allein unter Probus um das Jahr 276 n. Chr. etwa 400 000 Alemannen, unter Constantius Chorus um 300 n. Chr. in einer einzigen Schlacht 60 000 Alemannen getötet worden sein (siehe Seite 87). Zu dieser Zeit hatte Rom seine Bedeutung als Zentrum des Reiches schon fast verloren. Die Kaiser residierten in anderen Städten, Caracalla in Alexandria oder Antiochia, Konstantin noch Anfang des 4. Jahrhunderts in Trier, wo sehr häufig gefangene Franken vor einem blutdürstigen römischen Publikum wilden Tieren zum Fraß vorgeworfen wurden. Ein zeitgenössischer Schriftsteller vermerkte damals über ein solches Schauspiel im Jahre 306 n. Chr.: »Die Bestien ermatteten ob der Menge ihrer Opfer!«
Die Unfähigkeit der Römer, in den Grenzgebieten im Norden sich mit den germanischen Stämmen zu verständigen, ihnen lieber lebensnotwendiges Siedlungsgebiet zuzuweisen, anstatt nach der Devise »Tod den Germanen!« zu töten, wirkte sich dann später mit der Eroberung Italiens durch die Germanen verhängnisvoll aus. Mit dem Ende des antiken Römerreiches, als die heidnische Antike vom nicht weniger grausamen christlichen Mittelalter verdrängt wurde, veränderte die Welt ihr Gesicht.

»Sie wurden des Hasses gegen das menschliche Geschlecht überführt«

Römer und ihre Untertanen gegen »Christianer« und Christen — Im Römischen Weltreich von 64 bis 324

um 30
Jesus wird wegen Gotteslästerung angeklagt und wegen politischer Vergehen gekreuzigt

um 32
Erste hellenistisch-christliche Gemeinde in Antiochia

64
Nero läßt Christen als angebliche Brandstifter Roms hinrichten

93/94
Vertreibung von Philosophen, Juden und Christen aus Rom

um 100
Spuren erster christlicher Gemeinden in Mesopotamien und östlich des Tigris

115
Pogrom gegen Christen wegen eines Erdbebens in Antiochia

176/177
Christenverfolgungen in Pergamon, Lyon und Vienne aufgrund Marc Aurels Gesetz gegen Aberglauben

202
Verbot des Übertritts römischer Bürger zum Christentum

250/251
Decische Verfolgung aufgrund staatsfeindlicher Haltung der Christen Roms

257/258
Verfolgung der Christen unter Valerian. Konfiszierung von Kirchengut

285
Gallischer Bauernaufstand unter christlicher Beteiligung

296
Diokletians Edikt gegen die Manichäer

303
Drei Edikte Diokletians gegen Christen

313
Mailänder Edikt unter Konstantin

um 314
Bischof Eusebius von Caesare verfaßt erste Kirchengeschichte

407
Laut Hieronymus sollen in Mainz die Alemannen »viele tausend Menschen in der Kirche erschlagen« haben

Im allgemeinen waren die Römer gegenüber fremden Religionen sehr duldsam, wenn diese nicht direkt den Staat bedrohten. Ausschreitungen gegen die Anhänger des Dionysoskultes im Jahre 186 v. Chr., die Vertreibung der Astrologen aus Rom 139 v. Chr. und die Zerstörung des Isis-Tempels in Rom 58 v. Chr. waren Ausnahmen der Regel, nach der Toleranz geübt wurde. Verboten war in Rom eigentlich nur der Druiden-Kult der Gallier, bei dem Menschenopfer üblich waren. Die Toleranz der Römer gegenüber den Juden ging zum Beispiel auch nach der Schlächterei in Jerusalem im Jahre 70 n. Chr. immerhin so weit, daß den überlebenden Juden erlassen wurde, dem Kaiser in Rom zu opfern. Sein Bild wurde sogar wieder aus dem Tempel in Jerusalem entfernt. Trotzdem waren Juden bei den Römern nicht beliebt, und die Abneigung gegen sie, gegen ihren Anspruch vom »auserwählten Volk«, wurde von Anfang an auch auf die Christen mit ihrem Anspruch des »auserwählten Geschlechtes« übertragen. Die Christen waren ja in ihren Anfängen eine jüdische Sekte, und noch lange Zeit später kannte man sie unter dem Sammelbegriff »Judaei« (Dio Cassius).

Die geschichtliche Existenz des Jesus von Nazareth, der sich von anderen jüdischen Sektenpredigern nur durch seine Identifizierung mit dem seit langem erwarteten Messias unterschied, wurde seit der Aufklärung angezweifelt. Noch heute streiten sich Theologen und Historiker darüber. Goethe schrieb bereits am 4. September 1788 an Herder: »Das Märchen von Christus ist Ursache, daß die Welt noch 10 000 Jahre stehen kann und niemand recht zu Verstande kommt, weil es ebensoviel Kraft des Wissens, des Verstandes, des Begriffes braucht, um es zu verteidigen, als es zu bestreiten.« Und selbst ein so aufrechter Christ wie Albert Schweitzer bejahte in unserer Zeit die Möglichkeit, daß Jesus ungeschichtlich sein könnte.

Die Christen, die sich von den Juden abgespalten haben, wurden von ihren ehemaligen Religionsbrüdern zutreffender als »Galiläer« oder »Nazarener« im Osten des Römerreiches genannt. Der Name »Christianer«, später »Christen«, ist etwa seit den »cognitiones de Christianis« (Plinius) unter Trajan, wahrscheinlich aber schon früher im Westen allgemein üblich geworden. Angeblich soll die erste hellenistisch-christliche Gemeinde in Antiochia zuerst den Namen »Chresten« erhalten haben. Das Wort Chrestus oder Christus ist griechisch und bedeutet »der Gesalbte«, ein Titel für den schon im Alten Testament der Juden erwähnten hebräischen »Messias«.

Die ersten Christen sondern sich vom römischen Staats- und Kulturleben ab, sie verschmähen öffentliche Ämter, verweigern den Kriegsdienst und degradieren die römischen und hellenistischen Götter zu Teufeln. Häufig werden sie deshalb als Angeklagte vor den Richter gestellt. Eine solche Szene zeigt diese Darstellung in S. Callisto in Rom aus dem 3. Jahrhundert.

Die Römer und die anderen »heidnischen« Völker haßten die Christen in erster Linie, weil sie sich überall absonderten, keinen Zirkus besuchten, kein Theater, öffentliche Ämter verschmähten, den Kriegsdienst verweigerten und sich dem gesamten Staats- und Kulturleben zu entziehen versuchten. Bis hinein in die Familien trugen die Christen ihren Glauben an den allein wahren Gott und degradierten die römischen und hellenistischen Götter zu Teufeln. Tatsächlich ging die Abneigung gegen die Christen in den ersten beiden Jahrhunderten zuerst vom Volk aus, das sich gegen die Spalter in den Familien wandte und gegen die Anhänger einer Religion, die das Ende der Welt herbeisehnte, eine Katastrophe, in der sowieso nur den Christen die ewige Seligkeit versprochen wurde. Die Welt der Römer und Griechen war – so die einhellige Verurteilung durch die frühchristliche Literatur – »schwarz« und reif für die Vernichtung »in Blut und Feuer«.
Da bei den Römern Staat und Religion eng verknüpft waren, konnte es nur eine Frage der Zeit sein, wann die Christen ebenso wie die Juden mit der Verweigerung der Teilnahme am römischen Kultleben sich nicht nur beim Volk, sondern auch bei den Staatsbehörden ins Unrecht setzen würden – so wie Sueton das bei der Schilderung des Lebens von Claudius (41 bis 54 n. Chr.) im Zusammenhang mit den Juden notiert hatte: »Die Juden vertrieb er aus Rom, weil sie, von Chrestus aufgehetzt, fortwährend Unruhe stifteten.«

Der erste nachgewiesene Zusammenstoß zwischen den Christen und dem römischen Staat erfolgte unter Nero im Jahre 64, auch wenn der heilige Augustinus dreihundert Jahre später schrieb, daß die Christen schon vor Nero unter Verfolgungen zu leiden hatten. Und die neronische Verfolgung war auch noch keine echte Verfolgung des Christentums, da der Zusammenstoß mit den damals in Rom lebenden Christen auf Gerüchte hin von Nero konstruiert wurde, um den Verdacht der Brandstiftung von sich selbst abzulenken. Tacitus hat darüber in seinen »Annalen« berichtet:

»Das entsetzliche Gerücht, Nero selber habe den Brand (der Stadt Rom) anlegen lassen, wollte sich durch keine teilnahmsvolle Unterstützung, durch keine Schenkungen und Sühnezeremonien aus der Welt schaffen lassen. Um ihm ein Ende zu machen, schob Nero daher die Schuld auf andere und strafte mit ausgesuchten Martern die wegen ihrer Verbrechen verhaßten Leute, die das Volk Christen nennt. Der Stifter dieser Sekte, Christus, ist unter der Regierung des Tiberius durch den Prokurator Pontius Pilatus hingerichtet worden. Der unheilvolle Aberglaube wurde dadurch für den Augenblick unterdrückt, trat später aber wieder hervor und verbreitete sich nicht bloß in Judäa, wo er entstanden war, sondern auch in Rom, wo alle furchtbaren und verabscheuungswürdigen religiösen Gebräuche, die es in der Welt gibt, sich zusammenfinden und geübt werden. Man faßte also zuerst Leute, die sich offen als Christen bekannten, und auf ihre Anzeige hin dann eine riesige Menge Menschen. Sie wurden nicht gerade der Brandstiftung, aber doch des Hasses gegen das menschliche Geschlecht überführt. Man machte aus ihrer Hinrichtung ein lustiges Fest: In Tierhäuten steckend,

Nero lenkt den Verdacht der Brandstiftung Roms im Jahre 64 von sich ab auf die unbequemen Christen. Tausende werden vor den Augen Neros verbrannt, der dafür seine Parkanlagen zur Verfügung stellt (Gemälde aus dem Jahr 1876).

wurden sie entweder von Hunden zerfleischt oder ans Kreuz geschlagen und angezündet, um nach Eintritt der Dunkelheit als Fackeln zu dienen. Nero hatte seine eigenen Parkanlagen für dieses Schauspiel hergegeben und verband es mit einer Zirkusaufführung ...«

Mehrere tausend Christen erlitten damals völlig unschuldig den nach römischem Strafrecht für ein kriminelles Verbrechen vorgesehenen Feuertod am Kreuz.
Die erste Christenverfolgung, die wirklich vom römischen Staat ausging, fand unter Domitian, dem Bruder des Jerusalem-Eroberers Titus (81 bis 96), statt. Domitian ließ seine Vorschriften mit den Worten einleiten: »Unser Herr und Gott befiehlt ...« Christliche Römer waren mit diesem Gott-Anspruch Domitians nicht einverstanden. Sie widersetzten sich auch der staatlichen Opferpflicht. Domitian ließ deshalb vor allem in Kleinasien die Judensteuer »besonders hart eintreiben«.

»Man denunzierte beim Fiskus sowohl die Leute, welche, ohne sich zum Judentum zu bekennen, nach jüdischem Ritus lebten, wie die, welche ihre Abstammung verheimlichten, um sich so der Zahlung der ihrem Volke auferlegten Steuer zu entziehen. Ich erinnere mich, als ganz junger Mensch dabeigewesen zu sein, wie ein neunzigjähriger Greis sich vor dem Prokurator und einem zahlreich versammelten Kollegium besichtigen lassen mußte, ob er beschnitten sei.« (Sueton)

Un da die Christen zu den »nach jüdischem Ritus« lebenden Menschen gezählt wurden, die dieser Steuer ebenfalls unterlagen, waren Todesurteile in Kleinasien und Rom die Folge.
Nach den Kirchenhistorikern war in Rom das Hauptopfer Flavius Clemens, ein Vetter des Kaisers, der zusammen mit seiner Gemahlin Flavia Domitilla zum Christentum übergetreten und sogar nach katholischer Lehre der dritte Bischof von Rom gewesen sein soll. Flavius Clemens wurde hingerichtet, Flavia Domitilla auf eine Insel deportiert.
Wie sich Rom gegenüber den Christen in den nächsten hundert Jahren verhielt, welche unklare Haltung der römische Staat einnahm, geht aus einem Brief Kaiser Trajans (98 bis 117) an Plinius den Jüngeren hervor. Plinius, als Statthalter von Bithynien und Pontus am Schwarzen Meer, hatte bei Trajan angefragt, wie er sich den Christen gegenüber verhalten solle. Trajan antwortete ihm darauf im Jahre 112:

»Man muß sie nicht aufsuchen, aber man muß sie bestrafen, wenn sie angegeben und überwiesen werden. Jedoch ist dabei zu beachten, daß jeder, der leugnet, Christ zu sein, und dies durch die Tat beweist, indem er unsere Götter anruft, wegen seiner Reue Verzeihung erhalten soll, so verdächtig er auch hinsichtlich seiner Vergangenheit sein mag. Anklageschriften ohne Namen des Verfassers dürfen bei keinem Prozeß zugelassen werden. Denn das wäre ein schlimmes Beispiel und unserem Zeitalter nicht angemessen.«

Und nach ihm riet Kaiser Hadrian (117 bis 138) um 125 seinem Statthalter in Asien, C. Minicius Fundanus: »Ich will nicht, daß Unschuldige belästigt werden, und man muß verhindern, daß die Verleumder ungestraft ihr häßliches Brigantenhandwerk ausüben können.«
Die hieraus erkennbare tolerante Haltung der meisten römischen Kaiser gegenüber einsichtigen Christen stimmt auch mit der Feststellung des griechischen Kirchenschriftstellers Origines (185 bis 253) überein, der für die ersten beiden Jahrhunderte über Christenverfolgungen einschränkte: »Es sind wohl Opfer gefallen, um die übrigen im Glauben zu bestärken, doch wenige, und leicht sind sie zu zählen.«

Bis zum Edikt des Kaisers Decius (249 bis 251) im Jahre 250 hatten deshalb Verfolgungsmaßnahmen gegen Christen nur lokalen Charakter, was allerdings nicht die Grausamkeit vorgekommener Ausschreitungen schmälert. Der Augenzeugenbericht eines durch Bischof Eusebius von Caesarea (etwa 263 bis 339) überlieferten Briefes über Christenverfolgungen in Lugdunum, dem heutigen Lyon, zur Zeit des Kaisers Marc Aurel im Jahre 177, beweist das:

»Die Leiden nahmen ein ganz verschiedenes Ende ... Maturus, Sanktus, Blandina und Attalus wurden den wilden Tieren im Amphitheater als öffentliches Schauspiel roher Heiden vorgeworfen; unsertwegen wurde nämlich ein außerordentlicher Tierkampf festgesetzt.

Maturus und Sanktus mußten im Amphitheater noch einmal alle möglichen Martern über sich ergehen lassen. Gerade als wenn sie vorher überhaupt noch nichts zu leiden gehabt oder vielmehr als wenn sie ihren Widersachern bereits in mehreren Waffengängen Niederlagen zugefügt hätten und es den Kampf um den Siegeskranz selbst gelte, ertrugen sie von neuem alle hier üblichen Geißelhiebe, das Umherzerren durch die wilden Tiere und alles, was die rasende Menge bald da, bald dort mit Geschrei verlangte, und zuletzt noch den eisernen Stuhl; das Rösten ihrer Glieder auf ihm hüllte sie in Fettdampf. Aber auch damit gaben sich die Heiden nicht zufrieden. Sie gerieten immer mehr in Raserei und wollten Herr über ihre Standhaftigkeit werden. Doch trotzdem bekamen sie von Sanktus nichts anderes zu hören als das Bekennerwort, das er von Anfang an zu sprechen pflegte.

Im 2. Jahrhundert wird aus Rom und anderen Provinzstädten, beispielsweise aus Lugdunum (Lyon), gemeldet, daß Christen wilden Tieren zum Zerfleischen vorgeworfen wurden. Das Gemälde von Gérome stammt aus dem 19. Jahrhundert (Ausschnitt).

Da die Märtyrer trotz des schweren Ringens immer noch am Leben blieben, wurden sie schließlich getötet ... Blandina wurde an einem Pfahl aufgehängt und sollte den auf sie losgelassenen wilden Tieren zur Speise dienen. Dadurch daß die Angeknüpfte in ihrem inbrünstigen Gebet die Kreuzesform zeigte, flößte sie den Kämpfern großen Mut ein; denn in ihrem Kampf schauten sie so in der Schwester den, der für sie gekreuzigt worden war. Da nun keines der wilden Tiere Blandina berührte, wurde sie vom Holz abgenommen und wiederum in den Kerker geworfen, um sie für einen neuen Kampf aufzubewahren ...
Schließlich, am letzten Tag der Kampfspiele, wurde Blandina noch einmal vorgeführt mit Ponticus, einem jungen Menschen von etwa 15 Jahren; täglich waren sie hereingebracht worden, damit sie die Martern der übrigen sähen. Man zwang sie nun, bei den Götzen zu schwören. Da sie aber standhaft blieben und die Götzen verachteten, wurde die Menge über sie erbittert, so daß sie weder mit der Jugend des Knaben Mitleid, noch vor dem weiblichen Geschlecht Ehrfurcht hatte. Man lieferte sie allen Schrecken aus und wandte gegen sie eine Folter nach der anderen an, um sie immer wieder zum Schwören zu veranlassen. Doch umsonst. Denn Ponticus, von der Schwester in einer Weise beeinflußt, daß auch die Heiden merkten, daß er ihretwegen Mut hatte und festblieb, gab im standhaften Ertragen aller Peinigungen seinen Geist auf. Und nachdem die heilige Blandina als letzte von allen wie eine tüchtige Mutter ihre geistigen Kinder ermuntert und sie siegreich zum König vorausgeschickt hatte, mußte auch sie noch alle Kämpfe der Kinder durchkosten, um dann, froh und jubelnd über das Ende, zu ihnen zu eilen. Es war, als wenn sie nicht den wilden Tieren vorgeworfen, sondern zu einem Hochzeitsmahl geladen worden wäre. Nachdem sie gegeißelt, den wilden Tieren vorgeworfen und geröstet worden war, steckte man sie zuletzt in ein Netz und warf sie einem Stier vor. Als sie vom Tier wiederholt emporgeschleudert worden war, wofür sie infolge ihrer unerschütterlichen Hoffnung auf das, was sie glaubte, gar kein Empfinden mehr hatte, wurde auch sie getötet.«

Sicher ist dieser von Eusebius nacherzählte Bericht verzerrt und als tendenziöse Märtyrergeschichte zu betrachten. Aber sicher ist auch, daß es durch die von Marc Aurel erneuerten Bestimmungen gegen fremde Religionen zu ähnlichen Hinrichtungsszenen auch in Laodikeia, Smyrna, Pergamon und Rom gekommen ist. Unter Marc Aurel mußten die Römer andererseits ständig an den Grenzen Angriffe der »Barbaren« abwehren. Rom wurde zudem zur gleichen Zeit noch ständig von Pest, Hungersnöten und Überschwemmungen heimgesucht. Die Schuld für diese Katastrophen, die man wohl für das von den Christen erwartete Ende der Welt ansah, suchte das römische Volk, wie auch der Kirchenhistoriker Tertullian (150 bis etwa 225) zugab, eben bei den Christen. Die von den Kirchenschriftstellern genannten Zahlen an Opfern sind jedoch meist stark übertrieben. Das erklärt sich durch eine echte Märtyrerstimmung, die – vor allem in der frühchristlichen Literatur – die Bereitschaft zu jedem Martyrium bis zum Fanatismus zu steigern wußte. So ging dann auch Tertullian so weit, in den Jahren 209 und 210 die Toga der Römer zu verspotten, was einer Herausforderung Roms gleichkam. Und Tertullian drohte schließlich in einer Zeit, in der der römische Staat sich mit allen Kräften gegen die Bedrohungen von außen wehren mußte und auch die Christen in seinem Staat zur Mitarbeit aufforderte: »Der Christ ist ein Fremdling in dieser Welt; er ist ein Bürger des himmlischen Jerusalem... Und wenn wir auch nur eine kleine Gruppe wären, so genügten doch eine einzige Nacht und einige Fackeln...« Solche Töne beweisen einerseits, wie weit die Duldsamkeit Roms gegenüber den Christen reichte, die um 220 allein in Rom immerhin schon auf etwa 30000 Köpfe geschätzt wurden. Andererseits erklären sie, warum gerade in den nordafrikanischen Provinzen, wo Tertullian lebte, Anfang des dritten Jahrhunderts Christenverfolgungen gemeldet wurden.

Die mehr staatsfeindliche als staatsfreundliche Haltung der Christen Roms, die doch inzwischen das volle römische Bürgerrecht erlangt hatten, führte unter Kaiser Decius (249 bis 251) auch in Rom zur erneuten Konfrontation, weil der Soldatenkaiser Decius zur Sicherung des Reiches von allen Bürgern in der Heimat große Opfer verlangte, denen sich die Christen entziehen wollten. So kam es im Dezember 249 zu den ersten Verhaftungen von Christen. Am 20. Januar 250 starb der zum Papst erhobene Bischof Fabian in Rom den Märtyrertod, weil der Kaiser die Kirche ohne Oberhaupt haben wollte. Im Sommer des Jahres 250 schließlich verlangte Decius von den Christen ebenso wie von allen Untertanen des Reiches ein öffentliches Bittopfer, keineswegs aber eine Absage vom Glauben. Trotzdem sagte sich ein großer Teil der erschrockenen Christen »vom Glauben los«, andere gingen in Märtyrerstimmung in die Kerker. Der Bischof von Karthago konnte fliehen, zwei seiner Provinzbischöfe fielen ab, ebenso zwei Bischöfe in Spanien. In Syrien und Palästina starben die Bischöfe von Jerusalem und Antiochia im Gefängnis. Origines wurde in Caesarea verhaftet und starb drei Jahre später an den Folgen der im Kerker erlittenen Mißhandlungen. Sein Schüler Dionysius (er starb um 264/265) überlieferte in einem Brief diesen Bericht von der Verfolgung unter Decius in Alexandrien:

»Namentlich aufgerufen, traten sie hin zu den unheiligen und unreinen Opfern, die einen blaß und zitternd, als wenn sie nicht opfern, sondern selbst den Götzen zum Schlachtopfer dienen sollten, so daß sie von dem herumstehenden zahlreich versammelten Volk Spott und Hohn erdulden mußten als Leute, die ihre Feigheit sowohl zum Sterben als auch zum Opfern offenbarten. Einige von ihnen eilten beherzter zu den Altären, versicherten mit Frechheit, daß sie früher nicht Christen gewesen seien. Bei ihnen ging die Vorhersage Christi in Erfüllung, daß die Reichen schwer gerettet werden. Von den übrigen folgten die einen diesem Beispiel, andere flüchteten sich. Andere wurden ergriffen, und von diesen ließen die einen es bis zu Fesseln und Gefängnis kommen; andere wurden mehrere Tage eingekerkert, schwuren aber nachher ab, bevor sie vor Gericht geführt wurden. Andere endlich hielten sogar eine Zeitlang die Martern aus, dann aber unterlagen sie...«

Im Jahre 257, während der Regierung Kaiser Valerians (253 bis 260), wurde die Lage Roms kritisch: In Gallien fielen die Franken und Alemannen ein, durchquerten Spanien und setzten nach Afrika über; die Goten verwüsteten die klein-

Christenverfolgungen und Märtyrertum im Spiegel eines Stiches aus dem Jahre 1544, wobei der Künstler mehr Wert auf religiöse Symbolik als auf historische Wahrheit gelegt hat.

asiatischen Provinzen; die Perser eroberten Antiochien und setzten dort einen Marionettenkaiser ein, und in Gallien wurde ein eigener Kaiser ausgerufen. Valerian schlug in dieser verzweifelten Situation gegen die wohlhabenden Christen los, konfiszierte das Kirchengut als Ersatz für die verlorengegangenen Einkünfte aus den jetzt besetzten Provinzen, verlangte vom Klerus Opfer für die Staatsgötter Roms und verbot Gottesdienste der Christen auf Friedhöfen. Der Bischof von Karthago, Cyprianus, und Dionysius in Alexandrien wurden eingekerkert, viele Christen zur Zwangsarbeit in die Bergwerke verschickt. Cyprianus wurde auf Valerians Befehl als warnendes Beispiel für alle führenden christlichen Kreise am 14. September 258 von dem zuständigen Prokonsul Galerius Maximus »durch das Schwert« hingerichtet. Eine Anzahl von Märtyrern soll damals nach dem Beispiel von Cyprianus ebenfalls ihr Blut vergossen haben. Der christliche Dichter Prudentius (348 bis 405) schrieb später die Geschichte von den dreihundert Märtyrern, die damals zu Utica in ungelöschten Kalk geworfen worden seien. Belegt dagegen ist die Hinrichtung von Papst Sixtus II. mit Diakonen und Priestern im Jahre 258 in Rom, ebenso die des Bischofs Fructuosus in Tarragona mit zwei Diakonen.

In den letzten vier Jahrzehnten des 3. Jahrhunderts lebten die Christen wieder in völligem Frieden, die Bischöfe kamen ungestört zu Synoden zusammen, wo es unter machtbesessenen und geldgierigen Priestern bei den Wahlen zu den Bischofsämtern oft zu wilden Tumulten kam. Selbst am Kaiserhof in Rom konnten die Christen nun zu den höchsten Staatsämtern aufsteigen, und im Jahre 272 wurde bei einem Kirchenstreit in Antiochia in einer rein innerkirchlichen Angelegenheit sogar der heidnische Kaiser Aurelian als Schiedsrichter bemüht.

Auch Kaiser Diokletian (284 bis 305) ließ die Christen achtzehn Jahre ungeschoren, ehe er von 303 bis 305 schließlich doch noch die letzte Christenverfolgung und damit die längste und blutigste vom Zaun brach. Die Historiker sind sich heute noch nicht klar über die Hintergründe des Sinneswandels bei Diokletian. Jakob Burckhardt deutete an, daß die Christen möglicherweise »im Gefühl der wachsenden Ausdehnung sich des Kaisertums bemächtigen wollten«, also einen Umsturz geplant hätten. Für diese These spricht, daß die Verfolgung im Heer und am Hof begann. Andererseits hatte Diokletian bereits 296 die christliche Sekte der

Manichäer verfolgt. Nach Diokletian hielten die Christenverfolgungen im Orient unter Galerius und Maximinus bis 311 weiter an. Der Großteil der Christen überstand diese Verfolgungen durch Abschwören wie unter Decius. Der Blutzoll war dennoch sehr hoch, wenn auch die katholischen Kirchenhistoriker das tatsächliche Ausmaß wieder stark übertrieben, allen voran Eusebius (260 bis 340), der von »einer unzählbaren Menge Märtyrer in jeder Provinz, von Libyen angefangen durch ganz Ägypten, Syrien und alle Gebiete vom Morgenland bis in die Gegend Illyrikum« schrieb. Trotzdem sind seine Schriften und die des aus Nordafrika stammenden Kirchenschriftstellers Lactantius (gestorben um 317) die wichtigsten Quellen aus dieser Zeit. Lactantius hat in seinem Buch »Über die Todesarten der Verfolger« ausführlich geschildert, wie Diokletian und seine Mitregenten in seiner Residenz Nikomedia (das heutige Ismid) gegen die Christen vorgegangen sind:

»Am Morgen dieses Tages (23. Februar 303) kam plötzlich, als es noch dämmerte, der Stadtvogt mit seinen Leuten und einigen Beamten zur christlichen Kirche in Nikomedien, ließ die Türen erbrechen und die heiligen Schriften, die man dort fand, sofort verbrennen. Alles andere erhielten die Soldaten als Beute, während Diokletian und Galerius dem Unternehmen vom Palast aus zusahen. Sie stritten miteinander, ob man die Kirche nicht niederbrennen solle, doch schließlich siegte Diokletians Ansicht, der besorgt war, das Feuer könne auf die übrigen Teile der Stadt übergreifen. Deshalb ließen die Herrscher nur ihre Leibwache mit Beilen und anderen Werkzeugen ausrücken und die Kirche dem Boden gleichmachen. Am folgenden Tag wurde ein Erlaß öffentlich angeheftet, der bestimmte, daß alle Christen Ehren und Ämter verlieren und der Folter unterworfen werden sollten, gleichgültig welchen Standes oder Ranges sie immer auch seien. Dieses Edikt aber riß ein Mann herab, zerfetzte es und bemerkte spöttisch dazu, das sei wohl die öffentliche Bekanntmachung der Siege der Goten und Sarmaten, die damals das Römische Reich bedrohten. Sogleich wurde er verhaftet, gefoltert, indem man ihn langsam röstete, und zuletzt verbrannt.

Galerius aber war mit den Anordnungen des Edikts noch nicht zufrieden und suchte den Kaiser auf andere Weise für seine Pläne zu gewinnen. Deshalb ließ er durch seine Diener im Palast einen Brand anstiften, und als ein Teil der Gebäude ein Raub der Flammen geworden war, beschuldigte er die Christen nicht nur der Brandstiftung, sondern auch eines Mordanschlages auf den Kaiser. Der sonst so schlaue Diokletian merkte nichts von dem Betrug, sondern ordnete in seinem Zorn an, daß sogleich alle Christen im Palast getötet werden sollten. Er selbst spielte den Richter und ließ die Unschuldigen foltern, und obgleich kein Beweis erbracht werden konnte, bestärkte Galerius den unbesonnenen Greis noch in seinem Zorn, ja, fünfzehn Tage danach ließ er erneut im Palast Feuer anlegen, das jedoch diesmal sehr rasch entdeckt wurde und keinen Schaden verursachte. Diokletian verließ daraufhin Nikomedien und erklärte, er fliehe, um nicht lebendig zu verbrennen.

Von nun an wütete der Kaiser nicht nur allein gegen seine Diener, sondern gegen alle Christen. Priester und Kirchendiener wurden ergriffen und ohne jeglichen

Beweis zum Tode verurteilt. Ohne Rücksicht auf Alter und Geschlecht wurden die Christen gleich scharenweise verbrannt. Was zur Dienerschaft des Palastes gehörte, ließ der Kaiser mit Mühlsteinen am Hals in die Tiefen des Meeres versenken.
Die Richter verteilten sich auf die verschiedenen Tempel und zwangen die Bevölkerung zu den Opfern. Die Kerker waren überfüllt, und die Henkersknechte erdachten zahllose Arten von Martern. Auch an die Mitregenten des Kaisers im Westen des Römischen Reiches waren die entsprechenden Befehle ergangen.
Maximian gehorchte nur zu gern für ganz Italien, Konstantius jedoch ließ in Gallien und Britannien, um nicht den Anschein zu erwecken, als weiche er von den Vorschriften ab, einfach kleine Bethäuser, die man leicht wieder herstellen konnte, zerstören. Den wahren Tempel Gottes aber, der im Menschen besteht, erhielt er unversehrt.«

Die Todesarten während der Diokletianischen Verfolgung sahen nach Eusebius so aus:

»Die einen wurden mit dem Beil hingerichtet, wie es in Arabien geschah, anderen wurden die Beine gebrochen, so in Kappadokien, wieder andere wurden mit dem Kopf nach unten an beiden Füßen aufgehängt und darunter ein Feuer angezündet, so daß der Rauch sie erstickte; anderen schnitt man Nase, Ohren oder Hände ab ... In der Provinz Pontus ... trieb man ihnen scharfes Schilfrohr unter die Fingernägel, wieder anderen goß man geschmolzenes Blei über die empfindlichsten Körperteile ...«

Massenhinrichtungen, wobei später auch ganze Dörfer von römischen Legionären umstellt und mit allen Einwohnern verbrannt wurden, fanden im Osten des Reiches bis 313 statt, während im Westen unter Konstantius und Maxentius die Verfolgungen bereits um 306 aufhörten und die Christen bereits 307 wieder einen Papst wählen durften. Der neue Papst Marcellus und sein Nachfolger Eusebius wurden später zwar verbannt, aber es wurden keinerlei Maßnahmen zur Verfolgung mehr ergriffen. In einem Toleranzedikt des Jahres 307/308 gab Maxentius der Kirche sogar die von Diokletian konfiszierten Güter wieder zurück.
Im Osten beendete im Jahre 311 ein Toleranzedikt die Verfolgungen. In diesem Edikt wurde übrigens zugegeben, daß die Christen »trotz der auferlegten Torturen ihrem Glauben treu geblieben sind«. Es wurde darin vom »Segen unserer Verzeihung« gesprochen, der auf die Christen ausgedehnt würde, aber nur »unter der Bedingung, daß sie nichts gegen die bestehende Ordnung unternehmen«. Diese »Ordnung« im Römischen Reich war aber nicht mehr die alte, denn zu Beginn des 4. Jahrhunderts schätzte man unter den rund 50 Millionen Einwohnern des Imperiums bereits zwischen 7 und 15 Millionen Christen.
Kaiser Constantin glaubte, daß das Christentum für die Einheit des Staates, die er sichern wollte, nur förderlich sein konnte und machte die neue Religion zur Staatsreligion. Im Jahre 325 berief er das erste Konzil nach Nicäa ein und führte selbst über die rund 250 Bischöfe den Vorsitz. Der Historiker Joseph Vogt nannte

Roswitha von Gandersheim (etwa 935 bis 975) hat in ihren Heiligenlegenden mit Vorliebe die grausamen Folterungen der Märtyrer geschildert. Dieser Holzschnitt stammt aus den »Hrotsvitae Opera«, gedruckt in Nürnberg 1501.

das Konzil von Nicäa »eine Versammlung, wie die antike Menschheit sie noch nicht gesehen hatte. Männer, die in den Jahren der Verfolgung schwer gelitten hatten, sogar verstümmelt worden waren, veranschaulichten durch ihr Erscheinen die Wende der Zeiten . . .«

Tatsächlich markiert das Konzil den Beginn der Zeitenwende von der Antike zum Mittelalter. Die katholische Kirche hat begreiflicherweise Constantins historisches Bild sehr stark verklärt. Wir vergessen heute gern, daß er nicht nur den Sieg des Christentums feiern ließ, sondern daß er gleichzeitig auch in einer Art Gegenreaktion mit der ganzen Staatsgewalt gegen das „Heidentum“, also gegen die Anhänger der bisherigen Staatsreligion, vorging. Der Verfolgte wurde von nun an zum Verfolger. Die Ausbreitung des Christentums wurde von Staats wegen erzwungen, was wieder Verfolgung und Tod für Hunderttausende zur Folge hatte. Die Geschichte der Christenverfolgungen im antiken Christentum unter den römischen Kaisern war trotz aller Leiden einzelner Märtyrer und der einzigen schweren Verfolgungszeit von 303 bis 311 von keinem »Blutstrom« durchzogen, wie die Kirche in ihren Schriften nachzuweisen versuchte. Im Vergleich zu den späteren Ketzer- und Hexenverfolgungen verblaßt der Blutzoll von etwa 1500 Märtyrern.

»Verehre, was du verfolgtest, verfolge, was du verehrt hast!«

Christen gegen Heiden und Häretiker — Die Christianisierung Süd-, West- und Nordeuropas vom 4. bis zum 7. Jahrhundert

303
Das Christentum wird Staatsreligion im Römischen Reich

307
Massenmord in Trier an gefangenen heidnischen Germanen

316 bis 361
Bürgermorde der Circumcellionen an begüterten Einwohnern Nordafrikas

358
Felicianermord von Rom an Anhängern des vertriebenen Bischofs Felix II.

385
Erster Ketzermord in Trier

390
Christen zerstören die »heidnische« Bibliothek in Alexandria

438
Theodosius II. verbietet bei Todesstrafe die Ausübung heidnischen Kultes

498
Taufe des fränkischen Königs Chlodwig I. durch Remigius in Reims

505/515 bis 589
Übertritt der Burgunder und Westgoten vom arianischen zum katholischen Bekenntnis

527 bis 565
Justinian I. schließt die letzten heidnischen Schulen in Alexandria, ihre Lehrer fliehen zu den Persern

582
Papst Gregor I. schickt 39 katholische Mönche unter Abt Augustinus über den Kanal nach England

ab 600
Beginn der Katholisierung der Langobarden unter Theodolinde und Agilulf

um 690
Blutige Greuel bei der Christianisierung der britischen Insel Wight unter Keadvalla, dem Sohn eines früheren Nebenkönigs

694
Das 17. Konzil von Toledo erklärt alle Juden zu Sklaven, ihre Vermögen sollen konfisziert und ihre Kinder ihnen vom siebten Jahre an weggenommen werden

Constantin sah in der christlichen Kirche eine »Reichskirche« mit den Bischöfen als eine Art Ressortbeamter, deren Hauptaufgabe darin bestand, die neue Staatsreligion, das Christentum, kompromißlos durchzusetzen, und zwar in dem Sinne des alten Kirchenschriftstellers Lactantius, der schon im Jahre 307 angesichts der Massenmorde in Trier an gefangenen heidnischen Brukterern, einem germanischen Volksstamm unter den Franken, jubiliert hatte:

»Der Herr hat sie vernichtet und von der Erde vertilgt. Feiern wir also diesen Triumph Gottes!«

Mit der Einheit von Kirche und Staat unter Constantin wurden einerseits staatliche Hoheitsaufgaben der Kirche übertragen, andererseits übernahm der Staat Aufgaben der Kirche – so auch die Bekämpfung der Ketzerei oder der Häretiker, wie nach kirchlichem Urteil die »Irrgläubigen« in der Christenheit genannt wurden. Für die Festigung der Kirche wurden den Priestern Vorrechte eingeräumt, die sich nachteilig sowohl für das Christentum als auch für den Staat auswirken sollten: Der Kaiser befreite sie zum Beispiel von allen Staatslasten (Steuern) und lockte dadurch natürlich viele skrupellose Machtgierige in den geistlichen Stand. Sehr bald lagen sich diese Karrieremacher im Streit um dogmatische Grundfragen in den Haaren. Die wichtigsten Streitfragen waren: Ist Jesus Gott wesensgleich oder ihm nur wesensähnlich? Ist der Leib Christi erschaffen oder nicht erschaffen? Constantin hatte diese Fragen zwar einen »müßigen Streit um unerforschliche Dinge« genannt, aber schon das Ergebnis des Konzils von Nicäa (325) akzeptierte er mit den Worten: »Was 300 Bischöfen gefallen hat, ist nichts anderes als der Wille Gottes.« Und dieser, ausgedrückt in der Erklärung der 300 Bischöfe in Nicäa, lautete:

»Die heilige apostolische und katholische Kirche verflucht diejenigen, die sagen, daß es eine Zeit gab, wo der Sohn Gottes nicht war, daß er nicht war, bevor er erzeugt war, daß er aus Nichts oder einer Substanz oder Essenz gemacht oder geschaffen worden, daß er wandelbar und veränderlich sei.«

Die Bischöfe gaben diese Kampfansage mit der deutlichen Verfluchung Andersdenkender gemeinsam ab, durch ihre Reihen aber ging bereits die Trennung zwischen Anhängern von Arius (gestorben 336), dem ehemaligen Presbyter aus Alexandria, der »Christus als Gott wesensähnlich, nicht aber Gott gleich« betrachtete, und den Anhängern des Bischofs Alexander, ebenfalls aus Alexandria, der entgegengesetzter Meinung war. Damit begann, je nachdem, welcher Einfluß einer der beiden Richtungen im Staat gerade vorherrschte, eine abwechselnde Verketzerung und Verfolgung einer der beiden christlichen Glaubensrichtungen.
Constantius II. (317 bis 361), ein Sohn Constantins, war Arianer. Unter seiner Regierung traf deshalb alle Gegner des Arianismus, die Athanasier und andere christliche Sekten, die volle Härte staatlicher Verfolgung. Constantius hatte nämlich verfügt: »Die Stabilität des Staates beruht in höherem Maße auf der Religionsübung als auf der Verwaltung und der Arbeit.«
Ein Beispiel der Verfolgungen aus seiner Zeit war der im Jahre 358 geschehene »Felicianermord« in Rom, als mehrere hundert Anhänger des Bischofs Felix II., der von seinem Gegenbischof Liberius aus Rom vertrieben worden war, niedergemacht wurden.

Das oströmische Byzanz übernahm aus Westrom auch die grausamen Tierhatzen in die »Programme« der »panem et circensis« (Brot und Spiele). Dieses Relief aus einem Elfenbeindiptychon aus dem Jahre 517 zeigt eine Bärenjagd im Zirkus von Konstantinopel (Byzanz).

Constantius hatte den Heiden bei der Strafe des Todes auch verboten, ihren Göttern zu opfern und ihre Standbilder zu verehren, was die beamteten Eiferer natürlich zu besonderem Ehrgeiz bei der Überwachung dieser Gebote anstachelte. Einer unter ihnen hatte dann auch einen nicht geringen Anteil daran, daß ab dem 4. Jahrhundert in Mittel- und Südeuropa sowie in Kleinasien blutige Auseinandersetzungen zwischen den Anhängern zweier gegensätzlicher christlicher Glaubensrichtungen begannen und ein gnadenloser Vernichtungskampf der sich als rechtgläubig ansehenden Christen gegen das Heidentum eingeleitet wurde. Firmicus Maternus, ein aus Syrakus stammender Rhetor, der um 340 zum Christentum übertrat, schrieb in seiner antiheidnischen Kampfschrift »De errore profanorum religionum«, die er um 349 an Constantius als Aufforderung zur Zerstörung der Tempel gerichtet hatte, diese Sätze, die wie eine Brandfackel wirkten:

»Zerschmettert die Götterbilder des Teufels! Vernichtet den Götzendienst! Zerstört die Tempel! Raubt ohne Rücksicht, frömmster Kaiser, den Schmuck der Tempel!

Nehmt die Weihgeschenke; Euch, frömmster Kaiser, ist befohlen zu züchtigen und zu strafen!
Weder den Sohn soll man schonen noch den Bruder, und sogar die Ehefrau erlaubt Gott mit dem Schwert hinzurichten ...«

Der Vernichtungskampf wurde nach zehn Jahren für kurze Zeit unterbrochen. Schuld daran war ein »Abtrünniger«, der Kaiser Julian (331 bis 363), der während seiner Kaiserzeit von nur zwei Jahren im Ansatz versuchte, im Römischen Reich wieder die alte Götterreligion und vor allem die Kultreligion der Griechen zu erneuern. Den christlichen Eiferern, darunter Athanasius in Alexandria, der ihn dort offen wegen seiner »heidnischen Kirche« verspottete und beschimpfte, gab Julian nochmals ein Beispiel von der Toleranz antiker Kultlehre. »Seine Freunde waren die Freunde des Zeus, seine Feinde die Feinde des Zeus ... Solche, von denen er glaubte, daß sie sich im Laufe der Zeit bekehren könnten, wies er nicht ab, sondern suchte sie zu gewinnen«, schrieb der griechische Rhetor Libanios (314 bis 393) über ihn. Und Julian schrieb selbst, daß nur »diejenigen, die im Unglauben verharrten und die Existenz der Götter anzweifelten, nach Aristoteles keine Antwort verdienen, wie man sie Menschen gäbe, sondern Schläge wie die wilden Tiere«. Gegen die Christen, die ihn verspotteten, hatte er niemals solche Drohungen gerichtet.
Als Julian im Sommer 363 an den Folgen einer Verwundung im Kampf gegen die Perser starb, triumphierten wieder »die Feinde des Zeus«. Julians erster Nachfolger, Jovian (363 bis 364), stellte zuerst jedem »den eigenen Weg der Gottesfurcht zu folgen« (Themistoios) frei. Nach ihm, unter Valentinian I. (364 bis 375) und Gratian (375 bis 383), nahm der Kampf gegen das Heidentum wieder schärfere Formen an. Der im Jahre 374 zum Bischof von Mailand ernannte hohe römische Beamte Ambrosius (333 bis 397) sagte seinem Kaiser auf den Kopf zu: »Wer will da leugnen, daß in Sachen des Glaubens – ich betone es – die Bischöfe über den christlichen Kaiser und nicht die Kaiser über die Bischöfe zu richten pflegen.« Ambrosius degradierte damit den Kaiser zu seinem Werkzeug, trat auch für die Forderung seines Schützlings Augustinus (354 bis 430) nach dem Staat als »Hirte« ein, »der mit der Geißel in der Hand das verirrte Vieh wieder zur Herde treibe«.
Theodosius I. (347 bis 395), den die Christen den »Großen« nannten, weil er 395 das 2. ökumenische Konzil nach Konstantinopel einberief und dort die katholische Lehre zur Staatsreligion erklärte und alle heidnischen Kulte verbieten ließ, veröffentlichte bereits am 27. Februar 380 das Religionsedikt von Thessaloniki, in dem es unter anderem heißt:

»Wir befehlen, daß diejenigen, welche dies Gesetz befolgen, den Namen ›katholische Christen‹ annehmen sollen; die übrigen dagegen, welche wir für toll und wahnsinnig erklären, haben die Schande zu tragen, Ketzer zu heißen. Ihre Zusammenkünfte dürfen sich nicht als Kirchen bezeichnen. Sie müssen zuerst von der göttlichen Rache getroffen werden, sodann auch von der Strafe unseres Zornes, wozu wir die Vollmacht dem himmlischen Urteil entlehnen.«

Unter seiner Regierung zerstörten 390 die Christen im Zuge des Kampfes gegen das Heidentum die Bibliothek in Alexandrien, wodurch unersetzliche Werte und Erkenntnisse der antiken Wissenschaften für immer verlorengingen. Das christliche Rom war nun an die Stelle des antiken Rom getreten, zu einer Zeit, in der von außen die heidnischen »Barbaren« (Hunnen und Germanen) und ketzerischen Arianer (Goten) die Existenz des Reiches bedrohten. Natürlich hat diese politische Lage der propagierten Ausrottung des Heiden- und Ketzertums zusätzlich noch Vorschub geleistet. Der Katholizismus wurde als neue Staatsreligion im Römischen Reich also in eine Welt der Auflösung hineingetragen, und das Kreuz wurde über Ruinen und Leichen errichtet.

Im Jahre 385 fand in Trier auf Betreiben des Bischofs Ithacius der erste Ketzermord statt. Die Opfer waren ein arianisch denkender Laienchrist und sechs seiner Anhänger, darunter eine Frau.

Nach dem Tod Theodosius' am 17. Januar 395 zerbrach das Reich in zwei Teile. Seine Söhne Arcadius und Honorius teilten es sich endgültig in Ost- und Westrom. Für Westrom kam schon zu Beginn des 5. Jahrhunderts eine schnelles Ende. Der kaiserliche Hof wurde 395 nach Mailand, die Präfektur nach Arles verlegt. 410 verließen die römischen Truppen Rom, bevor die Stadt von den Westgoten unter Alarich geplündert wurde (siehe Seite 90f.). Am Beispiel des ehemals berühmten römischen Residenz Trier läßt sich der Zerfall Westroms in diesen Jahren deutlich aufzeigen. Viermal, zwischen 411 und 428, wurde Trier von den Franken überfallen, geplündert und gebrandschatzt. Und drei Jahrzehnte noch existierte Trier als römische Stadt, ehe es endgültig eine fränkische Stadt wurde. Der christliche Schriftsteller Salvianus von Marseille (etwa 400 bis 480) entrüstete sich über die letzten Jahre der Römerstadt Trier, in der Hunger und Seuchen herrschten:

»Sie liegen bei den Gastmählern, ihrer Ehre vergessen, vergessen ihres Alters, ihres Standes, ihres Namens, die Vornehmsten der Stadt, vollgefressen und berauscht, tobend und lärmend, ihrer Sinne nicht mächtig ... zur Liebe zu schwach, zum Wein aber gar kräftig ... Die Reste des Volkes liegen auf den Gräbern der Verstorbenen, die Leichen beiderlei Geschlechts nackt auf den Straßen, und Hunger und Durst gehen um. Was aber geschieht nach alledem? Die Menschen – besinnen sie sich auf ihre Sünden? Erkennen sie Gottes Zorn? Nichts davon. Sie fordern Rennen im Zirkus ...«

Andere Christen nahmen den Umbruch der Zeit weniger tragisch und sahen sogar im Sturm der »Barbaren« nach Mitteleuropa (siehe Seite 86ff.) die Chance, neue Schäfchen für die alleinseligmachende katholische Kirche zu gewinnen. Orosius (gestorben 418), ein Schüler des Augustinus, schrieb:

»Was kümmert es uns, wenn die Barbaren die Grenzen des Reichs überfluten. Hat das denn nicht den Vorteil, daß im Osten und Westen die Kirchen sich füllen mit Hunnen, Sueben, Vandalen, Burgundern und zahllosen Gläubigen anderer Nationalitäten? Ist das nicht geradezu als eine Gnade der göttlichen Vor-

In Konstantinopel übernimmt der Staat als Führer der Staatskirche den Kampf gegen Heiden und Ketzer. Unter Justinian I. (527 bis 565) geschieht die Verfolgung so gründlich, »damit sie aller Habe beraubt, dem Elend ausgeliefert sind«. Und Prokop (etwa 490 bis 555) schreibt: »Das ganze Römerreich war so von Mord und Furcht erfüllt.« Diese Miniatur aus einer griechischen Handschrift (Nationalbibliothek Paris) läßt erkennen, wie gnadenlos die Verfolgung durch eine blutgierige Soldateska praktiziert wurde.

sehung zu preisen? Denn wie hätten diese Völker sonst zur Bekanntschaft mit dem wahren Glauben gelangen können? Daß dabei der Staat zuschanden kommt, kann uns, die wir nur nach dem ewigen Leben trachten, vollkommen gleichgültig sein.«

Im Osten des Reiches war der Staatskirche der Kampf gegen das Heidentum noch nicht gleichgültig, im Gegenteil. Bischöfe und Priester, mit den Mönchen als »Fußtruppen«, taten sich immer mehr als Heidenverfolger und Tempelzerstörer hervor, so daß tolerantere Zeitgenossen im Klerus selbst anfingen, dieses Vorgehen zu mißbilligen:

»Sie stürmten zu den Tempeln, mit Holz beladen oder mit Steinen und Schwertern bewaffnet, einzelne auch ohne diese Dinge, bloß mit Händen und Füßen. Dann, als ob es herrenloses Gut wäre, reißen sie die Dächer nieder, stürzen die Mauern um, zerschlagen die Götterbilder, zertrümmern die Altäre. Den Priestern bleibt nur die Wahl zwischen Schweigen und Tod. Ist der erste Tempel zerstört, eilen sie zum zweiten und zum dritten und häufen Trophäen auf Trophäen ...«

Der Höhepunkt des Kampfes gegen das Heidentum wurde dann im 5. und 6. Jahrhundert unter den oströmischen Kaisern Theodosius II. (408 bis 450) und Justinian I. (527 bis 565) erreicht. Theodosius II. erließ eine Reihe einschneidender Gesetze gegen die Heiden: Ab 416 wurden alle Nichtchristen aus staatlichen Ämtern verbannt, 418 wurde durch Gesetz die Verbrennung alles antichristlichen Schrifttums angeordnet, 423 wurden diejenigen mit Verbannungs- und Gütereinzugsstrafen belegt, die an heidnischen Opfern teilgenommen hatten, 435 und 438 schließlich wurde für die Ausübung heidnischer Kulte die Todesstrafe ausgesprochen. Unter Theodosius II. geschah auch der bestialische Mord an Hypatia, der letzten großen Philosophin des Neuplatonismus. Sie wurde 416 in Alexandrien von christlichen Mönchen hinterrücks überfallen, in die Kirche geschleppt, entkleidet und mit Glasscherben buchstäblich zerfetzt. Der Mord geschah mit Billigung des Bischofs Kyrill von Alexandrien (gestorben 444), der damals seinen Haß gegen Andersgläubige auch mit blutigen Ausschreitungen gegen die Juden in Alexandrien befriedigte, die Synagogen niederreißen und etwa 40 000 Juden abschlachten ließ. Die Juden wurden auch in anderen Städten und Provinzen als Ketzer verfolgt, schließlich hatte sie der griechische Prediger Chrysostomos (354 bis 407) schon »nicht besser als Schweine und Böcke« genannt und über ihre Synagogen gesagt: »Nenne einer sie Hurenhaus, Lasterstätte, Teufelsasyl, Satansburg, Seelenverderb, jeden Unheils gähnender Abgrund ..., so wird er noch weniger sagen, als sie verdient haben.«

Derselbe Chrysostomos klagte aber auch:

»Es gäbe keinen Heiden mehr, wenn wir wahrhafte Christen wären. Bekehrung durch Hinweis auf Wunder? Die geschehen nicht mehr. Durch das Vorbild unseres Wandels? Der ist durch und durch verderbt. Durch Liebe? Davon ist nirgends eine Spur zu entdecken . . .«

Ein »wahrhafter Christ« in diesem Sinne war Papst Leo I. (440 bis 461), der die treibende Kraft bei der Verfolgung der Pelagianer, der Priscillianisten und Manichäer im 5. Jahrhundert war. Auch Augustinus muß hier genannt werden, der im 4. Jahrhundert schon die Ausrottung der Circumcellionen, einer donatistischen Sekte in Nordafrika, als »Werk der Barmherzigkeit« bezeichnet hatte. Ebenso war auch Papst Gelasius I. (492 bis 496) ein »wahrer Christ«, wenn er verlangte: »Toleranz gegen Ketzer ist verderblicher als die schrecklichsten Verheerungen der Provinzen durch die Barbaren.«
Der beste »wahre Christ« nach dem Zitat von Chrysostomos aber war zweifellos Kaiser Justinian I., dessen kulturelle (zum Beispiel Bau der Hagia Sophia in Konstantinopel) und politische Leistungen (nochmalige vorübergehende Einigung von Ost- und Westrom) überschattet sind von seiner starren Haltung gegen Heiden und Ketzer. Sie führte konsequent zur gewaltsamen Bekehrung aller Heiden, zur Alternative Zwangstaufe oder Todesstrafe. Er ging sogar so weit, alle Nichtchristen für unfähig zu erklären, irgendeinen Rechtsakt gültig vollziehen zu können, was diese praktisch für rechtlos abstempelte, »damit sie, aller Habe beraubt, dem Elend ausgeliefert sind«. Damit wurden übrigens auch die Sklaven noch rechtloser, als sie schon unter den Griechen und Römern in der Antike waren. Die Sklaverei und das Christentum waren also von Anfang an durchaus kein schreiender Gegensatz, wie man nach dem christlichen Gebot der Nächstenliebe annehmen sollte. Thomas von Aquin hat ja später die Sklaverei im Mittelalter ausdrücklich gebilligt, und sein Schüler Ägidius von Rom nannte sie im 13. Jahrhundert »ein christliches Institut«.
Der Grieche Prokop (etwa 490 bis 555) legte in seiner »Geheimgeschichte des Kaiserhofs von Byzanz« (Anekdota), deren Fakten von anderen Zeitgenossen bestätigt werden, Zeugnis darüber ab, wie unter Justinian I. gegen die Ketzer vorgegangen wurde:

»Im Römerreich gibt es viele verwerfliche Glaubensrichtungen unter den Christen, die man Häresien nennt . . . Diesen gebot Justinian samt und sonders, ihren bisherigen Glauben zu ändern. Den Ungehorsamen drohte er unter vielem anderen auch damit, daß sie ihr Vermögen nicht mehr an ihre Kinder oder sonstigen Verwandten vererben könnten . . . Scharen von Agenten durchzogen sogleich allenthalben das Land und zwangen, wen sie trafen, zur Aufgabe seines ererbten Glaubens. Da nun dies den Bauern ein Frevel erschien, so entschlossen sie sich zu einmütigem Widerstand gegen die Schergen. Viele Häretiker fanden den Tod durchs Schwert, viele begingen sogar Selbstmord – in ihrer Einfalt glaubten sie damit ein Gott wohlgefälliges Werk zu vollbringen –, die Masse aber floh aus der Heimat. In Phrygien schlossen sich die Montanisten in ihre Gotteshäuser ein, zündeten diese an und gingen ohne Bedenken mit zugrunde. Das ganze Römerreich war so von Mord und Furcht erfüllt ...«

Und über Justinian selbst schrieb sein Zeitgenosse Prokop diese wenig rühmliche Kurzbiographie:

»Daß er kein Mensch, sondern wie gesagt ein Dämon in Menschengestalt war, dürfte die unermeßliche Zahl von Leiden beweisen, die er über die Welt brachte. Denn in der Furchtbarkeit der Taten wird auch die Macht des Täters offenbar. Die Zahl seiner Opfer kann meinem Dafürhalten nach außer Gott niemand genau angeben. Schneller zählte man, glaube ich, alle Sandkörner als die vielen Menschen, die der Kaiser hinmordete ... In seinem Bemühen, alle zu einem einheitlichen Christenglauben zusammenzuführen, setzte er sich unbedenklich über anderer Leben hinweg und tat sich dabei noch etwas auf seine Frömmigkeit zugute; galt es ihm doch nicht als Menschenmord, wenn die Opfer nicht Glaubensgenossen waren ...«

Die Religionsstreitigkeiten unter den Christen in West- und Ostrom wurden aber auch über die Grenzen des Reiches hinausgetragen, besonders im Westen durch die germanischen Völker, die, aus dem Osten kommend, ihrer arianischen Glaubensrichtung treu geblieben waren. Das Heidentum widerstand am längsten in Gallien, da sich die dort lebenden römischen Senatsaristokraten, die den alten römischen Göttern treu bleiben wollten, mit den fränkischen Germanenhäuptlingen zusammentaten.
Einer von ihnen mit Namen Arbogast, der dem weströmischen Kaiser Valentinian II. als »Soldatenmeister« diente, bevor er seinen Herrn 392 umbringen ließ, forderte im Jahre 393 Theodosius heraus, indem er in Gallien, Italien und Nordafrika feierlich das alte Heidentum wieder einführte. Theodosius kam aus dem Osten mit seinem Heer heran und führte ein Jahr später am Fluß Frigidus (heute Vipava), in der Nähe von Aquileia (nördlich des heutigen Venedig), im ersten Religionskrieg Christen gegen Heiden. Das Fußvolk bestand übrigens in beiden Heeren aus Heiden, denn auch die Krieger von Theodosius waren in der Mehrzahl Barbaren, auch wenn sie unter dem Zeichen des Kreuzes gegen die altrömischen Feldzeichen antraten. Nach einem erbitterten und blutigen Abschlachten auf beiden Seiten unterlagen die Heiden. Arbogast entzog sich seinen Verfolgern durch Selbstmord. Theodosius errichtete danach auch im Westen die blutige heidenfeindliche Gesetzgebung des Kreuzes nach oströmischem Muster. Aber die gallischen Bauern wehrten sich noch lange gegen die Christianisierung, die vornehmlich der heilige Martin von Tours, ein Zeitgenosse des Theodosius, bis in die kleinen Siedlungen auf dem Land zu organisieren versuchte.
Im Nordwesten Europas wuchs dem Katholizismus dann Ende des 5. Jahrhunderts ein Bollwerk gegen alle heidnischen germanischen Nachbarn, als das Fürstenhaus der salischen Franken, der Merowinger, unter ihrem König Chlodwig (467 bis 551) dem ketzerischen Arianismus abschwor und zum Katholizismus übertrat. Den Anstoß dafür lieferte bei dem Merowinger Chlodwig sein Eheweib Chlothilde, eine katholische burgundische Königstochter. Chlodwig erkannte zwei-

fellos in erster Linie die machtpolitischen Vorteile dieses Schrittes, denn die enge Verbindung mit dem mächtigen Ostrom verschaffte ihm im damaligen Nordwesteuropa eindeutig eine ungefährdete Vormachtstellung. Willig unterwarf er sich deshalb zusammen mit dreitausend Kriegern im Jahre 498 in Reims dem von Bischof Remigius gesprochenen bedeutsamen Taufspruch: »Beug still deinen Nakken, stolzer Sugambrer; verehre, was du verfolgtest, verfolge, was du verehrt hast!«

Die Sugambrer, ein westgermanischer Volksstamm, dem Chlodwigs Vorfahren angehörten, lebten schon im 1. Jahrhundert n. Chr. in der heutigen Rhein-Main-Gegend. Das altgermanische Erbe, nämlich die Grausamkeit, mit der Streitigkeiten mit Nachbarn und in der Familie ausgetragen wurden, fiel mit dieser Taufe aber noch lange nicht von den Merowingern ab, die bis zum 8. Jahrhundert in düsterblutigen Machtkämpfen das Frankenreich errichteten, vergrößerten und wieder verloren. Chlodwigs berühmter Sieg von Vouglé bei Poitiers (507) über den Westgoten Alarich II. vergrößerte jedoch nicht nur das Frankenreich der Merowinger bis zu den Pyrenäen, er war noch wichtiger als katholischer Sieg gegen die arianischen Häretiker und schaffte die Vorausset-

507, Schlacht bei Vouglé: Der Sieg Chlodwigs I. gegen die Westgoten unter Alarich II. ist auch ein Sieg des Katholizismus über arianische Ketzer. Diese Miniatur aus den »Großen Chroniken Frankreichs« zeigt die Darstellung der Schlacht in den Kostümen des späteren Hochmittelalters.

zungen für das spätere christliche römisch-katholische Reich der Karolinger, die im 8. Jahrhundert das politische Erbe der Merowinger antraten.
Die zentrale Gestalt in der Epoche der Christianisierung Mittel- und Nordeuropas im 6. Jahrhundert war Papst Gregor I. (590 bis 604). Der »letzte Römer« und »erste mittelalterliche Papst«, wie ihn die Geschichtsschreibung nennt, betrieb vor allem die Christianisierung der Langobarden und Angelsachsen. Er förderte die Mönche als Missionare in vorderster Front im Kampf mit den Heiden, wobei ihm das gewaltige Frankenreich bei der Missionierung der Germanen wertvolle Rückendeckung gab.
Vor Gregor I. waren die Päpste in Rom eigentlich nur Bischöfe gewesen. Erst der Einfall der Langobarden (siehe Seite 107 f.) und deren Christianisierung schufen für das Papsttum die Voraussetzungen für seine spätere Machtstellung. Die Langobarden waren aus dem Gebiet um die Elbe nach Süden vorgestoßen und hatten ganz Italien eingenommen, außer Rom und Ravenna. Papst Gregor organisierte wie ein weltlicher Führer die Verteidigung Roms gegen den Langobardenkönig Authari (584 bis 590) und vergrößerte den Machtbereich der römischen Kirche durch planmäßige Eroberungen erheblich. Gregor hatte einen entscheidend wichtigen Verbündeten gegen die Langobarden. Wie Chlodwig I. von seiner katholischen Königin Chlothilde überredet wurde, so bewog die bajuwarische Prinzessin Theodolinde ihren zweiten Mann, Agilulf (590 bis 615) – nach Authari, mit dem sie vorher verheiratet war, der nächste Langobardenkönig –, zum Übertritt vom Arianismus zur römisch-katholischen Kirche. Theodolinde hatte beste Verbindungen zu Papst Gregor. Sie vermittelte auch zwischen Langobarden und Franken einen Frieden sowie mit Ostrom einen Waffenstillstand. Außer ihrem Mann Agilulf gewann sie auch ihren Sohn, ihre Schwiegersöhne und ihren Neffen für die katholische Sache und erreichte damit, daß das langobardische Volk ab 600 allmählich zum Katholizismus übertrat und mit der bis dahin in Italien einheimischen Bevölkerung im Laufe der Jahrhunderte so verschmolz, daß heute nur noch der Landschaftsname Lombardei an sie erinnert.
Die anfangs friedliche Christianisierung Britanniens vom 6. bis zum 8. Jahrhundert begann, als Papst Gregor 582 seine 39 eifrigen Mönche unter Abt Augustinus über den Kanal schickte. Der damalige angelsächsische König, Ethelbert von Kent, dem der schlaue Papst Gregor mittels seiner Verbindung zum katholischen Königshof der Franken eine katholische Frau, nämlich die fränkische Königstochter Christin, »vermittelt« hatte, empfing die Missionare aus Rom und den fränkischen Dolmetscher nach dem Bericht von Beda Venerabilis mit diesen Worten:

»Schön sind zwar die Worte und Versprechungen, die Ihr bringt; aber weil sie neu sind und ohne Gewähr, so kann ich nicht ohne weiteres ihnen beipflichten und all das aufgeben, was ich mit dem ganzen Angelnvolke so lange Zeit heilig gehalten habe. Weil Ihr jedoch aus weiter Ferne als Fremdlinge hierher gekommen seid und meiner Überzeugung nach den Wunsch habt, das, was Ihr für das Wahre und Beste haltet, auch uns mitzuteilen, so wollen wir Euch nicht beschweren, sondern vielmehr Euch gnädig Gastfreundschaft gewähren, auch dafür

Sorge tragen, daß Euch gereicht werde, was zum Lebensunterhalt nötig ist. Endlich legen wir Euch nichts in den Weg, so viele, wie Euch möglich ist, durch Predigt für Eure Lehre zu gewinnen.«

Drei christliche Frauen im Bett heidnischer Könige, von Rom aus dirigiert, waren also zu einem nicht unerheblichen Teil dafür verantwortlich, daß die Königreiche der Franken, Langobarden und Angelsachsen ihrem ketzerischen Glauben beziehungsweise ihren heidnischen Göttern abschworen und sich für das »Wahre und Beste« entschieden.
Die Bekehrung verlief aber auch in Britannien nicht lange friedlich. Missionseifer der Mönche und Priester paarte sich allzugern mit weltlicher Eroberungslust, Plünderung und blutiger Unterwerfung durch verbündete Gewaltherrscher im Zeichen des Kreuzes.
Der Historiker Eduard Winkelmann beschrieb im 19. Jahrhundert, auf welche Weise die letzten heidnischen Gebiete in Britannien am Ende des 7. Jahrhunderts christianisiert wurden:

»Keadvalla, der Sohn eines früheren Nebenkönigs, erlangte zuerst als Freibeuter im Grenzkrieg mit Sussex Ansehen, warf dann allmählich verschiedene Nebenbuhler nieder, wurde 685 zum König erhoben und bewährte seinen Beruf zur Herrschaft durch Verwüstungszüge bis nach Kent und durch die Eroberung von Sussex und des noch ganz heidnischen Wight. Die Greuel, welche namentlich die Eroberung dieser Insel begleiteten, waren derart, daß man meinte, Keadvalla habe es auf die förmliche Ausrottung der bisherigen Einwohner abgesehen, um die Insel mit seinen Leuten zu bevölkern. Trotzdem trug Wilfried (ehemaliger Bischof von Northumberland) kein Bedenken, sich dem Sieger anzuschließen: Auf der Waagschale kirchlichen Eifers wog auch das Entsetzlichste nicht schwer, weil es ja nur Heiden traf. Obendrein hatte Keadvalla gelobt, wenn ihm die Eroberung der Insel gelänge, den vierten Teil der Beute und des Landes dem Herrn, das heißt kirchlichen Zwecken, zu widmen, und er hielt sein Versprechen. Er war ... so gut kirchlich, daß er die jungen Brüder des Inselkönigs, welche auf der Flucht in seine Hand fielen, noch durch den Abt von Redford im Christentum unterweisen und dann erst zum Tode führen ließ.«

Bei solchen »Erfahrungen« mit der neuen Religion verwundert es nicht, wenn heidnische Vorstellungen und Gewohnheiten durch alle Jahrhunderte in den Schmelztiegel der alleinseligmachenden Kirche einflossen, Bestandteil der neuen Lehre wurden und in den christianisierten Völkern bis heute weiterleben. So kam es, daß weder der Abscheu, mit dem sich die Kirchenväter über alles »Heidnische« aussprachen, noch die Strafgesetze der Kaiser der Macht der alten Götterwelt für immer ein Ende zu machen vermochten. Vor allem in der nachfolgenden spätmittelalterlichen Epoche der Glaubenskriege verstrickte sich die Kirche mit ihren »Abwehrmaßnahmen« während der Inquisition in ein Gewirr von Aberglauben, Teufels- und Hexenwahn, dem Millionen unschuldiger Menschen zum Opfer fielen.

»In Menschengestalt führen sie ein Leben von tierischer Wildheit«

Hunnen, Goten, Vandalen, Weströmer, Oströmer, Franken, Langobarden, Angelsachsen, Wikinger und Normannen — Europa während und nach der Völkerwanderung vom 4. bis zum 12. Jahrhundert

375
Hunnen unterwerfen die Alanen und zerstören mit ihnen das Ostgotenreich in Südrußland

Ende des 4. Jahrhunderts
Massenmorde zwischen Römern und Alemannen in Gallien, zwischen Quaden und Römern an der Donau, zwischen Römern und Goten auf dem Balkan

407
Römer verlassen Britannien. Keltische Picten und Scoten verheeren die Insel

410
Alarich I. plündert mit seinen Westgoten Rom

ab 440
Sachsen aus Nordgermanien fallen in Britannien ein

451
Attilas Eroberungszug nach Gallien. Schlacht auf den Katalaunischen Feldern

452
Attilas Hunnen zerstören Mailand, Mantua, Verona, Brescia und Bergamo. Aquileja wird für immer verwüstet

455
Vandalen plündern Rom und nehmen Witwe und Tochter Valentinians III. als Beute mit

536
Im Gotenkrieg morden und plündern Belisars Soldaten in Neapel

539
Goten erobern und zerstören Mailand

568
Langobardenzug nach Oberitalien

603
Avaren (Hunnen) zerstören die Provinz Friaul des Langobardenreiches

789
Erster Wikingerüberfall in Britannien

845
Zerstörung Hamburgs durch die Normannen

867
Sieg der Wikinger bei York

um 880
Normannen fallen in Franken ein, verwüsten Köln, Aachen, Bonn und Trier und belagern Paris

886
König Alfred der Große besiegt die Normannen und schließt Friedensvertrag

1185
Normannen erobern und verwüsten Thessaloniki

Wandernde Völkergruppen gab es seit den Anfängen der Geschichte zu allen Zeiten. Auch die Fluchtbewegung großen Stils nach dem Zweiten Weltkrieg war eine Völkerwanderung, die das Gesicht der Welt nach 1945 verändert hat. Noch entscheidender aber prägte die Völkerwanderung zu Beginn des frühen Mittelalters das spätere Abendland. In drei Jahrhunderten – die Historiker begrenzen diese Völkerwanderung auf den Zeitraum von etwa 375, dem Jahr des ersten Hunneneinfalls, bis 568, dem Jahr des Langobardenzuges nach Italien – entstand die politische und kulturelle Landschaft eines Europa, wie es in den Grundzügen heute noch besteht. Das Werden dieses Europa im frühen Mittelalter kostete die Menschheit aber einen hohen Blutzoll. Tausende und aber Tausende unschuldiger Land- und Stadtbewohner von Nordafrika bis nach Skandinavien gingen im Strudel mehrerer Flutwellen raub- und mordlustiger Eroberer zugrunde.
Den Anstoß zur damaligen Völkerwanderung gaben die Chinesen im Fernen Osten. Die stabile Regierung der Han-Dynastie hatte bereits im 1. und 2. Jahrhundert die zuerst nach Osten vorstürmenden Hunnen an der Chinesischen Mauer gestoppt und zurückgeschlagen, so daß sie gezwungen waren, ihren Eroberungsdrang nach Westen zu richten. Die mongolischen Reiternomaden überquerten den Ural und die Wolga, drangen nach Westen vor und brachten alle dort ansässigen Völkerschaften in einer Kettenreaktion in Bewegung. Die Hunnen schlugen an der Wolga die Alanen, unterwarfen dann 375 mit ihnen in der östlichen Ukraine die Ostgoten und verdrängten die Westgoten aus Rumänien, die wiederum die germanischen Stämme zwischen Weichsel und Rhein und in Gallien in den Sog ihrer Eroberungszüge von Ost nach West mit hineinzogen und das Römische Reich von Osten und Norden her aufrollten. Ganz Süd- und Mitteleuropa geriet so vom 4. bis 6. Jahrhundert unter die Herrschaft germanischer Könige: In Nordafrika entrissen die Vandalen den Römern ihre Hauptkornkammer, im ehemals römischen Spanien errichteten die Westgoten ein neues Reich, das Frankenreich erstarkte, und zuletzt gründeten in Norditalien die Langobarden ihren Staat. Von dem ehemals mächtigen Römischen Imperium blieb – die Eroberungen der Slawen im Osten noch mit berücksichtigt – nur ein gebietsmäßig kleiner Rest, vom heutigen Jugoslawien quer über den Balkan bis zur Türkei, unter der Regierung der oströmischen (byzantinischen) Kaiser in Konstantinopel.
Bereits auf den Seiten 56 bis 58 sprachen wir von der Unfähigkeit der Römer, sich mit ihren germanischen Nachbarn im Norden zu arrangieren und ihnen lebensnotwendige Gebiete in größerem Stil einzuräumen. »Tod den Germanen!« war eine Losung, die sich vor allem aus dem Konflikt der Gewaltenteilung zwischen Ost- und Westrom erklärt. Ein wesentlicher Grund dieses Konflikts, der die beiden Kaiserhöfe in Rom und Konstantinopel in scharfen Gegensatz zueinander brachte, war die Germanenfeindlichkeit der Oströmer. Wie sie ihrem Germanenhaß freien Lauf ließen, berichtet der aus Antiochia stammende römische Geschichtsschreiber Ammianus Marcellinus in seiner Ende des 4. Jahrhunderts geschriebenen Geschichte des Römischen Reiches, die die Epoche vom 1. bis 4. Jahrhundert umfaßt. Er erzählt zum Beispiel von der „denkwürdigen Tat« des oströmischen Feldherrn und späteren Kaisers Julian im Jahre 356 gegen die Alemannen in Gallien:

»Die Barbaren, die auf dem linken Rheinufer hausten, gerieten über das Anrücken der beiden Heere in Schrecken. Sie sperrten deshalb mit Geschick die schon von Natur aus oft steilen Wege durch Verhaue. Sie fällten zu diesem Zweck Bäume von riesiger Größe. Andere setzten sich auf den Inseln fest, die in ziemlich großer Anzahl im Rhein verstreut liegen, vollführten auf ihnen ein greuliches Geheul und stießen Schmähungen gegen die Römer und den Caesar aus ... Nachdem der Caesar durch eben eingebrachte Kriegsgefangene erfahren hatte, daß der Fluß infolge der Glut des Hochsommers an seichten Stellen passierbar wäre, ermunterte er die leichtbewaffneten Hilfstruppen ... zu einer denkwürdigen Tat. Sie durchwateten die seichten Stellen, legten dann ihre Schilder unter und schwammen so an die nächstgelegene Insel heran. Nachdem sie aus dem Wasser gestiegen waren, hieben sie ohne Rücksicht auf Alter und Geschlecht Mann und Weib nieder, als wäre es Vieh. Sie fanden dort leere Kähne und konnten auf ihnen trotz ihres Schwankens die meisten Inseln erreichen. Hatten sie ihre Mordgier befriedigt, dann beluden sie ihre Boote mit reicher Beute ... und kehrten ohne Verluste wieder zurück ...«

In der Gegend um das heutige Straßburg wurden die »Barbaren« dann von Julians Heeren kurze Zeit später entscheidend geschlagen. Ammianus Marcellinus hält fest:

»Auf dem Schlachtfeld wurden sodann 6000 Alemannenleichen gezählt, die Massen, die die Wogen des Stromes wegschwemmten, entziehen sich jeder Schätzung.«

Nach Zosimos (gestorben 418) verlangte Julian hinterher von den Alemannen rund 20 000 gefangene Römer zurück, die diese wenige Jahre vorher auf ihren Überfällen aus Gallien weggeschleppt hatten:

»Wer untauglich war als Sklave ... wurde in seinem Jammer erwürgt ... Es war schwer zu entscheiden, wer größeres Leid erfuhr: die nach Germanien verschleppten Gefangenen oder die in der Heimat Verbliebenen.«

Wenige Jahre später, im Jahre 368, rächten sich die Alemannen an den Römern: Häuptling Rando überfiel Mainz und entführte eine große Zahl der Bürger als Sklaven.

Auch an der Donau hatten sich Germanen und Römer schon früh das Leben schwergemacht. Marcellinus erzählt aus dem Jahre 373 von den Folgen einer »schnöden Verletzung des geheiligten Gastrechts« an dem Barbarenkönig Gabinius, der von dem römischen Feldherrn Marcellian zu einem Gastmahl eingeladen und dabei ermordet wurde:

»Die Kunde von diesem schrecklichen Verbrechen verbreitete sich eiligst allenthalben und versetzte die Quaden (germanischer Volksstamm nördlich der Donau) und ihre Nachbarstämme in Wut. Sie beklagten den Tod ihres Königs und rotteten sich zu einem Rachezug zusammen. Nachdem sie die Donau überschritten hatten, trafen sie die dortige Landbevölkerung, die an keinen feindlichen Über-

»Tod den Germanen!« war die Losung der Römer seit Beginn der Auseinandersetzungen an den Grenzen des Römischen Weltreiches in Gallien und im Norden an der Donau. Das Relief von der Marc-Aurel-Säule aus dem 2. Jahrhundert n. Chr. zeigt die Enthauptung gefangener vornehmer Germanen (Ausschnitt).

fall dachte, bei der Ernte. Sie hieben den größten Teil derselben nieder, den Rest entführten sie mit einer Menge Vieh in ihre Heimat... Inzwischen dehnten die Quaden im Bunde mit den Sarmaten ihre Streifen immer weiter aus; sie sind zum Rauben und Plündern wie geschaffen. Sie verschleppten, was sie nur erbeuten konnten, Mann und Weib und Vieh, und berauschten sich an der Freude über die eingeäscherten Ortschaften und an den Qualen ihrer Bewohner, die sie unvermutet überfielen und erbarmungslos hinschlachteten.«

Zur gleichen Zeit rollte aus der mongolischen Steppe in Richtung Westen die Flut der Hunnen heran – mongolische Nomaden, die die Chinesen Hsiung-nu nannten. Sie zersprengten die Ostgoten im südrussischen Raum, trieben sie über den Dnjestr und verursachten damit den Vorstoß der Westgoten aus den rumänischen Niederungen bis an die römische Donaugrenze. Schon aus der Mitte des 3. Jahrhunderts werden in zeitgenössischen Quellen die ersten Übergriffe der Goten auf dem Balkan gemeldet: Bei der durch Verrat geglückten Eroberung von Philippopolis (griechischer Name für Plowdiw in Südbulgarien) wurden etwa 100 000 Menschen umgebracht oder versklavt. In seiner »Gotengeschichte« schreibt Jordanes (im 6. Jahrhundert), sich auf die verlorengegangene Gotengeschichte seines Zeitgenossen Cassiodorus (gestorben um 580) stützend, über die ersten gotischen Eroberungszüge nach Kleinasien im Jahre 263:

»Sie setzten über den Hellespont und plünderten viele Städte jener Gegenden aus, dabei legten sie auch das hochberühmte Heiligtum der Diana zu Ephesus in Asche. Sie drangen dann weiter nach Bithynien vor und zerstörten Chalcedon... Sie gewannen große Kriegsbeute und kehrten über den Hellespont wieder zurück. Dabei wurde Troja... neuerdings völlig verwüstet.«

Was dabei mit der Bevölkerung der verwüsteten Gebiete geschah, wissen wir von Zosimos. In seinen Berichten über die Einfälle der Goten in Griechenland Ende des 4. Jahrhunderts ist nachzulesen, daß die Goten fast alle Städte erobert, die Männer erschlagen und Frauen und Kinder als Sklaven weggeführt hatten.
Der damalige König der Westgoten, die für diese Übergriffe verantwortlich waren, hieß Alarich (370 bis 410). Es war jener große Alarich der Geschichtsbücher, der nach den Verheerungen in Griechenland mit seinen Goten »aus eigener Kraft zur Eroberung eines Reiches« ausziehen wollte, weil »dies der Untätigkeit und dem Untertanenverhältnis vorzuziehen sei« (Jordanes). Obwohl er von Ostrom in Illyrien (Roms osteuropäische Provinzen) als Militärstatthalter eingesetzt war, brach er mit seinen Goten 401, 403 und 408 in Italien ein und besetzte am 24. August 410 Rom, ließ es drei Tage durch seine Soldaten plündern, jedoch »nicht, wie sonst die Barbaren zu tun pflegen, Feuer« (Jordanes) anlegen und auch nicht die Einwohner in die Sklaverei wegschleppen. Zwar jammerte damals der Kirchenlehrer Hieronymus: »Das Licht der Welt ist ausgelöscht, dem Römischen Reich ist der Kopf abgeschlagen worden. In Rom ist die Welt untergegangen.«
Aber das antike Rom hatte schon längst seinen Kopf verloren, und auch Rom war seinen Nachbarn nichts schuldig geblieben. Noch im Jahre 405 hatten die

Römer unter Stilicho nach einem Sieg über die Ostgoten 12 000 Goten vornehmer Abkunft zum Kriegsdienst gezwungen und die übrigen – von niedriger Abkunft – »wie minderwertiges Vieh« (Orosius, 5. Jahrhundert) verkauft. Rom-Eroberer Alarich wurde noch im selben Jahr unter besonderen Umständen, die das Leben zahlreicher Kriegsgefangener forderten, zu Grabe getragen. Jordanes schrieb darüber:

»Die Westgoten betrauerten ihren König ... Sie leiteten den Busento bei der Stadt Cosenza ab und ließen in dem alten Bette Kriegsgefangene ein Grab auswerfen, in dessen Schoß sie den Alarich mit vielen Schätzen bargen. Dann ließen sie den Busento wieder in sein früheres Bett einströmen und ermordeten alle, die dabei mitgearbeitet hatten, damit nie ein Mensch die Begräbnisstätte finden könne ...«

Die eigentlichen Unruhestifter hinter den aufgescheuchten Germanenvölkern, die verzweifelt nach neuem Land suchten, die Hunnen, haben bei ihrem Erscheinen im Westen den Germanen und Römern einen gewaltigen Schrecken eingejagt, wie aus den Augenzeugenberichten und Texten der zeitgenössischen Geschichtsschreiber hervorgeht. Jordanes beschrieb zum Beispiel die Herkunft und das Aussehen der Hunnen so:

»Sie übertreffen alles an barbarischer Wildheit. Nach alten Überlieferungen sind sie wie folgt entstanden: Der Gotenkönig Filimer, Gadarichs des Großen Sohn, der nach dem Auszuge aus Skandinavien der fünfte König der Goten war und der mit seinen Goten Skythien besetzt hatte, fand in seinem Volke der Zauberei ergebene Weiber, die in der Volkssprache Haliurunnen heißen. Da er voll Mißtrauen gegen sie war, vertrieb er sie und zwang sie, weit weg von seinem Heere in wüstem Ödland umherzuirren. Als diese die in den Einöden sich herumtreibenden unreinen Dämonen sahen, vermischten sie sich mit ihnen und erzeugten so das wilde Hunnengeschlecht. Klein, häßlich und heimatlos hauste es zunächst in den Sümpfen (am Asowschen Meer). In nichts glichen sie den Menschen, nur ihre Stimme klang entfernt an die menschliche Sprache an ... Wer sich ihnen auf ihrem Zuge in den Weg stellte, wurde für den Sieg geopfert, die anderen unterworfen. Denn sobald ihnen der Übergang über den ungeheuren Sumpf geglückt war, rissen sie wie ein Völkerwirbelwind die Alpidzuren, Alcildzuren, Itimaren, Tunkarser und Boisker (alles Skythen- und Hunnen-Stämme), welche die auf der skythischen Seite gelegenen Küsten des Meeres bewohnten, mit sich. Auch die Alanen (Verwandte der Vandalen), die ihnen zwar im Kampfe gleich waren, an Bildung, Lebensweise und körperlicher Schönheit jedoch sich durchaus von ihnen unterschieden, wußten sie durch unaufhörliche Kämpfe mürbe zu machen und so schließlich zu unterwerfen. Denn wenn die Hunnen auch ein Volk nicht in offenem Kampfe zu besiegen vermochten, so jagten sie doch durch ihr Aussehen entsetzlichen Schrecken ein und trieben so alles in die Flucht. Ihre Gesichtsfarbe ist nämlich greulich dunkel, und sie haben, wenn man so sagen darf, kein Menschenangesicht, sondern einen unförmigen Kloß, in dem weniger Augen als

Rom, 24. August 410: Der Westgote Alarich I. (370 bis 410) besetzt die Stadt und läßt sie drei Tage plündern. Der »Ketzer« Alarich schont jedoch die Einwohner, wie dieses klassizistische Gemälde von W. Lindenschmit zeigen will.

Punkte stecken. Ihren verwegenen Mut läßt ihr verunstaltetes Aussehen erkennen; denn schon am Tage der Geburt mißhandeln sie ihre eigenen Kinder grausam. Den Knaben zerschneiden sie mit Eisen die Wangen und zwingen sie, den Schmerz von Wunden zu ertragen, ehe sie den ersten Tropfen Milch bekommen. Ihre Greise sind bartlos und ihre Jünglinge ohne Schönheit, weil ihr von den

Messern durchfurchtes Gesicht infolge der Narben den den Mann zierenden Bartwuchs nicht aufkommen läßt. Dabei sind sie klein, gelenk, flink und ausgezeichnete Reiter. Ihre Schultern sind breit, sie sind die geborenen Bogen- und Pfeilschützen, haben starke Nacken, die stets stolz in die Höhe gereckt sind. In Menschengestalt führen sie ein Leben von tierischer Wildheit.«

Der Grieche Zosimos ergänzte diese Mischung von Grauen und Respekt mit genaueren Einzelheiten:

»Jedenfalls kamen sie mit Pferden, Frauen und Kindern und all ihrer fahrenden Habe und überfielen die am Ister wohnenden Skythen. Sie lieferten ihnen aber nicht etwa eine Feldschlacht – dazu wären sie nicht in der Lage gewesen, da sie ihre Füße niemals auf festen Boden setzen, sondern ihr Leben auf Pferden verbringen, ja sogar zu Pferde schlafen. Im Kampf machten sie geschickte Ausfälle und wichen stets rechtzeitig aus, und durch ihre Pfeile, die sie vom Pferd aus abschossen, richteten sie ein unermeßliches Blutbad unter den Skythen an. Das wiederholten sie mehrere Male und setzten dadurch den Skythen so zu, daß die Überlebenden das von ihnen bewohnte Gebiet aufgaben und es den Hunnen überließen ...«

Um die Wende zum 5. Jahrhundert hatten die Hunnen das ganze Donaugebiet im heutigen Österreich überflutet. Der heilige Hieronymus schrieb 396 in einem Brief, in dem er neben den Hunnen auch Goten, Alanen, Vandalen und andere germanische Stämme in den Kreis der Eroberer und Plünderer jener Zeit mit einbezog:

»Wie viele ehrbare Frauen, wie viele gottgeweihte Jungfrauen und erlesene und adlige Leben sind in diesen Kriegen geschändet worden! Bischöfe wurden gefangen, Priester und andere geistliche Würdenträger hingemordet ... Wie viele Klöster sind eingenommen worden! Wie viele Flüsse haben sich mit Menschenblut gefärbt!«

Nach mehreren Jahrzehnten, in denen die Quellen von zahllosen Grausamkeiten der Hunnen vor allem im Donaugebiet und auf dem Balkan berichten und in denen die Hunnen auch als Hilfstruppen der Goten und Römer auftraten, übernahm 434 Attila die Führung aller Hunnen:

»Zum Schrecken der Völker war dieser Mensch geboren, alle Länder fürchteten ihn, alle Welt war – ich weiß nicht, durch welche Schicksalsfügung – mit Angst und Entsetzen vor ihm erfüllt. Stolz schritt er einher, ringsum ließ er seine Augen schweifen, schon seine Körperhaltung offenbarte seine Machtüberhebung. Er liebte den Krieg, doch war er selbst kein Haudegen, sondern ein gewaltiger Schlachtenlenker, Bitten zugänglich, gegen Unterworfene gnädig. Er war klein, hatte eine breite Brust, einen unverhältnismäßig großen Kopf, winzige Augen, einen dünnen, graumelierten Bart, eine Plattnase, eine häßliche Hautfarbe, kurz, er war ein richtiger Hunne.«

Jordanes' eindrucksvolles Porträt des berühmt-berüchtigten Hunnenkönigs setzt sich aus den Berichten seiner Gewährsleute Priskus und Cassiodor zusammen. Von diesen beiden hat der Grieche Priskus Attila selbst gesehen, denn er wohnte Verhandlungen der Römer mit ihm bei. Die detaillierte Schilderung von Jordanes dürfte deshalb trotz aller theatralischer Effekte dem historischen Attila ziemlich nahe kommen.
Allerdings hat der historische Attila aber mit dem Hunnenkönig Etzel in unserem Nibelungenlied nur den abgeleiteten Namen gemeinsam. Attila zog nämlich erst 451 nach Westen. König Gunthers Burgunderreich und seine Residenz Worms wurden aber bereits 435/436 von den Römern unter Aetius, wahrscheinlich mit hunnischen Hilfstruppen, vernichtet.
Attilas Hunnensturm suchte zuerst die Balkanländer südlich der Donau heim und brachte ihm Ärger mit Ostrom. Ein 443 ausgehandelter Vertrag wurde vier Jahre später wieder gebrochen. Chronist Marcellinus Comes, Kanzler Justinians, notierte: »Ein ungeheurer Krieg, noch größer als der vorangegangene, wurde von König Attila entfacht.«
In der Biographie des heiligen Hypatius schrieb dessen Schüler Kallinikos über den Hunnensturm in Griechenland:

»Kaum waren 30 Tage verstrichen (nach dem Tod des Hypatius), als ein Hagelsturm ausbrach ... Innerhalb der nächsten fünf Monate ereigneten sich ungeheure Erdbeben; auch wurde das Barbarenvolk der Hunnen in Thrakien so mächtig, daß sie mehr als 100 Städte verwüsteten und sogar Konstantinopel in Gefahr brachten. Die Mehrzahl der Einwohner ergriff bereits die Flucht. Ja selbst die Mönche in Jerusalem wollten schon fliehen, da sie die Zerstörung Konstantinopels fürchteten. Morden und Blutvergießen waren so groß, daß die Zahl der Toten nicht einmal annähernd errechnet werden konnte. Die Hunnen eroberten Kirchen und Klöster und töteten die meisten Mönche und Nonnen – ja, sie plünderten sogar das Grab des heiligen Alexander aus ... Die Hunnen verheerten Thrakien so arg, daß es sich nicht mehr erholen konnte ...«

Attila nutzte geschickt die Schwäche des geteilten Imperiums. Augenzeuge Priskus berichtete von den Verhandlungen Attilas mit den Ministern des Theodosius II.: »Und die Römer gehorchten ihm in allem; sie nahmen jede seiner Anordnungen hin, als wäre er ihr Oberherr.« Dann, im Jahre 451, veranlaßten Attila verschiedene Intrigen zwischen unterworfenen und verfeindeten Völkern, zwischen Vandalen, Franken, Goten und Weströmern, zu einem Eroberungszug Richtung Westen. Die zeitgenössische Chronik des Römers Prosper Tiro (etwa 390 bis nach 450) faßte den Hunneneinfall nach Westeuropa in wenigen Sätzen zusammen:

»Attila zwang viele tausend der benachbarten Völker zum Krieg, den er – wie er erklärte – als Freund der Römer nur gegen die Goten zu führen beabsichtigte. Nachdem er den Rhein überquert hatte und zahlreiche gallische Städte die fürchterlichsten Angriffe erlitten hatten, beschlossen die Unseren (die Römer) und die Goten, rasch die Wut dieser frevelhaften Feinde mit verbündeten Heeren zu vernichten. Da bewährte sich der Weitblick des Patriziers Aetius so sehr, daß er mit den eiligst von überallher zusammengebrachten Streitkräften der feindlichen Menge wohl gewachsen gegenübertreten konnte. In diesem Kampf wurde keine der beiden Seiten besiegt. Die Zahl der Niedergemetzelten stieg ins Ungemessene, doch wurden die Hunnen so geschlagen, daß sie nicht weiterzukämpfen wagten und die Überlebenden sich in ihr Land zurückzogen.«

Hinter diesem knappen Bericht, der mit dem Hinweis auf die berühmte Schlacht auf den Katalaunischen Feldern (»die auch die Felder von Méry-sur-Seine heißen«, Jordanes) endet, steckt in Wahrheit die Tatsache von der gefährlichsten Bedrohung Europas in den ersten Jahrhunderten seiner christlichen Geschichte. Attilas Hunnen waren als Nomaden, die lediglich von Tributzahlungen aus West- und Ostrom lebten, in erster Linie bei ihrem Kriegszug auf Beute aus: auf Lebensmittel, Waffen, kostbare Geräte und vor allem auf Menschen, auf für sie arbeitende Handwerker-Sklaven und auf Frauen. Solche Beute hatten sie vor 451 längere Zeit nicht mehr gemacht, und nach dem Tod von Theodosius II. waren auch die regelmäßigen Tributzahlungen aus Konstantinopel ausgeblieben. Die Hunnen drängten also mit aller Macht auf neue Eroberungen. Im Frühjahr 451 wälzte sich ein Riesenheer von Hunnen und von ihnen unterworfenen Stämmen aus Südost- und Südeuropa durch das heutige Österreich, Bayern und Schwaben zum Rhein, der etwa bei Neuwied in Richtung Belgien überquert wurde. Die spärlichen zeitgenössischen Berichte aus dieser Zeit lassen den Umfang der Verwüstungen und das Ausmaß des grausamsten Vernichtungszuges, den die Welt der Antike bis dahin je erlebt hatte, nur ahnen. In einem 460 von Sidonius Apollinaris, einem Gallier aus Südfrankreich, verfaßten Gedicht ist noch das Grauen über den nach Gallien hineingetragenen Hunnensturm zu spüren:

Folgende Seite. Italien, 5. Jahrhundert: Nach dem fehlgeschlagenen Eroberungszug der Hunnen nach Gallien, der von Römern und Goten auf den Katalaunischen Feldern gestoppt wurde, wandte sich Attila mit seinen Horden Norditalien zu. Das Gemälde aus dem 19. Jahrhundert zeigt Hunnen bei der Plünderung eines römischen Landhauses.

»Plötzlich ergossen sich in furchtbarer Wucht die Barbarenvölker des Nordens über dich, Gallien. Den trutzigen Rugiern und ihren Begleitern, den Gelonen, folgte der wilde Gepidenstamm; die Burgunder zwangen die Sciren mit sich; Hunnen, Bellonoten, Neurer, Bastarner, Thüringer, Brukterer und Franken, deren Land der Neckar mit seinen Wassern bespült, stießen vor. Rasch fiel der Herkynische Wald unter der Doppelaxt, und in Fahrzeuge verwandelte Stämme bedeckten den Rhein; schon überschwemmten die furchtbaren Scharen Attilas allenthalben deine Gefilde, Belgien . . .«

Das erste Opfer Attilas in Gallien war die Stadt Metz, die laut dem Bericht Gregors von Tours (etwa 538 bis 594) im 7. Buch seiner »Fränkischen Geschichte«, am Karsamstag, dem 7. April 451, überrannt wurde:

»Nachdem die Hunnen Pannonien verlassen hatten, durchzogen sie verwüstend das Land und kamen, wie es heißt, am Vorabend des heiligen Osterfestes nach Metz. Sie äscherten die Stadt ein, metzelten die Einwohner mit dem Schwert nieder und töteten sogar die Priester des Herrn vor den geweihten Altären . . .«

Es gibt darüber keine Quellen mehr, aber nach Metz dürften auch Speyer, Reims und andere Städte von den Hunnen zerstört worden sein. Ende Mai erst, also drei Monate nach dem Einfall der Hunnen, hatte Aetius ein Heer gegen Attila zusammengestellt. Goten und Römer zogen nun den Hunnen und ihren Hilfstruppen entgegen und entsetzten das kurz vor dem Fall stehende Orleans. Danach erst kam es zu der nach den Schlachten bei Cannae und Waterloo wohl berühmtesten Schlacht in der europäischen Geschichte, der blutigen Schlacht auf den Katalaunischen Feldern.
Die Historiker haben rekonstruiert, daß sie bei Troyes, südöstlich von Paris, zwischen den Flüssen Aube und Seine, um den 20. Juni 451 stattgefunden haben muß. Jordanes berichtet:

»Von beiden Seiten stießen gewaltige Truppenmassen aufeinander. Ohne Anwendung irgendwelcher Listen wurde auf offenem Feld gekämpft. Und aus welchem Grund prallten nun diese riesigen Massen aufeinander – gab es einen Grund, der diesen Zusammenstoß rechtfertigen konnte? Woher dieser Haß, der sie alle dazu trieb, sich mit Waffen aufeinanderzustürzen? Es ist eine bekannte Tatsache, daß die Menschen nur für ihre Herrscher leben; auf den wahnwitzigen Einfall eines einzigen Mannes hin kann ein Völkergemetzel stattfinden; die Willkür eines übermütigen Tyrannen genügt, um in einem einzigen Augenblick zu vernichten, was die Natur im Laufe vieler Jahrhunderte hervorgebracht hat.«

Nach Jordanes sollen auf beiden Seiten rund 165 000 Tote gezählt worden sein, zuzüglich 15 000 Franken und Gepiden, die sich schon in der Nacht vor der Schlacht gegenseitig niedergemacht hatten.
Die Römer, Franken und Goten stoppten den Hunnenzug und zwangen Attila zur Umkehr. Aber ein Jahr später fiel er mit seinem neuen Heer in Venetien und Italien ein. Jordanes erzählt darüber:

»Sein erster Angriff galt Aquileja, das er belagerte. Aquileja ist die Hauptstadt Venetiens und liegt auf einer Spitze oder Landzunge am Adriatischen Meerbusen (nördlich dem heutigen Venedig). Attila belagerte die Stadt ungewöhnlich lange, jedoch ohne Erfolg. Die römischen Soldaten innerhalb der Stadt leisteten nämlich tapferen Widerstand, so daß Attilas Heer sogar schon zu murren begann und abzuziehen verlangte. Als nun Attila die Mauern umschritt und unschlüssig überlegte, ob er sein Lager abbrechen oder noch länger ausharren sollte, sah er plötzlich zwei weiße Vögel – zwei Störche, wie sie in Dachgiebeln nisten – ganz gegen ihre sonstige Gewohnheit ihre Jungen aus der Stadt schleppen und aufs Land hinaustragen. Sogleich bemerkte er zu den Seinen, denn er war ein äußerst scharfer Beobachter: ›Seht nur, wie diese Vögel die Zukunft vorausahnen! Sie verlassen die Stadt und geben die befestigten Zinnen der dem Untergang geweihten Stadt preis, sobald Gefahr droht. Das ist kein sinnloser Zufall, das kann nur eins bedeuten; die Furcht vor einem unabwendbaren Unglück vermag ja selbst festgewurzelte Gewohnheiten zu ändern.‹ Wozu der vielen Worte? Es gelang Attila, in den Seinen den Willen, Aquileja zu erobern, neu zu entfachen. Sie bauten Maschinen, und nachdem sie alle Arten von Zerstörungswerkzeugen angewendet hatten, drangen sie ohne Aufenthalt in die Stadt ein, plünderten, raubten und verwüsteten sie aufs grausamste, so daß kaum noch eine Spur von ihr blieb. Durch diesen Erfolg noch verwegener gemacht und noch mehr nach römischem Blut dürstend, fielen die Hunnen nun wie Rasende über die übrigen Städte Venetiens her. Sie machten auch Mailand, die Hauptstadt Liguriens und frühere kaiserliche Residenz, dem Erdboden gleich; dasselbe Schicksal traf Ticinum (Pavia). Die Unbezähmbaren verheerten alle benachbarten Orte – ja, sie zerstörten fast ganz Italien.«

Attila eroberte damals noch Julia Concordia, Altinum (eine Flottenstation bei Ravenna), Patavium (Padua), Mantua, Vicenza, Verona, Brescia und Bergamo. Die Bürger dieser Städte wurden entweder getötet oder in die Gefangenschaft mitgeschleppt. Überlebende oder rechtzeitig geflohene Einwohner der Stadt Aquileja, die sich nie mehr erholte, zogen sich später in die benachbarten Lagunen zurück und gründeten eine neue Siedlung, das spätere Venedig. Weshalb dann Attila nicht nach Rom weitergezogen ist und auch dort Stadt und Bevölkerung heimgesucht hat, erklären sich die Historiker heute mit dem Zusammenkommen mehrerer Faktoren: Das Treffen Attilas mit dem ihm entgegengezogenen Papst Leo I. (440 bis 461) geschah zu einer Zeit, in der in Italien Hunger und Pest herrschten, was für ein ziehendes Heer sicher nicht ungefährlich war; außerdem waren zur gleichen Zeit oströmische Truppen über die Donau in hunnisches Gebiet eingefallen. Attila drohte zwar mit weiteren Verwüstungen, es blieb jedoch bei gelegentlichen Überfällen im Grenzgebiet zwischen Ungarn und dem damaligen Italien. 453 starb Attila einen nicht gerade alltäglichen, für einen so überragenden Eroberer aber nicht eben ruhmvollen Tod. Jordanes schreibt:

»Wie der Geschichtsschreiber Priscus berichtet, nahm sich Attila – er hatte übrigens, wie bei den Hunnen üblich, schon ungezählte Weiber – gegen Ende seines Lebens

Die Vandalen, ein in der Völkerwanderung im 5. Jahrhundert aus Schlesien und Westpolen nach Westen aufgescheuchtes germanisches Volk durchzieht Süddeutschland, Südfrankreich, Spanien und Nordafrika. In der sehr naiven Darstellungskunst aus einer zeitgenössischen byzantinischen Miniatur erscheint das Schicksal der Bewohner in den von den Vandalen überrollten Gebieten nur scheinbar harmlos.

ein wunderschönes Mädchen namens Ildiko zur Frau. Bei der Hochzeitsfeier gab er sich maßloser Fröhlichkeit hin und schlief dann in seinem Weinrausch auf dem Rücken liegend. Da strömte ihm, wie auch sonst oft, reichlich Blut aus der Nase. Bei seiner Lage war aber dessen natürlicher Abfluß unmöglich, weshalb es den verhängnisvollen Weg in seinen Schlund nahm und ihn erstickte. So nahm der glorreiche Kriegskönig im Rausch ein schmachvolles Ende.«

Der wie ein Trunkenbold an einem Blutsturz verendete Attila war der einzige und letzte Herrscher der Hunnen, der Geschichte gemacht hat. Nach ihm brach das nur lose zusammengehaltene Hunnenreich im Streit der Söhne um das Erbe bald auseinander, und die einzelnen Stämme rieben sich schließlich gegenseitig auf. Nicht nur ein Zeitgenosse Attilas, sondern auch ein Bruder im kriegerischen Geist war der Vandalenkönig Geiserich (428 bis 477). Jordanes hat ihn so dargestellt:

Vandalen unter Geiserich in Nordafrika (um 428)

»Mittelgroß von Wuchs, hinkend, weil er einst vom Pferd gestürzt war, unergründlich in seinem Denken, wortkarg, ein Verächter der Schwelgerei, ungestüm im Zorn, gierig nach Besitz, überaus klug, die Völker aufzuwiegeln, geschickt, den Samen von Haß und Streit auszusäen ...«

Die Vandalen waren ursprünglich im Gebiet von Schlesien und Westpolen zu Hause und zogen um 400, von den vor den Hunnen fliehenden Goten verdrängt, von Sueben und einem Teil der Alanen begleitet, westwärts über den Rhein, verwüsteten Südfrankreich und siedelten sich 411 bereits im römischen Spanien als Föderaten an. Unter Geiserich überquerten dann 80 000 Vandalen im Jahre 428 die Straße von Gibraltar und brachen mit dem berüchtigten, nach ihnen von den christlichen Römern überlieferten »Vandalismus« in Nordafrika ein. Bischof Possidius von Calama, der vor den Vandalen geflohen war, schilderte in einer Biographie des Augustinus das Wüten der Vandalen in Nordafrika so:

»Gottes Wille und Macht ließen es zu, daß ungeheure Heerscharen, kriegstüchtig und mit Waffen jeglicher Art ausgerüstet, heranrückten. Es waren die schrecken- und grauenerregenden Horden der Vandalen und Alanen, denen sich Goten und allerlei Volk angeschlossen hatten. Auf Schiffen waren sie von Spanien her über das Meer gefahren und überschwemmten ganz Afrika. Sie besetzten alle Orte

Mauretaniens und machten hier Ausfälle in die umliegenden Provinzen und Gegenden. Mit aller nur erdenklichen Grausamkeit und Rücksichtslosigkeit gingen sie vor. Sie plünderten, mordeten, quälten die Menschen auf jede Weise und steckten die Häuser in Brand. Das ganze Land wurde durch dieses verruchte Treiben völlig entvölkert. Die Feinde schonten weder Geschlecht noch Alter, weder Priester noch die anderen übrigen Kirchendiener. Auch die Kirchen, ihr Schmuck und Gerät fielen der Zerstörungswut zum Opfer.«

Der Grieche Prokop (etwa 500 bis nach 562) notierte später zu der Tatsache, daß die Vandalen 439 Karthago eroberten und die Weströmer 442 zu einem Frieden und zur Anerkennung des ersten unabhängigen germanischen Staates auf römischem Boden zwangen:

»So hatten die Vandalen den Römern Afrika weggenommen und behielten es. Die Feinde aber, die sie lebend gefangennahmen, behandelten sie als Sklaven und hielten sie unter Bewachung.«

Die Vandalen, strenge »ketzerische« Arianer im Sinne Roms, errichteten in Nordafrika ein Reich, das erst 100 Jahre später von Ostrom wieder zerschlagen wurde. Und diese »Ketzer« und Barbaren überfielen während ihrer Herrschaft in Nordafrika nicht nur jedes Jahr Sizilien und Unteritalien, verwüsteten die Orte und Städte, raubten und plünderten sie aus und entführten ihre Bewohner als Sklaven auf ihren schnellen Schiffen nach Nordafrika, sie segelten mit ihrer Flotte, die das ganze Mittelmeer beherrschte, auch vor die Mündung des Tiber, gingen an Land und brachen plündernd und brandschatzend im Jahre 455 selbst in Rom ein. Zu dieser Zeit war Westrom gerade ohne Kaiser, da Valentinian III. wenige Wochen vorher ermordet worden war. Seine Witwe und deren Tochter nahm Geiserich mit vielen anderen Tausenden von Römern als Beute aus der Stadt mit. Die Sklaven wurden nach Alter und Kunstfertigkeit ausgesucht.
Übrigens war Papst Leo I. auch diesem Eroberer entgegengezogen, allerdings mit weniger Glück als bei Attila drei Jahre zuvor: Geiserich antwortete ihm, er wolle die Zerstörung Karthagos vor rund 300 Jahren nachträglich rächen und alle von den Römern in Karthago erbeuteten Dinge als rechtmäßiger Herrscher von Nordafrika zurückhaben.
Geiserichs Gewaltherrschaft in Nordafrika stützte sich nach Prokop auf folgende Behandlungsmethode der einheimischen Bevölkerung:

»Wenn sich aber unter der einheimischen Bevölkerung jemand durch Ansehen und Wohlhabenheit auszeichnete, so machte ihn Geiserich zum Sklaven und schenkte ihn samt seinem ganzen Besitz an Land und anderen Gütern seinen Söhnen Hunerich und Genzo: Sein jüngster Sohn Theodor war nämlich bereits ohne Nachkommenschaft gestorben. Den übrigen Libyern nahm er den größten und besten Teil ihrer Ländereien und verteilte sie unter die Vandalen ... Die alten Besitzer blieben frei und durften, ganz verarmt, ihren Aufenthalt beliebig wählen. Alle Güter, die Geiserich seinen Söhnen oder anderen Vandalen geschenkt hatte, sollten steuerfrei bleiben; wo der Boden schlecht war, überließ er ihn den früheren Eigentümern, legte aber so hohe Steuern darauf, daß ihnen vom Ertrag so gut wie nichts blieb. Viele wurden verbannt oder getötet, da mannigfache schwere Klagen gegen sie erhoben wurden – als schwerste wurde betrachtet, daß jemand sein Geld versteckt halte! So blieb den Libyern keine Mißhandlung erspart.«

Letzter Vandalenkönig unter den Nachkommen des Geiserich war Gelimer, der sich mit einem Putsch an die Macht brachte. Als der oströmische Feldherr Belisar um 530 bereits das Vandalenreich von Osten her aufrollte und zurückeroberte, kam dieser Gelimer, wie Prokop berichtet, auf folgende Idee, um die Zahl der Gegner zu verkleinern:

»Gelimer aber gewann damals für sich durch Freundlichkeit und reiche Geldgeschenke einen großen Teil der Landbevölkerung und befahl diesen Leuten, jeden Römer, der sich einzeln sehen ließ, zu töten, indem er auf jeden Kopf einen Preis setzte. Die Bauern töteten auch wirklich viele, aber keine Soldaten, sondern Sklaven und Troßknechte, die sich durch Beutegier verleiten ließen, in die Dörfer zu gehen, und nun dort meuchlings abgetan wurden. Die Köpfe brachten sie zu Gelimer und empfingen ihren Lohn; er aber glaubte, es seien wirklich Soldatenköpfe.«

Diese Form von Kopfjägerei blieb also ohne Wirkung. Belisar stellte Gelimer 533 bei Trikamaron zur Schlacht, aber der letzte Vandalenkönig floh zusammen mit seinen Verwandten und Dienern.

»Die Römer bemächtigten sich des von Verteidigern entblößten Lagers mit all seinen Schätzen; die Verfolgung dauerte die ganze Nacht hindurch: die Männer wurden getötet, Weiber und Kinder mitgeschleppt.«

Justinian, der oströmische Kaiser und Verfolger aller Heiden und Ketzer, hatte für Belisar, seinen obersten Soldaten, wie Jordanes schreibt, bereits wieder neue Aufgaben: »Er zögerte nicht, das noch vom Vandalenblut triefende Schwert durch den gleichen Feldherrn auch gegen die Goten zücken zu lassen.«
Nach dem Abfall des Jochs unter den Hunnen hatten sich die wieder freien Ostgoten, die sich nach kaiserlicher Anweisung in Thrakien niedergelassen hatten, unter König Theoderich (455 bis 526) erhoben und waren 488 nach Italien aufgebrochen. Der Ostgotenkönig war damals noch Straßenräuber und Städtezerstörer, der auf dem Weg nach Italien alles verheerte und verwüstete. 493 mordet der Straßenräuber Theoderich zum letzten Mal: seinen Mitregenten Odowakar in Ravenna. Als Alleinherrscher in Italien verwandelte er sich dann vom wilden Mann zum »rechten Kaiser« (Prokop). Der Barbar wurde zum Förderer der Kultur, jedoch nur, solange es Ostrom gefiel. Und schon Kaiser Justin gefiel der fast 30 Jahre von Ravenna aus Italien mit fester Hand regierende Barbar, Germane und Ketzer ab 519 nicht mehr, als er – vom späteren Justinian beeinflußt – Ost- und Westrom vereinen wollte. Unter diesen Umständen brauchte auch der Papst in Rom den Ketzer nicht mehr als Schutzherrn, die religiöse und

politische Verfolgung der Goten begann. Theoderichs Appell an Justin blieb ohne Erfolg: »Das ist ein schlechter Weg, den du einschlägst. So wie Gott verschiedene Religionen zuläßt, so dürfen auch wir nicht nur eine vorschreiben ...«
Am 30. August 526 starb der große Ketzer in Ravenna, Papst und Kaiser in Konstantinopel jubelten. Die Grausamkeiten des »Gotenkrieges«, wie die Geschichte die Rückeroberung Italiens für den Katholizismus nennt, begannen im Jahre 535 und dauerten genau 20 Jahre. Justinian wollte endlich die »ruchlose Zeit der Barbarei« der Goten in Italien auslöschen. Ostroms Feldherr Belisar konnte sich erneut bewähren.
Belisar begann das Kesseltreiben gegen die Goten von Sizilien aus und trug es schließlich quer durch Italien nach Norden vor. Wieder kam es dabei zu Massenmorden und Massenversklavungen, die wiederum Racheakte der Goten mit gleichem Ergebnis auslösten. Es begann mit dem Blutbad der Truppen Belisars in Neapel im Jahre 536. Prokop schreibt:

»Jene, die gegen die östlichen Tore vorgegangen waren, hatten keine Leitern; da sie jedoch die Tore ganz unbewacht vorfanden, legten sie Feuer an, denn dort war die Mauer von Verteidigern entblößt, weil die Wächter davongelaufen waren. Nun wurde ein furchtbares Blutbad angerichtet. Alle wüteten, besonders die, welche beim Sturm auf die Mauern einen Bruder oder Verwandten verloren hatten, und schlugen jeden, der ihnen in den Weg kam, ohne Rücksicht auf das Alter erbarmungslos nieder. Sie drangen in die Häuser ein und schleppten Kinder und Weiber als Sklaven mit; alles wurde ausgeplündert. Am schlimmsten trieben es die Massageten, die selbst von denen, die sich in die Kirchen geflüchtet hatten, viele umbrachten, bis Belisar, der hin- und hereilte, sie davon abhielt.«

Belisar erinnerte seine Leute daran, daß die Einwohner der »befreiten« Städte nicht als Feinde, sondern als Untertanen zu betrachten wären. Den mitgeschleppten Frauen und Kindern schenkte er die Freiheit wieder, Hab und Gut durften seine Soldaten als Belohnung für ihre Tapferkeit behalten.
Mit zunehmender Dauer des Feldzuges gegen die Goten wurden die Verbrechen in diesem Krieg zahlreicher und der gegenseitige Haß zwischen Römern und Goten immer größer. Wo keine Soldaten waren und wo das Land den Römern offen war, durchstreiften sie das von den Goten besiedelte Land und »alles wurde verwüstet, die Weiber und Kinder der Feinde als Sklaven fortgeschleppt«. Männliche Bewohner wurden gnadenlos als Feinde und Ketzer niedergemacht: auf beiden Seiten, denn auch die Goten kannten bald keinen Pardon mehr. Im dritten Jahr des Feldzuges hatten sie bereits monatelang mit Hilfe einer Schar Burgunder Mailand belagert, »nächst Rom die erste Stadt des Abendlandes an Größe, Einwohnerzahl und dem sonstigen Wohlstand«. Prokop erzählt das weitere Schicksal der Stadt und ihrer römischen Besatzung unter dem Kommandanten Mundilas:

»Die Belagerten litten empfindlich unter dem Hunger und waren schon so weit gekommen, daß sie Hunde, Mäuse und andere Tiere, die sonst nicht von

Menschen gegessen werden, verzehrten. Da schickten die Barbaren Gesandte an Mundilas mit der Aufforderung, sich zu ergeben: Ihm und den Soldaten solle kein Leid geschehen. Er versprach, nicht nur ihn und die Soldaten, sondern auch die Bürger zu schonen. Da aber die Feinde diese Verpflichtung nur gegen Mundilas und die Soldaten eingingen und offenbar die Ligurer von ihrem Zorn nichts Gutes zu erwarten hatten, rief Mundilas seine Soldaten zusammen. Von den Soldaten wollte sich jedoch keiner dieser Gefahr (eines Ausfalles) aussetzen, sondern sie übergaben die Stadt und sich selbst den Feinden auf jene Bedingungen. Die Barbaren taten ihnen und dem Mundilas, die sie in Gewahrsam hielten, nichts; die Stadt aber machten sie dem Erdboden gleich; alle Männer, vom Jüngling bis zum Greis, töteten sie, nicht weniger als 300 000, die Weiber machten sie zu Sklavinnen und schenkten sie den Burgundern als Lohn für ihre Bundesgenossenschaft.«

Belisar war zu dieser Zeit mit seinem Heer im Süden Italiens. Er mußte den Fall Mailands und den Verlust von ganz Ligurien an die Goten und Burgunder ebenso zur Kenntnis nehmen wie die Tatsache, daß auch der religiöse Wahn in

Wie der Frankenkönig Chlodwig I. einen Feind tötet, zeigt diese spätmittelalterliche Miniatur aus den »Großen Chroniken Frankreichs«.

Mailand wieder einmal durchbrach, als die arianischen Goten die katholischen Kirchen und die mit den Goten verbündeten katholischen Burgunder die arianischen Kirchen abrissen und zerstörten.

Im Sommer 539 fielen den Goten die Franken, die aus Südfrankreich über die Alpen gekommen waren, in den Rücken. Prokop beweist in seiner Chronik der Gotenkriege an dieser Stelle, daß die Taufe Chlodwigs und seiner Franken im Jahre 500 vor allem ein Akt politischer Taktik gewesen war und noch keine sofortige Abkehr vom alten Glauben bedeutete. Bei der ersten Begegnung der Franken mit den Goten passierte nämlich folgendes:

»Solange die Franken in Ligurien waren, taten sie den Goten nichts Böses, um ungehindert den Po überschreiten zu können ... Sobald aber die Franken Herren der Brücke waren, schlachteten sie die gotischen Kinder und Weiber, deren sie habhaft wurden, und stürzten ihre Leichname als Erstlingsopfer des Krieges in den Fluß. Denn obgleich diese Barbaren Christen geworden sind, haben sie viele ihrer heidnischen Gebräuche behalten, wie Menschenopfer und andere abscheuliche Opfer, die sie zwecks ihrer Orakel anstellen ...«

Franken und Römer entschuldigten diese Greuel mit dem Hinweis darauf, daß arianische Ketzer wie die Goten ja nicht anders behandelt werden durften. Die vor Entsetzen kopflos fliehenden Gotenkrieger wurden vor Ravenna ein leichtes Opfer der Römer, die sie brutal abschlachteten.

Die eigentlichen Opfer dieses gnadenlosen Hin und Her, das sich noch bis zum Sommer des Jahres 552 hinzog, waren aber wieder einmal die eingesessenen Bewohner Italiens, die von beiden Heeren traktiert wurden:

»Die Obersten (der römischen Soldaten) schwelgten mit ihren Dirnen in den Festungen, die Soldaten wurden immer ungehorsamer gegen ihre Vorgesetzten, und ihr Übermut kannte keine Grenzen mehr. Die Italiker aber litten schwer unter beiden Heeren, denn die Goten nahmen ihnen ihren Landbesitz, die Kaiserlichen all ihre bewegliche Habe. Dazu mußten sie allerlei Mißhandlungen ertragen und kamen fast vor Hunger um. Ja, die Soldaten, die sie gegen die Gewalttaten der Feinde hätten schützen sollen, waren dazu gar nicht fähig und schämten sich dessen nicht einmal, sondern brachten es durch ihre Missetaten dahin, daß sich jene geradezu nach den Barbaren sehnten.«

Die Schlacht bei Taginä, die dem neuen oströmischen Feldherrn Narses, der Belisar abgelöst hatte, einen totalen Sieg über die Goten brachte, war das letzte Gefecht des vielgerühmten Gotenhelden Teja, des Nachfolgers des gefallenen Gotenkönigs Totila. Es war nur noch eine Schlächterei mit dem Mut der Verzweiflung:

»Keiner wich dem andern auch nur um eines Fußes Breite, obgleich auf beiden Seiten viele den Tod fanden, sondern erbittert setzten sie die furchtbare Blutarbeit fort, die Goten im vollen Bewußtsein, ihren letzten Kampf zu kämpfen, die Römer, weil sie sich von jenen nicht überwinden lassen wollten.«

Die letzten Goten ließ Narses außer Landes weisen. Sie sollen sich in den Südtiroler Bergen niedergelassen haben. Das Reich des großen Theoderich war damit zerstört. Ostrom aber konnte die nun oströmische Provinz Italien auf die Dauer nicht befrieden, denn schon wieder rückte von Norden her ein in der Kettenreaktion Völkerwanderung aufgeschrecktes Volk auf der Suche nach neuem Lebensraum heran: die aus dem Raum Elbe und Weser stammenden Germanen vom Stamme der Langobarden.

Die Langobarden, denen sich unterwegs noch andere Germanen, darunter 20 000 Sachsen mit Weib und Kind, angeschlossen hatten, zogen unter ihrem König Alboin im April 568 durch Süddeutschland nach Oberitalien, besetzten Verona und das ihnen kampflos in die Hände fallende, noch nicht wiederaufgebaute Mailand. Schon vor diesem Italienzug hatten die Langobarden von sich reden gemacht. Ein Jahr zuvor hatten sie gemeinsam mit den Avaren – »die zuerst Hunnen, dann nach ihrem König Avaren genannt wurden« – das Reich der Gepiden aufgerieben und die Reste der Gepiden sich unterworfen. Die »Langobardengeschichte« des Paulus Diakonus, der im 8. Jahrhundert zuerst in Monte Cassino, dann am Hof Karls des Großen als Mönch und Geschichtsschreiber wirkte und selbst aus langobardischem Adel stammte, berichtet davon:

»Sie wüteten gegen die Gepiden in solch grimmem Zorne, daß von dem zahlreichen Volke kaum noch ein Bote, die Vernichtung zu melden, übrigblieb.«

Die in Norditalien lebenden Langobarden – Ravenna und der Süden blieben unter byzantinischer Herrschaft – mußten sich immer wieder gegen die Einfälle der Avaren und Franken wehren und überfielen ihrerseits Burgunder und Franken:

»Die Langobarden metzelten in dieser Schlacht so viele Burgunder nieder, daß sich deren Zahl gar nicht ermitteln läßt... Sie plünderten, schleppten Gefangene weg und verwüsteten alles... Nun wurde Brescello von den Langobarden eingenommen und seine Mauern dem Erdboden gleichgemacht...«

Aus dem Jahr 603 berichtet Paulus Diakonus in seiner Langobardenchronik von einem Ereignis:

»Um diese Zeit fiel der König der Avaren, den diese in ihrer Sprache Cacan nennen, mit einer unzähligen Menge in das Gebiet von Venetien ein. Gisulf, der Herzog von Friaul, stellte sich ihnen mit allen Langobarden, die er hatte heranziehen können, mannhaft entgegen. Aber so tapfer er auch mit seiner kleinen Schar gegen die ungeheure Übermacht kämpfte, so wurde er doch umzingelt und fast mit allen seinen Leuten niedergemacht. Romild, die Gattin des Gisulf, flüchtete sich mit den Langobarden, die dem Gemetzel entronnen waren, sowie mit den Frauen und Kindern der Gefallenen hinter die Mauer der Burg Friaul... Die Avaren durchstreiften das ganze Gebiet von Friaul, verwüsteten alles sengend und plündernd und schlossen dann Friaul ein, das sie sich mit allen Kräften zu erobern anschickten. Während ihr König... mit einer großen Reiterschar die Mauern der Stadt umritt, um zu sehen, wo man am leichtesten eindringen könnte, erblickte ihn Romild, die eben von der Stadtmauer herabschaute. Da sie ihn

in voller Jugendkraft blühen sah, entbrannte die nichtswürdige Hure in geiler Lust zu ihm und ließ ihm durch einen Boten sagen, wenn er sie heiraten wolle, werde sie ihm die Stadt mit allen, die sich in ihr befänden, überliefern. Als dies der Barbarenkönig vernahm, versprach er voll Tücke, sie zu ehelichen. Ohne Zögern öffnete sie nun die Tore der Burg und ließ zum Verderben aller und auch zu ihrem eigenen den Feind ein. Nachdem die Avaren mit ihrem König Friaul betreten hatten, raubten sie alles, was sie nur finden konnten, steckten die Stadt in Brand und schleppten alle gefangen weg ...
Die Avaren brachten nun alle volljährigen Langobarden (aus Friaul) mit dem Schwerte um das Leben, während sie die Weiber und Kinder zu Sklaven machten. Die Romild aber, die Urheberin des ganzen Unheils, nahm der Avarenkönig seinem Eide gemäß eine Nacht zur Ehe, dann aber übergab er sie zwölf Avaren, die nun eine ganze Nacht lang sich gegenseitig ablösend sie mit der Befriedigung ihrer Lust quälten. Darauf ließ er inmitten des freien Feldes einen Pfahl einrammen und sie daran aufspießen. Dabei sprach er höhnend: ›Das ist der Mann, dessen du wert bist‹ ...«

Dem Bericht über diese Grausamkeit fügt Paulus Diakonus, wohl nicht ganz ohne dramaturgische Absicht, die Erzählung vom erfreulicheren Schicksal der Töchter der Romild hinzu:

»Ihre Töchter aber, keineswegs geil wie die Mutter, liebten die Keuschheit und suchten sie zu bewahren. Sie banden sich deshalb, um nicht von den Barbaren berührt zu werden, unter das Mieder zwischen ihre Brüste rohes Hühnerfleisch, das infolge der Wärme faulte und fürchterlich stank. Als sie nun die Avaren ergreifen wollten, war ihnen dieser Geruch unerträglich. Sie glaubten aber, er hafte ihnen von Natur aus an, ließen sie voll Abscheu stehen und sagten, alle Langobardenweiber stinken ... Später wurden sie nach verschiedenen Gegenden verkauft und konnten sich ihrer vornehmen Abkunft entsprechend verehelichen. Denn die eine davon soll einen König der Alemannen, eine andere einen Bayernfürsten geheiratet haben ...«

Das Langobardenreich hielt sich trotz ständiger feindlicher Einfälle aus dem Norden bis ins 8. Jahrhundert hinein. Am hartnäckigsten zeigten sich bei den Einfällen die Franken unter den Merowinger-Königen, deren Nachfolger, die Karolinger, schließlich dann auch das Langobardenreich eroberten. Karl der Große nahm 774 die langobardische Königsstadt Pavia in Besitz und vereinigte Italien mit seinem Frankenreich.
Vom 6. bis zum 8. Jahrhundert aber tobten unter den Merowingern im Frankenreich Machtkämpfe, in deren Verlauf Könige erstochen oder erwürgt, Gemetzel und Bürgerkriege angezettelt wurden und schließlich ein Rachekrieg zwischen zwei Königinnen das trotz aller inneren Wirren sich immer wieder vergrößernde Reich erschütterte. Die Machtkämpfe der Merowinger-Zeit wurden rücksichtsloser denn je auf dem Rücken des einfachen Volkes ausgetragen. Gregor von Tours (538 bis 594) schreibt in seiner Frankengeschichte:

Chilperich I., einer der vielen Merowingerkönige des 6. Jahrhunderts, die sich in Bruderzwisten selbst zerfleischten, wird 584 auf Anstiftung seiner Gemahlin Fredegonde von Mördern, die von einem ihrer Liebhaber gedungen waren, ermordet.

»Chilperich aber sandte voll Zorn seinen älteren Sohn Theodebert ab – denselben, der einst, von Sigibert gefangen, diesem den Eid der Treue geleistet hatte –, daß er die Städte desselben, nämlich Tours, Poitiers und die anderen diesseits der Loire, erobern solle. Und dieser geriet, als er nach Poitiers kam, mit Herzog Gundobald in Kampf. Da aber das Heer Gundobalds sich zur Flucht wandte, richtete er großes Blutvergießen unter dem Volke an. Auch den größten Teil der Gegend um Tours verheerte er mit Feuer und Schwert, und wenn man sich nicht zur Zeit ihm unterworfen hätte, würde er alles völlig zugrunde gerichtet haben. Er brach aber mit seinem Heere endlich auf, zog durch Limoges, Cahors und die übrigen Städte in der Nachbarschaft weiter, sengte, brannte, äscherte die Kirchen ein, plünderte die Klöster, tötete die Geistlichen, zerstörte die Mannsklöster, schändete die Frauen und verwüstete alles. Damals war mehr Klagegeschrei in den Kirchen als zu den Zeiten der Verfolgung des Diocletian. Noch jetzt staunen wir und sind voll Entsetzen, daß solche Leiden über diese Menschen kommen konnten.
Damals gerieten auch die meisten Dörfer, welche um Paris lagen, in Brand, die Häuser und Güter in ihnen wurden vom Heere (Sigiberts) geplündert und selbst Gefangene von dort fortgeschleppt. Der König beschwor (seine Leute), sie sollten

dies nicht tun, aber er konnte die Wildheit der Völker, die von dem jenseitigen Ufer des Rheins gekommen waren, nicht bändigen. Daher ließ er es ruhig geschehen, bis er in die Heimat zurückkehrte. Da fingen wieder einige von diesen Heiden an, wider ihn zu murren, warum er sie nicht habe zum Schlagen kommen lassen. Er aber, unerschrocken, wie er war, bestieg sein Pferd, ritt zu ihnen und besänftigte sie mit guten Worten. Nachher aber ließ er viele von ihnen steinigen.«

Fügen wir hier noch einige Daten an, die zur blutigen Chronik der Merowinger gehören und gleichzeitig auch die historische Wahrheit des Heldenliedes der Nibelungensage aufdecken, denn für Siegfried, Brunhilde und Kriemhilde gaben die Merowinger Sigibert I. und die verfehdeten Königinnen Brunehilde und Fredegonde die historischen Vorbilder ab. Sie sind in dieser Chronik so geschildert, wie sie wirklich waren, belegt durch alte französische und deutsche Quellen:
Sigibert I. heiratete 568 die Westgotin Brunehilde in Metz – ohne Tarnkappe und nicht als Stellvertreter Gunthers. Sigiberts Bruder Chilperich nimmt dem Bruder Reims und andere Städte, Sigibert dem Chilperich Soissons weg. Chilperichs Sohn Theodebert wird gefangengenommen.
Fredegonde, Gemahlin Chilperichs und Mutter des Theodebert, läßt 570 die Nebenfrau ihres Mannes und Schwester von Brunehilde, Galesuint, im Bett erdrosseln. Brunehilde läßt daraufhin den wieder freigelassenen Theodebert gefangennehmen und töten.
Sigibert I. wird auf Betreiben der zornigen Fredegonde an Weihnachten 575 im Alter von 40 Jahren mit vergifteten Dolchen niedergestochen. Brunehilde wird Königin an Stelle ihres unmündigen fünfjährigen Sohnes Childebert II.; Fredegondes Gemahl Chilperich nimmt Brunehilde gefangen und übernimmt selbst deren Länder.
Brunehilde heiratet heimlich einen Sohn Chilperichs. Fredegonde läßt diesen Sohn 577 von ihrem Liebhaber umbringen und einen weiteren Sohn Chilperichs 583 erwürgen und in die Marne werfen. Chilperich selbst wird von einem anderen Liebhaber Fredegondes ermordet. Danach wird Fredegonde an Stelle des vier Monate alten Sohnes Chlotar II. Königin der Merowinger und beginnt den Krieg gegen die Rivalin Brunehilde; 593 wird Brunehildes Heer bei Soissons besiegt. Nach weiteren Bruderkriegen und Giftmorden am Hof der Brunehilde – Fredegonde ist inzwischen im Alter von etwa 50 Jahren verstorben – rufen Brunehildes Untertanen Chlotar II., den Sohn des Chilperich I. und der Fredegonde, aus Westfranken zu Hilfe. Er besiegt 613 Brunehildes Leute, die sie ihm ausliefern. Die 80 Jahre alte Brunehilde wird des Mordes an mehreren Königen beschuldigt und nach drei Tagen Folterqualen an den Schweif eines wilden Hengstes gebunden zu Tode geschleift.
Dem Familienmord wurde damals an fast allen Königshöfen gehuldigt, so auch bei den ersten Herrschern der Briten und Angelsachsen auf der englischen Insel. Dort waren seit dem Jahre 407, als die römischen Soldaten nach der Erhebung Konstantins III. zum Kaiser die Insel verlassen hatten, die Siedler zuerst den Einfällen der keltischen Picten und Scoten sowie germanischer Seeräuber aus dem

Norden und Osten ausgesetzt. Als die im Süden Englands ansässigen Briten mit den ständigen Übergriffen ihrer Nachbarn aus dem Norden nicht mehr fertig wurden, riefen sie vom norddeutschen Festland die germanischen Stämme der Angeln und Sachsen zu Hilfe. Damit machten sie aber einen verhängnisvollen

Die Königin Brunehilde, die Gemahlin des Merowingers Sigibert I. seit 568, stirbt 613 als Achtzigjährige einen grausamen Tod. Die im Nibelungenlied als Brunhilde zu unverdienten Ehren gekommene Merowingerkönigin wird wegen Mordanstiftungen drei Tage gefoltert, dann an den Schweif eines wilden Hengstes gebunden und zu Tode geschleift. Die Zeichnung stammt von Gustave Doré.

Fehler: Denn nachdem die Sachsen die Barbaren aus dem Norden zurückgeschlagen und dabei Größe und Schönheit der Insel kennengelernt hatten, blieben sie selbst im Lande und ließen weitere Verwandte aus der Heimat nachkommen. Jetzt terrorisierten sie ihrerseits die Briten, machten mit den Picten gemeinsame Sache und drangen alles verwüstend ins Innere der Insel vor. Ein gallischer Chronist machte 442 diese Feststellung:

»Die Britannier fallen soeben durch alle möglichen Unglücksfälle und Katastrophen unter die Herrschaft der Sachsen.«

Die anfänglichen Raubzüge der Germanen aus dem 4. Jahrhundert steigerten sich im 5. Jahrhundert zur Masseneinwanderung in Britannien aus Nordgermanien. Der Keil, den Hunnen, Alanen und Goten von Osten her in die Völkerstämme Mitteleuropas trieben, sprengte auch im Norden die bisherigen Lebensräume der dort ansässigen Völker. Daß die Germanen in Britannien wenig Widerstand fanden, lag auch an der Ohnmacht, in der die Briten nach dem Abzug der Römer verharrt hatten.
Ein christlicher Brite oder Kelte mit Namen Gilda, der zwischen 504 und 550 im westlichen England lebte, beschreibt in kraftvoller Sprache die Ausschreitungen der »Wölfe in einem Schafstall« so:

»So brach denn die Brut der Barbaren wie eine Löwin aus ihrem Lager hervor ... Zunächst hieb dies Volk auf Veranlassung unseres unseligen Herrschers seine grauenvollen Krallen in die Ostseite der Insel, als wollte es für unser Vaterland kämpfen, in Wirklichkeit aber, um es zu bekämpfen. Als die Löwin erfuhr, daß die erste Fahrt geglückt sei, entsandte sie eine größere Horde dieser Hunde und Spießgesellen, die hier landeten und sich mit den Hurensöhnen ihrer Rotte vereinigten ... Sie versicherten, sie würden die Bundesverträge brechen und alles auf der Insel verheeren, wenn man ihnen nicht mit verschwenderischer Hand reiche Gaben überlasse. Und alsbald setzten sie ihre Drohungen in die Tat um. Im Osten ließ die Hand der (sächsischen) Frevler die Gluthitze gerechter Strafe für unsere früheren Verbrechen auflohen, von Meer zu Meer sprang die Flamme, verheerend alle Städte und Felder ... Wieder und wieder donnerte der Sturmbock an die Mauern der Städte, allum blitzende Schwerter, prasselnde Flammen; Bürger und Vorsteher der Kirchen, Priester und Volk, alles sank zumal zu Boden. Ein erschütternder Anblick: mitten auf der Straße die Sockel der gestürzten Türme, daran die zersprengten Torangeln in die Lüfte starren, die Quadern der einst hochragenden Mauern, heilige Altäre, Leichenfetzen, die von gestocktem, purpurfarbenem Blute überronnen waren, als hätte man sie in einer schauerlichen Kelter gepreßt. Keine Grabstätte gab es für die Toten denn die Trümmer der Gebäude sowie der reißenden Tiere und Raubvögel Bäuche ...«

Erst um 500 erstand den Briten dann mit dem sagenumwobenen König Arthur und den Rittern seiner Tafelrunde, dessen Existenz als historische Figur von den Historikern heute nicht mehr bezweifelt wird, ein starker Führer, der die angelsächsische Invasion stoppte – wenigstens für ein halbes Jahrhundert. Es entstanden in Kent, Essex, Wessex, Wales und Northumbrien Herrscherhäuser und Königreiche mit britischer, englischer und sächsischer Abstammung, die sich immer wieder mit für uns heute unvorstellbarer Grausamkeit bekriegten. Diese Machtkämpfe zogen sich bis ins 7. und 8. Jahrhundert hin.

Im Jahre 789 überraschte die Einwohner Britanniens der erste Überfall der Wikinger. Nach der »Angelsächsischen Chronik« aus dem 9. Jahrhundert geschah dies an einem Sommertag, als »das unschuldige englische Volk, über seine Ebene verstreut, sich friedlich seines Daseins erfreute und seine Ochsen vor den Pflug spannte«.

Der Vogt von Dorchester erhielt die Nachricht von der Ankunft von drei Schiffen an der Küste, schwang sich auf sein Pferd und »ritt mit einer Handvoll Männer zum Hafen (vermutlich Portland), weil er glaubte, es seien Kaufleute und keine Feinde. Berechtigt, Befehle zu erteilen, ordnete er an, man solle die Fremden in des Königs Stadt schicken. Aber diese erschlugen ihn und alle, die mit ihm waren, auf der Stelle.«

793 wurde die reiche Mönchssiedlung von Lindisfarne vor der northumbrischen Küste von Wikingern aus Dänemark angegriffen, gebrandschatzt und ausgeraubt, wobei auch viele Mönche niedergemacht wurden. Der Northumbrier Alkuin am Hof Karls des Großen schrieb damals in einem Beileidsbrief an seine Landsleute:

»Wehe, seit beinahe 350 Jahren haben wir und unsere Vorväter in diesem schönen Land gewohnt, und nie zuvor ward so Entsetzliches in Britannien gesehen, wie wir es jetzt durch die Heiden erlitten haben. Man hielt es nicht für möglich, daß sie eine solche Reise machen könnten. Gedenkt der Kirche von St. Cuthbert, die mit dem Blut der Priester Christi bespritzt ist, all ihres Schmuckes beraubt ... An jenem Ort, an dem seit der Abreise des Paulinus von York der christliche Glaube bei uns seinen Ausgang nahm, ist nun der Anfang des Leids und des Unglücks ... Vorboten dieses Leids eilten ihm voraus ... Was bedeutet jener Blutregen während der Fasten in der Stadt York?«

Es blieb nicht bei Überfällen von Schiffen aus. Die dänischen Wikinger gingen an Land, und England mußte sich 250 Jahre lang mit skandinavischen Invasoren herumschlagen. Als die Engländer und Briten im Jahre 867 einem großen dänischen Heer vor York gegenüberstanden, begruben sie endlich einmal ihre eigenen Streitigkeiten und griffen die Wikinger gemeinsam an. Sie waren zuerst auch erfolgreich und drängten die heidnischen Normannen zurück. Dann aber besiegten diese die Angelsachsen in einem furchtbaren Gemetzel doch noch. Simeon von Durham, ein Chronist aus dem 11. Jahrhundert, klagte über die Folgen der grausigen Schlacht von York:

»Das Heer plünderte allerorts und erfüllte jedes Dorf und jede Stadt mit Leid und Blutvergießen. Mit Feuer und Schwert vernichtete es weit und breit die Klöster und die Kirchen. Wenn es einen Ort verließ, standen nur noch unbedachte Mauern. Die Zerstörung war derart gewaltig, daß man heute kaum mehr Spuren jener Orte noch Zeichen ihrer früheren Größe finden kann.«

Zwischen dem 8. und 10. Jahrhundert tauchten die Wikingerschiffe der aus Dänemark, Norwegen und Schweden nach Lebensraum und Beute suchenden Normannen zum Schrekken der Bewohner an Küsten der Meere und Flüsse überall in Europa auf. Ganz Mitteleuropa betete: »Herr, befreie uns von der Normannenwut!«

Erst König Alfred der Große aus dem sächsischen Hause des Königreichs Wessex (871 bis 899) konnte die skandinavische Invasion unter Kontrolle bringen. Nach einem glänzenden Sieg über die Dänen schloß er mit ihnen 886 einen Vertrag, der bis auf ein dänisches Restgebiet im mittleren England alle Landesteile unter seine Herrschaft brachte, England befriedete und in einem einzigen Königreich vereinte. Die normannische Gefahr war damit zwar noch nicht endgültig gebannt, doch waren die Wikinger inzwischen auch in andere Gebiete Europas, vor allem nach Frankreich, mit ihren Eroberungszügen ausgewichen. Die Küsten und Flußgebiete der drei fränkischen Reichsteile hatten sie nach dem Tod Karls des Großen seit 840 regelmäßig heimgesucht und verheert. Mitteleuropa betete: »Herr, befreie uns von der Normannenwut!« Ihre Raubzüge waren keine unmittelbare Konsequenz der Völkerwanderung mehr. Die Hintergründe für sie waren Überbevölkerung, Stammesstreitigkeiten und Abenteuerlust. In der »Weltchronik« des Otto von Freising aus dem 12. Jahrhundert heißt es:

»Damals drangen die Normannen von der Rheinmündung aus in Ludwigs Reich ein, verbrannten die Pfalz von Nymwegen und verwüsteten Köln, Bonn und Aachen mit ihren Landschaften, Burgen und Dörfern. Am 20. Januar 882 starb König Ludwig III. in Frankfurt und wurde im Kloster Lorsch neben seinem Vater begraben. Auf die Kunde von Ludwigs Tod fingen die Normannen erst recht an zu plündern, überfielen am Gründonnerstag Trier ... und wüteten in der Stadt und ihrer Umgebung mit Feuer und Schwert bis Ostern ...«

Die dänischen Normannen dehnten im 9. Jahrhundert ihre Raubzüge von Nordfrankreich aus bis nach Asturien, Portugal, nach den Balearen, in die Provence und die Toskana. Die norwegischen Normannen hatten schon im 8. Jahrhundert die Shetland- und Orkneyinseln, dann die Färöer, Hebriden und Irland besetzt. Ab 874 siedelten sie auch in Island, entdeckten 983 Grönland und um 1000 Amerika (Winland). Die schwedischen Wikinger unternahmen ebenfalls im 9. Jahrhundert ihre Raubzüge in den osteuropäischen Raum und drangen bis nach Nowgorod vor.
Im Jahre 885 waren die dänischen Normannen mit 40 000 Mann auch die Seine hinaufgerudert, um Paris zu belagern. Nach einem Jahr hatten sie die Mauern der Stadt und den Mut ihrer Verteidiger nicht bezwungen. So zogen sie von Paris ab und verwüsteten weiterhin Nordfrankreich. 891 trat ihnen bei Löwen im heutigen Belgien König Arnulf von Kärnten, ein Enkel Ludwigs des Deutschen, entgegen. In den »Fuldaer Jahrbüchern« finden sich diese Auszüge über die Schlacht:

»Von den Christen wurde ein Schlachtgeschrei bis zum Himmel erhoben. Nicht weniger schrien nach ihrer Sitte die Heiden; schreckliche Feldzeichen bewegten sich durch das Lager hin. Die Schwerter von beiden Seiten gezückt, wie Stein auf Eisen, wurde aufeinander losgestürmt. Es war daselbst das Geschlecht der Dänen, das tapferste unter den Normannen, welches niemals früher, wie man hört, irgendeine Verschanzung verloren hat oder darin besiegt wurde. Hart wurde deshalb gestritten. Doch nicht lange, und durch Gottes helfende Gnade fiel der Sieg den Christen zu.
Als die Normannen Schutz in der Flucht suchten, trat ihnen zum Verderben der Fluß entgegen, der ihnen vorher im Rücken als Mauer galt. Weil von der anderen Seite die Christen mordend andrangen, wurden sie gezwungen, sich in den Fluß zu stürzen, und haufenweise, wie sie sich an Händen, Hals und Beinen umfaßten, sanken sie zu Hunderten und Tausenden in die Tiefe, so daß, von Leichen eingenommen, das Bett des Flusses trocken schien.«

Zwischen dem 9. und 12. Jahrhundert wurden die Normannen schließlich seßhaft und gründeten ihre Reiche in der Normandie, in Rußland und in Sizilien, die allerdings alle in kurzer Zeit vom Volkstum der unterworfenen einheimischen Bevölkerung aufgesogen wurden.
Der letzte Augenzeugenbericht dieses Kapitels über die wilden Normannen stammt von Erzbischof Eustathios, der die normannische Eroberung Thessalonikis

am 15. August 1185 miterlebt hat. Während eines Krieges gegen Byzanz waren die Normannen von Sizilien her in Griechenland eingefallen. Erst die ein Jahr später erfolgende Heirat Heinrichs VI. mit Konstanze, der Tochter des letzten Normannenkönigs auf Sizilien, Roger II. (1105 bis 1154), beendete diesen Eroberungszug. Hier nun die Auszüge aus Eustathios' Bericht von der Eroberung Thessalonikis durch die Normannen:

»Wehe über den Dämon, der so schwer lastend die Blüte einer so großen Stadt ansprang und zunichte machte! Endgültig hat er sie hinweggerafft, so daß auch nicht die Spur der alten Schönheit übrigblieb ... Die große Menge in der Stadt, nicht nur die Soldaten, sondern auch die Zivilisten, die Weltgeistlichen und die Laien, wer könnte sie nach Gebühr beweinen? ... Die ganze Stadt, von den Osttoren angefangen, füllte sich mit Barbaren. Sie mähten die Unseren nieder und türmten aus zahlreichen derartigen Garben ganze Haufen auf, von denen sich Hades zu sättigen pflegt. Wer auf der Straße flüchtete und dort fiel, wurde sofort geplündert und blieb nackt liegen. So wurden aus den Straßen improvisierte jämmerliche Friedhöfe, und die Sonne schien auf Bilder, die sie nicht bescheinen sollte. Andere blieben in ihren Häusern, bis sie keinen Ausweg mehr fanden. Es gab aber kein Haus, in dem ein Mensch Erbarmen gefunden hätte, außer wenn es sehr viele Bewohner hatte. Dann kam ein Teil drinnen ums Leben. Ihnen wurden die eigenen Häuser zu Gräbern, um den Psalm zu zitieren ...
Ach, und die Steine, die die Barbaren diesen Menschen hinterdrein warfen, die es ihnen verwehrten, sich wieder aufzurichten, sondern die Armen von oben zudeckten und verschütteten. Wehe damals auch allen Schwangeren, die auf der Flucht an der von Natur aus willkommenen Last zu schwer trugen und in den Fesseln der Ohnmacht dem Tode erlagen, bevor sie noch durch das Schwert den Untergang fanden. Nicht weniger bejammernswert sind jene Mütter: Ihre kleinen Kinder liefen auf der Flucht neben ihnen her und hielten sich solange bei ihnen. Als das Unheil näher herankam, waren die Mütter zum großen Unglück schneller. Denn als sie sich umwandten, sahen sie ihre geliebten Kinder, die mit ihnen um die Wette liefen, nicht mehr, da sie einer Art Herodes-Befehl zum Opfer gefallen waren, oder sie fielen selbst von der Hand der Feinde, die sie eingeholt hatten und nun ihrem Haß freien Lauf ließen, weil ihnen die Frauen nicht zu Willen waren, sondern nur über den letzten Gang der Kinder weinten. Auch Väter flüchteten und ließen neugeborene Kinder ohne Mutter zurück. Die Kleinen jammerten um Hilfe; die Väter aber liefen fort, ohne sich umzukehren, und die Stimme der Natur verhallte umsonst. In manchen Fällen versuchten auch die Kleinstkinder mitzulaufen und zu entkommen und leisteten dabei, was in ihren Kräften stand. Der Vater aber lief so schnell wie vorher, und die Todesfurcht war stärker als die natürliche Liebe zum Kind. Wenn auch der Vater sein Leben rettete, so wurden die Kinder niedergetreten, starben unter Zuckungen eines gewaltsamen Todes und vergrößerten die Leichenhaufen der Männer. So läßt auch das Herdenvieh beim grimmigen Ansturm der Wölfe seine eigenen Jungen im Stich und flüchtet; und der Wolf kennt keine Schonung.«

»Entweder vertilgt oder das Christentum angenommen ...«

Franken, Deutsche und Dänen gegen Sachsen, Slawen, Wenden, Livländer, Litauer und Ungarn; Byzantiner gegen Russen und Bulgaren — Die Christianisierung Osteuropas vom 8. bis zum 12. Jahrhundert

7. Jahrhundert
Bayern bringen auf Befehl des Merowingers Dagobert I. 9000 Bulgaren um, die vor den Awaren geflüchtet waren

782
Rachefeldzug Karls des Großen gegen die Sachsen mit dem Massenmord an 4500 Sachsen in Verden an der Aller

800
Karl der Große empfängt in Rom die Kaiserkrone

804
Karl der Große siedelt in Südholstein an Stelle der deportierten Sachsen die slawischen Obodriten an

ab 870
Blutige Bekehrung der Bulgaren zum Christentum durch den Bulgarenzaren

938
Graf Gero beginnt unter Otto I. mit der Unterwerfung der Slawen

955
Otto I. läßt 700 slawische Kriegsgefangene an der Recknitz abschlachten und schlägt die Ungarn in der Schlacht auf dem Lechfeld zurück

989
Massentaufe der Russen (griechisch-orthodox) unter Wladimir

um 1000
Beginn der gewaltsamen Christianisierung der elbslawischen Völker der Wenden und Sorben durch die Deutschen

1018
Basileios II., der »Bulgarenschlächter«, läßt 15 000 gefangene Bulgaren geblendet zum Bulgarenzaren zurückschicken

1066
Rachefeldzug der Wenden in Mecklenburg, Holstein, Schleswig und Hamburg

1147
Kreuzzug unter Heinrich dem Löwen gegen die Wenden

1167
Unterwerfung der Wenden nach der vernichtenden Niederlage bei Demmin

12. bis 14. Jahrhundert
Christianisierung Livlands durch Deutsche und die Ritter des Schwertritterordens

12. Jahrhundert
Stefan Nemanja rottet die Ketzersekte der Bogomilen in Serbien aus

um 1430
Christianisierung Litauens durch die Polen unter Wladislaw II. Jagiello

15. Jahrhundert
Dreizehnjähriger Glaubenskrieg des Deutschen Ordens mit den Polen

Völkerwanderung und Arabersturm haben die Völkerkarte Europas verändert. Zwischen dem Westen und Byzanz hielten sich die heidnischen Stämme der Slawen größtenteils im Balkangebiet und in Osteuropa. Ihr weiteres Schicksal hing von der Politik des übermächtigen Westens, genauer gesagt von der Kirchenpolitik der Päpste in Rom, ab, die sich nach dem Sieg der Franken gegen die Araber mit dem übermächtigen Frankenreich verbündeten. Ein Ziel dieser fränkisch-römischen Allianz war von Anfang an die umfangreiche, aber endgültige Christianisierung der slawischen »Barbaren«.

Dieses Ziel strebte im 8. und zu Beginn des 9. Jahrhunderts vor allen anderen der von den Historikern als »größter Herrscher des Mittelalters« bezeichnete Frankenkönig Karl der Große (742 bis 814) an. Er wurde zum Schöpfer des »christlichen Abendlandes«, denn, so schrieb sein Biograph und Zeitgenosse Einhard (770 bis 840), »nichts lag ihm während seiner ganzen Regierung so sehr am Herzen, als daß die Stadt Rom durch seinen Eifer und Beistand wieder zu ihrem alten Ansehen gelange und die Kirche des heiligen Petrus dadurch nicht allein in sicherem Schutz und Schirm, sondern auch vor allen anderen Kirchen reich und mächtig sei«.

Der Ruhm des großen Karl war keineswegs auf innenpolitischen Erfolgen in seinem Frankenreich begründet. Dort hatte er eine ausgesprochen unglückliche Hand. Sein Haus der Karolinger war durch Zwietracht und Familienkämpfe ständig in Gefahr. Ruhm kam allein durch die von ihm erzwungene Expansion nach außen.

Sein wohl bedeutsamster Berater, der angelsächsische Gelehrte Alkuin (etwa 735 bis 804), hatte von Karl gefordert, »daß in allem Ruhm Euer Reich ausgedehnt werde«. Und es ging ihm dabei vor allem auch um die Erweiterung der christlichen Kirche: »Erhebe dich, du von Gott gewählter Mann, und verteidige die Braut Gottes, deines Herrn. Denke, es wolle einer deine Braut entehren, wie würde sich dein Feind darüber freuen!« Karl hielt sich an diese Aufforderung und verwirklichte Augustinus' Idee vom Gottesstaat: Er verleibte Bayern seinem Reich ein, vergrößerte es im Osten auf Kosten der Slawen, zertrümmerte das Reich der Awaren (Hunnen) in Ungarn, unterwarf die Langobarden in Italien und christianisierte im Norden die Sachsen. Rom belohnte ihn im Jahre 800 für seine Verdienste um die Kirche mit der römischen Kaiserkrone, und Alkuin kommentierte die Erfüllung seiner Forderung durch Karl: »Gott selbst hat in der Gnade des Heiligen Geistes das Reich der Christenheit und die Erkenntnis des wahren Gottes erweitert.«

Mit dieser Rechtfertigung konnte Alkuin aber nicht die dunklen Flecke der Unmenschlichkeit auf der weißen Weste des strahlenden »Herrn der Christenheit« wegwischen, die sich Karl im Laufe des »heiligen Krieges« gegen die heidnischen Sachsen zuschulden kommen ließ. Das aus vielen kleinen Stammeseinheiten bestehende Land der Sachsen, die sich hartnäckig gegen eine christliche Taufe wehrten, dehnte sich damals vom heute holländischen Niederrhein über das Wesergebiet bis zur Elbe hin. Als Karl ein Zeichen für die Sachsen setzte und die Irminsäule beim ersten Angriff gegen sie zerstörte, ahnte er die Folgen nicht voraus.

Die Sachsen rächten sich blutig für die Zerstörung ihres Götterheiligtums. Sie drangen in das fränkische Grenzgebiet ein, zerstörten die christlichen Kirchen dort und jagten die Franken vor sich her. Karl eilte aus Italien herbei und verkündete mit Gesetzeskraft, »das treulose und bundbrüchige Volk der Sachsen so lange zu bekriegen, bis es entweder vertilgt wäre oder das Christentum angenommen habe«.

Oder, wie es in den »Sächsischen Geschichten« des Mönches Widukind von Corvey (10. Jahrhundert) heißt: »Und da er sah, wie sein edles Nachbarvolk, die Sachsen, in leerem Irrglauben befangen war, mühte er sich auf alle Weise, es auf den wahren Weg des Heils zu führen.«

Karls »Mühen« dauerten 30 Jahre, der Krieg gegen die Sachsen wurde von 772 bis 803 mit großer Grausamkeit auf beiden Seiten geführt: »Karl sah in der Christianisierung die einzige Gewähr für die Unterwerfung der Sachsen; den immer wieder losbrechenden Aufständen begegnete er daher mit wahren Blutbädern, Massendeportationen und einem unerbittlichen Strafgesetz« (Philip Grierson).

Führer der Sachsen war der Westfale Widukind, der nach dem ersten Sieg Karls, dem Abhalten eines Reichstages 777 in Paderborn und der Einteilung Sachsens in christliche Missionssprengel zu seinem Schwiegervater, dem König der Dänen, ausgewichen war. Karl der Große fürchtete sicher auch, daß das Land der Sachsen, wenn er es nicht erobern würde, an die Dänen fallen würde.

Zum Schutz seiner eigenen Herrschaft und zum Schutz der Herrschaft des Christentums auf erobertem sächsischem Gebiet erließ er die »Capitulatio de partibus Saxoniae«, in der es heißt:

»Wenn einer, vom Teufel berückt, nach heidnischer Weise glaubt, ein Mann oder eine Frau sei eine Hexe und esse Menschen, und sie darum verbrennt und ihr Fleisch zum Essen gibt oder es selbst ißt, soll er mit dem Tode bestraft werden. Wenn einer den Leib eines verstorbenen Menschen nach heidnischem Brauch durch das Feuer verzehren läßt und seine Gebeine zu Asche verbrennt, soll er mit dem Tode bestraft werden.

Wer einen Menschen dem Teufel opfert und ihn nach heidnischer Sitte den bösen Geistern als Opfer darbringt, der soll mit dem Tode bestraft werden.

Wer hinfort im Volk der Sachsen ungetauft sich verstecken will und zur Taufe zu kommen unterläßt und Heide bleiben will, der soll mit dem Tode bestraft werden ...«

Solch harte Strafen, die abschreckend wirken sollten, verstärkten den Widerstand der Sachsen nur noch mehr und forderten sie zu weiteren Aufständen heraus. Das mußte Jahre später offenbar auch Alkuin bemerkt haben, denn er trat schließlich für einen ausreichenden Taufunterricht und für Nachsicht bei der »Zehnt«-Forderung ein und erreichte etwa ab 797 dann eine Milderung in der Behandlung der Sachsen. Die »Zehnt«-Forderung, also die Abführung jedes »Zehnten« von Feldfrüchten, Schafen, Ziegen, Kälbern, Hühnern und allem Einkommen von Bürgern an die geistlichen und weltlichen Herren, hatte Karl der Große in seinem

Reich gesetzlich festgelegt, nachdem der Vatikan die Erhebung schon im 6. Jahrhundert begonnen hatte.
Diese gesetzliche »Zehnt«-Forderung wurde übrigens in katholischen Ländern noch bis in das 19. Jahrhundert hinein aufrechterhalten.
Ab 778 trat Widukind erneut an die Spitze der sächsischen Rebellen. Im gleichen Jahr trat Karl der Große für die »Verteidigung der heiligen Kirche gegen Ungläubige«, gegen die Sarazenen in Spanien, an. Auch hier dokumentierte Karl, was er unter »Verteidigung« seiner Kirche verstand. Nach dem heftigen Widerstand, den er in Pamplona brechen mußte, gab es nämlich keinen Dankgottesdienst, sondern ein blutiges Strafgericht, wobei die Festung Pamplona zerstört wurde, »damit sie in Zukunft nicht mehr rebellieren könne«. Im Frankenreich ging zu dieser Zeit das Gerücht um, Karl wäre auf dem Rückweg getötet worden. Die Sachsen fielen daraufhin unter Widukind in Franken ein und verwandelten das Grenzgebiet nach zeitgenössischen Quellen in eine »Steinwüste«.
Karls anschließender Rachefeldzug im Jahre 782, in dessen Verlauf das grausige Strafgericht in Verden an der Aller stattfand, liest sich in den fränkischen Reichsannalen, die von Karls Begleitern niedergeschrieben wurden, wie folgt:

»Schleunigst bot er sein Heer auf und zog nach Sachsen. Hier berief er alle sächsischen Großen vor sich und forschte nach den Rädelsführern der letzten Empörung. Da nun alle Widukind als den Anstifter bezeichneten, ihn aber nicht ausliefern konnten, weil er sich nach jener Tat wieder zu den Normannen (Dänen) begeben hatte, so ließ sich der König von den übrigen, die dem Rate des Verführers gefolgt waren, bis zu 4500 ausliefern und sie zu Verden an dem Flusse Aller alle an einem Tag enthaupten. Nachdem der König so Rache genommen hatte, begab er sich in das Winterquartier nach Diedenhofen und feierte daselbst wie gewöhnlich Weihnachten und Ostern.«

Biograph Einhard erwähnte den Massenmord von Verden in seiner »Vita Karoli Magni« nicht, er notierte lediglich über die Sachsen:

»Wenn sie ... etwas erreicht hatten, gestattete er (Karl der Große) niemals, daß sie unbestraft blieben, sondern zog entweder persönlich gegen sie ins Feld oder schickte ihnen seine Grafen mit einer Armee, um Rache für ihr treuloses Verhalten zu nehmen und gerechte Sühne zu fordern ...«

Das verzweifelte Festhalten der Sachsen an ihren Göttern und althergebrachten Kulthandlungen mit Tier- und Menschenopfern war für die Christen »treuloses Verhalten«, das bestraft werden mußte. Herzog Widukind führte auch nach Verden seine Sachsen mit Unterstützung der Friesen gegen die Franken. Das bittere Ende kam aber nach einem letzten Sieg seiner Sachsen schließlich in der Nähe von Detmold. Drei Tage wurde dort auf beiden Seiten gemordet, bis der Widerstand der Sachsen zusammenbrach. Erneut konnte Widukind entkommen, stellte sich dann aber ein Jahr später freiwillig zur Taufe. Der große Karl aber hatte seinen Rachedurst immer noch nicht gestillt. Er brach auf zu einem »großen Vernichtungszug«, wie der Historiker Rudolph Wahl vor etwa 50 Jahren schrieb:

Pamplona, Spanien, 778: Karl der Große schlägt die Sarazenen, zerstört die Stadt und läßt ein blutiges Strafgericht abhalten, »damit sie in Zukunft nicht mehr rebellieren können«. Das Relief aus dem Jahr 1215 stammt vom Schrein Karls des Großen im Aachener Dom.

»In breiter Front gingen die Franken beiderseits der großen Straße vor, die den Rhein mit der Elbe verband. Hinter ihnen regte sich kein Leben mehr. Von der Sommerhitze ausgedörrte Wälder wurden verbrannt, die Saaten vernichtet, die Häuser niedergerissen, die Brunnen verschüttet. Wo sich ein verängstigter Bauer zeigte, der zur rechtzeitigen Flucht zu alt oder zu stolz gewesen war, wurde er niedergemetzelt. Aber es kam nirgendwo zur Unterwerfung. Das Land war ausgestorben.«

Um die selbst jetzt noch gelegentlich aufflammenden Aufstände einiger Sachsen gegen die Franken endgültig zu brechen, griff schließlich Karl zum Mittel der Massendeportation. Bei Einhard lesen wir:

»Nachdem er dann alle, die ihm Widerstand geleistet hatten, besiegt und unter seine Herrschaft gebracht hatte, führte er 10 000 Sachsen, die an beiden Elbufern gewohnt hatten, mit Frauen und Kindern aus ihrer Heimat und siedelte sie in verschiedenen Gruppen zerstreut in Gallien und in Germanien an.«

An ihrer Stelle ließ Karl in Südholstein im Jahre 804 die Obodriten, einen slawischen Stamm, den er über die sächsischen Gebiete hinaus ebenfalls bereits christianisiert hatte, ansiedeln. Auch die Unterwerfung und Christianisierung der

Awaren unter Karl dem Großen geschah keineswegs gewaltlos. Der ungarische Historiker Bálint Hóman beschrieb sie so:

»Die slawische Macht war 796, nach 300jährigem Bestehen, den Waffen Karls des Großen erlegen. Die bis zur Theiß vordringenden Franken schlugen die mit dem bayerischen Herzog verbündeten Awaren, der Chagan wurde gefangengenommen, zum Christentum bekehrt und mußte Karl den Treueeid leisten. Nachdem der erfolgreiche Aufstand des Jahres 803 blutig niedergeschlagen worden war, gab es noch fast ein Vierteljahrhundert lang christliche Awarenchagane unter den Lehenspflichtigen des Kaisers, doch gelang es ihnen nie mehr, größere Macht zu erlangen.«

Die Christianisierung der Slawen östlich der Elbe und im Südosten hatte schon im 6. Jahrhundert mit der Mission unter den Kroaten von Aquileia und im 8. Jahrhundert unter den Slowenen von Salzburg aus begonnen. Erst unter Karl dem Großen setzte dann die Missionierung der Wenden im heutigen Pommern, der Tschechen von Regensburg aus, der Obodriten – wie wir gehört haben – und der Elbslawen ein. Nach Karl dem Großen führten die ostfränkischen Herrscher der ottonischen oder sächsischen Dynastie, die von der Mitte des 10. bis zur Mitte des 12. Jahrhunderts regierten, die Heidenbekehrung als christlichen Auftrag gegen die slawischen Nachbarn fort. Auch Otto I. (936 bis 973) wurde dazu erzogen, daß der Herrscher »Werkzeug Christi bei der Heiligung der Welt« sei. Anläßlich seiner Krönung hatte er sich sogar zur Unterwerfung der slawischen Heidenvölker verpflichten müssen.
Hinter dem in einem Nebensatz versteckten Hinweis aus der christlichen Quelle Widukinds von Corvey (etwa 925 bis 975), »nachdem Otto der Große die slawischen Völker unterworfen und für den christlichen Glauben gewonnen hatte«, müssen wir folgende Fakten einordnen: Ottos Grenzwächter gegen die Slawen, Graf Gero, betrachtete die Unterwerfung der Slawen ab 938 als seine Lebensaufgabe und errichtete in ständigen Kämpfen zwischen Elbe und Oder eine ausgedehnte Grenzmark, drang 963 über die Oder hinaus vor und zwang die Polen zur Anerkennung der deutschen Oberhoheit und zu Tributzahlungen. Den Slawen galt Gero als Unterdrücker und grausamer Feind, den Deutschen als christlicher Heros. Otto I. selbst ließ ab 947 Dänemark missionieren und begann ein Jahr später auch mit der Christianisierung der Nordslawen. Er errichtete Bistümer in Brandenburg und zwang die Bevölkerung zur Zahlung des verhaßten »Zehnten«. Schließlich ließ Otto der Große – nach dem Beispiel Karls des Großen – am 17. Oktober 955 nach einem Sieg an der mecklenburgischen Recknitz 700 slawische Kriegsgefangene abschlachten – zur Abschreckung ihrer immer noch »verstockten« Heidenbrüder.
Vielen slawischen Völkern wurde im Laufe der Jahrhunderte der Christianisierung Osteuropas bald klar, daß gegenüber der geballten Macht von Kaiser und Papst eine weitere Auflehnung den Untergang bedeutete. Wer rechtzeitig die neue Religion annahm, konnte sich eine Chance zu überleben ausrechnen. Tatsächlich haben die »einsichtigen« und getauften Tschechen, Polen, Ungarn, Kroaten, Serben

und Bulgaren allen anderen slawischen Völkern gegenüber ihre staatliche Unabhängigkeit am besten behauptet, während jene elbslawischen Stämme, die sich gegen das Christentum auflehnten und mit dem Schwert christianisiert wurden, also die Völker der Wenden und Sorben, untergegangen sind. Ihr Widerstand gegen die Übernahme des neuen Glaubens forderte bei den fränkisch-sächsischen Bekehrern den gleichen gnadenlosen Fanatismus heraus, wie ihn die Franken den Sachsen über 100 Jahre vorher mit brutaler Gewalt eingehämmert hatten. Wiederum wurden die Verfolgten zu Verfolgern. In der christlichen (!) Helmoldschen »Slawenchronik«, die über Sachsen und Slawen zwischen 800 und 1170 berichtet, steht über die Zeit um 1000:

»Damals herrschten Markgraf Dietrich und Herzog Bernhard über die Slawen, und zwar jener im östlichen, dieser im westlichen Teil des Landes, und eine Folge der niedrigen Gesinnung beider war, daß die Slawen abtrünnig wurden. Denn während sonst kluge Fürsten für das Christentum noch nicht gewonnene Heidenvölker mit großer Milde und Freundlichkeit behandelt hatten und sich in ihrer Strenge mäßigten, weil es ihnen in erster Linie um deren Seelenheil ging, setzten ihnen jene mit solcher Grausamkeit zu, daß ihnen nichts übrigblieb, als sich zu empören und ihre Freiheit mit den Waffen in der Hand zu verteidigen.«

Nach Schmähungen und Grausamkeiten durch die deutschen »Missionare«, so weiter die »Slawenchronik«,

»... brachten (die Wenden) ein Heer zusammen, verheerten zuerst ganz Nordelbingen, steckten dann im ganzen übrigen Slawenland alle Kirchen in Brand und zerstörten sie bis auf den Grund. Die Priester aber und alle anderen Diener der Kirche folterten sie grausam zu Tode und ließen keine Spur von Christentum östlich der Elbe bestehen ...«

Aus dem Jahr 1066 berichtet die »Slawenchronik« Helmolds von einer groß angelegten Racheaktion der Wenden und Sorben gegen die sächsischen, dänischen und obodritischen Herren in Mecklenburg, Holstein, Schleswig und im Gebiet des heutigen Hamburg:

»1066 empörten sich die Wenden aufs neue und erschlugen gleich anfangs den Obodritenfürsten Gottschalk. Dieser für alle Zeiten unvergeßliche Mann wurde ein Opfer seiner Treue, die er Gott und den Fürsten bewiesen hatte. In Lenzen wurde er von den Barbaren, die zum christlichen Glauben zu bekehren er sich allezeit so sehr gemüht hatte, am 7. Juni erschlagen. Mit ihm zusammen

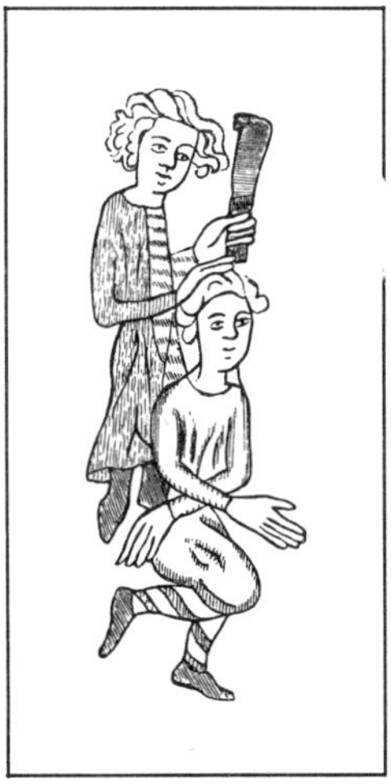

Um 955: Ein Sachse unter Otto I. mit einem »verstockten« Heiden, einem gefangenen Wenden. Sie gehörten zu den elbslawischen Stämmen, die sich gegen das Christentum auflehnten und mit dem Schwert christianisiert wurden.

starben der Priester Eppo, der auf dem Altar hingeopfert wurde, und viele andere, Geistliche und Laien, die um Christi willen Marter und Tod auf sich nahmen ... Der greise Bischof Johannes und die übrigen Christen wurden in Mecklenburg in den Kerker geworfen. Weil er Christum bekannte, wurde er mit Stöcken geschlagen, dann durch die Dörfer der Wenden geschleppt und überall verhöhnt, und da er von Christus nicht lassen wollte, wurden ihm Hände und Füße abgehauen, und sein Leib wurde auf die Straße geworfen. Schließlich schlugen ihm die Barbaren das Haupt ab, steckten es wie ein Siegeszeichen auf einen Spieß und opferten es ihrem Gott Radegast; das geschah in Rethra am 10. November.
Die Tochter des Dänenkönigs und die übrigen Frauen wurden nackt aus Mecklenburg, der Hauptsiedlung der Obodriten, fortgejagt ... Im Rausch ihres Sieges verheerten die Slawen das ganze Gebiet um Hamburg. Die Stormarn und Holsten wurden fast alle erschlagen oder gefangen fortgeschleppt. Hamburg wurde völlig zerstört, und als Verhöhnung unseres Herrn und Heilands wurden alle Kreuze von den Heiden verstümmelt. Auch Schleswig fiel der Zerstörungswut der Barbaren zum Opfer ...«

Über die Praktiken der Wenden sagt Helmold:

»Die Wenden und Slawen sind von unersättlicher Wildheit. Selbst unstet und ruhelos, beunruhigen sie ihre Nachbarn zu Wasser und zu Lande. Gegen die Christen wüten sie auf unsagbar schreckliche Weisen; den einen reißen sie die Eingeweide aus dem Leib und wickeln sie um einen Pfahl, andere schlagen sie zur Verhöhnung des Opfers unseres Herrn und Heilands ans Kreuz ...«

Der Erfolg solcher Racheaktionen war, daß auch die bereits bekehrten Slawen für längere Zeit wieder zum Heidentum zurückkehrten. Bis in die Mitte des 12. Jahrhunderts hinein hielten die Glaubenskriege zwischen Sachsen, Dänen und Wenden an. Noch unter der Regierungszeit Heinrichs des Löwen (1142 bis 1180) gab es blutige Auseinandersetzungen an Elbe und Oder. Ein sogenannter »Wendenkreuzzug« ab 1147 wurde mit der Losung proklamiert: »Wer sich nicht taufen läßt, soll sterben.« Aber erst 1167 gelang Heinrich dem Löwen die Unterwerfung der wieder abtrünnig gewordenen Obodriten in Pommern. Zusammen mit dem Dänenkönig Waldemar wurden die Slawen vor der pommerschen Burg Demmin fast völlig vernichtet:

»Man zählte gegen 2500 tote Slawen ... wenn irgendwo noch letzte Überreste an Wenden vorhanden waren, fielen sie entweder der Hungersnot zum Opfer oder waren gezwungen, scharenweise zu den Dänen oder Pommern zu flüchten, die sie mitleidlos an die Polen, Sorben oder Böhmen verkauften ...«

Helmold schließt seine »Slawenchronik« mit dem Hinweis darauf, daß »das ehemalige Gebiet der Wenden jetzt (12. Jahrhundert) durch Gottes Gnaden gleichsam eine große Ansiedlung der Sachsen geworden« sei, und stellt im letzten Satz lakonisch fest: »So wurden die Slawen zur Vernunft gebracht ...«

Rußland, 989: Wladimir läßt das Volk in seinem Kiewer Reich zur Massentaufe in den Dnjepr steigen. Wer sich »nicht einfindet, soll mir ein Feind sein«. Was mit Feinden geschieht, zeigt diese Illustration aus der Radziwill-Chronik über das Kiewer Reich aus dem 15. Jahrhundert.

Die Christianisierung der Ostseeprovinzen, die in der Zeit vom 13. bis zum 15. Jahrhundert bis nach Livland und Litauen ausgriff, brachte den deutschen Fürsten zweifellos große politische Erfolge und Landgewinn. Wie Religion und Politik sich als Motiv der blutigen Eroberung mischten und gegenseitig ergänzten, zeigt der Bericht des Abtes Arnold von Lübeck (gestorben 1212) über die anfänglichen Rückschläge bei der Christianisierung Livlands:

»Als man aber von den Liven den ›Zehnten‹ zu erheben begann und sie ihre Abhängigkeit von Bremen merkten, überfielen sie Üxküll und tauchten sich, um die Taufe abzuwaschen, in die Düna. Meinhard, der den Liven das Evangelium predigte und der die Burg nicht verlassen konnte, schickte seinen Vikar Dietrich als Berichterstatter nach Rom. Sein Nachfolger Berthold kam mit einem Kreuzheere nach Livland, wurde aber 1198 von den Liven erschlagen. Alle getauften Liven fielen vom Christentum ab; ein Holzbild, das sie für den verderblichen Gott der Deutschen hielten, warfen sie ins Meer ...«

Der Bremer Domherr Albert von Appeldern stiftete um 1201 den Schwertbrüderorden. Die Ritter mit dem roten Kreuz auf weißem Mantel eroberten im 13. und 14. Jahrhundert in teilweise äußerst grausamen Eroberungszügen Livland, errichteten ihre Macht in Preußen und gewannen sogar das nordrussische Fürstentum von Samaiten hinzu. Die preußisch-deutsche Herrlichkeit des Ordens schwand jedoch schon Ende des 14. Jahrhunders in der Umklammerung des neuen polnisch-litauischen Staates dahin, nachdem er seine Missionsaufgabe im europäischen Nordosten bereits verloren hatte.
Im 8. und 9. Jahrhundert war im Gebiet des heutigen europäischen Rußland das erste russische Reich entstanden. Dieses Reich von Kiew war von den normanni-

schen Wikingern aus Skandinavien, die im Osten Waräger genannt wurden, begründet worden. Es erstreckte sich von Karelien im Norden bis südlich von Kiew im Süden und von Przemysl an der Weichsel im Westen bis weit über Nischni-Nowgorod an der Wolga im Osten. Das Christentum konnte bei den heidnischen Normannennachfahren des ersten geschichtlichen Fürsten Oleg (879 bis 912), einem wilden Haudegen, der sogar Byzanz angegriffen und laut der Nestor-Chronik »ein großes Blutbad unter den Griechen« angerichtet hatte, lange Zeit keinen Boden gewinnen. Erst mit dem Fürsten Wladimir, dem späteren »Heiligen«, der ab 980 regierte, kam die Wende der Russen zum Christentum, allerdings zum byzantinisch-griechischen Glauben. Nachdem er auf die damals übliche Weise vorher in blutigen Bürgerkriegen seine beiden Brüder beseitigt und deren Gebiet annektiert hatte, erkannte er offenbar die Zeichen der Zeit aus Byzanz und entschloß sich zur Christianisierung seiner Untertanen. Er holte sich eine byzantinische Kaiserschwester als Gegenleistung für geleistete Waffenhilfe zur Frau und versprach dafür mit seinem Volk die Taufe. Die enge familiäre Bindung an Byzanz festigte rasch die noch umstrittene Stellung des jungen Kiewer Reiches als politischen Faktor in Osteuropa. Wie Wladimir die Massentaufe seines Volkes im Dnjepr im Jahre 989 erzwang, ist in der slawischen Laurentius-Chronik festgehalten:

»Darauf schickte Wladimir (Boten) durch die ganze Stadt (Kiew) und ließ sagen: ›Wenn sich einer morgen nicht am Flusse einfindet, sei er reich oder arm, niedrig oder ein Arbeiter, der soll mir ein Feind sein.‹ «

Wie man aber mit Feinden im damaligen Rußland umsprang, wissen wir aus der Nestor-Chronik von Wladimirs Vater, Swjatoslaw, der nach Eroberung einer Stadt die Männer erwürgen, Frauen und Kinder aufspießen ließ und sich dabei noch an der Verzweiflung seiner Opfer ergötzte. Der russische Historiker Wladimir Milkowicz schrieb im 19. Jahrhundert über die Massentaufe der Russen:

»Das Volk stieg ins Wasser und wurde haufenweise getauft. Viele Anhänger der alten Götter entflohen aber in die Steppe oder in die Wälder; noch Jahrhunderte hat es gedauert, bis Rußland ganz christlich wurde.«

Nicht so zielstrebig und schnell ging die Christianisierung der Bulgaren und Ungarn vor sich. Schon die Frühgeschichte der Bulgaren ist voll von religiösen Auseinandersetzungen zwischen altheidnischem Volkstum, den Einflüssen des christlichen Abendlandes und dem noch stärkeren Einfluß der oströmischen byzantinischen Kirche. Aus der Zeit des Merowingerkönigs Dagobert I. im 7. Jahrhundert ist ein Fall von Massenmord an Bulgaren überliefert, die damals vor den Awaren nach Bayern geflüchtet waren und sich dort angesiedelt hatten. Auf Befehl des Merowingers, dem Bayern tributpflichtig war, mußten die Bayern 9000 Bulgaren umbringen.

716 schlossen die Bulgaren, die von der Wolga her an die Donau gekommen waren und diese in der zweiten Hälfte des 7. Jahrhunderts überschritten hatten, mit Byzanz den ersten Handelsvertrag, nahmen aber bald auch Beziehungen mit den

deutschen Stämmen im Westen auf. In den folgenden drei Jahrhunderten schwankten die Bulgaren gegenüber Byzanz zwischen Freund- und Feindschaft, bis der »Bulgarenschlächter« Kaiser Basileios II. (976 bis 1025) das Altbulgarenreich zerstörte. Wenige Jahre vor dem Ende, im Jahre 1018, ließ er 15 000 Gefangene blenden und sie als furchtbares Wahrzeichen seines Sieges an den Bulgarenzar zurückschicken.

Umringt von mächtigen christlichen Nachbarn hatte der Bulgarenfürst Boris schon im 9. Jahrhundert eingesehen, er müsse sich für eine christliche Religion entscheiden, und hatte seine Gesandten im Jahre 864 auf Vermittlung König Ludwigs des Deutschen mit dem Papst in Rom verhandeln lassen. Als erstes Ergebnis dieser Verhandlung aber verfolgte Boris zuerst einmal alle Griechen (Byzantiner) im Bulgarenreich. Dann orientierte er sich trotzdem wieder nach Byzanz, ließ sich griechisch-orthodox taufen und nahm zu Ehren des byzantinischen Kaisers Michael III., seinem Taufpaten, den Namen Michael an. Diese Kehrtwendung wurde mit herbeigeführt durch die Missionstätigkeit des byzantinischen Mönchs Kyrillos, der ab 863 in Mähren die Heiden bekehrt hatte und dessen Nachfolger dann auch in Bulgarien erfolgreich waren. Übrigens geht auch die Taufe der Russen entscheidend auf Kyrillos zurück.

Die Bekehrung zum Christentum stieß aber im bulgarischen Volk, das die Verbrechen der Byzantiner an ihm sicher nicht so schnell vergessen konnte wie seine Fürsten, auf hartnäckigen Widerstand. Der Historiker Heinrich von Weislocks schrieb Ende des 19. Jahrhunderts über den grausamen Terror, mit dem Bulgarenzar Michael die neue Religion gegen alle heidnischen und ketzerischen Einflüsse durchsetzte:

»Nicht müde, durch Gründung von sieben Kirchen, durch Drohungen und Versprechungen seine Untertanen dem neuen Glauben zuzuführen, dämpfte er einen Aufstand der dem Heidentum treu gebliebenen Adligen schonungslos: Sogar ihre Frauen und Kinder ließ er auf grausame Weise hinrichten und ganze Geschlechter ausrotten.«

Die Bulgaren litten noch lange unter blutigen Religionskämpfen, zumal das Land durch seine geographische Lage zu einem Tummelplatz verschiedener »ketzerischer« Glaubensanhänger zwischen Ost und West wurde. In der wahrscheinlich aus dem 10. oder 11. Jahrhundert stammenden griechischen Klemensvita-Chronik, genannt die »Bulgarische Legende«, finden wir über die Auswirkungen der Religionswirren von Bulgarien aus auf das mährische Reich, das nach der Vernichtung durch die Ungarn (Magyaren) unter römisch-katholische Abhängigkeit durch die Deutschen geriet, diese Einzelheiten:

»Die Franken ... richteten ihre falsche Lehre auf ... Welches Wort wäre imstande auszudrücken, was daraufhin die Bosheit, die die Macht an sich gerissen hatte, ins Werk setzte? Ein Feuer, das ohne Zutun im Walde vom Wind entfacht wurde! Die einen übten Zwang aus, sich der Irrlehre anzuschließen, die anderen hielten sich an den Glauben der Väter. Die einen schickten sich an, alles zu tun,

die anderen, alles zu erleiden. Die einen mißhandelte man unmenschlich, von anderen plünderte man die Wohnstätten und verband mit der Gottlosigkeit auch noch die Habsucht, wieder andere schleppte man nackt über Dornen ...
Die Soldaten – barbarische Menschen, denn es waren Deutsche, die schon von Natur aus roh sind, jetzt aber auch den Auftrag dazu übernommen hatten – ergriffen sie, führten sie aus der Stadt, zogen ihnen die Kleider vom Leib und zerrten sie nackt einher ... Aber auch das Schwert führten sie ihnen an die Kehle, wie wenn sie zuschlagen wollten, und sie setzten ihnen an die Rippen die Lanzenspitzen, wie wenn sie sie hineinstoßen wollten, damit jene nicht nur einen Tod stürben, sondern so oft, wie sie ihn erwarteten ...«

Die Ungarn, ein Zweig der finnisch-ugrischen Gruppe der mongolischen Rasse, von den Gebieten des Kaspischen und Schwarzen Meeres kommend, hatten im Jahre 906 das mährische Reich zerschlagen und sich an der Theiß und mittleren Donau niedergelassen. Von dort aus unternahmen sie mehrere Raubzüge gegen das ostfränkische Reich, gegen Italien, Frankreich, Lothringen, Burgund, Spanien und im Südosten auch gegen Byzanz. Während der Regierungszeit Kaiser Ottos I. stießen die Ungarn wieder vor, durchzogen verwüstend und mordend Deutschland bis nach Flandern, drangen ein Jahr später wieder bis an die Iller vor und belagerten Augsburg. Dort trat ihnen schließlich Otto I. mit einem Aufgebot aller deutschen Herzogtümer entgegen und schlug sie entscheidend in der berühmten Schlacht auf dem Lechfeld am 10. August 955. Danach erst wurden die Ungarn an der Theiß seßhaft, ihr Fürst Geza (972 bis 997) suchte mit dem Sieger vom Lechfeld gute Beziehungen und bat Otto I. um Zusendung von Missionaren. Doch erst Gezas Sohn Wajk, der von dem Prager Bischof Adalbert auf den Namen Stefan getauft worden war, vollendete das Missionswerk an seinem Volk in großem Stil. Wie der Bulgarenzar mit einer byzantinischen Kaiserschwester, so verfuhr Stefan mit der Tochter des Bayernherzogs Heinrich II. (gestorben 955). Er holte sie sich zur Frau, und der Papst sandte ihm für seine Verdienste um die römische Kirche eine geweihte Königskrone. Politisch half ihm diese Rückendeckung Roms, alle byzantinischen Einflüsse zurückzudrängen, aber die Christianisierung seiner Untertanen erreichten Stefan und seine Mönche nur mit Gewalt. Bálint Hóman schrieb:

»König Stephan der Heilige und seine eifrigen Mitarbeiter, die in Benediktinerklöstern lebenden und auf den bischöflichen Stuhl gekommenen glaubensstarken Mönche, leisteten ganze Arbeit ... Die gesetzliche Verfolgung und die Anprangerung der mit der christlichen Moral im Widerspruch stehenden heidnischen Sitten brachten heilsame Erfolge ... Die ›schwache Pflanze des Christentums‹ wuchs rasch zu einem kräftigen Baum. Das Feuer des alten heidnischen Glaubens war am Erlöschen ...«

Rechte Seite. Byzanz, 1018: Der »Bulgarenschlächter« König Basileios II. läßt 15 000 gefangene Bulgaren blenden und zur Abschreckung nach Hause schicken. Als das blinde Heer dem Bulgarenzar vorgeführt wird, stirbt er aus Gram über diesen Anblick. Die Miniaturen stammen aus einer illustrierten slawischen Ausgabe des byzantinischen Historikers Manasses, der im 12. Jahrhundert die Geschichte Bulgariens aufgeschrieben hat.

ивндѣвъ саломонъ црь ослѣ
пеныхъ
умрѣтъ

Doch Stefan täuschte sich. Mehrmals wurden die Magyaren rückfällig. Nach alten Quellen rekonstruierte Hóman zum Beispiel diesen heidnisch-ungarischen Aufstand gegen die Christen aus der Mitte des 11. Jahrhunderts:

»Ihr Führer war Herr Vata von der Burg Békés, der sich den Kopf rasierte und sein Haar auf heidnische Weise in drei Strähnen flocht und sich als erster von den Ungarn dem Teufel verschrieb. Vata benützte die Abwesenheit der Bischöfe und Gespane, welche zu Mariä Himmelfahrt nach Weißenburg zum König gegangen waren, und wiegelte das Volk der ganzen Umgebung auf. Auf seine Ermunterung hin ermordeten sie die Priester und die dem katholischen Glauben treu gebliebenen Laien, viele Gotteshäuser zerstörten sie, und alle Deutschen und Italiener, die verschiedene Ämter bekleideten und im Lande zerstreut waren, ließen sie eines schändlichen Todes sterben ... Sie ermordeten auch das Gefolge und die Dienerschaft der Bischöfe. So viele Priester und Laien erlitten an diesem Tage den Märtyrertod für den Glauben Christi, daß ihre Zahl nur Gott und die Engel wissen können ...«

Nach der Niederwerfung der letzten heidnischen Aufstände in Ungarn Ende des 11. Jahrhunderts bewies in einem slawischen Nachbarland ein christlicher Heiliger wieder einmal, daß es für ihn nur eine Wahrheit des Glaubens gab und alle Andersgläubigen »mit Stumpf und Stiel« auszurotten sind. In den altserbischen Herrscherbiographien ist nachzulesen, wie der heilige Stefan Nemanja (1114 bis 1200) in Serbien gegen die Sekte der Bogomilen vorging:

»Wie einst der Prophet Elias gegen schamlose Ketzer sich erhob, so entlarvte auch er ihre Irrlehren; die einen übergab er dem Feuertod, andere belegte er mit verschiedenen Strafen, andere wiederum vertrieb er aus seinem Reich, beschlagnahmte ihr Hab und Gut und verteilte es an Aussätzige und Bettler. Ihrem Lehrer und Führer schnitt er die Zunge aus dem Gaumen, der Christus, den Sohn Gottes, nicht verkünden wollte. Die ketzerischen Bücher verbrannte er, ihn vertrieb er des Landes und verbot, seinen dreimal verfluchten Namen jemals wieder zu nennen oder seiner je zu gedenken. Und mit Stumpf und Stiel rottete er diese verfluchte Ketzerei aus, daß sie in seinem Reich niemals mehr jemandem in den Sinn komme, vielmehr stets gepriesen werde die wesenseinheitliche unteilbare und lebensspendende Dreifaltigkeit, Vater, Sohn und der Heilige Geist, ewig jetzt und immerdar und in aller Ewigkeit. Amen ...«

II.

Mittelalter und Neuzeit

KETZER, JUDEN, HEXEN UND EROBERER

Ketzerrichter Konrad von Torso — *»Hundert Unschuldige verbrennen wir, wenn auch nur ein einziger Schuldiger unter ihnen sich befindet.«*

Katharina von Medici in der Bartholomäusnacht — *»Menschlichkeit wäre hier grausam!«*

Saint-Just — *»Man muß gelassen einherschreiten in Blut und Tränen!«*

»Gott will es! Christus befiehlt es!«

Kreuzfahrer und katholische Ritter gegen Mohammedaner, Ketzer und Juden — Europa und der Vordere Orient vom 11. bis zum 15. Jahrhundert

1099
Kreuzfahrer ermorden in Jerusalem etwa 50 000 Mohammedaner und Juden

1144
Sarazenen ermorden Christen in Edessa

1147
Judenmorde in Würzburg nach einem unaufgeklärten Leichenfund im Main

1187
Jerusalem von den Mohammedanern unter Saladin zurückerobert

1194
Die Inquisition in Spanien führt das Herausschneiden der Zunge, das Erdrosseln und den Feuertod als Strafmaß ein

1204
Eroberung Konstantinopels durch die Kreuzfahrer. Plünderung und Massenmorde an Griechen und Moslems

1209 bis 1229
Kreuzzug gegen Albigenser (Südfrankreich)

1212
Französischer und deutscher »Kinderkreuzzug«

1227
Päpste schicken erste Inquisitoren zur Verfolgung der Ketzer aus

1234
Kreuzzug gegen die Stedinger Bauern

1243
Die Juden von Belitz bei Berlin werden lebendig verbrannt

1244
Moslems erobern Jerusalem

1252
Papst Innozenz IV. stellt alle nichtkatholischen Christen Räubern gleich

1257 bis 1267
Im englischen Bürgerkrieg werden die jüdischen Gemeinden vernichtet

1290, 1306 und 1394
Vertreibung der Juden aus England und Frankreich

1307 bis 1314
Verfolgung der Ritter des Templerordens

1348/1349
Judenpogrome in ganz Europa

1391 und 1492
Vertreibung der Juden aus Spanien. Ermordung von 4000 Juden in Sevilla

1419 bis 1434
Hussitenkriege

1431
Jeanne d'Arc als Ketzerin in Rouen verbrannt

Das Reich Christi war für das frühmittelalterliche Abendland unumstößliche Realität geworden. Es war die Grundlage allen politischen Denkens und gab dem Begriff Christenheit den festumrissenen Sinn der Einheit und Einigung aller Staaten der christlichen Welt. Solange hinter dem Begriff Christenheit diese politische Idee stand, strebten Kaiser und Papst, die zwei Gewalten, die beide ihre Autorität unmittelbar auf Christus zurückführten, nach der Verwirklichung dieser Einheit und Einigung. Die meisten europäischen Herrscher anerkannten – mehr oder weniger eindeutig – die Vorherrschaft des Papstes in dieser geistig-politischen Einheit an, bis in der Mitte des 13. Jahrhunderts der Höhepunkt päpstlicher Machtentfaltung überschritten war und es zum Bruch zwischen Kaiser- und Papsttum kam, zum grundsätzlichen Konflikt zwischen weltlicher und geistlicher Gewalt.

Als Papst Urban II. im Jahre 1095 in Clermont die einige Christenheit zum heiligen Krieg gegen die Heiden zur Befreiung der heiligen Stätten im Heiligen Land mit den Worten aufrief: »Ich spreche zu den Anwesenden und werde es auch den Abwesenden kundtun, aber es ist Christus, der befiehlt ...«, war das Primat des Papstes noch intakt. Das ihm tausendfach entgegenschallende Echo: »Dieu li volt!« – »Gott will es!«, bestätigte dem Papst dieses Primat. Aber Papst Urban II. sagte in Clermont auch: »Mögen diejenigen, die vorher gewöhnt waren, in privater Fehde verbrecherisch gegen Gläubige zu kämpfen, sich mit den Ungläubigen schlagen und zu einem siegreichen Ende den Krieg führen, der schon längst hätte begonnen sein sollen; mögen diejenigen, die sonst Söldlinge waren um schnöden Lohn, jetzt die ewige Belohnung gewinnen ...« Das klang nach »totalem Krieg« gegen die Ungläubigen, mit allen Mitteln und ohne Pardon, befohlen von der höchsten Macht dieser Welt. Papst Urban II. sah dann auch im Töten von Ungläubigen »aus Eifer für die Mutter Kirche« keinen Mord.

Die Streiter für Christi erwartete, wie Papst Urban II. betonte, ein Land, in dem »Milch und Honig fließen ... wie in einem herrlichen Paradies«. Das machte gerade in Frankreich, wo zu dieser Zeit der Übermut der kleinen Lehnsherren sich immer mehr bemerkbar machte und diese ihre Fehden auf dem Rücken der Armen austrugen, großen Eindruck. Ganz richtig hatte wenige Jahre vorher schon der Reimser Erzbischof Heriväus geklagt:

»Entvölkert sind die Städte, die Klöster zerstört und verbrannt, die Äcker zur Wüste geworden. Unzucht, Ehebruch, Schändung des Heiligen und Mord überschwemmen das Land, Blut rührt an Blut, die Gesetze gelten nichts, die Dekrete der Bischöfe werden verachtet. Jeder tut, was er will. Daher kommt, was wir vor Augen haben, durch die ganze Welt hin werden die Armen beraubt.«

Nun garantierte der Papst allen Teilnehmern des Kreuzzuges Vergebung ihrer Sünden, versprach reiche Beute und lenkte die Privatfehden der Ritter gegen Gläubige um in einen heiligen Krieg gegen Ungläubige. Die Begeisterung war, wie sich Augenzeuge Fulcher von Chartres erinnerte, überwältigend: »Oh, wie willkommen, wie erhebend für uns alle war der Anblick dieser Kreuze ...« Gemeint sind die roten Kreuze, die sich alle Kreuzfahrer an ihre Kleider hefteten.

Nicäa, 1097: Auf dem Weg nach Jerusalem benützen die blutrünstigen Kreuzfahrer die abgeschlagenen Köpfe ihrer getöteten Gefangenen als Munition für ein Katapult bei der Belagerung (Miniatur aus dem 13. Jahrhundert).

Aufgewiegelt und aufgehetzt strömte noch im selben Jahr eine seltsame »Vorhut« des ersten Kreuzzuges, ein Haufen von rund 50 000 Arbeitsscheuen, Landstreichern und Tagedieben, zu Fuß das Donautal hinunter. Ganze Familien mit kleinen Kindern erkundigten sich in jeder Stadt, die sie erschöpft erreichten, ob dies wohl Jerusalem wäre. Das deutsche Kontingent dieser Haufen begann mit dem Krieg gegen Ungläubige gleich im eigenen Land und schlug auf alle erreichbaren Juden, die man auch als Ungläubige ansah, ein. Blutige Judenmassaker wurden aus Speyer, Mainz, Worms, Trier und anderen Städten gemeldet. Der Erzbischof von Köln wollte den Mordhaufen ihre Opfer entreißen und gewährte Tausenden von Juden Zuflucht auf ländlichen Anwesen seines Bistums. An der unteren Donau in Ungarn hausten die Anhänger dieses Kreuzzuges des Volkes oder der »Habenichtse« noch schlimmer. Guibert von Nogent berichtete darüber:

»Getrieben von abscheulicher Wut, setzten sie die öffentlichen Getreidespeicher in Brand, entführten die jungen Mädchen und taten ihnen Gewalt an, schändeten die

Ehen, indem sie den Männern ihre Frauen raubten, rissen ihren Wirten den Bart aus oder versengten ihn; keiner dachte mehr daran, die Dinge, die er brauchte, zu kaufen; jeder lebte, wie er konnte, von Mord und Plünderung, und alle brüsteten sich mit unbegreiflicher Frechheit, sie würden bei den Türken ebenso hausen ...«

Weiter im Osten warfen die unwürdigen Kreuzfahrer gierige Blicke auf die reichen Weizenfelder der christlichen Bulgaren, die sie glattweg als Heiden abstempelten. Doch die Bulgaren schlugen zurück, nachdem sie anfangs Gemetzel und Plünderung erduldeten. Sie töteten viele der »Habenichtse«, als sie an ihren Lagerfeuern schliefen, oder sie vergifteten die Brunnen am Wege. Durch Krankheiten und Erschöpfung zusätzlich erheblich dezimiert, erreichte nur ein kleiner Rest des Zuges im Spätsommer 1096 Konstantinopel. Der Byzantinerkaiser wollte mit dem raubgierigen Haufen nichts zu tun haben und verschiffte ihn schleunigst nach Kleinasien. Dort wurde er von den Türken im Oktober desselben Jahres mit Frauen und Kindern samt und sonders niedergemacht. Fulcher von Chartres, der später mit dem »regulären Heer« am Golf von Nicomedia ankam, sah selbst die in der Sonne gebleichten Knochenhaufen der Erschlagenen:

»Wieviel abgeschlagene Köpfe, wieviel Gebeine getöteter Menschen fanden wir da auf den Feldern liegen jenseits von Nicomedia! Es waren die Unsrigen, die als Neulinge oder vielmehr völlig unerfahren in der Kunst, sich der Armbrust zu bedienen ... von den Türken niedergemetzelt worden waren.«

Dem schmählichen Ende des Kreuzzuges des Volkes folgte ein Jahr später der Kreuzzug des Adels mit einem »regulären Heer« von Kreuzrittern. Nach entbehrungsreichen Anmärschen zu Land und zu Wasser erreichten die Kreuzfahrer am 7. Juni 1099 das ersehnte Ziel, Jerusalem. Und nach dreiwöchiger Belagerung drangen die Kreuzfahrer, die bedingungslose Übergabe verlangt hatten, in die Stadt ein, im »Blute der Heiden watend«, wie Augenzeugen berichteten. In der Chronik des Albert von Aachen lesen wir:

»Nach dem fürchterlichen und blutigen Hinmorden der Sarazenen, deren dort 10 000 erschlagen wurden, kehrten die Christen siegreich vom Palast nach der Stadt zurück und machten nun viele Scharen von Heiden, die in ihrer Todesangst versprengt durch die Gassen irrten, mit dem Schwerte nieder. Weiber, die in die befestigten Häuser und Paläste geflohen waren, durchbohrten sie mit dem Stahl; Kinder, noch saugend, rissen sie an den Füßen von der Mutterbrust oder aus ihren Wiegen und warfen sie gegen die Wand und auf die Türschwellen und brachen ihnen das Genick; andere machten sie mit den Waffen nieder, wieder andere warfen sie mit Steinen tot. Kein Alter und kein Geschlecht der Heiden ward verschont. Wer zuerst in ein Haus oder in einen Palast eindrang, behielt diesen im eigenen Besitz mit allem Gerät, mit Getreide, Wein und Öl, Geld und Kleidern und allem andern Besitztum. Und so wurden die Pilger Herren und Besitzer der ganzen Stadt.«

In wilder Ekstase säuberten die Kreuzfahrer Jerusalem von Juden und Mohammedanern. Mit blutigen Händen knieten die Massenmörder schließlich vor dem Heiligen Grab und beteten »schluchzend vor übermäßiger Freude«. Ein anonymer Augenzeuge:

»Am folgenden Tag erkletterten die Unsrigen das Dach des Tempels, griffen die Sarazenen, Männer und Frauen, an, zogen das Schwert und schlugen ihnen die Köpfe ab. Einige stürzten sich von der Höhe des Tempels hinab ...
Man befahl ... alle toten Sarazenen aus der Stadt zu werfen, wegen des unsäglichen Gestanks, denn die ganze Stadt war völlig mit ihren Leichnamen angefüllt. Die lebenden Sarazenen schleppten die Toten aus der Stadt und machten daraus häuserhohe Haufen. Niemand hat jemals von einem ähnlichen Blutbad unter dem heidnischen Volk gehört oder es gesehen. Scheiterhaufen gab es wie Ecksteine, und niemand außer Gott kennt ihre Zahl ...«
Der Sieg der christlichen Welt in der Heiligen Stadt blieb für alle Zeiten mit dem Makel eines scheußlichen Blutbades befleckt, das innerhalb von drei Tagen nach Schätzungen zwischen 40 000 und 70 000 Tote forderte. Wilhelm von Tyrus, ein einsichtiger Kreuzfahrer, bemerkte: »Man konnte nicht ohne Entsetzen diese Menge von Toten sehen, und der Anblick der Sieger, die von Kopf bis Fuß mit Blut bedeckt waren, war nicht minder entsetzlich.«

Am Weihnachtstag des Jahres 1100 wurde das christliche Königreich Jerusalem gegründet, zusammen mit den drei weiteren christlichen Staaten der Grafschaften Edessa und Tripolis sowie dem Fürstentum Antiochia. Entlang der östlichen Mittelmeerküste Kleinasiens entstand ein christliches Land »jenseits des Meeres« im Orient und bildete fast 200 Jahre lang für die westliche Christenheit einen Brückenkopf im Osten. Für den Nachschub dieses Brückenkopfes sorgten die italienischen Seehandelsstädte Venedig, Genua und Pisa, verteidigt wurde er im wesentlichen von den dort entstandenen beiden Orden der Johanniter und der Tempelritter (benannt nach dem Salomo-Tempel in Jerusalem).
Die Erfüllung des christlichen Wunschtraumes brachte neben dem geistigen auch erheblichen materiellen Lohn für die Kreuzfahrer, hatte also auch einen wirtschaftspolitischen Hintergrund, der nicht ganz außer acht gelassen werden darf. Die handelstüchtigen Mohammedaner hatten bereits vor dem ersten Kreuzzug ihren Seehandel bis nach Spanien hineingetragen und von dort aus einen regelrechten Handelskrieg gegen die aufstrebende Wirtschaftsmacht der genannten italienischen Umschlaghäfen angefangen.
Unbeschwert genossen anfangs die neuen christlichen Herren die Früchte des eroberten Landes, in dem »Milch und Honig« floß. »Der Römer oder Franke ist ... ein Galiläer oder Palästinenser geworden ... Wir haben die Heimat bereits vergessen«, notierte Fulcher von Chartres. Aber die nachfolgenden Generationen der Christen »jenseits des Meeres« waren deshalb auch nicht mehr harte Krieger. Das erkannten die Mohammedaner, die immer zielstrebiger gegen das christliche Reich vordrangen und 1144 die Grafschaft Edessa zurückeroberten. Der Chronist Otto von Freising über den Rückschlag gegen die Christen:

»Edessa war infolge seiner Größe und seines Reichtums der einzige Rückhalt der Kirche von Jerusalem. Alle Christen samt dem Bischof wurden erschlagen oder in die Gefangenschaft geschleppt. Die Kirchen wurden entweiht ... Nachdem unsere Brüder so entweder ausgerottet oder versklavt waren, erhielt Edessa eine sarazenische Bevölkerung.«

Sarazenen, »die im Osten Wohnenden«, nannten die Byzantiner die mohammedanischen Türken, schon bevor diese Konstantinopel bedroht und damit den ersten Kreuzzug mit ausgelöst hatten. Der sarazenische Erfolg in Edessa führte 1147 zum zweiten Kreuzzug, dessen geistiger Vater diesmal Abt Bernhard von Clairvaux (1091 bis 1153) war. Er war es, der einen deutschen und französischen König bewog, mit neuen Heeren erneut ins Heilige Land zu ziehen, wohl wissend, daß auch in diesem Zug wieder viele unsichere Söldner, ja selbst freigelassene Diebe, Mörder und Betrüger dabei waren: »Europa freut sich, sie loszuwerden, und Palästina, sie zu gewinnen; sie sind also zwiefach nützlich, durch ihre Abwesenheit hier und ihre Anwesenheit dort.« Doch Bernhards Bemühungen waren umsonst: Der zweite Kreuzzug konnte das verlorene Edessa nicht zurückerobern. Historische Bedeutung gewann er lediglich durch die Abstecher der Kreuzritter vor dem Zug nach Osten: Englische und flämische Kreuzfahrer »befreiten« Lissabon von den Mauren, die Sachsen und Dänen zogen für das Kreuz gegen die heidnischen Wenden (siehe 123f.).
Nach dem Fiasko des zweiten Kreuzzuges brauchte die Kirche Geld, um neue Kreuzzugspläne zu verwirklichen. Man beschaffte es durch den Verkauf von Ablässen, mit denen sündige Seelen sich freikaufen konnten. Später konnte man mit Geld sogar die Befreiung von einem Kreuzzug erkaufen, was auf die Dauer natürlich das Ansehen dieser geheiligten Abenteuer, die ohnehin für viele immer gefahrvoller erschienen, stark untergrub. So wurde denn auch in den nachfolgenden sechs weiteren kleineren Unternehmungen nie wieder der »Erfolg« des ersten Kreuzzuges erreicht. Am nächsten kam ihm noch der mit großer Begeisterung vom Volk getragene dritte Kreuzzug, der durch das Auftreten eines neuen Moslemführers ausgelöst wurde. Sultan Saladin (1138 bis 1193) hatte zu einem Gegenkreuzzug, zu einem moslemischen Glaubenskrieg aufgerufen und dank seiner starken Persönlichkeit auch sofort Erfolg. Er besetzte Tiberias und brachte 1187 den im Land wohnenden Christenrittern schon vor Jerusalem eine entscheidende Niederlage bei, die, nach den arabischen Chroniken zu urteilen, bei den Christen entsetzliche Opfer forderte. Emad-eddin sah dieses:

»Von vielen tausend Menschen rettete sich nur eine kleine Anzahl. Das Schlachtfeld war bedeckt mit Toten und Sterbenden ... Ich sah alles, was eine glückliche Nation einem unglücklichen Volk angetan hatte. Ich sah den Zustand ihrer Führer. Wer könnte den beschreiben? Ich sah abgeschnittene Köpfe, erloschene oder ausgestochene Augen, staubbedeckte Körper, ausgerenkte Glieder, abgetrennte Arme, gespaltene Knochen, durchschnittene Hälse, gebrochene Lenden, Füße, die nicht

Rechte Seite. Akkon, um 1190: Otto von Freising berichtet über die Taten der Christen unter Richard Löwenherz: »Sie wichen nicht vom Platz, bis das ganze Gebiet um Akkon mit dem Blut der Heiden gedüngt war ... Sie eroberten die Stadt und erschlugen alle Heiden, Männer und Frauen jeden Alters und Standes.«

mehr am Bein hingen, in zwei Teile gehauene Körper, zerrissene Lippen, eingeschlagene Stirnen ...«

Die Rache Saladins, der dem Christenführer Reinhold von Châtillon eigenhändig den Kopf abschlug und später mit seinen Leuten Jerusalem zurückeroberte, löste in Europa einen Schock aus, der die bedeutendsten Herrscher, Friedrich I. Barbarossa von Deutschland, Philipp II. von Frankreich und Richard Löwenherz von England auf den Plan rief. Doch auch dieser dritte Kreuzzug brachte im Endeffekt für die Christen keinen Erfolg. Barbarossa ertrank bekanntlich auf dem Hinweg 1190 in einem kleinasiatischen Flüßchen. Der Franzosenkönig Philipp mußte während der Belagerung von Akkon wegen innenpolitischer Gefahren in Frankreich frühzeitig wieder nach Hause ziehen. Lediglich Richard Löwenherz, zu dem sich noch Herzog Leopold V. von Österreich gesellte, kämpfte, wie Otto von Freising schrieb, vor Akkon weiter: »(Sie) wichen nicht vom Platz, bis das ganze Gebiet um Akkon mit dem Blut der Heiden gedüngt war.«
Trotz Saladins Entlastungsangriffen im Rücken der Christen »eroberten die Christen die Stadt und erschlugen alle Heiden, Männer und Frauen jeden Alters und Standes«.
Eine Rückeroberung Jerusalems aber scheiterte. Richard paktierte schließlich mit Saladin, und das christliche »Königreich Jerusalem« reduzierte sich künftig nur noch auf einen schmalen Küstenstreifen von Tyros bis Jaffa.
Die Kreuzfahrer des vierten Kreuzzuges ließen sich unterwegs vom Dogen von Venedig, der mit ihrer Überfahrt nach dem Orient das Geschäft seines Lebens machen wollte, kaufen. Sie eroberten für ihn an der Adria eine christliche Küstenstadt von den christlichen Ungarn zurück und wurden prompt von Papst Innozenz III. für das gebrochene Kreuzzugsgelübde exkommuniziert. Um das Maß solchen Rückfalls in unchristliche Praktiken voll zu machen, ließen sich die Kreuzfahrer in die Thronstreitigkeiten in Konstantinopel verwickeln und für eine beträchtliche Summe Geld zur Hilfeleistung nach Konstantinopel locken. Angesichts des Wunderwerkes einer Stadt, der gegenüber die europäischen Hauptstädte Paris, London, und selbst Rom nur wie erweiterte Marktflecken aussahen, während die Stadt am Bosporus zu dieser Zeit bereits gepflasterte Straßen, Nachtbeleuchtung, Ladenstraßen, Parks, Theater, Villen für Reiche und Arbeiterwohnsiedlungen neben der unvergleichlichen Hagia Sophia und dem kaiserlichen Palast aufwies, packte die Kreuzfahrer der blanke Neid. Sie vergaßen erneut den Kreuzzug und sein Ziel, die Rückeroberung Jerusalems, und tobten sich dafür im christlichen, wenn auch orthodoxen Konstantinopel aus. Sie steckten die Moschee der Mohammedaner in Brand, und das Feuer legte einen großen Teil der prachtvollen Stadt in Schutt und Asche. Tausende von christlichen Griechen und Moslems wurden erschlagen, die Stadt schrecklich ausgeplündert. Der christliche Heerführer, Gottfried von Villehardouin (etwa 1150 bis 1230), der Marschall der Champagne, notierte selbst:

»Da hättet ihr sehen können, wie man Griechen niederhieb, wie man Rosse und Zelter erbeutete, Maulesel und Maultiere und andere Habe genug. Da gab es so viele Tote und Verwundete, daß kein Ende und kein Maß war ...« Und er triumphierte: »Seit die Welt erschaffen wurde, ist solch große Beute noch nie in einer Stadt gewonnen worden ...«

Das welthistorische Ereignis der Eroberung Konstantinopels im April 1204 durch die Kreuzfahrer können wir am besten nachempfinden in der Darstellung eines Augenzeugen. Der hohe byzantinische Hofbeamte Niketas Choniates schreibt später im Exil in Erinnerung an das Jahr 1204 und die blutige Eroberung Konstantinopels durch die christlichen Ritter:

»Die Feinde stürmten ... hierhin und dorthin und zogen das Schwert gegen jegliches Alter und Geschlecht, nicht einer neben dem anderen und in größeren Gruppen und in Ordnung rannten sie daher, sondern sie zerstreuten sich und liefen einzeln umher, weil der Schrecken schon alle Rhomäer (Byzantiner) lähmte. Am Abend zündeten sie im Osten ... die Stadt an, und diese Feuersbrunst vernichtete den dort neben dem Meere liegenden Stadtteil ... Die Feinde ... konnten gehen, wohin sie wollten, nehmen, was sie wollten, die engen Gassen standen ihnen offen, die breiten Straßen lagen frei. Von ihren Gegnern hatten sie keinen Kampf mehr, sondern nur noch Beute zu erwarten ... Da sahen sie auf einmal die Einwohnerschaft der Stadt mit Kreuzen und hochzuverehrenden Ikonen Christi, wie man sie bei feierlichen Umzügen mitführt, heranziehen. Aber der rührende Anblick rührte nicht ihre Seele, in ihren harten Gesichtern zuckte kein weicher Zug auf, das unerwartete Bild, das sich ihren Augen bot, ließ nicht ihren haßgetriebenen, grimmigen Blick zu Milde zerfließen, sondern sie begannen gefühllos zu plündern ... Was soll ich als erstes, was als letztes aufzählen von dem, was diese blutbesudelten Männer zu tun sich vermaßen? ... Das Unheil kam über jedes Haupt. In den Gassen war Weinen und Jammern, die Straßen erfüllte Klagen und Geheul, aus den Kirchen tönte Wehgeschrei, Männer seufzten, Frauen schrien, überall wurden Leute verschleppt, versklavt, gezerrt, aus den Armen ihrer Lieben gerissen. Die Vornehmen schlichen bar allen Glanzes umher, ehrwürdige Greise saßen kläglich in einem Winkel, die Reichen standen mittellos da ... Bei keinem einzigen Rhomäer ließen sie Milde walten. Sie nahmen allen alles, Geld und Gut, Haus und Gewand, und ließen die rechtmäßigen Besitzer nichts auch nur benützen ...«

Niketas Choniates erinnerte sich auch an die Tage der Besatzung durch die »Lateiner« aus dem Westen:

»Die Feinde ... schwelgten und praßten und ließen sich zügellos gehen, besonders bei allem, was unsittlich ist, und verspotteten rhomäische (byzantinische) Einrichtungen. Sie zogen sich purpurgesäumte Gewänder, bloß um diese lächerlich zu machen, an und stelzten über die Straßen ... Viele setzten ... die von ihnen vergewaltigten Frauen aufs Pferd, darunter auch manche vornehme Frau, die in ihrem langen Gewand, entblößten Hauptes, die Haare zu einem Knoten im Nacken zusammengerafft, umhergeschleppt wurde ... Den ganzen Tag schwärmten die Eroberer umher, tranken ungemischten Wein und fraßen ...«

Mit Recht erhob Niketas Choniates auch gegenüber den sich als Räuber und Plünderer gebärdenden Kreuzrittern seine höhnende Anklage:

»Im Namen des Kreuzes stürmten sie ruchlos das Kreuz und schauderten nicht davor zurück, wegen einer Handvoll Gold und Silber das gleiche Zeichen, das sie auf der Schulter trugen, mit den Füßen zu zertreten!«

Sowohl die Kreuzfahrer selbst wie auch das Papsttum – obwohl es diese Ausschreitungen verurteilte – verloren das Gesicht. Die Errichtung eines lateinischen Kaisertums von 1204 bis 1261, als es von den Mameluken wieder zerschlagen wurde (siehe Seite 187), blieb Episode, eine Episode allerdings, die gleichzeitig das Ende des alten Byzantinischen Reiches markierte.

Indirekt verantwortlich waren der Papst und seine Kreuzzugpropagandisten letzten Endes aber doch für all die Brandschatzungen, Plünderungen und Massenmorde, die zwei Jahrhunderte lang im Zeichen des Kreuzes in Europa und im Vorderen Orient von den von ihnen aufgestachelten Eiferern vollbracht wurden. Auch der zwölfjährige französische Bauernjunge Stephan von Cloyes wäre sicher im Jahre 1212 ohne die Hetze der ständig zu weiteren Kreuzzügen aufrufenden Päpste wohl nicht zu der Behauptung gekommen, daß Christus ihm während des Schafehütens erschienen sei und ihm einen Kreuzzug der Kinder nach Jerusalem befohlen habe. Dem zwölfjährigen Rattenfänger folgten rund 30 000 französische Knaben und Mädchen durch die Provence nach Marseille, wo sie, anstatt das Meer zu durchziehen wie einst Moses, von geschäftstüchtigen Sklavenhändlern nach Nordafrika und Ägypten verkauft wurden. Auch ein Kinderzug von 20 000 deutschen Kindern im selben Jahr kam über Italien nicht hinaus. Ein Genueser Chronist notierte damals »einige tausend Männer und Weiber, Knaben und Mädchen«. Offenbar waren also auch besorgte Eltern oder sonstige bigotte Erwachsene bei dem Unternehmen, das für die Mädchen und Frauen in den römischen Bordellen und für viele Knaben und Männer in der Verdingung als Bauernknechte endete.

Von Anfang an hatten sich die Kreuzzüge nicht nur gegen Heiden und Ungläubige, sondern auch gegen Andersgläubige gerichtet, also auch gegen die Juden und alle Ketzer. Wir haben von den Judenmassakern vor dem ersten Kreuzzug bereits gehört. Ähnliches geschah 1189 vor dem dritten Kreuzzug in England. Das 3. Laterankonzil hatte 1179 verfügt, daß Christen, »die sich erdreisten, mit Juden zu leben, dem Kirchenbann unterfallen«. Auf dem 4. Laterankonzil des Jahres 1215 wurden Verordnungen verabschiedet, die die Juden in Europa außerhalb der christlichen Gemeinschaft stellten, ihnen besondere Kleider oder Abzeichen aufzwangen und praktisch den totalen Boykott bedeuteten.

Der Gesichtsverlust des Papsttums während der Kreuzzüge bestärkte viele christliche Glaubensgemeinschaften, die damals von sich reden machten, ihren religiösen, teilweise aber auch religiös-politischen Bewegungen mehr Nachdruck und Verbreitung zu geben. Die Sekten der Bogomilen und Paulikianer, die wir bereits schon mehrfach erwähnt haben, gehören ebenso hierher wie die ab dem 11. Jahrhundert bekanntgewordenen Waldenser, Albigenser, Katharer und Patarener. Diese

Béziers, Frankreich, 1209: Mit dem Lied »Komm, heiliger Geist« stürmen die Katholiken die Albigenser-Stadt und erschlagen in den Straßen und Häusern 20 000 Männer, Frauen und Kinder. Die Illustration stammt aus der Handschrift »Lied vom Kreuzzug gegen die Albigenser« aus dem 13. Jahrhundert.

Sekten, die aller weltlichen Macht und allem kirchlichen Pomp entsagten, entstanden vor allem in den aufstrebenden Städten, in denen die Bürger immer selbstbewußter wurden.

Im Jahre 1190 stellte ein katholischer Bischof fest: »Die Städte sind voller falscher Propheten.«

Bei den Sektenbewegungen müssen aber auch die sozialen Hintergründe berücksichtigt werden. Die Armen nämlich, die sich dort zusammenfanden, protestierten zumindest zu Beginn der Bewegungen in erster Linie gegen die Reichen und gegen den Besitz der Kirchen.

Vor allem in Italien und Südfrankreich breiteten sich die Sekten aus. Um 1170 kam Petrus Waldus in Lyon zu dem Schluß, alle Christen sollten wie die Apostel ohne Besitz leben. Seine Anhänger, die Waldenser, wurden schon ab 1184 vom Bannfluch aus Rom getroffen, breiteten sich aber trotz der Verfolgung weiter nach Spanien und Deutschland aus. Tausende von Waldensern mußten während des Vernichtungskreuzzugs gegen die Albigenser ab 1209 ebenfalls die Ketzer-Scheiterhaufen mitbesteigen. Wegen der Albigenser hatte Papst Innozenz III. schon 1198 an den Erzbischof von Auch in der Gascogne geschrieben:

»Da dieser widerliche Irrglaube in der Gascogne und den benachbarten Ländern um sich greift, ist es Unser Wunsch, daß Du und Deine Bischöfe Euch mit aller Kraft dieser Pestilenz entgegensetzet ... Wir erteilen Dir den strengen Befehl, daß Du mit allen Mitteln diese Ketzereien vernichtest und alle aus Deiner Diözese vertreibest, die von ihnen befleckt sind ... Nötigenfalls kannst Du die Fürsten und das Volk veranlassen, ihnen mit dem Schwert ein Ende zu bereiten.«

Innozenz III. drängte auch den französischen König Philipp II.:

»Auf, Streiter Christi! Das Blut der Gerechten schreit zu Dir, daß Du der Kirche den Schild des Glaubens gegen deren Feinde vorhältst; erhebe Dich und umgürte Dich mit dem Schwert ...«

Doch der König wich auf die hohe Politik aus. Erst die Ermordung eines päpstlichen Legaten gab dann Innozenz die Handhabe, mit allen Mitteln Kreuzzugskontingente aus Frankreich, Deutschland und Italien aufstellen und gegen die verhaßten Ketzer vorgehen zu lassen. Ritter aus dem Norden, aus der Champagne und aus Burgund, aus Nevers und sogar königliche Ritter zogen nach Süden in die Languedoc, gegen den Albigenserführer Vicomte von Béziers Raymond Bérenger. Als die Stadt Béziers die Auslieferung aller Ketzer ablehnte, stürmten die Katholischen im Juli 1209 mit dem Lied »Komm, Heiliger Geist« die Stadt und richteten unter den Einwohnern, egal, ob Ketzer oder Katholiken, ein fürchterliches Blutbad an. Der päpstliche Legat Arnaud soll auf die vorhergegangene Frage, ob man die Katholiken in der Stadt verschonen soll, geantwortet haben: »Schlagt sie alle tot, der Herr wird die Seinigen (die Katholiken) schon erkennen!« In Béziers wurden 20 000 Männer, Frauen und Kinder in den Straßen, in den Häusern, ja selbst in den Kirchen, in die sie sich geflüchtet hatten, niedergemetzelt. Unter dem besonders kriegerischen Führer der Katholiken, Simon von Montfort, der bereits in Palästina als Kreuzfahrer einschlägige Erfahrungen gesammelt hatte und den die katholische Geschichtsschreibung wegen seiner Tapferkeit, seiner Keuschheit und Frömmigkeit rühmt, überfielen nach dem Massenmord in Béziers rund 5000 katholische Ritter und Söldner, vom Legaten Arnaud angetrieben, eine Stadt nach der anderen. Deren Bevölkerung wurde vor die Wahl zwischen Widerruf oder Tod gestellt. Viele schworen ab, viele zogen den Tod vor. Die Stadt Carcassonne wehrte hinter ihren starken Befestigungen mehrere Sturmangriffe Montforts erfolgreich ab. Dem Albigenseranführer in Carcassonne und 300 seiner Ritter, die mit den Belagerern verhandeln wollten, sicherten die Montfort-Leute freies Geleit zu, nahmen aber noch vor Beginn der Verhandlungen alle gefangen und warfen sie ins Gefängnis. Ketzern gegenüber brauchte man ja kein gegebenes Wort einzuhalten.
In der Burg Lavaur, die Montfort im Jahre 1211 nach langer Belagerung eroberte, ließ er die Schloßherrin, eine Witwe und Albigenserin, in einen Brunnen werfen. Die Ritter, die man auf der Burg gefangen hatte, wurden aufgehängt. In der Chronik des Mönchs von Veaux Cornay lesen wir zu diesen Vorfällen weiter: »Hernach aber sammelten unsere Pilger die unzähligen Ketzer, welche im Schlosse vorhanden waren, und verbrannten dieselben mit ungeheurer Freude.«

In einer freien Nacherzählung des gleichen Vorfalls von Paul Wiegler in seiner auf zeitgenössichen Quellen beruhenden Chronik »Der Antichrist« liest sich der Ablauf des Geschehens auf Burg Lavaur so:

»Der Graf von Foix schlug die deutschen Söldner bei Mont-Joyre. Darüber ergrimmte Montfort so, daß er nach dem Fall von Lavaur den Befehl gab, Amaury, Herrn von Montréal, und 80 Ritter außer ihm zu hängen. Jedoch nachdem Amaury gehenkt war, brach das Galgenholz; und so hieben auf Montforts Geheiß die Kreuzfahrer die 80 mit dem Schwert zusammen. Giralda, die Schwester des Amaury, die Herrin des Schlosses, wurde nach Montforts Willen in einen Brunnen geworfen und mit Steinen überschüttet. 400 Ketzer fraß das Feuer. Die anderen lagen vor den Mauern, gefesselt, Mädchen und Frauen in zerrissenen Kleidern, mit entblößter Brust. Hier noch beteten und stammelten die Vollkommenen die brüderliche Lehre des neuen Lebens. Sie sagten noch immer, Christus habe keinen menschlichen Leib gehabt, Wein und Brot im Abendmahl seien nicht sein Fleisch und Blut, Mann und Weib, die sich beschliefen, könnten nicht selig werden, Fleischessen und Schwören habe Christus schlechthin verboten, er sei nicht in die Welt gekommen, alle zu retten, das Auflegen der Hände von Gläubigen gebe die erlösende Taufe. Sie sagten es im Sterben, aus dem es für sie keine Auferstehung der Körper gab. Der Fluch der Rechtgläubigen bespie sie ...«

Die Greuel der Albigenserkriege, angezettelt im »Fluch der Rechtgläubigen«, dauerten noch bis zum Jahr 1229. Und selbst noch nach 20jähriger Verfolgung

»Mit dem Schwert«, wie Papst Innozenz III. schon 1198 verlangte, werden bis zum Jahr 1229 zwanzig Jahre lang die Albigenser in Südfrankreich ausgerottet. Für jeden lebend oder tot gebrachten Albigenser zahlte die Kirche zwei Silberlinge Prämie.

und nach dem Friedensschluß ließ die Kirche für jeden lebend oder tot gebrachten Ketzer zwei Silberlinge als Prämie zahlen.
Die Verfolgung der Katharer hielt noch länger an. Die angeblich letzten 200 Katharer wurden nach Aufgabe ihrer Festung Montségur in der Provinz Ariège in den Ausläufern der Pyrenäen auf einem riesigen Scheiterhaufen lebendig verbrannt. Der Katholizismus triumphierte, die Zeit der religiösen Toleranz war nun endgültig vorbei, und das Konzil von Narbonne untersagte 1229 dann auch allen Laien den Besitz jeden Teiles der Bibel, damit diese Laien sich auf keinen Fall eigene Gedanken machen konnten. 700 Jahre später urteilte der Historiker Johannes Haller über diesen verwerflichsten aller Kreuzzüge für den Katholizismus: »Der Kreuzzug gegen die Albigenser gehört zu den Dingen, die das Schuldkonto der Kirche ... am schwersten belasten ... Dieses Ausmorden einer halben Bevölkerung und das Elend, in das der überlebende Teil gestürzt wird ... Die Vorgänge sind kennzeichnend für die Gesinnung, von der diese Menschen ... beherrscht sind. Sie sind ... die widerwärtigste Blüte des Geistes der Kreuzzugszeit, dem Blutvergießen als gottgefälliges Verdienst gilt ...«
Ab 1227 begannen die Päpste immer mehr sogenannte »Inquisitoren« auszuschicken, um die Ketzerei zu verfolgen, die nie ganz ausgerottet werden konnte. Jahrhundertelang sammelte die Kirche vom 13. Jahrhundert bis in das 19. Jahrhundert hinein mit ihrer Inquisition (lateinisch für Untersuchung), dem geistlichen »Gericht zur Verfolgung der Ketzer und Reinhaltung des Glaubens«, ihre »Erfahrungen«. Ziel und Zweck der Inquisition, auf deren besonders berüchtigte spanische Epoche wir noch ausführlich zu sprechen kommen, wird aus einer Bulle des Papstes Nikolaus III. aus dem Jahr 1280 besonders klar, wo es unter anderem heißt:

»Wenn jemand von Ketzern Kunde hat oder von Leuten, die geheime Versammlungen abhalten, oder von solchen, deren Lebensweise und Sitten mit dem rechten Glauben in keiner Weise in Einklang stehen, so soll er bestrebt sein, diese seinem Beichtvater anzuzeigen oder sonst jemandem, von dem er glaubt, daß er die Nachricht an die höhere Geistlichkeit oder an das Ketzergericht weitergeben kann. Tut er dies nicht, so soll er exkommuniziert werden. Die Ketzer und alle jene, die solche bei sich aufnehmen, sie verteidigen und unterstützen, und ihre Kinder bis zum zweiten Glied sollen zu keiner kirchlichen Zeremonie zugelassen werden ... Wir verweigern den Vorhergenannten von nun an jede Gnade ...«

Die Inquisitoren, anfangs meist Dominikaner, denen man bald den Spitznamen »Domini canes«, also »Spürhunde des Herrn«, anhängte, suchten und fanden immer neue Opfer, viele auch durch ungeprüfte Denunziation. Die Kirche des Katholizismus begann mit dem Aufbau eines Terrorsystems, das sich kaum von den heute bekannten Praktiken und Methoden moderner Diktaturen unterschied: In den Anfängen der Inquisition gab es für diejenigen, die sich für schuldig erklärten, kirchliche Strafen wie Gebete, Almosen, Fasten, Wallfahrten usw. Bei schwereren Fällen wurden die Angeklagten mit aufgenähten Kreu-

1227: Konrad von Marburg läßt in Deutschland als päpstlicher Ketzerrichter (Inquisitor) die Scheiterhaufen lodern; 1233 wird er von unbekannten Tätern erschlagen. Der romantische Stich zeigt Konrad von Marburg unerbittlich gegen das Flehen von Angehörigen der im Hintergrund zum Scheiterhaufen geführten »Ketzer«.

zen gezeichnet, es drohte ihnen Güterentziehung – die Güter fielen natürlich an die Kirche – oder Gefängnis. Besonders hartnäckige oder standhafte »Sünder« und »Ketzer« wurden an die weltliche Gerichtsbarkeit ausgeliefert, was gleichbedeutend mit dem Feuertod war. Wo den Ketzerjägern jedoch geschlossener Widerstand entgegentrat, predigten sie den »Kreuzzug«.

Auch für Deutschland wurde 1227 ein päpstlicher Ketzerrichter bestellt. Konrad von Marburg war ein vorbildlicher Inquisitor, der mit großer Härte und häufigen eklatanten Rechtsverletzungen seiner Berufung nachging. Die Scheiterhaufen der Inquisition brannten auch in Deutschland immer häufiger, und sie loderten vor allem überall dort, wo Konrad von Marburg erschien. 1233 wurde der Übereifrige zu einer Reichsversammlung nach Mainz zitiert und erhielt von den entsetzten weltlichen Fürsten einen strengen Verweis. Auf dem Rückweg von Mainz wurden er und seine Begleiter in der Nähe von Marburg von Unbekannten erschlagen.

Ein Jahr später, im Mai 1234, erlebte man in Deutschland einen »Kreuzzug«, für den schon der erschlagene Konrad gepredigt hatte. Opfer waren die Stedinger Bauern, weil sie sich weigerten, den berühmten Zehnten an Kirchensteuern zu entrichten. Um den heiligen Krieg gegen die Stedinger zu rechtfertigen, wurde ihnen vorgeworfen, sie hätten Christus gekreuzigt und sie würden große Frösche als Götter verehren und ihnen die Hintern küssen, ein später weitverbreitetes Anklagemuster. Dreimal wehrten sich die Stedinger gegen die Ritter und Söldner der Inquisition, ehe sie fast bis auf den letzten Mann niedergemacht wurden. In der Kölner Chronik des Jahres 1234 ist nachzulesen:

»Gegen die Stedinger wird in der Tiefebene Deutschlands und Flanderns das Kreuz gepredigt. Nachdem das gesamte Heer der mit dem Kreuze Bezeichneten sich vereinigt hat, werden die Stedinger am Tage nach Himmelfahrt besiegt und aus ihrem Lande vollständig ausgerottet. Es waren aber die stedingischen Völker auf der Grenze von Friesland und Sachsen angesessen, umgeben von unwegsamen Sümpfen und Flüssen, und sie wurden, nachdem sie wegen ihrer Frevel und ihrer Zehntenverweigerung seit vielen Jahren in den Bann geraten waren, als Verächter der Schlüsselgewalt der Kirche erfunden. Da sie wackere Männer waren, griffen sie mehrmals die benachbarten Völkerschaften, sogar Grafen und Bischöfe, feindlich an, häufig als Sieger, selten besiegt. Es wurde deshalb auf päpstliche Aufforderung in vielen Kirchensprengeln das Kreuz gegen sie gepredigt. In dem erwähnten Kampfe kamen ihrer etwa 2000 um, und nur wenige Überlebende flohen zu den benachbarten Friesen.«

Die Frauen und Kinder der getöteten Stedinger Bauern wurden nach den Vorschriften der Inquisition eingefangen und alle zusammen verbrannt. Dieser posthum letzte Triumph Konrads von Marburg bewirkte aber beim deutschen Adel einen solchen Widerwillen gegen das Wirken von Inquisitoren, daß in Deutschland bis in das 15. Jahrhundert hinein keine so hemmungslosen Inquisitionsverfolgungen mehr zu verzeichnen waren, im Gegensatz zu Italien, Frankreich und vor allem Spanien.
Eine Folge der Inquisition war, daß die »niedrigen« Volksschichten gewaltsam zu unterwürfiger Gottergebenheit und asketischer Lebensweise angehalten wurden, während Ritter und Adelige gegen Geld immer einer Absolution für ihre Sünden sicher sein konnten. Nur wenige Geistliche wagten damals ein offenes Wort, wie etwa der Franziskaner Berthold von Regensburg (1210 bis 1272), der als wortgewaltiger Prediger ganz Mitteleuropa von Frankreich bis Ungarn durchzog und von dem Sätze wie diese überliefert sind:

»Wo sitzest du vor meinen Augen, Kains Genosse, der seinen Bruder ermordete? ›Sein Blut hat hin zu Mir gerufen‹, sprach der allmächtige Gott. Nun dünket mich, ich han manchen Bluttrinker vor meinen Augen. Wie? War euch zerronnen all das Wasser, das die Welt hat, und all das Bier und Met und Wein, daß du Menschenblut hast trinken müssen? Und konnten dich all die Böcke und all die Geißen und all die Ochsen, die die Welt hat, nicht füllen, du habest denn Menschenfleisch gefressen? . . .«

Die Kirche sah die Welt voll Teufel. Sie suchte und fand sie auch in den eigenen Reihen. In Frankreich wurden zu Beginn des 14. Jahrhunderts die Ritter des

Templerordens als Ketzer angeklagt und in einer perfekten Nacht-und-Nebel-Aktion am 13. Oktober 1307 im Morgengrauen in ganz Frankreich aus ihren Betten geholt, ehe sie zu den Waffen greifen konnten. »Wenn man mich fragen würde, welches der schwärzeste Tag der Weltgeschichte sei, in seinem vollen Sinn als dies nefastus, würde mir kein anderer in den Sinn kommen als der 13. Oktober 1307«, erklärte 500 Jahre später der deutsche Kirchenhistoriker Döllinger. Das Verbrechen der Templer, der seit dem ersten Kreuzzug verdienten Ritter des mächtigsten Ordens in Europa, war in erster Linie der Reichtum, den die geheimnisumwitterten Tempelherren angehäuft hatten. Sie hatten in Palästina das Recht gehabt, an Ort und Stelle Tribute und Steuern zu erheben, und gründeten später in ganz Europa Ordenshäuser, Wechselstuben und Banken. Fürsten und Könige liehen sich Geld von ihnen.

Die vier höchsten Tempelherren, darunter der Großmeister des Ordens, gaben unter der Folter die ihnen zur Last gelegten Anklagen auf Ketzerei, Zauberei und Sodomie zu, widerriefen hinterher und wurden am 18. März 1314 dem französischen König überantwortet. König Philipp der Schöne ließ am selben Abend zwei von ihnen in Paris auf der Judeninsel auf dem Scheiterhaufen verbrennen. Aus den Flammen heraus rief der Großmeister dem zuschauenden König

1349: In mehr als 350 Orten in Deutschland wurden sämtliche Juden getötet, meist »durch Verbrennen, weil sie sich nicht taufen ließen« (Holzschnitt von Wohlgemuth aus der Schedelschen Weltchronik, 1493).

zu: »Wehe Euch! Gott wird Euch richten! In noch nicht 40 Tagen erwarte ich vor Seinem Tribunal Papst Clemens und in weniger als 300 den König von Frankreich ... Und bis ins dreizehnte Glied sollen sie verflucht sein!« Der Fluch des Großmeisters ging in Erfüllung, auch für die Söhne des Königs, die ohne männliche Erben blieben.
Die Verfolgung der Templer war Teil einer Kette von innerfranzösischen Auseinandersetzungen, bei denen die Inquisition als politisches Machtmittel eingesetzt wurde. Der französische Historiker Jules Michelet (1798 bis 1874) hat diese Epoche so dargestellt:

»Das Ende des Templerprozesses war der Anfang von 20 anderen, ja, die ersten Jahrzehnte des 14. Jahrhunderts sind überhaupt nichts anderes gewesen als ein einziger langer Prozeß. Es gab eine ganze Epidemie von Verbrechen, gräßlicher Hinrichtungen, die selbst wieder Verbrechen darstellten und neue hervorriefen. Die Richter hatten sich an große, beunruhigende, fürchterliche Prozesse gewöhnt, und die Bevölkerung lernte die Richter vor allen anderen respektieren, der Bürger hielt seine Söhne an, vor dem Herrn Richter die Mütze abzunehmen, sich vor seinem Maultier in die Ecke zu drücken, wenn dieser abends nach seinen Verhandlungen durch die engen Straßen der Städte nach Hause ritt. Die Anzeigen kamen in Menge über alle Arten von Verbrechen, und auf den Richtertischen häuften sich die Zeugnisse: Phiolen, Amulette, Kröten, schwarze Katzen, Wachsbilder von Nadeln durchstochen ... Aber je mehr man verbrannte, desto mehr kamen nach. Die Dämonologie wurde zur Wissenschaft gemacht, man wollte die Teufelsgeschlechter nach Namen, Temperamenten und Berufen erkennen – um sie sich dienstbar zu machen ...«

Es war der Auftakt zu den die nachfolgenden Jahrhunderte erschütternden Glaubenskriegen und Hexenverfolgungen. Und nicht nur in Frankreich, überall wurde dabei auch Mode, die Juden für jede Katastrophe verantwortlich zu machen: Man schob ihnen die Schuld für das Ausbrechen der Pest im 14. Jahrhundert zu, sie sollten Brunnen, Quellen und Flüsse vergiftet und christliche Kinder ermordet und sogar deren Herzen verzehrt haben. Aberglauben, Unwissenheit, Haß und Neid schlug ihnen im 14. und 15. Jahrhundert entgegen, und schließlich wurden sie samt und sonders entrechtet, in Gettos gesperrt oder aus Städten und Ländern ausgewiesen.
Die Judenverfolgungen im Mittelalter hatten, wie wir gehört haben, mit Beginn der Kreuzzüge angefangen. Um sich nicht taufen lassen zu müssen, starben die Juden lieber mit Weib und Kind einen fürchterlichen Tod. Sie wurden zu Tausenden erschlagen, ertränkt, verbrannt, gerädert, gehenkt, zerhackt, gevierteilt, erwürgt oder lebendig begraben. Unter maßgeblicher Beteiligung des katholischen Klerus wurden sie in Deutschland, in Frankreich, in England und vor allem in Spanien an den Haaren zum christlichen Taufbecken geschleift. Und warum? Der Historiker Friedrich Wilhelm Foerster (1869 bis 1966) erklärte dazu: »Die grauenhaftesten Metzeleien, das Zerhacken und das Verstümmeln und Aufschlitzen und Lebendigverbrennen von ungezählten Tausenden geschah unter der

Parole des Glaubens.« Und der amerikanische Kulturhistoriker Will Durant (geboren 1885) zog die Bilanz: »Für den einen Tod am Kreuze so viele Kreuzigungen!«

»Die Juden, die nicht Christen werden wollen, sind totzuschlagen.« Vorher wurden sie, wie dieser Holzschnitt aus dem Jahr 1475 zeigt, gemartert oder aufs Rad geflochten.

In Deutschland stachelte im 14. Jahrhundert der Mönch Radulf die Christen am Rhein zu einem Kreuzzug gegen die Juden auf. 1235 fand in Baden aufgrund eines unaufgeklärten Mordes ein Judenmassaker statt. 1243 wurden in Belitz bei Berlin die Juden lebendig verbrannt. 1298 wurden in Bayern 140 jüdische Siedlungen vernichtet und deren Bewohner getötet. 1337 ermordeten die Katholiken von Deggendorf in Niederbayern sämtliche jüdischen Einwohner ihrer Stadt und raubten deren Eigentum. Das Jahr 1349 war, wie der jüdische Historiker H. G. Adler schrieb, das »furchtbarste Jahr für die Juden Deutschlands vor Hitler«: In mehr als 350 deutschen Orten wurden nahezu sämtliche jüdischen Bewohner getötet, meist durch Verbrennen, weil sie sich nicht taufen ließen. Allein in Straßburg zählte man 2000 verbrannte Juden. Aus der Chronik »Das Kloster« (1846) hier ein Auszug dazu:

»... Bekanntlich hatte der 1348 ganz Europa verheerende schwarze Tod zu Judenverfolgungen im großartigsten Stil Veranlassung gegeben. Man beschuldigte nämlich die Israeliten überall, daß sie Brunnen und Quellen vergiftet und selbst die Luft durch Beschwörungen und Zaubereien verpestet hätten ... Die einigen Juden auf der Folter erpreßten Bekenntnisse gaben dem Hasse neue Nahrung. Zu Kyburg allein verbrannte man 300 Juden. Zu Konstanz tötete sich einer, welchen man gezwungen hatte, sich taufen zu lassen, mit seiner ganzen Familie. Die Juden zu Eßlingen schlossen sich in der Synagoge ein und gaben sich hier selber den Tod. Zu Ruffach verbrannte man eine große Zahl in einer Ebene, welche seitdem die Judenebene heißt. Auch in Straßburg gestanden die Juden auf der Folter alles, was man haben wollte, einige derselben wurden gerädert. Da man sie jedoch schnell tötete, um ihnen die Marter zu ersparen, schrie das Volk, die Behörden hätten gefürchtet, sie möchten ihre Mitschuldigen anzeigen. Der Magistrat ließ viele Juden in ein besonderes Haus bringen, von welchem aus sie leicht entkommen konnten. Das Volk schleppte sie auf ihren Kirchhof und verbrannte sie hier, einige hundert an der Zahl ... Man steckte ihre Leichen in Fässer und versenkte sie in den Rhein. Zu Frankfurt entstand bei der Plünderung der Judengasse Feuer, welches das ganze Stadtviertel verheerte. In Brabant fuhr man, solange die Pest dauerte, das heißt zwei volle Jahre, mit den Hinrichtungen der Juden fort ... Herzog Albrecht von Österreich schickte Soldaten nach Krems, wo Juden getötet oder sich in die Flammen zu stürzen gezwungen waren, um die Schuldigen zu bestrafen, da murrte das Volk, daß der Herzog die Christen der Juden wegen unterdrücke ...«

In Frankreich hatten mehrere Synoden schon seit dem 5. Jahrhundert immer wieder antijüdische Bestimmungen erlassen, und bereits unter den Merowingern (siehe Seiten 108 ff.) waren Juden zu Zwangstaufen oder Massenausweisungen gezwungen sowie ihre Synagogen und Judenhäuser niedergebrannt worden. Der Philosoph und Mönch Abaelard (1079 bis 1142) hatte denn auch kritisiert: »Die Juden zu mißhandeln hält man für ein gottgefälliges Werk. Wenn sie zum nächsten Ort reisen wollen, müssen sie mit hohen Geldsummen den Schutz der christlichen Kirchen erkaufen, welche in Wahrheit ihren Tod wünschen, um ihren Nachlaß an sich zu reißen.«
1205 schrieb Papst Innozenz III. dem Grafen von Toulouse vor den Albigenserkriegen, in deren Verlauf auch viele Juden mitgeschlachtet wurden, von den Juden als »gottverdammten Sklaven«. Davor hatte König Philipp II. im August 1182 alle Juden aus Nordfrankreich vertreiben und ihr Eigentum beschlagnahmen lassen. 1349 wiederholte man in Frankreich dieses Vorgehen.
In England haben wir von ersten Judenmassakern unter Richard Löwenherz im Jahre 1189 schon gehört. König Johann (1199 bis 1216) begann 1210 mit einer Reihe von Erpressungen der Juden, auf deren Geld man auch damals in England scharf war. Roger von Wendover, ein zeitgenössischer Chronist, berichtete davon, daß er »alle Juden in England beiderlei Geschlechts ergreifen, einkerkern und grausam foltern ließ, um möglichst viel Geld von ihnen zu erpressen«. Ein Jahr danach wanderten 300 Rabbiner nach Palästina aus, sieben Jahre später emigrierten erneut viele Juden aus England, nachdem Heinrich III. (1207 bis 1272) ihre Kennzeichnung befohlen hatte. 1255 wurden in Lincoln wegen eines angeblichen jüdischen Kindermordes ein Rabbiner zu Tode geschleift und 18 Juden erhängt. Im Bürgerkrieg zwischen 1257 und 1267 beschuldigte das Volk die Juden, an den Unruhen schuld zu sein, und vernichtete in Pogromen die jüdischen Gemeinden von London, Canterbury, Northampton, Winchester, Worcester, Lincoln und Cambridge fast völlig. Überlebende Juden wurden ihrer Habe beraubt. Und im Jahre 1290 schließlich befahl König Eduard I. (1239 bis 1307) allen noch in England verbliebenen Juden, das Land zu verlassen. Viele ertranken bei der Überfahrt nach Frankreich im Kanal oder wurden von Seeleuten ausgeraubt, und diejenigen, die in Frankreich ankamen, mußten 1291 auch aus Frankreich wieder emigrieren.
In Spanien, wo die Juden jahrhundertelang neben Christen und Mohammedanern einträchtig nebeneinander gelebt hatten, erreichten die Verfolgungen im 14. Jahrhundert besonders erschreckende Ausmaße. Die Inquisition begann sich dort mit den Juden zu beschäftigen, als die wirtschaftliche Notlage Spaniens auch in

Spanien den Haß des Volkes gegen die Juden und ihr Hab und Gut anstachelte, der dann mit religiöser Erregung bemäntelt wurde. Das Konzil von Zamora befahl 1313 die Verknechtung der Juden und überließ die Durchführung des Beschlusses den weltlichen Behörden unter Androhung des Kirchenbanns. Das Pestjahr 1348 führte auch in Spanien zu blutigen Pogromen, und regelrechte Predigtfeldzüge der Bettelmönche gegen die Juden, die sich der Bekehrung widersetzten, hetzten die Volkswut immer mehr auf. Tausende wurden schließlich im Jahre 1391 in Spanien getötet – allein in Sevilla 4000 –, und etwa 25 000 wurden als Sklaven verkauft. Der stellvertretende Erzbischof von Sevilla hatte vorher erklärt: »Die Juden, die nicht Christen werden wollen, sind totzuschlagen.« Ende des 15. Jahrhunderts, 1492, wurden alle noch überlebenden und ungetauften Juden aus Spanien und 1497 aus Portugal vertrieben. Sie wanderten nach Nordafrika oder entlang der Donau in die slawischen Länder nach Osten, wo sie Jahrhunderte später erneut blutigen Verfolgungen ausgesetzt waren.

Parallel zu den blutigen Verfolgungen und dem fanatischen Glaubenseifer waren im 14. Jahrhundert aber auch die ersten Ansätze zu Reformbewegungen innerhalb der Kirche zu beobachten. Mutige Mönche und Magister, die damaligen Träger der Geisteswissenschaften an den ersten europäischen Universitäten, erhoben ihre Stimmen, infizierten ihre Studenten mit neuen Interpretationen der Bibel und wandten sich schließlich auch direkt ans Volk. Solche neuen »Ketzer«-Bewegungen waren in England die Lollarden, die Anhänger des Oxforder Professors John Wyclif (etwa 1320 bis 1384), der 1380 die erste englische Übersetzung der Bibel besorgte, und die Hussiten in Böhmen, die Anhänger des Prager Magisters und Priesters Jan Hus (etwa 1370 bis 1415). Beide Reformbewegungungen standen ursächlich miteinander in Zusammenhang. Die Lehre Wyclifs wurde von Klerus und Königtum unterdrückt, zunächst an der Universität, dann auch im Volk, wo sie in der blutig verfolgten Bewegung der »Lollarden« (»lollen« bedeutet im Holländischen, woher das Wort stammt, soviel wie »leise singen«) noch bis in die Zeit der Reformation im 16. Jahrhundert lebendig blieb. Böhmische Studenten brachten aber Wyclifs Reformschriften schon um 1380 nach Prag, wo dessen Ideen tiefe Wurzeln schlugen und in der Person des Jan Hus zu noch weit größerer Affrontwirkung der katholischen Kirche gegenüber kamen als in England. Das Auftreten von Jan Hus, den die Protestanten heute noch als Märtyrer und Vorläufer der Reformation feiern, entfachte im 14. Jahrhundert einen Brand, der ganz Europa in revolutionäre und blutige Interventionskriege, wiederum »Kreuzzüge« genannt, verstrickte.

Solche Entwicklungen wurden durch die immer deutlicher werdende Verweltlichung und den Verfall der Kirche gefördert. Dies dokumentierte sich durch einen französischen und einen italienischen Papst (in Avignon und Rom) am Ende des 14. Jahrhunderts, durch das dadurch erfolgte Schisma (Spaltung) der Kirche und einen Kreuzzug der Anhänger des einen Papstes gegen die des anderen. Die beiden gegnerischen Päpste Urban VI. (1318 bis 1389) und Klemens VII. (1342 bis 1394) versuchten sich mit einem regelrechten Kriegszug gegenseitig auszuschalten, aber ihre angeworbenen Horden von Söldnern, Landstreichern und

1419 bis 1434: Während der Hussitenkriege wurden Priester gebraten und enthauptet, Hunderte von Dörfern niedergebrannt und – wie dieser Holzschnitt zeigt – Klöster geplündert und Mönche und Nonnen erschlagen. Die Zeit der Reformation kündigte sich an: »Fürchtet nicht den Zorn Eurer Priester: Nehmt ihnen, was Euch gehört ...«

Räubern verständigten sich untereinander. Der Papstkreuzzug wurde zur Katastrophe, nachdem die beiden gegnerischen Heere gemeinsame Sache machten bei der Plünderung von Klöstern und dem Massakrieren von einigen tausend Einwohnern von Flandern urbanistischer und klementinischer Glaubensrichtung. Erst das Konzil von Konstanz beendete das Schisma, die Spaltung Europas in zwei religiöse Lager, die zusätzlich noch durch Ketzerlehren und Aberglauben (beginnender Hexenwahn) verunsichert wurden. Das hatte zur Folge, daß die bisher so allmächtige Kirche langsam als politischer Faktor in der europäischen Machtpolitik lahmgelegt und schließlich von den weltlichen Herrschern überspielt wurde.

Vor diesem historischen Hintergrund müssen wir die Aburteilung des Jan Hus auf dem Konstanzer Konzil und sein Ende als Ketzer auf dem Scheiterhaufen sehen. Die Vertreter des Klerus, die ihre Macht schwinden sahen, ließen – nicht nur in Konstanz – ihre Ketzeropfer nicht mehr aus den Fängen. Ein Exempel statuierten die Bischöfe auch mit der Verbrennung seines Mitstreiters Hieronymus, der vor seinem Ende den Mördern mahnend zurief: »Man hält euch für Leuchten der Welt und für die Weisesten des Erdenrunds, weshalb ihr besonders dahin trachten müsset, daß ihr nichts leichtsinnig, unbesonnen oder wider die Gerechtigkeit vornehmet!«

Den Konstanzer Scheiterhaufen folgten die furchtbaren Ausschreitungen der Hussitenverfolgungen in den Bürger- und Revolutionskriegen in Böhmen, Schlesien, Sachsen und Bayern, die die Geschichte als Hussitenkriege kennt. Es begann mit dem ersten Prager Fenstersturz im Jahre 1419, als die Böhmen ihren Haß gegen die Deutschen entluden und Beamte König Wenzels aus ihrem Quartier auf die Straße warfen und massakrierten. Der Haß gegen die Deutschen war dadurch angestachelt worden, daß der deutsche König Sigismund, ein Bruder Wenzels, die böhmische Krone beanspruchte, derselbe Sigismund, der Jan Hus zum Konstanzer Konzil freies Geleit versprochen und sein Wort dann gebrochen hatte. Kurz nach dem Prager Fenstersturz kam es im deutschbesiedelten Kuttenberg (heute Kutna Hora) zum ersten systematischen Massenmord an Hussiten, die dort eine hoffnungslose Minderheit bildeten. Sie wurden zusammengetrieben, verbrannt, enthauptet oder von deutschen Bergleuten schließlich zu Hunderten in einen stillgelegten Schacht vor den Toren der Stadt gestürzt, als die Hinrichtungen zuviel Zeit beanspruchten. Insgesamt kamen in dem Schacht 1600 Menschen um. Es folgte Überfall auf Überfall, Massaker auf Massaker in ganz Böhmen. Menschenjagden wurden durch Aussetzen von Prämien angeheizt, es wurde gefoltert und verbrannt – so lange, bis die Verfolgten sich zum Widerstand aufrafften, eigene Heere aufstellten und anfingen, ihren Verfolgern Schlachten zu liefern, die sie teilweise auch gewannen. Die Hussitenverfolgungen weiteten sich damit zu einem europäischen Bürgerkrieg aus, zu einem Konfessionskrieg gegen Ketzer, zu einem böhmischen Nationalkrieg gegen die Deutschen und schließlich auch zu einem regelrechten revolutionären Klassenkrieg, denn die Hussitengegner waren in der Mehrzahl die von den Deutschen gestützten Patrizier und Kaufleute sowie der Adel. In diesen Kriegen wurden Priester in Pechfässern gebraten oder am Altar erstochen, viele Bürger und Geistliche enthauptet, ganze Städte leergemordet und Hunderte von Dörfern mitsamt den Einwohnern niedergebrannt. Zeichen für eine neue Zeit der Reformation setzten die Führer der Hussiten mit Plakatanschlägen an Kirchentüren, auf denen die weltlichen Mächte aufgefordert wurden, sich energischer gegen die Kirche und den Papst zur Wehr zu setzen. »Erwacht, Ihr habt zu lange geschlafen! Fürchtet nicht den Zorn Eurer Priester: Nehmt ihnen, was Euch gehört, die Besitzungen, die ihnen nicht gebühren. Wenn Ihr geben wollt: Arme sind genug, die für Euch und die Vergebung Eurer Sünden beten würden...«

Das Ergebnis der 1434 beendeten Hussitenverfolgungen und -kriege war schließlich auch eine bedeutende Schwächung des Deutschtums in Böhmen, der Krone, aber auch ganz allgemein der Kirche, jener Kirche, die drei Jahre vorher, im Jahre 1431, auf dem Marktplatz von Rouen ein junges Mädchen verbrannte, weil es von einem kirchlichen Gericht der Ketzerei für schuldig befunden worden war. Dieselbe Kirche revidierte ein Vierteljahrhundert später bereits das Urteil, und fünf Jahrhunderte später wurde das lothringische Bauernmädchen, Frankreichs Nationalheldin Jeanne d'Arc, heiliggesprochen. Sie gehörte zu den letzten Ketzermärtyrern des finsteren Mittelalters. Jahrzehnte später hätte man sie wohl auch verbrannt – aber als Hexe!

»Wer heute lebte, war morgen seines Lebens nicht mehr sicher«

Deutsche Söldner, Mailänder, Treviser, Venezier, Veroneser und Paduaner; Staufer, Franzosen und Sizilianer; Florentiner, Cesaner, Römer und Borgias — Italien vom 12. bis zum 16. Jahrhundert

1159
Kriegsgreuel unter Barbarossa in Norditalien. Crema zerstört

1162
Plazentia, Mantua und Mailand von den Truppen Barbarossas zerstört

1167
Kaiserliche plündern und morden in der Peterskirche in Rom

1170
Ermordung lombardischer Geiseln durch Kaiser Friedrich I.

Ende des 12. Jahrhunderts
Französische Bürgeraufstände gegen Ausschreitungen von Söldnertruppen

um 1250
Blutiger Terror unter Gewaltherrschern in Oberitalien (Treviso, Padua, Verona)

1268
Hinrichtung Konradins und Blutgericht der Franzosen in Neapel

1282
Sizilianische Vesper: Tausende von Franzosen niedergemacht

1310 bis 1313
Blutige Strafgerichte deutscher Söldner unter König Heinrich VII. in Oberitalien

1316/1317
Mehrere hundert Bürger in Florenz im Auftrag der Kaiserlichen ermordet

1377
Einwohnermord in Cesena auf Befehl des Kardinals Graf Robert von Genf

1458 bis 1495
Blutherrschaft der Spanier in Neapel

1478
Stadtknechte von Florenz ermorden aus Rache für den Mordanschlag auf einen Medici 70 gegnerische Parteigänger

1498
Savonarola in Florenz als Ketzer und Schismatiker verbrannt

um 1500
Gewaltherrschaft und Morde unter Papst Alexander VI. Borgia und seinem Sohn Cesare in Rom

1503
Grausame Eroberung der Romagna durch Cesare Borgia. Blutbad in Capua

1512
Blutbad in Prato: Päpstliche Söldner ermorden mehrere tausend Gefangene und Einwohner

1527/1528
»Sacco di Roma«: Plünderung Roms durch die Söldner Kaiser Karls V.

Im 12. und 13. Jahrhundert erreichte und überschritt das Papsttum den Höhepunkt seiner Weltherrschaft. Könige und Kaiser stritten sich danach in Europa um die Führung der abendländischen Christenheit. Sie buhlten um die Gunst der Päpste in Rom und machten Italien bis zur Grenze des normannischen Königreiches in Sizilien zu einem Schauplatz ständiger Auseinandersetzungen mit barbarischer Kriegführung, die die Bewohner der norditalienischen Städte ständig in Furcht und Schrecken hielten. Die Kriegsfurie kam in der Stauferzeit aus dem Norden. Die Deutschen trugen ihre Machtkämpfe gegen die Herrschaftsansprüche der nach Frankreich orientierten Päpste auf italienischem Boden aus. Vor allem der große Barbarossa, deutscher König Friedrich I. (1152 bis 1190) und römischer Kaiser, bis heute eine idealisierte Geschichtslesebuchfigur in Deutschland mit würdevollem Rotbart-Vater-Image, tat sich in mehreren Italienzügen durch eine wenig ritterliche Kriegführung hervor. Barbarossa, wie ihn die Italiener nannten, fühlte sich als Nachfolger Karls des Großen und strebte nach dem überholten Anspruch eines weströmischen Augustus mit allen Herrscherrechten, vor allem auch in Italien. 1158 zog Friedrich I., unterstützt von Ungarn und Böhmen, nach Norditalien. Dort hatte Mailand eine führende Stellung eingenommen und widersetzte sich den Ansprüchen des deutschen Kaisers zusammen mit anderen Städten, die gegen kaiserlich gesinnte Nachbarstädte grausame Bürgerkriege inszenierten. Chronist Rahevin (gestorben um 1175), ein Mitarbeiter Ottos von Freising, berichtet von den Ausschreitungen der mit dem Kaiser sympathisierenden Cremonenser und Pavienser gegen das belagerte, mit Mailand verbündete Crema:

»Niemand wütete bei dieser Belagerung mit größerem Eifer und größerer Wildheit als das Heer der Cremonenser und Pavienser (aus Pavia), und gegen keine Abteilung der Belagernden zeigten die Belagerten sich so zornig und feindselig wie gegen diese. Nachdem nämlich langdauernde Feindschaft und Zwietracht zwischen Mailand und diesen Städten bestanden hatte, viele Tausende von Menschen auf beiden Seiten entweder getötet oder in harte Gefangenschaft geraten und die Gebiete durch Raub und Brand verwüstet worden waren und da sie (die unterdrückten Städte) sich an Mailand, das durch seine eigene Macht und durch seine städtischen Verbündeten überlegen war, nicht vollständig hatten rächen können – so beschließen sie jetzt, in Anbetracht der günstigen Gelegenheit, Rache zu nehmen für die erlittene Unbill. Daher wüten die Volksgenossen nicht wie ein verwandtes Volk, nicht wie ein einheimischer Feind gegeneinander, sondern wie gegen Auswärtige und Fremdlinge mit solcher Grausamkeit, wie sie auch gegen Barbaren nicht erlaubt sein würde. Die Weinstöcke, Feigenbäume und Olivenpflanzungen der Mailänder reißen die einen mit der Wurzel heraus, andere schneiden sie ab, wieder andere schälen die Rinde ab und richten sich geeignetes Feuerholz zu. Wenn zwischen ihnen der Schwertkampf entbrennt und im Wechsel des Zufalls entweder auf dieser oder auf jener Seite irgendein Unglücklicher gefangen wird, so durchbohren die, welche draußen stehen, angesichts der Feinde dem Gefangenen entweder mit dem Dolch den Hals, oder sie erstechen ihn mit dem Spieß; die aber drinnen sind, die zerhacken ihn gliedweise, um nicht an Grausamkeit zurückzubleiben, und werfen ihn vor die Mauern, seinen Landsleuten zum kläglichen Schauspiel. Solchergestalt war der Verkehr der Mitlateiner untereinander.«

Ein Jahr später, 1159, zerstört Barbarossa die mit Mailand verbündete Stadt Crema. Ebenfalls von Rahewin wissen wir, daß sich der deutsche Kaiser dabei den eben geschilderten unmenschlichen Kriegspraktiken der Italiener mit seinem »Racheakt« anpaßte:

»Um diese Zeit bestürmte der Kaiser die sehr feste Stadt Crema (die Stadt liegt noch heute in der Provinz Cremona, der Provinzhauptstadt, die sich damals an die Seite Barbarossas gegen Mailand gestellt hatte) sieben Monate lang, nachdem er sein ganzes Heer versammelt hatte. Die aber in der Stadt waren und der Festigkeit des Ortes vertrauten, erhängten zwei gefangene deutsche Ritter vor den Augen des Kaisers. Als Kaiser und Heer dies sahen, machten sie einen heftigen Angriff auf die Stadt. Da war keine Rede von Frieden oder Pardon, sondern wer von beiden Seiten in Gefangenschaft geriet, der wurde sofort gehenkt . . .«

Mailand selbst widerstand den deutschen Heeren aus dem Norden bis zum Jahr 1162, nachdem Friedrich I. vorher alle mit Mailand verbündeten Orte, wie Crema, ausschaltete. Wie dies geschah, notierte Otto von Freising:

». . . wandte sich der Kaiser zuerst gegen die Verbündeten der Mailänder. Er belagerte Plazentia, das sich auf die Menge seiner Türme verließ, nahm es im Sturm, zerstörte alle Türme und machte die Stadt dem Erdboden gleich. Darauf wandte er sich gegen Mantua, verwüstete das ganze Gebiet und zwang die Stadt, sich ihm zu ergeben. So nötigte er alle mit den Mailändern verbündeten Städte zur Übergabe oder zerstörte sie von Grund aus . . .«

Das Ende Mailands in dieser kaiserlich-päpstlichen Kraftprobe, die den Beginn der folgenden jahrhundertelangen Unruhen und Wirren zwischen den italienischen Stadtstaaten signalisierte und deren Hintergrund bis ins 16. Jahrhundert hinein die Parteikämpfe zwischen Anhängern der Kaiser und Päpste blieben, beschrieb Otto von Freising so:

»Auch die Mailänder rüsteten sich auf vielerlei Weise gegen die von allen Seiten drohenden Gefahren; sie zogen Gräben, verstärkten die Mauern und Türme, bauten Wurfmaschinen, sorgten für Waffen und Vorrat an Lebensmitteln für den Fall einer Belagerung, verschanzten ihre Stadt mit allem Fleiß und rüsteten sich mit der größten Sorgfalt zum Widerstand. Aber vergebens. Der Zorn des Kaisers und die Wucht des Reiches trafen die herrliche Stadt Mailand, die Hauptstadt Liguriens und die Blüte ganz Italiens, schwer, und ihre völlige Zerstörung zeigte klar und deutlich, daß es gefährlich ist, gegen den Strom schwimmen zu wollen, und töricht, sich der Majestät nicht zu beugen . . .«

Und der kaiserliche Notar Burchard berichtete dem Abt von Siegburg in einem Brief den Zusammenbruch des Widerstands in Mailand nach elfmonatiger Belagerung so:

Italien, 13. Jahrhundert: Mord und Terror beherrschten die Parteienkämpfe zwischen Freunden und Feinden des Papsttums. Salimbene schreibt: »Wer heute lebte, war morgen seines Lebens nicht mehr sicher. Der Vater bat um den Tod des Sohnes, der Sohn um den des Vaters ...« Der Holzschnitt zeigt eine Mordszene aus Mailand.

»Darauf wurden die Stadtmauern, Gräben und Türme allmählich zerstört und so die ganze Stadt von Tag zu Tag mehr und mehr dem Verfall und der Verödung anheimgegeben. Die Mailänder erhielten den Befehl, sich sämtlich auf die Dörfer und in ihre Landhäuser zurückzubegeben und sich als Landleute mit Ackerbau zu beschäftigen. In der Stadt selbst zu wohnen, wurde keinem erlaubt.«

Auf einem vierten Italienzug wollte Friedrich I. einen inzwischen von einem normannisch-sizilianischen Kardinalskollegium gewählten Gegenpapst in Rom an Ort und Stelle demütigen. Unterwegs taten sich auf dem Kriegszug gemäß den Gepflogenheiten der Zeit auch deutsche Erzbischöfe als Heerführer hervor, so Erzbischof Christian von Mainz und der Erzbischof von Köln, Rainald von Dassel (1120 bis 1167), der gleichzeitig Friedrichs Kanzler war. Zur Zeit der Kreuzzüge paßte es durchaus ins Bild der Zeit, daß auch Erzbischöfe mit dem Schwert in der Hand um weltherrschaftliche Ziele kämpften.
So sahen denn 1167 die Einwohner Roms wieder einmal eine blutgierige kaiserliche Soldateska in ihrer heiligen Peterskirche – nicht zum erstenmal und auch nicht zum letztenmal. Otto von Freising notiert:

»Die Römer ... verteidigen ... ihre Macht doch mit aller Kraft; dann aber mußten sie der Wucht des kaiserlichen Angriffs weichen; nach einer gewaltigen Niederlage suchten sie Zuflucht an geschützten Orten und in den Kirchen, vor allem in Santa Maria vor St. Peter und in der Peterskirche, die sie wie eine Burg befestigt hatten, und leisteten dort erneut Widerstand. Nun griffen die Ritter des Kaisers die Kirchen mit bewaffneter Hand an, schlugen die Türflügel der Peterskirche mit Äxten und Beilen ein und entweihten die Kirche mit dem Blut vieler Erschlagener; Friedrich von Rothenburg führte sie und trug die Fahnen bis an den Altar. Ach, auch Santa Maria wurde entweiht, wurde beraubt, mit Blut besudelt und in Brand gesteckt ...«

Wie eine Gottesstrafe für diesen Frevel brach gleich danach in Rom eine Malariaepidemie aus, der fast das ganze deutsche Heer und viele streitbare Bischöfe, Fürsten und Grafen zum Opfer fielen. Auf Schleichwegen mußte der ebenfalls kranke Rotbart-Kaiser mit den Resten seiner Armee nach Norden fliehen, vergaß dabei jedoch nicht, das Mailänder »Gebiet weithin zu verwüsten« (Otto von Freising), nachdem die oberitalienischen Städte sich erneut gegen den auf dem Rückzug befindlichen Kaiser erhoben hatten. Mehrere hundert lombardische Geiseln, die an Barbarossas Rückzugsstraße aufgehängt wurden, büßten damit für diesen erneuten »Verrat«. Die Stadt Susa, in der er fast einem Mordanschlag erlegen wäre, ließ er beim letzten Italienzug ab 1174 aus Rache zerstören, wobei er laut Otto von Freising »keinen Stein in ihr auf dem anderen ließ«. Schließlich mußte Friedrich I. sich aber doch dem Papst beugen und mit den lombardischen Städten sowie mit dem normannischen Sizilien einen Frieden aushandeln. Der Papst anerkannte mit diesem Frieden die Hoheit des Kaisers über die deutsche Kirche, während der Kaiser die Souveränität des Papstes im Kirchenstaat akzeptieren mußte.
Die Zwietracht unter den italienischen Städten schwelte während der andauernden deutschen Oberherrschaft und während der Zeit der Kreuzzüge weiter, wobei die deutschen Kaiser als Führer des Abendlandes auftraten und respektiert wurden, die Päpste aber langsam in den Hintergrund gedrängt wurden. Barbarossas Sohn, Heinrich VI. (1190 bis 1197), regierte ein Stauferreich, in dem ganz Deutschland von Lothringen bis Mähren und von Friesland bis Ungarn, Burgund sowie ganz Italien mit Sizilien und Korsika eingeschlossen waren. Es war sogar eine Art Weltherrschaft daraus geworden, denn die nordafrikanischen Länder und Byzanz waren ihm tributpflichtig, als Lehnsherr gebot er über England, Westfrankreich, das spanische Aragon sowie über Armenien und Zypern, die sich freiwillig unterworfen hatten.
Dieses Reich der Hohenstaufen ging Mitte des 13. Jahrhunderts unter. Die letzten Staufer starben in Italien: Friedrich II. 1250 in Apulien, Konrad IV. in Neapel, und dessen Sohn, Konradin, wurde 1268, ebenfalls in Neapel, als Sechzehnjähriger enthauptet. Vorher hatte die Kurie Karl von Anjou, dem Bruder des französischen Königs, Sizilien übertragen, und die Franzosen traten dann nach Siegen über die letzten Staufer an deren Stelle die Vorherrschaft in Europa an.
Zur gleichen Zeit berichtet die Chronik des Salimbene von Parma (1221 bis 1288)

von Streitigkeiten unter den lombardischen Städten, von Mord und Terror in den Parteikämpfen zwischen Freunden und Feinden des Papsttums, aber auch von grausamen Gewaltherrschern, wie etwa dem Alberich von Romano, dem Herrscher in Treviso:

»In Treviso herrschte Alberich von Romano viele Jahre lang, dessen Regiment grausam und hart war, wie die erkennen mußten, die es an sich erfahren haben. Er war in Wahrheit ein Werkzeug des Teufels und Sohn der Bosheit, starb aber eines schlimmen Todes samt seiner Gattin, seinen Söhnen und Töchtern. Denn die, die sie töteten, rissen den jungen Söhnen bei lebendigem Leib Beine und Arme aus, angesichts der Eltern, und schlugen damit Vater und Mutter auf den Mund; dann banden sie die Gattin und ihre Töchter an Pfähle und verbrannten sie. Die aber waren heiratsfähig und die schönsten Mädchen von der Welt und waren unschuldig; und dennoch schonte man nicht ihre Unschuld und Schönheit aus Haß gegen ihren Vater und ihre Mutter. Denn schrecklich und grauenvoll hatten sie die Trevisaner gepeinigt und gequält. Daher gingen sie auch gegen Alberich los mit Zangen und zwickten aus ihm bei lebendigem Leib auf einem Platze jeder einen Fetzen, und so zerrissen sie seinen Leib unter Spott- und Schimpfreden und schweren Foltern. Denn er hatte diesem einen Blutsverwandten, jenem den Bruder, dem den Vater und dem den Sohn gemordet. Und so schwere Steuern legte er der Stadt auf und brandschatzte sie so oft, daß die Bürger ihre Häuser niederreißen mußten und daß sie Wände und Dielen, Schreine, Körbe und Fässer auf Schiffe brachten und nach Ferrara zum Verkauf sandten, um Geld zu kriegen, zu zahlen und sich loszukaufen. Das habe ich mit meinen eigenen Augen gesehen (zu Ferrara zwischen 1249 und 1256). Und er gab vor, er führe Krieg mit seinem leiblichen Bruder, Ezzelino von Romano, um jene Übeltaten um so sicherer vollbringen zu können, und schonte beim Morden seine eigenen Mitbürger und Untertanen nicht... 25 von den angesehensten Männern von Treviso ließ er an einem Tag hängen (vermutlich im Frühjahr 1258), obwohl sie ihn in nichts beleidigt oder verletzt hatten; aber weil er fürchtete, sie könnten ihn vielleicht verletzen oder ihm schaden, ›entfernte er sie von seinem Angesicht‹, indem er sie so schändlich aufknüpfen ließ. Und 30 vornehme Frauen, die Mütter, Gattinnen, Töchter und Schwestern jener Männer, ließ er kommen, damit sie sie bei der Hinrichtung sähen und von ihnen gesehen würden; denen aber gedachte er, die Nase abzuschneiden; aber dank dem Einspruch eines Mannes, den er seinen Kebssohn (Sohn von einer Nebenfrau) nannte, der es aber nicht war, unterblieb es. Bis zu den Brüsten aber wurden ihnen allen die Kleider aufgeschnitten, so daß ihr ganzer Körper entblößt ward; und so erblickten sie die, die gehängt werden sollten. Und so nahe über dem Boden wurden sie gehängt, daß die Frauen gezwungen waren, zwischen ihren Beinen hindurchzuschreiten, so daß jene mit ihren Füßen das Gesicht der Frauen berührten, während sie starben in der Bitternis ihrer Seelen; und jene quälten sich in Bedrängnis und Schmerz, da sie solchen Hohn und Spott aushalten mußten. Denn solches mit anzusehen, war ein Elend und eine ausgesuchte, unerhörte Grausamkeit. Dann ließ er sie über den Fluß, der Sila oder Siler (kleiner Fluß Sile im Lagunengebiet) heißt, setzen, auf daß sie gingen, wohin sie wollten. Und sie fertigten sich Bedeckungen aus ein wenig Stoff, daß sie sie um die Brüste trügen, und bedeckten sich die Genitalien, das heißt die Schamteile, und wanderten den ganzen Tag über 15 Meilen weit durch unbebautes Land, durch Dornen und Stacheln, durch Nesseln und Kletten, durch Dorn- und Distelgesträuch und schritten nackten Fußes und Leibes einher und wurden von Mücken zerstochen; und weinend gingen sie einher, da sie Grund zum Weinen hatten und nichts zu essen ...«

Mit Hilfe eines Fischers erreichten die Verstoßenen – laut Salimbene – Venedig, wo ihnen der Kardinal von St. Markus half und den Einwohnern Venedigs das Unglück der Frauen zeigte:

»Schneller als gesagt versammelte sich die ganze Stadt Venedig um ihn auf dem Platz vor der Markuskirche und hörte von ihm die genannte Mär; und als er damit zu Ende war, ließ er jene Frauen, entehrt und nackt, wie sie waren, kommen, so wie sie der verfluchte Alberich hatte entehren lassen. Dies tat der Kardinal, um damit die Venetianer um so mehr gegen jenen aufzuhetzen und ihnen Mitleid für diese einzuflößen. Als aber die Venetianer jene ganze Erzählung hörten und die Frauen so in ihrer Nacktheit sahen, da schrien sie mit erhobener Stimme: ›Tod, Tod jenem Verfluchten; lebendig soll er mit der Gattin verbrannt und sein ganzes Geschlecht von dieser Welt vertilgt werden!‹ Da sprach der Kardinal: ›Die heilige Schrift stimmt euch bei, die einem so gottlosen Mann also flucht, Prediger im achten: ‚Denn es wird nicht wohlgehen dem Gottlosen, und wie ein Schatten nicht lange leben, die sich vor Gott nicht fürchten.' Das ist ‚eine abtrünnige und ungehorsame Art, welcher ihr Herz nicht fest und ihr Geist nicht treulich hielt an Gott'; das ist ‚eine Art, die Schwerter für Zähne hat, die mit ihren Backenzähnen frißt und verzehrt die Elenden im Lande und die Armen unter den Leuten ... Sie müssen ausgelöscht werden aus dem Buch der Lebendigen und dürfen nicht aufgeschrieben werden mit den Gerechten'.‹ Da riefen alle und sprachen: ›So geschehe es, so geschehe es!‹ Darauf predigte er im Einverständnis mit der ganzen Stadt, so Mann wie Weib, das Kreuz gegen den verfluchten Alberich, und wer es nehme und ausziehe oder an seiner Stelle auf seine Kosten einen anderen aussende, ihn zu vernichten, der solle vollen Ablaß für seine Sünden erhalten. Alle wurden also vom Geist erfüllt und mit dem Kreuz gezeichnet, ›arm und reich, Mann und Weib‹, dank der Predigt des Kardinals, der eine so mächtige Persönlichkeit war und ein so hohes Amt bekleidete ... So zogen sie also einmütig gegen ihn aus und fügten ihm viel Böses zu, vernichteten ihn aber nicht ganz. Indessen ward er kurze Zeit nach jener Kreuzfahrt mit seinem ganzen Geschlecht völlig vernichtet und erduldete Spott und Folter und all das geschilderte Mißgeschick – was er alles verdiente. Denn als er eines Tages seinen Falken unter freiem Himmel verloren hatte, zog er sich die Hosen aus und zeigte Gott seinen Hintern zum Zeichen des Vorwurfs und zu Spott und Hohn, in dem Wahn, er räche sich damit an Gott. Nach Hause zurückgekehrt aber ging er zum Altar und besch ... ihn gerade an dem Teil, wo der Leib des Herrn geweiht wird. Seine Gattin (Margarethe) aber schimpfte vornehme Frauen und Matronen Huren und Buhlerinnen; und ihr Mann ›schalt sie nie in ihrem Leben‹, indem er sagte: ›Warum hast du dies getan?‹, sondern sie tat das vielmehr unter dem Schutz des Mannes. Daher rächten sich wegen all dessen die Trevisaner mit Recht an ihm ...«

Salimbene erzählte auch vom Bruder dieses Alberich, dem Herrn Ezzelino, der damals in Padua, Vicenza und Verona herrschte. Obwohl Salimbenes Schilderungen sicher von kurietreuem Mönchsgeist diktiert wurden, der seinen Haß gegen weltliche Fürsten nur schwer zügelte und Übertreibungen ins Kraut schießen ließ, geben uns seine genauen Darstellungen einen guten Einblick in die gewalttätigen Praktiken, Umgangsformen und Machtverhältnisse im Italien des 13. Jahrhunderts. Historiker weisen heute noch auf Stellen in Salimbenes Chronik hin, die Dantes »Göttliche Komödie« und deren historischen Hintergrund aufhellen. Von Ezzelino schrieb Salimbene:

»Er war wahrhaftig ein Werkzeug des Teufels und Sohn der Bosheit. Denn eines Tages ließ er auf dem Campo S. Giorgio zu Verona, wo ich auch einmal gewesen bin, 11 000 Paduaner in einem großen Hause verbrennen, in dem er sie eingesperrt und in Fesseln gelegt hatte, und während sie verbrannten, hielt er in der Nähe mit seinen Mannen unter Gesang ein Turnier ab; denn er war der bösartigste Mann auf der Welt. Ich glaube in der Tat, daß seit Erschaffung der Welt bis zum heutigen Tag kein so böser Mensch existiert hat. Denn alle zitterten

Gewaltherrscher in einzelnen Stadtstaaten Italiens gehen gnadenlos gegen Aufrührer vor. Diese Illustration aus dem Codex Balduini Trevirensis, 1325, zeigt Martern und Enthauptung von Aufrührern in Brescia.

so vor ihm wie die Binse im Wasser, und das nicht ohne Grund. Wer heute lebte, war morgen seines Lebens nicht sicher. Der Vater bat um den Tod des Sohnes, der Sohn um den des Vaters oder eines anderen Verwandten, um Ezzelino zu gefallen. Alle Edlen, Geachteten, Mächtigen, Reichen und Vornehmen der Mark Treviso vernichtete er, verstümmelte ihre Frauen und sperrte sie samt Söhnen und Töchtern ins Gefängnis, wo sie an Hunger und Elend zugrunde gingen. Viele Mönche tötete er und hielt sie lange in Gefangenschaft, sowohl aus dem Minoriten- und aus dem Predigerorden wie auch aus anderen Orden ... Nicht Nero noch Decius noch Diokletian ... glichen ihm an Verruchtheit, ja nicht einmal Herodes und Antiochus, die doch die schlechtesten Menschen auf der Welt waren. Wahrlich, jene beiden Brüder waren zwei Dämonen ...«

Salimbenes Chronik berichtet schließlich noch kurz von einem Ereignis des Jahres 1282, das uns nun zu beschäftigen hat und das in die Geschichte als die berüchtigte »Sizilianische Vesper« eingegangen ist:

»Denn die Sizilianer hatten sich gegen König Karl (von Anjou) erhoben und in der Stadt Palermo alle Franzosen, Mann und Weib, getötet und die kleinen Kinder an einem Stein zerschmettert und den Schwangeren den Leib geöffnet ...«

Wie kam es dazu? Als Karl von Anjou rund zwanzig Jahre zuvor den letzten Staufer, den jungen Konradin, hinrichten ließ, mußten diesem auch drei Grafen aus Pisa, sieben apulische Barone und vor allem etwa 1000 des Hochverrats gegen ihn beschuldigte Vasallen der letzten Staufer in den Tod folgen. Doch nicht genug damit, die Franzosen ließen die Erbgüter der Staufervasallen einziehen und in einem heiligen Krieg in Sizilien überall die noch staufisch Gesinnten aufspüren, ihnen die Augen ausstechen, Hände und Füße abhacken und sie lebendig ins Feuer werfen. Auf diese Weise wurden Tausende getötet und viele Ortschaften niedergebrannt.

Die Sizilianer hatten den Stauferkaiser Friedrich II. und seine Nachkommen offenbar so geliebt, wie sie danach die Franzosen unter Karl von Anjou haßten, der mit seinem blutigen Vorgehen selbst den Aufruhr veranlaßte. Als vor einem Vespergottesdienst in Palermo am Ostersonntag des 29. März 1282 einer der verhaßten französischen Beamten sich anmaßte, eine verheiratete Sizilianerin namens Drouet zu belästigen, stach ihn der Ehemann in hellem Zorn nieder. Die Freunde des Franzosen waren sofort von anderen Sizilianern umringt und wurden mit Dolchen und Schwertern niedergemetzelt. Folgen wir nun der Schilderung des britischen Historikers Steven Runciman, der aufgrund zeitgenössischer Chroniken des Bartholomäus von Neocastro, des Nikolaus Specialis, des Saba Malaspina und vieler anderer Quellen aus jener Zeit das weitere Geschehen nach dem Mord vor der Kirche so rekonstruierte:

»Inmitten des Glockengeläutes liefen Boten überall durch die Stadt und riefen die Männer von Palermo auf, sich gegen den Unterdrücker zu erheben. Im Handumdrehen waren die Straßen voll von aufgebrachten bewaffneten Männern, die unter dem Ruf ›Tod den Franzosen!‹ dahinstürmten. Jeder Franzose, auf den sie

stießen, wurde niedergemacht. Sie ergossen sich in die Gastwirtschaften, die von den Franzosen besucht wurden, und in die Häuser, wo sie wohnten, und verschonten weder Mann noch Frau, noch Kind. Sizilianische Mädchen, die Franzosen geheiratet hatten, gingen zusammen mit ihren Männern zugrunde. Die Aufrührer drangen in die Klöster der Dominikaner und Franziskaner ein, alle ausländischen Klosterbrüder wurden herausgezerrt und mußten das Wort ›Ciciri‹ aussprechen, welches die französische Zunge nie richtig wiedergeben konnte. Jedermann, der diese Probe nicht bestand, wurde umgebracht. Der Justitiar Johannes von Saint-Rémy riegelte sich im alten Königspalast ein, aber die meisten Leute seiner Garnison befanden sich bei den Festlichkeiten in der Stadt. Die wenigen, die verblieben, konnten das Schloß für ihn nicht halten. Er wurde bei einem Scharmützel am Eingangstor im Gesicht verwundet, bevor es ihm gelang, mit zwei Bediensteten aus einem Fenster und durch die Ställe zu entfliehen . . .
Bei Anbruch des nächsten Morgens waren an die zweitausend französische Männer und Frauen tot; die Aufrührer hatten Palermo vollständig in der Hand . . .«

In der Nacht von Sonntag auf Montag verbreitete sich der Aufstand über ganz Sizilien. Von überall her kamen Nachrichten von neuen Blutbädern, und noch in der nachfolgenden Woche gab es blutige Aufstände gegen die Franzosen.
Aus der sizilianischen Rebellion entwickelte sich ein europäischer Krieg zwischen Karl von Anjou und dem König von Aragon, dessen Gemahlin Konstanze eine Stauferin war und als letzte Erbin der Dynastie von den Sizilianern gegen die Franzosen um Hilfe gebeten wurde. Nach dem Tod der beiden gegnerischen Könige jedoch konnte gegen Ende des 13. Jahrhunderts der Streit um Sizilien beigelegt werden zugunsten eines freien Königreichs Sizilien, das zu Beginn des 15. Jahrhunderts auf dem Weg der Erbfolge jedoch an die Könige von Aragon fiel und von da an nie wieder unabhängig war.
Die Wirren in Italien ab dem 14. Jahrhundert wurden vom Ende der deutschen Kaiserpolitik in Italien begünstigt, von der Schwächung des Papsttums durch die französischen Päpste in Avignon und von den ständigen politischen Parteikämpfen und Unruhen in den kleinen italienischen Feudalstaaten und Stadtherrschaften (Signorien). Besonders rivalisierende Republiken waren Venedig (mit Genua), Florenz und natürlich Mailand, das zu Beginn des 14. Jahrhunderts noch einmal unter einem deutschen Herrscher, unter König Heinrich VII. (1308 bis 1313), zwei Jahre zu leiden hatte. Er wollte Ende 1310 in einem Italienzug die deutsche Reichsgewalt wiederaufrichten, verstrickte sich aber schon zu Beginn seines Weges nach Rom in Mailand in die italienischen Parteienkämpfe zwischen Kaiserlichen und Papstanhängern. Im Februar 1311 mußte er in Mailand einen Aufstand niederschlagen. Außerdem führte er blutige Strafgerichte gegen die Städte Cremona und Brescia, die er monatelang belagerte und danach mit »äußerster Härte« eroberte. In Brescia ließ er einen Stadtherrn vierteilen. Dann traf auch ihn der »Zorn Gottes«. Er verlor von seinem Reiterheer 8000 Mann: »Brand, Seuchen und Trümmer bezeichneten den Weg des Friedenbringers . . . Seit Brescia siegte er sich zu Tode . . .« (Hermann Heimpel).

Wenige Jahre später verzeichnen wir in Florenz zwischen 1316 und 1317 einen Blutterror, bei dem von Stadtknechten auf Befehl ihres Polizeichefs und im Auftrag der kaiserlichen Partei mehrere hundert willkürlich verdächtigte Bürger ermordet wurden.

Der letzte französische Papst verlegte 1377 den Papstort von Avignon wieder nach Rom. Die heilige Katharina von Siena hatte Gregor XI. (1329 bis 1378), der auch die Lehren Wyclifs verurteilt hatte (siehe Seite 153), alle Höllenqualen des Teufels angedroht, wenn er nicht zurückkehren würde. Er kehrte zurück, fand aber überall in Italien Rebellion gegen sich, in Florenz, Bologna und Rom, ja selbst ein großer Teil des Kirchenstaates stellte sich gegen ihn. In Cesena, das seit 1357 dem Kirchenstaat angegliedert war, ließ Gregor XI. noch im Jahre der Rückkehr durch seinen Kardinal Graf Robert von Genf ein eklatantes Beispiel dafür geben, wie Päpste damals unbotmäßige Untertanen zur Räson brachten. Der Kardinal befahl den Truppen des Papstes, in Cesena ein Blutbad unter den aufrührerischen Einwohnern anzurichten. Mehrere tausend Menschen wurden erschlagen. Der blutrünstige Kardinal, der ein Jahr später der erste Rom-Papst des Großen Schisma wurde, erhielt von den italienischen Chronisten für seine Tat den Namen »Schlächter von Cesena«.

Des »Schlächters« Armee, die Truppen des Papstes, waren Söldner aus der Bretagne und der Gascogne. Das Anwerben von Söldnern war nach dem Verfall des Lehnsaufgebotes in der Feudalzeit des frühen Mittelalters schon seit einiger Zeit üblich und ab dem 14. und 15. Jahrhundert zur konstanten Einrichtung in Europa geworden. Allerdings wurden damit auch die Kriegsabläufe erheblich verändert, denn unter der Willkür der rohen Söldnerhaufen hatte vor allem die Zivilbevölkerung zu leiden. Die Verrohung unter den Söldnern hatte immer wieder blutige Ausschreitungen zur Folge. Deshalb war es auch schon Ende des 12. Jahrhunderts in Frankreich, wo die Söldnerpraxis bereits zu dieser Zeit eingeführt wurde, zu Aufständen der Bürger gegen die Söldner gekommen. Ganze Bevölkerungsteile schlossen sich, noch mit Hilfe der Feudalherren, zusammen, bewaffneten sich mit Knüppeln und anderen Geräten und zogen – natürlich unter erheblichen Verlusten – gegen die verhaßten, aber kriegsgewohnten Söldner in den Kampf.

Der Niedergang der Weltherrschaft der Kirche und die im 15. Jahrhundert einsetzenden Reformbewegungen (siehe Seite 153 ff.) blieben nicht ohne Auswirkung auf das alte Zentrum der katholischen Kirche, auf Rom. Die Stadt Rom erlebte ab dem 14. Jahrhundert einen gewaltigen Niedergang. Rom wurde zur aufrührerischsten und armseligsten Stadt des Abendlandes. Hungersnöte, Revolten und die Despotie von Fürsten und Klerus, welche das römische Volk ausplünderten, nahmen kein Ende. Die Einwohnerzahl Roms war im 14. Jahrhundert auf knapp 20 000 Einwohner gesunken. Das alte Rom der Antike hatte um zwei Millionen Einwohner gehabt. Und Ende des 16. Jahrhunderts schließlich wurde in Rom offen davon gesprochen, daß in einem Jahr, nämlich Anno 1585, in der Stadt mehr Köpfe gerollt als Melonen auf den Markt gekommen wären.

Mehrere Invasionen mit blutigem Terror, aber auch jahrhundertelang die regelmäßige Skrupellosigkeit, mit der weltliche Fürsten ebenso wie einige Päpste ihre

Rom, 1527/1528: Nach dem Sieg der verbündeten Franzosen, Spanier, Deutschen und Schweizer über die italienischen Fürstenarmeen überrollte eine Invasion Italien und plünderten deutsche und schweizerische Landsknechte die Ewige Stadt. Der Papst wird, wie dieser Kupferstich von Merian aus dem Jahr 1619 zeigt, in einem Umzug mit einem Popanz verspottet, reiche Bürger werden entweder niedergemacht oder können sich ihr Leben mit hohem Lösegeld freikaufen.

Familienstreitigkeiten und korrupten Geschäfte auf dem Rücken des ohnmächtigen Volkes austrugen, gehören in das Bild des Niedergangs von Rom. Hinzu kam noch das politische Unglück, von dem ganz Italien immer wieder heimgesucht wurde. Erst das 15. Jahrhundert mit der Blütezeit der Renaissance brachte den Italienern für Jahrzehnte Ruhe und Frieden. Dieser wurde jäh wieder gebrochen, als Ende des 15. Jahrhunderts die verbündeten Franzosen, Spanier, Deutschen und Schweizer die italienischen Fürstenarmeen besiegten und erneut eine französische Invasion das Land überrollte. Ein Fanal für das Ende der künstlerischen Blüte und die Ausschweifungen des päpstlichen Rom wurde im Jahre 1527 die Eroberung der Stadt durch die Truppen Kaiser Karls V. Auszüge aus der »Historia reformationis vom Jahre Christ 1517 bis 1542« von Friedrich Myconius (1490 bis 1546) über diesen »Sacco di Roma« (italienisch »Plünderung Roms«, vom 6. Mai 1527 bis 17. Februar 1528) erklären die Hintergründe des Verhaltens der deutschen Söldner unter dem kaiserlichen Feldhauptmann Ritter Georg von Frundsberg in Rom:

»Die Deutschen mußten zweimal zurückweichen, so heftig schossen die in der Stadt. Aber Gott wollte Rom abermals Mores lehren, und er ließ allewege einen Nebel einfallen, so daß die Römischen nicht sehen konnten, wohin sie schossen. Also wurde Rom im dritten Sturm genommen. Und die Schweizer, des Papstes Garde, wurden größtenteils erstochen und alle umgebracht, die sich zur Wehr setzten.

Der Papst Clemens verachtete diesen Haufen so sehr, daß er sich auch so sicher fühlte, daß er an dem Tag in St. Petrus Münster (tatsächlich in die Vatikanische Kapelle) ging und sich drinnen Messe halten ließ. Und er wurde nicht eher gewahr, daß die Stadt genommen war, bis die Landsknechte vor die Kirche kamen. Der Papst entlief auf die Engelsburg. Und wenn er nicht einige Türen durch die heimlichen Gänge zugeschlagen und verriegelt hätte, wäre er auch gefangen und ihm übel aufgewartet worden. Die übrigen Schweizer, auch ihr Hauptmann Resch von Zürich, wurden fast alle erschlagen. Die Kardinäle und Bischöfe liefen auf die Engelsburg zu. Da ließ man die Gewaltigen ein. Von den anderen wurde ein Teil zertreten, der andere Haufen draußen verschlossen. Die Landsknechte stürmten und plünderten die Stadt und die Häuser der Gewaltigen, und es wurde nichts verschont. Sie nahmen alles, was sie nur bekommen konnten, und hielten sehr wüst haus. Sie wollten die Engelsburg untergraben und zersprengen. Der Papst schickte eine ehrliche Legation von Kardinälen, Bischöfen und weltlichen Herren zum Haufen, um einen Frieden zu erhandeln. Da wurden die Legaten gefangengehalten, und man wollte nur Sold, Sold, Geld, Geld von ihnen haben. Man bewachte die Tür Tag und Nacht. Weil die Deutschen gute Leute sind und sehr scharf in das Weinglas und in Trinkkannen sehen, wurden die Herren durch eine Feueresse oder einen Kamin davongebracht. Der Papst mußte die Burg (Engelsburg) aufgeben ... Der Haufen brach inzwischen auf und zog nach Narnia, zehn oder zwölf deutsche Meilen von Rom, denn sie hatten zu Rom fast alles aufgefressen, dazu war ein fürchterliches Sterben unter sie gekommen. Die Stadt Narnia stürmten sie und plünderten alles, schlugen viele Leute tot, allein darum, daß sie keinen Proviant herbeigebracht hatten ...

Da kehrte der ganze Haufen wiederum von Narnia nach Rom zurück, fraß und verdarb vollends, was noch übrig war. Es ist nicht genug zu erzählen, wie dieses Gesindel haushielt, so daß es mit den Galliern und Langobarden Scherz und Spielerei gewesen war. Da wurden auch die Herren, die gut kaiserlich waren, nicht verschont ...«

Die meisten deutschen Söldner waren in ihrer Gesinnung auf seiten des einfachen Volkes und machten sich einen Spaß daraus, die Reichen, also auch den Papst und seine Bischöfe sowie natürlich die reichen Bürger der Stadt, zu schröpfen und zu verhöhnen. Sie benützten die heiligen Stätten als Pferdeställe, brachen in Klöster und Hospitäler ein, heizten ihr Lagerfeuer mit kostbaren Handschriften und zwangen gefangengesetzte Bürger, ihr Leben gegen hohes Lösegeld zu erkaufen.

Der berühmte Niccolò Machiavelli (1469 bis 1527), Politiker und Schriftsteller, hatte den Nagel auf den Kopf getroffen, als er den Hochmut und Stolz der italienischen Fürsten und reichen Bürger 1522 so anprangerte: »Bevor unsere italienischen Fürsten von den Fremden gezüchtigt wurden, glaubten sie, es genüge für einen Fürsten, wenn er einen hübschen Brief schreiben oder mit einer geschliffenen Entgegnung antworten könne.« Und Machiavelli hatte auch die Erzübel jener Zeit im Umgang der herrschenden Schichten in Italien untereinander aufgedeckt: Schamloser Betrug, Korruption, Gewalttätigkeit und heimtückischer Giftmord. Über den

völlig gewissenlosen, aber politisch hochbegabten Borgia-Papst Alexander VI. (1431 bis 1503) schrieb Machiavelli: »Alexander VI. tat sein ganzes Leben hindurch nichts anderes als betrügen.«
Der berüchtigte Borgia-Papst war im Reigen der korrupten und skandalumwitterten Mächtigen im damaligen Italien nur einer von vielen, und sicher war er nicht das blutrünstige Ungeheuer, wie er jahrhundertelang dargestellt wurde. Er war zweifellos mehr raub- als blutgierig. Sein Sohn Cesare Borgia dagegen hatte bedeutend mehr Blut an den Händen, bevor er sein geraubtes Gebiet später mit strenger, doch gerechter Hand regierte.
Noch im Jahre 1500 meldete der venezianische Gesandte Paolo Capello über Cesares täglichen Zeitvertreib:

Gegen die Söldnerheere des Mittelalters, die Schrecken der Zivilbevölkerung, haben sich schon Ende des 12. Jahrhunderts in Frankreich die verzweifelten Bürger mit Aufständen selbst geholfen, obwohl sie wußten, daß ihnen die Söldner an Bewaffnung überlegen waren. Das Relief aus dem 13. Jahrhundert, aus Saint-Gilles du Gard, zeigt mit Knüppeln bewaffnete Bauern und Bürger gegen plündernde Söldner vorgehend.

»Jede Nacht findet man zu Rom vier bis fünf Ermordete, nämlich Bischöfe, Prälaten und andere, so daß ganz Rom davor zittert, von dem Herzog (Cesare) ermordet zu werden.«

Jakob Burckhardt ergänzte dazu in seiner »Kultur der Renaissance in Italien« (1860):

»Er selber zog des Nachts mit seinen Garden in der erschrockenen Stadt herum, und es ist aller Grund vorhanden, zu glauben, daß dies nicht bloß geschah, weil er, wie Tiberius, sein scheußlich gewordenes Antlitz bei Tage nicht mehr zeigen mochte, sondern um seiner tollen Mordlust ein Genüge zu tun, vielleicht auch an ganz Unbekannten. Schon im Jahre 1499 war die Desperation hierüber so groß und allgemein, daß das Volk viele päpstliche Gardisten überfiel und umbrachte ...«

Cesares Schuldkonto aus seiner Jugendzeit ist bekannt: Seinen Bruder, der Cesare einmal übertrumpfen wollte, fischte man erstochen aus dem Tiber; sein Schwager, der leichtsinnigerweise seine geliebte Schwester Lukrezia geheiratet hatte, wurde im Vatikan erdrosselt aufgefunden. Vater Alexander gab Cesare trotz dieser Vorkommnisse das Kommando über die kirchlichen Truppen, wodurch Cesare in die Lage versetzt wurde, mit Verrat, Bestechung und brutaler militärischer Gewalt das Gebiet der Romagna zu erobern, danach Florenz zu demütigen und schließlich ganz Italien wegen seiner rücksichtslosen Machtgier in Schrecken zu versetzen. Wie die Söldner unter Cesare vorgingen, hat uns der Zeremonienmeister des Papstvaters Alexander VI., Johannes Burcardus, überliefert:

»Am Mittwoch, 18. Januar 1503, wurden zu Castel della Pieve im Gebiet von Siena auf Befehl Cesare Borgias der Herzog von Gravina, Paolo Orsini, und der Ritter Orsini, die neulich in Sinigaglia gefangengenommen waren, von Michelotto und Marco Romano erdrosselt. Am Montag, 23. Januar 1503, hieß es in Rom, Cesare habe sich jüngst Chiusi und Pienza unterworfen, ebenso die Ortschaften Sarteano, Castel della Pieve und Santo Quirico, wo man nur zwei Greise und neun alte Weiber vorfand. Die Leute des Herzogs hängten sie an den Armen auf und zündeten Feuer unter ihren Sohlen an, um sie durch die Tortur zum Geständnis zu zwingen, wo die Habe versteckt sei. Sie konnten oder wollten aber nicht gestehen und kamen in der Tortur um. Die ruchlose Bande riß die Dächer von den Häusern, die Balken, Fenster, Türen, Truhen, Fässer, aus denen sie den Wein auf die Erde hatte auslaufen lassen, und steckte alles in Brand. Was sie in den Ortschaften, durch die sie zogen, rauben konnten, schleppten sie mit, auch in Aquapendente, Montefiascone, Viterbo und überall sonst ...«

Nach der Eroberung von Capua verübten dort seine Söldner die ärgsten Greuel. Die Leichen sollen sich in den Straßen getürmt haben. Nach der fürchterlichsten Plünderung und Verwüstung soll sich dann Cesare die schönsten Frauen und Mädchen, insgesamt 40, ausgewählt und seinem persönlichen Harem einverleibt haben. Letzteres ist sicher eine Legende, die Requirierung der schönen Frauen ist höchstwahrscheinlich von seinen zügellosen Söldnerführern, im Namen des Herzogs, vorgenommen worden.

Rom, um 1500: Unter dem Borgia-Papst und dessen Sohn Cesare meldet der venezianische Gesandte, Paolo Capello, aus Rom über Cesares Zeitvertreib: »Jede Nacht findet man vier oder fünf Ermordete ..., so daß ganz Rom davor zittert, von dem Herzog ermordet zu werden.« Das Bild, das einen Mord in den Straßen zeigt, stammt aus der Legende des San Bernardino.

Legende und Wahrheit um die Borgias hin oder her, die Zahl der Bluttaten unter ihrem Regime, mittelbar oder unmittelbar von den Borgias gesteuert oder selbst durchgeführt, war groß genug, um sie rückhaltlos anzuprangern. Papst Alexander VI. hat übrigens selbst, nach Überlieferung glaubhafter Zeitgenossen, solche Bluttaten zugegeben. Dem Signoria von Venedig, Giustinian, hat er gestanden: »Wir haben unsere Hände mit dem Blut der Orsini befleckt« (Giustinian »Dispacci«, 1503). So brauchen wir dem Bericht des florentinischen Staatsmannes und Geschichtsschreibers Francesco Guicciardini (1483 bis 1540) über die Reaktion der Römer nach dem Tod des spanischen Papstes Borgia, wobei es zu einem spontanen Rachemassaker in Rom an vielen unschuldigen Spaniern kam, nichts mehr hinzuzufügen:

»Zu dem Leichnam Alexanders strömte in St. Peter ganz Rom mit unglaublicher Freude zusammen, und niemand konnte sich satt sehen an dem tot daliegenden Drachen, der durch seinen maßlosen Ehrgeiz, durch seine unheilvolle Meineidigkeit und durch alle die Beispiele von schauderhafter Grausamkeit, von unnatürlicher Unzucht, von unerhörter Habsucht, indem er ohne Unterschied Heiliges und Profanes verkaufte, die ganze Welt vergiftet hatte.«

»Wie Heuschreckenschwärme über das Antlitz der Erde«

Mongolen, Chinesen, Russen, Japaner, Mameluken, Türken, Byzantiner, Ungarn, Walachen und Österreicher — Asien und Osteuropa vom 12. bis zum 16. Jahrhundert

1194
Temudschin wird Dschingis Khan

1211 bis 1216
Dschingis Khan erobert Nordchina

1219 bis 1222
Dschingis Khan erobert das Chorezm-Reich

1227
Menschenopfer beim Begräbnis von Dschingis Khan

1237 bis 1240
Mordgreuel der Mongolen in Rußland

1241
Mongolen in Polen, Schlesien und Ungarn

1256
Ausrottung der Assassinen-Sekte durch die Mongolen

1268 bis 1279
Kublai Khan erobert Südchina

1268 bis 1291
Mameluken vernichten das Lateinische Reich der Kreuzfahrer in Kleinasien

1274
Erster Invasionsversuch der Mongolen auf Japan abgeschlagen; der zweite 1281

1325
Hungersnot in China

1389
Türken siegen in der Schlacht auf dem Amselfeld (Kriegsgefangenenmord)

1387 bis 1402
Massenmorde der Mongolen unter Tamerlan in Persien, Indien und Kleinasien

1388
Chinesen zerstören Karakorum

1402
Sieg Tamerlans über die Türken bei Angora (Ankara)

1453
Greuel bei der Eroberung von Konstantinopel unter Mohammed II.

1461/1462
Pfählungsmassenmorde unter Vlad Dracul

1521
Türken erobern Belgrad

1529
Mordgreuel der Türken bei der ersten Belagerung Wiens

1571
Christenmassaker auf Cypern unter Sultan Selim II. – Mordbrand der Tataren in Moskau mit 800 000 Toten

Aus Zentralasien waren im 5. Jahrhundert die Hunnen unter Attila auf ihren kleinen Pferden herangebraust (siehe Seite 90 ff.) und hatten die Völkerwanderung ausgelöst, die eine totale Veränderung der Landkarte Europas zu Beginn des frühen Mittelalters bewirkte. Wieder aus Zentralasien – dessen Steppengebiete für viele heutige Wissenschaftler die Wiege der Menschheit sind – rollte von 1223 bis 1241 durch Rußland, Ungarn bis nach Schlesien ein neuer Völkersturm nach Westen. Wieder saßen die wilden Reiter auf struppigen kleinen Pferden und erschreckten mit ihrem wilden Aussehen, den starken Backenknochen und den schmalen Augen das Abendland. Doch diesmal berührten die Mongolen unter Dschingis Khan (1155 bis 1227) die europäische Welt nur an ihrem östlichen Rande. Ihr eigentlicher Eroberungsraum blieb Zentral- und Ostasien, wo sie etwa ab 1204 – zur gleichen Zeit wüteten die Kreuzfahrer in Konstantinopel mit dem Schwert unter Griechen und Sarazenen – in ebenso schnellen wie blutigen Eroberungszügen die ganze Mongolei, China und große Teile Indiens und Innerasiens unterwarfen und damit in weniger als vierzig Jahren ein Weltreich errichteten, das in der West-Ost-Ausdehnung von der Donau quer durch Asien bis zum Stillen Ozean und in der Süd-Nord-Ausdehnung vom Persischen Golf bis zum Baikalsee reichte. Der dem berühmten Mongolenherrscher Temudschin verliehene Name Dschingis Khan, was soviel wie »ozeanischer Khan« bedeutet, hatte also durchaus seine Berechtigung. Dieses Weltreich wurde von Anfang an mit der Taktik der »verbrannten Erde« und deren furchtbaren Folgen erobert. Millionen Tote bedeckten den Boden dieses Weltreiches, »die Gefilde Chinas, Indiens, des Vorderen Orients, Rußlands, Polens, Litauens, Mährens, Siebenbürgens, Schlesiens, Ungarns, der Bukowina, der Moldau und der Walachei« (Rudolf Pechel). Über die Reiterhorden Attilas hatte ein Zeitgenosse von Menschen, die »in Menschengestalt ein Leben von tierischer Wildheit führen«, geschrieben. Die Chronisten des 13. Jahrhunderts sahen die Mongolen »ex tartaro«, »aus der Hölle« entsprungen und wandelten deshalb den Namen für die mongolischen und tatarischen Steppenvölkerstämme zusammenfassend in Tataren um.

Alle Stämme der Mongolen und Tataren hatte Temudschin als gehaßter, verfluchter, aber auch bewunderter Stammeshäuptling unterworfen. Nach der in Steintafeln erhaltenen »Geheimen Geschichte der Mongolen« aus dem Jahre 1240 geschahen solche Unterwerfungen immer gründlich:

»Die dreihundert Merkit, die vormals den Burhan-Berg umzingelt hatten, die rotteten sie bis auf Kind und Kindeskind, daß nichts übrigblieb, und sie wie Asche zerstoben. Die übrigen Frauen und Kinder nahmen sie zum Beischlaf, soweit sie dazu paßten. Soweit sie zur Aufnahme als Diener an der Tür paßten, nahmen sie sie an die Tür als Diener und Dienerinnen.«

Seine Hauptleute schworen dem Einiger aller Stämme: »Wenn du, Temudschin, Chan (wortverwandt mit Cäsar, Zar, Kaiser) wirst, wollen wir als Spitze gegen die Feinde anreiten und ihre schönsten und besten Mädchen und Frauen und ihre Palastjurte, aus ihrem Staate und Volke die schönwangigen Frauen und Mädchen und die feinschenkligen Wallache wollen wir dir im Trabe anbringen ... Wenn wir am Tage des Kampfes deinen Kommandos nicht entsprechen, dann reiße uns von unserem Besitz und Gattin und Frauen und wirf unsere schwarzen Köpfe auf den Erdboden! Wenn wir an Tagen des Friedens deinen Bund verletzen, dann trenne uns von den Mannen und von unseren Frauen und Kindern und banne uns fort in herrenloses Land!«

Als Khan fühlte sich Temudschin »vom Himmel berufen, die Welt zu beherrschen«. Mit diesem Glauben führte er sein rund 200 000 Mann starkes Reiterheer von Krieg zu Krieg und folgte dabei nach jedem Sieg dem Motto: »Besiegte werden niemals Freunde von Siegern. Der Untergang der Besiegten ist die Garantie für die Sicherheit der Sieger.«
Von den Tanguten, einem Nachbarvolk, das sich anfangs freiwillig unterworfen hatte, verlangte Dschingis Khan die Entsendung von Hilfstruppen, um mit ihnen gegen China zu ziehen. Als die Tanguten dies verweigerten, traf sie eine grausame Strafexpedition, über die die »Geheime Geschichte« lakonisch berichtet: »Nachdem er das Tangutenvolk zu Sklaven, den Iluchu Burchan (König der Tanguten) zu Schidurgu (seinem Partner im Zweikampf) gemacht und ihn dann getötet hatte, ließ er von dem Tangutenvolk die Mütter und Väter und die ganze Volksgemeinschaft bis in die letzten Glieder ausrotten.«
Fünf Jahre, von 1211 bis 1215, brauchte Dschingis Khan, um Nordchina, das damalige Land der King oder Kitat, zu unterwerfen. Die Hauptstadt der Nordprovinzen, Yen-King, das heutige Peking, wurde 1214 im Sturm genommen. Dabei sollen sich beim Herannahen der Mongolen 60 000 chinesische Mädchen von den Mauern der Stadt in die Gräben gestürzt haben, um nicht den mongolischen Reitern in die Hände zu fallen. Und eine spätere persische Quelle notierte über den mongolischen Erfolg in Nordchina:

»Die Gebeine der Geschlachteten bildeten Berge, die Erde war fett vom Fett der Menschen, und das Verfaulen der Leichen rief eine Seuche hervor.«

Der chinesische Kaiser (Altan Chan) war nach der Niederlage seiner Heere in die südliche Provinzhauptstadt Nan-King, die die Mongolen nicht eroberten, geflohen. Die »Geheime Geschichte« berichtet:

»Dann kamen sie (die Mongolen) ... besiegten sie und hieben die Kitat (Chinesen) nieder, bis sie dalagen wie vermoderte Bäume. Als Altan Chan erfuhr, daß ihm seine Kitat-Heere hingemetzelt seien, entwich er aus Dschung-du, der mittleren Hauptstadt, und zog in Nan-King ein, die Südresidenz. Seine übriggebliebenen Truppen starben vor Erschöpfung. Viele aßen Menschenfleisch und fraßen sich untereinander auf.«

Rechte Seite. Asien, 1210: »Nachdem Dschingis Khan das Volk der Tanguten zu Sklaven gemacht ... ließ er ... die ganze Volksgemeinschaft bis in die letzten Glieder ausrotten«, meldet die »Geheime Geschichte der Mongolen« über die Unterwerfung eines Nachbarvolkes der Mongolen. Die Illustration der persischen »Jahrbüchersammlung« von Raschiduddin (1596) aus der Kaiserlichen Bibliothek in Teheran zeigt die Eroberung einer tangutischen Festung durch die Mongolen.

Dschingis Khan soll damals im Hochgefühl seines Sieges gesagt haben: »Eines Mannes größte Freude ist, seine Feinde zu besiegen, sie vor sich herzutreiben, ihnen ihren Besitz zu rauben, ihre Lieben in Tränen zu sehen, ihre Pferde zu reiten und auf den weißen Bäuchen ihrer Weiber und Töchter zu schlafen.« Der damals schon Sechzigjährige hatte übrigens zeit seines Lebens eine Liebesgier an den Tag gelegt, die selbst einen Casanova beschämt hätte. Er heiratete fünf Prinzessinnen, rund fünfhundert Geliebte umfaßte sein Harem, und zahllose Mädchen waren ständig beschäftigt, für ihn die Flöte zu blasen, die Laute zu zupfen oder ihn anderweitig zu unterhalten. Mit seiner Lieblingsfrau hatte er vier Söhne, hinzu kamen noch ein paar Dutzend Knaben und ungezählte Mädchen, die er in seinem weißen Lederzelt gezeugt hatte.
Nach der Eroberung des chinesischen Nordreiches, dem die Mongolen früher tributpflichtig waren, wandte sich Dschingis Khan nach Westen gegen das zweite große asiatische Reich, gegen das mächtige islamische Chorezm-Reich, das von China bis zum Schwarzen Meer reichte und dessen Heer den Mongolen zahlenmäßig um das Dreifache überlegen war. 1218 schickte er dem Herrscher dieses Reiches durch eine Gruppe mohammedanischer Kaufleute eine Botschaft. Doch die Botschafter wurden in der Grenzfestung Otrar festgehalten und als angebliche Spione ermordet. Ein Jahr später zog Dschingis Khan mit seinen Reitern aus den Gebieten um das heutige Ulan Bator nach Westen. Zuerst wurde Otrar erobert, und der Statthalter nach grausamen Martern getötet. Im Frühjahr 1220 wurden die islamischen Städte Buchara und Samarkand belagert, erstürmt, geplündert und verbrannt. Ein mohammedanischer Zeitgenosse berichtet, daß bei den Eroberungszügen »an manchen Plätzen nicht einmal Hunde und Katzen den Durchzug der mongolischen Reiter überlebten«.
Mit der Bevölkerung der eroberten Städte verfuhr Dschingis Khan so: Alle Handwerker wurden aussortiert und als Sklaven seinen Söhnen und Generälen geschenkt, ebenso eine Anzahl kräftiger Männer für Kriegsarbeiten, Transport und andere schwere Arbeiten. Die schönsten Mädchen und Frauen kamen entweder in seine »inneren Gemächer« oder wurden als Beute unter seinen Freunden verschenkt. Der Rest der Bevölkerung der eroberten Städte aber, in der Regel die Mehrheit, wurde einfach geköpft. In dem Teil der chinesischen Reichsannalen, der aus dem 14. Jahrhundert stammt und das Leben Dschingis Khans behandelt, sind die Stationen der Eroberung des Chorezm-Reiches in Auszügen so abgesteckt:

»Dann rückte er weiter vor, griff ... an, eroberte diese Stadt und schlachtete ihre Einwohner ab ... Im Frühjahr, im dritten Monat, überwältigte der Kaiser die Stadt Pu-hua (Buchara). Im Sommer, im fünften Monat, überwältigte er die Stadt Hsin-szu-kan (Samarkand) ... Nahm von neuem ... andere Distrikte, und es kamen 300 000 Familien zur Unterwerfung ...«

Nach knapp drei Jahren, im Jahre 1223, hatten Dschingis Khan, seine Söhne und Generäle bis zum Kaukasus alle islamischen Krieger getötet und die Mauern aller Städte geschleift. Wer von den Feinden floh, wie etwa der Stamm der

Kankalis, wurde mit Hinterlist bestraft: Dschingis Khan gestattete den Kankalis großmütig, in mongolischen Uniformen in sein Lager zu reiten, wo sie dann kurzerhand abgeschlachtet wurden. Bei solchen Martern und Schlächtereien sah Dschingis Khan oft selbst zu. Er hatte, wie einige Chronisten berichten, echtes Vergnügen daran zuzusehen, wie den Feinden siedendes Silber in die Augen gegossen oder lange Nägel in die Ohren getrieben wurden, und er hörte nicht ungern die Schreie der zu Tode gequälten Männer, Frauen und Kinder. Andererseits hatte dieses Monstrum gewaltigen Respekt vor Bildung, Geist und Kunst. Künstler und Philosophen brauchten also vor ihm keine Angst zu haben, mit ihnen konnte er stundenlang feinsinnige Gespräche führen.

Im Jahre 1223 waren mongolische Vorausabteilungen auch bereits an die Ufer des Kaspischen Meeres vorgedrungen und plünderten die Niederlassungen der genuesischen Kaufleute am Schwarzen Meer. Die Berichte von den Massakern der Mongolen an der Bevölkerung waren ihnen vorausgeeilt. So waren die Einwohner von Orten und Dörfern häufig vor Schrecken wie gelähmt und ließen sich oft von einem einzigen Mongolen kassieren. Der mohammedanische Chronist Ibn-al-Athir (1160 bis 1234) erzählte von einem tatarischen Reiter, der einer Gruppe von 18 Arabern befahl, sich gegenseitig die Hände auf den Rücken zu binden und ihm zu folgen. Sie sollen ihm starr vor Angst gehorcht haben, bis einer der 18 sich »ermannte und den Reiter tötete«.

Über den ersten Sieg der Mongolen über die Russen an den Ufern des Dnjepr schrieb Ibn-al-Athir:

»Sechs Fürsten und 70 Bojaren (russische Adelige) blieben. Msistislaw von Kiew und seine Schwiegersöhne wurden unter Brettern erstickt... Kaum ein Zehntel des Heeres rettete sich. Hinter ihm jagte ein zahlreiches Tatarenheer plündernd, mordend und Städte verwüstend.«

Danach kehrten die Horden Dschingis Khans wieder um. 1225 errichtete er seine Residenz in Karakorum (»Schwarzer Sand«) und starb schließlich 1227 im Alter von 71 Jahren.

Wie dieser Gewaltherrscher, den die Christen »Geißel Gottes« nannten, starb, ist bis heute im dunkeln geblieben. Nach chinesischen Chroniken ist er an den Folgen eines Sturzes vom Pferd an inneren Verletzungen gestorben. Einige spätere mongolische Chroniken aber weisen immer wieder auf die Hinterlist einer Frau hin, nämlich auf die erbeutete Frau eines aufrührerischen Tangutenkönigs, die Dschingis Khan kurz vor seinem Tod zu seiner Nebenfrau gemacht hatte, weil sie schön gewesen sein soll. Aus Rache soll die zum Beischlaf gezwungene Schöne nun dem verhaßten Khan im Bett so zugesetzt haben, daß seinem Leib »Leid geschehen sei«. Wie das genau gewesen sein könnte, meldet eine mongolische Chronik aus dem 17. Jahrhundert: »Die fürstliche Gemahlin... preßte ein Zängelchen in ihren Geschlechtsteil und nachdem sie den Geschlechtsteil des Herrschers verletzt hatte, ergriff sie die Flucht, stürzte sich in den Hoangho und starb.« Vielleicht ist diese detaillierte Chronikdarstellung eine Art politischer Rufmord an dem Mongolen, denn schon ein Jahrhundert später wurde diese Geschichte von mongolischen Historikern des 18. Jahrhunderts als böswillige Erfindung feindlich gesinnter Westmongolen abgetan. Sicher ist aber, daß auf dem Weg zu seinem Grab, von den Tanguten nach Karakorum, jedes Lebewesen, das dem Trauerzug begegnete, von den Mongolen getötet wurde. Und 40 vornehme und sehr schöne Mädchen wurden mit der Leiche des Dschingis Khan lebendig verbrannt.

Nach Dschingis Khan übernahm Ogodai den Titel eines Großkhans und erfüllte den letzten Willen seines Vaters, Nordchina endgültig zu erobern. Dann gab er dem Enkel Dschingis Khans, Batu (gestorben 1256), den Befehl, in Richtung Westen weiterzuerobern. Von 1236 bis 1255 überrannten die Reiterhorden Batus die Bulgaren und Nordrußland mit den Städten Rjaza, Moskau, Wladimir, vertrieben die Kumanen und Alanen nach Ungarn, fielen in Südrußland ein und vernichteten Tschernigow und Kiew und drangen schließlich in drei Gruppen Richtung Ungarn und Deutschland vor. Die Taktik, mit der sie die Russen immer wieder schlagen konnten, umschrieb der Franziskaner Johann de Plan-Cardin, der sich 1245 als Bote des Papstes Innozenz IV. zu den Mongolen begeben hatte, so:

»Dem ersten Stoß der Reiterei stellen sie eine Front aus Gefangenen und fremden Hilfsvölkern entgegen ... (sie selbst) halten sich am rechten und linken Flügel und schließen dann den Gegner so geschickt ein, daß er glaubt, sie seien viel zahlreicher als in Wirklichkeit. Wenn sich der Feind zäh verteidigt, öffnen sie ihre Front und lassen ihn flüchten, setzen dann aber nach und machen nieder, was ihnen unterkommt.«

Der Erfolg solcher Taktik, wobei natürlich die »Front aus Gefangenen und Hilfsvölkern« als Deckung benutzt und deren Leichen in die Gräben vor den belagerten Städten geworfen wurden, um über sie hinweg die Befestigungen besteigen zu können, schlug sich in den altrussischen Chroniken, wie zum Beispiel bei der Schilderung der Eroberung Rjazas, in Sätzen wie diesem nieder: »Kein Auge offen, um die Toten zu beweinen.«

Nach dem Fall von Moskau klagte ein Chronist:

»Nichts war zu sehen als nur Erde und Staub, Sand, Asche, viel herumliegende Körper von Toten und die heiligen Kirchen verwüstet, verwaist, verwitwet. Es klagten die Kirchen über ihre Pfarrkinder, die meist erschlagen waren, wie eine Mutter über ihre Kinder klagt.«

Batu feierte mit seinen Leuten im Kreml. Die Frauen der Bojaren wurden vergewaltigt und danach den Sklavenhändlern weitergegeben. Ihre Männer wurden unter Brettern erstickt oder im Hof des Kremls verbrannt.

Das Vordringen der drei mongolischen Heeresgruppen – im Norden nach Polen und Schlesien, die Südgruppe über die Karpaten nach Ungarn, die Kerntruppe unter Batu über Galizien direkt in die Pußta – alarmierte das Abendland. Der Landgraf von Thüringen schrieb 1241 angesichts der Bedrohung des benachbarten Schlesiens und Ungarns an den Herzog von Burgund um Hilfe: »Denn wahr-

Moskau, um 1240: Die Mongolen unter Batu feiern im Kreml und sitzen dabei auf den Bojaren, die unter den Brettern erstickt werden (Miniatur aus einer altslawischen Chronik des 15. Jahrhunderts). Auch im Hof des Kreml werden Bojaren zu Hunderten hingerichtet und auf Scheiterhaufen verbrannt.

heitsgemäß und vollständig sind Wir versichert, daß dieses Volk der Tataren um die Oster-Oktave die böhmischen Lande grausam und heftig angreifen und, wenn man denen nicht beizeiten zu Hilfe kommt, ein unerhörtes Blutbad anrichten wird. Und weil nun schon die Wand des Nachbarn in Brand gerät und das Nachbarland der Verwüstung offensteht, auch einige Länder schon verwüstet wurden, bitten Wir mit angstvollen und kläglichen Rufen für die gesamte Kirche um Hilfe und Rat von Gott und Unseren benachbarten Brüdern ...«

Aber eine Hilfe wäre bereits zu spät gekommen, so wie auch eine zwei Jahre zuvor beim päpstlichen Legaten in Ungarn eingegangene Warnung des Dominikanermönchs Julianus, der 1235 bis zum Ural und 1237 nach Südrußland vorgestoßen war, nicht ernst genug genommen wurde, in der es hieß: »Sie haben sich vorgenommen, auch Rom und alle Reiche des Abendlandes zu erobern ... Ich möchte nur noch einmal zu bedenken geben, daß die Tataren behaupten, sie würden über eine so große Masse von Kriegern gebieten, daß sich ihr Heer in vierzig Teile aufspalten ließe und es dennoch keine Macht auf Erden gäbe, die nur einem einzigen davon widerstehen könne! ... Da eine solche Geißel Gottes herannaht, möge Eure Heiligkeit in kluger Voraussicht für die Söhne der Kirche Christi sorgen und bedenken, was man für sie tun kann ...«

Der Ansturm der Mongolen kam aber viel schneller als erwartet. Einem Steppenbrand gleich rasten die Mongolen im Frühjahr 1241 über Osteuropa hinweg: Ende Februar war Polen überrannt, Sendomir und Krakau zerstört; am 12. März drang Batu über die Karpatenpässe nach Ungarn ein, und drei Tage später erschienen die ersten Mongolenreiter vor Pest; am 17. März wurde ein Heer der Herzöge von Sendomir und Oppeln von den Tataren aufgerieben; am 31. März zerstörten die wilden Horden Batus die Siebenbürgenstadt Rudnabanja, und am gleichen Tag wurden die Ungarn unter König Bela IV. in der Schlacht am Sajofluß in die Flucht gejagt, Pest von den Mongolen gestürmt. Paul Wiegler hat in seiner Chronik des 13. Jahrhunderts das Ende dieses 31. März 1241 vor Budapest nach alten Quellen nachgezeichnet:

»Die Mongolen hatten das Lager dicht umschlossen; nun öffneten sie den Ring, und alle wollten hindurch. Der König, den ein Getreuer vor dem Hieb eines der Schlitzäugigen gerettet hatte, schwamm zu Pferd über den Sajo und jagte in den Schutz des Waldgestrüpps. Der Slave Wochu durchwachte ihm zu Häupten die Nächte. Den schwerverwundeten Erzbischof von Kalocsa erstachen die Mongolen. Koloman (der Bruder des Königs) flüchtete, die Frauen wegdrängend, in einem Kahn über die Donau. Er starb in Kroatien ... Unzählige erstickten in den vom Regen angeschwollenen Tümpeln. Die Bauern verbargen sich in den gemauerten Kirchen. Die Mongolen steckten die Dächer in Brand, Hunderte ächzten, bis ein grausiges Schweigen war. In ihren Pelzen, schwarz von Rauch, verwesten sie unter den Halmen des Kukuruz und den Sonnenblumen, aus denen die Körner raschelnd fielen. Die Bürger von Pest, irr vor Angst, wollten ihre Stadt noch befestigen. Die Mongolen nahmen sie im Sturm. Sie metzelten das Volk zu Tausenden. Rotes Blut, nicht mehr Wasser, wälzte sich die Donau hinab. Tausende schrien im Kloster der Dominikaner, von Feuer verzehrt. Die mit den Schlitzaugen häuften die Leichen zu Bergen. Sie spießten Kinder auf ihre Lanzen und trugen sie schnatternd und schnalzend wie Fische auf den Rücken das Donaugestade entlang ...«

Die Katastrophe schien für Europa vollends unvermeidlich, als die mongolische Nordgruppe am 8. und 9. April das zahlenmäßig stärkere polnisch-deutsche Heer unter Führung des Herzogs Heinrich von Niederschlesien vollständig zerschlug. Kaiser Friedrich II. (1194 bis 1250), der mit dem Papst um die Macht im Süden herumstritt und dem vom Papst ein Kreuzzug angedroht war, verfaßte eilig einen Rundbrief an die Könige Europas zur Rettung des Abendlandes: »Aber nicht ungestraft werden sie sich rühmen, so viele Länder durchzogen, so viele Völker besiegt, so viele Schandtaten begangen zu haben, sobald ihr unvorsichtiges Geschick sie zu den siegreichen Adlern des mächtigen kaiserlichen Europa herangezogen haben wird, um dort umzukommen ...« Kaisersohn Konrad IV., damals 13 Jahre alt, vorletzter Staufer (siehe Seite 160), zog das deutsche Reichsheer bei Nürnberg zusammen; aber die Mongolen breiteten sich weiter in Mähren aus, neue mongolische Scharen trafen in Ungarn ein. Matthias von Paris schrieb:

»Wie Heuschreckenschwärme über das Antlitz der Erde haben sie über die östlichen Länder schreckliche Verwüstungen gebracht und haben sie mit Feuer und Metzelei vernichtet. Sie sind tierisch und unmenschlich, mehr Ungeheuer, die nach Blut dürsten und es trinken, als Menschen. Sie haben keine menschlichen Gesetze, kennen keine Begehrlichkeit, sie sind wilder als Bären.«

Der ungarische König Bela, der an die Adria geflohen war, war von Mongolen bis nach Spalato und Trau verfolgt worden, während andere »Schlitzäugige« bereits über Österreichs Südostgrenzen vorgestoßen waren und bei Korneuburg und Wiener Neustadt herumstreiften. Plözlich zogen sich in diesem für Europa äußerst kritischen Augenblick im Winter 1241/1242 die Mongolen unvermittelt wieder in Richtung Osten zurück. Der Großkhan Ogodai war in Karakorum gestorben. Die Nachricht wurde über ein dichtes Netz von Stafettenreitern über rund 10 000 Kilometer bis an die Adria gebracht. Sie bedeutete gleichzeitig, daß Batu und seine Führer zur Wahl eines Großkhans auf dem schnellsten Wege zurückkehren sollten, was zur Verblüffung und Freude Europas geschah. Ungarn, Schlesier und Polen konnten aufatmen, der Mongolensturm war für sie, allerdings unter Zurückbleiben vieler Leichen und Ruinen, überstanden.
Nicht zu Ende war er für das Russische Reich von Kiew (außer Nowgorod), das in der Folgezeit von Europa ganz abgeschlossen und von den Tataren noch mehrere Jahrhunderte gnadenlos ausgebeutet wurde. Der russische Historiker Sergej Feodorowitsch Platonow (1860 bis 1933) faßte zusammen: »Seine (Batus) Statthalter verteilte er ... in die Residenzen der russischen Fürsten ... (Diese) übernahmen auch das ganze Rüstzeug tatarischer Verschlagenheit und politischer Intrige, um in gegenseitigem Ränkespiel ihre Stellung bei der Horde (Batus Reich nannte sich ›Herrschaft der Goldenen Horde‹) zu stärken.« Dieses Reich der

»Goldenen Horde« im Süden Rußlands zerfiel ab der Wende vom 14. zum 15. Jahrhundert in die Teilreiche Krim, Kasan und Astrachan, während das zunächst kleine Fürstentum Moskau sich schon im 14. Jahrhundert langsam, aber sicher ausbreitete und an Macht gewann, so daß auch der Metropolit von Rußland von Wladimir nach Moskau umzog. Schließlich, 1380, schlossen sich die Moskowiter mit anderen russischen Fürsten zusammen, um in der Schlacht von Kulikowo am oberen Don erstmals die Mongolen vernichtend zu schlagen. Es war gleichzeitig die Befreiung von einem langen schrecklichen Alptraum, und das Selbstbewußtsein der Russen wurde mit diesem Sieg gewaltig gestärkt. Die Russen hatten erfahren, daß auch die Mongolen zu besiegen sind, obwohl diese erste Erfahrung zwei Jahre später ein Strafgericht der Mongolen über Moskau heraufbeschwor. Während der Moskowiter Großfürst Dimitri gerade im Norden Truppen aushob, verheerten neue mongolische Horden Moskau so gründlich, daß Dimitri nach seiner Rückkehr in die Stadt 24 000 Leichen in den Straßen zählte. Die Herrschaft der Mongolen über Rußland zerbrach schließlich ebenso, wie das mongolische Reich der »Goldenen Horde« selbst auseinanderfiel. Die russischen Fürsten und Adeligen (Bojaren) aber führten das unter den Mongolen geübte Spiel, sich durch Bestechung, Verleumdung und Raub gegenseitig bei den Khanen anzuschwärzen, in offenen Streitereien und Aufruhr weiter, vor allem in Zeiten, in denen kein starker Großfürst in Moskau herrschte. So beispielsweise Mitte des 15. Jahrhunderts, als die Bojaren den zehnjährigen Wassilij II. blendeten und den Armen fast 40 Jahre lang zu ihrem willigen Werkzeug machten. Einer der Bojaren schrieb damals in seinen Memoiren über den Kreml, der einer »Räuberhöhle« gleiche:

»Die Leute sind alle Diebe geworden, man kann keinem mehr trauen. Der Erzpriester des Klosters von Trojtuo-Sergjejew bestahl seinen eigenen Diakon, der ihn dafür während der Messe mit seinem Gürtel durchwalkte ... Die Frau des Erzpriesters hat aus ihrem Terem (Wohnung) ein Lusthaus gemacht, wo sie nachts Leute empfängt, die für ihre Ausschweifungen Geld bezahlen. Die Fleischer ziehen von ihrem ›Sumpf‹-Quartier – boloto – bis zu den Zähnen bewaffnet aufs Land, wo sie plündern und die Bauern totschlagen. So besorgen sie sich das Vieh umsonst ... Man erzählt, daß viele Leute sterben, wenn sie von den Pilzen vom Markt von Glochowa essen. Es scheint, daß sich die Einwohner dieser Stadt an den Moskauer Soldaten, die sie so oft ausplündern, auf diese Weise rächen ... Im Kutschkowo-Polje-Viertel, auf der Straße nach Tula, hat man einen Anschlag gefunden, der die Leute auffordert, am Palmsonntag nicht aus dem Haus zu gehen. Man erwartet die Ankunft der ›ratniki‹ des Fürsten Tarusskij, die, so heißt es, alles totschlagen wollen, was sie auf der Straße finden ... Eine große Schlacht fand auf der Moskwa- und der Njeglinnaiabrücke zwischen den Bürgern statt. Das Motiv des Gefechtes war reine Kampflust. Viele Leute wurden mit der Axt erschlagen oder in den Fluß geworfen ...«

Diese zeitgenössischen Impressionen aus dem Moskau des 15. Jahrhunderts nehmen schon etwas von dem Ausmaß der großen Unruhen im Rußland des 16. und

17. Jahrhunderts (siehe Seite 325 ff.) vorweg. Die Ausweitung Rußlands unter Iwan III. (1444 bis 1505) zu einem echten russischen Nationalstaat war letztlich auch das Ergebnis brutaler Unterwerfung der bis dahin noch nicht unter moskowitischer Herrschaft stehenden Fürstentümer, wie Twer, Wjatka, Rjasan und vor allem Nowgorod. Bei diesen Unterwerfungen legten die Moskowiter eine Grausamkeit an den Tag, wie sie zweieinhalb Jahrhunderte vorher die Tataren, deren Vorherrschaft mit dem Reich Iwans III. endgültig zu Ende ging, an den Russen vorexerziert hatten. Aus den 10 000 Gefangenen, die von Nowgorod nach Moskau gebracht worden waren, wählte man zuerst die Bojaren aus, ließ sie auf dem heutigen Roten Platz enthaupten und die Leichen in die Teiche um Moskau werfen. Die Offiziere und Soldaten unter den Gefangenen schlachtete man ab wie Vieh. Die Frauen aus Nowgorod wurden in die tatarischen Harems der Krim geschickt, die restlichen Männer und Greise wurden im Wolchow, in den Seen, in der Jausa, in der Oka, der Wolga und der Moskwa ertränkt. Das Beispiel, das Dschingis Khan gegeben hatte, nämlich die abgeschlagenen Köpfe der Besiegten auf den Hauptplätzen eroberter Städte zu Pyramiden zu türmen, wurde später von den Russen, die so lange unter der Mongolenherrschaft gelitten hatten, beibehalten. Davon wird noch ab Seite 325 die Rede sein. Zu der Grausamkeit als mongolische »Erbschaft« kam schließlich noch die Verzögerung der normalen Entwicklung einer russischen Kultur in der Zeit der Mongolenherrschaft hinzu. Und auch Despotismus und Leibeigenschaft, die jahrhundertelangen Grundübel der nachfolgenden russischen Gesellschaft, hatten unter den Mongolen begonnen.
Das berühmte Opfergebet für Dschingis Khans schwarzes Feldzeichen blieb aber symbolisch nicht nur für Rußland, sondern auch für den Vorderen Orient, für Südchina, Korea und als Bedrohung sogar für die Japaner ein Menetekel:

»Laß des Feindes Feldlagerstatt überrennen,
Nimm in Deine Hände gefangen des Feindes Menschen, Habe und Besitz.
Schneide ab an der Wurzel des Feindes warmes Leben!
Rühre durcheinander wie Sauermilch der Feinde weißes Hirn!
Trink schlürfend der Feinde rotes Blut!«

Zwischen den Jahren 1251 und 1259 setzte Großkhan Möngke die von Dschingis Khan aufgetragene Eroberung der Welt fort. Nach Vorderasien zur Eroberung des Kalifenreiches und zur Ausrottung der Sekte der Assassinen schickte er seinen Bruder Hulagu. Der Gründer der 1090 gegründeten Sekte der Assassinen hatte sich die Koranverheißung, daß der für seinen Herrn im Kampfe Sterbende bei Lebzeiten schon das Paradies sehen werde, zunutze gemacht und eine Schar fanatischer Anhänger um sich geschart, die er mit Hilfe von Haschischgenuß in ständigem paradiesischem Zustand hielt und die damit jederzeit zum Meuchelmord bereit waren. Diese Haschaschin (Haschischesser) hielten in ihrer Hauptfestung Alamut (Adlernest) drei Jahre der mongolischen Belagerung stand, ehe sie restlos ausgerottet wurden. Dann gingen die Mongolen über den Tigris gegen die Truppen des auseinandergefallenen Kalifats vor und eroberten 1258 Bagdad, wo sie mehrere tausend Einwohner niedermetzelten.

Schließlich zogen die Mongolen Hulagus durch Mesopotamien und Syrien und verwüsteten Aleppo und Damaskus. Hulagu erweiterte damit sein Reich der Il-Khane vom Mittelländischen Meer bis zum Indus.
Aber auch nach Osten hält sich Möngke an das Vermächtnis des Welteroberers Dschingis Khan. Er schickte nach Südchina seinen Bruder Kublai, der das dortige Sung-Reich zwischen 1268 und 1279 genauso blutig unterwirft, wie 50 Jahre vorher sein Großvater das nordchinesische Reich. Kublai vereinigte zum erstenmal beide chinesischen Reiche zu einem Gesamtchina, dessen Einheit dann auch bis in unsere Gegenwart nicht wieder zerfallen sollte. Kublai Khans mongolisch-chinesisches Großreich reichte Ende des 13. Jahrhunderts von der Adria bis zum Pazifik. Er verlegte seine Residenz nach Peking, was ihm die Gegnerschaft seines jüngeren Bruders eintrug. Der Herr Eurasiens führte einen prachtvollen Hof und empfing Gelehrte, Künstler und Reisende aus aller Welt, darunter auch den Venezianer Marco Polo. Aus dessen Aufzeichnungen können wir uns noch heute ein genaues Bild von der Pracht am Hofe Kublai Khans machen. Polo wies in seinen Schilderungen übrigens auch darauf hin, daß die Mongolen in Religionsfragen in ihrem Herrschaftsgebiet äußerst tolerant waren, solange der Staat nicht gefährdet war, eine Haltung, die wir ja bereits – im Gegensatz zum fanatischen Christentum – bei den frühen islamischen Herrschern schon gefunden haben:

»Solange man dem Khan treu und sehr ergeben ist und geforderten Tribut leistet und der Gerechtigkeit nicht zuwiderhandelt, kann man mit seiner Seele tun, was man will. Es wird nur nicht geduldet, daß man übel spricht von anderen Göttern und andere Menschen in ihrem Glauben behindert. Ein jeder darf mit Gott und mit seiner Seele tun, was er will, sei er Jude oder Heide oder Sarazene oder Christ, die alle bei den Tataren leben.«

Kublai Khan erweiterte sein Riesenreich im Osten und Süden noch in Indien, Siam, Birma, auf Java und den Philippinen. Zwei Vorstöße nach Japan allerdings waren umsonst. Dort war die um die Mitte des 12. Jahrhunderts errichtete neue Herrschaft des Kriegeradels der Samurai gerade hundert Jahre alt. Sie konnte nun gegen die Mongolen ihre große Feuerprobe bestehen. Seit Korea den Nachkommen Dschingis Khans in die Hände gefallen war, mußten die Japaner ja mit einer mongolischen Invasion rechnen. Als dann die Samurai-Regierung ab 1268 immer wieder Botschafter Kublai Khans ohne Antwort zurückgeschickt hatte, war es soweit. Im November 1274 kreuzte eine von Koreanern für die Mongolen unter Zwang erbaute Armada vor Japan auf. Die Mongolen überrannten die kleinen Inseln Tsushima und Iki und machten deren Besatzungen bis auf den letzten Mann

Rechte Seite. Unter den Nachfolgern von Dschingis Khan wird die Steuerschraube bei den eigenen Untertanen gewaltig angezogen: »Sie zogen die Menschen aus ihren Verstecken . . ., spannten sie in den Block und schlugen sie mit Stöcken. Häufig kam es vor, daß ein Steuereinnehmer bei der Verfolgung eines Bauern bis auf das Dach kroch und dieser sich lieber hinabstürzte, als daß er sich hätte fangen lassen« (»Geschichte der Mongolen«). Auch diese Illustration stammt aus der »Jahrbüchersammlung« der Kaiserlichen Bibliothek Teheran.

nieder. Dann landeten sie im Norden der Insel Kyushu. Diese erste Begegnung zwischen den japanischen Schwertkämpfern und den überlegenen Formationen der mongolischen Militärmaschinerie, die ja bereits Vorläufer von Gewehren und Kanonen kannten, endete unentschieden. In der Nacht brach dann noch ein Sturm los, versenkte zahlreiche Schiffe mit ihren mongolischen Besatzungen und trieb die Reste der Invasionsflotte nach Korea zurück. Doch fünf Jahre später kam der zweite Ansturm, nachdem die Japaner ein Ultimatum Kublai Khans, der den »König von Japan« zur Huldigung nach Peking bat, mit der Hinrichtung der mongolischen Gesandten beantwortet hatten. Wieder hatten die Koreaner eine Schiffsflotte für die Mongolen bauen müssen, diesmal für 150 000 Mann. Es war zweifellos die bis dahin in der Weltgeschichte gewaltigste Invasion zur See, die im Frühsommer 1281 erneut gegen Kyushu heranrollte. Fünfzig Tage lang ging der Kampf hin und her. Die Eindringlinge konnten zwar an mehreren Stellen landen, aber die Japaner hinderten sie am Vordringen in das Innere der Insel. Entschieden aber wurde der Kampf schließlich durch einen »göttlichen Wind« (japanisch Kamikaze). Der Taifun raste zwei Tage lang über Kyushu hinweg und zertrümmerte die mongolische Flotte restlos. Die Besatzungen ertranken größtenteils, und mit den noch an Land verbliebenen demoralisierten Mongolen machten die Samurais kurzen Prozeß.

Kublai Khan starb 1294. Seine Nachfolger glichen sich dem chinesischen Wesen immer mehr an, konnten aber nie den Makel des Fremdherrschers abstreifen, der schließlich zu einem offenen Aufstand der Chinesen gegen die Mongolen führte und das Ende der Mongolenherrschaft in China bedeutete. Begünstigt wurde der Zerfall des Kublai-Reiches durch eine fürchterliche Hungersnot, die 1325 ausbrach und der acht von 45 Millionen Chinesen zum Opfer fielen, während die Bauern immer wieder zu verzweifelten Aufständen getrieben wurden. Ein chinesischer Bauernsohn war es dann auch, der den letzten Mongolenkaiser, einen 13jährigen Knaben, vom Thron in Peking verjagte und in Nanking später die Ming-Dynastie begründete. Dieser Tschu Yuan-tschang ließ alle Mongolen, die noch im Lande waren, ausrotten und die Fliehenden bis in die Steppen der Mongolei verfolgen. 1388 machte er mit seinen Leuten die ehemalige Dschingis-Khan-Residenz Karakorum dem Erdboden gleich. Die neue Ming-Dynastie bestand in China danach bis 1644.

Der westliche Teil des mongolischen Riesenreiches unter Kublai Khan, das Reich der Il-Khane Hulagus, war schon Anfang des 14. Jahrhunderts als erstes Teilreich der Mongolen zerfallen. Dabei war der Stein des Anstoßes ein Mann, der als ehemaliger Kumane, aus Südrußland stammend, in jungen Jahren selbst unter den Mongolen gekämpft hatte. Dieser Mann, rein »russischer Türke, der in seinen Adern etwas von dem Blut hatte, das einen Iwan den Schrecklichen und einen Peter den Großen hervorbrachte« (René Grouszet), war in Ägypten Statthalter des Mameluken-Sultans geworden. Mit seinen Mameluken, Söldnern aus dem Schwarzmeergebiet, brachte der »russische Türke« mit Namen Baibar (etwa 1233 bis 1277) schon 1260 südlich von Damaskus seinen ehemaligen Lehrmeistern die erste Niederlage bei, so daß die Mongolen ihr Reich nicht wie geplant über den

Euphrat ausdehnen konnten. Ab 1336 löste sich Hulagus ehemaliges Reich auf, die mongolischen Eroberer verschmolzen sehr bald mit der moslemischen Bevölkerung.
Mamelukenführer Baibar aber machte weiter seinen Weg. Er ermordete seinen Herrn, machte sich selbst zum Sultan Baibar I. und war bald Herrscher der gesamten moslemischen Welt in Vorderasien. Die in früher Jugend wohl von den Mongolen mitbekommene Grausamkeit bekamen nun auch seine ungläubigen und steuersäumigen Untertanen zu spüren. Der arabische Geschichtsschreiber Ibn-ferat berichtet Einzelheiten:

»Der Sultan ließ seinen Offizieren keine Ruhe; er erhob große Tribute von den Völkern; sein Wesir traf umwälzende Verwaltungsmaßnahmen; unter seiner Regierung kamen die meisten Reichen unter Martern ums Leben; besonders hatte man es auf Christen und Juden abgesehen. Als er einmal Geld brauchte, ließ er alle Christen aus Kairo und Alt-Kairo kommen, den Patriarchen voran, und befahl, sie in eine große Grube zu werfen, die er eigens dafür hatte ausheben lassen und wo man Feuer angezündet hatte. Die entsetzten Christen boten Geld an, um sich freizukaufen, und da setzte man sie in Freiheit. Man trieb Steuern mit Stockschlägen ein; eine große Zahl Christen wurden Moslems, viele andere starben an den Foltern.«

Der wilde Baibar, der gewalttätige Russe mit mongolischer Vergangenheit, war es auch, der dem Lateinischen Kaiserreich der Kreuzfahrer (siehe Seite 142) in Syrien ein schnelles Ende bereitete. Er zwang Caesarea, Jaffa und andere Kreuzfahrerfestungen zur Kapitulation, eroberte dann 1268 Antiochia und drohte in einem Brief dem Grafen von Tripolis höchst eigenhändig mit genauen Schilderungen der Grausamkeiten, die seine Mameluken in Antiochia begangen hatten und die auch Tripolis bevorstünden:

»Du sollst an unsere letzte Unternehmung gegen Antiochia denken ... wie die Kirchen vom Erdboden weggefegt wurden, wie sich das Rad drehte über der Stelle, wo Häuser standen, wie sich am Gestade des Meeres Leichenhaufen türmten, die Halbinseln glichen, wie die Männer getötet, die Kinder in die Sklaverei geführt, wie die freien Menschen Sklaven wurden und wie die Bäume fielen, daß nur noch genug übrigblieb für das Holz unserer Maschinen ... wie diese Reichtümer und die Deiner Untertanen, die Frauen, die Kinder, die Saumtiere eingeschlossen, der Plünderung preisgegeben wurden; wie diejenigen unserer Soldaten, die ohne Familie waren, plötzlich Frauen und Kinder hatten ...«

Baibars Nachfolger setzte die Drohung dann 1289 in die Tat um. Über die Zerstörung von Tripolis berichtete der Chronist Abûl-Fida (1273 bis 1331):

»Die Einwohner flohen zum Hafen, aber nur sehr wenige konnten auf die Schiffe gelangen; die meisten Männer wurden getötet, die Frauen und Kinder in die Sklaverei geführt. Als man mit dem Morden fertig war, wurde die Stadt dem Erdboden gleichgemacht. Nahe bei der Stadt befand sich eine kleine Insel, auf der eine Kirche des heiligen Thomas stand. Eine gewaltige Menge hatte sich dorthin geflüchtet. Die Moslems stürzten sich mit ihren Pferden ins Meer und erreichten schwimmend die Insel. Alle Männer dort wurden erwürgt. Ich begab mich einige Zeit danach auf dieses Inselchen und fand es voller verwesender Leichen; es war wegen des Gestanks unmöglich, dort zu bleiben.«

Mit einem ebenso grauenvollen Gemetzel wurde schließlich auch noch Akkon, die letzte Bastion der Kreuzfahrer, am 18. Mai 1291 von den Mameluken erobert.
Türkisch-mongolischer Abstammung war der letzte berüchtigte Mongolen-Khan des mittleren Reiches in Zentralasien, der berühmte Timur Lenk oder Tamerlan (1336 bis 1405). Obwohl kein Mongole, war er ein echter Steppensohn, kam aus dem gleichen Schmelztiegel Turkestan, den Wüstengebieten am Kaspischen Meer, von wo auch die Väter des späteren Osmanenreiches, die Türken, mit dem Mongolensturm nach Kleinasien gekommen waren. Tamerlan huldigte durchaus den »Tugenden« dieser Steppenkrieger, die der Orientalist H. Zimmerer so umschrieb: »Die Tugenden des Kriegers, der auf den Ruf der Trompete ... sein Zelt auf- und abschlägt, sein Pferd auf- und abzäumt, seinen Feldkessel hinstellt, wo er gerade lagert, und als Sohn der Steppe auf dem Boden kauernd sein einfaches Mahl nimmt, alle Mühen erträgt, fromm sich der aufgehenden Sonne im Gebet zuneigt, alle Pflichten der Gastfreundschaft übt ... aber wo er Widerstand findet, mit der Grausamkeit des Steppenjägers seine Opfer abschlachtet und das Land verwüstet, so daß der Halm abstirbt, wohin sein Fuß tritt ...« Tamerlan wurde mit 34 Jahren Stammeshäuptling und ließ durch ständige Eroberungen sehr bald keinen Zweifel daran aufkommen, daß er sich als Erneuerer des Weltreiches Dschingis Khans sah und – unter Berufung auf den Koran allerdings! – dieses Weltreich auch wiedererrichten wollte. Von Samarkand aus führte er 35 Feldzüge, die an grausamen Begleiterscheinungen sogar diejenigen Dschingis Khans noch übertrafen. Der Lahme (Timur Lenk bedeutet der lahme Timur, weil er infolge einer Verletzung am Fuß lebenslänglich hinkte) unterwarf ganz Persien, dann ganz Zentralasien von der großen Chinesischen Mauer bis nach Moskau und drang 1398 noch tief nach Indien ein. Gräßliche Taten sind von ihm begangen worden: »Schädelpyramiden, Türme von eingemauerten Menschen und Massengräber ganzer begrabener Garnisonen hatte man bis dahin nicht gekannt«, schrieb der Historiker Taeschner vor vierzig Jahren. Und in der eroberten persischen Stadt Ssebsewan wurden im Jahr 1383 2000 Menschen als Baumaterial für Türme verwendet, indem sie festgemauert wurden. Dasselbe wurde in Isfahan, dem heutigen Teheran, mit 70 000 Gefangenen gemacht. In Bagdad aber ließ sich Timur 1401 ein Siegesdenkmal aus 90 000 abgeschlagenen Köpfen von Gefangenen errichten.
Unterworfene, die sich erneut gegen den Lahmen erhoben, traf »furchtbare Vergeltung«, wie der englische Historiker Michael Prawdin schrieb:

»Blühende persische Städte verwandelten sich in Ruinenhaufen, die Bevölkerung wurde schonungslos hingeschlachtet. Pyramiden aus Schädeln wurden aufgerichtet; zur Warnung für alle, die sich empören wollten. Als er von neuem weiterzog, war niemand mehr am Leben, der Timur nicht gehorchte.«

Teheran, um 1400: Tamerlan erobert mit seinen Mongolen Indien und Persien. Dabei geschehen fürchterliche Greuel, wie Einmauern von Gefangenen, Errichtung von Siegesdenkmalen aus abgeschlagenen Köpfen, oder Tamerlan läßt, wie in Isfahan (heute Teheran), die Gefangenen zu Tausenden niederreiten (Holzschnitt aus den Reisebeschreibungen von Hans Schiltberger, 15. Jahrhundert).

Auch die Mameluken in Syrien und die türkischen Osmanenheere in Kleinasien überrannten die Söldner des moslemischen Dschingis Khan. Schließlich nahm dem 70jährigen Unersättlichen, der 1405 gerade eine Expedition zur Eroberung Chinas vorbereitete, der Tod die Zügel des grausamen Gewaltherrschers aus der Hand.

Es zeigte sich, daß sein Reich »in keiner Weise organisch zusammengefügt« war, sondern lediglich »durch seine Persönlichkeit gehalten« (Prawdin) wurde.

Timur hatte seine Eroberungen ja auch nicht mit Nomadenreitern wie Dschingis Khan, sondern mit Söldnern gemacht, die die Gier nach Beute und Belohnung zusammenhielt. Geblieben von ihm ist das kulturelle Erbe für die späteren Nachkommen, die Großmogule in Nordindien. Diese Kultur, aus den eroberten persischen Städten zusammengestohlen, fand ihren Niederschlag in den ungeheuer prunkvollen Bauten, die er von versklavten Handwerkern, Künstlern und Architekten von Persien nach Samarkand verpflanzen ließ: »Timur stürzte den Orient in Elend und Armut, um mit dessen Kostbarkeiten einen neuen, noch prächtigeren Luxus in seinem Samarkand zu schaffen.« (Prawdin)

Über die Anfänge des Osmanenreiches und damit die Voraussetzungen für den Einbruch der Türken in Südosteuropa vom 14. bis zum 17. Jahrhundert schrieb der Historiker Albrecht Wirth: »Im Anfang des 13. Jahrhunderts saß ein Turkmenenstamm südöstlich vom Aralsee. Von der Mongolenflut wurde der Stamm fortgerissen nach dem oberen Euphrat. Von da geht es weiter unter Suleiman, der in einem Fluß ertrinkt, nach der Gegend von Aleppo.« Dieser Suleiman war der Großvater jenes Osman I. (1299 bis 1326), der 1301 in Kleinasien das Osmanische Reich gründete. Dieses Reich sollte den Untergang des jahrhundertealten Byzanz bedeuten und das vielzitierte »Türkenjoch« über den Balkan bis zur Donau bringen. Der byzantinische Staat wurde dabei regelrecht unterwandert, denn mit guten Beziehungen durch Familienpolitik (Heirat des Sohnes von Osman mit der Kaisertochter Theodora) drängten die Türken das byzantinische Gebiet immer mehr auf den kleinen Raum von Konstantinopel zusammen. Als die osmanischen Führer Ärger mit ihren Fußtruppen bekamen, die immer aufsässiger wurden, bauten sie eine neue Truppe (Jani Tschero) auf, die später so gefürchteten Janitscharen. Sie rekrutierten sich aus der Jugend von versklavten Christen, die, als Moslems erzogen, mit eiserner Disziplin für den »Herrn aller Gläubigen« kämpften und denen die türkischen Sultane später manchen Erfolg verdankten, die aber auch öfter mit dieser Elitetruppe, die sich zum »Staat im Staate« entwickelte, Schwierigkeiten hatten.

Ab 1361 begannen die türkischen Eroberungen auf der Balkanhalbinsel, wo Adrianopel und Philippopel gestürmt wurden. Schließlich wird mit dem Sieg auf dem Amselfeld im Jahre 1389 das osmanische Machtgebiet bis zur Donau, nach Bulgarien und zur Walachei ausgedehnt. Ein serbischer Edelmann »rächte« die Niederlage der Balkanvölker mit einem Mord an Sultan Murad I. (1359 bis 1389). Wieder aus Rache dafür massakrierten die Türken an der Leiche Murads mehrere hundert Kriegsgefangene. Und Murads Sohn ließ danach die Janitscharen durch Ungarn und die Steiermark streifen, wobei sie wieder einmal unter der Bevölkerung mit den allen Eroberern mehr oder weniger eigenen unmenschlichen Praktiken Angst und Schrecken verbreiteten.

Auch die letzte Stunde von Konstantinopel schien nun geschlagen zu haben. Da brauste von Osten der lahme Timur heran, und die Eroberung der Stadt am Bosporus mußte vertagt werden. Wie wir gehört haben, kannte der moslemische Mongole keine Gnade für seine Glaubensbrüder in Persien und der Türkei. Bei Angora, der heutigen Hauptstadt Ankara, überrollten 1402 Timurs Söldner auch die Türken. Doch überraschend schnell überwanden diese die Katastrophe. Wieder wurde der Kaiser von Byzanz durch die Heirat Suleimans I. mit seiner Nichte in Sicherheit gewiegt, bis dann unter Mohammed II. (1451 bis 1481), dem Eroberer, schließlich doch für Byzanz im April und Mai 1453 das langerwartete Ende kam. 2000 Jahre hatte Konstantinopel bis dahin allen asiatischen Eroberern als Bollwerk des Abendlandes getrotzt. Jetzt stellte sich heraus, daß auch die Verwüstungen durch die Kreuzfahrer und Venezianer (siehe Seite 141) für die Stadt schon fast tödlich waren. Außerdem ließ Europa, das viel zu sehr mit sich selbst beschäftigt war, sein Bollwerk gegen Asien im letzten Kampf allein. Lediglich

2000 bewaffnete Venezianer und Genueser standen an der Seite von 5000 Byzantinern etwa 80 000 türkischen Angreifern gegenüber. Nach der Chronik des Byzantiners Georgios Sphrantzes (1401 bis 1477) bedeuteten bereits der Anmarsch und die wochenlange Belagerung Konstantinopels für viele Bewohner außerhalb der Stadt Flucht, Sklaverei und Tod:

»Im selben Herbst (1452) schickte er (Mohammed II.) den Turachan mit seinen beiden Söhnen und mit einem großen Heer in den Peloponnes, um gegen die Despoten, die Brüder des Kaisers (von Byzanz), zu kämpfen, um zu verhindern, daß sie von dort wegzögen und dem Kaiser Beistand leisteten. So befahl also der Sultan, den ganzen Winter ihnen zuzusetzen ... Von Korinth zog er (der Turachan) durch die ganze Halbinsel, machte Gefangene, plünderte die Ortschaften und trieb die Bewohner in die Sklaverei ...
Noch vor dem Eintreffen des Sultans wurden die Kastelle und Türme außerhalb der Stadt, die in den Dörfern und auf den Feldern zerstreut lagen und in die sich die Leute beim plötzlichen Anmarsch der Feinde geflüchtet hatten, nach kurzer Belagerung eingenommen; ein Teil der Leute wurde in die Sklaverei verkauft, einen Teil raffte die Seuche und die schlechte Behandlung hinweg. Es waren nicht wenig Christen, die damals in Gefangenschaft fielen ...«

Am 25. Mai machte der Sultan den Verteidigern der Stadt ein letztes Friedensangebot, das abgelehnt wurde. Am 29. Mai, um zwei Uhr morgens, begann der Sturm der Türken, der fast abgeschlagen worden wäre, wenn nicht einige Türken ein versehentlich offengebliebenes Ausfalltor in der äußeren Umwallung der Stadt entdeckt hätten, durch das sie dann eindringen konnten. Die nachrückenden Janitscharen bahnten sich mit dem Schwert einen Weg bis zum inneren Wall und hißten auf einem der Türme die türkische Fahne. Damit hatte der Endkampf begonnen. Wie es dabei den in die Kirchen geflüchteten Griechen und Italienern erging, schildert der Chronist Sphrantzes:

»Am dritten Tage waren die Feinde im Besitz der ganzen Stadt ... Die Eindringlinge plünderten und machten Gefangene; die Überrumpelten, die sich widersetzten, wurden erschlagen. An manchen Orten war die Erde nicht mehr zu sehen vor lauter Toten, die umherlagen. Es war ein schrecklicher Anblick, wie sie unzählige Gefangene aller Art wegführten, vornehme Damen, Jungfrauen und gottgeweihte Nonnen, und wie sie sie an den Haaren aus den Kirchen herauszerrten unter fürchterlichem Jammergeschrei; dazu das Weinen und Heulen der Kinder. Wer könnte all das Grauen beschreiben? Das heilige Blut und der heilige Leib Christi wurden auf den Boden geworfen und vergossen. Die heiligen Gefäße, darin sie gewesen waren, rissen sie an sich; einige zerschlugen sie, andere steckten sie im ganzen ein. Auf den heiligen Ikonen, die mit Gold, Silber und Edelsteinen verziert waren, traten sie herum, nahmen den Schmuck davon ab und verwendeten sie als Sitzgelegenheiten und als Tische, auf denen sie aßen. Mit den heiligen Gewändern, die aus golddurchwirkter Seide gefertigt waren, bekleideten sie ihre Pferde. Die Perlen von den Reliquienkästen raubten sie, traten die Gebeine der Heiligen mit Füßen und taten noch viel anderes Beklagenswertes ...«

Mohammed II., der Eroberer, hatte nun Blut geleckt und eroberte auf dem Balkan weiter. Serbien und Bosnien wurden osmanische Provinzen, Albanien leistete bis 1468 Widerstand. Der Eroberer unterwarf schließlich zwölf Reiche und 200 Städte. Mit der Eroberung von Trapezunt im Jahre 1461 fiel der letzte christliche Vorposten im Vorderen Orient.
An der Donau, in der Walachei, lebte zur gleichen Zeit ein menschliches Ungeheuer, das zu Mohammeds Vasallen gehörte. Es hieß Vlad und hatte dazu noch den Beinamen »der Pfähler« oder Dracul, »der Teufel«. Von 1456 bis 1462 tobte sich im dortigen Gebiet südlich der Karpaten diese historische »Vorlage« der zahllosen Dracula-Romanfiguren aus und übertraf diese an Unmenschlichkeit um ein Vielfaches. Nicht nur die Nachbarländer, auch seine Herren, die Osmanen, fürchteten ihn wegen seiner teuflischen Lust, Menschen zu pfählen. Das Ungeheuer ließ alle, die seinen Zorn oder seine Rache auf sich gezogen hatten, zu Tausenden hinrichten, spießen, verbrennen, zerstückeln. Franz Babinger schildert in seiner Biographie Mohammeds II. die Scheußlichkeiten dieses Wüterichs:

»Sein Lieblingsschauspiel war die Marter des Pfahles, und am liebsten speiste er mit seinem Hofe in einem dichten Kreis von Türken, die auf Pfählen röchelnd den Geist aufgaben. Den Gefangenen ließ er die Haut von den Füßen lösen, die Wundstellen mit Salz einreiben und dann zur Vervielfältigung der Todesqualen Ziegen daran lecken. Gesandten des Sultans, die sich weigerten, ihn mit entblößtem Haupte zu grüßen, wurde mit drei Nägeln der Turban an den Kopf genagelt, damit dieser nach Vätersitte desto fester sitze. Alle Bettler des Landes, ob sie nun aus Trägheit oder aus Elend begehrten, lud er eines Tages auf ein großes Gastmahl. Nachdem er sie mit Speisen und Wein reichlich bewirtet, ließ er Feuer in den Speisesaal werfen und alle verbrennen. Müttern hieß er die Köpfe ihrer Säuglinge an die ausgeschnittene Brust anspießen. Kinder zwang er, von ihren gebratenen Müttern zu essen. Besondere Vorrichtungen ersann er, um Menschen zu Kraut zu zerhauen, zu braten und in Kesseln zu sieden. Ein auf einem Esel reitender Mönch, dem er begegnete, wurde samt seinem Reittier gepfählt. Ein Priester, der gepredigt hatte, daß man fremdes Gut nicht anrühren solle, und der bei Tisch vom Brot aß, das sich Vlad angeschnitten hatte, ward auf der Stelle gespießt. Einer seiner Kebsen, die sich schwanger glaubte und es nicht war, schnitt er selbst den Bauch auf. Als Vlad an einem heißen Sommertag einmal einem ehrwürdigen Mann begegnete, der ihn unter den Gespießten spazierend antraf und ihn befragte, wie er es in dem Gestank auszuhalten vermöge, ließ er ihn sogleich auf einen viel höheren Pfahl spießen, damit er über den Gestank erhaben sei. Sein größtes Fest waren Massenhinrichtungen. 400 junge Leute aus Siebenbürgen und Ungarn, die man in die Walachei gesandt, um die Sprache zu erlernen, wurden mitsammen verbrannt, 600 Kaufleute aus dem Bruzenland auf dem Markt gespießt, 500 ihm verdächtige walachische Vögte und Edelleute unter dem Vorwand, daß sie über die Bewohnerschaft keine befriedigende statistische Auskunft geben konnten, gepfählt ...«

Mohammed II. ließ den Verrückten und seine unzähligen Helfershelfer, die für ihn diese Scheußlichkeiten vollbrachten, gewähren, solange sie nur ihre eigenen Lands-

Rumänien, 1456 bis 1462: Vlad Dracul »der Pfähler«, der Woiwode der Walachei, läßt seine Feinde zu Tausenden pfählen und zerstückeln, während er mit seinem Hof beim Mahle sitzt (Holzschnitt von M. Hupfuff, Straßburg, 1500). Das menschliche Ungeheuer, das Hunderttausende auf scheußlichste Weise umbringen ließ, wurde zur historischen »Vorlage« der zahlreichen Dracula-Romanfiguren.

Wien, 1529: Die Türken tauchen erstmals vor Wien auf. Sie werden abgeschlagen und »schleppen die Bewohner, jung und alt, Männer und Weiber, gefangen hinweg«. Der Holzschnitt von Hans Guldenmundt (16. Jahrhundert) zeigt einen Türken zu Pferde, der ein gefangenes Bauernpaar wegführt, an seiner Lanze ist ein Kind aufgespießt.

leute oder Nachbarn ausrotteten. Als ihm aber zu Ohren kam, daß Vlad sich gegen ihn stellen wolle, sandte er ihm eine Botschaft, um ihn mit List vor den Sultansthron zu bringen. Aber Vlad durchschaute das Spiel der armen Gesandten, ließ sie an Händen und Füßen binden und gepfählt zur Schau stellen. Nicht genug damit, Vlad setzte mit einem Heer über die Donau und verwüstete weite Teile des Osmanischen Reiches. Nach Franz Babinger »legte er alle menschlichen Siedlungen in Asche und machte die wehrlose Bevölkerung, sogar Weiber und Kinder, nieder. Alle, die als Gefangene weggeschleppt wurden, angeblich nicht weniger als 25 000 Menschen, ließ er ohne weiteres durch Spießen zu Tode martern«.

Als Mohammed II. durch seinen Großwesir von diesem Massenmord erfuhr, verprügelte er im ersten Zorn den Großwesir. Ein Jahr später zog er mit einer Heerschar, so groß wie bei der Eroberung Konstantinopels, gegen den »Pfahlwoiwoden«, wie die Türken Vlad nannten. Den Chronisten zufolge sollen die Walachen, ehe sie in dem Kampf mit Mohammeds Heer unterlagen, immerhin 23 809 Köpfe, Nasen und Türkenohren von ihren erschlagenen und gefangenen Gegnern abgeschnitten haben. Mohammed seinerseits ließ etwa 1000 gefangene Walachen auf der Stelle enthaupten. Bei der weiteren Verfolgung mußte Mohammed an dem grausigen Leichenwald der gepfählten 25 000 Türken vorbeiziehen; seine Wut gegen den Massenmörder wurde noch größer. Vlad konnte jedoch nach Ungarn fliehen und fiel dort dem König von Ungarn in die Hände, der ihn gefangensetzen ließ. 1476 kehrte Vlad noch einmal in die Walachei zurück und traktierte aufs neue seine Untertanen zwei Jahre lang, bis er in einem Scharmützel mit den Türken den Tod fand. Das »Spießen« von Menschen, wie es Vlad nach den Assyrern (siehe Seite 22) wiederentdeckt hatte, machten ihm später einige türkische Feldherren in der Nachfolge von Mohammed dem Eroberer nach, um die Zeit totzuschlagen oder um die Haremsdamen im Feldlager mit den ausgesuchtesten Torturen zu ergötzen. Dies geht aus dem »Türkischen Tagebuch von 1573–78« des Stephan Gerlach hervor. Ähnliche Scheußlichkeiten erlebten im 16. Jahrhundert die Morlacken nach ihrem niedergeschlagenen Aufstand gegen

die Türken an der dalmatinischen Küste und die ebenfalls gegen ihre türkischen Unterdrücker aufständischen Griechen auf Kreta.
Nach der Eroberung Belgrads im Jahre 1521 und der Schlacht bei Mohacs im August 1526 verloren auch die Ungarn ihre Selbständigkeit an die Türken: Sie sollten sie bis 1918 nicht wiedererlangen. 4000 gefangene Ungarn ließ der Sultan bei Mohacs niedermetzeln und vor seinem Zelt gegen 2000 Köpfe als Siegeszeichen aufpflanzen. Als dies bekannt wurde, schickte die Stadt Ofen dem Sultan die Schlüssel zum Zeichen der Übergabe. Dennoch ließ dieser die Stadt ausrauben und zum größten Teil einäschern. Der Weg nach Wien war für die Türken damit frei. Europas Südostflanke stand von nun an über ein Jahrhundert lang unter der ständigen Bedrohung einer türkischen Invasion.
Im Jahre 1529 tauchten die Türken erstmals vor Wien auf. Die Stadt konnte zu dieser Zeit etwa 20 000 Soldaten und Reiter zur Verteidigung aufbieten, während auf seiten der Türken etwa 125 000 Mann zum Angriff bereitstanden. Am 26. September begann die Belagerung, am 14. Oktober der Hauptsturm. Aber die Stadtmauern waren zu hoch für die Türken, der erste Ansturm wurde abgeschlagen. Auch als der Sultan Suleiman II., »der Große und Prächtige«, seine Soldaten mit Peitschen und Ruten antreiben ließ, hatten die Türken keinen Erfolg. Aus Wut darüber ließ Suleiman die außerhalb Wiens gefangenen Priester verbrennen und etwa 1000 gefangene Österreicher niedermetzeln. Auch auf dem Rückweg kühlte der prächtige Suleiman noch öfter sein Mütchen, wie ein zeitgenössischer Chronist berichtet:

»Um das Verdienst des heiligen Krieges zu erwerben, hatte der Sultan, der die Zeit führt und die Welt regiert, die Renner und Brenner ausgesandt, so daß das ganze Land unter den Hufen der Pferde zerstampft ward. Städte und Flecken, Märkte und Dörfer gingen in Flammen auf. Aschenhügel waren die Reste der Häuser und

Paläste. Das siegreiche Heer schleppte die Bewohner, jung und alt, Männer und Weiber, gefangen hinweg. Das sonst wohlgebaute Reich war jetzt dem Land der Finsternis gleich. In den Zelten und auf den Lagermärkten wurden schöne Frauen verkauft, und der Beute war kein Ende.«

Die Vorherrschaft der Türken in Südosteuropa sollte noch rund hundertfünfzig Jahre andauern. Die türkischen Herren regierten dabei mit ähnlich starker Hand wie die Mongolen und Russen. Die terroristische Willkür der späteren zaristischen Verwaltung in Rußland ist nämlich durchaus mit der türkischen im 15. und 16. Jahrhundert vergleichbar. Allein die sich anbahnende innere Schwäche des Osmanischen Reiches, die sich dann 1571 auch äußerlich durch die Niederlage in der Seeschlacht bei Lepanto dokumentierte, stand Ende des 16. Jahrhunderts einem weiteren Vormarsch der Türken gegen Europa entgegen, denn das Abendland selbst hatte bei mehreren Gelegenheiten gezeigt, daß es in seiner eigenen »heillosen Zersplitterung« (Justus Hashagen) gar nicht fähig war, entschieden und kraftvoll einem erneuten türkischen Angriff zu begegnen. Erst mit dem Habsburger-Reich erstand dann im 17. Jahrhundert ein Bollwerk in Österreich, das den Türken 1683 vor Wien nicht nur eine endgültige Abfuhr erteilte und damit die türkische Gefahr für Europa bannte, sondern auch noch im Nachsetzen Ungarn, Siebenbürgen und den Banat sowie für kürzere Zeit auch Nordserbien und die Kleine Walachei vom »Türkenjoch« befreite.

Türkische Feldherren machen bei der Eroberung des Balkans Ende des 15., Anfang des 16. Jahrhunderts von sich reden, als sie ihre besiegten Feinde pfählen (rechts), an Pferden gebunden zu Tode schleifen (Seite 195) oder mit Strikken erwürgen lassen (unten). Alle drei Holzschnitte stammen aus der Weltchronik des Sebastian Münster, 16. Jahrhundert.

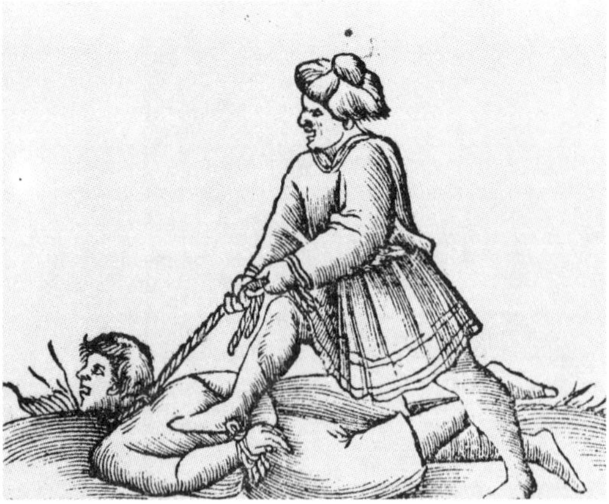

»Die den Karrenstrick entschlüpft, nun erst recht mit Ketten in den Wagen eingespannt . . .«

Fürsten und Ritter gegen Bauern – In Frankreich, England, Ungarn, Österreich und Deutschland vom 10. bis zum 16. Jahrhundert

997
Bauernaufstand in der Normandie

1300
Vom Hochmeister des Deutschritterordens Siegfried von Feuchtwangen ist der Ausspruch überliefert, wonach ihm kein Bissen schmecke, wenn er nicht »zuvor einige Bauern habe hängen lassen«

1323 bis 1328
Bauernunruhen in Flandern. Niederlage der Bauern bei Cassel

1358
Nach der französischen Jacquerie-Bauernrevolution werden etwa 20 000 Bauern hingerichtet

1381
Bauernaufstand in England als Antwort auf eine neu eingeführte Kopfsteuer

1391
Bauernunruhen in Gotha

1421
Unruhige Bauern bei Worms, danach in Bayern (1458), Schwaben und Österreich (1462 und 1487)

1460
Bauernaufstand »Bundschuh« im Schwarzwald

1462
Bauernaufstände in Katalonien

1476
Der Würzburger Bischof läßt auf demonstrierende Bauern mit Kanonen schießen

1488
Gründung des Schwäbischen Bundes der Fürsten, Ritter und Städte gegen die Bauern

1490
Bauernempörung in Kempten und im Augsburgischen

1493
»Bundschuh« im Elsaß

1502
»Bundschuh«-Aufstand in Oberschwaben und am Oberrhein

1514
»Arme Konrad«-Aufstand im Remstal – Bauernrevolution in Ungarn

1519
»Bundschuh« im Schwarzwald

1524/1525
Bauernkrieg in Süddeutschland, Thüringen und Oberösterreich. Strafgerichte der Herren nach der Niederlage der Bauern

»Sie sind es, die die anderen am Leben halten, die sie ernähren und ihren Fortbestand sichern. Und sie selbst sind den größten Qualen ausgesetzt. Sie ertragen Schneefälle, Regengüsse und Unwetter und öffnen die Erde mit ihren Händen. Sie führen ein hartes, elendes Bettlerleben. Und doch weiß ich wirklich nicht, wie die anderen ohne diese Menschen weiterleben sollten.« So hat der Franzose Benoit de Saint-More, ein Sänger und Schriftsteller des 12. Jahrhunderts, das Leben der Bauern im Mittelalter geschildert und damit schon lange vor den großen Bauernrebellionen im Spätmittelalter klar ausgesprochen, welche Gesellschaftsschicht in der mittelalterlichen Ständeordnung gleichzeitig dem stärksten Druck ausgesetzt war und die größte Verantwortung für alle zu tragen hatte.
Der Landbesitz und seine Bewirtschaftung war die Grundlage dieser Ordnung. Doch denjenigen, die Grund und Boden bearbeiteten, brachte ihre mühevolle Arbeit oft nicht einmal für sie selbst das Lebensnotwendige an Brot und Kleidern ein. Die Herren über Grund und Boden waren die Adeligen, die ihren Landbesitz in kleinen Stücken den Bauern zur Bebauung gaben – und zwar zum Vorteil der Grundherren, denen die »leibeigenen« Bauern jeden Monat hohe Abgaben zuführen, denen sie sich zu Fronarbeiten stellen und denen sie schließlich von der Ernte den zehnten Teil jedes Ernteertrages (»Zehnten«) abliefern mußten. Die Herren wiederum waren ihren Lehnsherren, den Fürsten und Königen, tributpflichtig. Da diese genauso daran interessiert waren, viel Ertrag aus der Landwirtschaft herauszuholen, verstärkte sich der Druck auf die Bauern immer mehr.
Bei dieser neuen Form der Sklaverei sah es auf den ersten Blick betrachtet so aus, daß der leibeigene Bauer des Mittelalters gegenüber dem Sklaven der Antike den großen Vorzug hatte, mit größerem Interesse seiner Tätigkeit nachgehen zu können, weil er in eigener Verantwortung das zur Pacht gewährte Land bearbeiten konnte. Aber der jährliche Pachtzins in Form von Geld, Arbeitskräften und Produktion wurde von den Lehnsherren durch neue Schikanen ständig beliebig vergrößert. Da wurde Backgeld für Brot oder Kuchen verlangt, das selbstgebraute Bier mußte abgegeben werden, an Geburts- und Feiertagen der Burgherren waren zusätzliche Abgaben in Naturalien fällig. Selbst vor persönlichen Schikanen schreckten viele Gutsherren nicht zurück, wie es in einer zeitgenössischen Chronik heißt: »Wie die Erstlinge des Viehs und der Feldfrüchte dem Gutsbesitzer gehörten, so auch die Blüte der Jungfrauschaft der weiblichen Untertanen, was die Rechtslehrer das jus primae noctis (Recht der ersten Nacht) nennen. Nur den Häßlichen war es gestattet, ihre Blume abzukaufen . . .« Der Burgherr konnte auch seine Leibeigenen nach Belieben aus der Pacht entlassen, und eine Pacht ging nur dann auf Kinder über, wenn es dem Gutsherrn gefiel. Vielfach konnte der Leibeigene – vor allem in Frankreich – unabhängig von seinem Grund und Boden verkauft werden. Die Verhältnisse waren also von denen der Sklaven im alten Rom nicht weit entfernt. Dafür spricht auch dieses deutsche Menschenhandels-Dokument aus dem 14. Jahrhundert:

»Ich Konrad, der Truchsess von Urach und Ritter, tue kund und sage öffentlich an mit diesem Brief allen denen, die ihn lesen, sehen oder lesen hören: daß ich den

Ehrsamen geistlichen Herren, dem Abt und dem Konvent des Klosters zu Lorch, die zwei Frauen Agnes und ihre Schwester Mahilt, des seeligen Degan Reinholds Töchter, und ihre Kinder, die sie haben werden, um drei Pfund Heller verkauft habe. Das Geld ist mir gezahlt, darüber gebe ich diesen Brief, mit meinem Siegel, das daran hängt. Nach Christi Geburt im Jahre 1333.«

Schon ab dem 8. Jahrhundert und während des ganzen Mittelalters hindurch entluden sich immer wieder die ständig gegebenen sozialen Spannungen in Unruhen und Aufständen der Bauern – nicht nur in Europa. In China zum Beispiel hielten im 9. Jahrhundert Bauernunruhen fast zehn Jahre lang an, und bereits im 5. und 6. Jahrhundert wüteten blutige Bauernunruhen im Gebiet des heutigen Iran. Die Situation war in aller Welt so, wie sie der Historiker Johannes Bühler vor fünfzig Jahren beschrieben hatte:

»Das ganze Mittelalter hindurch werden irgendwo Bauern aus ihren brennenden Hütten verjagt, ihre Felder verwüstet, wird ihr Vieh weggetrieben, werden sie selbst erschlagen, erstochen, ihre Weiber geschändet. Derweil Gottesgelehrte in ihren Zellen und Stuben erhabene Theorien von dem einigen Leib der Christenheit ersinnen, ergießt sich über die Lande der Blutstrom der ›geliebten Kinder Gottes‹, und derweil Mönche und Nonnen in ihren Chorgesängen Gott lobpreisen, widerhallen die Dörfer, Felder und Wälder von dem Wehgeschrei der von christlichen Rittern, den berufenen Schirmern der Armen und Unterdrückten, mißhandelten Bauern . . .«

Eine Schilderung des ganzen Ausmaßes der Unterdrückung der Bauern im Mittelalter, vor allem die Dokumentation der blutigen Bauernkriege des 15. und 16. Jahrhunderts, ist allein mit Zeugnissen schreibkundiger Zeitgenossen nicht gerecht zu erfassen. Diese waren ja in der Regel auf seiten der Unterdrücker beziehungsweise in deren Diensten und berichteten entsprechend tendenziös. Vor etwa zwei Jahren sagte Bundespräsident Heinemann bezüglich der deutschen Bauernkriege im 16. Jahrhundert: »Einer demokratischen Gesellschaft steht es . . . schlecht zu Gesicht, wenn sie in den aufständischen Bauern von 1525 nichts anderes als meuternde Rotten sieht, die von der Obrigkeit schnell gezähmt werden und in die Schranken des untertänigen Gehorsams verwiesen wurden. So pflegen Sieger die Geschichte zu schreiben.«

In der überwiegenden Geschichtsschreibung der »Sieger« gerann schon in den damaligen zeitgenössischen Texten das Porträt eines Bauern ebenso wie in der mittelalterlichen Literatur zur Karikatur: »Er hat ungeheure Arme, plumpe Glieder. Die Augen sind eine Handbreit voneinander entfernt. Er ist breitschultrig und borstenhaarig. Seine Brust ist breit und sein Gesicht kohlschwarz . . .« Oder der Umgang mit den Bauern wurde, gemäß einem französischen Sprichwort, den höheren Kreisen so empfohlen: »Sei nachsichtig mit dem Bauern, und er wird aufsässig. Faß ihn hart an, und er respektiert dich.«

Aber die »breitschultrigen und borstenhaarigen« Bauern besannen sich auf ihre »breite Brust« und den Gebrauch ihrer »ungeheuren Arme«. Sie lehnten sich auf

gegen die Haltung der »Sieger«, zu denen auch die Mehrheit der Bischöfe und Klosteräbte gehörte, während viele Landpfarrer auf seiten der Armen standen. »Gott selbst hat gewollt, daß es unter den Menschen Herren und Leibeigene gibt«, sagte damals ein französischer Mönch. Aber schon 997 überlegten sich die normannischen Bauern, so der normannische Dichter Wace (1110 bis 1183): »Warum lassen wir uns denn von ihnen das Fell über die Ohren ziehen? Schütteln wir ihr Joch ab! Auch wir sind Menschen wie sie, haben Glieder wie die ihren; unsere Körper sind ebenso stark, und wir können ebensoviel ertragen ... Binden wir uns durch einen Eid, uns und unsere Habe zu verteidigen! Halten wir zusammen! Dann haben wir, wenn sie Krieg gegen uns führen wollen, ein oder zwei Dutzend kampffähige Bauern gegen jeden ihrer Ritter.«

Immer häufiger fanden Anschläge der Bauern gegen ihre Peiniger statt, wurden Burgen erobert und Barone in ihre eigenen Kellerverließe geworfen. Anfangs wußten aber dann die außer Rand und Band geratenen Bauern meist nicht mehr weiter. Sie zerstörten die Häuser und Gerätschaften auf den Burgen, taten den ihnen in die Hände fallenden Frauen Gewalt an und versuchten ihre Angst vor der unweigerlich nachfolgenden Vergeltung für ihren Aufruhr im Weinkeller der eroberten Burg zu betäuben. Andere, besonnenere Bauern, versuchten die eroberte Burg gegen alle Widerstände längere Zeit zu halten. Doch das Ende sah in jedem Fall immer wieder so aus: Die Bauern wurden über kurz oder lang von den Söldnern der Burgherren in der Nachbarschaft, die ihrem gefangenen Klassenbruder zu Hilfe eilten oder ihn rächen wollten, umzingelt und dank deren überlegener Kriegskunst überwältigt. Danach folgte die schreckliche Abrechnung auf eigene Faust: Folter und Galgen. Viele Grundherren konnten die Urteile der Gerichte auch bei größeren Aufständen nicht abwarten.

»Das ganze Mittelalter hindurch werden irgendwo Bauern aus ihren brennenden Hütten verjagt, ihre Felder verwüstet, wird ihr Vieh weggetrieben, werden sie selbst erschlagen, erstochen, ihre Weiber geschändet ...« (Joh. Bühler), so wie auf diesem Holzschnitt von H. G. Beham (1500 bis 1550).

Der Normanne Wace berichtete beispielsweise von einem Burgherrn namens Raoul im Bauernaufstand in der Normandie:

»Raoul ärgerte sich so sehr, daß er nicht erst den Urteilsspruch abwartete. Mehreren ließ er die Zähne ausreißen, andere ließ er mit Pfählen durchbohren, wieder anderen die Augen ausreißen und die Fäuste abschneiden. Allen ließ er die Kniekehlen verbrennen ...«

Das Los der Unfreien wurde aber nun mit zunehmendem Wohlstand aller anderen Gesellschaftsschichten in der Blütezeit des mittelalterlichen Feudalsystems nicht besser. Im Gegenteil, die Verbindung von oben nach unten, zu den Leibeigenen, riß ganz ab. Der Stand der Leibeigenen wurde nicht nur härter, er wurde auch immer mißachteter, zu einem Schandfleck. Hinzu kam der zunehmende Mangel an Arbeitskräften nach den verheerenden Pestjahren im 14. Jahrhundert, der zur Verschuldung der Grundherren und zu neuen Zinslasten für die Leibeigenen und zur Erhöhung der Frondienste führte. Um dies alles zu erleichtern, wurden die Leibeigenen in ihrer Rechtsstellung schließlich doch dem »rechtlichen« Status der antiken Sklaven durch das Wiederaufleben des römischen Rechts angeglichen, das gute Dienste für die Grundherren leistete, aber bei den Bauern noch mehr böses Blut machte und sie nun für ihre erhöhten Frondienste Bezahlung forderten. Eine gewisse Verselbständigung der Bauern war zwar die Folge dieser zugespitzten Lage, und auch das Absinken des niederen Adels in wirtschaftlich schlechtere Situationen brachte später den Bauern Vorteile. Allerdings gingen diese in Notzeiten, bei Mißernten oder in Kriegen schnell wieder verloren. Die Grundherren halfen sich immer zu Lasten der Bauern aus den Schwierigkeiten heraus. Dazu englische Quellen:

»Sie belegten die Dörfer von Zeit zu Zeit mit Steuern ... Als die unseligen Menschen nichts mehr hatten, was sie geben konnten, plünderten und brandschatzten sie die Dörfer, so daß man eine Tagesreise weit nirgendwo einen Menschen in einem Dorf oder bebautes Land finden konnte ...«

Oder an anderer Stelle:

»In allen Grafschaften ging die Einwohnerzahl zurück, und die Bevölkerung starb rudelweise an den Entbehrungen des Hungers, während andere mit Weib und Kind verzweifelt in ein selbstgewähltes Exil zogen. Man konnte Dörfer mit berühmten Namen verödet finden, weil das Landvolk, Männer und Frauen, jung und alt, sie verlassen hatte. Auf den Feldern verdarb die Ernte, als sich das Jahr dem Herbst zuneigte: Die Bauern waren dem Kummer und der nachfolgenden Pestilenz zum Opfer gefallen.«

Mitte des 14. Jahrhunderts kam es in Mitteleuropa zu den ersten größeren Bauernaufständen. So in Flandern in den Jahren 1323 bis 1328, wo die Bauern sich, von großem Haß getrieben, gegen die Ritter auflehnten und die Ritter mit gleichem Haß antworteten. Auch der Kirche verweigerten die Flandern den schuldigen Zehnten. Aber die Bauern unterlagen. In Cassel, südöstlich von Calais, kam es zu fürchterlichen Metzeleien.

In Frankreich steigerte sich 1357 eine Rebellion der Bauern in Verbindung mit städtischen Arbeitern und Handwerkern zu einer Revolution. Zur Finanzierung des Hundertjährigen Krieges mit England wollte König Johann der Gute (1350 bis 1364) im Jahr 1355 neue Steuern erlassen. Die Vertreter aller Stände stimmten aus Patriotismus zuerst zu. Als dann die französischen Streitkräfte ein Jahr später den Engländern unterlagen, reagierte das Volk, voran die Bauern, um so lebhafter, als – nach einem Chronisten der Zeit – die Adeligen trotzdem »schamlos ihren Luxus zur Schau stellen und sich mit Perlen, Juwelen und kostbaren Steinen schmücken«. Stadtvogt Etienne Marcel von Paris, der Vertreter des Bürgertums bei den Verhandlungen mit dem Königshof, setzte sich an die Spitze der Revolution, die schließlich 1357 dem König eine Anordnung abrang, welche die Anerkennung der Selbständigkeit der Städte bestätigte, die Privatkriege der Adeligen verurteilte, die Rechtsprechung dem Volk zugänglich machte und Bürgerliche zum Staatsrat zuließ. Für damalige Zeiten ein ungeheurer Fortschritt! Marcel begründete seine Haltung so: »Mein Platz ist an der Seite derjenigen, die das gute Volk, die guten Arbeiter und die guten Kaufleute verteidigen wollen, ohne die wir nicht leben können.« Dieses Denken erklärt auch, warum sich der Bürger Marcel mit dem gleichzeitig in Nordfrankreich ausgebrochenen Bauernaufstand solidarisch erklärte, der ein Jahr später erstmals in Frankreich die Feudalherrschaft erschütterte. Die Rebellion der Bauern – Jacquerie nach dem Spitznamen Jacques für die französischen Bauern genannt – begann im Mai 1358 in Compiègne und breitete sich über das Gebiet zwischen Paris und Amiens aus. Auch hier war der Haß gegen die Grundherren die Triebfeder, aber doch wesentlich verstärkt durch die Tatsache, daß diese ihre leibeigenen Bauern auch nicht mehr vor den Verheerungen des Krieges und den Plünderungen der Söldnerheere schützten. Fünf Wochen lang steckten die Bauern Gutshäuser in Brand, bis sich auch hier zeigte, daß Knüppel und Sensen den Schwertern und Lanzen nicht gewachsen waren. Die Bauern wurden vernichtend geschlagen, ihr Anführer gefangengesetzt und zum Spott zum König der Bauern gekrönt, indem man ihm einen weißglühenden Dreifuß auf den Kopf drückte. Auch Etienne Marcel wurde im Rahmen der grausamen Vergeltungsmaßnahmen, bei denen die Bauern vor ihren eigenen Häusern aufgehängt und ganze Dörfer dem Erdboden gleichgemacht wurden, getötet.

Aber nicht nur Frankreich mußte den wahnwitzigen Krieg zwischen den englischen und französischen Adeligen und Königen finanzieren. Auch in England brauchte man Geld und holte es sich mit Kopfsteuern, während das Volk immer noch an den Folgen der Pest litt und am schlechtesten natürlich die Bauern dran waren. In der englischen Dichtung des 14. Jahrhunderts finden sich viele Gedichte und Texte, die sich mit dem Elend der Bauern und ihrer Rebellion im Jahr 1381 befassen. Hier ein Text, der die Armut eines Bauern eindringlich darstellt:

»Als ich vor Kummer weinend meines Weges ging, sah einen schlichten Mann ich neben mir sich beugen übern Pflug. Sein Wams war ganz aus grobem Stoff, der cary ward geheißen; von Löchern voll war die Kapuze, und aus ihr sah'n hervor die Haare. Als er dahinschritt, lugten ihm die Zeh'n aus den zerrissenen, dick-

besohlten Schuhen; die Hose hing ihm allseits um die Füße, und er war schlammbedeckt, als er dem Pfluge folgte. Zwei Fäustlinge trug er da, aus grobem Zeug gemacht, zerschlissen an den Fingern, mit Dreck verkrustet. Der Mann stak knöcheltief im Schlamm und trieb vier Färsen vor sich her, die abgemagert waren, so daß man alle Rippen zählen konnte, so elend sah'n sie aus. Sein Weib schritt neben ihm, mit langem Treibstock, den kurzgeschnittenen Kittel hochgeschürzt, zum Wetterschutz gehüllet in ein Worfeltuch. Barfuß ging sie auf blankem Eis, daß eine Blutspur ihren Füßen folgte. Und dort am End' des Furchenackers lag eine kleine Krümelschüssel und darin ein Säugling, ganz in Lumpen eingewickelt. Und auf der anderen Seite waren noch zwei Kinder, zwei Jahre alt. Und alle sangen sie im Chor ein Lied, das leidvoll war zu hören. Sie alle riefen laut den gleichen Ruf, ein jammervolles Rufen. Der arme Mann seufzt' bitter auf und sprach: ›Seid stille, Kinder!‹ . . .«

Die Rebellion der englischen Bauern von 1381 war ein sozialer Aufstand, spontan und umfassend, getragen von gleichen Gefühlen der Aufständischen. Als im Mai 1381 eine neue Kopfsteuer eingezogen werden sollte, brach er in Mittelengland, in Essex und Kent los. Der Funke sprang bald auch auf London über. Die Bauern aus Kent mar-

Frankreich, 1357/1358: In Frankreich tobt ein Bauernaufstand gegen die Adeligen, die »schamlos ihren Luxus zur Schau stellen« (im Bild links). Der Aufstand wird blutig zusammengeschlagen (im Bild rechts). Die Miniatur vom Bauernaufstand stammt aus den »Chroniques« von Jean Froissart (1337 bis 1410).

schierten durch Rochester und Maidstone und verbrannten überall Guts- und Steuerakten. In Maidstone befreiten sie John Ball aus dem Gefängnis, einen Prediger und Agitator der Unterdrückten aus Kent. Von ihm stammt die Frage an das Jahrhundert – und nicht nur an das 14. Jahrhundert!:

»Als Adam grub und Eva spann,
Wo war da wohl der Edelmann?«

Die rebellischen Bauern stießen bis vor die Tore Londons vor. Der Königliche Rat wußte sich keinen Rat mehr. Handwerker an den Toren Londons öffneten die Stadt, und die Rebellen hausten drei Tage lang in London, Ausländer wurden ermordet und Mitglieder des Königlichen Rats aus dem Tower geholt und enthauptet. König Richard II. (1367 bis 1400) verhandelte schließlich selbst mit den Rebellenführern. Als bei einer zweiten Verhandlung ein königlicher Edelmann den Führer der Bauernrebellen, Wat Tyler, erschlug, brach der Aufstand zusammen. Die Bauern zogen wieder nach Hause, nicht ohne unterwegs ihrer Enttäuschung über die fehlgeschlagene Rebellion durch Terror und Brandschatzung Luft zu machen. Burgen und Abteien gingen im ganzen Land in Flammen auf, während der König und sein Oberrichter eine »Strafrundreise« antraten. Die Akten verzeichnen im ganzen 150 Hinrichtungen von aufrührerischen Bauern. Die Dunkelziffer weiterer Racheakte ist vermutlich weit höher.

Die Rebellion von 1381 in England hatte gegenüber früheren Bauernaufständen noch einen zusätzlichen Akzent! Es gab dabei erstmals, zurückgehend auf den Reformer und Ketzer Wyclif (siehe Seite 153), Schlagworte zu hören wie »göttliche Gerechtigkeit« und ähnliche religiöse Parolen. Sie gaben dieser Aufstandsbewegung, der nachfolgenden Hussiten-Bewegung in Böhmen (siehe Seite 153 ff.) und vor allem den Bauernaufständen zu Beginn des 16. Jahrhunderts in Deutschland im Verein mit der Reformation jenen religiös-sozialen Charakter, der – in Verbindung mit demokratischen Ordnungsvorstellungen, wie sie später die aufständischen Bauern in Süddeutschland durchaus hatten – die Voraussetzung für eine wirksame politische Stoßkraft solcher Reformbewegungen war.

Überall in Europa waren im 15. Jahrhundert die Zeichen für den Niedergang des mittelalterlichen Feudalsystems zu beobachten. Die Neuzeit kündigte sich an mit dem Frieden nach dem Hundertjährigen Krieg zwischen England und Frankreich, mit der Einnahme Konstantinopels durch die Türken (siehe Seite 190 f.), mit der Epoche der Entdeckungen und damit der Erweiterung des Horizonts auf unserer bis dahin bekannten Erde, mit der Erfindung der Buchdruckerkunst, mit den neuen Ideen Machiavellis über Politik und Staatskunst, mit Leonardo da Vinci und Michelangelo, mit Wyclif, Hus und Martin Luther, die alle schließlich die geistigen Voraussetzungen für den gewaltigen Massenaufbruch zu Beginn des 16. Jahrhunderts lieferten, womit nicht nur die Bauernkriege in Deutschland, sondern auch die große Glaubensspaltung in ganz Europa gemeint ist. Die Bauernkriege in Deutschland 1524/1525 waren gleichzeitig der Schlußpunkt der Ära der Bauernunruhen überall in Europa vom 10. bis 15. Jahrhundert und der Auftakt für eine aufgeklärte Neuzeit, in der der Kampf um Gleichheit und Menschenrechte zum

England, 1381: Mit dem Mord an dem Bauernführer Wat Tyler bricht die Revolution der Bauern Mittelenglands gegen König und Herren und deren Steuerjoch zusammen. John Ball dichtete damals: »Als Adam grub und Eva spann, wo war da wohl der Edelmann?«

»Klassenkampf« um den sozialen Fortschritt werden sollte. Der deutsche Bauernkrieg von 1525 war, auch wenn er zwischen dem Elsaß und Österreich vom Adel in Strömen von Blut erstickt wurde, der erste Konflikt, der die Form eines »Klassenkampfes« annahm.

Am Ende der Epoche des Mittelalters bot die römisch-katholische Kirche der Welt ein Bild des Verfalls. Ahnungsvoll schrieb bereits 1430 ein deutscher Diplomat in Rom über die Zustände im Vatikan: »Die Gierigkeit hat am Hofe zu Rom die Oberhand und weiß von Tag zu Tag mit neuen Listen und Finten das Geld aus Deutschland für die geistlichen Lehen auszupressen, das groß Schreien und Klagen und Ärgernis ... darüber ist, so daß daraus wohl großer Zwist über die Papstschaft entstehen oder gar der Gehorsam endlich entzogen werden wird, damit man das Geld nicht also jämmerlich viel den Welschen zuschleppe, und das Letzte wäre wohl, wie ich vernehme, vielen Landen zu Sinne ...«

Der »Zwist« wurde, als die römische Kirche auf die Anklagebank vor der Weltöffentlichkeit gezerrt wurde, offenbar, Martin Luther schlug schließlich die entscheidende Bresche in den bereits abbröckelnden Schutzwall der Kirche in Deutschland und gab damit das Signal zu einem Massenaufstand gegen Ausbeutung und

Machtgier der Kirche und der Fürsten und Herren. Schließlich war ja auch die Kirche Grundherr. Nicht weniger als ein Drittel des europäischen Bodens befand sich im Mittelalter in klerikaler Hand und wurde von leibeigenen Bauern bearbeitet. Die Bauern wollten in Deutschland nicht mehr länger nur die Getretenen sein, sie wollten nicht mehr gebückt unter dem Joch, sondern aufrecht gehen. Sebastian Münster (1488 bis 1552) warnte: »Was solch harte Dienstbarkeit in dem armen Volk gegen ihre Oberen bringe, ist man in kurzvergangenen Jahren wohl inne worden. Es ist kein stählerner Bogen so gut, wenn man ihn zu hoch spannen will, so bricht er. Also ist es mit der Rute der Obrigkeit gegen die Untertanen.«
Örtliche Bauernaufstände, orientiert an den erwähnten in Frankreich und England, hat es seit dem 14. Jahrhundert auch in Deutschland gegeben. So machte das englische Beispiel von 1381 zehn Jahre später in Gotha Schule, 1421 in der Gegend um Worms, danach in Bayern, im Elsaß, in Schwaben, im Salzburger Land und in Österreich, vor allem in Kärnten, Krain, der Steiermark und in Tirol. Letztere Aufstände waren 1458, 1462 und 1487. Schließlich begannen ab 1460 die ersten »Bundschuh«-Aufstände, benannt nach der derben Fußbekleidung der Bauern. Der erste »Bundschuh« rebellierte im Schwarzwald, dann demonstrierten 1476 rund 16 000 Bauern bei Nacht mit Fackeln vor der Marienburg des Würzburger Bischofs, der mit Kanonen von den Wällen auf sie schießen ließ. 1490 erhoben sich die Kemptener Bauern gegen ihren Abt. 1493 war der »Bundschuh« um Schlettstadt im Elsaß aktiv, 1502 in der oberschwäbischen Abtei Ochsenhausen sowie im Gebiet von Speyer und 1513 um Freiburg im Breisgau. Dann folgten 1514/1515 der unter der Bezeichnung »Der Arme Konrad« bekannt gewordene Bauernaufruhr im württembergischen Remstal, gleichzeitig wurde ein Bauernkrieg in Ungarn bekannt und in der Steiermark. Alle Bauernrebellionen im süddeutschen Raum vereinigten sich zehn Jahre später in der großen Bauernrevolution von 1524/1525. Und all diese Aufstände, ob in Süddeutschland, Österreich oder in Ungarn, wurden brutal und rücksichtslos niedergeschlagen, die Bauernführer auf grauenhafte Weise gefoltert und getötet.
Der Bischof von Würzburg ließ 1476 nach der Beschießung die heimziehenden Bauern überfallen, ihre Hauptleute niedermachen oder gefangennehmen, um sie dann enthaupten oder verbrennen zu lassen. In Kempten betrog der Abt seine Zinsbauern mit einer gefälschten Urkunde um ihre Rechte, sein Nachfolger ließ einen Boten der Bauern zum Kaiser ermorden. Als der »Schwäbische Bund«, eine 1488 von den Fürsten, Rittern und Städten gegründete militärische Vereinigung »zur Sicherung des Landfriedens«, beschloß, »die Bauern mit Gewalt zum Gehorsam zu zwingen«, und die Bauern gegen das »Kriegsvolk« der Herren antreten wollten, geschah, nach Zimmermanns »Großer Deutscher Bauernkrieg«, dieses:

»Plötzlich, am Michaelis Abend, sahen sie sich von den Kriegsknechten des Bundes zu Roß und zu Fuß in ihren Dörfern überfallen, verwundet, verstümmelt, viele auf den Tod, ihr Hab und Gut ausgeraubt, ihre Wohnungen in Flammen ... Die Rädelsführer ... wurden aufgehoben und ins Gefängnis weggeschleppt; einige hundert Bauern wanderten aus in die Schweiz.«

Wie die Bauern in Dithmarschen in Norddeutschland oder die Hussiten in Böhmen, so hatten nämlich auch die Bauern in der Schweiz gegen die Ritterheere erfolgreich gekämpft und sich Rechte gesichert, von denen die Bauern im Süden und Südwesten Deutschlands nur träumten. Einer von ihnen erklärte damals genau, was sie sich erhofften: »Was man alles gewinnen kann, wenn man den ›Bundschuh‹ aufwirft, das muß das Glück lehren. Wenigstens aber müssen wir frei sein wie die Schweizer und in geistlichen Dingen mitregieren wie die Hussiten.« Zäh und ausdauernd, oft mit Hilfe und Rat der benachbarten Schweizer, verfolgten sie dieses wahrlich nicht hoch gesteckte Ziel und nahmen deshalb über zwei Jahrzehnte lang auch ständige Rückschläge und hohe Verluste hin.

Der »Bundschuh«-Aufstand im Elsaß 1493 wurde verraten, viele konnten noch fliehen, »viele wurden aber ahnungslos überfallen, auf der Flucht nach Basel ergriffen, der Teilnahme überwiesen und gevierteilt. Enthauptung, Landesverweisung, Verstümmelung an Händen und Fingern traf viele andere« (Zimmermann).

Mit einem Teilerfolg für die Bauern endete die Auseinandersetzung zwischen Bauern und Abt in Ochsenhausen in Oberschwaben im Jahr 1502: für die Demutsgebärde der Bauern, sich entblößten Hauptes und barfuß zu unterwerfen, konnten diese immerhin Schlimmeres abwenden, »das, worauf die klösterliche Politik, seit hundert Jahren her, Jagd und Ränke gemacht hatte, die Beerbung, verlor das Gotteshaus für immer«.

Im gleichen Jahr wurde auch ein Aufstand im Bistum Speyer, an dem mehrere tausend Bauern teilnahmen, niedergeschlagen. Die Bauern erklärten in geheimen »Bundesartikeln«, mit Gewalt »das Joch der Leibeigenschaft abschütteln« und »Klöster, Kathedralen und Stifte ihrer Güter berauben und ihre Herrschaft abschütteln« zu wollen. Unter der »Bundschuh«-Fahne mit der Losung »Nichts denn die Gerechtigkeit Gottes!« traten sie an. Ein betroffener Abt gab in einer überlieferten Chronik ein beredtes Beispiel für die verfälschende Geschichtsschreibung der »Sieger«, als er über die Forderungen der Bauern sich ereiferte: »Aus dem Geständnis der Gefangenen erhellt freilich, daß sie nicht Gottes Gerechtigkeit suchten, sondern sie vielmehr bekämpfen und verjagen wollten. Doch durch göttliche Vorsehung (!) wurde der ruchlose Plan entdeckt, und einige der Urheber der Verschwörung gefangen. Auf der Folter bekannten sie die Geheimnisse des Bundes . . .« Das Strafgericht über die Bauern um Speyer sah nach dem Landschreiber Georg Brentz so aus:

»(Nach dem Aufstand) wurden die Gefangenen vor Gericht gestellt zu Bruchsal, Odenheim, Grombach und Mongolsbach. Etliche derselben wurden verurteilt, enthauptet, gevierteilt und die Leichen an den Straßen aufgehängt, etliche der Finger beraubt und des Landes verwiesen, etliche aus Gnaden um ihrer Jugend und Torheit willen an Leib und Gliedern geschont, doch am Vermögen gestraft, nach Maß eines jeden Missetat und Gelegenheit, also daß zehn mit dem Tode gestraft, drei des Landes verwiesen, viele selbst hinweg gelaufen, viele am Vermögen gebüßt wurden. Die Anzahl derer, die am Bundschuh schuldig befunden wurden, ist über hundert gewesen. Man glaubte aber, daß ihrer noch gar viel mehr wären, heimlich und unverraten, ohne die, die anderswo ergriffen und von denen auch welche zu Tode gebracht wurden, also daß zu hoffen ist: die Strafe soll anderen eine Vermahnung sein, dergleichen Konspirationen nicht gleich mehr vorzunehmen.«

Aber die »Konspirationen« gingen weiter. Der Schwarzwälder Aufruhr um Gengenbach im Jahr 1513 wurde zerschlagen, ebenso 1515 die Rebellion des »Armen Konrad« im Remstal bei Stuttgart. Über dessen Ende berichtete der Nürnberger Humanist und Freund der Bauern, Christoph Scheurl:

»Darauf hat der Herzog (Ulrich zu Württemberg und Teck) mit seinen Reisigen den Bauernhaufen umringt, die Flecken voneinander gesondert, aus einem jeden die Schuldigsten im Gefängnis, die übrigen auf dem Rathause zu Schorndorf verwahrt und festgehalten, und nach geschehener peinlicher Frage ... auf gemeldetem Platze vor Schorndorf über sie die peinliche Klage erheben und ihr Bekenntnis verlesen lassen. Doch hat er ihnen die peinliche Strafe erlassen, mit Ausnahme von achtzehn, denen alsbald ... auf dem Markt zu Stuttgart die Köpfe abgeschlagen wurden ... Etliche sind wieder ins Gefängnis geführt, und die Entlaufenen und Ausgetretenen, deren eine große Zahl gewesen ist, zitiert und folgends auf ihren Ungehorsam, soviel deren schuldig befunden, zum Tode verurteilt worden ...«

In Ungarn gelangten 1514 die Bauern sogar mit Hilfe eines Erzbischofs zu Waffen und Macht. Dieser ließ die Bauern unter deren Anführer Georg Dózsa zu einem Kreuzzug gegen die Türken bewaffnen. Aber Dózsa sah sich nur als Untertan des Königs, »nicht aber der adeligen Herren« und »vermaledeiten Edelleute«. Diese Haltung gefiel den Bauern Ungarns, die so zahlreich zu den Kreuzzugfahnen Georgs strömten, daß ganze Dörfer nur noch von Greisen, Weibern und Kindern bewohnt waren und die Edelleute ihre Bauern mit viel Grausamkeit und Erpressungen zurückhalten wollten. Da aber kochte die lange Jahrzehnte, ja Jahrhunderte angestaute Wut der Bauern gegen ihre Unterdrücker über. Die bewaffneten Bauern zogen in den Vorstädten von Ofen und Pest gegen die Adeligen, und bald taten dies alle Bauern in ganz Ungarn. Zimmermann schrieb dazu:

»Der Brand der Herrenburgen, die in roten Säulen durch die Nächte hinleuchteten, war den bisherigen Bedrückern ringsum ein blutiges Zeichen, daß die rächerische Kraft im Volke erwacht war und der Sklave seine hundertjährigen Ketten zerrissen hatte. In Kurzem fielen gegen 400 Edle dem Volke zur Sühne, selbst der Frauen und Töchter schonte die wilde Rache nicht. Es waren die Tage schrecklicher Vergeltung für die Frevel, welche adeliger Mutwillen an den Weibern und Kindern des Landmanns Jahrhunderte lang verübt hatte.«

Ein Racheakt der Adeligen an den schon mit dem Kreuz versehenen Bauern – als sie nämlich von den Söldnern niedergemetzelt wurden oder mit abgeschnittenen Nasen und Ohren nach Hause geschickt wurden – goß noch mehr Öl in das

Feuer des Aufstandes der Bauern im ganzen Land. Georgs Bauernhaufen verlangten nach Sühneopfern für die erschlagenen Brüder. Zimmermann zählt folgende Scheußlichkeiten auf, die uns eher verständlich werden, wenn wir uns an die Greuel der Türken auf dem Balkan (siehe Seite 190 ff.) erinnern:

»Der Bischof Csaky wurde gepfählt, der königliche Schatzmeister Teleky an der Scham an einen hohen Galgen gehängt, und der Volkshaß, der auf ihm besonders schwer lastete, übte sich im Schießen nach ihm, bis er starb.«

Schließlich wurde aber das Volksheer Dózsas, der sogar eine Republik Ungarn und die Souveränität des Volkes verkündet hatte, von den Soldaten des Fürsten aus Siebenbürgen angegriffen, geschlagen und Georg Dózsa gefangengenommen. Nach einer zeitgenössischen Chronik folgte dann ein Strafgericht, dessen Bestialität auch für die damaligen Verhältnisse auf dem Balkan beispielhaft blieb:

»Während die anderen Gefangenen samt Weibern und Kindern niedergemetzelt wurden, sparte man den Bauernführer und vierzig seiner Unterführer zu einem grauenhaften Gericht auf. Zwei Wochen ließ man Dózsa und seine Unterführer hungern. Neun überstanden die Qualen und wankten, abgezehrt bis auf die Knochen, aus dem Verließ. Zigeuner hatten im Auftrage des Woiwoden einen

Ungarn, 1514: Der Bauernführer Dózsa wird nach der Niederschlagung des Aufstands der ungarischen Bauern, die damals bereits eine Republik und die Souveränität des Volkes verkündeten, auf bestialische Weise mit seinen Unterführern hingerichtet.

eisernen Thron und eine eiserne Krone geschmiedet. Vor den Augen seiner Unterführer wurde Dózsa auf den glühend gemachten Eisenthron gesetzt, die glühende Krone wurde ihm in die Stirn gedrückt, das sengende Zepter bekam er in die Faust gepreßt. Dann wurde den halbverhungerten neun Unterführern befohlen, von den halbgebratenen Gliedern ihres Führers zu essen. Drei, die sich weigerten, wurden niedergehauen, die sechs anderen gehorchten. Mit zusammengebissenen Zähnen ertrug Dózsa die Qualen, kein Laut kam über seine Lippen, nur als die Unseligen an seinen schmorenden Schenkeln zu nagen begannen, nennt er sie Hunde, die er großgefüttert habe. Der Leichnam des Unseligen wurde gevierteilt und in den vier Hauptstädten des Landes an den Galgen gehängt ...«

Die aber für die ungarischen Bauern nachfolgender Generationen noch schlimmere Strafe deutet der letzte Satz des Chronikberichtes an: »Der auf die vollkommene Besiegung der Bauern folgende Reichstag verurteilte als Strafe wider die gesamte Bauernschaft Ungarns auf ewige Zeiten zur Leibeigenschaft.«
In Süd- und Mitteldeutschland wurden zu dieser Zeit in den Köpfen vieler Stadtherren, Äbte und Fürsten solche Konsequenzen überlegt, doch die letzte große Kraftprobe, die alle Kräfte der Bauern am Bodensee, im Allgäu, in Franken und Thüringen in einer echten Volkserhebung zusammenführen sollte, stand den Reichen dort noch bevor. Der bis dahin vornehmlich um soziale Gerechtigkeit geführte Kampf der Bauern gegen ihre Ausbeuter erhielt etwa ab 1520 zusätzlich den bereits erwähnten radikal-religiösen Akzent. Wie die von den Ideen Wyclifs beeinflußte Bauernrebellion in England, wie die von Hus vorbereitete sozialreligiöse Auseinandersetzung in Böhmen, die zu den Hussitenkriegen führte (siehe Seite 153 ff.), und nach dem Beispiel des Reformators in der Schweiz, Ulrich Zwingli (1484 bis 1531), der in Zürich nach dem Sieg der Bauern mit der Einführung der neuen Lehre das gesamte Gemeinwesen umgestaltet hatte, so sahen auch die deutschen Bauern ihren Kampf durch die vornehmlich von Martin Luther ausgehenden Reformforderungen gerechtfertigt. Wenn Luther in seinen Streitschriften und Flugblättern gegen die Kirchenfürsten als die »größten Wölfe« vom Leder zog und dazu aufrief, sie mit Gewalt zu vertreiben, mußten sich die Bauern in ihren Forderungen bestätigt und zu weiterer Rebellion angespornt fühlen. Nicht zufällig brach 1524 dann der Bauernkrieg gerade im Südwesten Deutschlands los, wo Erzherzog Ferdinand von Österreich und der Konstanzer Bischof zusammen besonders barbarisch jede »Ketzerei« verfolgten, und nicht von ungefähr richtete sich dann in Franken und Tirol die Bauernrebellion vornehmlich gegen den dortigen Klerus. Schließlich stritten die Bauern ja auch als »evangelische Brüderschaft«, als »christlich evangelisches Heer«, und ihre berühmten zwölf Artikel, in denen sie ihre Forderungen vorlegten, leiteten die angeprangerten sozialen und wirtschaftlichen Beschwerden alle aus der Bibel ab. Im zwölften Artikel der Bauern wurde sogar klar gesagt, daß sie von Forderungen Abstand nehmen wollen, die nicht dem Wort Gottes gemäß seien.
Luthers moralische Urheberschaft an den Bauernkriegen war also ebenso unbestritten wie auch die Tatsache, daß ohne die Reformation die Bauernaufstände

sicher genauso stattgefunden hätten, wenn auch nicht mit der gleichen Stoßkraft. Jedenfalls sah die Welt damals mit Spannung auf den Reformator und wartete, welche Stellung er zu dem Vorgehen der Bauern einnehmen würde. Die Welt sah dann, wie Luther zuerst die Forderungen der Bauern unterstützte und wie er schließlich die verzweifelt gegen die Übermacht des Feindes auch mit gelegentlichen Gewaltakten vorgehenden Bauern verriet, sich mit Abscheu von den »mörderischen und räuberischen Rotten« wandte und den Fürsten und Bischöfen empfahl, die Anführer totzuschlagen »wie tolle Hunde«. Luther entschuldigte schließlich sogar die »greuliche« und »erbärmliche« Bauernschinderei am Ende des Bauernkrieges mit der Feststellung: »Es ist nötig, und Gott will's auch haben.« Erinnern wir uns an den Aufruf zum ersten Kreuzzug (siehe Seite 134), als einer der von Luther so vehement angegriffenen Päpste die Ausrottung der Ungläubigen und Ketzer bereits mit dem Ausruf aufstachelte: »Gott will es!«
Zu Beginn des Jahres 1525 brach der Aufstand in der Landschaft Stühlingen bei Schaffhausen am Bodensee aus und verbreitete sich rasch nach dem Allgäu, Hegau und Oberschwaben. Nach den vielen Blutgerichten bei den bereits geschilderten früheren Aufständen war diesmal die Erbitterung und Empörung so stark, daß sich der Aufstand so schnell wie ein Waldbrand ausbreitete. Ganz Süddeutschland wurde erfaßt, nachdem die den Bauern versprochene Reichsreform auf dem Reichstag in Nürnberg vertagt worden war und der Übermut einer moralisch tief gesunkenen Ritterschaft, eines hochmütigen städtischen Patriziertums und ebenso habsüchtiger wie reicher Klöster und geistlicher Herrschaften den in Süddeutschland ehemals freien Bauernstand am schlimmsten geknechtet hatte, ohne daß, wie etwa in Brandenburg, ein gerecht denkender Landesherr den adeligen Blutsaugern auf die Finger gesehen hätte. Mochten die Bauern in Eingaben und Beschwerden auch noch so eindringlich bitten: »Wir wissen nicht, wie wir unsere Weiber und Kinder ernähren sollen, und können zuweilen auch unseren Herrschaften das, was wir ihnen sonst zu leisten schuldig sind, nicht leisten. Wir bitten ... daß wir fürderhin solche Frondienste zu leisten nicht verpflichtet sind ...« Niemand nahm ihre Verzweiflung ernst.
Der Schwäbische Bund, der in Süddeutschland die in der Praxis völlig machtlose Reichsgewalt ersetzte, hatte außerdem nie versucht, den unterdrückten Bauern auch nur die geringste Gerechtigkeit widerfahren zu lassen. So mußten die Bauern ihre Sache selbst in die Hand nehmen, rotteten sich zusammen und holten sich im Wald und auf den Feldern, in Burgen und Klöstern, was ihnen zustand – und noch mehr. So berichtete Ende 1524 eine Nonne aus dem Kloster Heggbach bei Biberach in Oberschwaben, was die Bauern in ihrem Kloster wollten und deren Weiber ihnen zumuteten:

»Und am Dienstag kamen einige unserer Bauern her und führten das Korn hinweg und sagten, es wäre ihres, und wir sollten es auch besser ihnen gönnen als den Fremden. Und sie schworen so greuliche Übel dazu. Und es kamen die bösen Weiber und hatten Händel mit meiner Herrin und der Amtsherrin, sie hätten den Bund über ihre Männer gerufen. Und wenn man ihre Männer töte, so wollten sie Herrin sein und ihnen die Augen auskratzen. Sie müßten hinaus und die Kühe melken und schlechte Joppen tragen, und sie wollten herein und saubere Pelzlein tragen. Und man würde uns in den gemeinen Haufen treiben und das Gewand über dem Kopf zusammenbinden. Und wir sollten auch Kinder haben und uns Wehen geschehen lassen wie sie . . .«

Es blieb nicht nur bei Drohungen. Vom Februar 1525 berichtete der Zeitgenosse Amandus Scheffer über den Baltringer Haufen in Oberschwaben:

»Also sind auf denselben Donnerstag (9. Februar) mehr denn 2000 Bauern auf dem Ried zusammengekommen, und ist der Bauernhaufe von Tag zu Tag je länger je mehr angeschwollen, daß an einem Haufen 12 000 Bauern beieinander gewesen sind . . . Auf Lätare, den 26. März, haben die Bauern den ersten Angriff getan und sind eingefallen zu Schemmerberg ins Schloss und haben da alle Öfen, Fenster, Türen, Läden und Tröge zerschlagen, und was von Eisen gewesen ist, abgebrochen und keinen Nagel an der Wand bleiben lassen . . . Zum letzten haben sie das Schloss angezündet . . .«

Hauptgrund für die ersten Ausschreitungen der Bauern war der Fehler der Grundherren, auf die programmatischen Forderungen der Bauern nicht einzugehen, und die strikte Ablehnung derselben durch den Schwäbischen Bund. Dies mußte bewirken, daß bei den Bauern die radikalen Kräfte die Oberhand gewannen. Der Schwäbische Bund rüstete in der Zwischenzeit seine Heere auf. Einer der Todfeinde der bäuerlichen Bewegung war der bayerische Bundeskanzler Leonhard von Eck, der den Mitgliedern des Bundes den Rücken stärkte, jedes Entgegenkommen abzuweisen. Andere Fürsten, die verhandlungsbereit waren, wie der Kurfürst Ludwig von der Pfalz, wurden in der Folgezeit zudem immer hartnäckiger von den Bischöfen angestachelt, den Bauern mit größter Härte entgegenzutreten. Es kam zu den ersten Begegnungen mit den Truppen des Schwäbischen Bundes und in Schwaben Anfang und Mitte April 1525 auch zu mehreren Niederlagen. Bei Leipheim, am 4. April, »sind nach der geringsten und glaubwürdigsten Angabe 500 Bauern erstochen worden, bei 400 in der Donau ertrunken« (Zimmermann). Am Abend des 5. April ließ der Anführer der Bund-Truppen, Fürst Georg Truchseß von Waldburg-Zeil, erstmals acht Anführer der Bauern bei Leipheim enthaupten. Der Truchseß von Waldburg, dessen Stammschloß von den Allgäuer Bauern niedergebrannt worden war, nahm dann auch bei Wurzach am 14. April gegen die Bauern seiner Heimat grausame Rache. Ein Ulmer Bürger, Stephan Weiglin, schrieb darüber am 17. April 1525 an seinen Vater nach Ansbach:

»Zuerst teile ich dir als neue Nachricht mit, daß des Schwäbischen Bundes Kriegsvolk in der vergangenen Nacht bei dem Städtlein Wurzach, das Herrn Georg Truchseß zugehört, die Bauern, die gegen 4000 Mann stark, darunter 1500 Schwarzwälder, gewesen sind, an einem See getroffen und gegen sie geschossen und sie gefallen ist und sie zum größten Teil erwürgt und ertränkt hat, also daß von den 4000 nicht viel hinweggekommen sind, wie denn Herr Georg dasselbe den Ständen des Bundes angezeigt hat . . .«

Oberschwaben, 1525: Im März und April breitet sich wie ein Waldbrand der Aufstand der Bauern vom Bodensee über das Allgäu und Oberschwaben auf ganz Süddeutschland aus. Die beiden Federzeichnungen von Bauernunruhen bei Biberach an der Riß (oben) und von einer Plünderung des Klosters Weißenau bei Ravensburg (unten) stammen aus der »Chronik des Bauernkrieges« von Jakob Murer, 1525.

Was der Truchseß von Waldburg-Zeil für Oberschwaben war, war in Württemberg Graf Ludwig von Helfenstein, der sich mit einem Kommando auf der Burg Weinsberg bei Heilbronn eingenistet hatte und von dort aus versuchte, die Bauernbewegung auf seine Weise zu zerschlagen. Er ließ Bauern, die zu den sich zusammenrottenden Haufen stoßen wollten, kurzerhand niederstechen und versuchte, bereits weggegangene Bauern mit der Drohung zurückzubewegen, er würde ihre Höfe anzünden und Frauen und Kindern nachjagen, wenn sie nicht zurückkämen. Der ungewöhnlich scharfe Ton, in dem der Graf dieses den Bauern mitteilen ließ und die ersten tatsächlich praktizierten Maßnahmen, die er angedroht hatte, machten um Heilbronn böses Blut unter den Bauern. Hinzu kamen die Nachrichten von den Massenmorden an den Bauern in Oberschwaben und in anderen Gegenden. Der Heilbronner Bauernhaufe ging deshalb ganz gezielt gegen das Nest des Grafen auf Weinsberg, das gewissermaßen in ihrem Rücken lag, vor, um es auszuheben. Es war eine klare militärische Aktion, notwendig für die Lage der nun im Krieg befindlichen Bauern. Die Burg wurde genommen, Weinsberg am 9. April 1525 erobert und das gräfliche Kommando von 80 Rittern mit ihren Knechten getötet oder gefangengenommen. Am anderen Tag geschah dann die Bluttat der Bauern, die von den »Siegern« immer wieder so propagandistisch ausgewertet wurde, daß sie zur »Schreckenstat« der Bauernkrieger schlechthin wurde und damit – mit Hilfe von Luther! – gegen die Bauern Stimmung gemacht wurde. Weinsberg war auch nachher noch jahrhundertelang bis heute das Ereignis des Bauernkrieges, an dem die ungeheure Anmaßung der Bauern gemessen wurde und ein verfälschtes Urteil in der Literatur über den Bauernkrieg nach sich zog.

Was geschah nun wirklich in Weinsberg? Etwa 15 der gefangenen Ritter mit dem Grafen von Helfenstein an der Spitze wurden hingerichtet, indem man sie durch eine Gasse von Spießen laufen ließ und so zu Tode stach. Die Frau des Grafen, eine Tochter Kaiser Maximilians, schickten die Bauern auf einem Mistwagen mit Kindern und Begleitung nach Heilbronn. Das Aufspießen der Ritter war natürlich kein standesgemäßer Tod für Adelige, dazu noch von so schimpflicher Hand wie der gemeiner Bauern! Und große Entrüstung gab es auch über die unfeine Behandlung der Kaisertochter. Weinsberg war jedoch neben wenigen örtlichen Ausschreitungen der Bauern auf anderen eroberten Burgen und in Klöstern ihre einzige exemplarische Bluttat, während bis zu dieser Zeit die Zahl der in Oberschwaben und im Elsaß erschlagenen, erwürgten oder ertränkten Bauern die Zahl der Opfer von Weinsberg um das Vielhundertfache übertroffen hatte. Die »Rache für Weinsberg«, die Schlacht bei Böblingen Anfang Mai 1525, unterstrich nachdrücklich, auf welcher Seite bedenkenloser gemordet wurde. Der Schreiber des Anführers des Bündischen Heeres, des bereits genannten Truchseß von Waldburg, zog in seinem Bericht über den Sieg seines Herrn eine Bilanz, die für sich spricht:

Rechte Seite. Weinsberg, 9. April 1525: Bauern stürmen Stadt und Burg von Weinsberg, in der sich Graf von Helfenstein mit einem Kommando von 80 Rittern verschanzt hatte. Einen Tag später wird der Graf mit etwa 15 seiner Ritter durch die Spieße gejagt (Gemälde v. Keller, 1877); es war eine der wenigen Bluttaten der Bauern, während die Ritter die Bauern zu Tausenden umbrachten.

»Und bevor noch der verlorene Haufe in die Flucht geriet, war schon ihr rechter, gewaltiger Haufe, der hinter ihm (Herr Georg) war, in völliger Flucht. Es wurden zwar so auch gegen achttausend Bauern erstochen, wenn aber dem Truchseß gefolgt worden wäre und man auf die anderen Reisigen, deren noch gegen tausend waren, gewartet hätte, wären von den insgesamt zwanzigtausend Bauern nicht viele davongekommen.«

Es blieb aber nicht bei den 8000 getöteten Bauern. Die Stadt Weinsberg, welche die Bauern bei ihrem Sturm geschont hatten, ließ nun der Truchseß als »Vergeltungsmaßnahme« niederbrennen und alle Weinsberger Bauern umbringen, die er erwischen konnte. Auch in anderen Gegenden Deutschlands wurden danach alle heimkehrenden oder auch völlig unschuldig aufgegriffenen Bauern zu Hunderten grauenhaft gemartert, bevor sie qualvolle Tode starben.
In Thüringen war die Bauernrevolution inzwischen ebenfalls in vollem Gang. Nach dem blutigen Ende im Allgäu kämpften auch in Franken, in Württemberg und in Salzburg die Bauern um ihre Rechte. Vielerorts fanden sie auch bei den Arbeitern und Handwerkern in den Städten Unterstützung, denen die Ausbeutung durch ihre Patrizier genauso verhaßt war wie den Bauern ihr Herrenjoch. Diese waren es auch, die den Bauern in Rothenburg und Heilbronn die Stadttore öffneten, ebenso in der thüringischen Stadt Erfurt. Die thüringischen Bauern zerstörten in wenigen Tagen 40 Klöster und viele Ritterburgen. Thomas Müntzer, ihr Anführer, feuerte in Flugblättern und Briefen seine Scharen an: »Dran, dran! Sehet nicht an den Jammer der Gottlosen. Sie werden euch also freundlich bitten, greinen, flehen wie die Kinder. Lasset euch nicht erbarmen ... dran, dran, diweil das Feuer heiß ist ...«
Der Mai 1525 brachte in allen Gebieten der Bauernerhebungen blutige Höhepunkte. Am 15. Mai kam bei Frankenhausen das Ende für die Bauern in Thüringen. Hinter einer Wagenburg die Reiter des Grafen Albrecht von Mansfeld erwartend, wurden sie zu Tausenden erschlagen. Im Bericht eines Siegers, des Landgrafen Philipp von Hessen, heißt es über das Ende dieser Schlacht:

»Und es sind der Feinde gegen sechstausend tot geblieben und gegen sechshundert gefangen, ohne die, die seither gefunden und gefangen sind ... Nach der Schlacht rückte man in den Flecken, nahm ihn ein und fing bei dreihundert Mann, die man da köpfte ...«

Thomas Müntzer selbst entkam zunächst, wurde aber wenige Tage später doch gefangengenommen und am 25. Mai nach langer Folterung mit Daumenschrauben zusammen mit anderen Bauernführern enthauptet.
Die Sieger hausten im Mai und Juni 1525 am schlimmsten unter den Bauern, deren Revolution zusammenbrach, denn »das Kopfabschlagen hat noch kein Aufhören, es werden über die Maßen viel armer Leut Witwen und Waisen gemacht«, so Spalatin in seiner Chronik. Vor allem in Franken wüteten die Landsknechte und schlugen bei Königshofen 5000 Bauern in die Flucht, wobei sie 4000 erschlugen. Auch bei Sulzdorf wurden die Bauern geschlagen:

»Und da das Schlachtfeld weit und eben war, verfolgten die Reisigen sie und hieben auf sie ein, bis über 5000 der Bauern erschlagen waren. Das Feld lag allenthalben voller Toten ... Etliche Reisige hatten bis zu 60 Bauern gefangen, die sie zurückführten und brandschatzen wollten, aber die wurden bei den Haufen der Bauern alle auf einem Haufen erstochen ...«

Das gnadenlose Abschlachten der Bauern, die sich gegen die überwältigende Überlegenheit der Landsknechte nicht einmal mehr zur Wehr setzten, endete schließlich überall in fürchterlichen Strafgerichten. Das war vor allem so im Elsaß, wo die Bauern eigentlich am meisten Erfolg gehabt hatten – bis der Herzog von Lothringen in einem regelrechten »Kreuzzug« gegen sie antrat. Der Herzog war Katholik und französischer Vasall, er sah also in den Bauern sowohl Ketzer als auch Aufrührer gegen Frankreich. Die Grausamkeit, mit der er im Mai 1525 bei Zabern gegen die sich bereits unterwerfenden Bauern vorging, übertraf selbst die Taten der Heere des Schwäbischen Bundes. Seine albanesischen Söldner metzelten schonungslos nieder, auch Weib und Kind. In dem Dorf Lupstein bei Zabern wurden etwa 6000 Bauern verbrannt oder erstochen. Ein französischer Ritter frohlockte später darüber:

»Das Gemetzel war so furchtbar, daß das Blut, untermischt mit Regenwasser, in starken Bächen und Strömen über die Dorfgassen rann ...«

Während diesem Abschlachten in Lupstein aber ein Kampf vorausging, war der Massenmord von Zabern am 17. Mai 1525 ein Akt blinden Hasses und ein eklatanter Bruch eines bereits bestehenden Vertrages zwischen dem Lothringer Herzog und den Bauernführern. Sie hatten Zabern waffenlos übergeben und waren dann während des Abzuges aus der Stadt von den Soldaten des Lothringers mit dem Ruf »Schlagt zu, es ist uns erlaubt!« überfallen worden. Unentwegt hieben und stachen die Landsknechte auf die wehrlosen Bauern ein, die in wilder Flucht in die Stadt Zabern zurückrannten. Die Soldaten verfolgten sie und richteten ein fürchterliches Blutbad an. Ein Augenzeuge hielt fest:
»Und der Kampf in Zabern war so schrecklich, daß die Straßen bedeckt, die Häuser angefüllt waren mit Toten.«

Meist ohne Gegenwehr wurden dabei an die 20 000 Bauern in und vor Zabern getötet. Straßburger Gesandte, die einen Tag später in Zabern waren, schrieben an ihren Stadtrat diesen Bericht:

»Wir lassen euch wissen, daß wir heute (18. Mai) nach Zabern hineingeritten sind und meinten, den Herzog im Lager zu finden. Er brach auf und zog mit seinem ganzen Gefolge nach Maursmünster. Aber vor der Stadt Zabern, draußen, ein gutes Stück Weg weit, lag es voll erstochener Bauern und dann in der Stadt über und über. Auf den Gassen und in den Häusern lag es voll erstochener Bauern und Bürger. An etlichen Enden lagen sie sehr dick übereinander und in etlichen Häusern in großer Anzahl und unter den Toren so viel, daß wir nur mit Mühe über sie ritten. Und sie wurden unter den Toren sehr von den Pferden zertreten ...«

Verständlich, daß nach diesem Grauen auch die Nachbarorte von Zabern zitterten. Die Bauern von Kleeburg und Umgebung, in der Gegend um Weißenburg, wandten sich in ihrer Not ebenfalls an den Stadtrat von Straßburg. Ihr Brief läßt ahnen, welchem Terror sie in der Endphase des Bauernkrieges ausgesetzt waren:

»Liebe Herren! Wir als arme unverständige Leute in diesen aufrührerischen Sachen bitten Euer Würden und Gunst, daß Ihr gestrenge, weise und hochverständige Herren uns Armen Beistand leisten wollet mit Eurer Hilfe, und ansehen den großen Jammer und Not, daß der unchristliche Tyrann, der jetzt im Lande ist, leider, Gott erbarm's, uns so schändlich, lästerlich unsere Weiber und Kinder verdirbt und tötet, was doch eine Sünde gegen Gott den Allmächtigen ist. Auch, gestrenge, liebe Herren, sehet und lasset es Euch zu Herzen gehen, wie der unchristliche Tyrann unser Korn auf dem Feld abmäht, verschleudert, verheert und verdirbt, woraus wir uns dies Jahr ernähren wollten und auch Eure gestrengen und untertänigen Bürger mit speisen wollten. Fürwahr, läßt man den Tyrannen überhandnehmen, wird das ganze Land verdorben und zerstört. Ihr möget wohl bedenken, was für Nutzen Eurer Stadt daraus entspringen möchte; wahrlich, er wird klein sein. Wenn der Landmann nicht arbeitet auf dem Land, wird es nicht wohl stehen. Auch wollet Ihr, gestrenge, hochverständige Herren, den großen gemeinen, ungehörigen Mord, den der unchristliche Tyrann mit den Weibern und Kleinen Kindern treibt, Euch zu Herzen gehen lassen und um Gottes willen an uns arme, unverständige Leute denken und unser einfältiges Schreiben uns nicht verargen, sondern uns helfen, den heiligen christlichen Glauben aufzurichten und demselben Beistand zu leisten. Denn wenn das nicht geschähe, und der Tyrann überhandgewönne, ist zu besorgen, daß der ganze Rheinstrom dadurch verloren und verdorben wird. Und den Weibern, die im Kindbett liegen, hauen sie die Köpfe ab, und die kleinen Kinder erstechen sie und hängen sie an die Schwerter und zeigen sie, wie König Herodes einst tat. Es muß Gott erbarmen. Der Friede sei mit Euch!«

Zabern war aber nicht die letzte »Station« zum Frieden im Elsaß. Während die Lothringer ihre Racheakte als eine »göttliche Strafe« für die »Sündhaften« und »verstockten Menschen« betrachteten, waren die elsässischen Bauern natürlich voll verzweifelter Wut. Noch einmal kamen 8000 Bauern zusammen und lieferten dem Heer des Lothringer Herzogs bei Scherweiler eine Schlacht, in der wieder 4000 Bauern umkamen, die aber letztlich unentschieden ausging und den Herzog endlich zum Abzug nach Lothringen bewog.
Blutige Strafgerichte gab es aber nach der Niederlage der Bauern auch im süddeutschen Raum. Die Herren feierten einen totalen Sieg. Psychologisch gesehen verdankten sie ihn der jahrhundertelang von Kirche und Staat in die leibeigenen Bauern eingepflanzten Angst vor den Herren, gegen deren allmächtige Existenz aufzumucken eben immer Unglück und Sünde bedeutet und alle Hoffnung auf göttliche Gnade oder gar irdische Gerechtigkeit im Keim erstickt hatte. Überall nach dem Bauernkrieg wurden Brandschatzungen und Hinrichtungen der Sieger gefürchtet. Kaum eine Stimme des Mitleids kam aus dem Lager der Sieger.

Allein in den »oberdeutschen Landen«, in Südwestdeutschland und im Elsaß, werden im Bauernkrieg »mehr als 130 000 Bauern umgebracht«. Die Strafgerichte der Ritter und Fürsten sind fürchterlich: Zu Tausenden werden die Bauern erhängt, gepfählt, gevierteilt, verbrannt, gerädert oder erstochen (Bauern-Exekutionen nach dem Petrarca-Meister).

schon gar nicht aber irgendwelche Versuche zur Besserung der Lage der Bauern. Typisch für den Geist, mit dem die Abrechnung der Herren durchgeführt wurde, ist folgende Henkerrechnung über einen Rachezug unter Markgraf Casimir von Brandenburg gegen die fränkischen und nordwürttembergischen Bauern:

»Meister Augustin, des Markgrafen Nachrichter (wie aus seiner Spezifikation in seiner Supplikation an den Markgrafen zu ersehen) beweist, daß er in diesem Zug allenthalben 80 enthauptet hat, nämlich 1 zu Neuenhof, 1 zu Erlbach, 10 zu Ipsheim, 3 zu Ansbach, 6 zu Leutershausen, 9 zu Kitzingen, 2 zu Höchstadt, 18 zu Neustadt an der Aisch, 25 zu Rothenburg ob der Tauber – unter welchen 2 von Ludwig von Huttens Untertanen waren –, 4 zu Crailsheim, 1 zu Feuchtwangen, summa 80 enthauptet. 7 zu Leutershausen die Finger abgeschlagen, 62 zu Kitzingen die Augen ausgestochen usw. Es ist ihm (nach seiner Supplikation) versprochen worden, für jeden, den er mit dem Schwert gerichtet, einen Gulden und für jeden, dem er die Finger abgeschlagen und die Augen ausgestochen, einen halben Gulden. Das macht in einer Summe:

80 enthauptet	
69, denen die Augen ausgestochen und die Finger abgeschlagen worden	114 fl. 2 Ort
Davon abzuziehen:	
von Rothenburgern	10 fl.
von Ludwig von Hutten empfangen	2 fl.
Rest	102 fl. 2 Ort
Dazugetan 2 Monate Sold jeden Monat 8 fl. usw.	16 fl.
Facit	118 fl. 2 Ort

Augustin Nachrichter,
den die Kitzinger den Meister Awe nennen.«

Die grausame Nüchternheit dieser teuflischen Rechnung läßt auch keinen Zweifel daran, daß die Herren und alle ihre Helfer die Bauern wie gemeine Verbrecher, wie rechtlose Sklaven behandelten. So verwundert es auch nicht, daß die Lage der Bauern nach ihrer gescheiterten Revolution in den Aufstandsgebieten schlechter denn je wurde. Ausführlich und im Detail sehr aufschlußreich beschreibt Anselm Berner Chronik die Folgen der Revolution für die »oberdeutschen Lande« so:

»So wurde nun dieser Aufruhr und Krieg niedergeworfen und die verhaßte Bauernschaft wieder ins Joch gespannt, mit solchem Blutvergießen, daß man für die oberdeutschen Lande mehr als 130 000 umgebrachte Bauern berechnet hat, unter ihnen eine namhafte Zahl Bürger und Edle, die von der Bauernschaft mit Gewalt zum Anschluß gezwungen worden waren; desgleichen mit solcher Verwüstung, daß eine große und langwierige Teuerung aller Dinge, besonders des Fleisches, und ebenso Pestilenz nachgefolgt sind. Da hat die eingespannte Bauernschaft nach so großem Aderlaß noch einen kalten Schweiß schwitzen müssen, der Tod oder langwierige Krankheit bedeutet; kurzum, man erntete für eine tyrannische, rohe Handlungsweise eine tyrannische, rohe Abrechnung. Denn nach erlangtem Sieg sind die Herren noch viel mehr als vorher schon ungnädig und unverschämt geworden, also daß auch die, die aus Unvermögen und Furcht sich mit den Ihren verglichen hatten, und auch die – deren gab es freilich wenige –, die früher Gnade und Redlichkeit walten ließen, zu mehr Härte bewogen wurden in der Meinung, mit engerem Gurt und Gebiß dem Esel die Sprünge zu wehren und ihn im Zaum zu halten.

Und so haben denn die Herren gemeinhin bei dieser Abrechnung alles auf ihre Gnade und Ungnade, das ist auf ihre Willkür gestellt. Und erstlich haben sie ihre Bauern, die bezwungen waren oder sich ergeben hatten, auf Gnade und Ungnade angenommen und sie zu erneutem Gehorsam eidlich streng verpflichtet; haben ihnen als meineidige Aufrührer Ehre, Waffen, insonderheit Feuerbüchsen und

Harnische, ferner Kleider von Londoner und dergleichen Tuch, Barette und ausgeschnittene Schuhe, desgleichen Wirtshäuser weggenommen und bei Strafe an Leib und Gut verboten, ebenso wurde ihnen bei Verlust des Lebens alle Zusammenrottung, Versammlung, Unterredung, Landgeschrei und Glockensturm untersagt und geboten, die Entwichenen eidlich anzugeben, zu fangen oder zu erstechen und zu richten.

Jedem Hause wurden bei Drohung mit Brand und Plünderung sechs rheinische Gulden als Strafe auferlegt, gegen die Reichen, Amtsleute und Rädelsführer behielt man sich höhere Strafen vor. Da sind viele gnädige Zusagen nichtig geworden. Und viele – auch solche, die bei den Bauern den Bauern geschadet und den Herren genützt hatten – hat man wie Schafe aus den Hürden um kleiner, ja, keiner Schuld willen herausgezogen, heimlich und öffentlich geschoren und abgeschlachtet, viele sind auch verschollen. Darum ist eine namhafte Zahl von redlichen Kriegs- und anderen Leuten vor ihrer Herren Ungnade zu den Türken geflohen, wo, wie man rühmte, mehr Gnade und Glauben zu finden war als bei denen, die christliche, ja, auch geistliche Fürsten sind und genannt werden wollen.

Ebenso wurden die Bauern bei oben genannter Strafe streng verpflichtet, sich mit beiden, geistlicher und weltlicher Obrigkeit, und mit jedem, der Anspruch hätte – Edlen, Bürgern, Klöstern, Stiften, Kirchen usw. –, wegen der Kosten und des Schadens zu vergleichen. Da hat nun erst recht an Kammer-, Hof- und Landgerichten aus blutigem Schweiß reiche Beuten ohne Kosten und Schaden ergattert das zarte Volk, das allein mit feiler Zunge zu fechten geschickt ist und ruhig diesem Unheil zugeschaut hat, nämlich Richter, Kommissare, Advokaten, Schreiber, Pedellen, Boten usw.

Und von diesem und vielem anderen abgesehen sind hernach alle, jedenfalls die wichtigsten Artikel, die anfangs von der Bauernschaft gefordert wurden, nicht allein abgeschlagen, sondern es ist nun erst recht mit strengen Geboten und unaufhörlichen Strafen gegen sie vorgegangen worden. In Summa: Wie die Bauernschaft und ihr Anhang unternommen hatte, durch Aufruhr das Evangelium und sich selbst zu befreien, also ist ihr Vorhaben auch durch Aufruhr umgestürzt worden. Die unterdrückte Bauernschaft, die den Karrenstricken entschlüpft war, ist nun erst recht mit Ketten in den Wagen eingespannt worden.«

Wer »durch Aufruhr das Evangelium befreien« wollte, mußte außerdem auch noch im Namen Gottes unnachsichtig bestraft werden. Schließlich war die Revolution der Bauern ja im Zeichen der Reformation aufgenommen worden, und viele Klöster waren, wie wir gehört haben, die ersten Angriffsobjekte der Bauern gewesen.

Im Lager der Katholischen Kirche standen dann natürlich auch die meisten Sieger, die ihren Triumph über die »Ketzer«, deretwegen sie doch so viel Angst um ihr Leben, Hab und Gut durchstehen mußten, hinterher voll auskosteten. Ein Todfeind der Reformation, der katholische Theologe und Sekretär des Herzogs von Sachsen, Hieronymus Emser, schrieb in seinem Poem »Nach dem Bauernkrieg« klar und deutlich:

»Gott läßt die Sach nicht ungestraft,
Und gibt den Fürsten Sieg und Kraft,
Sein und seiner Heiligen Ehr,
Dazu der Kirchen alte Lehr
Zu schützen und darum zu kämpfen,
Und alle Ketzerei zu dämpfen.
Er will nun nicht mehr länger schlafen,
Und einen mit dem andern strafen,
Groß und klein, niemand ausgenommen . . .«

Die nachfolgenden zwei Jahrhunderte Glaubenskriege in Europa bestätigten seine Sätze, hinter denen zweifellos auch eine gehörige Portion Spott und Hohn stecken, denn Martin Luthers spätere Lehre »vom leidenden Gehorsam gegen die Obrigkeit«, also die Anerkennung einer von Gott eingesetzten Obrigkeit, der man politisch zu gehorchen hat, mußte in den Augen eines Gegners der Reformation wohl einer Kapitulation gleichgekommen sein. Andererseits führte Luthers Kompromiß zur Stärkung des Landesfürstentums gegenüber dem Kaiser, denn viele Landesfürsten schlugen sich auf die Seite der Reformation und verhalfen mit ihrem politischen Frontwechsel der Reformation in weiten Teilen Deutschlands zum Sieg.

Für die Bauern aber, den zwischen dumpfer Resignation und ohnmächtiger Wut schwankenden Verlierern, begann danach erst recht eine noch Jahrhunderte andauernde Epoche der Sklaverei, während der sie häufig noch schlechter gestellt waren als die Negersklaven in den Südstaaten der USA. Erst im 18. Jahrhundert wurden erste Zeichen einer Aufhebung der Leibeigenschaft gesetzt. Und im Laufe des 19. Jahrhunderts sollten die Bauern endlich auch Anschluß an die Grundrechte bürgerlicher Freiheiten finden, während eine endgültige Einebnung der Unterschiede zwischen der Bevölkerung in Stadt und Land sich eigentlich erst heute in unserem Jahrhundert beobachten läßt.

Unmittelbar nach dem Ende des Bauernkrieges vegetierte das einfache Landvolk ohne jede Hoffnung und in ständiger Sorge um das Leben ihrer männlichen Mitglieder dahin. Wie sehr jedes normale menschliche Zusammenleben gestört war, auch bei solchen Bauernfamilien, deren Väter sich an der Revolution nicht beteiligt hatten, beweist dieser Brief von »ehelichen Hausfrauen« aus 17 Orten rings um Kempten, gerichtet an die Stadt Memmingen, bei der sie um ihre Männer bitten: ». . . Ihre Ehewirte sind bei derselben und den Ständen des Bundes dieser aufrührerischen Läufe und Empörung halb dermaßen verunglimpft worden, daß sie ihres Leibs und Lebens nicht wenig zu besorgen hatten und von ihren Eheweibern und Kindern weichen mußten. Weil aber dieselben an diesem Aufruhre ganz unschuldig und dazu weder Rath noch Tath getan haben, so bitten sie in ihrem Namen, die Stadt möge denselben frei Geleit geben und auch vom Bunde verschaffen, auf daß sie sich wie Biederleute verantworten können. Nach ihrer Verantwortung möge man sie bei ihren Eheweibern und kleinen unerzogenen Kindern wohnen und diese ernähren lassen . . .«

Nach der Tragödie des Bauernkrieges beginnt für die leibeigenen Bauern und Knechte erneut eine Epoche der Sklaverei mit einem noch schlimmeren Diktat der Unmenschlichkeit. Den Holzschnitt »Bestrafung der Knechte« hat Hans Burgkmair (1473 bis 1531) gezeichnet.

In den kleinen Land- und Dorfgemeinden erstarb durch weitreichende Auflagen, mit der Aufhebung aller politischen Rechte, für lange Zeit jedes Gemeinschaftsleben.

Die schwäbische Stadt Ulm verbot zum Beispiel in den Gemeinden, die während der Revolution von ihr abgefallen waren, alle »Kirchweihen, Gastungen, Tänze« und den Frauen sogar das früher übliche Zusammenkommen in den Spinnstuben. Jegliche Möglichkeit zu Beschwerden bei den Herren, die vor dem Bauernkrieg häufig genutzt worden war, entfiel ebenfalls. Die Bauern, die mit so viel Hoffnung und Glauben an eine Verbesserung ihrer menschenunwürdigen Lage angetreten waren, mußten hinterher ein noch schlimmeres Diktat der Unmenschlichkeit von den Herren hinnehmen.

So wurde die Bevölkerungsschicht mit dem zahlenmäßig größten Anteil in den nächsten Jahrhunderten jeglicher Möglichkeit beraubt, überhaupt eine Rolle als »aktive Kraft im sozialen und innerpolitischen Leben Deutschlands« (Adolf Waas) zu spielen.

Es blieb, wie es in dem traurigen Lied heißt, das fortan unter den Bauern umging:

»Reich wollten wir werden:
Daß Gott erbarm!
Was wir hatten, han wir verlorn;
Jetzt sind wir arm!«

»Sie achteten sie noch weit geringer als den Kot auf den Straßen . . .«

Spanier gegen die Indianer —
Mittel- und Südamerika im 16. Jahrhundert

1492
Christoph Kolumbus entdeckt die Westindischen Inseln (Antillen) und wird erster namhafter Sklavenhändler in Amerika

1492 bis 1520
Ausrottung der Indianer auf Haiti-San Domingo bis auf wenige tausend

ab 1495
Kolumbus verschickt die Indianer als Sklaven nach Spanien und verlangt für jeden Indianer 5000 Maravedi

1500
Spanien verbietet den Sklavenhandel mit Indianern nach Europa

1511
Der Dominikanermönch Antonio de Montesino fragt in San Domingo: »Sind diese keine Menschen?«

1514
Las Casas verzichtet auf Cuba auf seine Indianersklaven und macht sich zum Fürsprecher derselben

1517
Erstmals werden Negersklaven aus Afrika von den Spaniern nach Mittelamerika gebracht

1519
Cortez beginnt mit der Eroberung des Aztekenreiches. Bluttat in Cholula. Gefangennahme Montezumas, der die Spanier für heimkehrende Götter hält

1520
Massenmord der Spanier unter Alvarado in Tenochtitlan. Abzug der Spanier nach »noche triste« (Traurige Nacht)

1521
Blutige Eroberung und Plünderung Tenochtitlans unter Cortez — Beginn der spanischen Herrschaft in Mexiko (bis 1821)

1532
Pizarro beginnt mit der blutigen Unterwerfung des Inka-Reiches — Gewalttat gegen Atahualpa

1535
Gründung von Lima. Ein Inka-Aufstand wird blutig niedergeschlagen

1541
Ermorderung von Pizarro

1543
Las Casas veröffentlicht seinen »kurzgefaßten Bericht von der Verwüstung der Westindischen Inseln«

Kolumbus entdeckte die Neue Welt. Aber die Eroberer dieser Neuen Welt, geld- und goldgierige Abenteurer aus der Alten Welt, praktizierten dort von Anfang an das, was in der Alten Welt seit Jahrhunderten üblich war: das unmenschliche System des Herr-Knecht-Verhältnisses, in dem die »Weißen« als die Herren alle Rechte für sich beanspruchten und die wilden und heidnischen Indianer zur Sklaverei verurteilt wurden. Kolumbus war nicht nur der ruhmreiche Entdecker Amerikas, er war auch der erste namhafte Sklavenhändler in Amerika. Nach seiner ersten Begegnung mit Indianern schrieb er in sein Bordbuch:

»Sie müssen gewiß treue und kluge Diener sein, da ich die Erfahrung machte, daß sie in Kürze alles, was ich sagte, zu wiederholen verstanden ... Wenn es dem Anschein gefällt, werde ich bei meiner Rückfahrt sechs dieser Männer mit mir nehmen, um sie Euren Hoheiten vorzuführen, damit sie die Sprache (Kastiliens) erlernen ...«

Es blieb nicht bei »sechs dieser Männer«. Kolumbus trieb sehr bald einen schwunghaften Sklavenhandel mit den Indianern, entsprechend der damals bei allen Völkern Europas, die die überseeische Expansion vorantrugen, üblichen Erkenntnis, in der Sklaverei nicht nur eine allgemeine Praxis, sondern zugleich eine durch Kirche, Staat, Recht und Sitte sanktionierte Einrichtung zu sehen. Kolumbus hatte vor der Fahrt nach Westindien bereits Erfahrung im Sklavenhandel im westafrikanischen Guinea gesammelt und erkannte sofort die Chance, mit den Menschen auf den westindischen Inseln die Belieferung der europäischen Sklavenmärkte aufzunehmen oder sie als Arbeitskräfte an die Kolonisten in den bald folgenden spanischen Kolonien in der Neuen Welt zu verkaufen. Zwei Tage nach seiner Landung auf einer anderen westindischen Insel schrieb er in sein Tagebuch, daß die katholischen Könige, wenn sie befehlen, alle Eingeborenen der Insel nach Kastilien schaffen oder auf der Insel selbst in Sklaverei halten könnten. Lange Zeit zögerten die katholischen Könige mit der später ausgesprochenen generellen Ablehnung solcher Vorschläge, und Kolumbus war in dieser Zeit nicht untätig. Er schickte verschiedene Male eine größere Zahl von Indianern auf den Sklavenmarkt nach Spanien: im Februar 1495 in vier Schiffen etwa 500 Indianer im Alter von 12 bis 35 Jahren, im Juni 1495 weitere 300. Anfangs stand sogar der Bischof Rodriguez de Fonseca, königlicher Beauftragter in den Angelegenheiten der überseeischen Entdeckungen, selbst als Auftraggeber hinter dem Sklavenverkauf der Indianer in Sevilla. Dann wurde dieser Handel unterbunden, nicht aber, weil der spanischen Königin Isabella I. (1474 bis 1504) das Herz blutete, sondern weil die spanischen Monarchen im Krieg mit den Mauren die maurischen Gefangenen zu Sklaven machten und aus dem Erlös des Handels mit diesen Sklaven ihre Kriegskosten decken konnten, ohne zusätzliche Kosten für die Überfahrt von Indianersklaven einkalkulieren zu müssen.

Obwohl die Sterblichkeit bei den Indianern, die als Sklaven nach Europa verschifft wurden, sehr hoch war, verwies Kolumbus immer wieder darauf, daß sie »so viel wert wie der schlechteste Negersklave« seien, verlangte andererseits aber für jeden aus Westindien abgesandten Indiosklaven 5000 Maravedi. Kolumbus errechnete genau, wieviel Sklaven jährlich zusammen mit Brasilholz verschifft werden könnten und stellte diese Kalkulation auf, die Ulrich Küntzel in seinem Buch »Die Finanzen großer Männer« wiedergibt:

Kalkulation für den jährlichen Versand von je 4000 Sklaven und 4000 Zentnern Holz von San Domingo nach Sevilla

Transportkosten	6 Millionen Maravedi	
Erlös	40 Millionen Maravedi	(= 85% des Erlöses)
Reingewinn	34 Millionen Maravedi	(= ca. das Sechsfache des eingesetzten Kapitals)

Mit gutem Grund verwies der geschäftstüchtige Kolumbus, der »wohlvertraut mit der Moraltheologie« war, nach der »die Versklavung von Nichtchristen mit der Begründung« gerechtfertigt sei, »daß Heiden ohnehin zu ewiger Verdammnis verurteilt seien« (Küntzel), immer wieder auf die zu erzielenden hohen Gewinne, »um bald sehr reich zu werden«, wie er freimütig bekannte.

Nachdem der Versand von Indiosklaven nach Europa im Jahr 1500 durch einen königlichen Erlaß verboten wurde, setzte man die Befriedung der neuen Inselkolonien mit einem »Bekehrungswerk« fort, das wie zu Zeiten der Christianisierung der Heiden in der Alten Welt nur die Alternative Tod oder Taufe kannte – und oft war die Taufe gar nicht ernst gemeint. Kolumbus und seinen Nachfolgern gelang es innerhalb von dreißig Jahren, die Indios auf Haiti-San Domingo von schätzungsweise 200 000 bis 300 000 im Jahr 1492 auf wenige tausend im Jahr 1520 auszurotten. In der gleichen Zeit wurden auf den Westindischen Inseln auch immer heftigere Auseinandersetzungen um die Versklavung der Indianer geführt. Trotz des königlichen Erlasses ging die Sklaverei auf Haiti und den Nachbarinseln und später während der Eroberungen auf dem mittel- und südamerikanischen Festland weiter. Ab 1517, nachdem die Mehrzahl der Indianer ausgerottet war, brachte man afrikanische Neger nach Westindien.

In den ersten Jahren der Herrschaft der Spanier auf Haiti-San Domingo und den Nachbarinseln war die Suche nach Gold die Triebfeder für Massenversklavungen. Die Indianer wurden als Arbeitssklaven beim Abbau und Waschen des Goldes, das ohnehin nur spärlich vorkam, totgeschunden. Die zu dieser Arbeit gezwungenen Indios mußten dabei für ihre eigene Verpflegung sorgen, was in der Praxis aber unmöglich war. Wer zu Tode erschöpft umfiel, wurde schnell durch neue Sklaven ersetzt – ein perfektes System der Massenvernichtung von Menschen, für das anfangs Kolumbus selbst, später die nachfolgenden spanischen Gouverneure die Verantwortung trugen. Alle wollten sie schnell reich werden – wie alle Kolonialherren späterer Jahrhunderte mit dem gleichen System auch. Sie wurden getrieben von der Gier nach Geld und Macht, die Sklaven waren für sie nur Werkzeug. Der spätere Ankläger des Massenmordes, der Dominikanermönch Las Casas (1474 bis 1566), der selbst von 1502 bis 1547 in der Neuen Welt war und auf dessen ausführlichen Bericht wir noch zurückkommen werden, schrieb über die Einstellung der Spanier zu den Indianern: »Sie achteten und schonten sie weit weniger – und ich sage die Wahrheit, denn ich habe es die ganze Zeit

Westindische Inseln, ab 1492: Durch Massenmord und Sklaverei rotten die Spanier in dreißig Jahren allein auf Haiti-San Domingo rund 200 000 Indianer aus. Las Casas, aus dessen Bericht diese Illustration von 1613 stammt, schreibt: »Sie drangen unter das Volk, schonten weder Kind noch Greis, weder Schwangere noch Entbundene, rissen ihnen die Leiber auf und hieben alles in Stücke, nicht anders, als überfielen sie eine Herde Schafe . . .«

über mit angesehen – nicht etwa bloß als ihr Vieh – wollte Gott, sie hätten sie nicht grausamer als ihr Vieh behandelt! –, sondern sie achteten sie nicht höher, ja noch weit geringer als den Kot auf den Straßen.«
Fast alle Entdecker kannten keine Skrupel und bereicherten sich mit der »Bekehrung« der Eingeborenen auf den Westindischen Inseln ebenso wie später auf dem von den Konquistadoren (spanische Eroberer) besetzten Festland. Die Indianer waren für sie alle keine Menschen »von derselben Natur wie wir«, wie ein Chronist wenige Jahre später während der Eroberung Mexikos schrieb: »Es gab Leute, und nicht ohne Bildung, die Zweifel erhoben, ob die Indianer in Wahrheit Menschen waren . . . und es fehlte nicht die Behauptung, daß sie es nicht seien und darum unfähig wären, die heiligen Sakramente der Kirche zu empfangen . . . Man sagte, daß sie in ihren Kriegen zu wilden Tieren geworden waren . . .«
Trotz der tatsächlich damals weit verbreiteten Furcht vor den »Wilden«, die zeitgenössische Künstler mit mehreren Köpfen, langen Schwänzen und unförmigen Körpern darstellten, steht fest, daß die Menschen auch im 16. Jahrhundert genau

wußten, was Barbarei und Unmenschlichkeit auch gegenüber den Indianern ist. Sehr bald erhoben sich die ersten Stimmen des Protestes und der Anklage, die kein Blatt vor den Mund nahmen und die Kolonisierung der Spanier als Greueltaten bezeichneten, was sie auch waren. Der erste, der den spanischen Siedlern versuchte, die Augen zu öffnen, war der Dominikanermönch Antonio de Montesino. Er donnerte 1511 in der Kirche von San Domingo die versammelten Spanier am Sonntag vor Weihnachten von der Kanzel herunter an: »Sind diese keine Menschen? Haben sie nicht vernunftbegabte Seelen? Seid ihr nicht verpflichtet, sie zu lieben wie euch selbst? Das versteht ihr nicht? Das fühlt ihr nicht?«
Wahrscheinlich waren die spanischen Kolonialherren über diese Fragen genauso verblüfft, wie es Griechen oder Römer gewesen wären, wenn man diesen gesagt hätte, sie dürften sich ihre Sklaven nicht mehr zu Dienstleistungen und niederen Arbeiten heranholen. Doch diesem ersten einsamen Ruf nach Menschlichkeit folgten andere. Der bereits erwähnte Bartholomäus de Las Casas war seit 1502 auf der Insel Cuba als Priester und Gruben- und Plantagenherr tätig gewesen, bevor er sich nach jahrelanger eigener Praxis der Massenausrottung, »ebenso geblendet wie die weltlichen Ansiedler«, vom Saulus zum Paulus wandelte. 1514 verzichtete er persönlich auf die ihm zugeteilten Indiosklaven. Er wurde ab 1522 Dominikanermönch und begann nun seinen Kampf um das Leben der Indios, seinen Feldzug gegen die spanischen Kolonialgreuel. Er verfaßte mehrere Schriften und Briefe und setzte sich in Audienzen und Streitgesprächen in Westindien selbst und in Spanien für die Indianer ein. Sein »Kurzgefaßter Bericht von der Verwüstung der Westindischen Länder« ist ein einziges Dokument der Anklage, in dem er die einzelnen spanischen Kolonialgebiete auf den Inseln und auf dem Festland vorstellt und eine Bilanz der Massenmorde zieht. In der Einleitung zu dieser Bilanz aus dem Jahr 1543 lesen wir: »Seit vierzig Jahren haben sie (die Spanier) unter ihnen nichts anderes getan, als daß sie dieselben zerfleischen, erwürgen, peinigen, martern, foltern und sie durch tausenderlei ebenso neue als seltsame Qualen, wovon man vorher nie etwas Ähnliches sah, hörte oder las und wovon ich weiter unten einige Beispiele anführen werde, auf die grausamste Art aus der Welt vertilgen . . .«
Hier einige der angekündigten »Beispiele« in der Reihenfolge des Berichts:

»Die Insel Hispaniola (Haiti) war es, wo die Christen . . . zuerst landeten. Hier ging das Metzeln und Würgen unter jenen unglücklichen Leuten an. Sie war die erste, welche verheert und entvölkert wurde. Die Christen fingen damit an, daß sie den Indianern ihre Weiber und Kinder entrissen, sich ihrer bedienten, und sie mißhandelten . . . Nun fingen die Indianer an, auf Mittel zu denken, vermittelst derer sie die Christen aus ihrem Lande jagen könnten. Sie griffen demnach zu den Waffen, die aber sehr schwach sind, nur leicht beschädigen, wenig Widerstand leisten, noch weniger aber zur Verteidigung dienen. Daher kommt es, daß ihre Kriege nur als Klopffechtereien und Kinderspiel zu betrachten sind. Die Spanier hingegen, welche zu Pferde und mit Schwertern und Lanzen bewaffnet waren, richteten ein greuliches Gemetzel und Blutbad unter ihnen an. Sie drangen unter

das Volk, schonten weder Kind noch Greis, weder Schwangere noch Entbundene, rissen ihnen die Leiber auf, und hieben alles in Stücke, nicht anders, als überfielen sie eine Herde Schafe, die in den Hürden eingesperrt wäre. Sie wetteten miteinander, wer unter ihnen einen Menschen auf einen Schwertstreich mitten von einander hauen, ihm mit einer Pike den Kopf spalten, oder das Eingeweide aus dem Leibe reißen könne. Neugeborene Geschöpfchen rissen sie bei den Füßen von den Brüsten ihrer Mütter, und schleuderten sie mit den Köpfen wider die Felsen. Andere schleppten sie bei den Schultern durch die Straßen, lachten und scherzten dazu, warfen sie endlich ins Wasser und sagten: ›Da zapple nun, du kleiner schurkischer Körper!‹ Andere ließen Mutter und Kind zugleich über die Klinge springen, und stießen sie mit den Füßen vor sich hin. Sie machten auch breite Galgen, so, daß die Füße beinahe die Erde berührten, hingen zu Ehren und zur Verherrlichung des Erlösers und der zwölf Apostel je dreizehn und dreizehn Indianer an jedem derselben, legten dann Holz und Feuer darunter, und verbrannten sie alle lebendig. Andern banden oder wickelten sie dürres Stroh um den Körper, zündeten es an, und verbrannten sie. Andern, die sie bloß deswegen am Leben ließen, hieben sie beide Hände ab, banden sie ihnen an, jagten sie sodann fort, und sagten: ›Gehet hin (wohl zu merken) mit diesem Sendschreiben, und bringt euern Landsleuten, die sich ins Gebirg geflüchtet haben, etwas Neues!‹ Große und Edle brachten sie gewöhnlich folgendergestalt um: Sie machten Roste von Stäben, die sie auf Gabeln legten, darauf banden sie die Unglücklichen fest, und machten ein gelindes Feuer darunter, bis sie nach und nach ein jämmerliches Geschrei erhoben, und unter unsäglichen Schmerzen den Geist aufgaben.
Ich kam einmal dazu, als sie vier bis fünf der vornehmsten Indianer auf solchen Rosten verbrannten. Wo ich nicht irre, so nahm ich noch zwei oder drei dergleichen Roste wahr, worauf Leute geringeren Standes lagen. Sie alle machten ein gräßliches Geschrei, das dem Befehlshaber lästig fiel, oder ihn vielleicht im Schlaf störte. Er gab Befehl, man sollte sie erdrosseln: der Algnacil (Gerichtsdiener) ... war weit grausamer als der Henker, welcher sie verbrannte; er ließ sie nicht erdrosseln, sondern steckte ihnen mit eigener Hand Knebel in den Mund, damit sie nicht schreien konnten, und schürte das Feuer zusammen, damit er sie so gemach braten konnte, wie er es wünschte. Alle diese bisher beschriebenen Greuel, und noch unzählige andere, habe ich mit meinen eigenen Augen gesehen.
Da nun alles, was fliehen konnte, sich in den Gebirgen versteckte, und auf die steilsten Felsen klimmte, um diesen grausamen, gefühllosen, den Raubtieren ähnlichen Menschen zu entrinnen; so richteten diese Würger, diese Todfeinde des Menschengeschlechtes, ihre grimmigen Jagdhunde dergestalt ab, daß sie jeden Indianer, dessen sie nur ansichtig wurden, in kürzerer Zeit, als zu einem ›Vater Unser‹ erforderlich ist, in Stücke zerrissen; die von größerem Schlage fingen die Indianer wie wilde Schweine und fraßen sie auf. Überhaupt richteten diese Hunde ein greuliches Blutbad unter ihnen an. Da nun die Indianer, welches jedoch nur ein paarmal geschah, einige Christen in gerechtem und heiligem Eifer erschlugen, so machten diese das Gesetz unter sich, daß allemal hundert Indianer umgebracht werden sollten, so oft ein Christ von ihnen getötet würde ...«

Las Casas erzählt auch von einigen Stämmen, was mit diesen in den ersten Jahren der Kolonialisierung geschah, und wie ihre Häuptlinge und Könige behandelt wurden. Was mit dem stärksten Stamm, den »schönsten und ansehnlichsten unter der ganzen Nation« und ihrem »König« geschah, beschrieb Las Casas so:
»Der König und Beherrscher desselben hieß Behechio, und hatte eine Schwester, die sich Anacoana nannte. Diese beiden Geschwister leisteten den Königen von Kastilien die wichtigsten Dienste und erzeigten den Christen ganz außerordentliche Wohltaten, indem sie dieselben vielfältig aus Todesgefahr retteten. Nach Absterben des Königs Behechio, führte Anacoana die Regierung des Reichs. Einst kam der Gouverneur der Insel (Nicolas de Ovando) mit sechzig Mann zu Pferde und dreihundert Fußknechten zu ihr. Die zu Pferde wären allein schon zureichend gewesen, die ganze Insel nebst dem festen Lande zu verwüsten. Er berief dreihundert der vornehmsten Herren, und versprach ihnen sicheres Geleit. Die meisten derselben lockte er hinterlistigerweise in ein Haus von Stroh. Als sie darin waren, befahl er, es anzuzünden, und ließ sie alle lebendig verbrennen. Alle übrigen, nebst ihrem Gefolge, stießen die Christen mit Lanzen darnieder, oder ließen sie über die Klinge springen; die Königin Anacoana aber hingen sie Respekts wegen an den Galgen. Es begab sich, daß verschiedene Christen, entweder aus Mitleid oder bloß aus Trieb, den Beschützer zu spielen, einige Kinder nicht töteten, sondern sie hinter sich auf die Pferde setzten. Da kamen andere Spanier von hintenzu, und durchbohrten sie mit ihren Lanzen oder rissen sie auf die Erde und hieben ihnen die Beine mit Schwertern ab. Indessen gelang es einigen wenigen Indianern, diesen unmenschlichen Grausamkeiten zu entrinnen. Sie begaben sich auf eine kleine Insel, die ungefähr acht Meilen meerwärts von dannen liegt. Der besagte Gouverneur aber verdammte alle diejenigen, welche sich dahin geflüchtet hatten, zur Sklaverei, weil sie der Schlachtbank entronnen waren ...«

Auf Cuba, das 1511 von den Spaniern besetzt wurde und wo Las Casas lange Jahre selbst »mitverwaltete«, notierte er diese Beobachtungen:

»Während meines Aufenthaltes starben binnen drei oder vier Monaten siebentausend Kinder vor Hunger, weil ihre Väter und Mütter in die Bergwerke geschickt wurden ... Als einst ein gewisser spanischer Befehlshaber auf Raub auszog, kam er an einen Berg, wo eine beträchtliche Anzahl Menschen Zuflucht gesucht und sich vor dem ruchlosen, scheußlichen Verfahren der Christen verborgen hatten. Sogleich fielen diese über jene her, erschlugen deren so viel sie konnten und schleppten siebzig bis achtzig Mädchen und Weiber mit sich fort. Des andern Tages vereinten sich die Indianer in Menge und zogen den Christen in der Absicht nach, für ihre Weiber und Töchter zu streiten. Als sich nun die Christen in die Enge getrieben sahen, wollten sie ihren Raub nicht fahren lassen, sondern jagten den Mädchen und Weibern ihre Degen durch den Leib und ließen von allen achtzig auch nicht eine lebendig. Die Indianer, welche vor Schmerz sich das Eingeweide hätten ausreißen mögen, taten erbärmlich und schrien: ›O ihr bösen Menschen! Ihr grausamen Christen! Yras sogar bringt ihr um?‹ – Yra heißt nämlich in der Sprache dieses Landes ein Weib. – Sie wollten hiermit so

Für einen Kannibalismus unter den Indianern spricht die Tatsache, daß die Spanier die zur Zwangsarbeit gezwungenen Indianer ohne Nahrung totgeschunden haben. Indianer waren für die Spanier keine Menschen, »sie achteten sie noch weit geringer als den Kot auf den Straßen« (Las Casas).

viel sagen: Weiber morden sei eine Greueltat, die nur von den hartherzigsten, verruchtesten Unmenschen verübt werden könne ...«

Von der spanischen Schreckensherrschaft auf Nicaragua ab 1522, wo die Sklaverei in großem Stil betrieben wurde, erfahren wir von Las Casas:

»Er (der Gouverneur) schickte seine Spanier auf Streifereien aus, die darin bestanden, daß sie Indianer aus anderen Provinzen raubten, und er gestattete ihnen, deren so viele als sie nur wollten, aus ihren friedlichen Wohnungen zu ihrer Bedienung zu holen. Sie wurden zusammengeschmiedet, damit sie die Lasten, welche man ihnen aufbürdete, und die bisweilen drei Arroben betrugen, nicht abwerfen möchten. Es ereignete sich mehr als einmal, daß sie von viertausend Indianern nicht ihrer sechs lebendig nach Hause brachten; alle übrigen büßten unterwegs ihr Leben ein. Wenn einer oder der andere müde oder von seiner ungeheuren Bürde wund gedrückt ward oder vor Hunger, Arbeit und Entkräftung nicht mehr fortkommen konnte; so hieben sie ihm, damit sie nicht nötig hatten, ihn von der Kette loszuschließen, dicht über dem Halseisen den Kopf ab, daß der Körper auf diese und der Kopf auf jene Seite flog. Man bedenke, was die andern hierbei empfanden! Wenn dergleichen Wanderschaften anbefohlen wurden, gingen die Indianer, die aus Erfahrung wußten, daß selten einer oder der andere zurückkam, unter Seufzern und Tränen fort ...«

Die an sich schon spärlichen Goldfunde auf den Westindischen Inseln waren nach wenigen Jahren erschöpft. Während nun die Indianer durch Zwangsarbeit auf den Plantagen geschunden wurden, suchten die Spanier, getrieben von Gold- und Machtgier, neue Ufer auf dem mittelamerikanischen Festland. Sie überquerten das Karibische Meer und landeten in Guatemala, Panama und Nicaragua. Von 1519 bis 1521 eroberten sie unter Hernando Cortez (1485 bis 1547) das Aztekenreich im Gebiet des heutigen Mexiko, und ab 1532 begann dann unter Pizarro (1471 bis 1541) der blutige Zug seiner Konquistadoren ins Inka-Reich nach Peru. Überall, ob auf den Inseln oder auf dem Festland, nahmen die Indianer die ankommenden Spanier mit Freuden auf und bewirteten sie, als »wenn sie vom Himmel gekommen seien«, wie Las Casas schrieb und dazu bemerkte, daß dies die Indianer auch wirklich glaubten. Diese Tatsache wurde immer wieder in allen Berichten und Chroniken, auch in den Texten indianerfeindlicher Chronisten, betont. Um so mehr kann man sich das Entsetzen vorstellen, als die Indianer ständig die Erfahrung machen mußten, daß die erwarteten weißen Götter in Wahrheit ihre Feinde und Mörder waren.
Die damaligen Bewohner Mexikos, die Azteken, die etwa seit 1325 ihre indianische Hochkultur in einem neuen Reich über Mexiko verbreitet hatten, und deren Vorfahren etwa um 300 n. Chr. begonnen hatten, das Land zu bevölkern, erwarteten tatsächlich ausgerechnet im Jahr 1519, in welchem Cortez an der Küste landete, die Wiederkehr ihres Priestergottes, der im Osten erscheinen und der Epoche der blutigen Götter ein Ende bereiten sollte. Die Azteken erlagen dem Irrtum, die Spanier wären diese wiederkehrenden Götter. Sie sandten ihnen Boten und kostbare Geschenke entgegen, die ein Jahr später Albrecht Dürer in Brüssel am Hof Kaiser Karls V. (1500 bis 1558) sehen konnte und über die er in seinem Tagebuch notierte: »Und ich hab aber all mein Lebtag nichts gesehen, das mein Herz also erfreuet hat als diese Ding ... und hab mich verwundert der subtilen Ingenia der Menschen in frembden Landen.«
Als Dürer dies schrieb, waren die Spanier dabei, eine jahrhundertealte Kultur sinnlos zu zerstören. Es war eine Kultur, ähnlich den antiken Hochkulturen der Alten Welt, mit einer starken Götterreligion, die auch Menschenopfer in großen Mengen kannte. Die Spanier waren entsetzt über die Opferung Zehntausender von Azteken, denen das Herz bei lebendigem Leib herausgeschnitten wurde. Und die Kulthandlung des Verzehrens der Leichen, mit denen die Azteken ihre menschgewordenen Götter in sich aufnahmen, erschien ihnen als Hohn auf das christliche Abendmahl. Walter Krickeberg hat in seinem Buch »Altmexikanische Kulturen« diese Kulthandlungen so erklärt: »So barbarisch uns viele dieser Kultakte erscheinen, kann ihnen doch eine sittliche Idee nicht abgesprochen werden. Der Gedanke, daß man mit dem Opfer ›seine Schuld bezahlte‹, wie es

in einer aztekischen Hymne heißt, und den Göttern ›einen Schimpf antat‹, wenn man ihnen das Opfer vorenthielt, durchdrang die ganze Nation, ließ sie geduldig das Joch ihrer blutigen Religion ertragen und dem Leben ohne Illusionen gegenübertreten.« So legten sich dann die zur Opferung ausgewählten Jünglinge willig unters Messer. Die vielen Tausenden von Gefangenen allerdings, meist Angehörige unterjochter Vasallenvölker, später auch, während der Eroberung Mexikos, gefangene Spanier, wurden gefesselt zur Opferung gezerrt. Verständlich, daß einige Vasallenvölker die Spanier als Befreier von den übermächtigen Azteken im Land begrüßten. Verständlich auch, daß den Spaniern die Nerven flatterten, wenn sie, nach dem Zeugnis des Chronisten Bernal Diaz del Castilla, auf Opferstätten der Azteken stießen und gelegentlich auch mitansehen mußten, wie einige ihrer Mitstreiter geopfert wurden:

»Nie werde ich einen Platz in der Nähe der Opfertempel vergessen, auf dem Menschenschädel in einer sehr übersichtlichen Ordnung aufgeschichtet waren. Wir zählten an 100 000. Die Zahl ist richtig! ...
Wir waren Zeugen, wie die Mexikaner unsere unglücklichen Kameraden ihren Götzen opferten. Wir sahen deutlich die Plattform, auf der die Kapellen mit den verfluchten Götzen standen, wir sahen, wie sie einigen der Spanier die Köpfe mit Federn schmückten, wir sahen, wie sie vor dem Kriegsgott tanzen mußten, wir sahen, wie sie auf einen großen Stein gelegt wurden, wie man ihnen mit Obsidianmessern die Brust aufschlitzte, die noch zuckenden Herzen herausriß und sie den Göttern opferte. Das alles mußten wir mit ansehen. Wir sahen, wie sie die Leichen der unglücklichen Schlachtopfer bei den Füßen packten und die Stufen des Tempels hinunterwarfen, wie andere Henkersknechte sie unten in Empfang nahmen, Arme, Beine und Köpfe von den Leibern trennten, die Gesichtshäute zum Gerben abzogen, wie sie das übrige Fleisch abtrennten, um es später aufzufressen ...«

Die Azteken hatten jahrhundertelang »geduldig das Joch ihrer blutigen Religion ertragen« (W. Krickeberg). Die Spanier waren entsetzt über die Opferungen Tausender von Menschen, denen mit einem Obsidianmesser die Brust geöffnet und das Herz herausgeschnitten wurde. Sie nahmen diese Kulthandlungen (Illustration aus einer aztekischen Chronik) zum Vorwand ihrer eigenen Bluttaten.

Das Leben und die Religion der Azteken war allerdings auch, im Gegensatz zu dem Glaube-Liebe-Hoffnung-Ideal der christlichen Spanier, von einem tiefen Pessimismus getragen, der sich zum Beispiel in dem überlieferten Weihegruß widerspiegelt, mit dem neugeborene Kinder von ihren älteren Verwandten begrüßt wurden: »Du wirst Leid, Mißgeschick und Ekel sehen, kennen und kosten lernen. An die Stätte fortwährender Trauer und Trübsal bist du gekommen, wo sich der Schmerz erhebt, wo es zum Erbarmen ist!«
Zum Erbarmen mit den Azteken war dann auch der Blutrausch, in den sich die christlichen Eroberer hineinsteigerten, um die geopferten Spanier zu rächen, vor allem aber, um an die Reichtümer, an Gold und Silber zu kommen. Mit Feuer und Schwert gingen sie, wie ihre abendländischen Vorfahren, gegen die waffentechnisch hoffnungslos unterlegenen, schrecklichen Heiden vor. In Las Casas' Bericht lesen wir dazu:

»In ... zwölf Jahren, und innerhalb ... vierhundert und fünfzig Meilen, ermordeten die Spanier über vier Millionen Menschen, die sie entweder mit Schwert und Lanze niederstießen, oder lebendig verbrannten; gleichviel, ob Mann oder Weib, jung oder alt. So lange dauern nämlich, wie bereits gesagt worden ist, ihre sogenannten Eroberungen, die aber eigentlich nichts anders, als gewaltsame Einfälle grausamer Wüteriche waren, dergleichen nicht allein im Gesetze Gottes, sondern auch nach allen menschlichen Gesetzen verboten, und die weit ärger sind, als diejenigen, deren sich der Türke zur Vertilgung der christlichen Kirche bedient ...«

Mit Masken aus Gold und herrlichen Geschenken, die seine Azteken dem weißen Gott Cortez entgegenbrachten, stachelte der unwissende König der Azteken, Montezuma, die Gier der Spanier nach immer noch mehr Gold und Edelsteinen an. Cortez überrannte mit seiner »Armee« von 400 Mann Fußvolk, 15 Reitern und 7 Kanonen die ersten Indianerstämme, die sich ihm in den Weg stellten. Rund 50 000 Indianer ergriffen die Flucht, denn ihnen erschienen Roß und Reiter als ein zusammengewachsenes fremdes Wesen, und die Mündungsfeuer der Kanonen wurden als Blitze angesehen, die die göttergleichen Fremden auf sie schleuderten. Sie unterwarfen sich den Spaniern, und da sie Montezuma als Feind ansahen, halfen sie den Spaniern, die erste Stadt des Reiches von Montezuma, Cholula, auf halbem Wege zwischen dem Hafen von Vera Cruz und der Hauptstadt Mexiko gelegen, einzunehmen. Angeblich sollten dort nun die Spanier von den Cholulanern hinterrücks überfallen werden, jedenfalls warnten die bereits auf seiten der Spanier stehenden Indianer Cortez vor den Cholulanern. Um diesem Anschlag zuvorzukommen, geschah dann ein schreckliches Blutbad an den zum Schein vorgeladenen Würdenträgern der Stadt und mehreren tausend Indianern, die den Spaniern sich als Träger zur Verfügung stellen mußten. In einer auf alte aztekische Texte zurückgehenden Chronik, dem Codex Florentino, steht:

»Im Tempelhof hielt man große Versammlung, doch als alle gekommen waren, die Fürsten, die Führer, die Häuptlinge und das Volk, schloß man die Eingänge zu, damit keiner entkäme.

Cholula, Mexiko, 1519: Die erste Bluttat der Spanier an den Azteken wird in einer aztekischen Chronik, aus der auch die zeitgenössische Illustration stammt, so geschildert: »Das Volk von Cholula war ohne Argwohn gekommen, die Krieger waren ohne Waffen ... Und dann begann das Schlachten: Messerstiche, Schwertschläge, Tod.«

Und dann begann das Schlachten: Messerstiche, Schwertschläge, Tod. Das Volk von Cholula war ohne Argwohn gekommen, die Krieger waren ohne Waffen. Ohne Schwerter und ohne Schilde standen sie vor den Spaniern. Durch hinterlistigen Verrat kam es zu diesem Blutbad, und durch die Lügen der Tlaxcalteken (Indianer auf seiten von Hernando Cortez) geblendet, starben sie, ohne zu wissen, warum.

Und als das Blutbad zu Ende war, brachte man Montezuma die Nachricht. Boten kamen und gingen, eilten von Tenochtitlan (Hauptstadt Montezumas an der Stelle des heutigen Mexico City) nach Cholula und hasteten wieder zurück. Und das einfache Volk war bestürzt durch die Kunde und konnte nichts anderes mehr tun, als zittern in Furcht und Entsetzen. Ein Aufruhr erhob sich, als ob die Erde erbebe:

Die Welt schien sich wirbelnd zu drehen, so wie im Schwindel die Dinge an ihren Plätzen kreisen.«

Je näher Cortez nun der Hauptstadt kam und von Gesandtschaften Montezumas immer wieder mit Goldschmuck »besänftigt« wurde, um so mehr »Hunger« bekamen die Spanier nach dem Edelmetall. Eine aztekische Quelle hält fest: »Als wenn sie Affen wären, hoben sie das Gold hoch ... Denn es ist gewiß ..., sie haben einen schrecklichen Hunger nach Gold. Wie hungrige Schweine sind sie gierig nach Gold ...«
Montezuma selbst jedoch glaubte immer noch, entgegen vielen Warnungen im eigenen Lager, an die »weißen Götter« und ließ Cortez ausrichten: »Möge der Gott geruhen, uns anzuhören! Dein Stellvertreter Montezuma hat uns geschickt, dir zu huldigen. Er hat deine Stadt Mexiko in seiner Obhut.«
Cortez holte sich »seine« Stadt. Am 23. September 1519 standen sich Montezuma und Cortez am Haupttor von Mexiko gegenüber. Im strahlenden Glanz einer mit Gold und Edelsteinen überreich ausstaffierten Kleidung kam Montezuma dem ziemlich heruntergekommenen und verstaubt dastehenden Cortez entgegen, kniete vor ihm nieder und huldigte dem spanischen Räuberhauptmann, den er für seinen Gott hielt. Nach zwei Monaten reichlich genossener Gastfreundschaft im prächtigen Palast Montezumas, der seine Gäste nicht nur als Götter verwöhnte, sondern ihnen auch noch freiwillig die von den Spaniern so sehnlich gesuchten Schatzkammern öffnete, ließ Cortez schließlich Montezuma am 14. November 1519 gefangennehmen – und Montezuma ließ es widerstandslos geschehen. Er ließ sich nicht beirren: wer diese blitzeschleudernden Kanonen hat, muß ein Gott sein!
Die Spanier plünderten nun in aller Ruhe die Tempel der Azteken, bis es am 16. Mai 1520 bei einem religiösen Fest der Azteken zu einer neuen Schreckenstat der Spanier kam. Cortez war die Ankunft einer neuen spanischen Expedition in Vera Cruz gemeldet worden, die ihn wegen seiner Eigenmächtigkeiten absetzen sollte. Er zog mit der Hälfte seiner Leute zur Küste, um seinen Widersacher mit den frischen Soldaten für sich zu gewinnen. Der Stellvertreter Cortez' in der Hauptstadt, Alvarado, war ein Haudegen, der lieber mit abschreckendem Terror als mit Klugheit einem eventuell drohenden Angriff der Azteken auf die nur noch rund 200 Mann starke Besatzung zuvorkommen wollte. 60 Spanier erschienen, mit Alvarado an der Spitze, bei einem in diesen Tagen abgehaltenen Fest der Azteken und metzelten die tanzenden und singenden Indianer einfach nieder, »ohne Mitleid und christliches Erbarmen«, wie selbst Cortez' Chronist, López de Gómara, schrieb. In den überlieferten aztekischen Texten, nacherzählt im Codex Florentino, wurde dieser Massenmord, dem etwa 1000 Indianer zum Opfer fielen, in realistischen Einzelheiten festgehalten:

»Als der Reigentanz sich zu den schönsten Figuren fügte und Gesang sich an Gesang schloß, an diesem Höhepunkt des Festes ergriff Mordlust die Spanier. Sie stürmten vor, bewaffnet und wie zum Kriege gerüstet. Sie verschlossen alle Ausgänge und Tore des Innenhofes, die Adlerpforte am Kleinen Palast, das Tor an der Rohrspitze und das an der Spiegelschlange. Sie stellten Wachen auf, so daß niemand entkommen konnte. Und dann stürzten sie in den geheiligten Innenhof, um die Feiernden zu schlachten. Sie kamen zu Fuß, sie trugen ihre Eisenschwerter in den Händen und ihre Holzschilde und ihre Eisenschilde. So stürmten sie mitten unter die Tänzer und erzwangen sich einen Weg dorthin, wo die Pauken geschlagen wurden. Sie griffen den Mann an, der trommelte, und schlugen ihm die Arme ab. Dann schlugen sie ihm den Kopf ab, und er rollte weithin über den Boden. Dann griffen sie die Tanzenden an, erstachen sie, spießten sie auf, erschlugen sie mit ihren Schwertern. Einige durchbohrten sie von hinten, die fielen mit heraushängenden Eingeweiden zu Boden. Andere enthaupteten sie; erst spalteten sie ihnen den Kopf und schlugen ihn dann in kleine Stücke. Andere trafen sie an den Schultern, in klaffenden Wunden öffneten sich ihre Rücken. Einigen rissen sie die Arme vom Körper. Einige stachen sie in die Schenkel und in die Waden. Anderen schlitzten sie den Bauch auf, und die Eingeweide flossen auf den Boden. Manche versuchten vergeblich, noch wegzurennen, doch ihre Gedärme schleiften vor ihnen, und mit ihren eigenen Füßen verfingen sie sich darin. Auf welche Weise sie sich auch zu retten suchten, sie konnten nicht entkommen. Einige versuchten, sich einen Weg nach draußen zu erzwingen, aber die Spanier ermordeten sie an den Toren. Andere kletterten an den Wänden hoch, aber die Spanier spießten sie auf ... Das Blut der Häuptlinge floß wie Wasser und sammelte sich in Pfützen. Die Pfützen flossen zusammen und machten den ganzen Tempelhof zu einer großen schlüpfrigen Fläche. Der Gestank des Blutes und der Gedärme füllte die Luft. Und die Spanier rannten nun in die Privathäuser und töteten alle, die sich dort noch verbargen. Sie liefen überall hin und durchsuchten alles, in alle Räume drangen sie ein, jagten und mordeten ...«

Das Volk der Azteken erhob sich daraufhin gegen die Spanier und gegen den Willen seines Königs. Es rief: »Was sagt dieser Schuft von Montezuma? Wir sind nicht mehr seine Untertanen?« Sie belagerten Alvarado und seine Leute zusammen mit ihrem gefangenen König im Palast, bis Cortez sie wieder entsetzen konnte. Der Bruder Montezumas, von Cortez leichtsinnigerweise zur Beruhigung der Azteken und zur Organisation der Ordnung in der Stadt freigelassen, stellte sich an die Spitze der Rebellen gegen die Spanier. Sie versuchten den Palast zu stürmen, und in höchster Bedrängnis holte Cortez Montezuma aus dem Kerker und zwang ihn, auf der Terrasse seines Palastes zu seinem Volk zu sprechen. Aber die aufgebrachten Indianer beschimpften ihn als Feigling und steinigten ihn zu Tode. Cortez mußte mit seinen Leuten aus Mexiko fliehen. In der »noche triste« (»Traurige Nacht«) verloren die über die Kanäle der Lagunenstadt fliehenden Spanier viele ihrer Leute, die von dem mitgeschleppten Gold ins Wasser gezogen wurden und ertranken. Fast ein Jahr lang bereitete danach Cortez sein Comeback als Eroberer von Tenochtitlan vor, umsichtig und sorgfältig militärisch geplant. Am 31. Mai 1521 begann für die Azteken in Mexiko der Anfang vom Ende, über das Las Casas notierte:

»Als die Christen sich wieder erholten, hatte die Stadt einen heftigen Kampf auszustehen; denn sie richteten ein schreckliches Blutbad unter den Indianern an, ermordeten unzählige Menschen und verbrannten viele große Herren lebendig.«

Im Codex Florentino lesen wir über das Ende von Tenochtitlan:

»An den Straßenrändern standen die spanischen Soldaten und durchsuchten die Flüchtenden. Sie wollten nur Gold ... Einige Weiber fürchteten, daß sie durchsucht würden, weil sie helle Haut hatten. Sie verschmierten sich das Gesicht mit Lehm und kleideten sich in schmutzige Lumpen ... Nur mit Fetzen bedeckten sie sich. Aber die Spanier durchsuchten sie trotzdem, griffen ihnen unter die Röcke und zwischen die Brüste. Sie durchsuchten alle, die mit heller und die mit dunkler Haut ...«

In einer anderen zeitgenössischen Quelle heißt es:

»Am Tage, als Tenochtitlan eingenommen wurde, begingen die Spanier eine der größten Grausamkeiten, die das unglückliche Volk dieses Landes je traf. Die Schreie der hilflosen Frauen und Kinder waren herzzerreißend ... Nachdem die Stadt geplündert worden war, teilten die Spanier noch am selben Tage alles Gold und Silber unter sich ...«

Cortez wurde später von Kaiser Karl V. zum Gouverneur und zum Generalkapitän Neuspaniens ernannt, wobei er, wie Las Casas berichtet, mit seinen Spaniern auch noch andere, bisher unberührte Provinzen heimsuchte: »Äußerst mühsam, wo nicht unmöglich, würde es sein, alle Greuel, Mordtaten und Grausamkeiten zu erzählen, die in jeder dieser Provinzen begangen wurden ...« Für Mexiko hatte damit die Kolonialzeit begonnen. Bei der Ankunft der Spanier wurden in Mexiko etwa elf Millionen indianischer Einwohner geschätzt. Eroberung und hundert Jahre erste Kolonialzeit ließ die Zahl der Indianer im Jahr 1650 auf 1,5 Millionen zurückgehen. In der geheimen Untersuchungsakte des Madrider Hofes gegen den ersten Vizekönig in Neuspanien, Antonio de Mendoza (1490 bis 1552), der die spanische Kolonialverwaltung in Mittel- und Südamerika begründete, wird die Indianerpolitik der Spanier in Mexiko, die später totgeschwiegen wurde, deutlich:

»Nachdem der Hügel von Mixtón erobert war, ließ (Mendoza) zahlreiche Indianer töten, die man dort gefangengenommen hatte. Manche wurden in einer Reihe aufgestellt und von Kanonenschüssen pulverisiert. Andere wurden von Hunden in Stücke gerissen. Andere, die man den Neger-(Hilfs)truppen ausgeliefert hatte, wurden mit dem Messer umgebracht oder aufgehängt. Auch anderswo ließ er Indianer den Hunden vorwerfen.«

Im Jahr 1825, vier Jahre nach der Befreiung aus spanischer Kolonialherrschaft, gab es in Mexiko wieder 3,7 Millionen Indianer.
Auf der Suche nach Gold und Sklaven schwärmten die Spanier nach der Eroberung Mexikos über ganz Mittelamerika und sogar nach Florida aus. Las Casas hat sich auch darüber informiert:

»Sie trafen große Ortschaften an, die von gesitteten, kultivierten und gutdenkenden Menschen bewohnt wurden. Unter diesen richteten sie, wie gewöhnlich, ein Blutbad nach dem andern an, damit sich ihre Herzen darüber entsetzen sollten. Auch sie (die Indianer Floridas) wurden dadurch geängstigt und hingerichtet, daß man ihnen Lasten, wie dem Vieh, aufbürdete ... Einer großen Anzahl Indianer,

So sieht ein moderner mexikanischer Maler die Begegnung der Indianer Mexikos mit den Konquistadoren unter Hernando Cortez. Ein eindrucksvoller Bildausschnitt und eine einzige Anklage gegen die blutrünstige Goldgier der christlichen Räuber und Mörder aus Spanien, die die altamerikanischen Kulturen zerstörten »gleich einer Sonnenblume, der ein Vorübergehender den Kopf abschlägt«.

und zwar, wie man sagt, ihrer zweihundert auf einmal, die entweder von freien Stücken kamen, oder aus einem gewissen Flecken ausdrücklich hierzu berufen wurden, ließ der Obertyrann Nase und Lippen abschneiden, so daß das ganze Gesicht bis auf den Bart verstümmelt war. Voll Jammer und Schmerz, wehklagend und vom Blute triefend, wurden sie hierauf wieder fortgeschickt, damit sie die glorreichen Taten und Wunder dieser auf Christum getauften Verkündiger des heiligen katholischen Glaubens erzählten . . .«

Wenn Las Casas' Berichte in seiner Erbitterung über die Massenmorde und Sklavenjagden der Konquistadoren im Detail vielleicht etwas übertrieben sind und seine Zahlen über die Opfer später angezweifelt, durch andere Quellen aber wieder bestätigt oder zurechtgerückt wurden, so mußten auch seine Kritiker zugeben, daß die Berichte im Kern wahr waren und seine Anklagen unbestritten zu Recht bestanden. Zur tragischen Figur wurde der Indianervater Las Casas aber, als er auf den unglückseligen Gedanken kam, die indianischen Sklaven durch afrikanische Sklaven zu ersetzen. Dadurch wurde er leider gleichzeitig zum Vater der Negersklaverei in ganz Süd-, Mittel- und Nordamerika. Zu spät erkannte er die Folgen seines Irrtums, daß »Neger mehr als die Indios ertrügen« und »daß es wider alles Recht und wider den Glauben, ja, daß es im höchsten Maße verdammungswürdig ist, die Neger an der Küste Guineas wie Wild einzufangen, sie in die Schiffe zu pferchen, in Westindien zu verhandeln und dort so mit ihnen zu verfahren, wie es täglich und stündlich geschieht«. Die Sklaverei mit indianischen und afrikanischen Sklaven war für die nächsten drei Jahrhunderte in Amerika etabliert.
Von der Eroberung des La-Plata-Gebietes, in dem die Spanier die Guaraní-, Guaikurú- und Chaco-Indianer in großer Zahl umbrachten, erzählt als Augenzeuge der deutsche Landsknecht Ulricht Schmiedel, der von 1532 bis 1555 bei den Spaniern diente:

»Also lagen wir bis an den vierten Tag, bis wir obsiegen und drei Stunden vor Tagesanbruch in den Flecken fielen. Wir erschlugen alles, was wir fanden, und fingen viele Weiber; das war uns ein großer Behelf. In diesem Scharmützel sind achtzehn Christen untergegangen und viele von unserem Volk geschädigt worden, item von unseren indianischen Verbündeten viele umkamen. Die Kannibalen (gemeint sind die genannten Indianerstämme) gewannen aber nicht viel an uns, denn es waren auf ihrer Seite bis an die Dreitausend tot geblieben. So stundt es nit lang, da kam der Häuptling mit seinem Volk und begehrte Gnad von uns und bat, wir sollten ihnen ihre Weiber und Kinder wiedergeben; er und sein Volk wollten uns Christen dann auch dienen und untertänig sein.«

»Dienen« und »untertänig sein« mußten im 16. Jahrhundert und in späteren Jahrhunderten alle Indianer auf dem amerikanischen Kontinent, von Alaska bis nach Feuerland. Auch der zweite große Eroberungszug der Spanier Anfang des 16. Jahrhunderts, Franzisco Pizarros Weg über die Kordilleren nach Süden in das Reich der Inkas (nach Peru), zog letzten Endes mit der Befriedigung der Gier nach Gold die Unterwerfung der Inka-Indianer nach sich – und sie wurde ebenso brutal und

grausam erzwungen, wie das Cortez bei den Azteken in Mexiko vorexerziert hatte. Pizarro benahm sich dabei mit seinen angeheuerten Abenteurern genauso wie die vielen anderen weniger berühmten spanischen Glücksritter und Räuberbanden in anderen Gebieten. Alle, auch Cortez und Pizarro, die beiden berühmt-berüchtigten Konquistadoren, zogen plündernd und mordend in die indianischen Staaten Südamerikas ein, Pizarro ab Anfang des Jahres 1532 in das seit dem 12. Jahrhundert bestehende Reich der Inkas, dem über ein Gebiet von 3500 Kilometer sich erstreckenden, damals bedeutendsten Staat des Kontinents. Wieder wurde dabei eine uralte Kultur grundlos ausgelöscht. Dabei waren die peruanischen Indianer, nach dem Zeugnis des Franziskanermönchs Maros de Niza, den Las Casas in seinen Berichten wörtlich zitiert, »die gutmütigsten unter allen Indianern, die ich je gesehen habe«. Maros de Niza beteuert auch, daß »so lange den Indianern durch Grausamkeit und üble Behandlung keine Veranlassung gegeben ward, fingen sie nie Krieg an, sondern hielten sich ruhig, nahmen die Spanier in ihren Wohnörtern mit Wohlwollen und Ehrenbezeugungen auf und gaben ihnen nicht allein Lebensmittel, sondern auch so viele Sklaven und Sklavinnen, als man von ihnen verlangte.«
Aber Maros de Niza sah auch die gleichen Greuel in Peru, wie sie Las Casas in Westindien beobachtet hatte:

»Im gleichen bezeuge ich und beteure ich hiermit, daß die Spanier, sobald sie in dies Land kamen und ohne daß die Indianer die mindeste Veranlassung dazu gaben, sich vom obersten Caziquen (Häuptling) mehr als zwei Millionen Goldes bezahlen ließen. Und nachdem er ihnen das Land, welches er beherrschte, ohne den mindesten Anstand unterworfen hatte, verbrannten sie (ihn) ... auf der Stelle ... Im gleichen bezeuge ich, daß ich mehrmals mit eigenen Augen sah, wie die Spanier den Indianern die Hände abhieben und sowohl Männer als Weibern, ohne irgend eine andere Veranlassung, als weil es ihnen so beliebt, Nasen und Ohren abschnitten. Dies geschah an vielen Orten, daß es weitläufig sein würde, sie alle namhaft zu machen. Auch sah ich, daß die Spanier die Indianer mit Hunden hetzten und sie in Stücke zerreißen ließen; wodurch ich ihrer ebenfalls sehr viele umbringen sah. Ferner sah ich sie so viele Örter und Häuser in Brand stecken, daß ich die Zahl derselben nicht angeben kann; nur so viel weiß ich, daß es ihrer sehr viele waren. Auch dies ist Wahrheit, daß sie Kinder von der Brust rissen, bei den Armen anpackten und so weit fortschleuderten, als sie vermochten ...«

Der letzte Akt des Untergangs der Inkas in der Hauptstadt Cajamarca ist sogar noch in der Schilderung des Augenzeugen und Geheimschreibers von Pizarro, Francisco de Xeres, der sicher nicht zu dick auftrug, für die Spanier mehr als beschämend. Lesen wir sie ab der Stelle seiner Aufzeichnung, wo der Inka-König und Sonnengott Atahualpa mit seinen Hauptleuten im November 1532 die Spanier begrüßte, dabei aber vorsichtiger war als Montezuma in Mexiko.
Atahualpa hielt die Spanier nicht für Götter. Er galt unter den Inkas selbst als Gott, und als Pizarros Unterhändler, der Dominikanerpater Vicente de Valverde, ihm mit Kreuz und Bibel entgegenkam, wollte er selbst das Buch der Christen genauer untersuchen:

»Da Atahualpa mit dem Öffnen des Buches nicht Bescheid wußte, streckte der Priester den Arm aus, um ihm behilflich zu sein, und der König schlug ihm entrüstet auf den Arm, weil er nicht wünschte, daß ein anderer als er es öffne. Er schlug dann die Bibel selber auf, und ohne das geringste Zeichen des Erstaunens über die Blätter und Lettern – ganz im Gegensatz zu den bisherigen Erfahrungen bei den Wilden – warf er das heilige Buch fünf oder sechs Schritt weit von sich und antwortete sehr zornig auf das, was ihm der Priester durch den Dolmetscher hatte sagen lassen: ›Ich weiß wohl, wie ihr Christen euch auf dem Weg hierher benommen habt, wie ihr meine Häuptlinge behandelt und Kleider aus meinen Lagerhäusern geraubt habt.‹ Der Mönch erwiderte: ›Nicht wir Christen haben so gehandelt, wohl aber nahmen einige von deinen Leuten ohne Wissen des Gouverneurs Kleider aus dem Lagerhaus, und er hat befohlen, daß sie wieder dorthin zurückgebracht werden.‹ Atahualpa sagte: ›Ich werde diesen Platz nicht eher verlassen, als bis alles zurückgebracht ist.‹ Mit dieser Antwort kehrte der Frater zum Gouverneur zurück, indessen der König hochaufgerichtet auf seiner Sänfte eine Ansprache an seine Truppen hielt und sie anscheinend auf den Kampf vorbereitete. Der Mönch berichtete dem Pizarro, was sich zwischen ihm und Atahualpa zugetragen hatte. Pizarro zog darauf ein einfaches Baumwollwams an, bewaffnete sich mit Schwert und Dolch und drang tollkühn mit seinen Leuten zum König vor, den er mit vier Spaniern, die dem Rasenden zu folgen vermocht hatten, erreichte; furchtlos ergriff er den Atahualpa am Arm und schrie laut: ›Santiago!‹ (Schlachtruf der Spanier.) Sofort dröhnten die Schüsse der Artillerie über den Platz, Trompetensignale erschallten, und die Spanier, Mann und Roß, stürmten zum Angriff. Beim Anblick der Rosse ergriffen viele der Inkakrieger sofort die Flucht und rannten mit solcher Gewalt auf die hinter ihnen Stehenden auf, daß sie sich in wilden Knäueln übereinanderwälzten und andere wieder, die eingeschlossen waren, in der Verzweiflung Stücke aus der Ringmauer brachen, um zu entkommen. Die spanische Reiterei ritt alle nieder, tötend und verwundend; was noch innerhalb der Ringmauer an Feinden lebendig war, verfiel den Schwertern und Dolchen des spanischen Fußvolks. Pizarro hielt den Atahualpa immer noch am Arm gepackt, und es gelang ihm nicht eher, den König von seiner hohen Sänfte herunterzuzwingen, als bis durch die herbeieilenden Spanier sämtliche Häuptlinge niedergemetzelt waren, die des Königs Sänfte umringten. Der Inkaherrscher wäre vielleicht auch nicht mit dem Leben davongekommen, wenn nicht Pizarro selbst ihn gedeckt hätte, wobei er an der Hand leicht verwundet wurde. Das Entsetzen der Inkakrieger war so groß, daß während des ganzen Kampfes kein einziger von den Feinden die Waffe gegen einen Spanier erhob. Das Feuer der Geschütze und besonders der ungewohnte Anblick der Reiterei ließ sie gar nicht an Kampf denken, zumal sich alle ihre Führer in der nächsten Umgebung des Königs befanden und sämtlich niedergemetzelt wurden.«

Atahualpa war gefangen, seine Hauptleute und Soldaten lagen niedergemetzelt am Boden. Kein Spanier wurde bei der Schlächterei getötet, da die Indianer starr vor Entsetzen und deshalb unfähig zum Widerstand waren. Atahualpa mußte ein

Cajamarca, Peru, 1532: Atahualpa, der König und Gott der Inkas, wird von den Spaniern unter Pizarro getäuscht, seine Leute niedergemacht (im Bild im Hintergrund), er selbst beraubt und betrogen und schließlich erdrosselt.

Lösegeld in Form von großen Goldhaufen zahlen, wovon der fünfte Teil an die Kriegskasse Kaiser Karls V. nach Europa floß. Atahualpa aber wurde betrogen, nicht freigelassen und nach einem Scheinprozeß, in dem er der geplanten Revolte und der Zauberei für schuldig befunden wurde, zum Tode verurteilt. Bevor er erdrosselt wurde, erhielt er noch die übliche Zwangstaufe zum christlichen Glauben. So unrühmlich wie die Eroberung des Inka-Reiches für die Spanier von Anfang an war, so unrühmlich endete dieses schändliche Abenteuer: Pizarro zerstritt sich mit seinen Kumpanen. Sein Vize Almagro stieß mit den abgefallenen Konquistadoren bis in die Berge von Chile vor, fand aber keine weiteren Schätze, während Pizarro im Inkareich noch weiter kassierte. Ein regelrechter Bandenkrieg zwischen den beiden rivalisierenden Konquistadoren-Heeren brach aus, in dessen Verlauf Almagro 1538 hingerichtet und Pizarro 1541 in der neuen Hauptstadt Lima ermordet wurde. Der Feldkaplan Pizarros aber, der Dominikanerpater, der dem Inka-König die Bibel gezeigt und den Räubern und Mördern auf ihren Raubzügen immer wieder Absolution erteilt hatte, wurde am Ende von den Indianern gefaßt. Sie sollen ihm gesagt haben: »Wir zeigen dir das, was du dein Leben lang sehen wolltest!«, gossen ihm dann flüssiges Gold in die Augen und ermordeten ihn.

In Mord, Blut und Hinrichtungen endete die Gier der Konquistadoren in Südamerika, als ob die Götter der Inkas sich rächen wollten. Aber Kaiser Karl V. schickte aus dem fernen Europa spanische Beamte, die die »Ordnung« wiederherstellten und systematisch die Ausbeutung des Landes in Angriff nahmen. Auch für die Andenländer begann damit die lange spanische Kolonialherrschaft.

Die altamerikanischen Kulturen aber, eigenständig bei den Indianern in Mittel- und Südamerika entstanden und entwickelt, waren von den aufgetretenen Eroberern aus der Alten Welt, von Männern wie Kolumbus, Cortez und Pizarro, in verbrecherischer Weise vernichtet und zerstört worden, »zerstört gleich einer Sonnenblume, der ein Vorübergehender den Kopf abschlägt« (Oswald Spengler).

Die spanische Konquista in Südamerika setzt der Zeichner der französischen Chronik »Grands voyages« von Th. de Bry (17. Jahrhundert) mit einem Massaker an den Indianern ins rechte Bild.

»Sie töteten alle ... Gepriesen sei Gott!«

Katholiken gegen Protestanten, Protestanten gegen Katholiken — Frankreich und England im 16. und 17. Jahrhundert

1529
Reichstag in Speyer fordert, Wiedertäufer »ohne Gericht und Urteil« zu töten

1535
Verfolgung der Wiedertäufer-Gemeinde in Münster — Katholische Märtyrer in England. Schließung der Klöster

1537
Katholische Blutopfer unter Heinrich VIII. in England

1540
König Franz I. beginnt mit der Hugenottenverfolgung in Frankreich

1555
Protestantenverfolgungen in England

1559
Erste hugenottische Synode in Paris gegründet

1560
Die Hugenotten kämpfen gegen ihre Verfolger. Strafgericht der Katholiken nach der Verschwörung von Amboise

1562
Blutbad von Vassy (1. März), Auftakt zum Bürgerkrieg und den Hugenottenkriegen (bis 1629)

1565
Die »amerikanische« Bartholomäusnacht in Florida

1572
Hochzeit in Paris, Massenmorde an den Hugenotten in Paris ab der Bartholomäusnacht, Massenmorde auch in den Provinzen Frankreichs: etwa 34 000 Tote

1574
Rache der Hugenotten in mehreren französischen Provinzen

1576
Gründung der »Heiligen Liga« zwischen den Katholiken Frankreichs und Spaniens

1589/1590
Belagerung von Paris

1598
Edikt von Nantes: Glaubensfreiheit für die Hugenotten unter König Heinrich IV.

um 1680
Die »Dragonaden« Ludwigs XIV. »bekehren« durch Terror einige hunderttausend Hugenotten

1685
Aufhebung des Edikts von Nantes durch Ludwig XIV. Massenflucht der Hugenotten aus Frankreich

1689
Zerstörung der Pfalz (Heidelberg) durch die Franzosen

1702 bis 1705
Cevennenkriege. Letzte Verfolgung der Hugenotten. Aufstand der Camisarden

Mit dem 16. Jahrhundert begann in ganz Europa die Neuzeit im Geistesleben: Der Humanismus löste die Scholastik des Mittelalters ab, und anstatt der bedingungslosen Gläubigkeit des vergangenen Mittelalters machte sich eine allgemeine Skepsis, ja Kritik an der Kirche bemerkbar, die dann zur Reformation, zur Glaubensspaltung in Europa führte. Die Humanisten, in der griechischen und hebräischen Sprache zu Hause, hatten die Bibel wieder in den Originaltexten gelesen und waren zu verschiedenen Auslegungen gekommen, die vom dogmatischen Katholizismus, der bisher einzigen Kirche, abwichen. Während aber Luther seine »evangelische« Auslegung und neue Kirche der Protestanten gegen Rom mit den weltlichen Fürsten in Deutschland verbündete (siehe Seite 224), entwickelte sich der von Genf ausgehende Calvinismus, nach der Lehre des Reformators Johann Calvin (1509 bis 1564), frei und unabhängig von weltlicher Macht in demokratisch organisierten Gemeinden und griff sehr bald auch nach Frankreich über, das damals mit Spanien das mächtige Bollwerk des römischen Katholizismus in Europa war.

Unabhängige religiöse Protestbewegungen hatten in Deutschland nach dem Sieg der lutherischen Reformbewegung, gestützt auf die Landesfürsten und deren Machtzuwachs nach der Tragödie der Bauernkriege (siehe Seite 224), keine Chance. Die religiöse Revolution in Deutschland wurde zugunsten des lutherischen Protestantismus entschieden, und Bewegungen wie die der Wiedertäufer, die mit den reformatorischen Gruppen von Luther, Zwingli und Calvin nichts zu tun hatten, waren von vornherein der Verfolgung von Kirche und Staat ausgesetzt. Die Wiedertäufer, die sich von Zürich aus in der Schweiz, in Süddeutschland, Oberösterreich, Mähren, Ungarn und am Ober- und Niederrhein ausbreiteten, waren zu Beginn des 16. Jahrhunderts die radikalsten Reformer und lehnten jegliche weltliche und geistliche Obrigkeit ab. Auch unter den revoltierenden Bauern, die nach dem Verrat Luthers in aussichtslosem Kampf standen, hatten die Wiedertäufer einige Anhängerschaft gefunden. Drei Jahre nach dem Ende des Bauernkrieges verordnete Kaiser Karl V. in einem Edikt die Wiedertäuferei zu einem todeswürdigen Verbrechen, und ein Jahr später, 1529, bestätigte der Reichstag in Speyer den kaiserlichen Erlaß und ordnete darüber hinaus an, die Wiedertäufer überall, wo man sie ergreife, »ohne Gericht und Urteil wie reißende Bestien zu töten«. Ein Chronist der Täufer schilderte so die Todesqualen der ergriffenen Wiedertäufer:

»Etliche hat man zerreckt und zerstreckt, etliche zu Asche und Pulver verbrannt, etliche an Säulen gebraten, etliche mit glühenden Zangen zerrissen, einige in Häuser versperrt und alles miteinander verbrannt, andere an die Bäume gehenkt, etliche mit dem Schwert hingerichtet, etliche ins Wasser gestoßen ... Andere sind in finsteren Türmen verhungert oder verfault. Gar viele sind, ehe man sie tötete, mit allerlei Plag gepeinigt, etliche, die man zu jung geachtet zum Richten, mit Ruten geschwungen worden. Auch sind viele zu Jahren in Türmen und Gefängnissen gelegen ... Die übrigen, die dem allen entronnen sind, hat man verjagt von einem Land zum andern, von einem Ort zum andern. Gleichwie Eulen und Nachtraben, die des Tags nicht wandeln dürfen, mußten sie sich oftmals in Felsen und Stein-

Amsterdam, 1535: Hingerichtete Angehörige der radikal-reformerischen Sekte der Wiedertäufer, die in den Niederlanden und in Süd- und Westdeutschland (Münster) von Katholiken, Protestanten und der staatlichen Obrigkeit zusammen blutig verfolgt wurden, werden auf dem Galgenberg der Stadt zur Schau gehängt (Kupferstichkabinett München).

klüften, in wilden Wäldern, in Gruben und Löchern der Erde aufhalten und verkriechen.«

Bis zum Jahr 1530 sollen nach Sebastian Franck 2000 Wiedertäufer bereits das Leben verloren haben, allein 600 in dem elsässischen Städtchen Ensisheim. Wer in

Salzburg von den Wiedertäufern verstockt blieb, wurde langsam zu Tode geröstet, wer Widerstand wagte, erwirkte sich die Gunst, vorher geköpft zu werden. In Lübeck traten sie 1533/1534 auf, in Mähren vertrieb man ihren Führer, der dann in Wien verbrannt wurde und dessen Frau man gefesselt in die Donau warf. Ausgerechnet in Austerlitz gründeten sie eine Gemeinde, die jede Art von Krieg für Sünde erklärte und jeden Kriegsdienst verweigerte – nicht ganz 300 Jahre vor Napoleons für Europa so verhängnisvollem Schlachtsieg. Und in Münster in Westfalen schließlich errichteten die einzigen revolutionären und damit aktiven Wiedertäufer, die sonst überall die Gewaltlosigkeit predigten, ein frühes Regime nach einem kommunistischen Gleichheitsprinzip, »wo alle Güter sollen gemein sein«. In Köln, Trier, Amsterdam und Leyden sympathisierte man mit ihnen – und dort überall wurden ihre Anhänger blutig verfolgt. Als sich aber daraus eine revolutionäre Bewegung entwickelte, traten Katholiken und Protestanten im Verein mit ihren Reichsständen und rasch angeworbenen Landsknechten, wofür der Reichstag zu Worms eine extra Reichssteuer zur Finanzierung erließ, gegen diesen Unruheherd an. Die Stadt Münster wurde 1535 belagert und ausgehungert. Dann wurde den Wiedertäufern nach bewährtem Muster der freie Abzug gegen Aufgabe des Widerstandes versprochen, und als die Ketzer dies taten, wurden sie trotz des Versprechens gnadenlos abgeschlachtet. Vierhundert Wiedertäufer holte man aus den Häusern und erschlug sie. Den Anführer und seine wichtigsten Anhänger tötete man, wie eine zeitgenössische Chronik berichtet, auf grausamste Art:

»Und alsbald haben die Schinder zuerst den König (Johann von Leyden) in das Halseisen eingeschlossen und an den Pfahl gebunden, hiernach die glühende Zange ergriffen und denselben an allen fleischigen und übrigen Teilen seines Leibes dergestalt gezwickt, daß von einem jeden Orte, der von der Zange berührt wurde, die Flamme herausloderte und ein solcher Gestank entstand, daß beinahe alle, die auf dem Markt standen, solchen Geruch in ihren Nasen nicht ertragen konnten ... Als man sie aber lange genug gemartert hatte und sie noch lebendig waren, riß man ihnen endlich mit einer glühenden Zange die Zunge aus dem Halse und stieß ihnen zugleich, so stark man konnte, einen Dolch in das Herz.«

Um das Jahr 1530, als die Wiedertäufer in Münster noch »regierten«, saßen in Paris zwei junge Männer in den Hörsälen der Universität Sorbonne, vielleicht sogar Seite an Seite, die jeder für sich für eine bestimmte Reform der alten Kirche sorgen sollten: ein französischer Student namens Jean Cauvin, der spätere Johann Calvin, und ein spanischer Student und ehemaliger Offizier namens Ignazio y Loyola, der später als Ignatius von Loyola (1491 bis 1556) die Gründung des Ordens der Gesellschaft Jesu (Jesuiten) betrieb und mit diesen wichtige sozialreformerische und politische Maßnahmen innerhalb der katholischen Kirche in die Wege leitete. Calvins Reformbewegung verbreitete sich ab Mitte des 16. Jahrhunderts in Frankreich sehr rasch und erfaßte alle Schichten vom Bürgertum bis zum Hochadel gleichermaßen, was einer tiefen Glaubensspaltung in der ganzen französischen Nation gleichkam und natürlich ebenso rasch die Gegnerschaft der fanatischen Katholiken in Rom, Madrid und Paris hervorrief. In Anlehnung an den Namen des Genfer

Bürgermeisters Hugues, hinter dessen Stadtmauern der Ketzer Calvin lebte, und in Abwandlung der Bezeichnung »Eidgenossen« wurden alle Reformierten in Frankreich von den französischen Katholiken mit dem Spottnamen »les Huguenots«, die Hugenotten, belegt. Bald folgten auch die ersten Ketzerprozesse gegen Reformierte, von denen vor allem der Prozeß gegen fünf Studenten in Lyon, die in Genf und Lausanne studiert hatten, über die Grenzen Frankreichs hinaus Aufsehen erregte, weil alle Studenten und nach ihnen ihre etwa zehn Helfer und Glaubensgenossen verurteilt und verbrannt wurden. Der französische Protestantismus calvinistischer Prägung hatte damit bereits 1553 seine ersten Märtyrer. In der »Histoire des Martys« (Genf, 1597) lesen wir:

»... und man umspannte sie alle fünf noch mit einer großen Kette um den Leib. Der Henker aber hatte Befehl, das Leiden der fünf Studenten kurz zu machen, darum legte er einem jeden noch einen Strick um den Hals und band diese Stricke alle an ein großes Seil, das in einer Rolle hing, damit er sie dann bald erwürgen könne. Auch hatte er ihnen den bloßen Leib mit Fett bestrichen und mit Schießpulver bestreut. Nun wurde das Feuer angezündet und loderte auf; das hielten sie tapfer aus. Obwohl nun der Henker ihnen den Todesschmerz verkürzen wollte, gelang sein Plan doch nicht, da das Seil vom Feuer versengt wurde und zerriß, so daß man noch eine gute Weile die fünf Märtyrer hörte, wie sie sich untereinander trösteten und stärkten mit den oft wiederholten Worten: ›Mut, Brüder, Mut!‹ ...«

Im Jahr 1558 wurde die Zahl der Anhänger Calvins schon auf 400 000 geschätzt. In seiner Genfer Akademie wurden immer mehr junge reformierte Franzosen zu Prediger-Praktikern seiner Kirche ausgebildet und von dort aus in das »Feuer der Verfolgung« zurückgeschickt, was für die meisten den Scheiterhaufen bedeutete. König Franz I. (1494 bis 1547) schloß mit Kaiser Karl V. im Jahr 1538 Frieden und eröffnete 1540 durch einen Erlaß von Staats wegen die Jagd auf die Ketzer. In den Jahren von 1545 bis 1547 wurden auf Befehl des Königs zwei Dörfer der Waldenser, die als religiöse Laienbewegung mit den Reformierten sympathisierten und schon seit dem 12. Jahrhundert immer wieder als Ketzer verfolgt worden waren, dem Erdboden gleichgemacht. Die Frontstellung des Königs von Frankreich gegen die Hugenotten und alle anderen Reformierten, die unter Heinrich II. (1519 bis 1559) noch verstärkt wurde, leitete nun eine Epoche der blutigsten Glaubenskriege der Geschichte ein, die in Frankreich notwendigerweise durch die Unabhängigkeit der calvinistischen Reformationsbewegung zu einem grausamen Bürgerkrieg führte. Ein deutscher katholischer Student schrieb im Sommer 1542 aus Frankreich an seinen Lehrer nach Brügge, schilderte dabei ausführlich eine Ketzerverbrennung und schloß seinen Brief mit diesen Sätzen: »Was gibt es denn Unwürdigeres, als einen Menschen ins Feuer zu werfen? Der unglückliche Greis wurde wenige Tage (später) verbrannt. Ich erfahre gerade, daß das gleiche Schicksal noch unzähligen anderen Opfern beschieden ist. Beten wir zu Gott, daß diese Leute sich bekehren, wenn sie sich irren; wenn sie jedoch im Recht sind, dann möge Gott ihnen geben, daß sie furchtlos kämpfen!«

Genau das taten die Hugenotten etwa ab 1560, nachdem 1559, im Todesjahr Hein-

Schloß von Amboise, Frankreich, 1560: Die hugenottischen Verschwörer, die den König und seinen Hof ausheben wollten, werden »zur Unterhaltung der Damen« an den Zinnen und Dächern des Schlosses aufgehängt oder enthauptet und die abgeschlagenen Köpfe aufgespießt (Stich von Jean Perrissin und Tortorel).

richs II., in Paris sich die erste Synode der neuen Kirche konstituiert hatte und auch der Hof des Königs von Frankreich bereits »von Ketzerei angesteckt war«, wie Margarethe von Valois (1553 bis 1615), Tochter Heinrichs II. und Schwester seines fünfzehnjährigen Nachfolgers, Franz II. (1544 bis 1560), in ihrem Tagebuch notierte. Dieser Jüngling stand ganz im Schatten der damals mächtigsten Fürsten Frankreichs, der Herzöge Franz von Guise (1519 bis 1563) und Karl (1524 bis 1574), dem Kardinal von Reims und von Lothringen, woher die Guisen

stammten. Die Guisen stellten von Anfang an die Anführer der katholischen Partei in den Hugenottenkriegen. Verbündet mit ihnen hatte sich die Königinmutter, die berüchtigte Katharina von Medici (1519 bis 1589), deren spätere politische Intrigen zur Behauptung des katholischen Hauses Valois gegenüber den reformierten Bourbonen und schließlich zur Katastrophe der Bartholomäusnacht im Jahr 1572 führen sollten.

Die Führer der Hugenotten waren der erste Prinz von Condé, Ludwig von Bourbon (1530 bis 1569), Bruder des von der rechtmäßigen Thronfolge ausgeschlossenen Anton von Bourbon und König von Navarra (1518 bis 1562), sowie der Admiral und Herzog von Coligny (1519 bis 1572), der von seiner Residenz in der Champagne aus zum Bürgerkrieg gegen die Guisen aufrief. Damit brach die Zeit »des schwärzesten Abschnitts der europäischen Neuzeit, eine fast hundertjährige Bartholomäusnacht« (Egon Friedell) an.

Eine Verschwörung der Hugenotten gegen den jungen König und die Guisen im Februar 1560 schlug fehl, als die Katholischen rechtzeitig vor dem drohenden Anschlag gewarnt wurden und der König sich anstatt wie vorgesehen im unbefestigten Schloß Blois im befestigten Schloß von Amboise einquartierte. Die hugenottischen Verschwörer wurden alle in einen Hinterhalt gelockt und gefangengenommen. »Zur Unterhaltung der Damen von den Guisen angesetzt«, wurde dann am Schloß-Turm von Amboise und seinen Erkern eine »schauerliche Dekoration« angebracht: An Stricken und Ketten wurden die abgehackten Köpfe der Verschwörer »wie Marionetten nach der Vorstellung« (Joseph Cambon) aufgehängt. Calvin, der anfangs gegen die Bewaffnung der Hugenotten war, sollte also Recht behalten, als er angesichts der Vorbereitungen der Verschwörung von Amboise an Admiral Coligny schrieb: »Der erste Tropfen Blut, den unsere Leute vergießen, wird Ströme Bluts hervorrufen, die ganz Europa überschwemmen.«

Diese erste Bluttat der Hugenottenverfolgungen beobachtete übrigens unter den katholischen Damen der Guisen auch die damals achtzehn Jahre alte Frau des sechzehnjährigen Franz II., Maria Stuart (1542 bis 1587), die später in England enthauptete Königin von Schottland. Aber auch der spätere Geschichtsschreiber und hugenottische Haudegen Agrippa d'Aubigné (1552 bis 1630) sah als Kind die an den Zinnen von Amboise aufgehängten Köpfe. Später schrieb er über dieses Kindheitserlebnis in der dritten Person:

»Als der Knabe achteinhalb Jahre alt war, nahm sein Vater ihn mit nach Paris; als er an einem Markttage mit ihm durch Amboise kam, erblickte er die Köpfe seiner Genossen aus der Amboiser Verschwörung, noch erkennbar, auf Pfähle gespießt, und das erschütterte ihn so, daß er inmitten von sieben- oder achttausend Menschen ausrief: ›Sie haben Frankreich enthauptet, diese Henker!‹ Der Sohn gab seinem Pferd die Sporen und ritt an des Vaters Seite, denn er hatte die ungewöhnliche Erregung auf seinem Gesicht bemerkt, da legte er ihm die Hand auf den Kopf und sagte: ›Mein Kind, du darfst deinen Kopf nicht schonen, so wenig wie ich den meinen, um diese ehrenvollen Häupter zu rächen! Wenn du ihn schonst, soll mein Fluch dich treffen.‹ Obwohl der Trupp aus zwanzig Reitern bestand, konnte er nur mit Mühe der Volksmenge entrinnen, die über solche Worte in Wut geriet ...«

Nach Amboise häuften sich die Gewaltszenen. In der Umgebung von Lyon, in der Grafschaft Dauphiné zwischen Rhônetal und Hochalpen und in der Provence metzelten sich die Protestanten und Katholiken gegenseitig nieder. Ende 1560 starb Franz II.; der zehn Jahre alte Karl IX. (1550 bis 1574), sein jüngerer Bruder, wurde von seiner Mutter auf den Thron gesetzt. Wieder prellte Katharina von Medici dabei die Bourbonen um den Thron, und sie regierte von nun an selbst als »Statthalterin von Frankreich«, wo es zu dieser Zeit schon 2500 Protestantengemeinden gab. Allein in Paris besuchten über 6000 Personen die protestantischen Predigtgottesdienste. Katharina ließ den Protestanten vorläufig noch die Freiheit der Ausübung des Gottesdienstes und wollte durch sanften Druck die Reformierten zum Katholizismus zurückführen. Dies führte dann zur ersten Auswanderungswelle der Hugenotten. Doch die katholischen Bischöfe und Mönche hetzten das Volk immer offener gegen die Hugenotten auf. Es kam immer häufiger zu Zwischenfällen mit blutigem Ausgang – trotz eines Toleranzedikts, das am 17. Januar 1562 in St. Germain verkündet wurde. Gottesdienste der Hugenotten wurden gestört, es kam zu Tumulten. Schließlich ließ auch Königinmutter Katharina von Medici die Hugenotten fallen, nachdem ihr Schwiegersohn, König Philipp II. von Spanien (1527 bis 1598), sie unter massiven Druck gesetzt hatte. Er schrieb ihr, wenn sie fortfahre, Duldung gegenüber den Ketzern zu üben, werde er nicht imstande sein, die Ketzerei von Spanien und den Niederlanden fernzuhalten. Er forderte von ihr, das Königreich mit Feuer und Schwert von dieser Pest zu befreien, und sagte ihr dabei jede Art Hilfe zu. Der offene Konflikt war nicht mehr zu vermeiden, auch wenn nun die Hugenotten, staatsrechtlich gesehen, nur ihre im Toleranzedikt zugestandenen Rechte verteidigten, während die Katholischen gegen ein königliches Edikt verstießen, als sie gegen die Hugenotten vorgingen.

Das Blutbad von Vassy am 1. März 1562 war das Signal zum Bürgerkrieg. In dem Dorf in der Champagne traf an diesem Tag der Herzog Franz von Guise mit seiner Garde ein, als die dortigen Hugenotten gerade ihren Gottesdienst abhielten. Der Bürgermeister, auf Seiten der Katholischen, intervenierte beim Herzog gegen den Gottesdienst. Beim Versuch, den Gottesdienst abbrechen zu lassen, kam es dann zu Gewalttätigkeiten. Nach dem Bericht eines hugenottischen Augenzeugen passierte dieses:

»Der Herzog und seine Leute, die in der Überzahl waren, legten Arkebusen und Pistolen an und schossen durch die offene kleine Tür auf die ihr am nächsten Stehenden, die getötet oder verwundet wurden. Sie wichen von der Tür zurück, und so war die Versammlung wehrlos preisgegeben. Da drangen der Herzog und viele andere ein, schossen wild in die dichte Volksmenge und töteten und verwundeten eine große Anzahl. Dann jagten sie die armen Männer, Frauen und kleinen Kinder mit derben Säbel- und Schwerthieben hinaus, und draußen mußten sie durch zwei Reihen von Soldaten und anderen Leuten seines Gefolges hindurch wie durch eine Allee. Jeder versetzte ihnen harte Schläge mit Schwert und Säbel, so daß ein großer Teil von ihnen schon bald tot zusammenbrach. Immerhin kamen mit Gottes Gnade einige nur mit einer Verwundung oder auch ohne Verletzung davon. Diese jedoch wurden von einer anderen Gruppe aus der Begleitung sofort wieder auf die Beine gestellt und mit der gleichen unbarmherzigen Grausamkeit getötet oder verwundet.
Diejenigen, welche auf das Scheunendach geklettert waren, wurden verfolgt und mit der Arkebuse erschossen. Das schreckliche und grauenhafte Schauspiel dauerte anderthalb Stunden ... Am darauffolgenden Dienstag waren schon fünfundvierzig Personen gestorben und begraben, und es blieben noch achtzig oder hundert Verwundete, von denen manche noch in großer Lebensgefahr schweben ...«

Etwa vier Wochen später brach in Frankreich der Bürgerkrieg aus. Er dauerte zunächst nur ein Jahr, bis zum Frieden von Amboise vom 19. März 1563. Obwohl Coligny mit seinem hugenottischen Heer Toulouse, Rouen, Lyon, Bourges und Orleans einnahm und Orleans zu seinem Hauptstützpunkt ausbaute, behielten die katholischen Streitkräfte, besser ausgerüstet, immer die Oberhand. In diesen und den folgenden Kriegen kämpften Städte gegeneinander, und in den Städten kämpften die Bürger gegeneinander. Katholiken und Protestanten standen sich mitleidlos gegenüber und brachten sich rücksichtslos gegenseitig um. Mit welchem Fanatismus gekämpft wurde, zeigt eine kleine Episode, vom Prinzen Condé überliefert: Dieser traf vor einer katholischen Kirche einen hugenottischen Soldaten, der gerade ein Heiligenbild am Portal zertrümmerte. Als Condé ihn darauf hinwies, daß nach Colignys Kriegszucht solche Handlungen mit dem Tode bestraft würden, soll der Soldat angesichts der erhobenen Büchse des Prinzen von Condé gesagt haben: »Haben Sie gerade noch ein wenig Geduld, bis ich das Götzenbild fertigmache: Dann will ich sterben, wenn es Ihnen gefällt!«
Auch das Ausland blieb in den Hugenottenkriegen nicht neutral. Spanien schickte 30 000 Soldaten und die katholischen Rheingrafen 6000 Soldaten und 20 Fähnlein

Landsknechte den Katholiken in Frankreich zu Hilfe. Die Hugenotten ihrerseits heuerten Söldner von den protestantischen Landesfürsten aus Deutschland an und verpfändeten den Hafen von Le Havre für Geld und Soldaten an England.
Im Frieden von Amboise hieß es: »Der König gewährt bis zur Haltung eines freien Konzils allen seinen Untertanen volle Gewissensfreiheit ...« Die Gewissensfreiheit wurde aber nur in den französischen Städten gewährt, deren protestantische Gotteshäuser in den Vororten standen. Paris selbst blieb ganz katholisch. Der Waffenstillstand dauerte nur drei Jahre und war lediglich eine Art Atempause. Als Katharina von Medici in Bayonne mit dem Herzog von Alba (1507 bis 1582) zusammentraf, einem der gefürchtetsten Protestantenhasser, was er wenige Jahre später dann auch in den Niederlanden unter Beweis stellte (siehe Seite 303 ff.), hegten die Hugenottenführer neuen Verdacht und griffen wieder zu den Waffen. Sie besetzten 1567 an die 50 feste Orte, darunter Vienne, Montpellier und Nîmes, wo sie am 29. September 150 Katholiken in einen Brunnenschacht stürzten. Auch in zahlreichen anderen Städten kam es zu Massakern an Katholiken.
Obwohl im März 1568 schon wieder ein Friede geschlossen wurde, machten die Katholiken weiterhin Jagd auf Hugenotten, und die Reformierten verteidigten ihre Festung La Rochelle weiter, weil sie dort eine Kaperflotte unterhielten, die gegen die spanischen Schiffe zugunsten der Protestanten in den Niederlanden operierte. Die bedeutendsten Treffen im nächsten Hugenottenkrieg waren die Schlacht von Jarnac am 14. März 1569, in der Prinz von Condé fiel, und die furchtbare »schnell, hitzig und geschickt geschlagene« Schlacht bei Moncontour, in der Tausende von Hugenotten getötet wurden und die Schweizer Söldner auf seiten der Katholiken ihre Konkurrenten, die deutschen Landsknechte auf seiten der Hugenotten, bis auf den letzten Mann niedermachten. Ohne Einschreiten besonnener katholischer Heerführer hätte dieses Schicksal fast auch einige tausend hugenottische Gefangene getroffen.
Gegenseitige Erschöpfung führte schließlich beide Parteien wieder zu einem Frieden, dem Frieden von Saint-Germain am 8. August 1570. Er brachte den Hugenotten ernsthafte Garantien und beließ ihnen die vier festen Plätze La Rochelle, Montauban, Cognac und La Charité. Das erleichterte andererseits aber den Katholiken die Kontrolle der Ketzer, deren Ausrottung inzwischen im katholischen Lager zur beschlossenen Sache geworden war und zu der sich auch Katharina von Medici endgültig entschlossen hatte. Auch der neue Papst, Pius V. (1566 bis 1572), verlangte in einem Brief nun ganz offen, daß sie fortfahren möge, »öffentlich und glühend die Feinde der katholischen Religion zu bekämpfen, bis daß sie alle massakriert sind«, dann würde ihr auch, so fuhr er fort, »die göttliche Hilfe nicht fehlen«.
Um innenpolitisch den Frieden zu sichern und die Protestanten noch besser überwachen zu können, entschloß sich die Königinmutter, den neunzehnjährigen Heinrich von Bourbon, den Erben von Navarra (1553 bis 1610), mit ihrer Tochter Margarethe von Valois zu verheiraten. Die Heirat sollte den Hugenotten Sand in die Augen streuen und sie zufriedenstellen – was sie auch tat. Admiral Coligny, der in Schloß Blois ein- und ausging, antwortete 1571 auf die Warnung

Vassy, Champagne, Frankreich, 1562: Das Blutbad von Vassy, wo die Katholischen unter Herzog Franz von Guise in einer Kirche die hugenottische Gemeinde beim Gottesdienst niedermachen, ist der Auftakt zu den blutigen Hugenottenkriegen (Stich von Jean Perrissin und Tortorel, Ausschnitt).

des Herzogs von Mont-Pensier, er möge doch dort nicht schutzlos umhergehen, mit entwaffnender Arglosigkeit: »Ich befinde mich doch im Hause meines Königs!« Darauf der Herzog: »Wohl, aber in einem Hause, in dem der König nicht immer Herr ist!«

Am 3. März 1572 kam die Königin von Navarra zur Verhandlung über den Ehevertrag ihres Sohnes nach dem Königsschloß Blois. Sie beschwerte sich sofort in einem Brief an ihren Sohn mit deutlichem Abscheu über Katharina: »Es steht mir keinesfalls frei, mit dem König oder mit Madame (Margarethe) zu sprechen, nur mit der Königinmutter, die mich mit der Mistgabel traktiert . . .« Der Vertrag wurde am 11. April 1572 unterzeichnet. Die Hochzeit sollte vor der Kirche stattfinden, Heinrich brauchte also als Hugenotte nicht zur Messe zu gehen. Am 9. Juni starb die Königin von Navarra ganz plötzlich in Blois. Einige Quellen sprechen von Vergiftung, doch ist das nicht bewiesen. Trotzdem wurden die Hugenotten unruhig und trauten nun dem Frieden nicht mehr, während die Katholiken immer nervöser wurden und zum Handeln drängten.

Am 7. Juli 1572 ritten Heinrich von Navarra, Coligny, der zu Hause von einer Bäuerin kniefällig vor einer Falle in Paris gewarnt worden war, und der Sohn des Prinzen von Condé in Paris ein. Mit ihnen viele Anhänger der Hugenotten, die alle bei der Hochzeit, die zur »Bluthochzeit« werden sollte, dabeisein wollten. Diese wurde am 17. August 1572 mit großem Pomp gefeiert. Die Festlichkeiten, sprich Ausschweifungen, dauerten bis zum 21. August an. Ein ungenannter Zeitgenosse äußerte sich ziemlich schockiert: »Nun finden am Hof von Frankreich Ball, Tanz, Maskeraden und ähnliche eitel Vergnügungen, an denen der König ein besonderes Gefallen findet, meist des Nachts statt . . . Alle anständigen Leute sind davon überzeugt, daß die jungen Fräulein hier nicht am richtigen Ort sind, um ihre Keuschheit zu bewahren . . .«

Derselbe Zeitgenosse stellte auch fest: »Dieses tolle Treiben und die eitlen Vergnügungen des Hofes machen es dem Admiral unmöglich, mit dem König zu sprechen und über ernstere Dinge mit ihm zu verhandeln.« Coligny wollte tatsächlich mit dem König über eine französische Intervention in den Niederlanden zugunsten der Protestanten reden. Der Geschichtsschreiber Brantôme (1540 bis 1614) hörte den Admiral zu Gleichgesinnten sagen: »Wohlan denn, alles läßt sich gottlob gut an; binnen kurzem werden wir Spanien aus den Niederlanden vertrieben haben, und unser König wird dort herrschen, oder wir werden dort sterben, alle, und ich als erster; und ich will nicht klagen, wenn ich mein Leben lassen muß für eine so gute Sache.« Er ahnte nicht, daß dies viel früher und durch heimtückischen Mord geschehen sollte.

Katharina erfuhr von Colignys Absichten, die natürlich Krieg mit Spanien bedeutet hätten. Sie faßte zusammen mit den Guisen den Entschluß, den Admiral zu beseitigen. Mit Wissen des Königs, der ihm ein »Ehrengeschenk« versprach, schoß ein gedungener Mörder am 22. August 1572 auf den Admiral aus dem Haus eines Guisen, verletzte ihn aber nur an Schulter und Arm. Das Attentat erregte die vielen in Paris anwesenden protestantischen Adeligen, die auf Rache sannen und dadurch die Königinmutter so verschreckten, daß diese ihrem lang

gehegten Plan eines Komplotts gegen die Hugenotten freien Lauf ließ und auch den König nach langem Drängen am Abend des 23. August dafür gewann. Dieser gab schließlich die Parole aus, die wichtigsten protestantischen Führer zu töten, da sie ja wohl einen Staatsstreich planten. Er fügte dann, plötzlich von einer Art Vorahnung über den kommenden Blutrausch gepackt, hinzu: »Man soll sie alle totschlagen! Keiner soll übrigbleiben und mich nachher anklagen!«
Claude Marcel, Stadtvogt von Paris und Freund der Guisen, instruierte danach die 16 Bezirkshauptleute der Bürgerwehr, die wiederum in kurzer Zeit ihre halbmilitärischen Verbände mobilisierten, ein Faktum, das dafür spricht, daß die Sache von Katharina Medici und den Guisen in Zusammenarbeit mit den katholischen Patriziern von Paris von langer Hand vorbereitet gewesen war und jederzeit, nach dem Weichkochen des Königs vor allem, auf den Knopf gedrückt werden konnte. Marcels Befehl an seine Leute ließ überdies an Deutlichkeit nichts zu wünschen übrig: »Es ist die Absicht Seiner Majestät, daß man den Admiral und seine Partei ausrotte!« In nur drei Stunden hatte Marcel mehrere tausend Mann bewaffneter Pariser aus dem Boden gestampft und seine Leute vor den Häusern verteilt, in denen die Hugenotten einquartiert waren. Alle wurden angewiesen, beim Läuten der Sturmglocke von Saint-Germain l'Auxerrois die Stadttore zu schließen und die Boote aus der Seine zu ziehen, um jegliche Flucht der Hugenotten zu verhindern, während die Bürgermiliz alle wichtigen Verkehrsknotenpunkte der Stadt besetzte. Viel zu viel Aufwand, um nur die Spitzen der Hugenotten, allenfalls etwa ein Dutzend, was Katharina ursprünglich vorhatte, zu beseitigen. Es war die Nacht zum Sonntag, dem 24. August 1572, dem Tag des heiligen Bartholomäus.
Das erste Opfer war der bereits durch das Attentat verwundete Gaspar de Coligny, den ein Herzog von Guise mit seinen Mordbuben sich vornahm. Lukas Geizkofler, ein österreichischer Student, der die Mordnacht erlebte, schrieb:

»In dem ersten Anlauf ist der Herzog von Guise ... mit der großen Anzahl seiner mörderischen Trabanten dem Admiral ... in sein Losament gefallen ... mit etlichen ... seiner mörderischen Adhärenten (Anhängern), deren mehrenteils fast noch junge Bursch gewesen, in des Admirals Zimmer geloffen und gedrungen ... haben ihn mit vielen Stichen verwundet und auf Befehl des Herzogs von Guise durch das Fenster auf die Gassen geworfen, allda man ihm (am anderen Morgen) noch mehr Stich gegeben, den Kopf wie auch die Finger abgehauen.«

Gegen drei Uhr früh, mit Beginn der Morgendämmerung, rief die Sturmglocke zum Gemetzel des Jahrhunderts. Die Bürgermiliz, gekennzeichnet mit weißen Binden und einem weißen Kreuz am Hut (!), stürmte los und entlud ihren Haß auf die Protestanten, egal ob Adeliger oder kleiner Mann. Filippo Cavrina aus

Nächste Seiten. Paris, 24. bis 27. August 1572: »Man sah nur Menschen, die flohen, und andere, die sie verfolgten und schrien: ›Schlagt sie tot!‹ ...«, notiert ein Augenzeuge des Massenmordes an den Hugenotten an und nach dem Tag des heiligen Bartholomäus (Kupferstichkabinett Paris).

Mantua, der Arzt der Königinmutter, notierte in seinem Bericht über die Nacht: »Man sah nur Menschen, die flohen und andere, die sie verfolgten und schrien: ›Schlagt sie tot! Schlagt sie tot!‹ Weder Geschlecht noch Alter fanden Erbarmen. Es war wahrhaftig ein Schlachten. Die Straßen waren mit nackten, verstümmelten Leichen übersät; der Fluß war mit ihnen bedeckt.«

Die Hugenotten wurden erwürgt, zerstochen, erschlagen, zerhackt, aus Fenstern gestürzt, in Stücke zerfetzt oder in der Seine ertränkt. Chevalier de Gomicourt, damals im Dienste des Herzogs von Alba in Paris, frohlockte: »... so trefflich machen sie ihnen den Garaus, daß sie in kurzer Zeit mehr als dreitausend in Stücke hieben.«

Das Morden enthemmte das Volk zum allgemeinen Abschlachten. An der Raserei beteiligten sich auch die Räuber und Spitzbuben aus der damaligen Pariser »Unterwelt«. Jeder brachte jeden um, mit dem er glaubte, eine Rechnung begleichen zu müssen. Lukas Geizkofler, der österreichische Student, hielt fest:

»Als dies alles ... gehandelt worden, ist ein Teil der mörderischen Zunft ... auch in fürnehmer Kaufleut Gewölber, so sonst gut papistisch, wegen des Raubs eingefallen; und darin viel fürnehme Eheweiber, Töchter, so nicht gleich mit barem Geld gefaßt, ohne allen Unterschied der Religion geschändet und nach ihrem äußersten Vermögen rantionieret (loskaufen) ... Es hat bei dieser Gelegenheit ein jeder seinen Feind unter dem Schein, als wann er ein Hugenott wär, ja ein Bruder den andern, damit er nur die Erbschaft allein erlangete, umbringen lassen – ja wohl auch etliche Papisten ihres Glaubens Genossen aus Geiz, Neid und Feindschaft nit verschont. Und ist immerzu ein Rott über die ander auf die Gassen ...«

Der Blutrausch hatte ganz Paris erfaßt. Und doch passierten auch solche Dinge: Ein Herr von Vézins griff sich seinen Nachbarn, einen Protestanten, der mit ihm zerstritten war, und jagte mit ihm mitten im Massaker auf seinem Pferd hinaus aus der Stadt vor sein Schloß Quercy, um ihm dort zu eröffnen: »Ich lasse Ihnen die Freiheit, mich zu lieben oder zu hassen. Ich habe Sie hierher gebracht, damit Sie in Ruhe die Wahl treffen können.«

In der Stadt ging das Morden weiter. Es »gab bald keine Straße mehr«, schrieb später ein Augenzeuge aus Straßburg, »auch die allerkleinste nicht, wo nicht einer den Tod fand, und das Blut floß über die Straßen, als habe es stark geregnet«. Sogar Margarethe von Valois, die junge Frau des Hugenotten Heinrich von Navarra, wäre bald ein Opfer ihrer eigenen Familie geworden. Sie schrieb über ihre Erlebnisse in der ersten Nacht in ihr Tagebuch:

»Nach einer Stunde, nachdem ich fest eingeschlafen war, pochte jemand mit Händen und Füßen an die Tür und rief: ›Navarra, Navarra!‹ Meine Amme meinte, es sei mein Gemahl, und schritt schnell hinzu, um die Türe zu öffnen. Es war ein Edelmann namens Teja, der von einem Degenstoß über den Ellbogen und von einer Hellebarde in den Arm verwundet war; er drängte sich mit vier Häschern, die ihm folgten, in mein Zimmer und warf sich auf mein Bett, um sich zu retten. Da ich alle diese Menschen sah, die sich über mich herwarfen, flüchtete ich in den Gang hinter meinem Bette, er aber mir nach, indem er sich fest an mich klammerte. Ich kannte den Mann gar nicht und wußte nicht, ob er in der Absicht gekommen war, mir Leides zu tun, oder ob die Häscher mir oder ihm etwas tun wollten. Wir schrien beide und waren einer so erschrocken als der andere. Gott gab es, daß Herr von Nancay, Hauptmann der Garde, dazukommen mußte; er schimpfte auf die Häscher wegen ihrer Ungeschicklichkeit, jagte sie hinaus und überließ mir das Leben des armen Menschen, der mich immer noch festhielt. Ich ließ ihn in mein Kabinett bringen und seine Wunden verbinden; hier blieb er bis zu seiner völligen Heilung. Während ich ein anderes Hemd anzog, weil er mich ganz blutig gemacht hatte, erzählte mir Herr von Nancay, was eben vorging, und versicherte mir, mein Gemahl wäre in dem Zimmer des Königs, wo ihm nichts Leides geschähe. Darauf ließ er mich einen Schlafrock überwerfen und führte mich in das Zimmer meiner Schwester, der Herzogin von Lothringen. Mehr tot als lebendig kam ich dorthin; indem ich in den Vorsaal trat, dessen Türen ganz offen standen, ward ein Edelmann namens Bourse, der sich vor den Häschern retten wollte, nur drei Schritte von mir, von einer Hellebarde durchstoßen. Ich fiel ohnmächtig hin. Herr von Nancay hielt mich in seinen Armen; es war mir, als träfe der Stoß uns beide. Nachdem ich mich ein wenig erholt hatte, ging ich in das kleine Schlafzimmer meiner Schwester. Kaum war ich da, als Miossome, der erste Edelmann meines Gemahls, und Armagnac, sein erster Kammerdiener, mich daselbst aufsuchten, um mich zu bitten, daß ich ihnen das Leben retten möchte. Ich ging sogleich hin und warf mich zu den Füßen des Königs und der Königinmutter, sie darum zu bitten; sie gestanden es mir auch zu ...«

Margarethe zog schließlich aus ihrer Sicht diese Bilanz:

»Das Gemetzel dauerte (in Paris) noch sechs Tage mit einer höllischen Blutgier fort; 500 Edelleute werden ermordet und mehr als viertausend Personen jeden Geschlechts und Alters, von dem Kinde im Mutterleib bis zum achtzigjährigen Greis. Nicht Rang noch Wissenschaft, ja selber die Religion wurde in diesen unseligen Tagen verschont. Peter Ramus, ein berühmter Mathematiker und guter Katholik, starb durch einen seiner Neider, der den Tumult benutzte, ihn zu ermorden ...«

Der Marschall Gaspard de Tavannes, so ist überliefert, rannte mit seinem Schwert mordgierig durch die Straßen und schrie immer wieder: »Laßt sie zur Ader! Laßt sie zur Ader! Die Ärzte sagen ja, im August sei ein Aderlaß nicht weniger heilsam als im Mai!«

Der Graf von Cocomas entwickelte als Ketzermörder seine eigene Methode. Er versprach immer einer Gruppe von etwa 30 Hugenotten das Leben, sofern sie bereit wären, ihren Glauben zu widerrufen. Sobald diese in Todesangst widerrufen hatten, brachte er dann mit seinen Leuten jeden einzelnen Hugenotten mit kleinen Dolchstichen ganz langsam zu Tode.

Ein protestantischer Augenzeuge, der dem Massaker entkam, faßte später in einem ausführlichen Bericht zusammen:

»Es wurde aber nicht nur gemordet und geplündert, vielen Frauen und Mädchen wurde auch Gewalt angetan, jeglicher Unzucht waren sie ausgesetzt, besonders die, deren Eltern oder Ehegatten sich unbeliebt gemacht hatten; ihre Namen könnten wir nennen, wenn es notwendig wäre. Kurz, diese drei schweren Laster wüteten in der Stadt, nämlich: Mord, Diebstahl und Unzucht. Es ist unbeschreiblich, mit welcher Grausamkeit diese Personen und zahllose andere an jenem Sonntag und den darauffolgenden Tagen hingemetzelt wurden. Die meisten brachte man ums Leben, indem man sie erdolchte oder mit dem Schwert erstach; andere hatte man an sämtlichen Körperteilen mißhandelt, ihre Glieder verstümmelt, sie verhöhnt und beleidigt mit beißendem Spott, der feiner stach als die Spitze einer Lanze. Ich vergaß noch zu sagen, daß man auch manche alten Leute zu Tode quälte, indem man sie mit dem Kopf gegen die Kaimauern schlug, dann warf man sie halbtot ins Wasser. Ein paar neun- bis zehnjährige Knaben zerrten ein Wickelkind durch die Straßen, an einem Gürtel, den sie ihm um den Hals geschlungen hatten. Ein anderes kleines Kind, das ein blutdürstiger Mensch wegschleppte, spielte mit seinem Bart und lächelte ihn an, aber anstatt von Mitleid gerührt zu sein, stieß der teuflische Barbar ihm seinen Dolch in den Leib und warf es ins Wasser, das vom Blut so rot war, daß es lange Zeit dauerte, bis es seine ursprüngliche Farbe wieder annahm ...«

Der »Henkerkönig« der Mordtage und -nächte in Paris soll ein Metzgermeister gewesen sein. Er rühmte sich vor seinem König, in der ersten Nacht 120 Hugenotten geschlachtet zu haben, und versprach dem König, der darüber gequält lächelte, in der folgenden Nacht nochmals den gleichen Rekord aufzustellen.

»Es war wahrhaftig ein Schlachten. Die Straßen waren mit nackten, verstümmelten Leichen übersät, der Fluß war mit ihnen bedeckt.« Dieser anonyme Stich zeigt zeitversetzt mehrere Einzelereignisse der Mordtage und -nächte (rechts oben Mord an Coligny). Dieser Ausschnitt widerspiegelt die ganze Brutalität der Schreckenstage im Detail.

Trotz der uferlosen Schlächterei wurde das Ziel derselben, alle hugenottischen Führer umzubringen, nicht ganz erreicht, da einige von ihnen der gnadenlosen Menschenjagd doch entkamen, weil Marcels Leute vor lauter Morden die Außenbezirke nicht rechtzeitig abgeriegelt hatten. Am Abend des 25. August, nach zwei Mordnächten und -tagen, kehrten die Verfolger der entkommenen Hugenottenführer, die Herzöge von Guise mit ihren Anhängern, nach Paris zurück. Vom gleichen Abend berichtet ein Zeitgenosse:

»Gegen Abend gingen der König, die Königin, seine Mutter, und die Damen aus und besahen sich alle Leichen, eine nach der andern. So wollte die Königinmutter den Leichnam des Herrn de Soubise sehen, weil sie wissen wollte, warum er unfähig gewesen war, seiner Frau beizuwohnen.«

Der Geschichtsschreiber des Königs, Papire Masson, bemerkte in seiner »Histoire de Charles IX.«:

»Das Gemetzel spielte sich vor den Augen des Königs ab, der es vom Louvre aus mitansah und große Freude daran hatte. Wenige Tage später begab er sich selbst zum Galgen von Montfaucon, um Colignys Leiche zu sehen, die man dort an den Füßen aufgehängt hatte, und als einige aus seinem Gefolge vorgaben, wegen des Leichengestanks nicht näher heranzutreten, sagte er: ›Der Geruch eines toten Feindes ist süß und angenehm.‹ ...«

Im Bericht des Sekretärs des Gesandten von Spanien erfahren wir schließlich über das Ende der Mordtage:

»Das Gemetzel dauerte bis zum Mittwoch, 27. August, am Morgen. An diesem Tag begab sich der Allerchristlichste König im Königsornat in den Justizpalast und erklärte vor dem Parlament, er sei gezwungen gewesen, mit den Hugenotten Frieden zu machen, weil sein Volk erschöpft und ruiniert gewesen sei. Nun aber, da Gott ihm den Sieg über seine Feinde geschenkt habe, erkläre er das Edikt, das in Vollzug besagten Friedens ergangen sei, für null und nichtig, und er wolle wieder das zuvor ergangene beobachtet wissen, wonach keine andere Religion als die katholische, apostolische und römische im Königreich ausgeübt werden dürfe ...«

Über den von Gott »geschenkten Sieg über seine Feinde« freuten sich die katholischen Würdenträger in aller Welt. Der spanische Gesandte, Don Diego de Zuniga, hatte sich bereits während der ersten Mordnacht an sein Schreibpult begeben und an seinen Herrn, Philipp von Spanien, geschrieben: »Während ich schreibe, töten sie alle, sie reißen ihnen die Kleider vom Leib ... und verschonen nicht einmal die Kinder. Gepriesen sei Gott!« Der katholische König in Madrid soll nach Erhalt des Schreibens gesagt haben: »Das ist eine der schönsten Vergnüglichkeiten meines Lebens.« Und der neue Papst Gregor XIII. (1502 bis 1585), der von vornherein die Verfolgung der Hugenotten unterstützt und die Bluthochzeit gebilligt hatte, veranstaltete im Vatikan Freudenfeste, ließ Dankgottesdienste und Prozessionen abhalten und eine Gedenkmünze prägen (siehe folgende Seite).

Rom, 1572: Die Entwurfsskizze, von Papst Gregor XIII. genehmigt, zu der Rückseite der Gedenkmünze des Vatikans, die zur Erinnerung an die Vernichtung der Hugenotten geprägt wurde.

Die Dankgottesdienste besuchten am 28. August in verschiedenen Kirchen von Paris auch der König, die Königinmutter und der Hof reihum. Man dankte für die Befreiung Frankreichs von der Ketzerei und die Errettung der königlichen Familie vom Tode durch die Ketzer, während das Morden inzwischen auf die Provinz übergegriffen hatte.

Auch in Klein- und Mittelstädten eiferten die Katholiken ihren Pariser Glaubensgenossen nach. In Lyon, Dijon, Orléans, Blois, Tours, Troyes, Meaux, Bourges, Angers, Rouen und Toulouse gab es blutige Gemetzel. Aus Lyon wurden 800 Tote, aus Orléans 1000 Tote gemeldet. König Karl IX. forderte über seinen Agenten in Brüssel sogar Herzog Alba in den Niederlanden auf, Mons, eine Festung französischer Protestanten, einzunehmen und fügte in seinem Brief hinzu: »Wenn er Euch antwortet, das bedeute die stillschweigende Aufforderung, diese Gefangenen zu töten und die Belagerten in Mons zu zerstückeln, dann sollt Ihr ihm sagen, das sei es, was er zu tun habe.«

Die Augenzeugen und zeitgenössischen Chronisten geben sehr unterschiedliche Zahlen über den Massenmord in Paris und auf dem Lande an. Nach neuesten Forschungen aufgrund von Texten über die Totengräberarbeiten der wichtigsten Pariser Friedhöfe müssen es in Paris mehr als 4000 Tote gewesen sein, während man die Toten in den Provinzen auf etwa 30 000 geschätzt hat. In einem Lied »wider die Hugenotten«, das nach der Bartholomäusnacht aufkam, hieß es:

»Die Zahl der toten Leiber / man ganz unmöglich kennt.
So viele Männer wie Weiber / ohn' Aufenthalt und End'
färben in diesen Tagen / des Schreckens das Wasser rot,
um die Kunde zu tragen / bis nach Rouen ohne Boot ...«

Die Königinmutter Katharina von Medici, ihr königlicher Sohn und die katholische Partei der Guisen glaubten, das Hugenottenproblem nach diesen Ereignissen gelöst zu haben. Sie täuschten sich, denn im Laufe der folgenden Jahre stellte sich heraus, daß das Massaker, politisch gesehen, seinen Zweck ganz und gar verfehlt hatte. Zwei Monate nach der Bartholomäusnacht schon begann erneut der Religionskrieg, ein Frieden von La Rochelle im Jahr 1573 dauerte nicht lange, und im Februar 1574 besetzten die Hugenotten unter einem Führer, der die Bartholomäusnacht überlebt hatte, die Orte Lusigan, Melle, Fontenay, Pons, Tonay-Charente, Royan, Talmont und Rochefort und nahmen ihrerseits nun blutig Rache für die Opfer vom August 1572. Unter dem Nachfolger Karls IX., Heinrich III. (1551 bis 1589), dem letzten Vertreter des Hauses Valois, trat der Konflikt der Religionsparteien in Frankreich in ein entscheidendes Stadium. Der unfähige Heinrich ließ alles treiben, bis ein neuer Frieden von Beaulieu im Jahr 1576 in ganz Frankreich, ausgenommen in Paris, die volle Religionsfreiheit gewährte. Dieser Friede enthielt den Guisen zu viele Zugeständnisse. Sie gründeten noch im gleichen Jahr mit den Spaniern zusammen die »Heilige Liga« zum Kampf gegen die Hugenotten, ähnlich der 1538 in Nürnberg als Gegengewicht zum Schmalkaldischen Bund gegründeten »Heiligen Liga« mit Kaiser und Papst. Fast alle Städte nördlich der Loire schlossen sich der Liga an, die Protestanten wichen nach dem Süden Frankreichs aus.

Die letzten Jahrzehnte des 16. Jahrhunderts in Frankreich waren erfüllt von ständigen Schlachten zwischen den Anhängern der drei Heinriche, dem katholischen Guisen, dem hugenottischen Navarra und dem »neutralen« Heinrich III. In dieser Zeit der Kriegswirren, in der Paris belagert, zwei Heinriche, der katholische und der König, ermordet wurden, und die Heere der Liga und der Hugenotten Frankreich ständig mit Feldzügen heimsuchten, litt besonders die arme Bevölkerung in den Provinzen unter den chaotischen Zuständen. Am meisten aber mußten Paris und dessen Bevölkerung unter einer großen Hungersnot während der Belagerung der Stadt leiden. Der Beamte der Staatskanzlei des Königs, L'Estoile, schilderte sehr eindringlich die Zustände in Paris um das Jahr 1589:

»In dieser Zeit starb mancher, arm oder reich, und alle Tage fand man Leut in den verschiedenen Stadtbezirken auf dem Pflaster liegen, manche, weil sie seit einiger Zeit schlechte Nahrung zu sich genommen, andere, weil ihnen die Lebensmittel überhaupt gefehlt hatten ...«

Etwa 50 000 Pariser verhungerten, das war um ein Vielfaches mehr als die Zahl der Opfer der Bartholomäusnacht. Und wofür? L'Estoile ließ in seinem Bericht keinen Zweifel an der Sinnlosigkeit der blutigen Religionsstreitigkeiten, die immer noch Frankreich und Paris schüttelten: »Das einzige, was in Paris billig war, waren die Predigten; da fütterte man das arme ausgehungerte Volk mit Wind, das heißt mit Betrug und Lügengeschwätz: Es bekam zu hören, daß es Gott höchst wohlgefällig sei, den Hungertod zu erleiden, ja sogar, es sei besser, seine Kinder umzubringen, wenn man nichts für sie zu essen hätte, als einen Ketzer zum König zu machen und ihn anzuerkennen ...«

Schließlich mußten sie aber doch auch in Paris den »Ketzerkönig« Heinrich von Navarra als Heinrich IV. anerkennen, zumal dieser aus politischer Vernunft zum Katholizismus übertrat und mit seinem berühmten Edikt von Nantes (1598) nicht nur mit Spanien Frieden machte, sondern auch den Hugenotten »unwiderruflich« Glaubensfreiheit und zahlreiche Sicherheitsplätze einräumte.

Frankreich, 16. Jahrhundert: Kriegsgreuel während der Hugenottenkriege an Reformierten wechseln ab mit Racheakten der Hugenotten an den Katholischen (anonymer zeitgenössischer Stich).

Die Verfolgung der französischen Hugenotten führte übrigens auch zu einer blutigen Episode in der Neuen Welt, zu einer amerikanischen Bartholomäusnacht, wenn auch bereits im Jahr 1565. In Florida hatte sich eine hugenottische Siedlung mit etwa 400 Siedlern zusammengefunden, ein Teil von ihnen war 1562 bereits, von Admiral Coligny ausgesandt, in Florida gelandet. Eine benachbarte spanische Siedlung drohte, die »Häretiker bis auf den letzten Mann zu vernichten«. Die Franzosen wollten dem Angriff zuvorkommen, wurden aber vor der Siedlung der Spanier von einem Hurrikan überrascht. Die überlebenden 140 Schiffbrüchigen fielen den Spaniern in die Hände. Diese reihten sie am Strand entlang auf und köpften sie. Zehn von ihnen retteten ihr Leben durch Abschwören vom Protestantismus. Die in der französischen Siedlung zurückgelassenen kranken Männer und Frauen wurden von den Spaniern bis auf 26, die sich zu den Indianern flüchten konnten, erhängt oder erdrosselt. Insgesamt 122 Männer und Frauen waren es, und der gewissenhafte spanische Anführer ließ inmitten der Galgen eine Tafel mit der Aufschrift anbringen: »Nicht als Franzosen, sondern als Häretiker.« Was mit den restlichen etwa 200 hilflos auf einer Insel festsitzenden Franzosen geschah, beschreibt Raymond Cartier 400 Jahre später in seinem Buch »Europa erobert Amerika«:

»Er (der spanische Kommandant) legte dort an ... und forderte ihn (den Anführer der Hugenotten) auf, sich zu ergeben. Da die Hugenotten schwankten, versprach ihnen der Spanier, sie am Leben zu lassen. Worauf er ihnen allen den Hals abschneiden ließ. Sein Chronist vermerkt dazu, er habe sich dabei ›übertrieben human‹ gezeigt, da er seinen Vorschriften zufolge jeden Häretiker lebend zu verbrennen hatte ...«

Religiöser Haß in umgekehrter Richtung suchte in der ersten Hälfte des 16. Jahrhunderts England heim. Dort war dem Geldbürgertum und den führenden Rechtsgelehrten der vom Papst 1515 zum Kardinal und päpstlichen Stellvertreter für ganz England ernannte Lordkanzler Thomas Wolsey (1471 bis 1530) schon lange ein Dorn im Auge, da der in einer Person politische und geistliche Macht repräsentierende Wolsey diese Doppelrolle ungeniert zur Selbstbereicherung ausgenutzt hatte. 1529 fiel Wolsey in Ungnade, weil es ihm nicht gelang, für »Blaubart« König Heinrich VIII. (1491 bis 1547) beim Papst die gewünschte Eheannullierung durchzusetzen. 1532 erklärte der Bischof von Canterbury Heinrichs erste Ehe für aufgelöst, und Kanzler Cromwell (1485 bis 1540) riet dem König zum offenen Bruch mit Rom. Cromwell verwies auf das Beispiel der deutschen Fürsten, die sich Luthers Reformation angeschlossen hatten. In einer Parlamentsakte wurde die unabhängige Kirche von England etabliert, Heinrich VIII. wurde Oberhaupt seiner nationalen Kirche und die Geistlichkeit auf ihn vereidigt. Wer diesen Eid nicht leistete, wie Bischof Fisher von Rochester und Thomas Morus, wurde 1535 hingerichtet. Wenn es in England auch nicht zu Glaubenskämpfen vom Ausmaß derer in Deutschland und Frankreich kam, da dort der gottesdienstliche Ritus des Katholizismus vorerst nicht angetastet wurde, so gab es doch zahlreiche Übergriffe und damit katholische Märtyrer, vor allem bei der 1535 erfolgten Schließung der Klöster. Im Mai wurden vier Mönche in Tyburn mit unerhörter Grausamkeit hingerichtet. Der Botschafter Kaiser Karls V. am Hof Heinrichs VIII., Eustace Chapuys, berichtete davon:

»Nachdem man sie unter den Galgen geschleift hatte, ließ man die Verurteilten einen nach dem anderen auf einen Karren steigen, der unter ihnen weggezogen wurde, so daß sie hingen; danach wurde sofort der Strick durchschnitten, und man richtete sie auf und stellte sie an einer dafür hergerichteten Stelle auf, um sie stehend zu erhalten und ihnen die Schamteile abzuschneiden, die ins Feuer geworfen wurden; man schnitt sie auf und riß ihnen die Eingeweide heraus, hierauf wurde ihnen der Kopf abgeschlagen und ihre Körper gevierteilt. Zuvor hatte man ihnen das Herz ausgerissen und ihnen damit den Mund und das Gesicht eingerieben.«

1536 brach wegen der Schließung der Klöster und Erhebung neuer Steuern ein Aufstand gegen die Krone in England los, den der König erst nach Monaten mit Zugeständnissen eindämmen konnte. Ein zweiter Aufstand im Frühjahr 1537 forderte dann die letzten Blutzeugen der Trennung Englands von Rom. Der Herzog von Norfolk schlug den Aufstand nieder und wollte 70 verurteilte

Rebellen an den Galgen hängen lassen. Da ließ ihn Heinrich VIII. wissen, daß er eine größere Anzahl von Hinrichtungen wünsche. So wurden entlang den Straßen im Norden des Landes an Bäumen rund 250 katholische Aufrührer an Stricken und Ketten aufgehängt. Nachts darauf schnitten deren Frauen unter Gefahr des eigenen Lebens die Leichen ihrer Männer wieder ab, um sie ordentlich zu begraben.

Aber auch einige Protestanten erlagen in England damals der Verfolgung, weil Heinrich VIII. die Lehren von Luther mißbilligte. So wurden auch sie auf die Scheiterhaufen geschleppt, unter ihnen Tyndale, der die erste Bibel in englischer Sprache gedruckt hatte und 1536 bei Brüssel erdrosselt und verbrannt wurde. Dasselbe wiederholte sich unter Maria Tudor »der Katholischen« ab 1555, als der protestantische Erzbischof von Canterbury, Thomas Cranmer (1489 bis 1556), und ungefähr weitere 300 Protestanten auf den Scheiterhaufen verbrannten, in Bottichen gesotten oder mit Pferden gevierteilt wurden.

Der Glaubensstreit in England endete 1571 unter Elisabeth I. (1533 bis 1603), von der in Frankreich Heinrich IV., der konvertierte Hugenotte, mit spitzer Zunge gesagt haben soll: »Sie ist Jungfrau wie ich Katholik!« Das anglikanische Glaubensbekenntnis wurde kraft Gesetz in England eingeführt. Es war ein Kompromiß zwischen Katholizismus und Protestantismus und entsprach einem gemäßigten Protestantismus.

In Frankreich aber blieb der Gegensatz zwischen Katholizismus und Protestantismus, ja er vertiefte sich noch mehr, trotz des Edikts von Nantes, das auch König Ludwig XIII. (1610 bis 1643) nach zwei weiteren Hugenottenkriegen von 1621 bis 1622 und von 1625 bis 1629 bestätigte, das aber nach dem »Gnadenfrieden« von 1629 lediglich noch Glaubensfreiheit, aber keine Sicherheitsplätze mehr gewährte. Danach waren die Protestanten schutzlos dem despotischen Königtum preisgegeben und verloren ihre politische Macht.

Unversöhnlichkeit gegenüber den Reformierten prägte auch von Anfang an die Regentschaft des größten Despoten unter den französischen Königen, des von der Geschichtsschreibung als »Sonnenkönig« gerühmten Ludwig XIV. (1638 bis 1715). Systematisch untergrub er durch neue Gesetze das Edikt von Nantes und begann mit einer teuflischen Unterdrückungspolitik gegen die französischen Protestanten. Er ließ seine »Dragonaden«, Polizeisoldaten, zu je zehn bis zwanzig Mann in die Hauswesen der Hugenotten einquartieren und gab ihnen die Anweisung »die Leute nicht zu töten, sonst aber alles zu tun, was sie könnten, um die reformierten Familien dazu zu nötigen, ihrem Glauben abzuschwören«. Diese »gestiefelten Missionen« hausten fürchterlich: Sie schlugen Kinder und Greise zu Krüppeln, vergewaltigten die Frauen im Beisein ihrer Männer und wandten alle grausamsten Foltern gegen ihre machtlosen Opfer an, peinlichst darauf achtend, sie dabei nicht ganz zu töten. Auf diese Weise wurden einige hunderttausend Hugenotten »bekehrt«. Danach hob Ludwig XIV. am 18. Oktober 1685 das Edikt von Nantes auf. Eine Tagesnotiz in der »Dienstagische Fama«, Berlin, vom 31. Mai 1686, berichtet über die Folgen der Aufhebung des Ediktes von Nantes aus Paris:

England, 1555: Unter Königin Maria »der Katholischen«, einer Tochter Heinrichs VIII., werden mehrere hundert Protestanten gevierteilt, gesotten, verbrannt oder erhängt.

»In hiesigem Parlament ist eine Königliche Declaration registriert des Inhalts, daß alle Bekehrte, die sich auf ihrem Siechbette weigern, die kirchlichen Sakramente zu gebrauchen, nach ihrem Tode nach der Schindgrube geschleppt und ihre Güter konfisziert werden sollen, die aber, so wieder genesen, sollen die Mannsbilder nach den Galeeren, die Weibsbilder aber in ewiges Gefängnis gebracht werden, die Güter gleichfalls konfisziert, ein gleiches soll auch denen widerfahren, so da suchen zu entflüchten.«

Die Hugenotten hatten nun auch ihre religiöse Sonderstellung verloren und waren gewissermaßen vogelfrei. 400 000 bis 700 000 Hugenotten verließen damals trotz Verbot Frankreich und wanderten nach der Schweiz, nach England, Deutschland

oder Nordamerika aus. Die in Frankreich gebliebenen Hugenotten waren weiterhin der Verfolgung ausgesetzt, bis zur Verkündigung der Menschenrechte mit der Glaubens- und Gewissensfreiheit anläßlich der Französischen Revolution 1789.

Eine letzte Schlacht lieferten die Hugenotten den Katholischen von 1702 bis 1705 in den Cevennenkriegen: »Meistens waren unsere Kleider uns hinderlich, und bei der kleinsten kriegerischen Handlung entledigten wir uns ihrer bis auf das Hemd (Camisol), um unbehinderter zu sein.« Die »Hemdträger« oder Camisarden zogen – im Rücken die reformierte Zivilbevölkerung Südfrankreichs – mit Psalmen-Gesang in ihren Partisanenkrieg gegen die königliche Obrigkeit, wo sie sie traf: »Wir sangen so, daß unser Lied, durch die Echostimmen der umliegenden Berge wiederholt und vervielfacht, unsere Feinde glauben machte, wir seien zahlreicher ... was sie mit Grauen erfüllte.«

Ludwig XIV. mußte in den Cevennen seine besten Generäle gegen die Camisarden einsetzen. Gegen ungefähr 2500 Camisarden standen zeitweise 20 000 Mann reguläres Militär, 52 Bataillone Milizen und zahlreiche Freikorps. Sie gingen gegen die Camisarden selten in offener Feldschlacht vor, meistens schüchterte man sie durch Akte der Grausamkeit gegen Wehrlose ein; so steckten sie bei Carmes eine Mühle in Brand, in der gerade 150 Greise, Frauen und Kinder einen heimlichen Gottesdienst abhielten, und sämtlich darin verbrannten. Oder man nahm sich Dorf für Dorf der protestantischen Bevölkerung vor und brannte sie nieder. Nach den letzten Hinrichtungen von Camisarden im Jahr 1705 zollte ihnen ein katholischer Zeitgenosse diesen Respekt:

»Alle diese Bösewichter starben mit einer erstaunlichen Unerschrockenheit. Vor ihrer Verurteilung schienen sie sich über die ihnen drohenden Qualen lustig zu machen, und sie ertrugen sie mit einer Festigkeit, die bewundert zu werden verdient, wenn die Sache, für die sie sie erlitten, nicht alle Welt mit Abscheu erfüllt hätte. Gebe der Himmel, daß niemals wieder ein Land der Christenheit der Schauplatz einer solchen Tragödie werde.«

Terror und Schrecken verbreitete der »Sonnenkönig« aber nicht nur gegen die Hugenotten im eigenen Land, auch seine Bauern und Handwerker, immer noch die Ärmsten der Armen in Europa, seufzten unter dem Joch der Besteuerung, die er für seine glanzvolle Hofhaltung nach außenhin für notwendig hielt. Aber das Elend in Frankreich interessierte den Hof in Versailles nur wenig. Ab und zu wurden sie von Vorfällen, die bis dorthin durchdrangen, schockiert, so wie mit dieser Geschichte, die Madame de Sévigné aufgeschrieben hat:

»Hier eine kleine Geschichte, die vor drei Tagen vorgefallen ist. Ein armer Bänderwirker aus dem Faubourg-Saint-Marcel war mit zehn Talern besteuert worden als einer Steuer für die Handwerksmeisterschaften; da er sie nicht hatte, drängt man ihn wieder und wieder; er verlangt Aufschub, den man ihm verweigert, man nimmt ihm sein armseliges Bett und seinen Napf. Da er sich in diesem Zustand sieht, wird er von Wut übermannt, er durchschneidet dreien seiner Kinder, die sich im Zimmer befanden, die Kehle, seine Frau kann sich mit dem vierten retten. Der arme Mensch befindet sich im Châtelet; er wird am nächsten oder übernächsten Tage gehängt werden.«

Die Verwüstung der Pfalz im Jahr 1689 in einem der unsinnigsten Kriege der Geschichte ging auch allein auf das Schuldkonto von Ludwig XIV. Zahllose Dörfer wurden dabei niedergebrannt, die französischen Soldaten leisteten sich grausame Übergriffe gegen die dortige Zivilbevölkerung, die nach Verlust der Häuser auch noch ihrer letzten Habseligkeiten beraubt wurde, wenn nicht des Lebens. Einige hundert Menschen verbrannten während der Zerstörungen der Städte Heidelberg, Mannheim, Speyer, Worms, Oppenheim und Bingen, andere wurden massakriert oder vertrieben. Und dies alles wenige Jahrzehnte nach dem fürchterlichen Morden und Plündern während des Dreißigjährigen Krieges!
Die Schatten über Ludwigs »Sonnenreich« waren groß und tief. Unbarmherzig hat in einem anonymen Brief, dessen Absender Ludwig XIV. wohl erraten hat, der Herzog von Saint-Simon (1675 bis 1755) im April 1712, drei Jahre vor dem Tod des Königs, mit dessen stolzem Zeitalter abgerechnet:

»Welch eine Rechnung: eine Regierungszeit von siebzig Jahren, an sich ganz einzig in jeder Hinsicht und selbst, was die Mißgeschicke angeht, durch welche Gott versucht, Sie zu sich zurückzurufen! Welch eine Rechnung: so viel Ströme Blut, mit denen Ihre Minister Sie haben Europa überschwemmen lassen! Welch eine Rechnung: so viel weitere Ströme Blut einer anderen, aber nicht weniger wirklichen Art, ich meine so viele Schätze, die Ihre Minister Sie haben zerstreuen lassen, was Sie gezwungen hat, weil Sie zerstreuten, sie selbst aus den Gebeinen Ihrer Untertanen herauszuziehen, deren Entblößung und Schwäche die Felder unbestellt bleiben, das Vieh verkommen läßt und den harten Steuereintreibern nichts mehr als Beute übrigläßt als die Trümmer ihrer zerfallenen Häuser, deren Balken sie herausreißen, um sie zu niedrigem Preise zu verkaufen ...!«

Der »Sonnenkönig« starb 1715 im Alter von 77 Jahren. Er wurde in aller Stille begraben.
An seiner Bahre sagte der Abbé von St. Gervais die prophetischen Worte: »Das Schweigen des Volkes ist seine Botschaft an die Könige.«

»Und schleppten Menschen beiderlei Geschlechts zu Prozeß und Folter und verbrannten sie in großer Zahl«

Katholiken und Protestanten gegen Hexen und Hexer — Europa vom 15. bis zum 17. Jahrhundert

1459

Hexenverfolgungen in Flandern

1484

Hexenverfolgungs-Bulle von Papst Innozenz VIII.

1487

Der »Hexenhammer« erstmals in Straßburg veröffentlicht

um 1500

In Trier wird rund 6500 Hexen der Prozeß gemacht

1527/1528

In Navarra werden 50 Hexen verbrannt

um 1530

Im Frankreich Franz' I. soll es etwa 100 000 Hexenmeister gegeben haben

1563

Nach einer Parlamentsakte werden in Schottland in 40 Jahren 3400 Frauen als Hexen verbrannt

1585

Der Erzbischof von Trier läßt so viele Hexen verbrennen, daß in zwei Dörfern nur zwei Frauen übrigbleiben

1609

Rund 600 Hexen im Baskenland zum Tode verurteilt

um 1630

Der Bischof von Bamberg läßt rund 900 Hexen und Hexer töten, der Bischof von Würzburg 1200 Hexen und Zauberer

1631

In Schlesien 600 Hexen hingerichtet

um 1650

In Bonn werden Kinder als »Buhlteufel« verbrannt

1651

Im Bistum Breslau ist ein Verbrennungsofen für Hexen in Gebrauch

1678

Der Erzbischof von Salzburg läßt wegen einer Viehseuche 97 Frauen als Hexen verbrennen

1692

In Salem bei Boston/USA werden 19 Personen, darunter zwei Männer, als Hexen und Hexer hingerichtet

1728

In Szegedin/Ungarn werden sechs männliche und sieben weibliche Hexer und Hexen hingerichtet

1782

Die Dienstmagd Anna Göldi aus Glarus in der Schweiz stirbt als letzte Hexe auf dem Scheiterhaufen

Das Christentum ist eine blutdürstige Religion. In seinem Namen wurden und werden heute noch Kriege geführt; in seinem Namen wurden jahrhundertelang die Heiden mit Feuer und Schwert »bekehrt«, wurden Kreuzzüge propagiert, um Millionen Angehörige anderer Religionen und von der einzig wahren Kirche abgefallene Ketzer auszurotten. Im Namen des Christentums wurden aber auch ein halbes Jahrtausend lang, vom 13. bis ins 18. Jahrhundert, in ganz Europa Hexen verbrannt, am schlimmsten in den Jahrhunderten eines großen wissenschaftlichen Fortschritts, geprägt von Namen wie Kopernikus, Galilei, Kepler und Newton, also vom 15. bis 17. Jahrhundert. In dieser Zeit des Umbruchs der geistigen, religiösen und politischen Verhältnisse brach für die Menschen im allgemeinen und für die Päpste, Bischöfe und Mönche im besonderen die alte Ordnung zusammen. Die Welt schien einer Endzeit unter der Herrschaft des Teufels entgegenzutaumeln.

Genau diese Teufelsherrschaft beschwor Papst Paul VI. zum Fest »Peter und Paul« des Jahres 1972 in unserem Zeitalter eines globalen politischen und kulturellen Umbruchs, als er »durch irgendeinen Spalt den Rauch des Satans« in die Kirche eindringen sah und vom »Feind Nummer 1« der Menschen heute sprach: vom »dunklen, feindlichen Agenten Teufel, der mit mörderischer Schlauheit am Werk ist . . . und Unglück in die Menschengeschichte sät«, vom »raffinierten Ränkeschmied« und von »vielen Teufeln, deren Führer Satan ist«.

Dieser Satan ließ die Päpste seit Jahrhunderten an die Existenz von Teufeln glauben, und viele Vorgänger des heutigen Papstes, vor allem die Päpste Gregor IX., Alexander VI., Leo X., Julius II., Hadrian VI. und viele andere im 15. und 16. Jahrhundert, glaubten auch an die Existenz von Hexen, von Zauberinnen im Pakt mit dem Teufel. Zwei fanatische Dominikanerinquisitoren bewogen einst sogar den Papst Innozenz VIII. (1432 bis 1492) im Jahr 1484 zu der berüchtigten Bulle zur Verfolgung der Hexen, in der vor dem Umgang mit dem Teufel gewarnt wurde: »Nicht ohne ungeheuren Schmerz ist jüngst zu meiner Kenntnis gekommen, daß in einigen Teilen Deutschlands, besonders in der Mainzer, Trierer, Salzburger und Bremer Gegend, sehr viele Personen beiderlei Geschlechts, uneingedenk ihres eigenen Heils und abirrend vom katholischen Glauben, sich mit Teufeln in Manns- und Weibsgestalt geschlechtlich versündigen.«

Damit hatte Innozenz VIII. im wahrsten Sinne des Wortes den Teufel heraufbeschworen und das Signal zu einem Massenwahn gegeben, der durch die Sanktionierung mit dieser Bulle mehr Unglück über Europa brachte als die »Gottesgeißeln« Attila oder Dschingis Khan. Vor allem in Deutschland wurde die Jagd auf Hexen zu einem regelrechten Sport mit Ausschreibung von Fanglöhnen für eingebrachte Hexen – im badischen Offenburg zum Beispiel zwei Schilling pro Stück. Aus Trier berichtet eine zeitgenössische Chronik aus der zweiten Hälfte des 16. Jahrhunderts:

»Sintemalen man allgemein glaubte, daß die anhaltende Unfruchtbarkeit durch die Bosheit des Teufels von Hexen verursacht werde, erhob sich das ganze Land, um die Hexen auszurotten. Diese Bewegung wurde von vielen, die in Amt

»Sintemalen man allgemein glaubte, daß die anhaltende Unfruchtbarkeit durch die Bosheit des Teufels von Hexen verursacht werde, erhob sich das ganze Land, um die Hexen auszurotten«, lesen wir in einer Trierer Chronik aus dem 16. Jahrhundert. Die Illustration aus »Le Grand Kalendrier ... des Bergiers« (Troyes) zeigt die sadistischen Foltern einer Höllenpein durch Teufel an Hexen und Hexern, die dann auch von den Menschen an ihren zahllosen Opfern verübt wurden.

und Würden waren, gefördert, weil sie sich von der Verfolgung Reichtümer erhofften. So eilten denn in der ganzen Diözese von Hof zu Hof durch Flecken und Dörfer besondere Ankläger, Inquisitoren, Notare, Geschworene, Richter und Polizisten und schleppten Menschen beiderlei Geschlechts zu Prozeß und Folter und verbrannten sie in großer Zahl.«

Ausmaß und Brutalität der Foltermethoden der Henkersknechte, die diese an den Hexern und Hexen zwecks Erpressung eines Geständnisses anwandten, erinnern uns heute an den Ausspruch des Philosophen Kierkegaard (1813 bis 1855), der sagte, daß die Christenheit »Satans Erfindung« sei. Man muß dem zustimmen, wenn in den alten Chroniken immer wieder von »weggebeizten« und »weggeputzten« Frauen die Rede ist, wenn wir erfahren, daß 1678 dem Erzbischof von Salzburg das Ausbrechen einer Viehseuche genügte, um 97 Frauen als Hexen zu verbrennen, wenn der Bamberger Bischof um 1630 innerhalb weniger Jahre ungefähr 900 Hexen und Hexer töten ließ, und wenn der Erzbischof von Trier 1585 so viele Hexen auf den Scheiterhaufen schickte, daß in zwei Dörfern nur zwei Frauen übrigblieben. Dabei wurden hundertjährige Greisinnen genauso verbrannt wie »kleine Kinder, Krüppel, Blinde, Todkranke, Schwangere und ganze Schulklassen, selbst Geistliche und Nonnen« (Karlheinz Deschner).

Die Voraussetzungen für den Hexenwahn vom 15. bis 17. Jahrhundert hatte die katholische Kirche bereits Ende des 12. Jahrhunderts geschaffen, als sie die Hexentheorie in ihr Ideensystem als »Verkehr mit dem Teufel« und »Anfechtungen des Teufels« bewußt aufnahm. Schon damals waren für die Kirche alle »unzüchtigen« Frauen Hexen, und allein der Verdacht war schon strafbar. Die des Verkehrs mit dem Teufel angezeigten, denunzierten oder verdächtigten Frauen und Mädchen hatten meist gar keine andere Wahl, als ihren »Verkehr« so ausführlich wie möglich zu schildern und damit sich selbst zu bezichtigen. Taten sie dies nicht, wurden Geständnisse mit der Folter erpreßt. Dabei reagierten die Folterknechte ihre verdrängten sexuellen Triebe ab und »untersuchten« die »Hexen« am ganzen nackten Körper, denn irgendwo mußte ja eine Spur, ein Fleck von dem Leibhaftigen zu entdecken sein. In einem zeitgenössischen Bericht steht:

»Ehe sie (die Hexe) gefoltert wird, führt sie der Henker beiseite und besieht sie von allenthalben an ihrem bloßen Leib, ob sie sich etwa durch zauberische Kraft unempfindlich gemacht hätte, und damit ja nichts verborgen bleibe, schneiden und sengen sie ihr mit einer Fackel oder Stroh die Haare allenthalben, auch an dem Orte, den man vor züchtigen Ohren nicht nennen darf, und begucken alles aufs genaueste ...«

Den sadistischen Folterknechten kam man mit detaillierten Anweisungen nach genauer »Untersuchung« der empfindlichsten Körperteile entgegen. Sie durften ihr Opfer mit Nadeln traktieren, denn die Theoretiker der Inquisition hatten herausgefunden, daß die Stellen, an denen der Teufel sein Opfer geküßt hatte, angeblich schmerzunempfindlich sein müßten. Überall, wo am nackten Körper ein Leberfleck, ein Muttermal oder eine Warze gefunden wurde, stachen die Peiniger im Dienste der Kirche mit einer Nadel hinein. Kam kein Blut, dann war es Teufelswerk. Blutete das Opfer nach dem Einstich aber, dann konnte die Blutung nur der Teufel verursacht haben, um seine »Buhlin« zu retten. Die »Probe« ging also in jedem Fall negativ aus.

Hatte das Opfer kein »Hexenmal«, drohte man ihm die Folter an: »Du sollst so dünn gefoltert werden, daß die Sonne durch dich scheint!« Dann wurden mit

den »Daumenschrauben«, den »Spanischen Stiefeln« oder dem »Gespickten Hasen« die Knochen an Händen und Füßen zerquetscht, oder man trieb Spieße und Hacken in das »sündige Fleisch« und brannte dann die Wunden mit Säuren oder Schwefel aus. Kein Mensch konnte natürlich solche Quälereien aushalten, und die Männer und Frauen, die ihnen ausgesetzt waren, gestanden schließlich alles, was ihre Folterknechte und Inquisitoren ihnen vorsprachen, wobei vor allem die Frauen geschlechtliche Ausschweifungen als Geständnisse in den Mund gelegt bekamen, die eine bis zum absurden und hellen Wahnwitz reichende sexuelle Phantasie der Herren dieser geistlichen Gerichte offenbarte. Der Koitus mit dem Teufel, so sagten viele Hexen unter Zwang aus, sei sehr schmerzhaft, weil der Teufel unförmig große und steinharte Genitalien habe. In einigen Prozeßakten wurde sogar von den geschundenen Frauen »gestanden«, daß der Penis des Teufels mit Eisen beschlagen oder mit Fischschuppen bedeckt sei. Trotz dieser »Geständnisse« über unförmige Teufelswerkzeuge gab es Theologen, die schlichtweg bestätigten, daß Jungfrauen mit dem Teufel verkehren könnten, ohne dabei defloriert zu werden. Dies erklärt auch, daß während der Hexenverfolgungen Tausende von unberührten jungen Mädchen, ja sogar kleine Kinder wegen Verkehrs mit dem Teufel abgeurteilt wurden.
Laut Protokoll in einem Hexenprozeß in Dillingen im Jahr 1587 gestand die als Hexe angeklagte Hebamme des Städtchens, Walpurga Hausmännin, nach der Folter:

»... daß sie oft und viel mit ihrem Buhlteufel nachts auf der Gabel an verschiedene Orte ausgefahren ist, jedoch wegen ihres Dienstes nicht zu weit ... Die Walpurga bekennt weiter, daß sie alljährlich bei St. Leonhard mindestens ein oder zwei unschuldige Kinder ausgegraben hat. Diese hat sie mit ihrem Buhlteufel und anderen Gespielen gefressen ... Die Knöchlein hat sie zum Machen von Hagel gebraucht, was sie alljährlich ein- oder zweimal gemacht hat ...«

Im Text eines Urteils über die Witwe Anna Schelklin aus Bobingen im gleichen Jahr lesen wir die typische Beweisführung für eine Hexe: »Sie hat sich mit Satan in Unzucht häufig vermischt ... Sie hat sich dem teuflischen Reich unterwerfen wollen. Sie hat mit ihrer Hexerei vielen kleinen unschuldigen Kindern, Menschen, Roß und Vieh Zerstörung, Schaden und Tod zugefügt und auch das liebe Getreide auf dem Felde oft verheeren und verderben geholfen ...«
Aus den Quedlinburger Hexenakten, nachgedruckt im Mai 1784 in der »Berlinischen Monatsschrift«, steht ein Bericht über die Aburteilung eines Hexers, eines Mannes, der mit einer vom Teufel geschickten Buhlerin verkehrt haben soll:

»Ohne Benennung des Monats und Tages ist 1580, nach eingezogenem Gutachten von Leipzig und Magdeburg, Peter Schwenken, sonst Kükebusch genannt, auf die Tortur gespannt, und hat, außer verschiedenen Diebstählen und Zaubereien durch Zubringung und Abbringung der guten Dinger, auch gestanden: daß Ilse, Ciriaks Knochen Frau zu Redersdorf, ihm einen Teufel zur Buhlerin zugewiesen, welche Eichenlaubing geheißen. Sie habe ihm für jeden Beischlaf 1 Gulden, 6 Gr. und auch wohl weniger gegeben. Sie sei bald in einem blauen, bald in einem roten, bald in einem grauen Rock gekommen, und gestaltet gewesen wie eine junge Dirne. Des Donnerstags sei sie zu ihm gekommen. Sie hätte einen Menschenfuß und einen spitzen Fuß gehabt. Dieser ist ebenfalls zum Tode durchs Feuer verdammt ...«

Aus einer ausführlichen zeitgenössischen Zusammenstellung von Hexenverbrennungen im Jahr 1590 in Süddeutschland entnehmen wir diese Auszüge:

»Daß also bis dahin deren Weiber allein zu Ellingen 69 verbrannt worden. Bei Elwang haben sie in vielen Töpfen Schlangen, Kröten, Totengebeine mit vielen Kräutern gesotten, diese in Häusern und Ställen eingegraben, so daß wer darüber gegangen von Menschen oder Vieh, der hat krum und lahm werden müssen ... Ferner ist zu Mergenthal ein Unhold gefangen worden, welche bekannt hat, daß sie solche Teufelskunst bis in die 41 Jahre lang getrieben ... auch 87 Kinder um ihr Leben gebracht, vielen alten Leuten die Glieder schwindend und ausgedorrt gemacht ... Diese hat man mit glühenden Zacken gezwickt, ihr die rechte Hand abgehauen und danach zu Pulver verbrennt ... Gleichermaßen sind in Westfalen, Sachsen und anderen Orten dieser Zauberischen Leute viel verbrannt worden. .. Dergleichen hat der Fürst und Herr Ferdinandus, Herzog in Bayern, zu Schongau an dem Leche gelegen und sonst in seiner Grafschaft mehr denn 40 solcher Weiber hinrichten lassen ... Dergleichen hat man auch zu München, mit Bewilligung Herzog Wilhelms, etliche dort in das Gefängnis gebracht, unter diesen eine alte Frau, schon über 70 Jahre, aus dem Spital, am 15. Tag im Juni verbrannt worden ... In Summa es sind in diesem 1590. Jahr schon viel hin und wieder einzogen und verbrannt worden, sollten alle ihre Aussagen beisammen sein, es würde ein großes Buch daraus werden ...«

Wie sie alle auf den Scheiterhaufen »weggeputzt« und »weggebeizt« wurden, lesen wir in einer zeitgenössischen Quelle über die Verbrennung einer jungen Frau in Schwabach im Jahr 1505:

»Inzwischen hatte der Henker das Holz auf die Feuerstätte gelegt und den Sitz hergerichtet, dann setzte sich der Henker selber auf die Stätte, wippte auf und nieder und wollte versuchen, ob er es recht gemacht habe. Da kniff die Frau auf dem Karren die Lippen zusammen und lachte doch, daß es sie schüttelte, sie sah mit andächtiger Gebärde gen Himmel, als ob sie begehrte, das Feuer solle vom Himmel fallen und den Henker zuerst verbrennen. Dann band der Henker die Frau los, schob sie zur Feuerstatt auf dem Sitz, zog ihr die Ärmel ihres Mantels herab, machte einen Ring daraus und setzte ihr den auf den Kopf. Dann nahm er viel Pulver, schüttete es ihr oben auf das Haupt und auch ein gutes Teil in ihren Busen. Es war ein schönes Frauchen, hatte einen schönen Leib und weiße Brüste. Ehe man das Feuer anzündete, sprach ein Pfaff – es waren drei dabei: ›Ihr, liebe Frau, seid standhaft im christlichen Glauben und sterbt als ein Christenmensch.‹ Sie sprach: ›Das will ich!‹ Die Pfaffen sagten: ›Wenn man das Feuer anzündet, so schreiet mit Andacht und lauter Stimme mit uns: „Jesus Nazarenus, rex Judaeorum, Herr, erbarme dich über mich."‹ Dies tat die Frau auch, solange sie irgend vor Rauch und Hitze zu schreien vermochte. Sie gab große Zeichen, daß sie eine gute Christin gewesen und christliche Andacht gehabt habe. Sie war von Schwabach, und ihr Ehemann war Taglöhner. Sie hatte ein Töchterlein, das fing man auch mit der Mutter, sie hatte auch Zauberei getrieben. Markgräfin Friedrich aber bat es los, man sollte eine Weile mit ihm abwarten, sie wollte zuvor selber mit ihm reden.«

Der krankhafte Frauenhaß, der sich aus all den Prozeßakten unschwer erkennen läßt, ging auf das scheußlichste und widerlichste Buch der Rechtsgeschichte zurück, auf den »Hexenhammer« (Malleu maleficarum), erstmals 1487 in Straßburg erschienen und von einem der beiden bereits genannten Dominikanermönche verfaßt, die Papst Innozenz VIII. zu seiner Hexenbulle veranlaßt hatten. Vor allem der dritte Teil dieses Machwerkes wurde zum Strafkodex der Gerichtspraxis in ganz Mitteleuropa bis ins 17. Jahrhundert, und zwar bei Richtern aller Konfessionen. Er befürwortete den endlosen Gebrauch der Folter und schrieb die Fähigkeit zur Zauberei und Teufelsbuhlschaft hauptsächlich dem weiblichen Ge-

»Du sollst so dünn gefoltert werden, daß die Sonne durch dich scheint!« drohten die Richter und Folterknechte den unschuldigen Opfern an, um die absurdesten Geständnisse vor der Verbrennung zu erpressen.

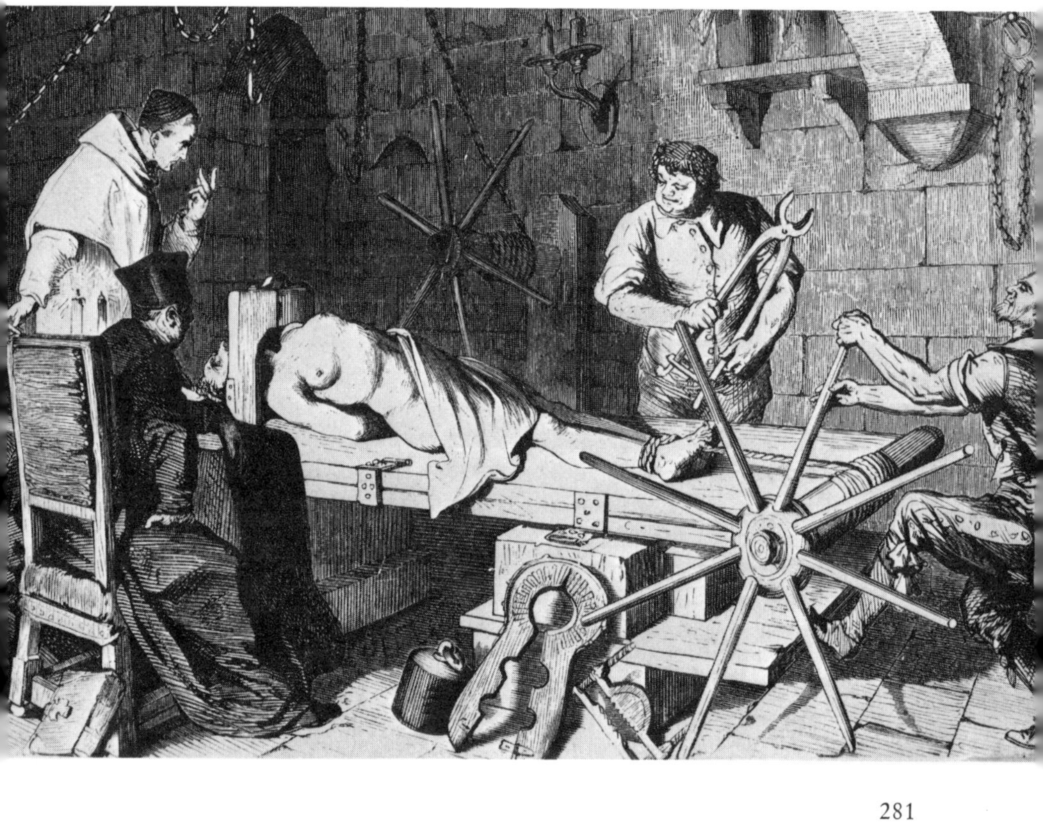

schlecht zu. Wie verbreitet dieses schauerliche Buch damals war, geht daraus hervor, daß es von 1487 bis 1520 in 13, von 1574 bis 1669 in weiteren 16 Auflagen nachgedruckt wurde.

Mit Hilfe der Denunziation, die aus dem »Hexenhammer« zum Prinzip in der Rechtsprechung – anstatt der früheren offenen Klage – ernannt wurde, war von nun an einer ununterbrochenen Kette von Justizmorden, vornehmlich an Frauen, durch zwei Jahrhunderte Tür und Tor geöffnet. Dieser eklatante Mißbrauch der Justiz, mit dem die Frauen schlechthin zu einer fortwährenden Quelle der Versuchung abgestempelt wurden, wurde bald in allen europäischen Ländern praktiziert. Und die Päpste taten das Ihre dazu, die Hexenverfolgungen mit Erlassen und Briefen an die Bischöfe zu forcieren und deren Aburteilungen nach solch unmenschlichen Prinzipien zu befürworten. Auch Martin Luther, der in seinen Schriften überall wider den Satan wetterte, war mit dem Verbrennen der »Teufelshuren« einverstanden. Und Calvin anerkannte ausdrücklich die Verdienste der Genfer Ratsherren im Fangen von Hexen. Er machte sogar darauf aufmerksam, daß es »noch viele andere derartige gebe« und ersuchte darum, »diese Rasse ... auszurotten«. So schrieb dann auch der Landgraf Georg von Darmstadt 1582 an seinen Gesandten beim Augsburger Reichstag: »Da wir nun die alten nahezu erledigen und hinrichten ließen, so geht es jetzt an die jungen ...«

Nur wenige wagten, etwas dagegen zu sagen oder gar zu protestieren. Noch vor dem Erscheinen des »Hexenhammers« hatte einer seiner Autoren, der Dominikanermönch Heinrich Institoris, in Tirol aus seinem noch unveröffentlichten Machwerk gelesen. Danach schrieb der Brixener Bischof Georg Golser 1486 in einem Brief über Institoris: »Mich verdrießt des Mönchs; ich find in des Papstes Bullen, daß er bei vielen Päpsten schon Inquisitor gewesen; er bedunkt mich aber propter senium (aus Altersschwäche) ganz kindisch sein worden, als ich ihn hier zu Brixen gehört habe mit dem Kapitel.« Mit dem Hinweis auf die Senilität als Hauptantrieb für die frauenfeindliche Tendenz des »Hexenhammers« traf der Bischof wohl den Nagel auf den Kopf.

Nach dem Brixener Bischof erhoben nur noch wenige Gegner der Inquisition mitten im Wahnsinn der Hauptverfolgungszeit der Hexen ihre Stimme, denn alle liefen Gefahr, selbst als »Hexenpatron« verurteilt und verbrannt zu werden. Erst zu Beginn des 17. Jahrhunderts wurden wieder Proteste laut. So von dem Jesuiten Friedrich von Spee (1591 bis 1635), der als Prediger in Paderborn, Würzburg und Trier tätig war, in seiner 1630/1631 erschienenen Schrift »Cautio criminalis«, einer mutigen Abrechnung mit den Prozeßmethoden der Hexenverbrennungen. Friedrich von Spee, der fünf Jahre später in Trier an der Pest starb und vorher wegen dieser Schrift noch direkter Bedrohung ausgesetzt war, geißelte die Prozeßführung gegen die Hexen so:

»Wenn der Anfang mit Foltern gemacht ist, so hat man das Spiel gewonnen, sie muß bekennen, sie muß sterben. Bekennt sie, so ist die Sache klar, und sie wird getötet, denn Widerruf gilt hier nicht. Bekennt sie nicht, so martert man sie zum zweiten, dritten und vierten Mal, denn bei diesem Prozeß gilt allein, was dem

Kommissario beliebt, und es wird nicht gefragt, wie lange, wie scharf, wie oft man die Folter gebrauchen darf ... Die plagen das arme Mensch so lange und so viel, bis sie endlich bekennt, daß sie eine Hexe sei. Sie rufen und schreien immer wieder, daß, wenn sie nicht bekennen werde, sie nicht selig oder der heiligen Sakramente teilhaftig werden könne. Darum hüten sich die Herren Inquisitoren mit allem Fleiß, daß sie keinen solchen Priester bei diesem Prozeß einsetzen, die nie etwas sittsam sind und Verstand im Herzen haben, damit ja nicht jemand in das Gefängnis komme, der den Gefangenen guten Rat geben oder gar den Fürsten von dem Handel unterrichten könne. Denn ihnen ist vor nichts mehr bange, als daß etwa die Unschuld auf eine oder andere Weise zutage kommen möchte ...«

Im Jahr 1519 war ein solcher Unschuldsbeweis bei einem Hexenprozeß in Metz tatsächlich gelungen. Dort trat Agrippa von Nettesheim (1486 bis 1535) gegen den Inquisitor Savini als Anwalt einer »Hexe« auf, einer Bauersfrau. Obwohl die Frau auf der Folter bereits gestanden hatte, wurde sie doch vom Gericht freigesprochen und ihre verleumderischen Nachbarn zu hohen Geldstrafen verurteilt. Dies war ein nahezu einmaliger Fall, und die Bauersfrau hatte ihre wiedergewonnene Freiheit allein der gewagten, klugen Beweisführung des Agrippa zu verdanken. Der Inquisitor hatte darauf verwiesen, daß die Mutter bereits als Hexe verbrannt worden sei und – nach dem »Hexenhammer« – alle Hexen ihre Kinder gleich nach der Geburt dem Teufel zu weihen pflegten. Da drehte Agrippa den Spieß um und bezichtigte den Inquisitor der Ketzerei mit der Begründung: »Wenn es so wäre, wie Ihr gesagt habt, wäre die Gnade der Taufe dann nicht vernichtet? Sollte der Priester bei der Taufe vergebens gesagt haben: Weiche, unreiner Geist, und mache Platz dem Heiligen Geist? Dies würde nämlich vergebens sein, wenn das Kind dadurch, daß eine gottlose Mutter es geweiht hat, dem Teufel unterworfen bleiben würde ... Gemäß unserem Glauben sind wir alle sündig und verflucht ... und nur durch das Heil der Taufe sind wir vom Satan erlöst ... Seht Ihr nun, wie unhaltbar, nichtig und sogar ketzerisch Euer Urteil ist?« Aber dieser Fall war auch deshalb möglich geworden, weil Agrippa unter dem Schutz des Metzer Domkapitels auftreten durfte und er die Ortsgeistlichkeit, die die päpstliche Ketzerinquisition ablehnte, sowie den Magistrat auf seiner Seite hatte.

Hunderttausende anderer Frauen allein in Deutschland hatten aber in solchen Hexenprozessen keine Chance. Es erging ihnen allen in etwa so wie der Rebekka Lemp, einer unglücklichen Bürgersfrau in Nördlingen, die im Jahr 1590 während einer Geschäftsreise ihres Mannes, der Zahlmeister war, von ihren sechs Kindern weggeholt und aufgrund einer Denunziation ins Gefängnis gebracht wurde. Dorthin sandten ihr die Kinder diesen Brief: »Unseren freundlichen, kindlichen Gruß, herzliebe Mutter! Wir lassen Dich grüßen, daß wir wohlauf sind ... Wir vermeinen, der Vater wird heute, will's Gott, auch kommen ... Der Allmächtige Gott verleihe Dir seine Gnade und heiligen Geist, daß Du ... wieder mit Freuden und gesundem Leib zu uns kommst ... Herzliebe Mutter, laß Dir Bier kaufen und laß Dir ein Schnittlein backen, und laß Dir kleine Fischlein holen, und laß Dir bei uns ein Hühnlein holen, ich habe zwei geschlachtet ... Wenn Du Geld nötig hast, so laß es bei uns holen; Du hast in Deinem Säckel. Gehab Dich wohl, herzliebe Mutter, Du darfst nicht sorgen um das Haushalten, bis Du wieder zu uns kommst. Tausendmal, Gott gebe Dir eine gute Nacht.«

Noch vor der ersten Tortur galt die Sorge der Frau dem Mann. Sie hatte Angst, daß er sie ebenfalls für eine Hexe halten könnte, und schrieb ihm: »Mein herzlieber Schatz, sei ohne Sorge. Wenn auch ihrer tausend auf mich bekennen würden (sie denunzieren würden), so bin ich doch unschuldig; sonst sollen alle Teufel kommen und mich zerreißen ... Vater, wenn ich der Sache schuldig bin, so lasse mich Gott nicht vor sein Angesicht kommen immer und ewig. Wenn ich in der Not steckenbleiben muß, so ist kein Gott im Himmel. Verbirg doch Dein Antlitz nicht vor mir; Du hörst ja meine Unschuld; um Gottes willen laß mich nicht in der schwülen Not stecken.«

Rebekka Lemp wurde so lange gefoltert, bis sie sich verloren gab und heimlich diesen Abschiedsbrief an ihren Mann schrieb: »Mein auserwählter Schatz, soll ich mich so unschuldig von Dir scheiden müssen, das sei Gott immer und ewig geklagt! Man zwingt uns, wir müssen aussagen, man hat mich so gemartert ... O du herzlieber Schatz, wie geschieht meinem Herzen! O weh, O weh, meine armen Waisen! Vater, schick mir etwas, daß ich sterbe; ich muß sonst an der Marter verzagen. Kommst Du heute nicht, so tue es morgen. Schreib mir sofort.« Auf der Rückseite des Zettels setzte die verzweifelte und gebrochene Frau hinzu: »O Schatz Deiner unschuldigen Rebekka! Man nimmt mich Dir mit Gewalt! Wie kann Gott es doch zulassen! Wenn ich ein Unhold bin, sei mir Gott nicht gnädig. O wie geschieht mir so Unrecht. Warum will mich doch Gott nicht hören? Schick mir etwas, ich möchte sonst erst meine Seele beschweren.«

Dieser Brief gelangte jedoch dem Gericht in die Hände, das die Qualen der Frau noch vermehrte, indem es sie zwang, einen neuen Brief an ihren Mann zu schreiben und ihm mitzuteilen, daß sie gelogen habe und doch eine Hexe sei. Aber ihr Mann erkannte die Fälschung und versuchte mit einer schriftlichen Eingabe das Gericht von der Unschuld seiner Frau zu überzeugen und bat um ihre Freilassung. Er bat im eigenen Namen und im Namen der Kinder »bei der Liebe Gottes und der Aussicht auf das Jüngste Gericht, bei dem Jesus Christ selbst als Richter will erscheinen«. Die Hexenrichter aber ließen Rebekka weiter foltern und am 9. September 1590 schließlich verbrennen.

Die Jahrhunderte der Hexenprozesse hatten zur Folge, daß sich in der verängstigten Bevölkerung die Anschauung der alten Kirchenväter wieder durchsetzte, daß Geschlechtsverkehr nur zur Fortpflanzung, nie aber zum eigenen Lustgewinn ausgeführt werden dürfe – eine Anschauung, die erst in unserem Jahrhundert langsam wieder abgebaut wird. Die Angst vor der Ansteckung des Teufels nahm den Menschen damals auch jede Freude am Baden. Man glaubte, daß der Körper, das »sündige Gehäuse«, nicht gewaschen werden müsse, denn jede Waschung bedeutete ja eine Entblößung des Körpers und damit die Gefahr einer Versuchung nach sündhafter Lust. Dieser Versuchung, den Körper zu ent-

Verbrennung von drei Hexen, nach einer Handzeichnung aus dem Jahr 1574.

blößen, widerstanden allerdings die Hexenrichter und Henker bei ihrer »Wahrheitsfindung« nicht, auch nicht, wenn sie mit dem Hexenbad die Frauen prüften, ob sie mit zusammengebundenen Händen und Füßen als »normale« Frauen untersanken oder ob sie schwammen und damit als Hexe erkannt waren. Wie ein solches Hexenbad in Schwäbisch-Hall im Jahr 1644 vollzogen wurde, berichtet diese zeitgenössische Quelle:

»Während des 30jährigen Kriegs lag Hanns von Spork, unter Kurfürstlicher Durchlauchtigkeit in Bayern, Obrist, dahier im Quartier. Dieser hat jedes Weib seiner unterhabenden Soldaten, welche er in den Argwohn und Verdacht gezogen, als wenn sie eine Unholde oder Hexe wäre, durch seinen Profos und desselben Steckenknecht fingernackend ausziehen, und gänzlich, auch ohne Bedeckung weiblicher Scham, entblößen, die linke Hand und den rechten Fuß, wiederum den linken und die rechte Hand, kreuzweise zusammenbinden, mit einem langen Strick um den Leib umgeben, und sie alsdann, in Gegenwärtigkeit vieler Personen, von Soldaten und Bürgern, Männern und Weibern, unterhalb des Weilertors, da vor der Zeit das Wachshäuslein gestanden, in den Kocher werfen und einsinken lassen, den Strick aber hielt der Profos in der Hand; wann sie nun untergesunken, und nicht auf dem Wasser schwimmend geblieben, hat er selbige für kein solch Weib gehalten, da sie aber nicht in das Wasser hinuntergesunken, sondern auf dem Wasser geschwummen, hat sie müssen herhalten, ist demnach aus dem Wasser gezogen, zum andern- und drittenmal obgemeldeter Maßen geschwemmt und gebadet, darauf auch schrecklich tortiert und gefoltert, und auf ausgepreßte Bekenntniß mit dem Schwert bei dem Hochgericht hingerichtet und folgends verbrannt worden.«

Bedeutungsvoll, wenn nicht sogar teilweise der eigentliche Grund für viele Ketzer- und Hexenprozesse, war auch die Tatsache, daß Geld und Gut aller Opfer der Kirche verfielen. Die zahlreichen Todesurteile im Bistum Augsburg endeten deshalb alle mit dem Satz: »Ihr Hab und Gut verfällt dem Fiskus Ihrer fürstlichen Gnaden des hochwürdigen Herrn Marquard Bischofs zu Augsburg und Domprobstes zu Bamberg.« Blutgelder kassierten auch die Inquisitoren und Beichtväter. So bedrohte zum Beispiel ein Schreiber des Fürstabts von Fulda, der als Hexenjäger bekannt war, besonders die Reichen und rühmte sich auch, in 19 Jahren 700 Menschen beiderlei Geschlechts auf den Scheiterhaufen geschickt zu haben. Hexenverbrennen galt damals, nach einem geflügelten Wort, als das schnellste und leichteste Mittel, sich zu bereichern.

Hexenprobe: Wer trotz gebundener Hände und Füße nicht im Wasser versinkt, steht mit dem Teufel im Bunde und muß eine Hexe sein. Die Frauen und Mädchen, die bei dieser Probe untergehen und ertrinken, sind »unschuldig« und werden »christlich« begraben. Holzschnitt aus dem 16. Jahrhundert.

Welche Gründe auch immer die Inquisitoren zu ihrem schändlichen Tun veranlaßt hatten, die Bilanz der Hexenverfolgungen ist grauenvoll und zeigt, daß die ganze Welt damals vom Hexenwahn befallen war. In Toulouse bestiegen an einem Tag 400 Hexen das Blutgerüst, in Genf starben insgesamt 500. Im Kurfürstentum Trier wurde zur Zeit Kaiser Maximilians I. (1493 bis 1519) über 6500 Hexen der Prozeß gemacht. In Flandern schickte man im Jahr 1459 bereits eine große Anzahl in den Tod. In Frankreich soll es unter König Franz I. 100 000 Hexenmeister gegeben haben. Nicholas Remy, der Kanzler des Herzogs von Lothringen, rühmte sich, in vier Jahren 900 Hexen verurteilt zu haben. Im Baskenland sollen 1609 rund 600 Menschen zum Tode verurteilt worden sein. König Heinrich IV. bewies als konvertierter Hugenotte (siehe Seite 268), daß auch die Reformierten in Frankreich Hexen verbrannten – und nicht wenige. Während seiner Regierung wurden allein in der Provinz Labourd 600 verbrannt. Im protestantischen Braunschweigischen verbrannte man Ende des 16. Jahrhunderts oft zehn Hexen pro Tag. Ein Chronist berichtet, daß damals die Pfähle, an denen die Frauen auf dem Scheiterhaufen angebunden waren, wie ein verbrannter Wald ausgesehen haben. In Schlesien wurden im Jahr 1631 200 Hexen hingerichtet. In Osnabrück zählte man 254 verbrannte Frauen. In ganz Deutschland schätzt man die Zahl der Opfer auf mehrere zehntausend, in England zwischen 1542 und 1736 auf rund 1000, »es können aber auch Tausende sein« (R. T. Davies). Innerhalb von 40 Jahren, ab der Veröffentlichung einer Parlamentsakte im Jahr 1563, wurden in Schottland 3400 Frauen als Hexen verbrannt. Weniger Hexenprozesse, aber am Ende auch immer mit Todesurteilen, verzeichnete man in Schweden; rund 25 Opfer in Norwegen. In Spanien dagegen tagten von 1498 an regelmäßig die Hexenrichter, zuerst in Saragossa. 1507 wurden in Calahorra 30, 1527/1528 und 1610 in Navarra insgesamt 56, in Madrid 1632 elf Hexen verbrannt. Die spanische Inquisition (siehe Seite 289 ff.) räumte mit den Hexen gründlich auf, auch wenn es relativ weniger Todesurteile als in anderen Ländern gab.

Auch in Übersee, unter den strengen Puritanern der Siedler in Neu-England in Nordamerika, wucherte die Seuche des Hexenwahns. Von 1647 bis 1663 wurden in Connecticut acht und in Massachusetts sechs Personen als Hexer gehängt. Bigotterie ließ die protestantischen Prediger auch gegen die eigenen Glaubensgenossen, wenn sie ihren Zorn erregt hatten, mit äußerster Härte vorgehen. Die Delinquenten wurden auf einem Karren von Ort zu Ort geschleppt, ausgestellt und ausgepeitscht. Ein Zeitgenosse schrieb: »Es war ein Todesurteil, denn das Wetter war bitterkalt, die Entfernung betrug achtzig Meilen, und die schuldigen Frauen waren vom Gürtel aufwärts nackt.« Dasselbe puritanische Schamgefühl, das Indianerinnen verdammte, wenn diese ihre Brüste offen trugen, war hier bei der Bestrafung im Namen der Kirche nicht mehr existent. Und die kleinen Denunziantinnen in dem wegen seiner Hexen berühmt gewordenen Dorf Salem bei Boston erreichten in wenigen Wochen des Jahres 1692 immerhin den Rekord von 19 hingerichteten Menschen, darunter zwei Männer. 150 weitere mögliche Opfer saßen noch im Gefängnis von Salem, als der Gouverneur Anfang 1693 einen Erlaß mit der Begnadigung aller herausgab. Der dortige Hexenrichter aber, ein unversöhnlicher Eiferer, sprach nach der Begnadigung folgende Worte: »Wir waren auf dem besten Wege, die Heimat von einer Landplage zu befreien. Nun fällt man der Gerechtigkeit in den Arm. Ich weiß nicht warum. Gott sei uns allen gnädig.« Dann verließ er für immer den Gerichtssaal.

Noch im 18. Jahrhundert geisterte der Hexenwahn durch Europa. In Szegedin in Ungarn wurden am 12. August 1728 insgesamt 13 Hexen, sechs männliche und sieben weibliche, verbrannt. Die Zeitungsmeldung darüber berichtete:

»Es ist fast nicht zu beschreiben, wie entsetzlich dieses Schauspiel war: Es wurden 3 Scheiterhaufen eine Stunde von der Stadt nächst der Theiß aufgerichtet. In der Mitte (eines jeden Haufens) stand ein großer Pfahl eingegraben. An diesen

Ein halbes Jahrtausend lang, vom 13. bis ins 18. Jahrhundert hinein, am schlimmsten jedoch vom 15. bis 17. Jahrhundert, als Kopernikus, Galilei, Kepler und Newton ein neues Weltbild erarbeiteten, wurden in ganz Europa »Menschen beiderlei Geschlechts zu Prozeß und Folter geschleppt« und als Hexen »in großer Zahl« verbrannt. Die Gesamtzahl der Opfer wird auf über eine Million geschätzt (Holzschnitt des Jahres 1555).

Pfahl nun wurden auf einem jeden Haufen 4 Malefikanten mit Stricken angebunden, alsdann eine Weibsperson ... geköpft und (ihr Leichnam) auf den mittleren Haufen zu den angebundenen vieren ... geworfen. Darauf wurden alle 3 Haufen zugleich angezündet und in volle Flammen gesetzt. Und obschon die Malefikanten eine starke Viertelstunde in den umgebenden Flammen gelebt, so hat man dennoch nicht das geringste Geschrei von ihnen gehört ...«

Am 18. Juni 1782 starb in Glarus in der Schweiz eine Dienstmagd mit Namen Anna Göldi als letztes Opfer des Hexenwahns auf dem Scheiterhaufen. Etwa zur gleichen Zeit zeigte sich ein evangelischer Bischof mit Namen Troilus, aus Dalarne in Schweden, äußerst besorgt über eine neue Zeit, eine »gleichgiltige und freidenkende«, in der man angeklagte Hexen nicht mehr verbrennen wollte.
Wenn sie in den späteren Jahrhunderten bis heute auch nicht mehr verbrannt wurden, unschuldige Opfer von Aberglauben und Hexenwahn gibt es bis heute. Vor wenigen Jahren nahm sich in einem norddeutschen Heidedorf eine 70jährige Flüchtlingsfrau das Leben, weil sie als »Hexe« von der gesamten Bevölkerung jahrelang wie eine Aussätzige behandelt worden war. Erst vor wenigen Monaten hörten wir aus dem oberbayerischen Wallfahrtsort Altötting die traurige Nachricht von dem Kapuzinerpater, der eine seelisch kranke Frau von der »Besessenheit« eines Teufels mit Namen »Pluto I.« heilen wollte. Das braucht uns nicht weiter zu wundern, wenn man bedenkt, daß im Jahr 1972 der Haustheologe des Vatikanblattes »Osservatore Romano«, Pater Concetti, den Ausspruch Papst Pauls VI. unterstützte, der Satan sei anzusehen als »ein wirksames, lebendiges, geistiges Wesen« und »Anführer einer Legion von Teufeln«. Begründet hat Pater Concetti die päpstliche Order mit der These, daß die Menschheit mit dem Abschied vom personifizierten Teufel jedes Sündenbewußtsein verlöre, denn der Teufel sei ja eigentlich der Pfeiler des Christentums, ohne den auch die anderen Teile des Christentums zusammenbrechen!

»Dieser furchtbare Apparat der Tyrannei«

Spanische Katholiken gegen Ketzer, Juden, Mauren und niederländische Protestanten — Die Inquisition in Spanien, Portugal und in den Niederlanden im 16. und 17. Jahrhundert

1477
Die Niederlande fallen durch Erbschaft an das Haus Habsburg

1478
Der Papst räumt König Ferdinand von Spanien das Recht zur Ernennung eines eigenen Großinquisitors ein

1480
In Otronto/Süditalien massakrieren die Türken 12 000 Einwohner

1481
Erste Ketzergerichte in Spanien. Torquemada läßt 16 000 Menschen verbrennen und schickt rund 100 000 auf die Galeeren oder lebenslänglich in den Kerker

1486
Erstes »Autodafé« mit der Verbrennung von Ketzern und Juden

1512
Großinquisitor Ximénes Cisneros verordnet die Todesstrafe für sexuelle Ausschweifungen in den Gefängnissen der Inquisition

1555
Kaiser Karl V. übergibt die Oberhoheit über die Niederlande seinem Sohn Philipp II. von Spanien

1555 bis 1600
Etwa 200 Protestanten in Spanien hingerichtet

1566
Bildersturm der Protestanten in Flandern gegen die spanische Inquisition; Beginn der niederländischen Revolution

1567
Herzog Alba trifft in Brüssel ein und errichtet seinen »Blutrat«

1568
In Valenciennes werden in einem Monat 84 Protestanten hingerichtet — Ein Dekret Philipps II. verurteilt alle Niederländer als Ketzer zum Tode

1572/1573
Alba läßt niederländische Städte wie Mecheln und Haarlem besetzen und die Einwohner abschlachten

1576
Meuternde spanische Soldaten ermorden in Antwerpen etwa 5000 Bürger

1579
Barbarei in Maastricht — Niederländische Nordprovinzen sagen sich von den Südprovinzen los

1781
Letztes Todesurteil der spanischen Inquisition vollstreckt

1834
Inquisition in Spanien endgültig aufgehoben

Ein unersättlicher und unerschütterlicher Glaube, der keine Toleranz gegenüber Andersgläubigen kennt, war und ist von jeher ein Todfeind allen Denkens gewesen. So wie die menschenmordenden Blutbäder des 20. Jahrhunderts auf unbeugsames Rassenbewußtsein und ideologische Dogmen und Gewißheiten zurückzuführen sind, so stand hinter den Verbrechen gegen die Menschlichkeit in der Epoche der Hexenprozesse und Inquisition eine menschenmordende Glaubensgewißheit. Ein kurzer Auszug aus einer Chronik des 16. Jahrhunderts aus Cordoba macht die spanische Variante der Inquisition und den Fanatismus ihrer gläubigen Diener deutlich:

»Um sich als eifriger Diener des Glaubens beliebt zu machen und in höhere Ränge zu steigen, begann er, die Angeklagten im Gefängnis mit äußerster Härte zu behandeln, wodurch er sie zwang, ihre Mittäter zu nennen, was Beschuldigungen so zahlreicher Leute, Konvertierten wie auch Altchristen, zur Folge hatte, daß die Einwohner der Stadt empört waren und es fast zum Aufruhr gekommen wäre ...«

Wir haben die Inquisition mit ihren Ketzerverfolgungen ab dem 13. Jahrhundert bereits in mehreren europäischen Ländern kennengelernt (siehe Seite 275 ff.). Dort ging die Verfolgung immer auf die Kirchenpolitik der Päpste, die päpstliche Inquisition zurück. In einigen Ländern, so beispielsweise in einigen Landesfürstentümern in Deutschland, in England und Frankreich, gab es jedoch auch massiven Widerstand gegen die päpstlichen Anweisungen zur Intensivierung der Ketzerverfolgungen, die von den vom Vatikan bestimmten Inquisitoren in direkter Verantwortung gegenüber Rom inszeniert wurden.

Die päpstliche Inquisition blieb wegen des Widerstandes in vielen Ländern im Vergleich zur spanischen Inquisition viel schwächer, denn die spanische Inquisition hatte eine ebenso einmalige wie unerschütterliche Machtposition dadurch, daß sie direkt dem König und nicht nur dem Papst unterstand. Der Vorgänger von Papst Innozenz VIII. mußte nämlich König Ferdinand »dem Katholischen« (1452 bis 1516) das Recht einräumen, ab 1478 einen eigenen Großinquisitor für Spanien zu ernennen. Obwohl König Ferdinand und seine Gemahlin Isabella von Kastilien (1451 bis 1504) bei ihrem Regierungsantritt die Gleichberechtigung aller christlichen Religionen in Spanien beeidet hatten, also die freie Religionsausübung befürworteten, führten beide später einen grausamen Glaubenszwang ein. Und sie benutzten »ihre« Inquisition auch als politisches Zwangs- und Einschüchterungsmittel zur Stärkung ihrer Königsgewalt, die sie ab 1480 vor allem durch die Mohammedaner im Süden Spaniens, in Granada, gefährdet sahen. Die Schreckensnachricht am 11. August 1480 vom Einbruch der Türken in die süditalienische Stadt Otronto, wo 12 000 der 24 000 Einwohner von den Türken ermordet wurden, fuhr König Ferdinand gewaltig in die Glieder. Er erwartete, daß die mohammedanischen Türken sich bald mit den mohammedanischen Mauren in Südspanien unter Konspiration der vielen Juden und anderer unsicherer Christen in Spanien vereinen könnten. Der politische Hintergrund der spanischen Inquisition wird klar, wenn wir wissen, daß am 26. September 1480,

also nur wenige Wochen nach dem Einbruch der Türken in Otronto, die päpstliche Inquisitionsbulle von Königin Isabella unterschrieben wurde, was einer totalen Mobilisierung des Katholizismus in ihrem Herrschaftsbereich gleichkam. Mit Hilfe der Inquisition konnten die »katholischen Könige« Ferdinand und Isabella fortan jede denkbare politische Opposition des Adels und der Städte in Spanien verfolgen lassen, ja selbst der Schmuggel an der Grenze wurde als Ketzerei bestraft. Jeder christliche Kastilier wurde Soldat der königlich-kastilischen Armee, mußte sich einer unerbittlichen Disziplin fügen und unterstand dem Standgericht der Inquisition, gegen die es keine Berufung gab. Die Inquisition in Spanien operierte also von Anfang an Arm in Arm mit der königlichen Armee und unter dem Oberbefehl der spanischen Könige. So ist auch verständlich, daß die spanische Inquisition Bischöfe absetzen und einkerkern konnte und Einsprüche des Vatikans dagegen völlig wirkungslos blieben.
Mit Hilfe der Inquisition machten sich die »katholischen Könige« zunächst an ein politisches Ziel – nämlich sich den Rücken auf der Iberischen Halbinsel freizuhalten: In einem elfjährigen Krieg von 1481 bis 1492 vertrieben sie die letzten Mauren und einverleibten ihrem katholischen Reich das bis dahin noch übriggebliebene jahrhundertealte muslemische Reich von Granada, womit die Rückeroberung (Rekonquista) ganz Spaniens von den Mohammedanern vollzogen war. Etwa seit 800 (siehe Karl der Große in Pamplona auf Seite 120) waren sie schrittweise in Richtung Afrika zurückgedrängt worden. In diesem Krieg wurden die spanischen Mauren, die sich nicht zum Christentum bekehrten, entweder vertrieben oder fielen ab 1483 der Inquisition zum Opfer. Der spanische Großinquisitor Thomas de Torquemada (1420 bis 1498) schickte sie zu Tausenden auf die Scheiterhaufen, ebenso wie die Juden Spaniens und Portugals (von 1580 bis 1640 in Personalunion bei Spanien), was zur Folge hatte, daß für lange Zeit Handel und Gewerbe in Spanien – vornehmlich von Juden und Mauren betrieben – nahezu zum Erliegen kamen. Die brutale Dynamik der spanischen Inquisition setzte sich schließlich in den neueroberten Kolonien in Westindien fort, wo Hunderttausende heidnischer Indianer »bekehrt« wurden (siehe Seite 226 ff.).
In Sevilla ließ Großinquisitor Torquemada schon ab 1481 die ersten Ketzergerichte tagen. Von Anfang an zeichneten sie sich durch bewußtes Schaugepränge aus, das auf das spanische Volk Eindruck machen sollte – und es auch tat. Da wurden zum Beispiel ein stolzer andalusischer Großgrundbesitzer namens Graf de la Torre mit seiner Frau und seiner Schwägerin nach Sevilla vor das Inquisitionstribunal gezerrt, weil er bei einem Ausritt einen Mönch umgestoßen habe und dadurch bewiesen sein sollte, daß er von der Kirche abgefallen sei, und weil er in seinem Schloß gezaubert und vor den Augen seiner Frau mit seiner Schwägerin Blutschande getrieben habe. Gegen die letztere Anklage konnte der Graf verständlicherweise keine Zeugen zur Entlastung vorbringen. Sinnigerweise wurde auch sein Verwalter gefoltert, der dann alles sagte, was die Richter hören wollten. Nach fünf Foltertagen war auch der Graf zum Geständnis im Sinne der Anklage bereit. Die Frauen, die die Folterqualen der Männer mitansehen mußten, gaben

Sevilla, 1481: Ein für Spanier bis dahin undenkbares Schauspiel ist die erste öffentliche Auspeitschung und Geißelung von adligen Damen, bevor sie auf dem Scheiterhaufen verbrannt werden.

sich alle Mühe, die verrücktesten Orgien mit dem Teufel zu erfinden, um die Richter zu besänftigen. Diese ließen sich jedoch nicht besänftigen, sondern boten der Bevölkerung von Sevilla das bis dahin undenkbare Schauspiel der öffentlichen Auspeitschung der beiden adeligen Damen, die vorher dazu auf offener Bühne von den Henkern entkleidet wurden. Einen Tag danach wurden die vier Angeklagten zusammen mit einigen Juden, die heimlich den Sabbat gefeiert hatten, auf dem Scheiterhaufen verbrannt.

Welche zusätzlichen Akzente und Hintergründe – im Gegensatz zu der päpstlichen Inquisition in anderen Ländern – die spanische Inquisitionsjustiz aufwies, geht deutlich aus einem Bericht von Francisco de Enzinas (etwa 1520 bis 1552) hervor, der im Hause von Melanchthon das Neue Testament ins Spanische übersetzt hat. In dem Bericht heißt es: »Hauptsächlich beobachteten sie (die Inquisitoren) reiche Leute, gelehrte Männer und solche, die in Ansehen und Macht zu steigen beginnen. Diese drei Arten von Menschen sind ihnen höchst mißliebig. Denn das Vermögen der Reichen begehren sie einzuziehen; die Gelehrten werden verfolgt aus Furcht, daß vielleicht einige Ehrliche unter ihnen ... zur Erkenntnis der Wahrheit gelangt wären, und die Dritten suchen sie zu hemmen für den Fall, daß diese zu höheren Ehrenstufen gelangen – diese sollen gar nicht erst auf den Gedanken kommen, daß man die Inquisition unterdrücken könne.« In Spanien wurde also schon im 16. Jahrhundert vorexerziert, was wir heute unter den Begriffen Schauprozeß und Klassenjustiz kennen.

In den ersten 40 Jahren der Inquisition sollen allein in Sevilla rund 4000 Menschen verbrannt worden sein. In Toledo fand 1486 das erste »Autodafé« (spanisch für actus de fide – Glaubensakt) statt, bei dem wiederum reiche

Gutsbesitzer, aber auch Juden und Mauren die Opfer waren. In der Biographie der Königin Isabella von A. St. Wittlin findet sich diese – aufgrund alter Quellen erarbeitete – Schilderung des Autodafés von Toledo, dem wir einige Auszüge entnehmen, die besonders gut die Atmosphäre solcher »Massenfeste« deutlich machen:

»... Je länger das düstere Drama dauerte, desto leichter wurde die Stimmung ringsum. Unternehmungslustige Händler, die ihre Verkaufsbuden am Rand des Autodafés errichtet hatten und den Zuschauern kleine Erfrischungen, den Frauen wohlriechende Kräuter (den peinlichen Rauch der Scheiterhaufen zu vertreiben) anboten, machten gute Geschäfte ... Erst im letzten Augenblick, als die ›Unversöhnten‹ unter dem Zugriff der Flammen ihre Festigkeit verloren und aufschrien, bemächtigte sich auch der Zuschauer eine tragische Stimmung. Der Pulsschlag der Herzen erhöhte sich, aber nicht in Entrüstung oder aus Furcht, selbst ähnliches Leid zu erfahren. Was die Leute bewegte, was ihre Köpfe umnebelte, war kein menschliches Mitleid, keine einzelne, alltägliche Empfindung. Die Zuschauer machten vor den lebenden Fackeln ein sakrales Erlebnis mit. Die ›heilsame Verwirrung‹ eines Gottesdienstes umfing sie. Empfindliche bekamen Visionen, glaubten der Erde zu entschweben, mit Gott zu verschmelzen. Schreikrämpfe erschütterten die ... Menge ... ›Gloria sanguinis‹ schwebte über dem Platz. Der brenzlige Duft verbrennenden Menschenfleisches beugte die Köpfe der Anwesenden in heidnischer Frömmigkeit vor den höheren Gewalten, verband die Menschen untereinander ...«

Valladolid, 1636: Unter Anwesenheit König Philipps VI. und seiner Familie wird zehn Juden eine Hand an ein großes Andreaskreuz genagelt, während ihnen das Inquisitionsurteil vorgelesen wird, das sie zum Tode auf dem Scheiterhaufen bestimmt.

Ähnliche »Feste« verschlangen in Spanien planmäßig Jahr um Jahr unzählige Opfer. Hier noch ein Auszug aus einem 1748 in London veröffentlichten Bericht über ein Autodafé im Juni 1680 in Madrid in Gegenwart des Königs:

»Ein Gerüst, fünfzig Fuß lang, war auf dem Platz errichtet, und zwar bis zur gleichen Höhe mit dem als Sitzplatz für den König vorgesehenen Balkon. Am Ende und entlang der ganzen Breite des Gerüstes, zur Rechten vom Balkon des Königs, war ein Halbrund errichtet, zu dem fünfundzwanzig oder dreißig Stufen hinaufführten, und dieses war bestimmt für die Räte der Inquisition und die anderen Räte Spaniens. Oberhalb der Stufen, unter einem Baldachin, war das Rednerpult des Großinquisitors plaziert, und zwar viel höher als der Balkon des Königs. Zur Linken von Gerüst und Balkon war ein zweites Halbrund von gleicher Größe wie das andere errichtet, und in diesem hatten die Verbrecher zu stehen ... An der Spitze marschierten einhundert Kohlenhändler, alle bewaffnet mit Piken und Musketen. Diese Leute lieferten das Holz, mit dem die Verbrecher verbrannt wurden. Ihnen folgten Dominikaner, denen ein weißes Kreuz vorangetragen wurde. Dann kam der Herzog von Medinaceli, der das Banner der Inquisition trug. Danach wurde ein schwarzverhängtes grünes Kreuz vorangetragen, hinter welchem mehrere Granden und andere vornehme Personen folgten, welche Familiares der Inquisition (Würdenträger) waren. Die Marschordnung beschlossen fünfzig zur Inquisition gehörende Wächter, in schwarz-weiße Gewänder gekleidet und befehligt vom Marqués de Povar, dem erblichen Beschützer der Inquisitoren. Nachdem der Zug in dieser Reihenfolge bis vor den Palast gekommen war, schritt er alsdann zum Platz, wo das Banner und das grüne Kreuz auf dem Gerüst befestigt wurden. Es blieb dort niemand außer den Dominikanern, indes die übrigen sich zurückzogen. Diese Mönche verbrachten einen Teil der Nacht mit dem Singen von Psalmen, und am Altar wurden vom Tagesanbruch an bis sechs Uhr morgens mehrere Messen zelebriert ... Etwa um zwölf Uhr (am anderen Tag, nach weiteren Prozessionen und Messen) wurde mit der Verlesung der Strafen für die verurteilten Verbrecher angefangen. Die Namen der im Gefängnis Verstorbenen sowie der Geächteten kamen zuerst. Ihre Abbilder aus Pappe wurden auf ein kleines Gerüst emporgetragen und dort in kleine, für diesen Zweck angefertigte Käfige gestellt. Dann ging es weiter mit dem Verlesen der Strafe jedes einzelnen Gefangenen, die daraufhin einer nach dem andern in besagte Käfige gestellt wurden, damit alle Anwesenden sie sehen konnten. Die ganze Zeremonie dauerte bis neun Uhr abends, und als sie dann zum Schluß noch eine Messe zelebriert hatten, entfernte sich der König. Die zum Feuertode verurteilten Verbrecher wurden dem weltlichen Gericht überantwortet und, auf Esel gesetzt, durch das Foncaral genannte Tor gebracht und um Mitternacht in dessen Nähe alle hingerichtet.«

Viele Tausende armer Juden und Mauren aber, bei denen für die Inquisition nichts zu holen war, mußten das Los der Vertreibung auf sich nehmen. Nach zeitgenössischen Quellen wurden etwa 160 000 Juden vertrieben, 50 000 traten zum Katholizismus über, und rund 20 000 erlitten den Tod während der Austreibung oder auf dem Scheiterhaufen. Rabbi Joseph, der Sohn eines Vertriebenen:

»Einige wurden von den Türken getötet, die ihnen das Gold wegnehmen wollten, das sie verschluckt hatten, um es zu verbergen. Andere wurden vom Hunger und der Pest weggerafft, noch andere von den Schiffen auf den Inseln nackend ausgesetzt, wieder andere als Knechte und Mägde in Genua und der Umgegend verkauft und einige in das Meer geworfen ...«

Die Zahl der aus Spanien vertriebenen Mauren liegt nach Schätzungen bei drei, nach den Akten etwa zwischen einer halben und einer Million. Das Schicksal der vertriebenen Mauren war noch schlimmer als das der Juden, da die wenigsten als Christen zurückkehrten oder zurückkehren durften. Die Überfahrt nach Afrika auf königlichen Schiffen war relativ sicher. Viele private Schiffer jedoch, die auf ihren Fahrzeugen Mauren transportierten, beraubten und ermordeten die Vertriebenen. In Barcelona gab es am 12. Dezember 1609 eine Hinrichtung eines Kapitäns mit seiner Besatzung, weil diese auf ihrer Barke 70 vertriebene Mauren getötet und ausgeraubt hatten. In Nordafrika waren die Mauren übrigens bei ihren arabischen Brüdern nicht willkommen. Da ihnen der Ruf vorausging, sie hätten Geld bei sich, zumindest mehr als die Araber selbst hatten, wurden sie heimtückisch totgeschlagen und ihre Frauen geraubt. Ein hoher arabischer Beamter in Oran hat damals vermerkt, daß etwa zwei Drittel der vertriebenen Mauren, die nach Nordafrika gekommen waren, entweder »Krankheiten oder den Grausamkeiten der Araber zum Opfer fielen«.

Eine kleine Gruppe von Protestanten – bzw. von Sympathisanten mit einer reformierten Kirche – gab es natürlich auch in Spanien. Diese Gruppe wurde schnell und gründlich ausgemerzt. Wer auf der Folter bereute, kam lebenslänglich in den Kerker, wer vor dem Scheiterhaufen bereute, wurde enthauptet, wer »verstockt« blieb, wurde verbrannt. 1542 starb der erste spanische Lutheraner namens Francisco de San Roman auf dem Scheiterhaufen, und die fanatisierte Menge durchbohrte ihn dabei noch mit Schwertern. Sein eigener Bruder hatte die Hinrichtung veranlaßt, nachdem es ihm nicht gelungen war, ihn der katholischen Kirche zu erhalten.

In Valladolid wurden im Mai und Oktober 1559 einmal 14 Lutheraner verbrannt, ein anderes Mal zehn stranguliert und zwei verbrannt.

Das prominenteste Opfer der spanischen Inquisition wurde gleichfalls als protestantischer Ketzer angeklagt. Es war der Erzbischof von Toledo und Primas von Spanien, Bartolomé de Carranza, der als Dominikaner bis zu seiner Wahl zum Erzbischof von Toledo im Jahr 1557 selbst Ketzer verfolgte. Er wurde in Valladolid von Protestanten, die zum Tode verurteilt worden waren, denunziert: Man fand bei ihm einen belastenden Briefwechsel. Zwei Jahre nach dem Aufstieg in das höchste Kirchenamt Spaniens wurde de Carranza festgenommen und siebzehn Jahre lang von Gefängnis zu Gefängnis geschleppt. Als er vom Papst aufgefordert wurde zu widerrufen, tat er es, wurde freigelassen, starb aber fünf Wochen später an den Haftfolgen. Mit ihm starb jede Sympathie der Spanier mit einer Reformkirche. Nach rund 200 hingerichteten spanischen Protestanten in den Jahren von 1555 bis 1600 hatten es König und Inquisition

Im 17. Jahrhundert werden auch in anderen Ländern Europas die Juden für alle Seuchen, Kriege und Katastrophen wieder einmal verantwortlich gemacht und verfolgt. Der Kupferstich von Merian aus dem Jahr 1642 zeigt die Plünderung der Judengasse zu Frankfurt am Main während des Dreißigjährigen Krieges.

geschafft, daß spanischer Patriotismus und Katholizismus miteinander verschmolzen waren und niemand mehr zu fordern wagte: »Sire, geben Sie Gedankenfreiheit!«

Das System der Inquisition in Spanien, die erst 1834 endgültig aufgelöst wurde, war darauf ausgerichtet, größte Wirkung zu erzielen, aber möglichst wenig bekannt werden zu lassen. Deshalb blieben Verfahren und Prozeßmethoden lange Zeit im dunkeln. Von Anfang an aber stand ein Netz von Informanten und Spitzeln zur Verfügung. Die Spanier waren, wie der spanische Geschichtsschreiber Juan de Mariana (1536 bis 1624) schrieb, bestürzt, als sie der »Freiheit, offen zu sprechen und andere anzuhören, beraubt wurden, da in allen großen und kleinen Städten und den Dörfern Leute eingesetzt waren, die jeden Vorgang weitermeldeten. Diesen Zustand hielten manche für die schlimmste Sklaverei, für so schlimm wie den Tod«. Die Anzahl der Opfer der spanischen Inquisition ist wegen dieses Systems auch heute noch sehr umstritten.

Der erste Großinquisitor, Torquemada, setzte die Maßstäbe für das Ausmaß des Fanatismus, mit dem die Prozesse geführt wurden. Torquemada, der in den 18 Jahren seiner Tätigkeit mehr als 16 000 Menschen lebendig verbrennen, gegen 7000 angebliche Ketzer nach deren Tod Prozesse führen, ihre Leichen ausgraben und ihre Hinterlassenschaft für den König beschlagnahmen ließ, bereitete sich auf jeden von ihm geführten Prozeß mit Fasten und Bußübungen vor. Letztere bestanden, nach Luis de Ponce de Leon (1527 bis 1591) darin, daß er sich geißelte, bis sein Fleisch zerrissen war und das Blut an seinem Körper herabrann. Der offensichtlich masochistisch veranlagte Großinquisitor, der enthaltsam lebte und nie Fleisch aß, schickte außerdem noch rund 100 000 Menschen auf die Galeeren bzw. lebenslänglich in den Kerker. In der Öffentlichkeit zeigte er sich nur mit einer Leibgarde, nachdem der Inquisitor von Saragossa, Peter Arbuez, trotz des Panzers, den er trug, von dem Angehörigen eines seiner Opfer in der Kirche vor dem Altar ermordet worden war. Diese Tat entfesselte übrigens unmittelbar danach einen blindwütigen Massenmord unter Juden und Mohammedanern in Saragossa.

Wer in das Räderwerk der Inquisition geriet, mußte mit langer Leidenszeit und der Folter rechnen. Die Strapazen des Gefängnislebens führten von vornherein zu einer fast gleichbleibenden Totenziffer, die nicht der Folter, sondern allein den Krankheiten und unhygienischen Bedingungen zuzuschreiben war. Im Gegensatz zu den Hexenprozessen zur gleichen Zeit in anderen Teilen Europas (siehe Seite 275 ff.) wurde die Folter der spanischen Inquisition »menschlicher« angewandt, was bedeutete, daß sie nicht in jedem Fall angewandt wurde und nur selten zu Todesfällen führte. Sie durfte auch nicht an Personen über 60 Jahren und an Kindern unter 10 Jahren vorgenommen werden. Die Grundregel dabei war, die Opfer nicht in Lebensgefahr zu bringen und so zu behandeln, daß kein Glied verlorenging.

Die drei gebräuchlichsten Folterinstrumente der spanischen Inquisition entsprachen denen der anderen weltlichen oder kirchlichen Tribunale. Es waren die Garrucha, die Toca und der Potro. Die Garrucha war ein Flaschenzug, an dem das Opfer, an den Handgelenken festgebunden, hing und langsam zur Decke hochgezogen wurde, während an den Füßen schwere Gewichte nach unten zogen.

Die Toca war eine Wassertortur. Dem Opfer, das liegend an eine Folterbank gefesselt war, wurde ein Tuch gewaltsam durch den Mund in die Kehle geschoben und durch diesen Stofftrichter langsam Krug um Krug Wasser eingefüllt.

Der Potro, erst nach dem 16. Jahrhundert gebräuchlich, war eine Folterbank, an die das Opfer mit Stricken gebunden wurde. Diese Stricke schnitten am ganzen Körper immer fester ins Fleisch, je öfter der Henker eine neue Drehung der Strickenden vornahm.

Zu allen Folterungen wurden die Opfer, ob Männer oder Frauen, nackt ausgezogen. Ob sie zur Bedeckung der Schamteile ein Stück Stoff bekamen, lag im Ermessen der einzelnen Inquisitoren. Zeitgenossen der Inquisitoren wiesen in Spanien immer wieder darauf hin, daß in den Kerkern der Inquisition die Beamten des heiligen Gerichts die eingekerkerten Frauen zu Opfern ihrer Lüste machten. Der Historiker Llorente schrieb in seiner »Geschichte der Inquisition« um die Wende des 18./19. Jahrhunderts von dem Fall des Großinquisitors Deza, der wegen seiner Vergehen aus Cordoba fliehen mußte. Sein Nachfolger, Ximénes Cisneros, verordnete dann 1512, »um den ärgerlichen Ausschweifungen ein Ende zu machen, die mit den Frauen in den Gefängnissen begangen werden, daß alle Personen bei dem heiligen Gerichte, die sich solcher Ausschweifungen schuldig machten, mit dem Tode bestraft werden sollten. Es hat später nicht an Gelegenheit gefehlt, dieses Gesetz in Anwendung zu bringen, aber es blieb wirkungslos«. Noch 1590 wurde in Valencia der Fall eines Vogtes bekannt, den 29 Zeugen belasteten, er habe Gefangene verführt, geküßt, ihnen Anträge gemacht und sogar mit Schmiergeldern zwischen Gefangenen geschlechtlichen Verkehr gestattet. Der Sünder »kam mit 100 Hieben, drei Jahren Galeere, dauernder Verbannung aus Valencia und Unfähigkeit für Inquisitionsämter davon« (H. Ch. Lea).

Bei den Folterprozessen waren außer den Folterknechten anwesend: der Inquisitor, ein Vertreter des Bischofs und ein Sekretär, der mit peinlichster Sorgfalt alle Vorgänge, jedes Wort und jede Geste, genau in seinem Protokoll festhielt. Hier einige Proben aus einem seitenfüllenden Protokoll über die Folterung einer Elvira del Campo, die 1568 in Toledo wegen Meidung von Schweinefleisch und Wechselns der Wäsche an Samstagen, also auf den Verdacht, eine Jüdin zu sein, angeklagt war. Die Frau gab die ihr vorgeworfenen Handlungen zwar zu, leugnete aber deren ketzerische Absichten:

»Sie wurde in die Folterkammer gebracht, wo ihr eröffnet wurde, daß sie die Wahrheit sagen müsse, worauf sie erwiderte, daß sie nichts zu sagen habe. Es

Henkersknechte der spanischen Inquisition reißen den »überführten« Ketzern, deren »Geständnisse« ebenso erpreßt werden wie bei Hexen, vor der Hinrichtung häufig die Zungen heraus (Holzschnitt aus dem 17. Jahrhundert).

wurde befohlen sie auszukleiden, sie wurde abermals ermahnt und schwieg. Nachdem sie entkleidet war, sagte sie: ›Ihr Herren, ich habe alles getan, was man von mir sagt, und ich zeuge falsch gegen mich selbst, denn ich mag mich nicht in diesem Zustande sehen; bei Gott, ich habe nichts getan.‹ Es wurde ihr bedeutet, sie dürfe nichts Falsches über sich sagen, sondern nur die Wahrheit. Es wurde mit dem Binden der Arme begonnen ... Wieder wurden die Stricke angezogen und sie sagte: ›Ich habe schon gesagt, daß ich es getan habe.‹ Es wurde ihr befohlen, Einzelheiten anzugeben, worauf sie erwiderte: ›Ich weiß nicht, wie ich es sagen soll, Herr, ich weiß es nicht.‹ Darauf wurden die Stricke gelöst und gezählt, und es gab sechzehn Drehungen, und bei der letzten riß der Strick. Es wurde nun befohlen, sie auf den Potro zu legen. Sie sagte: ›Ihr Herren, wollt ihr mir nicht sagen, was ich zu sagen habe. Herr, legt mich auf den Boden – habe ich nicht gesagt, daß ich alles getan habe?‹ ... Sie sagte mehrmals: ›Ihr Herren, ihr Herren, nichts hilft mir. Du, Herr, hörst, daß ich die Wahrheit sage und nicht mehr sagen kann – sie reißen mir die Seele aus –, befehlt, daß sie mich loslassen.‹ ... Es wurde ihr gesagt, daß, wenn sie die Wahrheit sagen wolle, bevor das Wasser in ihre Gurgel eingelassen würde, könne sie das tun und ihr Gewissen reinigen. Sie sagte, sie könne nicht reden und sei eine Sünderin. Darauf wurde die leinene Toca (in ihre Gurgel) angebracht und sie sagte: ›Nehmt das weg, ich erwürge und hab' Weh im Magen.‹ Darauf wurde ein Krug Wasser eingelassen, und es wurde ihr bedeutet, die Wahrheit zu sagen. Sie schrie, sie wolle beichten, denn sie sei am Sterben. Es wurde ihr erklärt, die Folter würde fortgesetzt, bis sie die Wahrheit gesagt habe, und sie wurde ermahnt, sie zu sagen, allein trotz mehrfacher Fragen schwieg sie. Da der Inquisitor sie durch die Folter erschöpft fand, befahl er, diese zu unterbrechen ...«

Nach vier Tagen, so berichtet Lea, wurde die arme Frau erneut in die Folterkammer geführt und »ausgezogen, worauf sie bat, man möge ihre Blöße bedecken. Das peinliche Verhör ging weiter, ihre Aussagen waren verworrener als zuvor, und schließlich hatten die Inquisitoren die Genugtuung, ein Bekenntnis von Judentum mit der Bitte um Gnade und Buße aus ihr zu erpressen«.

Auch ausländische Ketzer wurden in der gleichen Weise gefoltert. So ein holländischer Kaufmann aus Brügge, der im Jahr 1597 von einem Tribunal auf den Kanarischen Inseln verhört wurde und angab, Katholik zu sein, was der Inquisitor nicht glauben wollte, wohl in Erinnerung an den Aufstand der Niederländer, der 1581, also wenige Jahre zuvor, zur Unabhängigkeit der nördlichen Niederlande von Spanien geführt hatte. Der Kaufmann aus Brügge, der nach dem Folterbericht immer dabei geblieben war, ein Katholik zu sein, sagte schließlich, bevor sie ihn losbanden, »jetzt sei er zum Ketzer gemacht worden infolge der erlittenen Schmerzen und müsse die vielen Versäumnisse, auf diesen Inseln und in Brügge in die katholischen Kirchen zu gehen, als seine eigene Schuld anerkennen«.

Viele Landsleute des Kaufmanns aus Brügge hatten unter der spanischen Herrschaft schon lange Jahre vor ihm dasselbe Schicksal und noch Schlimmeres erleiden

Brüssel, 5. Juni 1568: Mit der Hinrichtung der Grafen Egmont und Hoorn durch den spanischen »Rat der Unruhen«, von den Niederländern »Blutrat« genannt, beginnt die Blutherrschaft Herzog Albas in den damals noch spanischen Provinzen der Niederlande, der Hunderttausende zum Opfer fallen sollten.

müssen. Von den Niederlanden aus brach nämlich der Sturm los, der den Niedergang der spanischen Macht in Europa zur Folge hatte, nachdem die Niederländer sich dem Zugriff der »katholischen Könige« zu entziehen begannen. Durch Erbschaft waren die Niederlande, bestehend aus 17 Provinzen mit den wichtigsten Umschlagplätzen des damaligen Welthandels, seit 1477 dem Hause Habsburg zugefallen. Sie hatten immer zäh und erfolgreich ihre verbrieften besonderen Freiheiten verteidigt, auch unter Kaiser Karl V., der als geborener Genter ohnehin den liberalen Flamen mehr zugetan war als den unduldsamen Spaniern, denen er 1555 mit der Übergabe der Oberhoheit an seinen Sohn Philipp II.

(1527 bis 1598) ein Land preisgab, in dem sich zwischen dem reformierten Norden und dem katholischen Süden immer stärkere Glaubensgegensätze bemerkbar machten. Während der nachfolgenden Jahrhunderte führten diese dann auch zu einer getrennten politischen Entwicklung und den späteren Staaten Niederlande im reformierten Norden und Belgien im katholischen Süden.
Nach der Übergabe der Oberhoheit an Philipp II. häuften sich von Jahr zu Jahr die politischen Fehler der Spanier in den Niederlanden und schürten so systematisch die Opposition der Niederländer. Die spanische Fehlpolitik begann mit dem Unterhalt der spanischen Militärgarnisonen in den Niederlanden, dann folgte die Neueinteilung der Bistümer und die Ausbreitung der verhaßten Inquisition, »diesem furchtbaren Apparat der Tyrannei«. Die Entwicklung der Glaubensstreitigkeiten im katholischen Nachbarland Frankreich vor Augen (siehe Seite 247 ff.), bestärkte den fanatischen Katholiken Philipp II. in seiner unduldsamen Haltung gegenüber den Protestanten in den Niederlanden, die er gegenüber einem ihrer Führer, dem katholischen Grafen Egmont, so bekräftigte: »Lieber verliere ich hunderttausend Mann, als daß ich den Kampf gegen die Ketzerei einstelle.« Bald verging kein Tag mehr, ohne daß der Ketzerei Verdächtigte hingerichtet wurden. 1561 mußte in Oudenaarde Geleyn de Muler den Scheiterhaufen besteigen, in Tournai wurde Thomas Calberg bei lebendigem Leib verbrannt und ein Wiedertäufer mit sieben Streichen eines rostigen Schwertes in Gegenwart seiner Frau, die bei dem Anblick vor Grauen starb, zu Tode gehackt. Als ein über solche Barbarei wütend gewordener Adeliger in der Kathedrale von Tournai dem Priester die Hostie entriß, sie mit Füßen trat und der Gemeinde zurief: »Meint ihr, dieses Ding da sei Jesus Christ, euer Herr und Erlöser?« wurde er gefoltert, seine rechte Hand und sein rechter Fuß bis zum Knochen abgesengt, die Zunge herausgerissen und der nahezu leblose Körper schließlich langsam über einem Feuer zu Tode geröstet. Zur gleichen Zeit wurde in Lille eine Familie verbrannt, weil sie ebenfalls die Hostie als Götzendienst abtat.
Proteste der Stadträte und Provinzmagistrate blieben umsonst, die Hinrichtungen gingen weiter. Bald zeigten sich die politischen Folgen: Die Katholiken der nördlichen Niederlande protestierten an der Seite der Protestanten, um die Anweisun-

Die »Spanische Inquisition« in den Niederlanden ließ Tausende enthaupten, pfählen und verbrennen. Herzog Alba wurde in den Niederlanden verspottet: »Als Alba in die Hölle kam, er Luzifer beiseite nahm / Und meint, es möcht ihm wohl gebühren, die Inquisition hier einzuführen.«

gen Philipps aus Madrid als tyrannisch zu brandmarken. Auch der katholische Wilhelm von Oranien (1533 bis 1584), der spätere Befreier der Niederlande, stellte sich gegen die Spanier. Doch Philipp blieb hart: »Was die Inquisition betrifft, so ist es mein Wille, daß sie durchgesetzt werde ... Laßt alle schuldig gesprochenen Gefangenen hinrichten und duldet es nicht länger, daß sie durch die Nachlässigkeit, Schwäche und Glaubensschwachheit der Richter entkommen können ...«
Die verfolgten Protestanten, von den spanischen Katholiken als »Bettler« (Geusen) verspottet, weil sie in Brüssel im Bettlerkleid eine Petition an die spanische Statthalterin überreicht hatten und diese »Uniform« später in der Revolution beibehielten, schlossen sich enger zusammen, fanden immer mehr Anhänger und wandelten sich zu einer schlagkräftigen Aufstandsbewegung, die bei den großen Gottesdiensten und Versammlungen immer häufiger bewaffnet auftrat. Der angestaute Haß gegen die Spanier entlud sich erstmals im August 1566 in wilden Bilderstürmen der Protestanten Flanderns, wobei in Antwerpen und anderen Städten die katholischen Kirchen geplündert und Mönche und Nonnen aus den Klöstern verjagt wurden. Der Bildersturm weitete sich, von Flandern auf alle nördlichen Provinzen übergreifend, zur Revolution aus. Die

Würfel waren gefallen. Wilhelm von Oranien reiste Ende April 1567 nach Deutschland, um Soldaten und Geld zu besorgen. Fünf Tage danach verließ der Herzog von Alba, von Philipp II. als »Rächer« ausgesandt, Spanien in Richtung Niederlande, um dort mit unnachgiebiger Gewalt die Ketzerei auszurotten: »Es ist besser, ein Land Gott und dem König zu erhalten, selbst wenn es durch den Krieg verarmt und sogar zugrunde gerichtet wird, als es für den Teufel und seine Gefährten, die Ketzer, unversehrt zu erhalten!«
Im August 1567 kam Alba mit einem Heer von 10 000 Mann aus den spanischen Garnisonen in Neapel und Mailand via Alpen, Burgund, Lothringen und Luxemburg in Brüssel an. Graf Egmont und Graf Hoorn hatten den Gedanken, vor Alba zu fliehen, von sich gewiesen, und Egmont soll beim Abschied von Wilhelm von Oranien, als dieser nach Deutschland ging, gesagt haben: »Leb wohl, Prinz ohne Land!«, worauf Wilhelm antwortete: »Leb wohl, Graf ohne Kopf!«
Alba ließ sich als Generalgouverneur in der Zitadelle von Antwerpen nieder, lud Egmont und Hoorn zum Essen ein und ließ sie dann verhaften und in ein Kastell bei Gent bringen. Er setzte einen »Rat der Unruhen« zur Aburteilung der am Aufstand Beteiligten ein, den das Volk mit Recht »Blutrat« nannte. Dieser Rat schickte Agenten und Spione aus, Denunzianten wurden ermutigt, ihre Verwandten, Freunde und Feinde zu verraten, die Auswanderung wurde verboten. Tausende von Verhafteten wanderten in die Gefängnisse. An einem einzigen Morgen waren es 1500 Personen. An Gruppen von dreißig, vierzig oder fünfzig Menschen wurden Todesurteile vollstreckt. Im Januar 1568 wurden so in Valenciennes 84 Einwohner hingerichtet. Sehr bald gab es in Flandern keine Familie mehr, die nicht ein Mitglied als verhaftet oder getötet zu beklagen hatte. Da Wilhelm von Oranien im Frühjahr 1568 mit drei Söldner-Armeen, die während der französischen Hugenottenkriege gerade »frei« waren, von Deutschland aus gegen die Spanier vorging und im Norden sogar einen Sieg errang, befahl Alba die Hinrichtung Egmonts und Hoorns für den 5. Juni 1568, um die 3000 Mann in Gent, die dort zur Bewachung stationiert waren, freizumachen. Ein Augenzeuge berichtete von der Hinrichtung auf dem Marktplatz in Brüssel, wo ihnen viele andere Niederländer in den Tod folgten:

»Inzwischen fragte der Bischof, ob er (Graf Egmont) erlaube, daß man ihm die Binde festmache. ›Nein‹, antwortete er, ›ich will ritterlich sterben und mich wohl halten.‹ Darauf vollzog der Nachrichter mit dem Schwert die befohlene Operation. Sobald dieses geschehen war, nahmen die beiden spanischen Pfaffen den toten Leib und das Haupt und bargen beides zur Seite auf dem Schafott unter einem schwarzen Tuch. Darauf haben sie den Grafen von Hoorn vom Brothaus geholt. Auch er war ungebunden, und als er auf den Markt gekommen war, zog er seinen Hut ab und wünschte auf beiden Seiten den Soldaten in spanischer Sprache einen guten Tag. Diese taten desgleichen. Er ist also mit bloßem Haupte, den Hut in der Hand tragend, tapfer aufs Schafott gegangen ... Da beide Herren gerichtet waren, wurden ihre Häupter auf zwei eiserne Spitzen gesteckt, allwo sie bis am Nachmittag um 3 Uhr blieben ...«

Mit der Enthauptung Egmonts und Hoorns wurde der politische Ruhm Albas und damit, wie sich später zeigen sollte, Spaniens, vernichtet. Wenige Monate zuvor hatte Philipp II. mit einem in der Weltgeschichte bis dahin wohl einmaligen Dekret die Voraussetzungen dafür geschaffen: Am 16. Februar 1568 bestimmte er, daß alle Einwohner der Niederlande als Ketzer zum Tode verurteilt seien. Es begann ein 80jähriger Krieg um die Befreiung der Niederlande. Und die verschärfte Steuerpolitik der Spanier, die die wichtigen Handelsfirmen der Holländer schwer traf, trieb schließlich auch alle sich bisher aus den Religionsfragen heraushaltenden Kaufleute mit aller Macht ins Lager der Opposition, zu Wilhelm von Oranien.

Wenn die Spanier Anführer der Geusen erwischten, erging es diesen wie dem Jean Camerlynck, der unter diesen Umständen in Ypern hingerichtet wurde:

»Man schnitt ihm die Ohren ab, dann wurde er auf einer Leiter durch die Straßen und rund um den Marktplatz geschleift, dann zwickte man ihn an sechs Stellen mit glühenden Eisenstangen. Endlich wurde er auf dem Schafott mit

Antwerpen, 1576: Etwa 5000 Bürger der Stadt werden von spanischen Soldaten nach der Einnahme der Stadt gemartert und gemordet (Kupferstich aus Michael Aitsinger, De leone Belgico).

Ketten an einen Pfahl mitten in einem Scheiterhaufen gefesselt, indem man auf seinem Haupte ein Gefäß mit Pech anbrachte, doch scheint er verschieden zu sein, ehe das Pech zu schmelzen begann.«

Die niederländische Bevölkerung antwortete auf die spanischen Steuerauflagen mit wirksamen Widerstandspraktiken: »Um der Erhebung des zehnten Pfennig von allem Umsatz zu entgehen, ward ein natürliches, aber verzweifeltes Mittel ergriffen: aller Verkehr ward eingestellt... Auch der kleine und notwendige Verkehr des täglichen Lebens stand still... Die Brauer wollten nicht brauen, die Bäcker nicht backen, die Schankwirte nicht zapfen.« Die Folge war ein allgemeines Chaos, unter dem die Armen und Bauern am meisten zu leiden hatten, in dem aber auch die spanischen Soldaten wegen monatelangen Soldausfalls im fremden feindlichen Land den Hunger kennenlernten. Sie begannen immer häufiger, die Zivilbevölkerung zu traktieren, und bald kam es zu schrecklichen Ausschreitungen der meuternden Soldateska in einzelnen Städten, so 1576 in Antwerpen, wo etwa 5000 Bürger von ihr hingeschlachtet wurden.
Alba beantwortete den wachsenden Widerstand der Niederländer mit noch mehr Brutalität, mit noch mehr Blutgerichten. Er rühmte sich später, er habe in diesen sechs Jahren rund 18 000 Menschen hinrichten lassen. Der Papst schickte ihm zur Aufmunterung einen geweihten Degen. Zu den von Albas Blutgerichten Verurteilten muß man noch Tausende von Verhungerten in den besonders heimgesuchten Landstrichen und Städten der Niederlande zählen, wie ein Bericht von der Belagerung Leydens durch die Spanier im Jahre 1574 beweist:

»Der Hunger war so groß, daß Hunde, Katzen, Ratten und ander Tiere als Schlemmereien angesehen wurden. Wegen des Hungers und der großen Not war eine solche Pestilenz in der Stadt ausgebrochen, daß innerhalb kurzer Zeit sechstausend Menschen starben. Zudem waren die Männer so kraftlos, daß sie kaum mehr auf die Wache ziehen konnten, und wenn sie heimkamen, fand mancher Weib und Kinder tot. Es war auch neben diesem Elend große Unruhe, Murren und Zwietracht in der Stadt.«

Doch Leyden konnte schließlich wegen der durchstochenen Deiche und dem damit möglich gewordenen Einsatz von Schiffen bis vor die Stadt entsetzt werden. Wilhelm von Oranien brachte inzwischen mit neuen Truppen den Spaniern immer mehr Niederlagen bei. Und das Volk der Niederländer »gab sich keine Mühe, seinen Abscheu gegen den Statthalter zu verbergen«. Er wurde in Spottversen lächerlich gemacht, seine persönliche Eitelkeit wurde mit Inschriften wie dieser angeprangert:

»Als Alba in die Hölle kam,
Er Luzifer beiseite nahm
Und meint, es möcht ihm wohl gebühren,
Die Inquisition – hier einzuführen.«

Aber auch auf der Gegenseite, vor allem bei den rachsüchtigen »wilden Geusen«, fanatischen Calvinisten, gab es Ausschreitungen schlimmster Art. Sie folterten alle Katholiken, egal ob spanische oder niederländische. Ein protestantischer Historiker, der Amerikaner John L. Motley (1814 bis 1877), schrieb dazu:

»Bei mehr als einer Gelegenheit sah man Männer ... ihre eigenen Brüder aufhängen, die in den feindlichen Reihen gefangengenommen worden waren ... (sie) fanden ein stolzes Vergnügen an diesen Grausamkeiten. Ein Spanier hatte in ihren Augen aufgehört, ein Mensch zu sein. Einmal schnitt ein Chirurg in Veer einem spanischen Gefangenen das Herz heraus, nagelte es an den Bug eines Schiffes und lud die Bewohner der Stadt ein, herzukommen und ihre Zähne in das Fleisch zu schlagen, was manche mit wilder Begeisterung taten ...«

Alba beantwortete diese Greuel der anderen Seite mit kollektiver Bestrafung ganzer Städte. Seinen Sohn schickte er gegen Mecheln, das durch seine Bürger um Schonung bat. Aber drei Tage lang plünderten die Spanier Häuser, Klöster, Kirchen, schlachteten Männer und vergewaltigten Frauen, egal ob sie katholisch oder protestantisch waren. Dann drangen sie nach Gelderland vor, überrannten Zutphen und brachten die Männer um, indem sie sie an den Füßen aufhängten und 500 dadurch ertränkten, daß sie sie paarweise Rücken an Rücken zusammenbanden und in die Ijssel warfen. Das Städtchen Klein-Naarden empfing die Eroberer mit Speise und Trank; die Spanier genossen dies und töteten dann alle Einwohner. Haarlem schließlich wurde sieben Monate lang von den Spaniern belagert. Als die Bürger sich nur noch von Gras und Leder ernährten, ergab sich die Stadt am 11. Juli 1573. Danach wurden die übriggebliebenen Verteidiger – 1600 Mann – hingerichtet, mit ihnen 400 führende Bürger der Stadt.
Zur selben Zeit erkannte Philipp II., daß Albas Regime in den Niederlanden Spanien viel zu teuer kam und seine »unpopulären« Maßnahmen dem Ansehen Spaniens schadeten. Seiner drohenden Abberufung kam Alba mit einem Abschiedsgesuch zuvor, das angenommen wurde. Im Dezember 1573 verließ Herzog Alba die Niederlande und befehligte 1580 noch die Eroberung Portugals. Er erkrankte schließlich an einem schleichenden Fieber und wurde am Leben erhalten, indem »er Milch aus einer Frauenbrust trank« (Motley). Am 12. Dezember 1582 starb Alba, »nachdem er ein Jahr lang von Milch und ein halbes Jahrhundert lang von Blut gelebt hatte« (Durant).
Die Kriegsgreuel hatten mit dem Abgang Albas für die Niederlande noch kein Ende. Der geschicktere Nachfolger erreichte aber schließlich ab 1578 eine Rückgabe der katholischen Südprovinzen an Spanien. Dabei lieferte die Belagerung und Eroberung von Maastricht im Jahre 1579 durch die Spanier weitere Beispiele von Barbarei auf beiden Seiten. Angreifer und Verteidiger der Stadt untergruben sich gegenseitig mit meilenlangen Stollen, in die sie kochendes Wasser und Rauch von Feuern leiteten. Und als die Spanier nach vier Monaten nachts in die Stadt einbrachen, massakrierten sie dort 6000 Menschen. Durch Belagerung und Eroberung wurde die Bevölkerung der Stadt von 30 000 auf 400 Einwohner dezimiert.
Noch im selben Jahr entschied sich die politische Zukunft der Niederlande: Die »Union von Utrecht« mit den Nordprovinzen sagte sich von den Südprovinzen los, während sich diese in der »Union von Arras« im selben Jahr wieder Spanien unterwarfen. Die Nord-Union erklärte sich schließlich, als Antwort auf die

öffentliche Ächtung des 1584 ermordeten Wilhelm von Oranien durch Philipp II., vom spanischen König, dem »Tyrannen und Rechtsbrecher«, als unabhängig. Die beiden treuesten Provinzen im Norden der Niederlande erklärten im Dezember 1583 die Statthalterschaft in der Familie Wilhelms für erblich und legten so den Grundstein zum späteren Herrscherhaus der Oranier. Bis zur endgültigen Freiheit der niederländischen Republik im Jahr 1648 durch den Haager Frieden bedurfte es der Hilfestellung Englands, einmal mit Truppen auf dem Festland, aber auch mit dem Sieg der englischen Flotte unter Sir Francis Drake über die bis dahin unüberwindliche spanische Armada (1588).
Das Ende der spanischen Weltherrschaft kam mit dem Ende des Dreißigjährigen Krieges, in den Spanien auf seiten der katholischen Habsburger tief verwickelt war. Spanien mußte schließlich den Holländern die Freiheit geben, um für die nachfolgende politische Auseinandersetzung mit Frankreich frei zu sein. Der Triumph der Niederländer nach 80 Jahren Freiheitskampf, dem längsten und grausamsten der Geschichte, bedeutete aber auch das Ende der Inquisition in den Niederlanden.

Ausgerechnet in dieser Zeit des Niedergangs der spanischen Vorherrschaft in Europa schrieb ein spanischer Moraltheologe namens Francis Suarez (1548 bis 1617) Sätze wie diese, die, von den Mächtigen der Welt damals allerdings unbeachtet, später grundlegend für die Wissenschaft des Völkerrechts wurden:

»Obgleich die Menschheit in verschiedene Völker und Königreiche gegliedert ist, besitzt sie doch eine gewisse, nicht nur physische, sondern auch eine moralische und politische Einheit, die sich aus dem natürlichen Gebot der Liebe und des gegenseitigen Mitleids ergibt, das sich auf alle Menschen, auch auf die Ausländer, welchen Volkes auch immer, erstreckt. Daher ist jeder Staat, mag er eine Republik oder ein Königreich sein, zwar an sich eine vollständige und eine dauernde Gemeinschaft seiner Bürger, zugleich aber in gewissem Sinne auch ein Glied jenes Universums, welches das Menschengeschlecht umfaßt. Denn jene Gemeinschaften können sich niemals derart genügen, daß sie keiner gegenseitigen Hilfe, keiner Gesellschaft und keiner Gemeinschaft bedürfen, entweder um besser zu leben und zu ihrem Nutzen oder wegen einer moralischen Notwendigkeit oder Bedürftigkeit, wie es uns die Erfahrung zeigt. Daher brauchen sie irgendeine Rechtsordnung, die sie in jener Art des Verkehrs leitet und lenkt ...«

Hinzufügen müssen wir, daß es noch heute viele Völker ohne diese, dem »Glied eines Universums« zupassende Rechtsordnung, gibt.

»Dann gab es nichts anderes mehr als Mord und Brand, Plünderung, Folter und Tod«

Katholiken und Kaiserliche gegen Protestanten und Schweden
Mitteleuropa im Dreißigjährigen Krieg
von 1618 bis 1648

1618
Fenstersturz zu Prag. Beginn des Dreißigjährigen Krieges

1620 bis 1623
Protestantenverfolgung in Böhmen

1621
Hinrichtungen der Protestantenführer in Prag

1622/1623
Verwüstung der Pfalz

1625 bis 1627
Bauernrebellion in Böhmen und Oberösterreich

1626/1627
Kriegsgreuel im Wolfenbütteler Land

1631
Plünderung, Brand und Mord in Magdeburg nach der Einnahme der Stadt durch die Kaiserlichen unter Tilly

1632
Tod Gustav Adolfs bei Lützen

1634
Wallenstein, Kaiserlicher Feldherr, in Eger ermordet. Kriegsgreuel der Kaiserlichen

ab 1635
Hungersnöte und Pest in Deutschland kommen zu den Kriegsgreueln hinzu

1638
Bernhard von Weimar erobert das Elsaß

1643
Franzosen werden bei Tuttlingen von den Bayern aufgehalten

ab 1644
Friedensverhandlungen in Münster und Osnabrück. Schweden plündern Böhmen

1648
Westfälischer Friede ohne Gewährleistung der Religionsfreiheit. Deutschland in einzelne Kleinstaaten aufgelöst

»Unter den vielen langen und sinnlosen Kriegen, von denen die Weltgeschichte zu berichten weiß, war der Dreißigjährige einer der längsten und sinnlosesten ...«, schrieb Egon Friedell und gab diese Erklärung: »Wahrscheinlich gerade darum so lang, weil er so sinnlos war. Denn er hatte kein festumschriebenes Ziel, das zu erreichen oder zu verfehlen, keinen runden greifbaren ›Zankapfel‹, der zu gewinnen oder zu verlieren gewesen wäre.« Ein Jahrhundert nach Luthers Thesenanschlag war Mitteleuropa immer noch in Religionsstreitigkeiten verstrickt. Die Religionsparteien, aufgespalten in Reformation und Gegenreformation, hatten lediglich faule Kompromisse und einen scheinbaren Religionsfrieden (Augsburg, 1555) den Völkern Mitteleuropas beschert. Streitigkeiten zwischen Protestanten und Katholiken, die sich in Deutschland in der Protestantischen Union und in der Katholischen Liga organisiert hatten, führten immer wieder zu Auseinandersetzungen zwischen den unversöhnlichen Glaubensgegnern. So war zum Beispiel ab 1606 die überwiegend protestantische Reichsstadt Donauwörth mit der Reichsacht belegt worden, weil sie einer katholischen Prozession den Durchzug nicht erlaubte. Die Folge war eine gewaltsame Besetzung der Stadt durch Herzog Maximilian I. von Bayern und für die Stadt Donauwörth der Verlust der Religionsfreiheit. In Böhmen spitzte sich der Gegensatz zwischen den Religionsparteien so zu, daß protestantische Kirchen geschlossen und niedergerissen wurden und die erbosten Protestanten ihrerseits in Prag die kaiserlich-katholischen Räte nach kurzem Streit aus den Fenstern der Prager Burg warfen. Obwohl den drei Beamten dabei fast kein Haar gekrümmt wurde, wofür die Katholiken die schützende Hand Gottes und die Protestanten einen riesigen Misthaufen unter den Fenstern verantwortlich machten, war dieser Fenstersturz zu Prag am 23. Mai 1618 der Auftakt zu dem sinnlosen Dreißigjährigen Krieg, der einen beträchtlichen Teil Deutschlands in eine Wüste verwandelte und seine Bevölkerung von 17 auf vier Millionen Menschen verringerte. In diesen dreißig Jahren des »Großen Krieges« wurde nach den zahllosen Beispielen von Religionskriegen in anderen Teilen der mittelalterlichen Welt auch in Deutschland bewiesen, »daß die Kirche«, wie der englische Historiker William E. H. Lecky (1838 bis 1903) schrieb, »den Menschen ein größeres Maß unverdienten Leids zugefügt hat als irgendeine andere Religion«.

»Mein Hetzen, Pressen und Morden,
So mir groß Freude gemacht,
Ist nun zur Höllen worden,
Darin der Teufel lacht ...«,

sang man 1618 in Deutschland angesichts der Heere der Katholiken und Protestanten, die sich aus Söldnern aus allen europäischen Ländern zusammensetzten. Ihr Geschäft war das Töten, für das sie bezahlt wurden, und es war ihnen egal, ob ihre Opfer Franzosen, Engländer oder Deutsche, Katholiken oder Protestanten waren, die, wenn sie gefangengenommen wurden, häufig in die Armee derer eintraten, deren Gefangene sie waren, die auf beiden Seiten desertierten, wenn sie nicht bezahlt wurden, und die einfach zum Plündern gingen, wenn sie nicht ernährt wurden. Diese Söldnerheere waren unkontrollierbar, nicht nur wegen ihrer Disziplinlosigkeit, sondern auch deshalb, weil sie eine riesige Zahl von Zivilisten mit sich zogen – Diener, Putzer und Marketender beiderlei Geschlechts. Obristen hatten oft bis zu 18 Diener bei sich, Leutnants bis zu fünf. In solchen

Söldner-Heeren, die meist in kaiserlichem Sold standen, weil die katholische Seite mehr Geld hatte, wurden auch noch wöchentlich mehrere Kinder geboren. Alles in allem muß man zu den Söldnern das Doppelte an Zivilisten hinzuzählen, um auf die Kopfzahl eines Heeres zu kommen. Bei einem Heer von 25 000 Mann bedeutete das zusätzlich mindestens 50 000 Zivilisten, die alle zusammen in einem riesigen, marodierenden Heerhaufen durch Mitteleuropa zogen und diesen »Großen Krieg« zu einer langen Kette von ständig aufeinanderfolgenden militärischen Unternehmungen werden ließen, deren Grauen darin lag, daß die Heere nichts als Gewalttat, Zerstörung und Krankheit mit sich brachten und nur Zerstörung hinter sich ließen. Ohne feste Operationsbasis, zu der sich zwischen den Schlachten zurückkehren ließ, durchstreiften sie während des ganzen Krieges plündernd die Länder Europas, lebten auf Kosten der Herren dieser Länder, die das Geld durch Steuern von der Bevölkerung eintrieben, und sie folterten obendrein noch diese ausgebeutete, wehrlose Zivilbevölkerung, wenn diese ihre Ansprüche nicht erfüllen konnte oder wollte, auf grausamste Weise.
Einer der Söldnerführer aus dem Dreißigjährigen Krieg, Ernst von Mansfeld (1580 bis 1626), schrieb 1620 über seine Söldner: »Weder sie noch die Pferde können von der Luft leben. Alles, was sie haben, Waffen und Kleidung, ist verbraucht, verschlissen und zerbrochen. Um sich Neues zu kaufen, brauchen sie Geld, und wenn niemand da ist, der es ihnen gibt, nehmen sie es, wo sie

»Sie schonen keinen Menschen, von welchem Stande er auch sein mag ...«, schrieb damals der Söldnerführer Ernst von Mansfeld über seine Söldner. Der Franzose Jaques Callot vollendet 1633 eine Serie von Kupferstichen unter dem Titel »Misères de la Guerre« (»Das Elend des Krieges«). Auf diesem Blatt zeigt er, wie Söldner einen Bauernhof plündern, sich Wein und Nahrungsvorräte beschaffen, die Knechte erschlagen, den Frauen Gewalt antun und den Bauern am eigenen Herd rösten.

es finden, nicht als den vereinbarten Beuteanteil, sondern ohne es zu wägen oder zu zählen. Steht ihnen dieses Tor einmal offen, dann drängen sie ungezügelt ins Weite. Sie schonen keinen Menschen, von welchem Stande er auch sein mag ...« Nur die Folgen solcher Kriegführung interessieren uns hier im Zusammenhang mit dem Geschehen des Dreißigjährigen Krieges. Der Charakter des »Glaubenskrieges« in den ersten Jahren wurde in Böhmen offenkundig. Über das Land, dessen Bevölkerung spätestens bei den Hussitenkriegen (siehe Seite 153) überwiegend im reformierten Lager stand, erging ein furchtbares Strafgericht mit Hinrichtungen und Enteignungen der Hälfte des adeligen Grundbesitzes. Das Vorgehen der Katholischen in Böhmen erinnert an die spanische Gewaltherrschaft in den Niederlanden fünfzig Jahre zuvor (siehe Seite 300 ff.). Ein Sondergericht verurteilte die protestantischen Führer Böhmens entweder zum Tode oder zu Leibesstrafen und Gefängnis. Hier ein Auszug aus einem Flugblatt über die Exekution der Todeskandidaten vom Juni 1621:

»Als nun Doktor Jessenius auf die Bühne gekommen, hat ihm der Nachrichter alsobalden die Hände auf den Rücken gebunden, hernach, als er niedergekniet, die Zunge mit einem Zänglein herausgezogen, dieselbe abgeschnitten und darauf ihn enthauptet, welche seine auferlegte Lebensstrafe er mit gar großer Geduld und Beständigkeit mit vorhergehender herzlicher Anrufung Gottes erlitten und ausgestanden.

Hat also der Pragerische Nachrichter 24 Personen enthauptet und solches mit vier Schwertern verrichtet, mit dem ersten hat er elf, mit dem anderen fünf und mit den übrigen zwei Schwertern acht justifiziert, auch nie einen Fehlstreich getan, sondern allethalben den Kopf geschwind abgehauen. Auf solches hat er den übrigen drei Personen, so zu dem Strang verurteilt gewesen, auf dem Platz die Hände auf dem Rücken gebunden und die ersten zween an einem Balken zum Rathaus heraus, den dritten aber an die Justitia aufgehenkt und also mit seiner Hand in vier oder fünfhalben Stunden an einem Tag 27 Personen vom Leben zum Tod hingerichtet.«

Aber auch unter dem Fußvolk der Protestanten wurde »aufgeräumt«: Von etwa drei Millionen Einwohnern wurden mehr als zwei Millionen aus dem Land vertrieben, ihre Güter wurden eingezogen oder zu Spottpreisen verschleudert. Auf diese Weise wurden etwa drei Viertel des Königreiches Böhmen zugunsten der Habsburger enteignet und beträchtliche Geldmittel flüssiggemacht, um den Krieg und das Morden fortsetzen zu können. Übrigens trug die gewaltsame Rekatholisierung der Böhmen durch die Habsburger und ihre nachfolgende »Eindeutschung« ins katholische Habsburgerreich entscheidend zum Deutschenhaß der späteren Tschechen in den folgenden Jahrhunderten bei. Der Krieg ging weiter. »Der Krieg ernährt den Krieg«, formulierte der spanische Feldherr Spinola (1569 bis 1630). Spanier und Bayern verwüsteten die Pfalz:

»... weil die Soldaten ärger als die Feinde gehaust, Kisten und Kasten geöffnet und alle preis gemacht, die Früchte aus den Scheuern und die Pfähle aus den Weingärten weggeführet, die Türen ausgehoben und die Hütten daraus gemacht, Kühe und Schweine niedergeschossen und alles verwüstet, daher der Pfalz Defensores (Verteidiger) ihre Davoratores (Zerstörer) genennt worden ...«

Und die andere Seite? Zur gleichen Zeit führte Ernst von Mansfeld ebenfalls in der Pfalz seinen Krieg so: »Inmittelst hielt der von Mansfeld im Bistum Speyer diesseits des Rheins mit Plündern, Rauben und Brennen über die Maaßen übel Haus ...« Am 19. September 1622 nahm der kaiserlich-katholische Feldherr Tilly (1559 bis 1632) Heidelberg:

»... darin es dann ein jämmerliches Zetergeschrei durch Massakrieren, Plündern und Geldherausmartern mit Däumeln, Knebeln, Prügeln, Peinigen, Nägelbohren, Sengen an heimlichen Orten, Aufhenken, Brennen an Fußsohlen, mit Schänd- und Wegführung der Frauen und Jungfrauen gegangen, da zugleich die Brunst in der Vorstadt schrecklich überhand genommen und das reiche Hospital, das Prediger Kloster genannt, auch ergriffen, und ist dies Plündern bis in den dritten Tag fortgesetzt worden ...«

Der schlesische Dichter Martin Opitz (1577 bis 1639), der damals aus Heidelberg geflohen war, vergaß nicht, in seinem »Trostgedicht in den Widerwärtigkeiten des Krieges« die Opfer dieses erbarmungslosen Krieges zweier christlicher Parteien gebührend zu beklagen:

»Der Mann hat müssen sehn,
sein Ehebette schwächen/
der Töchter Ehrenblüt' in seinen
Augen brechen/
und sie, wenn die Begier nicht
weiter ist entbrannt/
unmenschlich untergehn
durch ihres Schänders Hand/

Dieser Kupferstich von Callot zeigt, wie sich die Bauern an ihren Peinigern rächen. Sie überfallen aus einem Hinterhalt die Soldaten, ein Bauer (rechts im Bild) trägt einen erbeuteten Soldatenhut.

Die Schwester ward entleibt in ihres Bruders Armen,
Herr, Diener, Frau und Magd erwürget ohn Erbarmen,
ja, die auch nicht geborn, die wurden umgebracht,
die Kinder, so umbringt gelegen mit der Nacht
in ihrer Mutter Schoß; eh sie zum Leben kommen,
da hat man ihnen schon das Leben hingenommen.
Viel sind, auch Weib und Kind, von Felsen abgestürzt
und haben ihnen selbst die schwere Zeit verkürzt,
dem Feinde zu entgehn. Was darf ich aber sagen,
was die für Herzeleid, so noch gelebt, ertragen?
Ihr Heiden reicht nicht zu mit eurer Grausamkeit,
was ihr noch nicht getan, das tut die Christenheit.«

Von 1625 bis 1627 erhoben sich die durch die marodierenden Heere am meisten leidenden protestantischen Bauern in Böhmen und Oberösterreich gegen ihre katholischen Unterdrücker:

»Weil nun solcher Gestalt in etlichen Treffen das Glück den Kaiserlichen sich widerwärtig erzeigt, hat den Soldaten angefangen, zu grausen, sich ferner an die Bauern zu reiben. Daher die Bauern, so durch solchen Success (Erfolg) je länger je mutiger worden, desto frischer in ihrem Vorhaben fortgefahren ... und 200 päpstische Bauern ... erschlagen, ... und wieder etliche päpstische Bauern, so nicht mit ihnen halten wollen, niedergemacht.«

Sie wurden schließlich aber von den »Päpstischen« doch geschlagen und viele von ihnen »zu Linz und anderen Orten mit dem Schwert, Strang und Rad hingerichtet ...«.
Zur gleichen Zeit etwa weitete sich der Krieg auch allmählich zu einem Machtkampf um die politische Vorherrschaft in Europa aus, nachdem ab 1625 auf seiten der Protestanten auch Dänen und Niedersachsen in das Kriegsgeschehen eingriffen. Die Kriegführung der Kaiserlichen auf der Gegenseite wurde gegenüber den zusätzlich in den Krieg hineingezogenen Ländern immer brutaler. So beschwerte sich Herzog Friedrich Ulrich von Wolfenbüttel beim Kaiser über das Verhalten der kaiserlich-katholisch-bayerischen Truppen unter Tilly:

»Kann ich es jedoch Ew. Kaiserlichen Majestät nicht ungeklagt lassen, wie erwähnter General am 18. Juli auf zwei Schiffsbrücken bei meinem Städtchen Holzminden mit seinem Heer über die Weser gesetzt ist und wie sein Kriegsvolk alsbald meine armen Untertanen (die ohnehin vom vorigen Jahr noch ganz erschöpft sind) plötzlich ungewarnt und wie ein Wetter in feindseliger Weise überfallen hat. Die armen, wehrlosen Leute wurden überrascht, in ihren Häusern, auf den Wegen, im Holz und auf dem Felde mit Weib und Kindern erbärmlich mißhandelt und niedergehauen. Darunter waren Sechswöchnerinnen, Kindbetterinnen und kleine Kinder, von denen einige an den Brüsten der Mütter getötet wurden. Den Priestern, die sich verstecken konnten, wurde in unsäglicher Weise Schimpf und Marter angetan, zum Teil wurden sie auch totgeschlagen. Auch die armen, alten, lahmen Krüppel in den Spitälern wurden nicht verschont, sondern in greulicher Weise gemartert und getötet. Einem Weibsbilde wurde auch (was alles mit wirklichen Zeugnissen belegt werden kann) die Zunge aus dem Halse gerissen. Anderen wurde die Zunge im Munde gespaltet, wieder anderen härene Stricke um den Kopf gewunden, die man überstark anzog, um durch solche Marter sie zu befragen, wo sie ihr Geld vergraben hätten ... Ehrbare Frauen und Jungfrauen wurden genotzüchtigt, was auch auf offener Straße geschah, ohne daß man sich dessen scheute noch schämte. Ja, sie haben auch mit einigen auf den toten Körpern ihre Schande getrieben. Ganze Flecken und Dörfer wurden niedergebrannt und in Asche gelegt. Die Leute auf dem Felde wurden bei ihrer Arbeit niedergehauen, so daß sie kein Korn einbringen konnten, sondern alles auf dem Felde stehen lassen mußten (woraus eine unmenschliche Hungersnot zu besorgen ist). Die armen Leute, die mit ihren Frauen und Kindern in die Wälder geflohen waren, um nur ihr nacktes Leben zu retten, wurden wie die wilden Tiere verfolgt und niedergemacht ...«

Die Kontrahenten Österreich und Spanien unter den Habsburgern und Frankreich unter den Bourbonen wurden schließlich nach zwölf Jahren unmenschlicher Kriegführung immer klarer die Drahtzieher hinter den Kulissen. Die Religion war weiterhin zwar das Banner, unter dem die Parteien antraten, aber die Fronten liefen nun quer durch Katholiken und Protestanten, nachdem Frankreichs eigentlicher Herrscher, der Kardinal Richelieu (1585 bis 1642) als Vertreter der Dynastie der Bourbonen gegen die Dynastie der Habsburger seine Fäden zog, um den Krieg zu verlängern und die Habsburger zu erschöpfen. Da Gustav II. Adolf von Schweden (1594 bis 1632) seit längerer Zeit schon sich bereit erklärt hatte, für die Sache der Protestanten einzutreten, dies aber nicht tun konnte, weil er in einen langjährigen Krieg mit Polen verstrickt war, schalteten sich Richelieus Diplomaten zugunsten eines schnellen Friedens zwischen Polen und Schweden ein, so daß Gustav Adolf ab 1630 gegen die Habsburger antreten konnte. Ohne Rücksicht auf Religionen unterstützte der Hugenottenhasser und Katholik Richelieu die protestantischen Schweden gegen seine Konfessionsbrüder, die Spanier und Habsburger, die seine politischen Gegner waren. 1635 erklärte er schließlich selbst Spanien den Krieg und schickte auch seine Franzosen in das mörderische Geschehen in Europa.

Ein Menetekel für die zunehmende Verwahrlosung in der Kriegführung bedeuteten im Mai 1631 die Umstände der Einnahme, Plünderung und Niederbrennung der Stadt Magdeburg durch die Kaiserlichen unter Tilly, kurz nachdem Gustav Adolf von Schweden mit seinen bestens ausgerüsteten Schweden in Norddeutschland gelandet war. Das Wüten der Soldateska in der Stadt und ihre Zerstörung durch den Brand ist uns in mehreren zeitgenössischen Schilderungen überliefert. In einer Zeitungsnotiz aus der »Wochentliche Ordinare Zeitung« in München (1631, Nr. 22) wurde aus Leipzig (23. Mai) berichtet:

»Durch eigene Kurier / auch durch den Fürsten von Anhalt / so gestern allhero kommen / wird gemeldet / daß den 20. dieses Monats die Stadt Magdeburg mit

Sturm erobert worden / indem den Tag zuvor der Obrist Falckenberg die Bürger ab- und die Soldaten auf die Wacht führen lassen / haben sich also die Bürger / weil sie die ganze Nacht gefochten / zur Ruhe begeben / hoffend / es würde keine Not haben / darauf Herr Tilly mit etlich Hundert Sturmleitern auf den Wall setzen lassen / aber oft wieder zurückgetrieben worden / endlich aber das äußerst darauf gesetzt und immerzu Feuer hinein geworfen / darauf sich die Bürger auch wieder auf den Wall begeben und etlich Stund scharmutziert / bis fast Mittags / da der meiste Teil / darunter der Falckenberg / geblieben / und die Tillyschen Oberhand genommen / alles Mannsvolk mit etlich Offizieren niedergehaut / auch von Weib und Kind dreißigtausend Seelen in Rauch aufgegangen / dann die ganze Stadt bis auf etlich Häuser samt dem Dom so noch stehen blieben / verbrannte. Man hat sich zwar stark und aus den Häusern mit Steinwerfern gewehrt / auch viel selbst aus Desperation (Verzweiflung) und Furcht der Bedrohung / daß man so grausam mit ihnen umgehen wölle / sich über die Wälle hinabgestürzt / auch teils in die Elbe gesprungen / haben sich auch rund 400 Jungfrauen in ein Haus reteriert / das Haus mit Pulver angesteckt / und in die Luft gesprengt / und ist der Jammer nit zu beschreiben / auch in Historiis kaum zu finden / haben sich auch etlich Hundert Weib und Kind in den Dom gerettet / welche ins Lager gebracht und wie das Vieh verkauft worden ...«

Otto von Guericke, damals Ratsherr von Magdeburg und später berühmt geworden als Physiker und Erfinder der Luftpumpe, berichtete als Augenzeuge:

»Als nun durch den General Pappenheim eine ziemliche Anzahl Volks auf dem Wall bei der Neustadt und daherum in den Gassen der Stadt gebracht, auch der von Falckenberg erschossen und das Feuer an allen Enden eingelegt worden, da ist es mit der Stadt geschehen und alle Resistenz zu spät und vergebens gewesen. Da ist es geschehen, daß die Stadt mit allen ihren Einwohnern in die Hände und Gewaltsamkeit ihrer Feinde geraten, die denn alle heftig und grausam, teils aus gemeinem Haß gegen die augsburgischen Konfessionsverwandten, teils daß man mit Drahtkugeln geschossen und sonst etwa von den Wällen, wie es zu gehn pflegt, geschmält, erzürnt und erbittert gewesen ... Da gab es nichts anderes mehr als Mord und Brand, Plünderung, Folter und Tod. Jedermann aus dem Feindeslager war besonders darauf erpicht, sich viele Beute zu sichern ... Unter welcher währenden Wüterei, dann und da diese so herrliche Stadt, die gleichsam eine Fürstin im ganzen Lande war, in voller brennender Glut und in solchem Jammer und unaussprechlicher Not und Herzeleid gestanden, sind mit gräulichem, ängstlichem Mord- und Zetergeschrei viel tausend unschuldige Menschen, Weiber und Kinder kläglich ermordet und auf vielerhand Weise erbärmlich hingerichtet worden, also daß es mit Worten nicht genugsam kann beschrieben und mit Tränen beweint werden ...

Es hat aber diese trübselige Zeit nicht viel über zwei Stunden in dieser Stadt lang gewährt, indem durch den unversehens zustoßenden Wind das Feuer dergestalt überhand genommen, daß um 10 Uhr vormittags alles im Feuer gestanden und um 10 Uhr gegen die Nacht die ganze Stadt, zusamt dem schönen Rathause und allen Kirchen und Klöstern, völlig in der Aschen und Steinhaufen gelegen. Daher denn das kaiserliche Kriegsvolk, wenn es nicht selbst verbrennen wollen, wieder aus der Stadt entweichen und sich in ihre Feldlager zurückziehen mußten. Also hat man diese weitberühmte, vornehme Stadt und Zierde des ganzen Landes in einem Tage in Feuer und Rauch aufgehen und ihre übrig gebliebenen Einwohner mit Weib und Kindern gefangen vor dem Feinde hintreiben gesehen und die Lohe und Asche von der Stadt bis Wanzleben, Egeln und weitere Orte durch den Wind verführt worden.«

Wie es den Bürgern Magdeburgs aber bei dieser Eroberung erging, lesen wir im Bericht des Sohnes von Oberstadtschreiber Friese. Diese Familie hatte das Glück, an einen kaiserlichen Eroberer aus Nürnberg zu geraten, der Gefallen an den Kindern fand und mit Hilfe der Magd die Familie schließlich noch vor dem Brand aus der Stadt heraus in das Feldlager der Soldaten führte und rettete. Was die Familie in Magdeburg während des Wartens auf den Soldaten, danach auf dem Weg durch Magdeburg sah und erlebte, schilderte der junge Johann Daniel Friese so:

»Wir hatten schon verzagt, daß sie würden wiederkommen können, befahlen uns Gott und krochen wieder unter das alte Dach. Da hörten wir erst, wie es in unserm Haus herging. Kisten und Kasten hörten wir aufschlagen, sahen auch durch die Ziegel, wie die armen Leute, unsere Nachbarn, gestoßen und gemartert wurden, und glaubten uns alle Stunden des Todes. In solcher Angst blieben wir eine gute halbe Stunde. Indessen war der Soldat mit der Magd eine sehr weite Straße durch drei oder vier Gassen in ihr Haus gegangen, und sie selbst hatte die Hucke (Tragkorb mit Kleidung, Geld und Sachen ihres Mannes für den Soldaten) angefaßt und trug sie ihm. Er aber hatte unterwegs gefragt, wer wir doch seien. Da fährt das gute Weib heraus und sagt, daß mein Vater Oberstadtschreiber wäre. Im Herumgehen hat er unterschiedliche Male gesagt, sie solle ihn doch wieder in das Haus führen, wo die kleinen Bübel (Buben) wären. Als nun die Magd mit ihm wieder in das Haus kam, was wir nimmermehr vermutet, steht der Soldat im Hofe und ruft nach dem Boden zu: ›Herr Oberstadtschreiber, kommt herunter!‹ Diese Worte waren dem Vater wie ein Messer, das ihm würde in den Leib gestoßen, indem er nicht aussinnen konnte, wer ihn kennt; er vermeinte endlich in der großen Angst, er sei verraten worden, sie hätten die Magd gemartert, daß sie gesagt, wo die Leute im Hause und wer sie seien ... Aber als wir in den Hof kamen, stand unser Soldat bei der Magd und empfing uns. Das ganze Haus war voll Soldaten, Pferden und dergleichen. Etliche wollten stracks auf den Vater los, aber der Soldat nahm sich unser an, sagte, wir seien seine Gefangene, und ließ uns nicht antasten ... Also gingen wir ungefähr um 10 Uhr aus dem Hause hinaus. Wir Kinder nahmen einander Paar und Paar bei den Händen und gingen auf des Vaters ernste Bedrohung geschwind vor den Eltern her und dem Soldaten nach.

Unsere Anna, die die kleine Schwester Anna Magdalena wartete, trug sie auf dem Arme in ihrem Bettchen hinter uns her und gab neben unserer früheren Magd ein wenig acht auf uns Kinder, daß wir uns nicht etwa verspäteten oder voneinander kämen. Endlich folgten Vater und Mutter. Damit der Vater desto besser fortkäme, gab der Soldat ihm seine Muskete, die er tragen mußte. Er sah in Wahrheit einem Soldaten nicht gar unähnlich; denn unter dem Angesichte war er ganz schwarz von dem Schießen geworden, und wie er den Ofen, die Fenster und Türen eingeschlagen, hatte er sich so garstig zugerichtet, hatte keinen Kragen um und ein braunes ledernes Wams und graue tuchene Hosen an und alte Stiefel. So ging er neben der Mutter und hat mich oftmals, wenn es an ein Gedränge kam, in den Gassen durchgerissen wie ein Soldat und zur Mutter gesagt: ›Frau, geht fort!‹, wie man sonst zu jemand Fremdem sagen möchte. Als wir nun durch ein paar Gassen gegangen waren, sahen wir verschiedene Tote aneinander liegen, mußten oft im großen Gedränge über die toten Körper hinwegschreiten. Unter anderem sahen wir auch einen Bauern oben aus dem Giebel herunterwerfen, welcher mit heißem Wasser verbrannt war und gewaltig rauchte. Ferner lag eine Magd auf der Gasse, welche Fleisch in einem Handkorbe getragen hatte und erschossen war, und ein Hund stand dabei, der das Fleisch fraß ... Wir sahen sehr viele Tote auf den Gassen, was ein schrecklicher Anblick war. Endlich half uns der liebe Gott durch die Pforte, da die Kroaten hereingeritten kamen und immer neben uns (die Bürger) niederhieben ...«

Solche Erlebnisberichte, wie sie hier der Sohn des Magdeburger Stadtschreibers niederschrieb, waren nicht nur für die Einnahme Magdeburgs typisch. Ähnliche Dokumente sind überall dort überliefert, wo die deutsch-kaiserlichen, spanischen, französischen oder schwedisch-deutschen Söldner und Soldaten in fremde Städte eindrangen oder eigene zurückeroberten. Zur Ergänzung hier noch ein Auszug aus dem Bericht des fränkischen protestantischen Pfarrers Martin Bötzinger, der auf der Flucht in die Hände einiger Kroaten aus Tillys Heer fiel:

»Als wir nun bei den Heideäckern waren, ritten acht Reiter, es waren Kroaten, oben auf der Höhe. Da sie uns gewahr wurden, errannten sie uns eilends. Zwei Bürger entkamen, ich mußte am meisten aushalten. Sie zogen mich aus, Schuhe, Strümpfe und Hosen, und ließen mir nur die Kappe. Mit den Hosen gab ich ihnen meinen Beutel mit Geld, den ich vor drei Stunden hinten in die Hosen gesteckt ... Die Not war so groß, daß ich nicht an meinen Beutel dachte, bis ich ihn das letzte Mal sah. Sie forderten tausend Taler, danach fünfhundert, endlich hundert für mein Leben, ich sollte mit in ihr Quartier und mußte barfuß eine Stunde lang mitlaufen. Endlich wurden sie gewahr, daß ich ein evangelischer Pfaff wäre, was ich eingestand; da hieben sie mit ihren Säbeln auf mich hinein, ohne Schonung, und ich hielt meine Arme und Hände entgegen, habe durch Gottes Schutz nur eine kleine Wunde unten an der Faust bekommen. Etliche gaben den Rat, mich zu entmannen, der Obrist aber, ein stattlicher Mann, wollte es nicht zugeben. Unterdessen wurden sie einen Bauer gewahr, welcher sich in den Büschen besser verkriechen wollte. Es war der reiche Kaspar von Gellershausen, auf solchen ritten sie alle zu, und nur einer blieb bei mir, welcher ein geborener Schwede und gefangen worden war. Dieser sagte zu mir: ›Pape, Pape, leff, leff, du müst sonst sterben!‹ Ferner, er wäre gut schwedisch. Ich faßte Vertrauen zu dem Rat und bat ihn, wenn ich liefe, sollte er mir zum Schein nachreiten, als wenn er mich einholen wollte. Und also geschah es, daß ich den Kroaten entkam. Der reiche Kaspar aber mußte an jenem Orte elend sterben ...«

Aber auch unter den Schweden hatte die deutsche Zivilbevölkerung zu leiden, vor allem nach dem Tod Gustav Adolfs in der Schlacht bei Lützen im Jahre 1632. Johann Christoph von der Grün, Generaladjutant des Herzogs Bernhard von Weimar, der nach Lützen die schwedisch-deutschen Truppen befehligte, schrieb in seinem Tagebuch über den Zug der Schweden und Protestanten durch Süddeutschland unter anderem folgende Zeilen:

»Die Armee selbst langte um Dachau an. Weil sich der Ort alsbald ergab, so ward das Hauptquartier in demselben angelegt. Der Herzog Bernhard hatte unterwegs und in Dachau über 600 Bayern gefangen, 300 Wagen mit Munition und Proviant, sechs halbe Kartaunen, drei kleine Stücke und zwölf Standarten erbeutet und sich alsdann vor München gelagert. Diese Stadt steckte sogleich zwei weiße Fahnen aus und ergab sich mit Akkord. Denn die Bayern hatten sie selbst schon ausgeplündert und sich in die Pässe gelegt.
Darum rückte Herzog Bernhard vor Landsberg, belagerte dasselbe und eroberte es den 10. April, nachdem es sehr beschossen worden war, mit Sturm. Man setzte den Bürgern und Bauern um so härter zu, je größer ihr an den Unsrigen verübten Mutwille und Grausamkeit gewesen war. Es wurden also viele von denselben niedergehauen, und weil wir an 300 Mann, und unter diesen den Obristleutnant Friedrich Albrecht von Helmstedt verloren hatten, der übrige Teil der Besatzung, gegen 500 Mann, untergesteckt, die Stadt geplündert und die Türme und Mauern niedergerissen ...«

Mit dem Tod Gustav Adolfs hatte Deutschland den letzten protestantischen Verfechter der Einheit verloren, und weder Katholiken noch Protestanten waren später in der Lage, eine Einigung in Deutschland herbeizuführen. Der Krieg wütete immer grausamer. Kaiserliche wie Schweden, katholische wie protestantische Truppen, überboten sich gegenseitig in Ausschreitungen gegen wehrlose Einwohner eroberter oder besetzter Städte und Ortschaften. Dieser Zeitungsbericht aus der »Wochentliche Ordinare Zeitung« in Zürich (1634, Nr. 38) über die Greueltaten der Kaiserlichen in Höchstadt spricht für sich selbst:

»Am 12. August hat der kaiserliche General Graf Isolani einen Trupp Polacken und Kosaken vor die Stadt kommandiert, welche dieselbe aufforderten, sich zu ergeben, dann aber, als sowohl Papisten wie Evangelische dabei waren, die Tore zu öffnen, selbst die Tore aufgehauen und Feuer gegeben haben, mit mehreren tausend Mann in die Stadt eingedrungen sind, alles ausgeplündert und folgende abscheuliche Taten begangen haben:
Die meisten Frauen wurden jämmerlich zu Tode geschändet. Männern und Frauen wurden kaltes und warmes Wasser, vermischt mit Essig und Jauche, eingegossen. Mit Ketten und Stricken wurden sie bis auf den Tod gerädelt. Etlichen wurden

Auch die Schweden, besonders nach dem Tod König Gustav II. Adolf in der Schlacht bei Lützen, fielen in den letzten Jahren des Krieges durch unmenschliche Kriegsgreuel auf. Vielen Bauern, denen sie ihre letzten Habseligkeiten raubten, wurden mit dem »Schwedentrunk«, meist Pferdeurin, zu Tode gemartert.

Stöcke angelegt, andere bei den Gemächern aufgehängt und ihnen Nadeln in den Körper gestochen. Noch anderen wurden die Schienbeine zersägt, mit Holzscheiten die Schienbeine bis auf den Knochen zerrieben oder die Fußsohlen zerquetscht und zerschlagen, bis das Fleisch von den Füßen abfiel. Noch anderen wurden die Arme auf den Rücken gebunden, und dann wurden sie an den nach hinten verdrehten Händen aufgehängt. Viele wurden ganz nackt an Stricken hin und her geführt und mit Beilen und Hämmern dermaßen zerschlagen, zerfetzt und verwundet, daß viele Menschen aussahen, als wären sie (von geronnenem Blut und Blutergüssen) schwarz gefärbt. Sehr viele wurden mit Säbeln niedergemetzelt, etwa 20 hat man mit tödlichen Stichen aufgefunden. Manch einer hat gebeten, man möge ihn totschießen (anstatt ihn zu martern). Den Spitalmeister hat man (bei lebendigem Leibe) gebraten. Kein Stand, kein Alter ist verschont worden. Die Ausplünderung ging so gründlich vor sich, daß man im Wein bis an die Knöchel watete. Alles Getreide ist hinweg; alle Kleider wurden geraubt. Das Elend, der Jammer und die Not sind so groß, wie in diesem bisher sechzehnjährigen Krieg noch nicht dagewesen. Gott möge sich unser und aller anderen Notleidenden in Gnaden erbarmen ...«

Im Jahr 1635 wollten die Deutschen unter sich Frieden machen, aber Richelieu war mit seiner Europapolitik noch nicht am Ziel – obwohl Pest und Hunger den weiteren Weg Deutschlands bereits vorzeichneten. Der unter den Deutschen ausgehandelte Frieden von Prag Anfang 1635 wurde wenige Tage später mit der Kriegserklärung Frankreichs an die Habsburger erneut vertagt. Die Kriegsleiden der Bevölkerung, die den Frieden so sehnlichst herbeiwünschte, wurden nochmals um ein ganzes Jahrzehnt voll Blut und Tränen verlängert. In einer württembergischen Chronik, veröffentlicht im Jahr 1660, heißt es über das Jahr 1635:

»In diesem 1635. Jahr hat Gott seine drey Hauptstrafen Krieg, Theurung und Pestilenz nicht allein über Württemberg, sondern über ganz Deutschland geschikt, an welcher Seuch im ganzen Reich etlich Hundert Tausend Menschen mehrentheils pfleglos hingestorben. Die Regimenter mußten Hungers halben ihre Quartier verändern, viele, sonst vermögliche Leut, die sich des Bettels schämten, starben Hungers, viele sind ins Bayerland oder in die Schweitz gezogen, haben sich mit Arbeit ernährt. Die Theurung wurde endlich so groß, daß die Leut im Land Eicheln mahlen lassen und Brod davon gegessen, so bitter es auch gewesen; theils haben auch den Mühlstaub und Kleyen-Brod gebaken, item Nesseln und Schneken ohne Salz und Schmalz gegessen. Ja wenn einem Soldaten ein Pferd krepiert, haben sich die Leut um das Aas geschlagen, auch Hund und Katzen gefressen, zuletzt doch darob verschmachtet. Allhie, in Stuttgart hielt der Sterbend so stark an, daß man auf einen Tag 50 und 60 Personen (sonst 2 bis 3) begraben, und neue Kirchhöfe eröfnet und zu hunderten in eine große Gruben legen müssen.«

Diese letzte und düsterste Phase des Dreißigjährigen Krieges sollte zwischen Frankreich und Schweden auf der einen und den spanischen und österreichischen Habsburgern auf der anderen Seite endlich eine Entscheidung bringen. Die größten Dynastien und Großmächte Europas fochten ihren Kampf um die Vorherrschaft auf deutschem Boden, meist mit deutschen Soldaten und Söldnern und auf dem Rücken der deutschen Zivilbevölkerung aus. Das Land glich einem riesigen Friedhof. Die Pest und der Hungertod forderten Tausende von Opfern. Die Menschen aßen alles, was sich – im wahrsten Sinne des Wortes – zum Beißen eignete, schließlich auch Menschenfleisch.
Eine zeitgenössische Chronik, die Lebensbeschreibung Gottfried Andreäs, schildert Zustände aus dem Jahr 1637:

»Auch Lebende wurden hin und her erschlagen und verzehret; so schlachtete eine Frau ihr eigen Kind, salzte es ein, fraß es und starb darüber im Gefängnis. Doch im Jahr 1637 stieg das Elend auf's höchste, nachdem kaum 200 Bauern in der unteren Pfalz mehr übrig wären, da die übrigen teils an Hunger und Pest bereits gestorben, teils von den Kaiserlichen erwürgt oder als Soldaten weggeschleppt worden waren... Der Hunger aber zwang die Leute zu den unnatürlichsten Nahrungsmitteln: Gras, Kräuter, dürren und grünen Baumblättern, Fellen von Tieren; Hunde, Katzen, Ratzen, Mäuse, Frösche und faulendes Aas waren gesuchte Bissen. Die Hungernden erschlugen einander selbst, verzehrten sie, durchwühlten Gottesäcker, erstiegen Galgen und Rad und nahmen die Toten zur Speise weg. Haufen Bettler lauerten den Vorübergehenden auf und töteten sie, wie denn bei Worms eine solche Bande von ihrem Feuer verjagt und in den Töpfen die schaurigen Überbleibsel von Händen und Füßen gefunden wurden. Zu Alzey wurden viele Menschen getötet und gefressen. Zu Otterberg tötete eine Frau ein Mägdelein, aß davon und verkaufte das übrige als Schweinefleisch. Ja zu Bergzabern erwürgte und bratete ein elfjähriges Mädchen einen Knaben von fünf Jahren, und in einem Dorf fand man einen Bauernknaben, der von seiner eben gestorbenen Schwester ein Stück Fleisch beim Feuer bratete.«

»Tränen des Vaterlandes im Jahre 1636« nannte Andreas Gryphius dieses Gedicht, das wie kein anderer zeitgenössischer Text die Stimmung der noch Lebenden wiedergibt:

»Wir sind doch nunmehr ganz, ja mehr denn ganz verheeret!
Der frechen Völker Schar, die rasende Posaun,
Das von Blut fette Schwert, die donnernde Kartaun
Hat aller Schweiß und Fleiß und Vorrat aufgezehret.
Die Türme stehn in Glut, die Kirch ist umgekehret,
Das Rathaus liegt im Graus, die Starken sind zerhaun,
Die Jungfern sind geschändt, und wo wir hin nur schaun,
Ist Feuer, Pest und Tod, der Herz und Geist durchfähret.
Hier durch die Schanz und Stadt rinnt allzeit frisches Blut,
Dreimal sind schon sechs Jahr, als unser Ströme Blut
Von Leichen fast verstopft, sich langsam fortgedrungen;
Doch schweig ich noch von dem, was ärger als der Tod,
Was grimmer denn die Pest und Glut und Hungersnot:
Daß auch der Seelen Schatz so vielen abgezwungen.«

Trotz neuer Friedensverhandlungen in Münster und Osnabrück ab 1644 ging der Krieg weiter, und die Schwedischen gingen ihrerseits in Böhmen nun »mit Brennen, Plündern, Verheeren und Umkehren der Dörfer und Flecken« vor. In Wien fürchtete man sich nach dem Sieg der Schweden bei Jankau 1645: »In ganz Österreich und sogar zu Wien, wiewohl jenseits der Donau gelegen und also nicht leichtlich daran zu kommen... war großer Schrecken und Flüchten vor den Schwedischen...« Schließlich wurde Oberösterreich auch noch von Pest und Ruhr heimgesucht, besonders »unter den Armen«.

Der Krieg ging an sich selbst zugrunde. Deutschland war so verheert, daß sich die Armeen, unter denen immer häufiger auch Seuchen ausbrachen, aus Proviantmangel einfach nicht mehr halten konnten. Die letzten Schüsse dieses furchtbarsten aller Kriege fielen vor Prag, wo der Krieg auch begonnen hatte. Da das Kriegführen sich nicht mehr lohnte, wurde am 24. Oktober 1648 in Münster endlich ein Frieden geschlossen, der den unbefriedigenden Augsburger Religionsfrieden von 1555 neu anerkannte und auch die Calvinisten (also auch die Hugenotten in Frankreich) mit einbezog. Die Religionsfreiheit war damit aber weder in Deutschland noch anderswo in Europa für immer und ewig gewährleistet. Europas politische Landkarte veränderte sich durch Gebietsverschiebungen auf Kosten Deutschlands zugunsten Frankreichs und Schwedens. Habsburgs Vorherrschaft war beseitigt, neue Großmächte in Europa waren Frankreich, Schweden und die Niederlande der Oranier. In Deutschland aber löste sich das Reich in einen Staatenbund von vielen

Rechte Seite. »Doch im Jahr 1637 stieg das Elend auf's höchste, nachdem kaum 200 Bauern in der untern Pfalz mehr übrig waren, da die übrigen teils an Hunger und Pest bereits gestorben, teils von den Kaiserlichen erwürgt oder als Soldaten weggeschleppt worden waren...« Der anonyme Stich zeigt Söldner, die Bauernfamilien massakrieren, um an deren Lebensmittelvorräte zu kommen.

Einzelstaaten auf, in denen die Landesherren ihre uneingeschränkte Souveränität erhielten. Diese »Souveränität« war gleichbedeutend mit einer politischen Ohnmacht, ja Agonie, in Deutschland, wo ohnehin die Städte zu elenden Flecken zerfallen, die Dörfer ausgestorben waren und viele Leichen auf offenem Land von Tieren und Würmern gefressen wurden, weil niemand mehr da war, der sie beweinen, beklagen und begraben konnte. Und diese »Souveränität« der Landesherren brachte für die Untertanen durch zwei Jahrhunderte eine totale Abhängigkeit vom fürstlichen Absolutismus in Deutschland, die Entwicklung eines oft sklavischen Untertanengeistes im Volk angesichts der lächerlichen »Hofhaltung« der Landesherren nach dem Beispiel von Versailles.

Nach dem schwedischen Reichsarchiv zu Stockholm wurde im Dreißigjährigen Krieg diese Bilanz an zerstörten Schlössern, Städten und Dörfern in Mitteleuropa aufgestellt:

	Schlösser	Städte	Dörfer
In Pommern, Mecklenburg und Holstein	203	307	2 041
In der Mark Brandenburg	48	60	5 000
In Meißen	96	155	1 386
In Schlesien	118	36	1 025
In Mähren	63	22	333
In Böhmen	215	80	813
In Österreich	51	23	313
In der Pfalz	109	106	807
In Franken	44	26	313
In Vogtland und Thüringen	68	41	409
Im Stift Merseburg, Halle, Magdeburg, Halberstadt, Hildesheim	217	103	1 105
Braunschweig, Lüneburg und Stift Bremen	50	38	406
Stift Osnabrück, Minden, Paderborn, Fulda	213	304	1 027
Westfalen	119	97	1 019
Im Stift Köln, Metz, Trier	327	205	2 033
Stift Würzburg	15	10	80
Gegen Limburg	20	16	200
Summa	1 976	1 629	18 310

Was Europa im Dreißigjährigen Krieg erleiden und bezahlen mußte, während rund 1000 Jahre mittelalterlicher Geschichte endgültig aufgelöst wurden, das gigantische Ausmaß an Schrecklichem, an Grauenvollem – wer denkt heute noch darüber nach?

In einer demoskopischen Umfrage in den sechziger Jahren unseres Jahrhunderts wollte man von Westdeutschen wissen, ob Luther vor oder nach dem Dreißigjährigen Krieg gelebt habe.

Knapp 50 Prozent meinten, das sei wohl nachher gewesen, oder sie wußten dazu überhaupt nichts zu sagen.

»Nahe dem Zaren, nahe dem Tod!«

Russen gegen Livländer, Tataren, Schweden, Polen, Preußen, Türken und Chinesen; Ruriks und Romanows gegen Bojaren, Strelitzen, Aufständische, Leibeigene und Juden — Rußland vom 16. bis 19. Jahrhundert

1478
Iwan III. unterwirft Twer, Wjatka, Rjasan und Nowgorod: Das Fürstentum Moskau wird Mittelpunkt Rußlands

etwa 1500 bis 1550
Greueltaten der Russen (Moskowiter) in Livland — und umgekehrt

1552 bis 1556
Iwan der Schreckliche unterwirft Kasan und Astrachan

ab 1558
Gewalttätige Eroberung Sibiriens

1560
Zarin Anastasia und Zarewitsch Demetrius fallen einem Giftanschlag der Bojaren zum Opfer

1565 bis 1572
Ausrottung und Verfolgung der Bojaren durch Iwans Leibgarde, die Opritschnina

1571
Die Krim-Tataren plündern Moskau und metzeln 50 000 Moskauer nieder, während Iwan IV. in Livland Krieg führt

1606
Schreckenszeit in Moskau

1613
Verfolgung »Altgläubiger« in Rußland

1671
Kosakenführer Stenka Rasin hingerichtet

1696
In Woronesch werden Hunderttausende zur Zwangsarbeit in Schiffswerften geholt. Unter Peter dem Großen verlieren drei Millionen Russen ihr Leben

1698
Niederschlagung des Strelitzen-Aufstandes. Massenhinrichtungen in Moskau

1756 bis 1763
Russische Kriegsgreuel in Preußen im Siebenjährigen Krieg

1768
Abschlachtung von 200 000 Polen durch russische Soldaten unter Repnin

18. Jahrhundert
Ausbeutung, unmenschliches Strafrecht und Deportation von Tausenden nach Sibirien unter den Zarinnen Katharina I., Anna Iwanowna, Elisabeth und Katharina II.

1825
Dekabristenaufstand wird niedergeschlagen. Deportationen nach Sibirien

1849
Dostojewski wird vor dem Hinrichtungskommando zur Verbannung nach Sibirien begnadigt. Der Strom der Deportierten nach Sibirien steigt bis Ende des Jahrhunderts immer mehr an

1900
Kosaken und Polizei ermorden Tausende von Chinesen im Grenzfluß Amur

Zwei Jahrhunderte lang beherrschten die Mongolen und Tataren die russischen Fürstentümer, bevor Großfürst Iwan III. (1444 bis 1505) ab 1478 sein Fürstentum Moskau zum neuen Kraftzentrum Rußlands machte und die benachbarten Fürstentümer, wie Twer, Wjatka, Rjasan und Nowgorod, brutal unterwarf und seinem Fürstentum einverleibte (siehe Seite 172 ff.). Die gleiche Grausamkeit, mit der seit Dschingis Khan die Mongolen in Rußland alle Bestrebungen zur Unabhängigkeit einzelner Fürstentümer unterdrückt hatten, übten danach die Russen selbst untereinander, bewiesen ihre Fürsten, Großfürsten und Zaren durch alle Jahrhunderte bis zur Gegenwart mit mehr oder weniger Ausdauer und Intensität gegenüber ihren Feinden in- und außerhalb des Landes, gegenüber ihren Untertanen, egal ob Adeliger oder Leibeigener. Jeder große Herrscher Rußlands hat auf seine Art Zeugnisse dieser Eigenschaft abgelegt, ob mit offenem Massenmord oder verstecktem Terror. Feinde und Günstlinge am Hofe aller Zaren hatten bei jedem Herrscherwechsel mit dem Unvermeidlichen zu rechnen: in der Regel mit dem Tod, in Ausnahmefällen mit einem Überleben in Anonymität und Elend.

Das jahrhundertealte Sprichwort »Nahe dem Zaren, nahe dem Tod!« war aber und ist bis heute nicht nur als Anklage, sondern auch als Ausdruck bedingungsloser, ja selbsterniedrigender Unterwerfung zu verstehen. So groß die Furcht aller Russen vor ihren grausamen Herrschern immer war, so groß war auch immer ihre Liebe zu ihnen. Sie erwarteten von ihnen sogar jene Grausamkeit, zu der sie selbst auch fähig waren, wenn ihre gefühlsbetonte Volksseele kochte. Schon aus der Nestor-Chronik kennen wir die überlieferte Charakterisierung der »durch ihre Grausamkeit berühmten Russen« in dem Brief des Patriarchen Photius aus der Zeit um 866 an die orientalischen Bischöfe. Natürlich hat die unmenschliche jahrhundertelange Sklaverei, in der in Rußland die Leibeigenen bis zum 19. Jahrhundert lebten, diesen Wesenszug des russischen Charakters noch vertieft und zu einer äußeren Verrohung beigetragen, die sich dann mit furchtbarer Brutalität entlud, wenn Leibeigene Racheakte an ihren Unterdrückern verübten. Aber mit wilder Blutgier war das Volk auch noch im 19. und beginnenden 20. Jahrhundert dabei, wenn Mönche und Priester sie mit dem Ruf »Schlachtet sie, die Feinde unseres Glaubens!« gegen polnische Katholiken oder Juden zu Pogromen aufwiegelten.

Am schlimmsten entlud sich die Grausamkeit bei den russischen Soldaten, so auch unter Iwan III., als dieser gegen Nachbarn und Livländer zog, ebenso unter Iwan IV. in den Ostseeprovinzen, in denen die Moskowiter nach zeitgenössischen Chroniken

»schwangere Frauen voneinander hauen, die Frucht ihrer Leiber, wie auch andere geborene junge Kinder mehr an die Zaun-Stecken spießen, alte und junge Leute niederwerfen, ihnen in die Seiten Pulver streuen, dasselbe anstecken und die armen Leute ohne Erbarmen voneinander sprengen ließen ... Frauen und Jungfrauen wurden als Hunde nacheinander geschändet, und die davon nicht starben, ärger als das Vieh teils zur Schande, teils den Tartaren zu verkaufen, weggetrieben ...«

Doch die Livländer waren in guter Nachbarschaft mit den Russen ihrerseits auch nicht zimperlich, denn die livländischen Großmeister »arbeiteten ebenfalls fleißig

Die Moskowiter unter Iwan III. und IV. begehen in Livland entsetzliche Kriegsgreuel, indem sie »alte und junge Leute niederwerfen, ihnen in die Seiten Pulver streuen, dasselbe anstecken und die armen Leute ohne Erbarmen voneinander sprengen ließen ...« Aber auch die Livländer (Deutscher Ordensstaat) »arbeiteten ebenfalls fleißig mit Rädern und Henken«. Der Holzschnitt aus der »Neuen Zeitung« in Nürnberg 1561 zeigt Greueltaten der Soldaten des Moskauer Großfürsten.

mit Rädern und Henken«. Marterungen von Gefangenen, Vergewaltigungen und blindwütiger Mord geschahen durch die Russen auch gegen die Preußen im Siebenjährigen Krieg. Im Bericht des Vizebürgermeisters Werner aus Rageit lesen wir:

»Der alte Zeugmacher Walther wurde in seinem Hause mit der Pike totgestochen und verbrannt. Der alte Dom-Inspektor Böhmke wurde durch einen Säbelhieb getötet und verbrannt. Der alte kranke Bahrin wurde mit einer Pike totgestochen und verbrannt. Die alte kranke Pisewitzin wurde in die Kirche getragen und mußte verbrennen. Der arme kranke Bürgermeister Boltz wurde in seinem Bette nackend ausgezogen, bekam einen Säbelhieb und mußte nachher verbrennen. Der Hospitalist Zülich, ein Krüppel, wurde in die Tränke gejagt und ersäuft. Die alte kranke Frau Zülichin wurde, nachdem sie nebst vielen anderen verheirateten und unverheirateten Frauens-Personen öffentlich und zum Teil in Gegenwart ihrer Männer und Eltern aufs schändlichste gemißhandelt worden, so erbärmlich und grausam gepeitscht, daß sie auch zwei Tage hernach ihren Geist aufgeben mußte. Die Frauens wurden alle nackend ausgezogen, und bis aufs Blut gepeitscht.«

200 000 Menschen schlachteten die russischen Soldaten in Polen 1768 unter Repnin ab, der »als vollendeter Kannibale, als eine der größten Schandsäulen der Menschheit« mit seinen Leuten wütete. Bei der Eroberung der Krim im Jahr 1783 überfielen die Russen die betenden Tataren in den Moscheen und schossen aus Übermut auf die Gebetsausrufer auf den Minaretten. Während der Eroberung des Kaukasus Ende des 18. Anfang des 19. Jahrhunderts verstümmelte man oft die gefangenen Kaukasier durch Abschneiden von Ohren und Nasen und schickte sie dann in ihre Dörfer zurück, damit das Volk seinen Widerstand gegen die russische Invasion aufgeben sollte.
Russische Kriegsgreuel im letzten Türkenkrieg setzten sogar diplomatische Interventionen in Gang. So hieß es in einem Bericht von der Hohen Pforte (türkische Regierung) vom 6. August 1877 an die Großmächte:

»In Herste haben die Russen und Bulgaren muselmanische Bewohner aus dem Dorf gejagt und lebendig verbrannt. 70 Muselmanen wurden von Bulgaren in eine Scheune geschleppt und diese in Gegenwart von Kosaken angezündet. Acht Mädchen, die sich einer Schändung widersetzten, wurden getötet. Die übrigen Weiber und Kinder führte man vor das Dorf, dort stellte man sie in einer Reihe auf und ermordete sie.«

Die jahrhundertelang gefürchteten Kosaken machten noch um die Jahrhundertwende durch Gewaltakte in Ostsibirien an der Grenze zur Mandschurei unrühmlich von sich reden, als sie dort im Juli 1900 einige tausend Chinesen im Grenzfluß Amur ertränkten. Ein Augenzeuge, der aus sibirischer Verbannung geflohene Leo G. Deutsch, berichtete darüber folgende Einzelheiten:

»Gerade zur Zeit meiner Anwesenheit ist Blagoweschtschensk durch die Niedermetzelungen einiger tausend friedlicher Chinesen berüchtigt geworden. Ich kam ungefähr ein Jahr vorher in die Stadt und war daher unfreiwilliger Zeuge dieser Greuel, über die die russische Regierung unwahre Berichte in die Welt gesandt hat ... Einige Werst oberhalb Blagoweschtschensk auf dem linken Ufer des Amur befindet sich eine Niederlassung der Kosaken. Dorthin wurden vor Sonnenaufgang unter Begleitung von Kosaken und Polizisten etliche tausend Chinesen, darunter Greise, Gebrechliche, Kranke, Frauen und Kinder, getrieben. Wer vor Krankheit oder Müdigkeit nicht weitergehen konnte, wurde von den Kosaken gleich am Wege niedergestochen ... Als man die unglücklichen Chinesen bis an das Ufer des Amurs herangetrieben, wurde ihnen befohlen, ins Wasser zu gehen. Kähne zur Überfahrt nach dem gegenüberliegenden chinesischen Ufer gab es keine; der Fluß ist aber an diesem Orte über einen halben Werst (über fünfhundert Meter) breit und besitzt eine starke Strömung. Man kann sich den Schrecken denken, der die an das Wasser Herangetriebenen erfaßte. Auf die Knie fallend, mit zum Himmel emporgehobenen Händen, oder auch sich bekreuzigend, flehten die Unglücklichen, man möge sie nicht auf solche Weise töten; dabei versprachen einige, zum Christentum überzutreten und sich die russische Untertanenschaft zu erwerben. Aber zur Antwort auf diese Bitten jagten die unbarmherzigen Vollzieher der Befehle der Behörden mit

Gewehrkolben, Bajonetten und Säbeln die um Gnade Flehenden ins Wasser; jene aber, die sich niedersetzten oder zögerten, wurden auf der Stelle ermordet. Augenzeugen, die diesen Massenersäufungen beiwohnten, die während mehrerer Tage nacheinander vor Sonnenaufgang stattfanden, erzählten von schrecklichen, herzzerreißenden Szenen ...
Nur sehr wenigen, bloß einigen der stärksten und geschicktesten Schwimmer aus der ganzen gewaltigen Volksmenge gelang es, wie erzählt wird, beinahe das chinesische Ufer zu erreichen; aber auch von diesen Glücklichen blieb nur eine winzige Zahl am Leben. Als die Kosaken sahen, daß die Schwimmenden nahe daran waren, sich zu retten, schickten sie ihnen gut gezielte Kugeln nach ... Es vergingen mehrere Tage, seitdem auf dem Amur die Leichen der Ertränkten zum erstenmal zum Vorschein gekommen waren. Massenweise schwammen sie täglich den Fluß hinunter, manchmal zu zweit, bei den Zöpfen zusammengebunden. An manchen Tagen schwammen die Leichen in fast ununterbrochenen Haufen auf einem bedeutenden Raume, so daß sie schwer zu zählen waren ...«

Die lange Reihe der russischen Zaren, die nach dem Sprichwort »Nahe dem Zaren, nahe dem Tod!« mit Schrecken und Tod ihre Politik der Gewalt durchsetzten, begann mit Iwan IV. Wassiljewitsch (1530 bis 1584), einem Sohn Wassilijs III., den die Adligen (Bojaren) und Fürsten des Moskauer Reiches bereits mit zehn Jahren geblendet hatten und den blinden Zaren 40 Jahre lang am Gängelband hielten. Die frühen Kindheitserfahrungen Iwans unter der Fuchtel der Bojaren, die ihn und seine Geschwister vom dritten Lebensjahr an, als sein Vater starb, drangsalierten, führten zu seinem späteren Haß auf alle Bojaren und trugen sicher auch dazu bei, daß er wegen seiner Grausamkeit und seines Jähzorns, trotz seiner Klugheit, den Beinamen »der Schreckliche« bekam.
Iwan rächte sich schon als dreizehnjähriger Thronanwärter für die Folterung seines Jugendfreundes, der er zusehen mußte, und für die Erziehungsmaßnahmen des Bojaren Schuiskij, der »uns in der bittersten Armut« ließ und »uns das nötigste Essen versagte« (Iwan an Fürst Kurbskij). Er ließ Schuiskij fesseln und von scharfen Hunden zerfleischen. Von »diesem Tag an«, notiert der Chronist des Ljetopiss von Susdal, »fürchteten und ehrten die Bojaren unseren Zaren und Alleinherrscher ... sie hatten ihren Herrn und Meister gefunden ...« Das sollte er noch mehrfach dem Zarenhof und seinen Russen beweisen – unter anderem dadurch, daß er sich angewöhnte, »Moskau im Galopp zu durchreiten und die Leute unter den Hufen seines Tieres zu zerstampfen« (Victor Alexandrov), oder »Leute, denen er begegnete und deren Gesicht ihm nicht gefiel, auf der Stelle köpfen zu lassen«.
Den Terror, den die Mongolen und Tataren an den Grenzen des Reiches im Osten und Südosten gegen die Russen immer noch ausübten, beantwortete Iwan, der sich selbst mit 17 Jahren als erster russischer Großfürst zum Zaren krönte, mit Gegenterror. Er eroberte auf blutige Weise die Tatarenfestungen Kasan und Astrachan, um »Tausende unserer russischen Brüder vom Tatarenjoch zu befreien, die nach Kasan verkauft wurden, um den Gottlosen zu dienen ...« Damit machte er den ehemals heiligen Strom der Tataren, den Itil, zur »Mutter Wolga«, dem heiligen

Strom Rußlands, und beendete damit Gewaltakte der Tataren an den Russen, wie sie der Kreml-Geschichtsschreiber Kassjan festhielt:

»Auf der Rückkehr von einer Expedition nach Rußland brachten die Tataren in den Netzen, die sie an die Sättel ihrer Pferde gebunden hatten, Tausende von Kindern beiderlei Geschlechts mit. Die Kinder weinten und schrien. Man hatte ihnen mit Lederriemen Hände und Füße gebunden. Kurz vor der Ankunft bei der Landenge von Perekop gab der Tatarenführer ein Zeichen. Die Reiter hielten an und erdolchten alle schwächlichen Kinder. Sodann warfen sie die verstümmelten und oft noch vor dem Niedermetzeln geschändeten Körper in den Graben ...«

Im Jahr 1571, als Iwan mit seinen Truppen gerade in Livland Krieg führte und wo er die gefangenen Schwertritter in glühende Kessel werfen, auf Lanzen aufspießen und in Kohlenpfannen braten ließ, fielen die Krim-Tataren ein letztes Mal in Moskau ein und plünderten es zwei Tage lang, wobei mehr als 50 000 Moskauer niedergemetzelt und 100 000 Gefangene weggeschleppt wurden.
Über die unmenschliche »Gerichtsbarkeit« unter Iwan dem Schrecklichen berichtete der damalige englische Gesandte Fletcher aus Moskau:

»Das einzige Untersuchungsverfahren ist hier die Folter, denn man glaubt sich verpflichtet, dem mutmaßlichen Verbrecher ein Geständnis abzuzwingen, ohne das

Großfürst Iwan IV. von Moskau, erster Zar von Rußland, bekam wegen seiner Grausamkeit und seinem Jähzorn den Beinamen »der Schreckliche«. Die Bojaren (Adligen) fanden in ihm »ihren Herrn und Meister«, er gewöhnte sich an, im Galopp durch Moskau zu reiten, die Leute unter den Hufen seines Pferdes niederzutrampeln und Untertanen, deren Gesichter ihm nicht gefielen, auf der Stelle köpfen zu lassen (zeitgenössischer Holzschnitt von Iwan IV. aus dem 16. Jahrhundert).

eine Verurteilung nicht möglich ist. Man peitscht den Schuldigen mit Ochsenziemern oder mit fingerdicken Lederriemen, die tief ins Fleisch dringen. Man schnürt ihn auf einen Spieß und brät ihn, oder bricht und krümmt eine Rippe mit rotglühenden Zangen und schneidet ihm das Fleisch unter den Nägeln weg ... Das Ergebnis der Untersuchung wird dem Leiter des ›tschetwerte‹ (Bezirk) übermittelt, der die Dokumente auf den Tisch des Rates legt, die von einem Gericht gelesen werden, das den Angeklagten weder sieht noch anhört ... Die Todesstrafe wird auf folgende Arten verhängt: man hängt, köpft, man erschlägt, man pfählt, man ertränkt, man schiebt unter das Eis, man verbrennt. Die im Sommer zum Tode Verurteilten werden oft bis zum Winter in Verwahrung gehalten, wo man sie unter das Eis schiebt ...«

Iwan hielt sich eine Leibgarde besonderer Art, die rund 6000 Mann starke Opritschnina, eine Polizeitruppe, die sich aus Verbrechern, Irren und Sadisten rekrutierte. Sie wütete in Moskau und während der Aufteilung Rußlands in Gebieten des Zaren und der Bojaren mit teuflischer Bestialität unter den Bojaren. Ganze Städte wurden ausgerottet, die Landwirtschaft in den Provinzen zerfiel, die Bauern flohen und bildeten die ersten Kosaken-Gemeinden. Bis zum Jahr 1550 fielen der Opritschnina bereits 400 Bojaren in einzelnen Racheakten zum Opfer. Auf jede Denunziation hin griff die Opritschnina zu und holte sich ihre Opfer. Ein Chronist stellte fest: »Moskau erstarrte vor Furcht.« Ein anderer schrieb: »Die Opritschniki liefen mit langen Messern und Äxten bewaffnet in der Stadt umher, suchten nach Opfern und erschlugen täglich zehn bis zwanzig Menschen.« Und der Historiker Karamsin (1766 bis 1826) schrieb über den Zaren, bei dem sich Anzeichen von geistiger Umnachtung bemerkbar machten: »Der Blutbecher stillte nicht seinen Durst, sondern vermehrte ihn, und der Zar wurde eine wahre Geisel.«
Die Opritschnina entglitt seiner Kontrolle. Alexandrov berichtet davon, daß er sie einmal »während einer Szene kollektiver Notzucht«, der Dutzende von Bojarentöchtern zum Opfer fielen, vergeblich zur »Enthaltsamkeit« ermahnt habe. Iwans Jähzorn und Brutalität hatte sich mit dem Tod seiner Frau und Zarin Anastasia, die 1560 zusammen mit ihrem kleinen Sohn Demetrius einem Giftanschlag der Bojaren zum Opfer fiel, noch gesteigert. Die Zarin Anastasia war die erste russische Fürstin aus dem Haus Romanow, Iwan dagegen war noch ein Nachkomme der Großfürsten-Dynastie von Moskau nach dem Kiewer Reich, also ein Rurik, deren letzter Großfürst nach Iwan IV. im Jahr 1609 in der Verbannung in Polen starb. Die Romanows hielten dann von 1613 bis 1917 den Zarenthron.
Iwan hatte in seinem Charakter so etwas wie das Geheimnis der russischen Seele offenbart, eine Seele, die auch seine Nachfolger in mehr oder weniger ausgeprägter Form auszeichnete. Bis zum eigentlichen Aufstieg Rußlands zur europäischen Großmacht unter Peter dem Großen (1689 bis 1725), der Iwan am ähnlichsten war, gab es eine weitere Zeit der »Wirren«: die Zeit Boris Godunows (1552 bis 1605), aus der ein Chronist meldet: »Wehklagen war nicht fern der Freude, Wein floß in Moskau vor dem Blute«, danach die Schreckenszeit nach der Entlarvung des falschen Iwan-Sohnes Demetrius, der viele Moskauer zum Opfer fielen; die

»Polenzeit«, in der Rußland unter polnischer Vorherrschaft schmachtete; schließlich dann ab 1613 die Anfänge des Hauses Romanow auf dem Zarenthron mit Michail und Alexej (1645 bis 1676). In der Regierungszeit Alexejs gab es blutige Verfolgungen von »altgläubigen« Orthodoxen nach einer Reform des Moskauer Patriarchen, die eine Spaltung der Kirche mit sich gebracht hatte; ebenfalls unter Alexej wurde das russische Strafgesetz so »reformiert«, daß die Lage der leibeigenen Bauern noch schlechter als in den Jahrhunderten vorher wurde. Die Strafen griffen auf asiatische Traditionen zurück und waren von barbarischer Härte: Falschmünzern wurde flüssiges Metall in den Schlund gegossen; Frauen, die ihren Mann umbrachten, wurden bis zum Halse eingegraben und dem Hungertod ausgeliefert; Männer dagegen, die ihre Frau umbrachten, entrichteten lediglich eine Geldstrafe; Vatermörder wurden nach schrecklichen Foltern hingerichtet, dagegen kamen Eltern, die ihre Kinder umbrachten, mit einem Jahr Gefängnis davon.
Unbeachtet von Europa wurde ab 1558 in den nachfolgenden beiden Jahrhunderten, dem 16. bis 18. Jahrhundert, der sibirische Teilkontinent Asiens im Auftrag der noch von Iwan IV. ermächtigten Familie Stroganow erobert. Die Kleinarbeit besorgten dabei in erster Linie die Kosaken, also die Nachfahren der ukrainischen Bauern unter Iwan IV., die selbständige militärische Gemeinwesen mit gewählten Führern (Hetman) gegründet hatten. Sie durchquerten West-, Mittel- und schließlich Ostsibirien, gründeten dort Festungen zur Sicherung der Verkehrswege und unterwarfen dabei brutal die Nomadenstämme, die dort lebten. Im Logbuch des Eroberers Chabarow, der 1653 im Norden bis zum Grenzfluß Amur vordrang, findet sich diese Notiz:

»Nachdem wir Gott um seine Gnade gebeten hatten, trafen wir auf große Nomadenlager von siebzig bis achtzig Jurten. Wir ergriffen die Männer und erschlugen viele von ihnen; alle haben wir kleingemacht, die Weiber und das Vieh an uns genommen.«

Ab 1727 wurde Sibirien offiziell eine Deportationskolonie für Verbrecher und politische Gefangene.
Die unbequemen Kosaken, jederzeit zur Auflehnung gegen den Zaren bereit, hatten unter Alexej auch ihren großen Märtyrer, den Helden Stenka Rasin. Er war ein Kosakenführer, der – wie im 12. Jahrhundert Robin Hood im englischen Sherwood-Forst – die Grundbesitzer und Bojaren ausplünderte und das geraubte Geld und Gut unter den Leibeigenen und Fronknechten verteilte. Am 6. Juni 1671 sollte der vorher in den Kellern des Kreml fürchterlich gefolterte Stenka Rasin auf dem Roten Platz gevierteilt werden. Das Volk jedoch murrte, rief »begnadigt Stenka« und sang zum ersten Mal das berühmte Wolgalied, als den Strelitzen, der Leibgarde des Zaren, befohlen wurde, die Menge mit »der Axt und der Pike« auseinanderzutreiben. Das Lied der Wolgaschiffer bewog den Zaren, den »Räuber« Stenka Rasin nicht vierteilen, sondern einfach enthaupten zu lassen. Er ließ ihm ausrichten, daß er ihm seine »Sünden und Mordtaten« vergebe, worauf Stenka Rasin dem Zaren diese Antwort übermittelte: »Sagt dem Zaren, daß ich ihm die Räubereien seiner Woiwoden und das Unglück der russischen Bauern vergebe.«

Peter der Große kam 1689 an die Macht, nachdem er seine Halbschwester Sophia, eine Tochter Alexejs, gestürzt hatte. Und Sophia ihrerseits hatte vorher auf dem Weg zur Regentin ihren unfähigen Bruder Fjodor durch Gift aus dem Weg geräumt. 1696 begann Peter auf eine bis dahin in Rußland nicht gebräuchliche Art, sein Reich aufzubauen, nämlich auf Kosten eines fürchterlichen Tributs an Menschenleben. Um in Woronesch Werften zu errichten, die ihm Schiffe für den Don bauen sollten, wurden an die hunderttausend Ukrainer mit Gewalt zur Arbeit angeworben. Als Peter nach einem Monat Abwesenheit nach Woronesch zurückkam, hatten sein eingesetzter Verwalter und engster Freund, Menschikow (1672 bis 1729), und dessen Kumpane das ganze, zum Aufbau zur Verfügung gestellte Geld durchgebracht, die Hälfte der Arbeiter war an Hunger und Seuchen gestorben, die andere Hälfte war geflohen. Geld und Soldaten stampfte Peter durch Einschüchterung seiner Berater immer neu aus dem Boden. Wenn diese ihn auf die schlechten Finanzen des Reiches aufmerksam machten, brüllte er sie an: »Ihr seid keine treuen Untertanen! Ihr seid Kot! Ich brauche 75 000 Soldaten und werde sie auch bekommen, oder eure Köpfe rollen in den Graben des Kreml.« Diese Sprache war unmißverständlich, die Bojaren holten aus dem riesigen Menschenreservoir Rußlands heraus, was der Zar wollte. Rund drei Millionen Menschenleben kostete Rußland die Regierungszeit Peters, wovon die meisten durch Kriege, Hungersnöte, Aufstände oder Seuchen, viele aber auch bei der Zwangsarbeit beim Bau von Städten und Industrieanlagen ums Leben kamen.

Während eines seiner zahlreichen Auslandsaufenthalte erreichte Peter 1698 in Wien die Nachricht von einem Aufstand der Strelitzen, die sich von der Leibgarde nach dem Beispiel ähnlicher militärischer Eliteeinheiten der Weltgeschichte zu einem »Staat im Staate« entwickelt hatten. Die auf Moskau marschierenden Strelitzen wurden von regulären Truppen abgefangen, niedergemetzelt oder gefangengenommen. 150 ihrer Anführer ließen die »großen Richter« in Moskau an den Galgen hängen, 50 weitere wurden geköpft. Die gefangenen Strelitzen wurden in die Gefängnisse geworfen. Als Peter nach Moskau zurückkam, war er entschlossen, »diesen verfluchten Samen aus der russischen Erde auszurotten«. Peters Wut gegen die Aufrührer kannte keine Grenzen, er zeigte sich als echter Nachfahre des schrecklichen Iwan, beschimpfte die Richter, weil sie nur 200 »Schurken« hatten sofort hinrichten lassen. In den Kellern des Kreml überzeugte er sich selbst von den Folterungen, bei denen die Scharfrichter laufend Arme und Beine brachen und Peter mehrere Köpfe Verdächtiger rollen ließ. Bevor die Massenhinrichtungen der Strelitzen am 10. Oktober 1698 begannen, beteiligte er sich selbst an einzelnen Hinrichtungen, köpfte eigenhändig mehrere Strelitzen und zwang auch seine Freunde, sich mit dem Beil zu betätigen. Über die Massenhinrichtungen, zu denen Peter das ganze diplomatische Korps an seinem Hof eingeladen hatte, berichtete der Sekretär der Österreichischen Botschaft, Johann Georg Korb:

»Kein Priester durfte sich ihnen nähern, da der Zar ihnen das Recht auf geistlichen Beistand absprach. Jeder Todeskandidat trug zwei brennende Kerzen. Dann begann die Köpfung. Die Bojaren und die Hofleute mußten wie der Zar eine Axt ergreifen

und die Köpfe abhauen. Nicht weit vom Ort der Hinrichtung standen hinter einer dreifachen Postenkette heulend die Frauen und Verwandten der Verurteilten. Die Schmerzensschreie der Opfer mischten sich mit dem Wehklagen des Volkes.

Hundertdreißig Streltzi wurden aus dem Haus des Generals Schejn herbeigeschleppt: Diese erwartete ein schlimmerer Tod als die Enthauptung, nämlich der Pfahl und das Rad. Am Eingang aller Tore Moskaus hatte man auf Befehl des

Peter der Große lädt zu der Massenhinrichtung der Strelitzen das gesamte diplomatische Korps ein. Im Vordergrund des zeitgenössischen Stichs sind die Kutschen der Diplomaten zu erkennen, im Hintergrund die 130 erhängten, geräderten, gepfählten oder enthaupteten Strelitzen.

Zaren Doppelgalgen errichtet. Vom unvermeidlichen Menschikow begleitet, überprüfte der Zar, mit einem grünen Pelz bekleidet, die Galgen. In enggeschlossener Reihe, wie eine Herde Vieh, gingen die Verurteilten langsam voran, da Holzstücke sie am Gehen hinderten, und bestiegen die Leitern der Galgen; dreimal machten sie das Kreuzzeichen – mit zwei Fingern – und bedeckten, wie es in Rußland Brauch ist, ihr Gesicht mit dem Mantel. Keiner wartete, bis die Henker ihm den Strick anlegten; sie steckten selber den Kopf in die Schlinge und warfen sich in die Tiefe. Ich sah einen sonderbaren Auftritt, der meinen Geist noch lange beschäftigte: Plötzlich kletterte der Zar auf einen Galgen und sprach mit einem der Verurteilten. Der Strelitze hörte ihm zu, rief dann aber: ›Weiche zurück, Antichrist!‹ Er fügte noch einige Worte hinzu, die ich nicht verstand, machte mit zwei Fingern das Kreuzzeichen, legte den Hals in die Schlinge und warf sich in die Tiefe ... Man erklärte mir später, der Zar habe den Strelitzen, der sich bei der Einnahme von Asow ausgezeichnet hatte, wiedererkannt und ihm Gnade versprochen, wenn er das Kreuzzeichen mit drei und nicht mit zwei Fingern wie die Verräter mache. Die Worte des Strelitzen, die ich nicht verstanden habe, bezogen sich angeblich auf die Mutter des Zaren.«

1706 brach an der Wolga, am Don, im Ural, in der Ukraine und am Ufer des Kaspischen Meeres ein Kosakenaufstand unter Bulawin aus. Peter schlug ihn mit seinen Soldaten blutig nieder. Mit Blut befleckte er seine eigenen Hände auch, als er ein angebliches Komplott seines Sohnes Alexej zerschlug und als Scharfrichter das Todesurteil selbst an seinem Sohn durch Auspeitschen mitvollzog.

Daß Menschenmassen ihm wenig bedeuteten, haben wir bereits gehört. Die nach seinem Sieg bei Poltawa (1709) in Gefangenschaft gekommenen Tausende schwedischer Soldaten ließ er als Zwangsarbeiter in allen Provinzen, vor allem in Sibirien, ansiedeln. Ein großer Teil der während seiner Herrschaft umgekommenen Russen fand beim Bau seiner neuen Hauptstadt, Petersburg, den Tod. Auch ihm selbst wurde diese Stadt schließlich zum Grab, als im Herbst 1724 die Newa über die Ufer trat und der 53jährige Zar, eben von einer schweren Krankheit genesen, bei der Rettung von Schiffbrüchigen stundenlang mithalf und sich dabei den Tod holte.

Auch die nachfolgenden Zarinnen waren keine milden Herrscher. Sie drangsalierten das Volk und die Höflinge zwar nicht so direkt und offen, wie das Iwan und Peter getan hatten, dafür aber war ihre hinterlistige Grausamkeit, von Günstlingen und Polizeichefs in geheimen Kellern arrangiert, nicht weniger unmenschlich. Katharina I. (1684 bis 1727), die langjährige Geliebte Peters, eine durch viele Hände gegangene Schönheit litauischer Abstammung, ließ riesige Festgelage und Banketts abhalten, auf denen der Wodka in Strömen floß. Das Geld für solche Feste stammte aus den Staatseinnahmen, sprich Steuern des Volkes, die während ihrer Regierungszeit zur Hälfte vom Hof verbraucht wurden. War die Staatskasse leer, schwärmten die Steuereinnehmer unters Volk und holten die letzten Kopeken aus dessen Taschen – eine Taktik, die bis ins 19. Jahrhundert in Rußland und auch anderswo üblich war.

Auch Anna Iwanowna (1693 bis 1740), eine Nichte Peters des Großen, war nicht das »Modell der Humanität«, wie sie eine englische Lady an ihrem Hofe genannt hatte. Nicht nur, daß auch sie die Staatseinnahmen als Verschwenderin verpraßte und kalten Herzens Tausende von Denunzierten nach Sibirien in die Verbannung schicken ließ, wobei sie sich eines eigenen Spitzelnetzes bediente; sie glänzte durch allerlei »Extravaganzen«, wie folgende Episoden am Hof genannt wurden: Vor dem Fenster ihres Speisezimmers ließ sie den Koch aufhängen, weil er ihre Lieblingsspeise mit ranziger Butter gebacken hatte; ihrem Oberstallmeister reichte sie beim Mahl ihr Weinglas, um ihn kosten zu lassen, er wischte es mechanisch mit der Serviette ab, worauf sie ihn bezichtigte, es ekle ihm vor ihr, und ihn ihrem Polizeichef zur weiteren Behandlung übergab; den Metropoliten von Kiew ließ sie lange Jahre im Gefängnis schmachten, weil er bei einem Tedeum beim Aufsagen der Titel der Zarin einen Fehler begangen hatte; eine Dienerin ließ sie mit einem zudiktierten »Bräutigam« in einen natürlichen Eispalast an der Newa eine Nacht lang einsperren und befahl am anderen Tag, als das »Brautpaar« tot gefunden wurde, die Leichen dort zu lassen, bis im Frühling bei der Schneeschmelze die Newa alles fortspülte. Ausländische Diplomaten an ihrem Hofe haben ausgerechnet, daß Anna während ihrer zehnjährigen Regierung 7002 Todesurteile (was zwei Hinrichtungen pro Tag ausmacht) unterzeichnete und 30 000 Menschen nach Sibirien verbannte.

Zarin Elisabeth (1709 bis 1762), die Tochter Peters I. mit Katharina I., mußte ihren Thronanspruch mit Hilfe der Garde durchsetzen. Die Günstlinge ihrer Vorgängerin ließ sie dabei vierteilen, rädern oder enthaupten. 1742 ließ sie die Verbannung aller Juden aus Rußland befehlen, Gnade fanden nur die, die sich taufen ließen. Katharina II. erlaubte später den Juden wieder die Rückkehr.

Zarin Elisabeth, die Tochter Peters des Großen, hatte einen starken Männerverschleiß. Zu den Extravaganzen an ihrem Hof gehörte das öffentliche Auspeitschen vermeintlicher und echter Rivalinnen.

Ein Zeitgenosse schrieb über die Zustände im Rußland des 18. Jahrhunderts: »Die Gewaltherrschaft, die das Land regiert, erkennt das Eigentum der Untertanen nicht mehr an und beschlagnahmt deren Einkommen unter irgendeinem Vorwand.« Das traf auch auf die Regierung der zweiten Katharina, der Großen, zu. Obwohl mit ihr eine »echte Russin über das Land herrschte« (Fichelle) – im deutschen Stil erzogen (aus dem Hause Anhalt-Zerbst), von französischem Geist durchdrungen –, tat Katharina II. (1729 bis 1796) für die Adligen alles und für die Leibeigenen nichts. Dieses Wohlwollen für den Adel und ihre Härte gegen das Volk führte in den Jahren 1773/1774 zu einem neuerlichen Kosakenaufstand unter Pugatschow. Sie rühmte sich zwar in ihren Memoiren, nie ein Todesurteil unterschrieben zu haben, doch für Pugatschow ließ sie nach dem blutigen Niederschlagen seiner Rebellion die alte Strafe des Abhackens der Glieder bei lebendigem Leibe, danach die Enthauptung, aussuchen. Der Henker machte ihr jedoch einen Strich durch die Rechnung, weil er aus Versehen dem Kosakenführer als erstes den Kopf abschlug. Und was die Todesurteile unter ihrer Regierung betraf: sie wurden in der Regel in eine lebenslängliche Deportation nach Sibirien umgewandelt, auch für die Hunderte von Anhängern Pugatschows. Was unter Anna Iwanowa begonnen hatte, von Elisabeth fortgeführt wurde, fand unter Katharina der Großen seine Fortsetzung im großen Stil: Lange Züge von Verbannten wanderten auf den Straßen

nach Sibirien, flankiert von Polizisten und Soldaten mit aufgepflanztem Bajonett, bereit, jedem erschöpft Liegenbleibenden den Gnadenstoß zu geben.
Nach der Enthauptung Pugatschows notierte ein russischer General: »... nicht die Person Pugatschows ist wichtig, sondern die allgemeine Unzufriedenheit des Volkes.« Katharina hatte noch die Französische Revolution (siehe Seite 340 ff.) erlebt, und ihr Weltbild wurde davon ziemlich erschüttert. Da die Polen nach Katharinas Meinung den Ideen der Französischen Revolution zu viel Platz eingeräumt hatten (dort übernahm man 1791 die französische Verfassung), war sie schnell bereit, im Einvernehmen mit Preußen Polen in den Jahren 1793 und 1795 zweimal zu teilen und den polnischen Staat somit völlig aufzulösen.
In Rußland aber fanden sich immer mehr »Unzufriedene des Volkes«. Nachdem Napoleons Grande Armee 1812 aus dem Land gejagt worden war, bildeten sich ab 1816 mehrere Geheimbünde, die für ein freies russisches Volk, für eine neue Verfassung und für die Bauernbefreiung und Landaufteilung eintraten. Nach dem Tod des »Befreiers Europas« von Napoleon, Zar Alexanders I. (1777 bis 1825), nutzten die Geheimbünde die Situation zum Dekabristenaufstand. Einer von ihnen gestand später: »Solange es Menschen geben wird, wird auch die Sehnsucht nach der Freiheit da sein. Die Freiheit ist verführerisch: ich, der von ihr entflammt war, riß die anderen mit.« Und ein hoher Offizier, Mitverschworener der Dekabristen, bemerkte vor Gericht: »Der Russe muß jenes unglückselige Gesetz anklagen, das einen großen Teil der russischen Mitbürger zu Sklaverei verurteilt hat.« Der Aufstand der Dekabristen (russisch dekabr = Dezember) wurde vom 14. bis 26. Dezember 1825 mit Gewehren und Kanonen zusammengeschossen. Rund 600

Kosaken »geleiten« mit Säbel und Peitsche einen Zug Deportierter nach Sibirien.

Menschen bekamen hinterher ein Gerichtsverfahren an den Hals, etwa 300 davon wurden für schuldig erklärt. Die Anführer wurden gehängt, mehr als 100 Personen nach Sibirien deportiert, andere zu Festungshaft verurteilt. Die einfachen Soldaten, die beteiligt waren, wurden nach dem Kaukasus »versetzt«. Einer der nach Sibirien Verbannten schrieb später über seine Kameraden: »Unsere Männer waren in Ketten geschmiedet vom Tag ihrer Ankunft an ... Das (Bergwerk) war ein Dorf, das aus einer Straße bestand, die von mehr oder weniger durch Ausgrabungen aufgewühlten Bergen umgeben war ... Das Gefängnis befand sich am Fuß eines hohen Berges; das war eine ehemalige Kaserne, die eng, schmutzig und abscheulich war ...«

Wenige Jahre später wurde angesichts der immer mehr um sich greifenden Oppositionsbewegung, die vor allem als »Intelligenzija« für Freiheit und Aufhebung der Leibeigenschaft eintrat, auch Rußlands größter Dichter, Fedor M. Dostojewski (1821 bis 1881), nach Sibirien geschickt. Am 22. Dezember 1849 war er mit 19 anderen zum Tode Verurteilten auf dem Semjonoffschen Platz in Petersburg gestanden und hatte auf die tödliche Salve gewartet. Doch nach dem Kommando »Legt an!« waren sie im letzten Augenblick zur Verbannung begnadigt worden. Jahrzehnte noch mußten viele Deportierte bis 1917 in den Gefängnissen und Bergwerken Sibiriens vegetieren. Viele erkrankten und starben an Seuchen, an Skorbut, Typhus, Bronchitis oder Syphilis. Aus einem Besichtigungsbericht einer Untersuchungskommission über das Etappengefängnis Tjumen in Sibirien im Jahr 1885 zitieren wir nur die Antwort des Gefängnisdirektors auf die Frage nach den jährlichen Todesfällen in seinem Krankenrevier:

»Etwa dreihundert. Fast jeden Herbst bricht eine Typhusepidemie aus. Was ließe sich auch Besseres erwarten in den überfüllten Räumen? Sie rein zu halten ist ganz unmöglich, und welche Luft die Zellen erfüllt, das haben Sie selbst gefühlt. Im Herbst pflegt es noch viel ärger zu sein. Im Sommer läßt sich wenigstens durch Öffnen der Fenster die Luft verbessern. Wir selbst leiden unter diesen Verhältnissen nicht minder als die Häftlinge; mein Assistent ist erst vor kurzem von einer Typhuskrankheit genesen, die er sich im Dienst zugezogen hatte. Wiederholt haben schon die Lokalbehörden bei der Regierung um Abhilfe gebeten, allein außer der Errichtung von zwei Holzbaracken geschah nichts.«

Wer sich aber in Sibirien gegen seine Peiniger empörte, dem ging es wie den Befehlsverweigerern in Jakutsk im Jahr 1889, von denen Revolutionär Deutsch, der 16 Jahre lang in Sibirien deportiert war, berichtete:

»Sie weigerten sich, dem Befehl zu gehorchen. Alsbald kam ein Trupp Soldaten unter dem Kommando eines Offiziers, und eine furchtbare, jeder Beschreibung spottende Metzelei begann: Die Soldaten hieben mit Kolben drein, stießen mit Bajonetten und schossen auf die Wehrlosen. Sechs Leichen blieben am Platze, darunter eine schwangere Frau, eine Anzahl war schwer verwundet. Die Verwundeten und Mißhandelten, siebenundzwanzig an der Zahl, wurden dann in einen Kerker gesperrt und einem Kriegsgericht überantwortet. Drei der Angeklagten wurden zum Tode verurteilt und in Jakutsk hingerichtet, neunzehn Personen wurden zu lebenslänglicher Strafarbeit verurteilt.«

»Welch entsetzliche Schlächterei!«

Girondisten, Jakobiner und Republikaner; Royalisten und Aristokraten; Franzosen, Spanier und Russen — Frankreich von der Französischen Revolution bis zu Napoleon I. (1789 bis 1812)

1776

Amerikanische Unabhängigkeitserklärung mit Formulierung der Menschenrechte

1789

Proklamation der Nationalversammlung in Versailles (20. Juni). Sturm auf die Bastille (14. Juli). Erste Bluttaten in Paris. Das Volk holt den König nach Paris

1790

Verstaatlichung der Kirche und Inflation in Frankreich. Erste Emigrationswelle der Adligen

1791

Gescheiterter Fluchtversuch König Ludwigs XVI. und seiner Familie. Verkündung der neuen Verfassung (30. September). Gesetzgebende Versammlung gewählt

1792

Auflösung der Königstreuen in der Gesetzgebenden Versammlung. Sturm auf die Tuilerien und Abschlachtung der Schweizer Garde (10. August). Beseitigung des Königtums. Nachwahlen zum Nationalkonvent. Septembermorde (2. bis 7. September)

1793

Ludwig XVI. (21. Januar) und Marie-Antoinette (Juli) hingerichtet. Sturz der Girondisten. Diktatorisches Regime unter Robespierre (Juli). Radikale Gesetze und Justizterror. Rechte des Adels ohne Gegenleistung abgeschafft. Schreckensherrschaft (bis Juli 1794)

1794

Robespierre läßt auch Mitkämpfer wie Desmoulins, Danton u. a. guillotinieren. Abschaffung des Christentums zugunsten eines »Kultes der Vernunft« (neue Zeitrechnung). »Reinigung« unter den Jakobinern. Sturz und Hinrichtung Robespierres (27./28. Juli)

1798

Napoleon läßt 3000 Gefangene bei Jaffa niedermetzeln

1806

Zusammenbruch Preußens nach Napoleons Sieg bei Jena und Auerstedt. Kriegsgreuel der Franzosen (u. a. in Lübeck)

1808/1809

Franzosen erobern Portugal und marschieren durch Spanien. Nationaler Widerstand der Spanier gegen die französische Besatzung. Kriegsgreuel auf beiden Seiten

1809

Erhebung der Österreicher gegen Napoleon. Volkskrieg in Tirol (Andreas Hofer)

1812

Das Ende von Napoleons Grande Armée (aus Soldaten aller europäischen Vasallenstaaten) in Rußland

Das 18. Jahrhundert wird in der Geschichtsschreibung als »Zeitalter der Vernunft« vorgestellt. »Vernünftig« lobt man damit den »aufgeklärten Absolutismus« der Herrscher, die sich angeblich als »erste Diener des Staates« unter dem Motto »Nichts durch das Volk, alles für das Volk!« verstanden und mit ihren Reformen, sogenannten »Revolutionen von oben«, letztlich doch nur eine neue Form des alten Systems, Obrigkeitsstaat genannt, etablierten. Die wohlwollenden Reformen eines Friedrich II. in Preußen, einer Maria Theresia in Österreich, einer Katharina der Großen in Rußland und eines Ludwig XVI. in Frankreich waren jedoch nur Stückwerk und konnten ihre Untertanen, die sie nach wie vor waren, nicht befriedigen. Zur gleichen Zeit, da in der Neuen Welt mit der Unabhängigkeitserklärung von 1776 erstmals in der Weltgeschichte die Menschenrechte formuliert wurden – die neben dem Anspruch auf »Leben, Freiheit und Streben nach Glück« auch ein daraus abgeleitetes politisches Widerstandsrecht beinhalteten! –, versuchten die »aufgeklärten« Herrscher Europas verzweifelt, das System des Feudalismus zu retten. Am besten gelang dies noch der Zarin Katharina (siehe Seite 337 f.), am schlechtesten dagegen Ludwig XVI. in einem Staatswesen, dessen Bürokratie hoffnungslos verfilzt, dessen Finanzen bankrott und dessen soziale Zustände katastrophal waren. Frankreichs Adel wollte weiterhin Steuerfreiheit genießen, ebenso der Klerus, während die Steuergelder – auch für die Beteiligung am Unabhängigkeitskrieg in Nordamerika – vom Bürgertum und den Bauern aufgebracht werden mußten. Zwei Finanzminister wurden aus dem Amt gejagt, weil sie von allen Klassen, auch von den Adligen, Steuern verlangt hatten.

Mit dieser starren Haltung grub sich der Adel selbst das Grab und leitete die Revolution des dritten Standes, des Bürgertums, ein. Schon 1752 schrieb ein weitsichtiger Adliger, Staatssekretär de Voyer, Marquis d'Argenson: »Die Rasse der großen Herren muß vollständig vernichtet werden. Unter großen Herren verstehe ich jene, die Würden, Eigentum, Pfründen, Ämter und Vollmachten besitzen und, ohne Verdienste zu haben und ohne erwachsen sein zu müssen, dennoch groß sind und aus diesem Grunde oft wertlos ...«

Der dritte Stand, das Bürgertum, das in den Generalständen im Mai 1789 die Mehrheit bildete und durch einen alten Abstimmungsmodus benachteiligt werden sollte, trennte sich von den Generalständen ab und proklamierte im Ballhaus von Versailles am 26. Juni die Nationalversammlung. Das war der politische Startschuß zur Revolution – zu einer bürgerlichen Revolution, bei der die Handwerker und Bauern nur das Fußvolk, das Werkzeug dieses dritten Standes waren. Das wurde im Laufe der revolutionären Entwicklung seit dem Sturm auf die Bastille immer klarer, denn die Bürgerversammlungen dachten bei ihren Reformen nur dann an die Bauern, wenn diese für beide Teile Vorteile brachten. Erste Ansätze zu einem wirklichen sozialen Fortschritt gab es in der Verfassunggebenden und danach in der Gesetzgebenden Versammlung noch wenig. Erst das zweite gewählte Parlament der Französischen Revolution erreichte echte soziale Reformen, wie sie vorher noch von keiner Regierung zugunsten der Armen, Entrechteten und Ausgebeuteten in einem anderen Land Europas beschlossen wurden. Am 17. Juli 1793 wurden die Rechte des Adels ohne Gegenleistung völlig abgeschafft, und

die Bauern erhielten endlich das Land als freien, uneingeschränkten Besitz, während in allen anderen Ländern Europas den Bauern diese Rechte erst sehr viel später eingeräumt wurden. 1793 wurde in Frankreich auch die allgemeine Schulpflicht eingeführt, was dem Volk erstmals ermöglichte, seine Kinder auf höhere Schulen zu schicken. Diese und andere Ziele, von denen die Revolutionäre in Frankreich sprachen, etwa soziale Sicherheit, Altersversorgung und Hilfe für kinderreiche Familien oder bei Arbeitsunfähigkeit, konnten jedoch nicht verwirklicht werden. Die Revolutionsregierung Frankreichs hatte einmal nicht die Mittel dazu, und ihre Mitglieder waren selbst noch zu sehr in der jahrhundertealten Denkweise des Privatbesitzes verhaftet. Ihre Revolution stützte sich nicht auf eine geschlossene und zielstrebig mitkämpfende Arbeiterschaft.
Die Französische Revolution setzte aber für ganz Europa ein unübersehbares Signal für die Beseitigung der letzten Bastionen der alten Adelsherrschaft. Eine neue Epoche der Menschheitsgeschichte wurde von ihr eingeleitet, wenn auch Frankreich selbst die Basis für ein Durchstehen solch gewaltiger Umwälzungen fehlte und die Revolution bald ihre eigenen Kinder fraß. Der Blutzoll, den Frankreich als Wegbereiter des Fortschritts für die Menschheit zahlen mußte, war für Land und Volk ein starker Aderlaß. Dieser Blutzoll, den wir hier dokumentieren und der in einzelnen Phasen der Revolution zur Menschenschlächterei ausartete, war mitverantwortlich dafür, daß Frankreich wenige Jahre später erneut in die Klauen neuer Machthaber fiel, die die meisten Errungenschaften der blutigen Revolutionsjahre ständig beschneiden sollten.
Die Französische Revolution forderte bereits am ersten Tag, dem 14. Juli 1789, ihre Opfer beim Sturm auf die Bastille. König Ludwig XVI. schrieb an diesem Tag in sein Tagebuch: »Nichts.« Am gleichen Tag erlebte ein Angehöriger der Bastille, Leutnant von Flüe, ein Schweizer, diese Ereignisse, die er seinem Bruder in einem Brief mitteilte:

»Man wollte nichts von Kapitulation wissen. Ein allgemeines Geschrei, man solle die Tore öffnen und die Fallbrücke herablassen, war die einzige Antwort. Ich meldete dem Gouverneur, was vorging, begab mich unverzüglich zu meinen Leuten und erwartete den Augenblick, wo Herr Launay seine Drohung vollziehen werde. Ich wunderte mich sehr, als ich einen Augenblick später vier Invaliden sah, die sich dem Portal näherten, es öffneten und die Fallbrücke herunterließen. Im gleichen Augenblick war die Festung mit Volk angefüllt, das sich unser bemächtigte und uns entwaffnete. Wir mußten fürchten, auf hunderterlei Weise ermordet zu werden. Man plünderte und verheerte das ganze Schloß. Wir verloren alles, was wir bei uns hatten.
Endlich wurde ich mit einigen von meinen Soldaten, die während dieser Verwirrung bei mir geblieben waren, hinaus und nach dem Rathaus geführt. Auf dem ganzen Weg, der fast eine Viertelstunde weit ist, waren die Straßen und Häuser bis auf die Dächer hinauf mit unzähligem Volk besetzt, welches mir nichts als Fluchworte und Drohungen zurief. Unterwegs wurden zwei von meinen Soldaten von dem rasenden Volk ermordet und mehrere schwer verwundet. Ich

Paris, 14. Juli 1789: »Im gleichen Augenblick war die Festung mit Volk angefüllt, das sich unser bemächtigte und uns entwaffnete. Unterwegs wurden zwei von meinen Soldaten von dem rasenden Volk ermordet ...« Ein Schweizer aus der Garde des Königs von Frankreich schreibt so über den Sturm auf die Bastille an seinen Bruder.

selbst hatte während dieses Zuges eine Menge von Bajonetten, Flinten, Degen und Spießen auf meinem Leib. Diejenigen, die keine Waffen hatten, hoben Steine gegen mich auf. Die Weiber knirschten mit den Zähnen und drohten mit den Fäusten. So kam ich unter allgemeinem Geschrei, mit der Aussicht, aufgehängt zu werden, bis auf etwa 200 Schritte zum Rathaus, als man mir schon den Kopf des Herrn Launay auf einer Lanze entgegenbrachte und zum Betrachten darbot. Endlich erreichte ich den Place de Grève, der vor dem Rathaus ist. Man führte mich neben dem ermordeten Platzmajor vorbei, der noch in seinem Blute lag. Man zeigte mir den Leib des Aidemajors. Gegenüber war man im Begriff, zwei Invalidenoffiziere und drei Gemeine an einem Laternenpfahl aufzuhängen ...«

Der Schweizer wurde von der Menge begnadigt. Schon acht Tage später beobachtete der amerikanische Gouverneur in Paris, Morris (1752 bis 1816), der schon im April 1789 George Washington hellsichtig prophezeite, daß in Frankreich »das Gebäude der Freiheit aus bröckligem Stoff« errichtet werden müßte und dieser Stoff möglicherweise »härter wird, wenn er der frischen Luft ausgesetzt wird«, aber auch »zusammenfallen und die Bauleute erschlagen« könne, diese Szene in Paris:

»Ich gehe ... während ich auf meinen Wagen warte, unter den Arkaden des Palais-Royal ein wenig spazieren. Eine Menschenmenge begleitet triumphierend das Haupt und den Körper des Monsieur Foulon, der Kopf steckt auf einer Pike, während der Körper nackt über den Boden geschleift wird. Die entsetzliche Prozession zieht weiter durch die Straßen ...«

Morris erklärte und kommentierte den Vorfall so:

»Das Verbrechen Foulons bestand darin, einen Sitz im Ministerium angenommen zu haben. Die verstümmelten Reste des 70jährigen Greises werden zu seinem Schwiegersohn geschleppt, Berthier, dem Intendanten von Paris, der selbst getötet und in Stücke gehauen wird. Der Pöbel trägt die formlosen Teile mit wilder Freude umher. Großer Gott! Was für ein Volk!«

Am 5. Oktober 1789 stürmte eine hungrige Menge, vornehmlich Marktweiber, die wegen der Brotknappheit erregt war, nach Versailles und holte die königliche Familie auf einem Fußmarsch von mehr als sechs Stunden nach Paris. Der König und seine Familie wurden inmitten entwaffneter Leibgardisten von dem johlenden Volk nach Paris geleitet. Dem Zug wurden wieder abgeschnittene Köpfe, auf Piken aufgespießt, vorangetragen. Einige Marktfrauen ritten auf Kanonen, die im Zug mitgeführt wurden. Der König und die Nationalversammlung standen in Paris von nun an unter dem Druck der Straße. Das Volk von Paris kleidete sich in lange Hosen und steckte dreifarbige Kokarden an seine phrygischen Mützen. Die Anrede »Monsieur« wurde durch »Citoyen« (Bürger) ersetzt.

Das Jahr 1790 brachte Frankreich die Inflation und die Verstaatlichung der Kirche, wobei die meisten Geistlichen den Eid auf den Staat ablehnten. Tausende von Adligen emigrierten heimlich ins Ausland. Nach dem Tod des »Vermittlers« Mirabeau (1749 bis 1791), den der Dichter Lamartine (1790 bis 1869) »Die Vernunft eines Volkes« nannte, riß jede Verbindung zwischen dem König und der Revolution ab. Im Juni 1791 scheiterte ein Fluchtversuch des Königs mit seiner Familie, er wurde danach politisch völlig entmachtet und blieb lediglich »Automat der Verfassung«, die im September 1791 neu verkündet wurde und eine parlamentarische Monarchie errichtete, welche die bereits im August 1789 verkündeten Menschenrechte garantierte. In der neuen Gesetzgebenden Versammlung (über 50 Prozent sind Juristen und Anwälte) saßen noch etwa 20 königstreue Feuillants, die im März 1792 aufgelöst wurden, etwa 250 Girondisten (Liberale, deren Führer aus dem Departement Gironde stammten; Republikaner und Föderalisten), etwa 30 radikale Jakobiner, die in Paris die Kommune beherrschten (nach dem aufgelösten St.-Jakobs-Kloster benannt, wo sie sich als »heilige Liga gegen die Feinde der Freiheit« zusammenfanden), und einige »Indépendents« (Unabhängige) ohne klares politisches Programm.

Versailles-Paris, 5./6. Oktober 1789: Zwei abgeschnittene Köpfe von Gardeoffizieren, auf Piken aufgespießt, werden dem Zug vorangetragen, der den König und seine Familie nach Paris holt.

Die absolutistisch regierten Nachbarländer, vor allem Österreich, die Heimat der Königin Marie-Antoinette, schlossen sich im Juli 1792 zu einer Kriegskoalition gegen das neue Frankreich und zur Befreiung des französischen Königs zusammen. Preußen und Österreicher wollten im Herbst 1791 wieder zu Hause sein, nachdem sie »die Armee der Advokaten tüchtig geklopft« hätten. Aber die Franzosen antworteten auf diese Provokation des Auslands mit spontanen Willenskundgebungen zum Kampf mit dem Mut der Verzweiflung, um die Revolution zu retten. Marseiller Bürger, radikale Republikaner, machten in Paris mit Liedern und Säbeln die Straßen unsicher. Sie verbreiteten die »Marseillaise«, die spätere Nationalhymne. Am 10. August 1792 entlud sich die seit langem angestaute Unzufriedenheit des Volkes mit der Entwicklung der Revolution, ihre Wut über die ausländische Provokation und der Haß auf Adel und Königtum sowie auf die adligen Emigranten, die in Koblenz den Grafen der Provence zum Regenten im Exil ausgerufen hatten, im Sturm auf die Tuilerien. Ein Sohn reicher Eltern in Bordeaux, aber republikanisch gesinnter Student in Paris, schrieb über die Ereignisse dieses Tages an einen Freund in Bordeaux:

»Nun sind sie wirklich gekommen, die Tage der Wut des Volkes, und die Blitze seiner Rache schlagen überall ein; diese Rache ist schrecklich, exemplarisch und ewig denkwürdig: Der 10. August 1792 wird für die Nachwelt das Bild vom 14. Juli 1789 abrunden, und wenn die Erstürmung der Bastille für immer die Eroberung unserer Rechte, den Sturz des Despotismus und das Erwachen des unterdrückten souveränen Volkes besiegelt hat, so werden die großen Ereignisse des heutigen Tages für immer den festen Bestand unserer Freiheit, die Fortführung der Revolution, die Bestrafung der Verschwörer und den Schrecken unserer Feinde besiegeln ... Die Stadt, die Vorstädte und die Föderierten eilen zugleich vor den Palast des Tyrannen und in die Nähe der Nationalversammlung, die schon vorgestern ihre Sitzung für permanent erklärt hatte. Eine angeblich nationale Streife, mit Säbeln, Pistolen und Dolchen bewaffnet und aus Priestern, Höflingen und Dienern des Hofes zusammengesetzt, wird überrascht, verhaftet und eingekerkert; mit Tagesanbruch beginnen die Hinrichtungen durch das Volk, und die von den Sektionen abgeurteilten und anschließend dem Volke ausgelieferten Schuldigen werden auf der Stelle erwürgt und enthauptet. Sieben Köpfe werden in den Tuilerien und deren Umgebung herumgezeigt. Dieses schaurige Ereignis war nur der Vorläufer eines anderen, noch viel schrecklicheren Ereignisses ... (Es) nähert sich ein Trupp von Föderierten aus Marseille und von einigen Veteranen der Nationalgarde den Schweizern, die kampfbereit im Hof des Schlosses stehen, und fordert sie auf, sich dem Volke anzuschließen und jeden Keim der Zwietracht zu ersticken. Die Schweizer lassen sie herankommen und blicken ihnen freundlich entgegen; plötzlich aber gibt ihr Bataillon eine Salve ab und zerschmettert die Marseiller, die ihnen Friedensvorschläge machen wollten; mehrere Kanonen, die im Schloß in den Fensteröffnungen aufgestellt sind, fegen eine Ansammlung von Bürgern hinweg, die in Waffen auf dem angrenzenden Platz bereitstehen; das Volk flieht mit lautem Geschrei. Die Artillerie der Pariser Kanoniere, die in der Nähe ist, erwidert das Feuer und zerstreut das Bataillon der Schweizer, die sich in das Innere des Schlosses zurückziehen und aus den Fenstern feuern. Drei Feldgeschütze der Marseiller schießen von der Terrasse der Feuillants aus das Schloß in Trümmer; das Volk strömt von allen Seiten zusammen, um den Kanonieren zu helfen; die Lastträger der Markthalle eilen wohlbewaffnet herzu, vor ihnen her sprengt die berittene Nationalgendarmerie. Rasch ist das Schloß erstürmt, die Schweizergarden ermordet, ihre Anführer enthauptet und viele von ihnen aus den Fenstern geworfen ... Die Zahl der Opfer der Volkswut beläuft sich, wie es heißt, auf elfhundert. Man kann nicht einen Schritt tun, ohne auf einen Kopf, auf einen Leichnam, auf noch zuckende Glieder zu stoßen; die Straßen sind besät mit diesen gräßlichen Überbleibseln. Bei mehreren Schweizergarden hat man in der Tasche eine große Menge Geld in Münzen gefunden: diese Unseligen hatten sich für Gold und Wein verkauft ...«

Der junge Student aus Bordeaux machte seinem Freund im gleichen Brief klar: »Das Volk ist grausam gewesen ..., aber viele Umstände verschlimmern die Verbrechen des Hofes und rechtfertigen das Verhalten des Volkes!« Ein anderer Augenzeuge, der damals 23jährige Leutnant Bonaparte und spätere Napoleon I., bezeichnete das stürmende Volk jedoch als »gemeinsten Pöbel« und erzählte – 28 Jahre später – dem Grafen Las Cases auf St. Helena stolz über die Wirkung seiner Person: »Obschon ich nichts Außergewöhnliches in meinem Anzuge hatte, oder vielleicht, weil mein Gesicht ruhiger als das anderer war, lenkte ich viele feindliche und mißtrauische Blicke auf mich, wie etwa auf einen Unbekannten oder Verdächtigen ...«

Am Abend des 10. August 1792 hatte Frankreich keinen König mehr, die königliche Familie wurde im »Temple«, dem jahrhundertealten Turm der »Templer« (siehe Seite 148 ff.), interniert. Ein republikanischer Nationalkonvent wurde gewählt, in dem sich zum erstenmal in einem wirklich revolutionären Parlament der Geschichte echte Rechte und Linke (abgesehen von einer ziemlich unorientierten Mitte) gegenüberstanden: Rechts standen die Girondisten, die jedoch genauso republikanisch gesonnen waren wie die Linken der »Bergpartei«; diese aber wollten die Diktatur der Straße, weil nur so, wie ihre Führer Danton (1759 bis 1794), Marat (1743 bis 1793), Saint-Just (1767 bis 1794) und Robespierre (1758 bis 1794) meinten, die Revolution siegen könnte.

Am 2. September 1792 erfuhr Paris von der Kapitulation Verduns vor den Preußen. Die Linke sah die Chance zu einem Volksaufstand. Danton, Marat und die Pariser Kommune ließen Plakate anschlagen: »Das Volk muß sich selbst Gerechtigkeit verschaffen. Bevor wir an die Grenze eilen, wollen wir die schlechten Bürger richten!« Diese »schlechten« Bürger waren mehrere Tausende in den Pariser Gefängnissen sitzende Aristokraten, Verwandte von Emigranten, Priester, Kriminelle und auch viele Unschuldige. Vom 2. bis 7. September ließen »Volksrichter« und Polizei die Gefängnisse »reinigen«. Allein in drei Tagen dieser Zeit der »Septembermorde“ wurden rund 1400 Inhaftierte bestialisch niedergemacht. In einem der Gefängnisse saß in diesen Tagen ein Rechtsanwalt, der wegen eines angeblichen Mordes denunziert und gefangengesetzt worden war. Unter dem Eindruck der ersten Morde, die er von seinem Gefängnisfenster aus beobachtete, schrieb er sein Testament. Was er dann weiter erlebte, ständig in Gefahr, selbst umgebracht zu werden, geben diese Auszüge aus seinen Memoiren wieder:

»Kaum hatte ich die Feder niedergelegt, als ich abermals zwei uniformierte Männer kommen sah, von denen der eine, dessen Arm und Rock ebenso wie sein Säbel voll Blut waren, sagte: ›Seit Stunden haue ich links und rechts Gliedmaßen ab, ich bin müder als ein Maurer, der seit zwei Tagen Gips rührt.‹ Sie sprechen danach von Rulhière, dem sie in Aussicht stellten, ihn alle Grade der grausamsten Qualen erleiden zu lassen; sie schworen mit den greulichsten Eiden, dem den Kopf abzuschlagen, der ihm einen Gnadenstoß geben würde. Nachdem der unglückliche Soldat ihnen ausgeliefert worden war, führten sie ihn mit dem Ruf ›Im Namen des Gesetzes‹ fort, dann entkleideten sie ihn, gaben ihm mit aller Kraft flache Säbelhiebe, die ihn bald bis auf die Eingeweide zerfleischten, und

Paris, 10. August 1792: Nach dem Sturm auf die Tuilerien, wo die Schweizergarde von den Kanonieren der Pariser Artillerie zusammengeschossen wird, schreibt ein Augenzeuge: »Die Zahl der Opfer der Volkswut beläuft sich, wie es heißt, auf elfhundert ...«

ließen das Blut aus seinem ganzen Körper triefen. Endlich nach einer halben Stunde schrecklicher Schreie und mutigsten Ringens mit seinen Mördern starb er. Eine Dreiviertelstunde danach, das heißt ungefähr um vier Uhr morgens, wurde Baudin de la Chenaye geholt und gezwungen, sich anzukleiden. Da sich sein Zimmer unter dem meinen befand und unsere Fenster offenstanden, hörte ich den Schließer sagen, als er seinen Hut nehmen wollte: ›Lassen Sie ihn da; Sie brauchen ihn nicht mehr.‹ Er ging hinaus und schritt mit der Festigkeit des Philosophen zwischen den beiden Männern dahin, von denen ich eben sprach, er kam zum Büro des Wärters, wo eine Art Verhör stattfand, nach welchem der Verhörende befahl, ihn ›zur Abtei‹ zu führen; was soviel hieß wie: ›Schlagt ihn tot!‹ Er schritt also durch das verhängnisvolle Einlaßpförtchen und stieß einen Schreckensschrei aus, als er einen Haufen Leichen erblickte, bedeckte die Augen und das Gesicht mit den Händen und stürzte, durchbohrt von Stichen ...
Wir hörten und sahen alsbald sogar von unseren Fenstern aus, unter denen wir auf dem Bauch lagen, um nicht bemerkt zu werden, zwölf oder fünfzehn bis zu den Zähnen bewaffnete und zum größten Teil mit Blut beschmierte Männer, die mit leiser Stimme im Garten berieten. ›Wir wollen nochmal in alle Zimmer

hinaufgehen‹, sagte einer von ihnen, ›es soll kein einziger übrig bleiben; kein Mitleid!‹ ...«

Als der Anwalt schließlich ebenfalls zum Verhör geholt wurde, entdeckte der »Volksrichter« nichts Belastendes in seinem Gefängnisregister und ließ ihn frei. Das Volk führte ihn weg und versicherte ihm, er »stünde unter ihrem Schutz«:

»So ging ich durch die Rue des Balletts, auf der an jeder Seite eine Dreierreihe von Menschen beiderlei Geschlechts und jeden Alters stand. An ihrem Ende angekommen, fuhr ich vor Entsetzen zurück, als ich in dem Bach einen ungeheuren Haufen nackter Leiber erblickte, mit Schmutz und Blut besudelt, auf die ich einen Eid ablegen mußte. Ein Mörder war hinaufgestiegen und spornte die anderen an; ich sprach die Worte aus, die sie von mir forderten, als ich von einem meiner Klienten erkannt wurde, der zweifellos durch Zufall vorbeikam. Er verbürgte sich für mich, umarmte mich tausendmal und bewog sogar die Mörder zum Mitleid mit mir ... Es war ungefähr zwei Uhr, als die Mörder, von Müdigkeit überwältigt und nicht mehr imstande, die Arme zu heben, obgleich sie beständig Branntwein tranken, in den Manuel Kanonenpulver hatte mischen lassen, um ihre Wut wachzuhalten, sich im Kreis auf die vor dem Gefängnis liegenden Leichen setzten, um Atem zu schöpfen. Eine Frau kam mit einem Korb voll Brötchen vorbei; sie nahmen sie ihr weg und tauchten jeden

Bissen in die Wunden ihrer noch zuckenden Opfer. Selbst Kannibalen zeigten sich niemals so blutgierig und barbarisch. Die Inhaftierten des Gefängnisses, das ich verließ, waren nicht die einzigen unter der Mordaxt; die der anderen Gefängnisse, der Kirchen und Klöster gehörten ebenfalls dazu ...«

Eine von der Revolution enttäuschte Republikanerin, die »Bürgerin« Madame Roland, in deren Salon auch Robespierre noch 1791 verkehrte und die dann selbst am 8. November 1793 auf dem Schafott starb, schrieb am 9. September 1792 an einen Freund:

»... Marat unterzeichnet Tag und Nacht die abscheulichsten Anzeigen gegen die Versammlung und den Rat (Konvent) und schlägt sie öffentlich an: ihr werdet sehen, daß man die eine wie den andern als Opfer schlachten wird. Ihr werdet das erst für möglich halten, nachdem es geschehen ist, und werdet umsonst darüber stöhnen. Mein Freund Danton hat die Führung des Ganzen; Robespierre ist seine Puppe; Marat hält die Fackel und den Dolch; dieser wilde Tribun herrscht, und wir sind nichts weiter als die Unterdrückten, bis wir als seine Opfer fallen.
Wenn Sie die schauderhaften Einzelheiten der Rachezüge kennten! Die Frauen brutal vergewaltigt, ehe sie von diesen Tigern zerrissen wurden, die Gedärme herausgeschnitten und als Ordensbänder getragen, Menschenfleisch blutig gegessen! – Sie kennen meinen Enthusiasmus für die Revolution, nun, ich schäme mich ihrer! Sie ist von Bösewichtern befleckt, sie ist ekelhaft geworden! In acht Tagen – was weiß ich? Es ist erniedrigend, am Platz zu bleiben, und es ist nicht erlaubt, Paris zu verlassen; man schließt uns ein, um uns im günstigsten Augenblick den Hals abzuschneiden. Leben Sie wohl, machen Sie es wie Louvet im Konvent, machen Sie es wie mein Mann, wenn das noch ein ehrenhaftes Mittel zur Rettung sein kann; wenn es für uns zu spät ist, rettet wenigstens das übrige Reich vor den Verbrechen dieser Rasenden ...«

Hier noch ein Auszug aus einem Brief der Madame Jullien an ihren Mann, der wenige Tage nach den Septembermorden in den Konvent gewählt wurde:

»... Ich bin von Grauen, von Entsetzen gepackt; ich weiß nicht, was ich empfinden soll. Vernimm die Einzelheiten, die ich von sechs Maurern höre, die von ihrer Arbeit kommen. Ein Bataillon von Leuten aus dem Volk hat sich, unter dem Eindruck der drohenden Gefahr, im Fall des Gelingens eines Komplotts oder des Herannahens der Preußen die Übeltäter aller Gefängnisse über uns herfallen zu sehen, Richter zur Begleitung ausgewählt und ist von Gefängnis zu Gefängnis gezogen. Alle Gefangenenlisten wurden vorgeholt. Die Diebe wurden getötet, die Assignantenfälscher getötet; die Schuldhäftlinge freigelassen, die Händelsucher entlassen, die jungen Leute, die wegen leichtsinniger Streiche festgesetzt waren, in die Bande aufgenommen. So hat man die Gefängnisse völlig geleert ... Die nationale Gendarmerie und die andern Truppen sagen zu den Bürgern: ›Kameraden, wir lassen euch unsre Frauen, unsre Kinder; schützt sie vor den Feinden im Innern, die sie töten könnten, während wir fort sind, um die von draußen zu bekämpfen.‹ Diese neuen Exekutionen einer schrecklichen und barbarischen

Justiz vollzogen sich, heißt es, in ungewöhnlicher Ruhe. Mehrere Priester sind der Volksrache geopfert worden. Diese Maurer haben an den Toren der Gefängnisse Haufen von Leichen gesehen. Meine tiefe Menschlichkeit läßt mich über das Schicksal weinen, das Schuldige und unglückliche Unschuldige zusammenwirft. Mein Gott! habe Erbarmen mit einem Volk, das man so reizt; daß es auf den Weg des Blutbads getrieben wird, rechne ihm nicht an.«

Der Konvent hatte Frankreich zur Republik erklärt, der König wurde auf Antrag Robespierres in einem Schauprozeß mit 361 : 360 Stimmen zum Tode verurteilt, das Urteil am 21. Januar 1793 durch die »Guillotine« vollstreckt. Am 27. Oktober 1793 mußte schließlich Königin Marie-Antoinette unter das Fallbeil. Diese »Guillotine« war eine von dem Arzt Guillotin befürwortete Fallbeilmaschine zur »Humanisierung der Hinrichtung«.

Der Druck von außen auf die Republik war ab März 1793 immer stärker geworden. Der Oberbefehlshaber der Revolutionsarmeen war zum Feind übergelaufen. Niederlagen an den Fronten, die bereits überall über die Grenzen Frankreichs ins Landesinnere getragen wurden, Hungersnöte, Inflation und Unruhen auf dem Lande – ein Aufstand der Königstreuen in der Vendée in Nordwestfrankreich wurde von den Engländern unterstützt – gefährdeten die Revolution. Da setzte im Juli 1793 der Nationalkonvent eine diktatorische Regierung unter Robespierre und seinen »Schwertträgern« Saint-Just, Marat und Danton ein. Ein Sicherheitsausschuß mußte Verdächtige aufspüren, die dann der Revolutionsgerichtshof ohne Berufungsmöglichkeit aburteilte. Damit hatte die

1793, Dezember: »Die ganze Loire abwärts ... nährten sich Scharen von Krähen und Raubvögeln von nackten Leichen ...« Die Liquidierungen in den Departements standen hinter dem Blutterror in Paris nicht zurück.

Revolution endgültig den Boden unter den Füßen verloren, radikale Gesetze und Justizterror setzten praktisch die verkündeten Menschenrechte wieder außer Kraft. Im September 1793 erklärte ein Gesetz alle »Feinde der Freiheit« zu Verrätern. Girondisten, noch nicht ausgewanderte Adlige, alle gegen die »Freiheit« sich verdächtig äußernde Personen, aus welchem politischen Lager sie auch immer kamen, fielen vom September 1793 bis Juli 1794 zu Tausenden als »Verdächtige« der »Schreckensherrschaft« in Paris und dem gleichzeitigen Terror in den Departements von Frankreich zum Opfer.

Obwohl Ende 1793 die Revolution im Innern überall gesiegt hatte und von außen die unmittelbare Gefahr für die Republik vorbei war, wurden die Massenliquidierungen fortgesetzt. Die republikanischen Generäle La Hoche und Kléber, der später unter Napoleon diente, führten einen brutalen Ausrottungskrieg gegen die Royalisten in der Vendée und andere Königstreue in der Bretagne. Robespierre schickte sogar seine Mitkämpfer von gestern auf die Guillotine. Camille Desmoulins (1760 bis 1794), der im Juli 1789 im Garten des Palais-Royal das Volk von einem Gartenstuhl aus für die Revolution begeisterte, schrieb in seinem Abschiedsbrief an seine Frau, bevor er am 5. April 1794 unter dem Fallbeil endete: »Meine gebundenen Hände umarmen Dich, mein Herz schlägt noch für Dich, und mein abgeschlagenes Haupt öffnet noch einmal seine sterbenden Augen für Lucile ... Dein Camille.«

Ein Abbé Carrichon wohnte im April 1794 einer der Massenhinrichtungen, die fast täglich erfolgten, auf Bitten von verurteilten adligen Damen bei und erteilte ihnen auf dem Wege zur Hinrichtung die Absolution. Hier ein Auszug aus seinem Augenzeugenbericht:

»... Alle waren jetzt ausgestiegen, die Opferung sollte beginnen. Die laute Freude, die abscheulichen Witze der Zuschauer verdoppelten und verstärkten die Qual der Todesstrafe, die an und für sich schmerzlos ist, aber grausam wird durch die drei aufeinanderfolgenden Schläge und den Anblick von soviel vergossenem Blut. Der Henker und seine Knechte stiegen hinauf und ordneten alles an. Der oberste zog einen blutroten Mantel über seine Kleider. Er stellte sich links auf, an der Westseite, und seine Gehilfen rechts, an der Ostseite, mit dem Blick nach Vincennes. Besonders der große Knecht war der Gegenstand der Bewunderung und des Lobes der Kannibalen, wegen seiner Tüchtigkeit und Besonnenheit, wie sie sagten. Als alles geregelt war, stieg der alte Mann mit Hilfe der Henker hinauf. Der Henkermeister packte ihn am linken Arm, der große Knecht am rechten, der zweite bei den Beinen; im Nu lag er auf dem Bauch, der Kopf wurde abgeschlagen und der völlig bekleidete Körper sofort in einen riesigen Sturzkarren geworfen, wo alles im Blut schwamm; und so ging es immer weiter. Welche entsetzliche Schlächterei! ... Die Marschallin stieg als dritte hinauf. Ihr Halsausschnitt mußte aufgeschnitten werden, um den Hals zu entblößen. Madame d'Ayen stieg als zehnte hinauf. Wie froh sie schien, vor ihrer Tochter sterben zu können, und wie zufrieden die Tochter, der Mutter nicht voraufgehen zu müssen! Der Henker riß ihr die Haube ab. Da sie mit einer Nadel

Paris, 1793: Nach dem Sturz der Girondisten und der Errichtung eines diktatorischen Regimes unter Robespierre beginnt die Schreckensherrschaft. Tag für Tag karrte man Girondisten, Liberale und alle »Verdächtige« zu den Guillotinen.

festgesteckt war, die er herauszuziehen vergaß, verursachte das gewaltsam hochgezerrte Haar ihr Schmerzen, die sich in ihren Zügen ausdrückten. Sobald die Mutter verschwunden war, nahm die Tochter ihren Platz ein. Wir rührend, diese ganz in Weiß gekleidete junge Frau zu sehen! Sie erschien viel jünger, als sie in Wirklichkeit war. Sie bot sich dar wie ein sanftes, zartes Lamm, das man schlachten will ...«

Über die Liquidierungen in der Provinz schrieb später ein englischer Historiker:

»... Während die täglichen Wagenladungen von Opfern durch die Straßen von Paris gefahren wurden, schwelgten die Prokonsuln, welche der souveräne Ausschuß nach den Departements geschickt hatte, in einem Übermaß von Grausamkeit, wie es selbst in der Hauptstadt unbekannt war. Das Messer der Todesmaschine hob und senkte sich zu langsam für ihre Blutarbeit. Da wurden lange Reihen von Gefangenen durch Kartätschen niedergemäht und überfüllte Barken leckgemacht. Die ganze Loire abwärts von Saumur nährten sich Scharen von Krähen und Raubvögeln von nackten Leichen, die in widerlichen Umarmungen verschlungen waren.

Den Weg der Eroberer wie Attila, Dschingis-Khan, Alexander der Große und Napoleon I. säumten Tausende von Leichen, wie dieses symbolistische Gemälde zeigt.

Weder Alter noch Geschlecht fand Gnade. Die Zahl der jungen Burschen und siebenzehnjährigen Mädchen, welche durch diese fluchwürdige Regierung gemordet wurden, läßt sich nach Hunderten berechnen. Säuglinge von der Mutter Brust gerissen, schleuderte man von Pike zu Pike durch die jakobinischen Reihen ...«

Die Warnungen und Mahnungen ausländischer Sympathisanten mit der Revolution, die Schlächtereien einzustellen, wurden in den Wind geschlagen. Der Philosoph Lavater (1741 bis 1801) zum Beispiel schrieb aus Zürich an Hérault de Séchelles, einen Freund Dantons (beide wurden im April 1794 guillotiniert) in einem aufrüttelnden Brief: »Im Namen der Menschlichkeit beschwöre ich Sie auf den Knien, spottet nicht mehr dem Universum und den künftigen Jahrhunderten! Sprecht nie mehr das Wort Freiheit aus, indem Ihr den allerunerträglichsten Despotismus ausübt ...«

Der Strudel des blutigen Terrors hatte alle mitgerissen, am Ende auch den Zeremonienmeister Robespierre und seine Freunde. Robespierre wurde am 27. Juli 1794 gestürzt und mußte den gleichen Weg gehen, auf dem er laut des Pariser Korrespondenten der Berliner »Vossischen Zeitung« 1376 Menschen allein in Paris in den Tod geschickt hatte. Am 28. Juli meldete die Zeitung aus Paris lakonisch: »Die Köpfe des Robespierre ... und einiger anderer wurden dem Volk gezeigt. Nie sah man noch bei einer Hinrichtung so viele Menschen versammelt wie bei dieser.« Unter den letzten Opfern der großen Revolution Frankreichs war auch der kaltblütigste und fanatischste Revolutionär, Saint-Just, Robespierres liebster Schüler, der einmal gesagt hatte: »Man muß gelassen einherschreiten in Blut und Tränen!«

Von Napoleon, der den Geist der Revolution in wenigen Jahrzehnten unter dem Marschtritt der Stiefel seiner ganz Europa erobernden Armeen zertrat, ist dieser Satz aus dem Jahr 1804 überliefert: »Ich habe Blut vergossen, ich mußte es, ich werde vielleicht noch mehr vergießen, ganz einfach, weil der Aderlaß zu den

Mitteln der politischen Medizin gehört!« Wie wahr er diese Ankündigung machte! Napoleon war ein Eroberer wie viele Pharaonen, wie die Assyrerkönige oder Alexander der Große, wie Attila oder Dschingis-Khan. Auch seinen Weg säumten Tausende von Leichen, angefangen bei den 3000 wehrlosen Gefangenen, die er 1798 auf seinem Vorstoß nach Syrien von Ägypten aus mit Weib und Kind bei Jaffa niedermetzeln ließ, um Pulver und Blei zu sparen. Er hat in Preußen, in Spanien, in Österreich und in Rußland den Tod von Tausenden von Zivilisten zu verantworten, die während seiner Eroberungskriege zum notwendigen »Aderlaß« als »Mittel der politischen Medizin«, wie er sagte, gehörten.
In Lübeck kamen im November 1806 über 100 Bürger während der Einnahme der Stadt durch napoleonische Truppen ums Leben. Ein französischer Augenzeuge, der Korrespondent des französischen Nationalinstituts, Charles de Villers, schrieb in einem Brief:

»Welch eine Nacht! Die meisten Häuser aufgebrochen; mit Lichtern, Getümmel, Gehenden und Kommenden angefüllt; andre auch verschlossen, aus denen man verwirrtes Getöse hervorkreischen, sogar Flintenschüsse darin fallen hörte. So ging ich unter Tränen, unter Stößen, womit die Haustüren eingesprengt wurden, unter Verzweiflungsgeschrei, wildem Geheul, klirrenden Gläsern, Hausgeräte, welches die Verwüster zerbrachen, unter Truppen zu Pferde und zu Fuß, die sich durchkreuzten, auf einem mit stinkendem Kot und Blut besudelten Pflaster; stolpernd über die in den Straßen herumliegenden Menschenleichname und Pferdeäser; einmal fiel ich auf welche und denke noch mit einem nicht ausdrückbaren Grausen daran zurück ... Blutbesudelte Elende benutzten die Ängste des Schreckens, um mit ihren greuelvollen Wollüsten unglückliche Schlachtopfer, halbtote Weiber zu vergiften. Die meisten von ihnen werden ihre Entehrung nicht lange überleben ...«

In dem von ihm vom Zaun gebrochenen weltpolitischen Machtkampf mit Großbritannien unterwarf Napoleon zwischen 1806 und 1812 das europäische Festland und krempelte es mit neugestalteten Vasallenstaaten völlig um. In Spanien stießen seine Truppen im Jahr 1808 jedoch völlig unerwartet auf Widerstand. Die Spanier gaben Europa das erste Beispiel einer Volkserhebung gegen diesen Tyrannen. Napoleon mußte mit der Grande Armée gegen 120 000 mit allen Mitteln des Guerillakrieges gegen die französischen Soldaten vorgehenden spanischen Männer, Weiber, Mönche und Priester antreten. Erst 1812, während Napoleon auf Moskau marschierte, gelang den Franzosen die »Befreiung« Madrids. Unmenschliche Greuel geschahen auf beiden Seiten, dokumentiert von Goya (1746 bis 1828) in seinen Bildern, Zeichnungen und Radierungen »Desastres de la Guerra«. Ein französischer Offizier erzählte später:

»Das ganze Land war gegen uns aufgestanden, in jedem Bewohner trafen wir auf einen Feind ... Burgos zeichnete sich durch eine alte Kathedrale aus ... Die Turmspitze sitzt auf einer vierkantigen Mauer ... Dort hatte eine Abteilung unserer Grenadiere ihre Pferde angebunden ... Den bei den Pferden zurückgebliebenen drei Mann fiel ein Junge von elf bis zwölf Jahren auf, der scheu aus der Tür der zum Turm führenden Treppen hervorlugte, und als er sich bemerkt sah, die Stiegen hinaufhuschte. Neugierig, was der Junge hätte, schlich sich einer der drei Mann nach, und als er nach längerer Zeit nicht zurückkehrte, folgte ihm ein anderer. Auch dieser kam nicht wieder. Da der letzte Mann die Pferde nicht verlassen wollte, wartete er die Rückkehr seiner Kameraden ab und erzählte ihnen vom Verschwinden der beiden. Unheil witternd, machten sich sofort acht Mann auf die Suche und nahmen der Sicherheit halber ihre Karabiner mit. Auf der Treppe sahen sie plötzlich den Jungen eilig vor sich herspringen und in der Tür eines der kleinen Turmgelasse verschwinden. Sie wollten ihm nach, aber die Tür war verschlossen. Da machten sie kurzen Prozeß und sprengten das Schloß mit Schüssen. Als sie eindrangen, sahen sie unsere beiden Kameraden mit durchschnittenen Hälsen tot am Boden liegen und vor ihnen fünf bewaffnete Kapuziner, hinter denen sich der Junge verbarg. Der sich sofort entspinnende Kampf war kurz: In der Wut warfen unsere Grenadiere die Mönche samt dem Jungen zum Turmfenster hinaus.«

In Rußland schließlich war für Napoleons Wahnsinn Endstation. Seine Soldaten – neben den Franzosen standen Polen, Badenser, Hessen, Schweizer, Preußen, Württemberger, Westfalen, Bayern, Italiener, Sachsen und Österreicher in der Grande Armée – bezahlten die an ihn gerichtete Rechnung im russischen Winter, an der Beresina, ständig von der Wut der Russen verfolgt. Ein baltischer Offizier in der russischen Armee notierte in seinem Tagebuch:

»Als ich ein Dorf durchschritt, um Lebensmittel zu requirieren, habe ich beobachtet, wie ein französischer Gefangener für 20 Rubel an die Bauern verkauft wurde; diese tauften ihn mit siedendem Pech und spießten ihn lebendig auf ein zugespitztes Eisenstück auf! Welch ein Greuel! O Menschlichkeit – wie stöhnst du! Die russischen Frauen töten die Gefangenen und Marodeure mit Beilhieben, wenn sie bei ihren Behausungen vorbeikommen ...«

Napoleons Völkerarmee wurde zerfetzt, die Gewalttätigkeiten der Franzosen während der Besetzung Europas grausam gerächt. Und Napoleons Ruhm verging so schnell, wie er gekommen war. Wenige Tage nach der Katastrophe an der Beresina, wo es etwa 17 000 Tote und Verwundete gegeben hatte, schrieb der baltische Offizier diese Sätze in sein Tagebuch:

»Sein Ruhm glich einer Rakete, die in die Höhe steigt, dort einen Augenblick durch ihren Glanz blendet und dann verschwindet ... Die Tapferkeit unserer Truppen hat die Verbrechen dieses Monstrums bestraft. Die Vorsehung hat seine Sklaven vernichtet. Aber wieviel unschuldige Opfer hat es gekostet!«

»Sklaven müssen sein, sonst wäre der Zucker zu teuer«

Portugiesen, Spanier, Engländer, Franzosen, Holländer, Amerikaner und Araber gegen Neger — Sklavenhandel in Europa, Afrika und Amerika vom 15. bis zum 19. Jahrhundert

1444
Erste Sklavenjagd der Portugiesen an der Senegalmündung (bei Dakar)

1520/1521
Beginn der Einfuhr von Negersklaven in Mittel- und Südamerika durch die Spanier zur Entlastung der Indianer (auf Anraten von Las Casas)

1563 bis 1570
John Hawkins wird mit dem Sklavenhandel reichster Mann seiner Zeit und Schatzmeister der Königlich-englischen Flotte

bis 1600
Rund eine Million Neger von Afrika nach Amerika versklavt

1711
Quäker in Pennsylvanien beschließen Abschaffung der Sklaverei. Die englische Regierung hebt den Beschluß wieder auf

1713
Engländer erhalten von den Spaniern das alleinige Recht, jährlich etwa 5000 Sklaven nach Mittel- und Südamerika zu liefern

1783 bis 1793
Sklavenhändler aus Liverpool verschiffen und verkaufen 303 737 Negersklaven

1787
Erstes Komitee gegen den Menschenhandel in England

18. Jahrhundert
Sieben Millionen Neger nach Amerika versklavt

1803
Unabhängigkeitserklärung Haitis

1807
Menschenhandel in England für ungesetzlich erklärt

1808
Gesetzliches Verbot des Sklavenhandels in den USA

1830
Ächtung des Sklavenhandels in Portugal

1859 bis 1865
Amerikanischer Bürgerkrieg. Abraham Lincoln verkündet 1862 die Sklavenbefreiung

1867
Ku-Klux-Klan legt in Nashville/Tennessee das Ziel fest, »die Vorherrschaft der weißen Rasse in dieser Republik zu erhalten«

1898
Sklavenbefreiung im Sudan nach Niederschlagung des Mahdi-Aufstandes durch die Engländer

1910
Virginia legt gesetzlich fest, daß »Neger« sei, wer ein Sechzehntel Negerblut in sich trägt. Pro Jahr durchschnittlich etwa 90 Tote durch Lynchjustiz in den USA (92 Prozent davon in den Südstaaten)

»Lauft so schnell ihr könnt! Wenn ihr die jungen Männer nicht fangt, dann packt euch die Alten, die Weiber und die kleinen Kinder. Jeder, der sich wehrt, ist ohne Erbarmen niederzumachen . . .«, rief der portugiesische Kapitän seinen Soldaten zu, als diese im Jahre 1444 zum erstenmal Schwarze an der afrikanischen Senegalmündung jagten und damit den europäischen Sklavenhandel mit afrikanischen Negern eröffneten. Der portugiesische Kapitän bot dann dem Prinzen Portugals die ersten 235 Schwarzen als Kuriosität an. Und der Prinz, Heinrich der Seefahrer (1394 bis 1460), Infant von Portugal, soll große Freude über die »Errettung der armen Seelen, die vordem der Verdammnis der Barbarei anheimgefallen wären«, geäußert haben.

Die Barbarei der Menschenhändler, die von 1444 bis ins 19. Jahrhundert auf portugiesischen, spanischen, holländischen, englischen und französischen Sklavenschiffen insgesamt zwischen 25 und 50 Millionen Neger verschleppten, war ursprünglich eine rein afrikanische Angelegenheit. So wie viele Völker in anderen Erdteilen, unterjochten sich auch die afrikanischen Völker seit frühester Zeit gegenseitig und verkauften sich untereinander. Diese gegenseitige Unterjochung der Afrikaner dauerte in großem Stil bis zur Errichtung der Kolonialherrschaft der Europäer an. In organisierter Form auf kommerzieller Basis, also als klar erkennbarer Sklavenhandel, wurde die Verschiffung von Menschen bereits zur Glanzzeit von Karthago im 5. Jahrhundert v. Chr. praktiziert. Weiterentwickelt wurde der Sklavenhandel vornehmlich von den Arabern auf der Arabischen Halbinsel. Sie beherrschten den Sklavenmarkt an den ostafrikanischen Küsten bis etwa gegen Ende des 7. Jahrhunderts n. Chr. und mit Unterbrechungen weit ins 19. Jahrhundert hinein. Unmengen von Sklaven beförderten sie nach Arabien, wo sie entweder für den dortigen Gebrauch verkauft oder über die Handelswege nach fernen Märkten geschickt wurden. Bis nach Indien und China, ja bis zu den Inseln Südostasiens gelangten so die schwarzen Sklaven. Als die Araber von Osten und Norden immer tiefer in den schwarzen Kontinent eindrangen, wurde die Figur des arabischen Sklavenhändlers auch für viele Angehörige der Völker Zentralafrikas zum menschenverschlingenden Ungeheuer. Die Araber waren die ersten, die den internationalen Sklavenhandel organisiert, und die letzten, die ihn aufgegeben haben. In getarnter Form werden aber noch heute in Saudi-Arabien Sklaven gehandelt und gehalten.

Zu einem wirklich monumentalen Unternehmen jedoch haben nach den heidnischen Afrikanern und islamischen Arabern erst die christlichen Europäer den Sklavenhandel gemacht. Katholiken, Anglikaner, Calvinisten und Lutheraner aus Portugal, Spanien, England, Frankreich, Holland, Dänemark, Schweden und Deutschland waren es, die sich um den höchsten Verdienst beim Handel mit Sklaven stritten und als moralische Entschuldigung für ihre Geschäfte immer wieder darauf hinwiesen, es wäre für die unsterbliche Seele der Afrikaner von Vorteil, wenn man sie aus ihrer heidnischen Umgebung herausholte und dem Segen christlicher Einflüsse aussetzte.

Ende des 15. Jahrhunderts ließen die Portugiesen in Guinea einige Forts anlegen, unter deren Schutz die Sklaven gesammelt und verfrachtet wurden. Später, mit

der Kolonialisierung Amerikas, wo wegen der riesigen Farmen im Süden ein ungeheurer Bedarf an Negersklaven entstand, bauten die Portugiesen in Lagos und Angola große Organisationen zum Export der Afrikaner in die Neue Welt auf. Das notwendige Menschenmaterial brachten ihnen profitgierige Afrikaner selbst zur Küste. Der portugiesische Historiker Joao de Barros (1496 bis 1570), der selbst Gouverneur eines Landstriches in Guinea war, schrieb um 1550: »Die Völker an der afrikanischen Küste, die sich anfangs den Portugiesen widersetzt hatten, fingen an, mit den Europäern in Frieden zu handeln. So oft portugiesische Schiffe ankamen, strömten sie in Mengen zur Küste, um Waren gegen Sklaven einzutauschen. Der König wurde durch andere Reichsangelegenheiten gehindert, an diesem Handel tätigen Anteil zu nehmen; doch wollte er ihn auch nicht gern in den Händen von Privatleuten lassen. Er verpachtete ihn demnach im Jahre 1469 an Fernao Gomes in Lissabon auf fünf Jahre für 200 000 Reales jährlich.«
Als die Lizenz des Gomes ablief, wurde in Lissabon und in anderen Haupt- und Hafenstädten Europas mit »Menschenaktien« und Sklavenfang-Konzessionen gehandelt. Der konzessionierte, weit mehr aber noch der unkonzessionierte wilde Menschenschmuggel, der die Häuptlinge und Könige Afrikas korrumpierte und an der Versklavung ihrer Rassen- und Stammesgenossen mitschuldig machte, führte sehr schnell zur Entvölkerung weiter Gebiete in Westafrika. Von den einheimischen Häuptlingen erstand man 1446 am Senegal 25 Sklaven für ein altes Pferd, um 1460 am Gambia noch 12 Sklaven für denselben Preis, etwas später am Kongo sogar 22 Sklaven für einen fetten Hund. Auf den portugiesischen Sklavenmärkten aber zahlte man bereits zu dieser Zeit für die Sklaven pro Kopf mindestens 100 Dukaten. Das Geschäft lohnte sich, auch dann noch, als das Angebot an Sklaven immer größer wurde und die Preise auf 30 und 10 Dukaten pro Kopf zurückgingen.
Konkurrenz erhielten die Portugiesen ab dem 16. Jahrhundert von flämischen Kaufleuten, denen Kaiser Karl V. das Geschäft mit Afrika und Mittelamerika übertrug. Außerdem gab es da den Engländer John Hawkins, der mit seinem Schiff, das ausgerechnet den Namen »Jesus« trug, zwischen 1563 und 1570 portugiesische Sklavenfrachter und afrikanische Dörfer überfiel und mit dem Sklavenhandel zum reichsten Mann seiner Zeit wurde, ja sogar zum Ritter und Schatzmeister der königlichen Flotte aufstieg. Und es gab englische Gesellschaften, wie die »Royal African Company« oder die »Company of Barbary Merchants«, die allein innerhalb von 40 Jahren 3,5 Millionen afrikanische Sklaven nach Amerika brachten. Ein mitfühlender portugiesischer Chronist erzählt aus der Zeit der ersten Entdeckungsfahrten:

»Man schaffte die Gefangenen an Land. Sie waren schwarz und so häßlich von Angesicht und Wuchs, daß man dachte, sie kämen aus einer niedrigeren Welt. Aber wer wäre so hartherzig gewesen, mit ihnen kein Mitleid zu empfinden? Einige senkten tief das von Tränen überströmte Gesicht. Andere richteten den Blick gen Himmel und jammerten laut. Wieder andere schlugen sich mit der Faust ins Gesicht. Dann warfen sie sich der Länge nach auf den Boden. Einige stimmten

Klagegesänge aus ihrer Heimat an. Wir konnten die Sprache zwar nicht verstehen, aber der traurige Ton griff uns ans Herz. Ihr Schmerz wurde noch dadurch vergrößert, daß man die Familien auseinanderriß. Da wurden die Eltern von ihren Kindern und die Männer von ihren Frauen geschieden. Die Beamten übten keine Rücksicht und regelten alles nach Willkür. Kaum aber war die erste Verteilung erfolgt, da eilten die Söhne zu ihren Vätern zurück, und die Mütter umklammerten verzweifelt ihre Kleinen. Sie streckten sich auf dem Boden aus. Sie jammerten nicht, als die Peitschenhiebe auf ihre nackten Körper niedergingen. Doch vergebens hofften sie, man würde ihnen schließlich die Kinder belassen ...«

Solche Szenen wiederholten sich durch Jahrhunderte hindurch fast täglich. »Tausende von Geschäftsleuten in nahezu allen Seehäfen Europas« bereicherten sich »am Geschäft mit schwarzer Haut«, wie erst kürzlich der Engländer James Pope-Hennessy erforschte und dabei die Rolle der Engländer als »Entwicklungstechniker« des Sklavenhandels untersuchte. Sie waren es nämlich, die den Bau von Sklavenschiffen perfektionierten, die extra grell gefärbte Baumwollstoffe für den Handel mit den Schwarzen webten, weil diese daran besondere Freude hatten; die Engländer brannten auch billigen Schnaps für sie, schmiedeten Maulsperren, Fußfesseln und Vorhängeschlösser für die Sklaven sowie primitive Gewehre für ihre afrikanischen Handelspartner. Wie bei einer Ladung Palmöl, Wein oder Holz wurden Konnossemente (Frachtbriefe), vom Kapitän unterzeichnet, ausgestellt. In einem solchen Frachtbrief, am 1. Februar 1766 in Senegal ausgefertigt, hieß es: »Verladen mit Gottes Gnade und in guter Verfassung von James Marr in und auf dem guten Schiff ›Mary Borough‹, dessen Führer, nächst Gott, für die bevorstehende Reise Kapitän David Morton ist, und das nun bei der Barre des Senegal vor Anker liegt und welches mit Gottes Gnade nach Georgia in Süd-Carolina bestimmt ist, in Worten: vierundzwanzig prima Sklaven und sechs prima weibliche Sklaven, gemarkt und numeriert wie am Rande angegeben ...«.
Über solche Fahrten »mit Gottes Gnade« und die Leiden der armen Schwarzen im Bauch des Schiffes gestand der Kapitän eines anderen Sklavenschiffes: »Ihr Schluchzen und ihre leidvollen Lieder haben meine Seele oft sehr in Unruhe versetzt. Ich erhob mich dann und versuchte, sie wieder zu beruhigen. Aber oft waren meine Bemühungen vergeblich ... und einige blieben bei der Vorstellung, man wolle sie schlachten.«
Von 1000 in Afrika eingefangenen Sklaven sollen nach Schätzungen schon 200 beim Transport zum Hafen gestorben sein, weitere 320 sollen während der Überfahrt und weitere 150 während der ersten Jahre in der Neuen Welt gestorben sein. Im Tauschhandel gegen Glasperlen, Stoffe und Schnaps »kauften« sich die Sklavenjäger in Afrika ihre Opfer. Oft überfielen sie auch nachts die Dörfer, töteten Frauen und Kinder und trieben die Männer zusammen. Der Marsch danach zum Hafen war oft sehr lang, da die Sklavenkarawanen meist tief im Landesinneren zusammengestellt wurden. In einem zeitgenössischen Bericht heißt es:

»Man legte jedem Sklaven eine hölzerne Gabel von acht bis neun Fuß Länge um den Hals. Ein eiserner angenieteter Haken schloß von hinten die Gabel, so daß

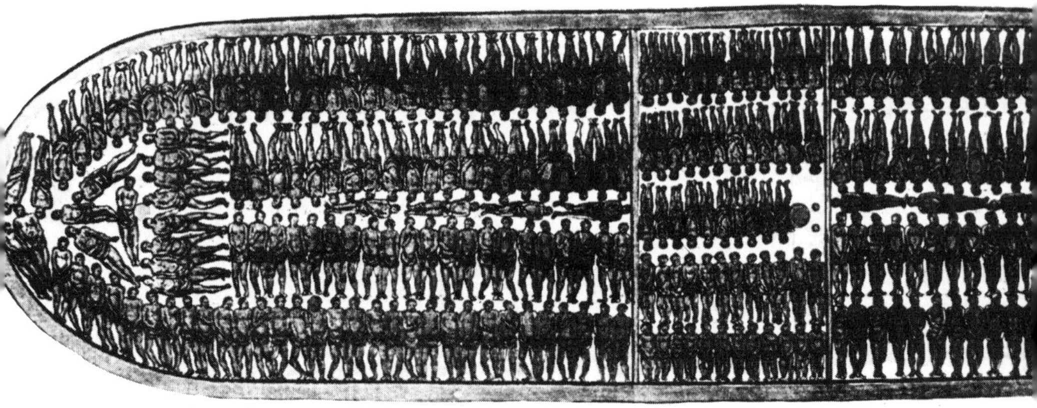

Dieser Querschnitt durch zwei Zwischendecks im Innern eines Sklavenschiffes zeigt klar, wie dicht gedrängt die »Ware« Mensch in schwarzer Haut geladen wurde. Es gab Schiffe, die auf diese Weise bis zu 600 Sklaven beförderten.

der Kopf nicht hindurch konnte. Der Stiel der Gabel, der aus hartem und schwerem Holz bestand, fiel vorn herunter und hemmte den Träger so, daß er mit seiner Last nicht fortkommen, ja sie nicht einmal aufheben konnte. Um den Trupp in Marsch zu setzen, stellte man die Sklaven hintereinander auf. Man legte das Ende jeder Gabel auf die Schulter des Vorangehenden; und den ersten Sklaven setzte ein Führer wie an einem Leitseil in Bewegung ... Solche Vorsichtsmaßregeln waren notwendig, weil der Käufer bei einer etwaigen Flucht des Sklaven gesetzlich alle Rechte auf ihn verlor ...«

Das Grauen an Bord während der Überfahrt muß unbeschreiblich gewesen sein. Ernest Bornemann beschrieb es in seinem Buch »American Negro Music« so:

»In der Enge der dicht beieinanderliegenden Schiffsdecks hatten die Sklaven nicht mehr als 1,20 bis 1,50 Meter an Länge und 60 bis 90 Zentimeter an Höhe, so daß sie weder ausgestreckt liegen noch aufrecht sitzen konnten. Sie waren gefesselt – die rechte Hand an das linke Bein –, jeweils in Reihen an lange Eisenstangen angeschlossen. In dieser Lage verbrachten sie die Monate ihrer qualvollen Reise. Sie kamen nur einmal täglich für weniger als eine Minute an Deck, um ihre Bedürfnisse zu verrichten. Die gedrängte Dichte von so vielen nackten menschlichen Lebewesen, ihr zerschlagenes, schwärendes Fleisch, die grassierende Ruhr und die ständige Ansammlung von Schmutz machten es für jeden Europäer unmöglich, sich länger als einige Minuten in den Sklavenräumen aufzuhalten, ohne ohnmächtig zu werden. Die Neger aber wurden ohnmächtig und erholten sich; oder sie wurden ohnmächtig und starben ...«

Es gab Schiffe, auf denen bis zu 600 Sklaven transportiert werden konnten. Aber etwa ein Drittel der menschlichen Ware fiel unterwegs Seuchen, Krankheiten, Strafen für Aufruhrversuche und Selbstmorden zum Opfer. Ein Augenzeuge: »Nicht wenige erdolchten, erhängten oder ertränkten sich.« Und auch die Seeleute, die auf den Sklavenschiffen für die schwarze Fracht »zuständig« waren, hatten ein Hundeleben. Sie wurden häufig von den Seuchen der Sklaven angesteckt und von

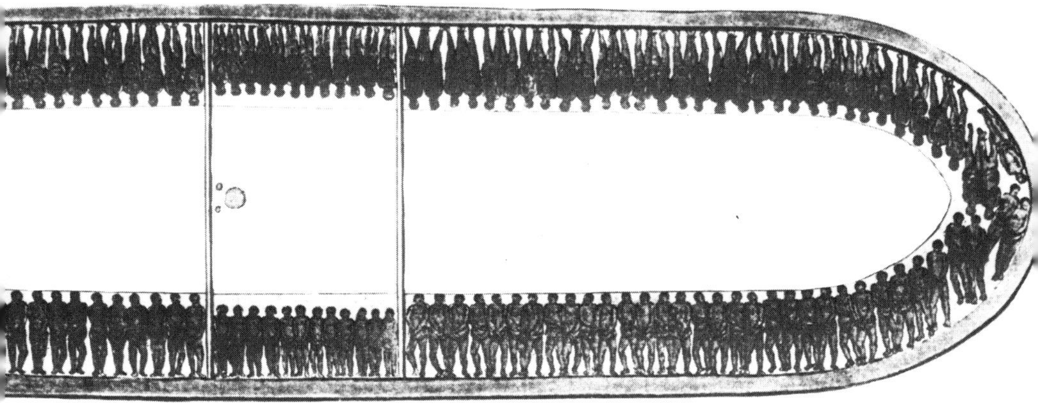

den Deckoffizieren ausgepeitscht, wenn es mit den Sklaven Ärger gab. Sie nannten sich »weiße Sklaven« und hatten auf den Fahrten gelegentlich einen höheren Verlustanteil als die ihnen zur Aufsicht anvertrauten Sklaven. Die Opfer einer Überfahrt, ob schwarz oder weiß, wurden einfach über Bord geworfen – auch wenn sie nur halbtot waren. Es kam auch vor, daß ein Kapitän, von Windstille oder ungünstigem Wetter aufgehalten, seine gesamte »Ladung« vergiftete und die Leichen über Bord werfen ließ, wenn keine Aussicht mehr auf die Ablieferung wenigstens einiger gesunder Sklaven bestand.
Die englischen Sklavenhändler hatten 1713 von den Spaniern das alleinige Recht erhalten, jährlich etwa 5000 Sklaven an die spanischen Kolonien in Mittel- und Südamerika zu liefern. Metropole des englischen Sklavenhandels war Liverpool, wo sogar ärmere Berufsgruppen wie Seiler oder Wachszieher ihre Ersparnisse zusammenlegten, um Sklavenschiffe zu chartern. Allein von 1783 bis 1793 verkauften die Segler aus Liverpool nach zeitgenössischen Akten 303 737 Negersklaven, wofür sie einen Nettogewinn von drei Millionen Pfund Sterling erzielten. Liverpool bestritt 1792 bereits 63 Prozent des englischen und 43 Prozent des gesamten Sklavenhandels. Bei solch lukrativen Geschäften, an denen sich auch die Holländer, Franzosen und andere seetüchtige Europäer beteiligten, war es kein Wunder, wenn Charles Baron de Montesquieu (1689 bis 1755) lapidar feststellte: »Sklaven müssen sein, sonst wäre der Zucker zu teuer!« Welch hohe Gewinnspannen tatsächlich beim Sklavenhandel erreicht wurden, zeigen die überlieferten Abrechnungen. So zum Beispiel die Abrechnung über eine einzige Fahrt eines 90-Tonnen-Schoners im Jahre 1827 von Kuba nach Westafrika und zurück, bei der 217 Sklaven abgeliefert und dafür 77 469 Dollar Verkaufserlös erzielt wurden. Dazugerechnet wurden 3950 Dollar als Erlös aus der Versteigerung des Schiffes nach der Fahrt, was insgesamt Einnahmen von 81 419 Dollar ergab. Abzuziehen bei dieser Abrechnung waren Gesamtausgaben von 39 761,21 Dollar, so daß am Ende den drei Kaufleuten in Havanna, die die Fahrt finanzierten, ein Reingewinn aus der einmaligen Reise in Höhe von 41 657,79 Dollar blieb.

In England, woher die skrupellosesten Sklavenhändler des 18. Jahrhunderts kamen, konstituierte sich im Mai 1787 bereits ein erstes Komitee gegen den Menschenhandel. Genau 20 Jahre später wurde der Sklavenhandel auf der Insel für unge-

»Die gedrängte Dichte von so vielen nackten menschlichen Lebewesen ... machte es für jeden Europäer unmöglich, sich länger als einige Minuten in den Sklavenräumen aufzuhalten, ohne ohnmächtig zu werden.« Die Lithographie aus Paris, 1835, stammt aus »Voyage pittoresque au Brésil«.

setzlich erklärt. Als letztes europäisches Land ächtete im Jahre 1830 das älteste Sklavenhändlerland, Portugal, diese Barbarei, die ein Verbrechen der Europäer, der Araber und der Afrikaner zusammen war – im eigentlichen Sinn also ein Verbrechen der Menschheit. Doch mit den Verboten der Sklaverei in den einzelnen Ländern waren diese Verbrechen keineswegs beendet. Im Gegenteil: Untersuchungskommissionen stellten fest, daß die illegalen Sklavenschmuggler mit noch mehr Brutalität ihr Geschäft betrieben. Da alles im geheimen stattfinden mußte, wurde die »Ware« noch dichter unter das Deck der Frachter gestapelt. Oft mußten die Sklaven beim Herannahen von Kontrollschiffen rasch »ausgeladen« werden, damit sie nicht an Bord entdeckt wurden. Die Sklaven schwammen dann um ihr Leben, bis ein Teil von ihnen nach der Kontrolle wieder aufgefischt werden konnte, während nicht wenige vor Erschöpfung aufgaben und versanken oder von Haien gefressen wurden. Ein Kommissions-Mitarbeiter, ein Richter Jackson, hat im Jahre 1830 in einem Rapport geschrieben:

»Ich glaube, daß der gegenwärtige Stand der Dinge den armen Sklaven nur eine Vergrößerung ihrer Leiden mitgebracht hat. Der Handel ist jetzt verboten. Was darin geschieht, kann nur als Gesetzwidrigkeit geschehen. Die Neger werden darum wie die Warenballen verpackt. Die gewöhnliche Berechnung der Kaufleute lautet so, daß die Sache sich schon bezahlt machen muß, wenn eins von drei Unternehmen glückt.«

Um das Verbot der Sklaverei durch die Europäer, die dieses auch in ihren afrikanischen Kolonien allmählich durchsetzten, kümmerten sich die arabischen Sklavenhändler jedoch wenig. Sie jagten südlich der Sahara weiterhin die Schwarzen und schickten sie in den Norden und Osten Afrikas, wo die Sklaverei bis heute noch zu finden ist – ein wichtiger Grund übrigens für das Mißtrauen, mit dem das schwarze Afrika heute noch den arabischen Staaten begegnet. Der englische Afrikaforscher David Livingstone (1813 bis 1873) rüttelte als erster Europäer Mitte des 19. Jahrhunderts die Weltöffentlichkeit auf, als er über die Grausamkeiten der Sklavenhändler in Zentralafrika berichtete. In seinen Tagebüchern finden wir diese Eintragung:

»19. Juni 1866: Wir kamen bei einer Frau vorüber, die mit dem Hals an einen Baum gebunden und tot war. Die Eingeborenen der Gegend sagten aus, sie habe nicht Schritt halten können mit den übrigen Sklaven, und ihr Herr habe nicht gewollt, daß sie, wenn sie sich eine Zeitlang ausgeruht habe, das Eigentum eines anderen würde. Ich will hier bemerken, daß wir andere sahen, die in ähnlicher Weise festgebunden waren, und eine Unglückliche lag erschossen oder erstochen in einer Blutlache. Wir erhielten die überall gleichlautende Erklärung, daß der Araber, dem diese Opfer gehört hatten, wütend darüber, durch das Unvermögen der Sklaven, den Marsch fortzusetzen, sein Geld zu verlieren, seinem Zorn durch Ermordung derselben Luft gemacht habe, aber ich kann die Araber nur auf Grund unbeglaubigter Aussagen dieser Abscheulichkeit zeihen . . .«

Im Sudan, einem der wichtigsten afrikanischen Umschlagplätze für Sklaven, wurden erst durch Lord Kitchener (1850 bis 1916) im Jahre 1898 nach dem Sieg über den Mahdi-Aufstand, während dem übrigens auch unter den Arabern entsetzliche Kriegsgreuel geschahen, die Sklaven befreit. Vorher waren die Sklaven durch den Sudan vom Oberlauf des Nils und von Abessinien weiter nach Nordafrika und Arabien transportiert worden. Der englische General Charles Gordon (1833 bis 1885), der als Gouverneur der Äquatorialprovinz zwischen Faschoda und den Nilseen die Bekämpfung des Sklavenhandels leitete, schrieb um 1870 in einem offenen Brief an ein Mitglied der Gesellschaft zur Unterdrückung des Sklavenhandels in London:

»Weiterhin im Lande hausen noch an 6000 Sklavenhändler, die sich wohl ergeben werden, nachdem ich den Sohn Sibers und seine Häuptlinge überwältigt habe. Es ist nicht zu sagen, wie groß die Schwierigkeit ist, in der Behandlung all dieser bewaffneten Horden das Rechte zu treffen. Ich trenne sie in einzelne Haufen und hoffe sie so mit der Zeit alle zu bewältigen. Man kann sie doch nicht alle totschießen! Haben sie nicht auch ihre Rechte, die man ihnen lassen muß? Hatten die Pflanzer in Amerika kein Recht? Hat nicht selbst unsere Regierung einst den Sklavenhandel gestattet?«

Die Schwierigkeit der Engländer mit den arabischen Sklavenhändlern verwundert weniger, wenn wir von anderen Europäern erfahren, daß diese den Arabern mit ihren Praktiken im Umgang mit Sklaven jahrzehntelang ein unrühmliches

Beispiel gegeben haben. Der deutsche Afrikareisende Georg Schweinfurth berichtete darüber:

»Nach und nach erfährt man, daß so ziemlich die meisten hiesigen auf dem Weißen Fluß Handel treibenden Europäer an diesen Geschäften beteiligt waren. Den Anfang damit machte ein Franzose de Malzac. Dieser Mensch hat in den Jahren 1857 bis 1859 mehrere hundert Berberinnen als Sklaven- und Ochsenjäger unterhalten, diese nur mit Sklaven bezahlt, alles im weiten Umkreis seiner Behausung geraubt, gesengt, gebrannt, was sich ihm zur Wehr setzte niedergeschossen und Greuel aller Art verübt. Unter anderem erzählte man, er habe einen berberinischen Diener, den er bei einer Lieblingssklavin gefunden, an einen mit Negerschädeln geschmückten Baum in seinem Hofe gebunden und kaltblütig als Revolverscheibe benutzt.«

Noch heute leben nach Schätzungen der British-Anti-Slavery-Society rund fünf Millionen Afrikaner in Sklaverei. Trotz eines internationalen Menschenhandelsverbots gab es 1970 in Sierra Leone junge, kräftige Burschen für 4400 Mark zu kaufen. Eine junge Sklavin kostete 1970 etwa 6000 Mark. Und in Saudi-Arabien oder im Libanon zahlen die Scheichs für das Mädchen beim Wiederverkauf das Drei- bis Vierfache. Auf zwei Arten werden heute die Sklaven beschafft: Einmal

»Man legte jedem Sklaven eine hölzerne Gabel von acht bis neun Fuß Länge um den Hals ...« Im Tauschhandel gegen Glasperlen, Stoffe und Schnaps »kauften« die Sklavenhändler von den Arabern ihre »Ware«, die dann in langen Karawanen zur Küste, zu den Sklavenschiffen getrieben wurde.

werden sie von verarmten Familien in Nordnigeria und im Sudan gekauft und nach Saudi-Arabien verschleppt, oft sogar mit Flugzeugen. Zum zweiten bieten die Sklavenhalter den auf Pilgerfahrten nach Mekka zu Hunderten gestrandeten Afrikanern Brot und Arbeit an und fangen sie so zu Sklavendiensten ein. Als gesellschaftliche Institution gibt es die Sklaverei heute in Afrika noch ganz legal in Äthiopien, wo das feudal-agrarische Wirtschaftssystem auf einer sklaverei-ähnlichen Leibeigenschaft beruht. Der Thron des Negus wird von den Sklaven haltenden Feudalherren des Landes gestützt, die die Nutznießer dieses Systems sind. Und wo der Staat weit weg ist, in den abgelegenen Landprovinzen, gilt immer noch als Recht und Gesetz, was die Großgrundbesitzer befehlen.

In der Neuen Welt aber, dem Zielort der zahllosen Sklavenschiffe mit Millionen aus Afrika verschleppten Sklaven, hatten die Schwarzen nur dann ein besseres Los zu erwarten, wenn die dortigen Zuckerrohr- und Baumwollpflanzer ökonomisch dachten und die teuer erstandenen Arbeitskräfte gut behandelten. Daß dies aber sehr selten der Fall war, beweisen die vielen Berichte von Sklavenauspeitschungen, Sklavenmassakern und Sklavenaufständen, die sich wie ein roter Faden durch die Geschichte der Kolonisation in der Neuen Welt, und zwar in Nord- wie auch in Mittel- und Südamerika, ziehen. Ein solcher Sklavenaufstand machte zur Zeit der Französischen Revolution in Mittelamerika, auf Haiti, Geschichte. Die Nachkommen der dortigen schwarzen Sklaven aus Afrika erhoben sich auf dem französischen Teil der Insel San Domingo gegen ihre französischen Kolonialherren und widersetzten sich schließlich mit Erfolg den französischen Soldaten Napoleons I. Im Jahre 1803 erklärten die schwarzen Sklavensoldaten den westlichen Teil San Domingos für unabhängig und krönten einen eigenen Kaiser von Haiti. Damit hatte sich bewahrheitet, was schon 1572 ein Besucher der Insel, Girolamo Benzoni, geschrieben hatte: »Auf San Domingo haben sich die Neger so stark vermehrt, daß ich 1545, als ich auf dem Festland war, viele Spanier traf, die nicht daran zweifelten, daß diese Insel eines Tages den Mohren aus Guinea gehören werde.«

Auf dem Weg zu diesem Ziel erlitten die Schwarzen und Mulatten der Insel großes Leid und grausame Behandlung durch ihre französischen Herren. Haiti besaß 1754 neben 14 000 Weißen und 4000 freien Mulatten 172 000 Negersklaven. Auch der spätere Führer der schwarzen Sklaven, der »schwarze Napoleon«, war 1746 unter dem Namen François Dominique Toussaint auf dem Gut eines französischen Grafen als Sklavenkind geboren worden.

Wie eine Bombe hatte die Nachricht von den Ereignissen der Revolution 1789 in Paris in den Kolonien, so auch in Haiti, eingeschlagen. Schon Jahre vorher hörten viele schwarze Sklaven, die ihre französischen Gutsherren nach Frankreich begleiteten, die »aufrührerischen« Ideen des Jahrhunderts und verbreiteten sie unter ihren Brüdern. Einige Unruhen, zu denen es gekommen war, waren rasch unterdrückt worden. Nach 1789 brach dann ein Bürgerkrieg in Haiti aus, der die Insel in ein Chaos stürzte und Tausende von Opfern unter Weißen, Mulatten und vor allem unter den Negern forderte. Die Mulatten orientierten sich zuerst an den Weißen, die ihnen Freiheit und Gleichberechtigung versprachen, aber nicht hielten.

Dann verbündeten sich die Mulatten mit den Schwarzen, während die Franzosen ihrerseits mit dem »schwarzen Napoleon« Verbindung aufnahmen, die dieser aber ablehnte und den französischen General »an die Tage unserer Erniedrigung« erinnerte, »als Ihr Haß, Ihre Grausamkeit uns Neger mit Pferden, Ochsen und allem niedrigen Getier in einen Stall warfen«.

Um 1800 hatten die Aufständischen unter der geschickten Führung von Toussaint die Kontrolle über die ganze Insel gewonnen, auch über San Domingo, das 1795 von den Spaniern an die Franzosen abgetreten worden war. Damit war auf der ersten Insel Amerikas, die die Weißen in Amerika seit Kolumbus beherrscht hatten, ein Nachkomme jener unglücklichen Menschen zum ersten unabhängigen Herrscher außerhalb der USA aufgestiegen, die nach dem spanischen Indianermord (siehe Seite 228) jahrhundertelang als schwarze Sklavenfracht von Afrika nach der Neuen Welt zur Fronarbeit eingeschleust worden sind. Es war ein Signal für alle Menschen aller Rassen, die in der Neuen Welt nebeneinander lebten. Vor allem wurde es von den schwarzen Sklaven im Süden der USA freudig aufgenommen und nährte bei ihnen die Hoffnung auf eine menschenwürdigere Zukunft. Die Sklavenbesitzer in ganz Amerika aber ahnten, daß ihre Unabhängigkeitsbewegung für ihr eigenes Leben ungeahnte Folgen haben könnte. Der »schwarze Napoleon« konnte übrigens selbst den Triumph nicht auskosten, er wurde als Gefangener des »weißen Napoleon« nach Frankreich gebracht, und dieser nahm an ihm für das Ende der französischen Soldaten auf Haiti Rache, indem er Toussaint in Fort Joux einsperrte, bis der an tropisches Klima gewöhnte Toussaint ein Opfer der klimatischen Bedingungen des Schweizer Jura wurde. Er starb im Jahre 1803. Kurz vorher waren die letzten Berichte General Leclercs aus San Domingo über das Ende der Franzosen auf Haiti eingetroffen:

»Die fünfte Kompanie des dritten Infanterieregimentes ist bis auf den Flügelmann während der Parole auf dem Exerzierplatz zusammengebrochen, dreihundert und sechs Mann wälzten sich in Krämpfen und verwundeten sich zum Teil mit ihren eigenen Waffen. Ich habe keine Soldaten, um die Toten bestatten zu lassen. Wir werfen Kalkgruben aus und schichten die Leichen übereinander. Die Schakale zerren sie nachts wieder hervor. Die Haifische weigern sich, die Leichen zu vertilgen. Sie tanzen im Hafen auf den Wellen. Es regnet unablässig. Die Neger vermehren sich wie das Ungeziefer, obwohl ich jeden Tag tausend oder zweitausend erschießen lasse ...«

Ende des 18. Jahrhunderts schrieb ein Pflanzer der nordamerikanischen Südstaaten in einem Brief: »In den Staaten Maryland, Virginia, North-Carolina, Kentucky, Tennessee und Missouri legt man auf die Zucht und Aufzucht von Negern genauso viel Wert wie auf die Zucht von Pferden und Mauleseln. Weiter im Süden züchten wir sie sowohl für den eigenen Gebrauch als auch zum Verkauf. Pflanzer befehlen ihren Mädchen und Frauen, verheiratet oder nicht, Kinder zu bekommen, und ich habe viele Negermädchen gekannt, die verkauft wurden, weil sie keine Kinder hatten ...« Und um mögliche Gewissensbisse über solche Auswüchse der Sklaverei bei den sonst so christlichen Pflanzern von vornherein nicht aufkommen zu lassen,

Haiti, 1789 bis 1803, Revolution der schwarzen Sklavennachkommen und Mulatten gegen ihre französischen Unterdrücker. Wie die am Ende erfolgreichen Schwarzen unter Toussaint, dem »schwarzen Napoleon«, sich für die Grausamkeiten der Franzosen rächten, zeigt dieses Bild.

mußte jeder sich zum Christentum bekehrende Negersklave in Nordamerika ab Mitte des 18. Jahrhunderts diese Eidesformel sprechen: »Ich erkläre in der Gegenwart Gottes und rufe die Gemeinde zum Zeugen dafür an, daß ich mich nicht der Taufe unterzogen habe, um mich damit meiner Pflicht, meinem Herrn zeitlebens gehorsam zu sein, zu entziehen.« Obwohl viele Neger und ihre Nachkommen ab 1775 für die Unabhängigkeit Nordamerikas kämpften und als Kanonenfutter ihr Leben ließen, sank der Rechtsstatus der Neger in Amerika mit Beginn des 19. Jahrhunderts immer tiefer. Der französische General Lafayette schimpfte nach dem Unabhängigkeitskrieg: »Ich hätte nie mein Schwert für die Sache Amerikas gezogen, wenn ich die leiseste Ahnung gehabt hätte, daß ich damit half, einen Staat der Sklaverei zu gründen.« Und der deutsche Dichter Heinrich Heine spottete wenige Jahre später: »Geht nach Amerika! Dort gibt es weder Fürsten noch Adel, alle Menschen sind dort gleich, mit Ausnahme freilich einiger Millionen, die eine schwarze oder braune Haut haben und wie die Hunde behandelt werden. Dabei machen die Amerikaner großes Wesen von ihrem Christentum und sind eifrigste Kirchengänger. Doch der weltliche Nutzen ist ihre eigentliche Religion, und das Geld ist ihr Gott. O Freiheit, du bist ein böser Traum!«
Die ganze Neue Welt, in Süd-, Mittel- und Nordamerika, war tatsächlich von Anfang an ein von den reichen Weißen etablierter Staat der Sklaverei. Das wird durch die Tatsache unterstrichen, daß Männer wie George Washington und Thomas Jefferson, der erste Präsident der USA und der Verfasser der Unabhängigkeitserklärung, und der dritte Präsident, selbst als wohlhabende Patriarchen auf ihren Pflanzungen inmitten von Sklaven lebten. Beide Väter der amerikanischen Revolution stammten aus dem Südstaat Virginia, und George Washington bezahlte selbst nach dem gesetzlichen Verbot des Sklavenhandels im Jahre 1808, als noch mindestens eine weitere Viertelmillion Sklaven aus Afrika bis zur Mitte des 19. Jahrhunderts nach Amerika eingeschmuggelt wurde, runde 500 Dollar für einen Sklaven für seine Pflanzungen. Und noch im Jahr 1860 kostete ein gesunder Negersklave 1800 Dollar in bar. In der »New York Herald Tribune« vom 9. März 1859 berichtete ein Reporter von einer großen Sklavenauktion in Savannah:

»Der größte Verkauf von menschlichen Lebewesen, den Amerika in den letzten Jahren erlebt hatte, fand am Mittwoch und Donnerstag vergangener Woche auf der Rennbahn von Savannah, Georgia, statt. Das Angebot bestand aus 436 Männern, Frauen und Kindern ... Die Sklaven blieben Tag und Nacht auf der Rennbahn, ein Teil von ihnen über eine Woche lang, der Rest vier Tage vor der Auktion. Man hatte sie möglichst früh dorthin geschafft, um den Käufern Gelegenheit zu geben, sie genau zu besichtigen und zu prüfen ... Die Käufer öffneten ihnen den Mund, prüften die Zähne, kniffen sie in Arme und Schenkel, um die Muskeln zu probieren, ließen sie auf und ab gehen und alle möglichen Verrenkungen machen, um zu sehen, ob sie lahm oder wund waren ... Die Neger nahmen alle Demütigungen ohne Murren hin und führten alle Bewegungen gehorsam aus, einige sogar mit freundlicher Gutmütigkeit, wenn ihnen der Käufer gefiel und sie sich einbildeten, daß er ein ›guter Massa‹ sein würde ... In den Gesichtern der

Neger, die auf den Block stiegen, malte sich stets das gleiche ab: Angst, die in Worten schwer zu schildern ist, unsagbare Angst. Vernichtete Hoffnungen, Verlust dessen, was ihnen wenigstens ein Stück Heimat war, gepeinigte Herzen, dies alles vereinigte sich in ihrem Gesichtsausdruck ... So dauerte die Versteigerung zwei Tage an. In dieser Zeit wurden 429 Männer, Frauen und Kinder verkauft. Die Summe, die bei der Auktion insgesamt erzielt wurde, belief sich auf 303 850 Dollar ...«

In Georgia war es auch nicht strafbar, einen Sklaven zu töten, »falls der Tod zufällig während einer maßvollen Bestrafung eintrat«. Wie das geschehen konnte, lesen wir in »The Negro in the New World«, in dem Sir Harry Johnson von einem sogenannten »Zweikampf« zwischen einem Plantagenbesitzer namens Souther und einem seiner Sklaven erzählt:

» ... der Neger wurde an einen Baum gebunden und mit Gerten geschlagen. Als Souther müde von der Arbeit des Schlagens wurde, rief er einen Neger, der Sam mit Steinen bewerfen mußte. Auch eine Negerfrau mußte helfen, ihn zu bewerfen. Nachdem er beworfen und geschlagen war, legte Souther Feuer an den Körper seines Sklaven: an den Rücken, den Bauch und den Unterleib. Dann ließ er ihn mit heißem Wasser, in dem Pfefferschoten eingetaucht worden waren, abwaschen. Schließlich wurde der Neger an einen Balken und ein Bettgestell mit Seilen, welche ihn ersticken ließen, gefesselt und von Souther gestoßen und getreten. Diese Art der Bestrafung wurde fortgesetzt und wiederholt, bis der Neger unter Qualen starb.«

Berichte von grausamen Bestrafungen wehrloser Sklaven wie aus der »New York Herald Tribune« und viele andere rüttelten natürlich die Gegner der Sklaverei im Norden auf, während die Erbitterung im Süden gegen Bestrebungen einer Abschaffung der Sklaverei ständig zunahm. Im Kongreß in Washington schlug einmal sogar ein hitziger Südstaatler mit dem Stock auf einen Senator aus Massachusetts ein. Der spätere Staatssekretär Abraham Lincolns, William H. Seward, berichtete von der Einschiffung eines Sklaventransportes auf der Route von Norfolk nach New Orleans:

»Ein gut gekleideter Mann führte eine lange Reihe von ungefähr 75 Sklaven – Männer, Frauen und Kinder – in das Zwischendeck. Jeder trug einen Sack oder ein Bündel, das seine Habseligkeiten enthielt. Während ich die traurige Szene beobachtete, trat ein Herr an meine Seite und sagte: ›Sehen Sie, das ist der Fluch, den wir von unseren Vätern geerbt haben. Oh, gewiß, sie merken es nicht, sie sind lustig, sie freuen sich über die Reise wie Sie und ich.‹ Der Kapitän des Schiffes, der meine Anteilnahme sah, wandte sich ebenfalls zu mir und sagte: ›Oh, nehmen Sie das nicht so tragisch, Sir. Es sind die glücklichsten Leute der Welt.‹ Ich schaute hinab und sah sie – Sklaven, zerlumpt und der Kälte preisgegeben, schlecht ernährt durch immer dieselbe Nahrung, auf dem Wege von ihren kleinen Besitztümern, von allem, was ihnen einmal lieb und teuer war, zu allem, was es an Schrecklichem gab, Ungewißheit, härtere Arbeit und schlechte Aufseher womöglich. Und doch

Südstaaten der USA, um 1850: Sklavenmarkt. Ein Journalist schrieb: »In den Gesichtern der Neger, die auf den Block stiegen, malte sich stets das gleiche ab: Angst, die in Worten schwer zu schildern ist, unsagbare Angst . . .« Die Illustration stammt aus »Onkel Toms Hütte« von Harriet Beecher-Stowe.

weinte niemand von ihnen. Dies also waren ›die glücklichsten Leute der Welt!‹ Dem traurigen Zuge folgte eine Frau, eine weiße Frau in einem schönen Kleid aus Seide und einem Mantel aus Pelz, wahrscheinlich die Frau des Kapitäns. In der Hand trug sie die Bibel.«

Geschäftemacher übelster Sorte – auch im und aus dem Norden – diskreditierten immer skrupelloser und für alle Welt erkennbar den jungen Staatenbund in Nordamerika, der für die vielen Einwanderer aus Europa zum »Land der unbegrenzten Möglichkeiten« geworden war. Ein Sklavenjäger berichtete über ein Sklavendepot im Golf von Mexiko:

»Unsere Insel hatte fast jede Woche Besuch von Agenten aus Kuba, New York, Baltimore, Philadelphia, Boston und New Orleans . . . Sklaven wurden in die großen Sümpfe gebracht und dort festgehalten, bis sich am Markt Nachfrage einstellte . . . Wir hatten Agenten in jedem Sklavenstaat; und unsere Küstenfahrer wurden in Maine gebaut . . . Der Schmuggel warf mit jedem Jahr mehr Gewinn ab; und wenn man alle Yankee-Kaufleute aufhängen wollte, die damit zu tun hatten, würden es Hunderte sein.«

Der Streit um die Abschaffung der Sklaverei in Nordamerika wurde schließlich im blutigen Bürgerkrieg zwischen den Nordstaaten und den konföderierten Südstaaten entschieden, in dem 20 000 Schwarze (darunter viele ehemalige Sklaven) in den Reihen der Nordstaatler standen und für die militärischen Operationen eine nicht unwesentliche Rolle spielten. In diesem ersten totalen Krieg starben in dem berüchtigten Gefangenenlager von Andersonville rund 17 000 Nordstaatler, weil im Süden die Verpflegung kaum für die eigenen Leute reichte. In einem Tagebuch von Eliza Andrews über Andersonville heißt es:

»Vater Hamilton erzählte ihr, daß sich die unglücklichen Gefangenen während des Sommers wie die Maulwürfe im Boden vergraben haben, um sich vor der Sonne zu schützen. Man konnte es nicht wagen, ihnen Baumaterial zum Bau für Baracken zu geben, da sie es vielleicht als Keulen benutzt hätten, um die Wachen zu überwältigen. Diese unterirdischen Behausungen, sagte er, wimmelten von Ungeziefer und stänken wie Leichenhallen. Viele der Gefangenen wären fast nackt und hätten kaum ein Hemd auf dem Leibe. Er erzählte eine mitleiderregende Geschichte von einem Polen, der als einziges Kleidungsstück nur noch ein Hemd besaß und, damit es ihn besser bedecken konnte, die Beine in die Ärmel gesteckt und die Zipfel um seinen Hals geknotet hatte. Die anderen foppten ihn ständig wegen seines Aufzuges, und der arme Teufel war durch diese Quälereien schließlich so entmutigt, daß er eines Tages freiwillig über die Todeslinie lief und dort stehenblieb, bis die Wache gezwungen war, ihn niederzuschießen.«

Die Nordstaaten siegten, und damit kam 1865 für die Sklaven im Süden die Befreiung. Aus dem »Vieh« Neger war ein Mensch geworden. Ein alter Sklavenhalter kommentierte jedoch hämisch: »Jetzt seid ihr frei. Jetzt dürft ihr für euch selber sorgen, für Essen und Trinken und Wohnung und Kleidung. Ihr werdet euch noch wundern!« Er war nicht allein mit dieser Meinung. Konkreter äußerte sich zum Beispiel der Gouverneur des Südstaates Mississippi: »Der Neger ist frei, ob wir es nun wollen oder nicht ... Aber seine Freiheit verleiht ihm noch nicht die Rechte von Bürgern, noch nicht die politische oder soziale Gleichheit mit der weißen Rasse.« Darauf bauten die enttäuschten Südstaatler bis heute, und sie schafften es auf diese Art und Weise dann auch, die Gewährung der Bürgerrechte für die Schwarzen bis in die sechziger Jahre unseres Jahrhunderts hinauszuzögern. Diese traurige Entwicklung konnten die schwarzen Bürger Amerikas 1865 noch nicht absehen. Einige von ihnen ahnten lediglich die neuen Probleme ihrer Existenz. Ein 92jähriger ehemaliger Negersklave erinnerte sich später: »Wir wußten, über uns war die Freiheit, aber wir wußten nicht, was mit ihr noch über uns kommen sollte. Wir dachten, wir werden reich wie die weißen Leute ... Aber daraus is dann nix geworden.« Die meisten befreiten Sklaven jubelten 1865 mit Recht und hoffnungsvoll:

»Abe Lincoln, der macht uns frei
mit Büchse und Pulver und Blei;
nie mehr muß ich lassen mich schlagen ...
Der Fahrschein ist schon gespart;
jetzt geht's auf große Fahrt
entgegen goldenen Tagen ...«

»Nur ein toter Indianer ist ein guter Indianer«

Spanier, Franzosen, Holländer, Schweden, Engländer und US-Soldaten gegen die Indianer — Nordamerika vom 16. Jahrhundert bis heute

1527

Spanier rauben aus Georgia und Süd-Carolina mehrere hundert Indianer, um sie als Sklaven nach Haiti zu verkaufen

ab 1539

Der Konquistador de Soto läßt auf der Suche nach Gold im Gebiet um den Mississippi drei Jahre lang Tausende von Indianern abschlachten

1622

In Jamestown in Virginia ermorden aufgebrachte Indianer 347 englische Siedler mit Frauen und Kindern. Die Engländer antworten mit einem Blutbad unter den Indianern

ab 1642/1643

Martertod französischer Laienprediger und Jesuitenpatres durch die Irokesen

1675

Indianeraufstand in Neu-Mexiko. Die Spanier werden von 1680 bis 1692 aus dem Gebiet verbannt

1676/1677

Großer Indianeraufstand in Neu-England zwischen Maine und New York mit Greueln auf beiden Seiten

1757

Massaker der Indianer an gefangenen Engländern bei Fort Henry am Champlain-See

1776 bis 1783

Erster Unabhängigkeitskrieg der USA

1812

Aufstand mehrerer Indianerstämme unter dem Shawnee-Häuptling Tecumseh

1812 bis 1814

Zweiter Unabhängigkeitskrieg der USA (um Kanada). Tecumseh gefallen

1816 bis 1842

Unterwerfung der Seminolen in Florida

1838 bis 1840

Alle Indianerstämme östlich des Mississippi vertrieben. »Zug der Tränen« der Cherokesen in die Reservation

1861

Indianer-Massaker der US-Armee an Navajos in Fort Wingate, Neu-Mexiko

1864

Indianer-Massaker der US-Armee an den Cheyenne am Sand Creek, Colorado

1871/1872

Indianer-Massaker der US-Armee an den Apachen am Salt-River-Canyon, Arizona

1877

Oglala-Häuptling Crazy Horse ermordet

1890

Mord an Sitting Bull. Massaker an den Sioux am Wounded-Knee-Creek

»Ich gebe zu, daß es gute weiße Männer gibt, aber sie stehen zahlenmäßig in keinem Verhältnis zu den bösen; die bösen müssen die stärkeren sein, denn sie sind es, die regieren. Sie tun, was sie wollen; sie versklaven die Menschen, die nicht ihre Hautfarbe haben, obgleich sie von dem gleichen Großen Geist geschaffen wurden, der auch sie geschaffen hat. Sie würden uns zu Sklaven machen, wenn sie könnten; da sie es aber nicht können, töten sie uns. Man darf ihren Worten kein Vertrauen schenken...« Dieses vernichtende, aber leider der Wahrheit entsprechende Urteil über die Eroberer und Kolonisatoren Nordamerikas sprach ein Häuptling der Delawaren im Jahre 1787, elf Jahre nach der tönenden Unabhängigkeitserklärung der 13 Gründerstaaten der USA aus dem Jahr 1776, in der ausdrücklich festgehalten worden war, »daß alle Menschen gleich geschaffen sind«. Die Erfahrung, die aus den Worten des Delawarenhäuptlings spricht, legt den Gedanken nahe, daß trotz dieses Grundrechte-Bekenntnisses aus der Feder des Großgrundbesitzers und Sklavenhalters Thomas Jefferson derselbe Unterschied zwischen Weißen und Indianern gemacht wurde, wie zwischen Weißen und Schwarzen, denen ja das Joch der Sklaverei schon mit der Verschleppung ihrer Großväter und Urgroßväter in die Wiege gelegt worden war (siehe Seite 358 ff.). Die Indianer Nordamerikas haben sich von Anfang an gegen eine totale Versklavung, wie sie mit ihren Brüdern und Schwestern in Mittel- und Südamerika geschehen war (siehe Seite 228 ff.), gewehrt. Sie kämpften über vier Jahrhunderte gegen die weißen »Langmesser« und wehren sich noch heute gegen deren ungerechtfertigte Bevormundung. »Der weiße Mann ist nicht euer Freund; er ist es nur dann, wenn er etwas von euch will. Er wird euch vergessen. Der Indianer kann nicht vergessen«, sagte vor wenigen Jahren ein Häuptling der Pueblo-Indianer bei einer Beratung mit seinen Stammesbrüdern. Er wußte, wovon er sprach, ebenso der Delawarenhäuptling im 18. Jahrhundert, denn die Geschichte der Indianer Nordamerikas ist die traurige Geschichte eines langsamen Völkermordes, der sich über mehrere Jahrhunderte hinzog, angefangen von den ersten Expeditionen der Spanier entlang der Golfküste von Florida bis Texas und auf dem Festland bis Georgia und Tennessee in den Jahren 1521 bis 1543, wobei sich unter den Eroberern besonders die Abenteurer Ponce de León und de Soto (siehe Seite 379) hervortaten und dem letzteren nachgesagt wurde, er sei »dem Sport des Abschlachtens von Indianern sehr ergeben gewesen«.

Zwangsläufig bereiteten die Indianer den grausamen Bleichgesichtern aus dem Osten einen ebenso grausamen Empfang von dem Zeitpunkt an, als sie am eigenen Leib erfuhren, daß ihre freundlichen Willkommensgrüße von ihren »Entdeckern« mit Lüge und Betrug, mit Verfolgung und Mord beantwortet wurden. Dieser Zeitpunkt kam schon nach der ersten Begegnung, nachdem die Weißen sahen, welche überlegenen Waffen sie gegen die primitiven Wilden in der Hand hatten. Sie gebrauchten sie dann auch rücksichtslos dazu, um den Indianern Stück für Stück ihr Land abzujagen, sie zu vertreiben und sie im Laufe der Zeit mit den Errungenschaften der weißen Zivilisation, die sie den im 16. Jahrhundert noch auf der Kulturstufe von Steinzeitmenschen lebenden Indianern in Form von Pferden, Gewehren und Alkohol nahebrachten, auf einen Weg zu bringen, der den Niedergang der stolzen und gesunden Söhne Manitous besiegelte: Mit den Pferden, die sie anfangs unter den verwilderten Ausreißern spanischer Pferdeherden (aus »mestenos«, das heißt spanisch »Wilde«, wurde später das englische Wort »mustangs«) einfingen, wurden die ehemaligen Ackerbau-Indianer zu leidenschaftlichen Jägern, konnten den großen Büffelherden in die weiten Prärien nachziehen und tauschten für deren Häute von den weißen Händlern ungeahnte Reichtümer. Mit den Gewehren begann das »Wettrüsten« und die gegenseitige Ausrottung der Stämme untereinander. Mit dem Alkohol schließlich zerbrach ihre innere Kraft, weil immer mehr der jedem naiven Beschwörungszauber und Trancezustand zugeneigten Indianer seinem Rauschgenuß verfielen.

Die Dokumentation des Niedergangs der Indianer im Laufe der Eroberung und Kultivierung Nordamerikas durch Spanier, Franzosen, Holländer, Schweden, Engländer und die amerikanischen Nachkommen, die in dieser Reihenfolge alle zur Ausrottung und Verdrängung der überlebenden Ureinwohner-Nachfahren in Reservate beigetragen haben, weist eine durch Jahrhunderte anhaltende Kette von unmenschlichen Grausamkeiten und Kriegsgreueln auf beiden Seiten auf, von denen wir hier nur einige beispielhafte Geschehen herausgreifen wollen.

Die unter vielen Indianerstämmen, vor allem im Osten Nordamerikas, von den Weißen angetroffene maßlose Grausamkeit gegenüber ihren Gefangenen erklärt sich aus den bei ihrer Rasse und den verwandten Völkern der gleichen Kulturstufe üblichen Bräuche und der oft übersehenen Tatsache, daß die Grausamkeit der Weißen sie ständig zu Racheakten herausforderte, bei denen ihre überlieferten grausamen Bräuche, aber auch den Weißen nachgeahmte Grausamkeiten offenkundig wurden. Gegenüber den im Nahkampf Getöteten hatte jeder Indianer das Recht, seinem Opfer den Skalp oder eine andere Trophäe abzunehmen, worunter auch abgetrennte Beine und Arme zu verstehen waren. Skalpe und Köpfe wurden aber am höchsten eingeschätzt.

Schon Herodot hatte im 5. Jahrhundert v. Chr. bei den aus Zentralasien stammenden Skythen die Sitte beobachtet, dem getöteten Feind die Kopfhaut abzuziehen: »Der Skythe zieht dem erschlagenen Gegner die Kopfhaut ab, indem er bei den Ohren einen Schnitt rundherum macht, dann den Kopf faßt und ihn herausschüttelt. Die Haut entfleischt er nun mit einer Ochsenrippe und gerbt sie. Wer die meisten Kopfhäute hat, wird als der angesehenste Mann betrachtet.«

Das Abschlagen von Köpfen als Trophäe wurde in Paris während der Französischen Revolution ebenso gehandhabt wie noch im Jahre 1973 in Kambodscha oder in Afrika (siehe Seiten 473 ff. und 499). Unbeachtet von der Geschichtsschreibung aber bleibt die Tatsache, daß der Kriegsbrauch des Skalpierens zu Beginn der Eroberung Amerikas nur von einigen Stämmen der Indianer ausgeübt wurde und die Weißen an der weiteren Verbreitung dieser Sitte selbst schuld waren. Der Gouverneur Willem Kieft von New York, der Vorgänger von Peter Stuyvesant, entwickelte nämlich bereits zu Beginn des 17. Jahrhunderts eine starke Sammelleidenschaft für Kopfhäute. Er setzte Prämien für getötete Indianer aus. Um diese aber rationeller »abrechnen« zu können, genügte die Vorlage von Skalpen. Die Weißen verkauften aber auch den Indianern zum Skalpieren besonders geeignete

Die indianischen Ureinwohner Nordamerikas lebten im 16. Jahrhundert noch auf der Kulturstufe von Steinzeitmenschen. Getötete Feinde von anderen Stämmen skalpierten sie oder schlugen ihnen Arme oder Beine ab, um sie als Trophäen ins heimatliche Dorf zu tragen. Der Stich stammt aus T. de Brys »America«, 1591.

Messer. Und im Unabhängigkeitskrieg zwischen 1775 und 1783 animierten die Engländer ihre indianischen Verbündeten dazu, den aufständischen Siedlern unter George Washington bei jeder Gelegenheit die Haut über den Kopf zu ziehen, denn »gegen Rebellen ist alles erlaubt«, hieß es damals. Noch im Jahr 1860 erließen die Gesetzgeber des Staates Idaho folgende Anordnung:

»Es wird beschlossen, daß drei Männer beauftragt werden sollen, 25 Mann für die Indianerjagd auszusuchen, und daß diejenigen, die sich selber ausrüsten, eine bestimmte Summe für jeden mitgebrachten Skalp erhalten. Diejenigen, die ihre Ausrüstung nicht selber bestreiten können, werden zu Lasten der Gesetzgebenden Versammlung ausgerüstet, und der Aufwand hierfür wird ihnen wieder abgezogen, wenn sie die Skalpe abliefern. Für jeden Skalp eines ausgewachsenen Bockes (als ›Bock‹ bezeichneten die Leute von Idaho einen männlichen Indianer!) sollen 100 Dollar, für jedes Weib 50 Dollar und für alle Indianer unter zehn Jahren 25 Dollar gezahlt werden. Außerdem muß jeder Skalp die Skalplocke besitzen, und jeder Mann muß eidlich erklären, daß der besagte Skalp von ihm persönlich erbeutet worden ist.«

Die so oft angeprangerte Jagd der Indianer nach dem weißen Skalp in vielen von Weißen geschriebenen Wildwest-Geschichten oder gedrehten Wildwest-Filmen war in Wirklichkeit, im Vergleich zu solch massiver Unterstützung dieser widerwärtigen Praxis durch die Weißen selbst, ein »fast harmloser Sport« (Herbert Wendt).
Für die Indianer galt übrigens untereinander auch das Töten von Frauen und Kindern als ebenso ehrenhaft wie das Töten von Männern. So erklärt sich auch das gelegentliche Töten weißer Siedlerfrauen und ihrer Kinder. Häufiger wurden vom feindlichen Stamm die Frauen und Kinder gefangengenommen und adoptiert. Gefangenen Kriegern des feindlichen Stammes aber drohte in der Regel der Tod am Marterpfahl, sehr selten kamen sie lebend davon und wurden adoptiert. Lieber starben die Indianer deshalb im Kampf und ließen sich nach Möglichkeit nicht gefangennehmen. Wenn dies doch geschah, wurde das Opfer unter dem freudigen Gejohle des ganzen Dorfes oder Lagers im Zentrum desselben an einen Pfahl gebunden und sorgfältig zur Marterung vorbereitet. Oliver La Farge schreibt:

»Diese schreckliche Prozedur war mit einer sonderbaren Art von Wettstreit verbunden. Das Opfer sang seine Kriegslieder, verhöhnte seine Peiniger und tat alles, um seine Häscher in Raserei zu versetzen und seine eigene Standhaftigkeit herauszustreichen. Die Schinder, meistens Frauen, versuchten ihrerseits ihr Bestes, um den Stolz des Gemarterten zu brechen, bevor er starb.«

Bei einigen Stämmen im Südwesten Nordamerikas war es auch üblich, erstgeborene Söhne dem Häuptling zu opfern. Und Kannibalismus wurde in der Zeit der ersten Begegnungen bei den Indianern ebenfalls bezeugt. Besonders der Stamm der Irokesen soll sich dabei ausgezeichnet haben, ein Stamm übrigens, der als besonders kriegerisch galt und am meisten dafür gesorgt hat, daß die Indianer sich auch gegenseitig ausgerottet haben. Das Verspeisen der Feinde – der Kopf war den Irokesen-Häuptlingen vorbehalten, aber auch die Finger galten als Delikatesse! – war dabei ein Teil der »Versorgung« ihrer Kriegerscharen und erlaubte es den Irokesen, größere Eroberungszüge hintereinander zu absolvieren. Ein Zeitgenosse hat dabei wohl in der Zahl der Opfer, nicht aber bei den angedeuteten Verwüstungen übertrieben. Ein Begleiter des französischen Forschers La Salle schrieb um 1680: »Ihre Waffen siegten in einem Umkreis von 800 Meilen vom Golf des Sankt-Lorenz-Stromes bis nach Florida und selbst jenseits des Mississippi. Sie vernichteten über 30 Völker, brachten in 80 Jahren über 600 000 Menschen um und verwüsteten die meisten Landstriche um die Großen Seen.«
All diese indianischen Schrecken verblassen jedoch gegenüber denen, die mit der

Gefangenen Feinden drohte der Tod am Marterpfahl (Abbildung aus »Geschichte Nordamerikas« von de Baqueville de la Poterie, 1722).

Konfrontation mit den Weißen über die Völker und Stämme der »Rothäute« hereinbrachen. Es begann mit einer Kindesentführung im Jahre 1524 durch einen italienischen Seefahrer in französischen Diensten an der Küste Nord-Carolinas. Der Mann mit Namen Giovanni da Verrazzanno wurde drei Jahre später als Seeräuber gehängt. Ein Spanier landete wenig später in Georgia und Süd-Carolina und raubte gleich mehrere hundert Indianer, um sie als Sklaven nach Haiti zu verkaufen. In der ganzen indianischen Welt in Nordamerika wuchs damit ständig das Mißtrauen gegen die weißen Fremden, und man richtete sich darauf ein, daß von ihnen nichts Gutes zu erwarten war. Der Spanier Hernando de Soto, einer der Gehilfen Pizzaros bei der Eroberung Perus (siehe Seite 242 ff.), bestätigte ihnen ab 1539 in Georgia, Alabama, Mississippi und Arkansas ihr berechtigtes Mißtrauen. Ein Chronist meldet von diesem Ungeheuer unter den Konquistadoren, daß seine Leute und er ihre Wunden »mit dem Fett der gemordeten Indianer« pflegten. Drei Jahre lang trieb er mit Massenmorden an indianischen Männern, Frauen und Kindern, die ihn meist freundlich empfingen, sein Unwesen. Als de Soto mit seinen rund 350 Mann schließlich den Mississippi erreichte, glaubte er jenseits des gewaltigen Stromes das gesuchte Gold zu finden. Aber die großen Bisonebenen in Kansas und der Staub in Oklahoma ließen ihn und sein indianisches Sklavenheer wieder umkehren. Am Mississippi erneut angekommen, verlangte er von den Indianern am anderen Ufer Proviant und Träger, weil er »der Sohn der Sonne« sei und ihm jeder »Tribut und Unterwerfung« schulde. Deren Häuptling ließ folgerichtig antworten, wenn er der Sohn der Sonne sei, könne er sicher auch den Mississippi austrocknen lassen und so diesen leicht überqueren. Der spanische Edelmann de Soto zeigte wenig Sinn für solch feinen Humor: Er befahl, den auf seiner Seite des Flusses wohnenden Stamm der Quachoyas für ihre Brüder auf der anderen Seite büßen zu lassen, sie zu überfallen und zu erdrosseln – was auch geschah. Der Mord an diesen unschuldigen Indianern war de Sotos letzte Tat. Bald darauf starb er an Entkräftung und Fieber. Die Leiche des »Sohnes der Sonne« wurde von seinen Leuten mit Steinen beschwert und im Mississippi versenkt. Nur 300 seiner Leute erreichten später eine spanische Garnison.

Der Chronist des Konquistadoren Coronado, Pedro de Castebada, berichtete von seinem Herrn, der als einer der humansten Eroberer galt, auch einen Fall von Massenmord. Es ging um die Folgen der Vergewaltigung einer Indianerin durch einen spanischen Soldaten, der straflos ausgegangen war. Trotzdem war ein Waffenstillstand geschlossen worden, den Coronado aber dadurch brach, daß er befahl, alle indianischen Krieger des Dorfes zu töten. Sein Hauptmann machte sich an die Ausführung des Befehls mit dem Vorsatz, diese einfach zu verbrennen. Chronist de Castebada:

»Als dann die Indianer sahen, daß die Spanier sie fesselten und verbrennen wollten, nahmen etwa 100 Männer, die sich im Zelt befanden, den Kampf auf und wehrten sich mit was immer zur Hand war. Unsere Fußsoldaten griffen das Zelt von allen Seiten an, es kam zu einer großen Verwirrung, und dann jagten die Reiter den Flüchtigen nach. Da das Gelände flach war, blieb kein einziger Indianer am Leben.«

Auch die Engländer und Holländer feierten ihren Einstand in der Neuen Welt mit dem Mißbrauch der ihnen entgegengebrachten Freundlichkeiten der Indianer. Sir Richard Grenville ließ 1585 nach der Landung an der Küste von Virginia ein Indianerdorf plündern und niederbrennen, weil ein Indianer angeblich einen silbernen Trinkbecher gestohlen habe. Eines der ersten großen Massaker der Indianer an Weißen ereignete sich erst im Frühjahr 1622, als in der einzigen englischen Niederlassung bis dahin, Jamestown in Virginia, mißtrauisch gewordene Indianer 347 Männer, Frauen und Kinder in der Siedlung erdrosselten und erstachen. Der Unmut der Indianer war durch die ständige Vergrößerung des Siedlungsgebietes der Weißen und durch die Ankunft von 20 afrikanischen Negersklaven entstanden. Die Indianer wollten alle Weißen ausrotten und griffen auch die Siedlungen der Engländer außerhalb Jamestowns an, um alles niederzumetzeln. Von 80 englischen Plantagen blieben nur sechs übrig, die erfolgreich verteidigt werden konnten. Die Rache der Engländer war ein aus dem Hinterhalt auf die Indianerdörfer durchgeführter Überfall, der ebenfalls zu einem Blutbad führte. Nach dem Indianeraufstand und der englischen Rache zählte Virginia noch 1253 Weiße und 23 Schwarze. Die Zahl der überlebenden Indianer ist nicht bekannt.
1637 überfiel ein anderer Engländer, John Mason, mit einer großen Militärstreitmacht den kleinen Indianerstamm der Pequots im Gebiet des heutigen Connecticut und ließ den ganzen Stamm, 600 Männer, Frauen und Kinder, niedermetzeln. Hinterher beruhigte er sein Gewissen damit, daß er sich einredete, ein gutes Werk mit der Abschlachtung der heidnischen Wilden getan zu haben, und soll dazu ausgerufen haben: »Gott war mit uns!«
Um 1640 datieren die ersten Schreckensberichte französischer Jesuitenpater im heutigen Kanada, wo damals die Huronen-Indianer den Franzosen gegen die bereits erwähnten kriegerischen Irokesen zur Seite standen, und die Irokesen, von den Holländern wiederum bereits mit Musketen versorgt, gegen die Franzosen und deren Missionare genauso grausam vorgingen wie gegen ihre indianischen Feinde, die Huronen. Die Berichte gehen auf Pater Paul le Jeune, SJ, zurück, der

von 1632 bis 1634 die ersten Ordensberichte aus Kanada nach Paris schickte und die dann weiterhin bis 1673 unter dem Titel »Relations« (französisch für Erzählungen, Berichte) herausgegeben wurden und eine einzigartige Quelle für die Besiedlung Kanadas durch die Franzosen wurden. 1642/1643 berichtete ein Pater Isaak Jogues von einem Irokesenüberfall, bei dem die ihn begleitenden Huronen und drei Laienbrüder mit ihm gefangengenommen wurden. Unter welchen Umständen er diesen Bericht später verfaßte, erklärte der von den Irokesen monatelang gemarterte Pater so:

»Sie verbrannten einen meiner Finger und zermalmten einen anderen mit den Zähnen ... Sie befahlen einer alten Vettel, mir einen Daumen abzuschneiden, den ich in die andere Hand nahm und dir, o mein Erlöser, darbot ... Mir blieben noch zwei Nägel; diese rissen sie mit den Zähnen aus, und mit ihren eigenen,

Jamestown, Virginia, 1622: Indianer überfallen englische Siedlungen und metzeln über dreihundert Siedler und deren Frauen und Kinder nieder.

äußerst spitzen Nägeln zerfetzten sie mir das Fleisch darunter bis zum Knochen ... Vielleicht erkennen Sie, Hochwürden, diese Ihnen doch so gewohnte Schrift nur mit Mühe; verübeln Sie mir's nicht, aber mir bleibt nur ein einziger Finger.«

Einer seiner Laienbrüder wurde erschlagen, ein anderer starb am Marterpfahl als erster »Märtyrer Neu-Frankreichs«, und der dritte wurde einer hochgestellten indianischen Familie als Sklave zugeteilt. Weitere Jesuitenpater mußten in den folgenden Jahren den Martertod bei den Irokesen erleiden. Die »Relationen« berichteten davon, aber auch vom Sterben des Huronen-Volkes um diese Zeit durch die Hand der Irokesen, die von 22 Huronen-Dörfern 15 zerstörten und 10 000 von 18 000 Huronen-Indianern töteten. Unter den letzten Huronen räumte der Hunger und Kannibalismus unbarmherzig auf. Die allerletzten der Huronen, die nach Quebec verschlagen wurden, entführten und ermordeten dort die Irokesen oder mit ihnen verbündete Stämme. Der junge Pierre-Esprit Radisson, später bekannt als Erforscher der Hudson-Bucht, beobachtete 1563, wie die Indianer ihre feindlichen Brüder, die Huronen, in den Kanus erwürgten.
Französisches Militär unterwarf schließlich ab 1667 die Irokesen und diktierte dem stark dezimierten Kriegervolk einen Frieden zu, der ihnen ihre Jagdgründe im St.-Lorenz-Tal wegnahm. Um 1680 machten dann die Irokesen noch einmal von sich reden. Sie hatten die Illinois-Indianer am gleichnamigen Fluß überfallen und ausgerottet, wobei auch eine Niederlassung des französischen Forschers Robert de La Salle (1643 bis 1687), der ausgezogen war, ein französisches Weltreich in Nordamerika bis zum Mississippi zu errichten, vernichtet wurde. Cartier schildert den Anblick der zerstörten Siedlung, der sich La Salle bot:

»Aus der Stätte des Grauens ragten nur noch ein paar Pfähle, auf sie hatte man Köpfe gespießt. Sie wurden von den Raben zerfetzt. Ganze Haufen verkohlter Gebeine und halbaufgefressener Leichen zeigten mit brutaler Deutlichkeit, daß im Ausrottungskrieg der Indianer eine neue Episode begonnen hatte. Ein befestigtes Lager, etwas abseits vom Dorf, nahm jeden Zweifel, wer die Mordbrenner waren. Die Irokesen, die Vernichter von 30 Stämmen ... waren über das friedliche Volk der Illinois hergefallen und durften sich eines neuen Sieges rühmen. La Salles Pech war, seine erste Niederlassung just am Ort dieser Tragödie begründet zu haben.«

Auf der Suche nach seinen eventuell noch lebenden Gefährten aus der Niederlassung stieß La Salle später noch einmal auf eine derartige Visitenkarte der Irokesen:

»Sie pirschten sich vorsichtig heran, doch ihre Vorsicht war überflüssig, denn was sie für Uferwachen gehalten hatten, waren gepfählte Frauen und Kinder. Ein schauerliches Schlachten, eine kannibalische Schlemmerei und eine Marterorgie sondergleichen mußten sich auf diesem Boden abgespielt haben, den eine Schicht gefrorenen Menschenblutes bedeckte ...«

In Neu-England versuchten 1676/1677 die dort ansässigen Indianer in einem großen Aufstand die englischen Siedler zwischen Maine und New York zu vertreiben und die Unabhängigkeit ihres Volkes zurückzugewinnen. Beide Seiten verübten dabei furchtbare Greuel, Frauen und Kinder wurden hier und dort versklavt oder verbrannt. Den Indianern fielen schließlich die Irokesen in den Rücken, die ihre eigenen Brüder ermordeten. Hinzu kamen unter den verschiedenen Stämmen, die sich unter einem starken Häuptling zusammengefunden hatten, der Hunger, Abfall und Verrat. Der Häuptling endete schließlich durch die Kugel eines Indianers. Einige Stämme bekriegten dort die Weißen in einzelnen Begegnungen noch weitere zehn Jahre. Doch dann gab es im Gebiet westlich der Großen Seen nie mehr ernsthafte Indianerprobleme.
Auch in Neu-Mexiko tobte ab 1675 ein großer Indianeraufstand, bei dem sich sogar miteinander immer verfeindet gewesene Stämme, wie die Pueblos und die Apachen, dem Kommando eines legendären Häuptlings namens Popé unterordneten. Zwölf Jahre lang, von 1680 bis 1692, waren die Spanier als Herren des Landes von den Indianern aus dem Land verbannt worden, bis die gleichen Umstände wie in Neu-England, der Zerfall des Bündnisses untereinander und Verrat an Popé, den Spaniern die Rückkehr wieder ermöglichten.
Als sich im 18. Jahrhundert die amerikanischen Kolonien von England lossagten und die Siedler unter George Washington – mit Hilfe von Indianern unter dem berühmten Häuptling Tecumseh! – ihre Unabhängigkeit erkämpften, war man schließlich von der Losung abgekommen, die »heidnischen« Indianer müßten getötet werden. Der Streit um den jungfräulichen Erdteil war ja nun zugunsten der Weißen entschieden, und seine Ureinwohner waren bereits zu großen Teilen ausgerottet oder aus den von den Weißen beherrschten Gebieten vertrieben. So ging es nun für die unabhängigen Amerikaner ab Ende des 18. Jahrhunderts nur noch um die Gier nach Land, nach Geld und Macht. Entsprechend änderte sich nun die Taktik der Weißen gegenüber den »Rothäuten«, die ihnen im Wege waren. Es begann die Zeit der vielen Verträge mit ihnen, die immer wieder den vertriebenen Indianern Grund und Boden zusicherten und immer wieder von den Weißen gebrochen wurden, um dann den Söhnen Manitous neues Land, das ihnen verbrieft zustand, erneut rauben zu können. An dieser Stelle ist es höchste Zeit, darauf hinzuweisen, daß die weißen Siedler schon im 16. und 17. Jahrhundert in der Neuen Welt verhungert wären, wenn ihnen nicht diese »unzivilisierten« und »wilden« Ureinwohner gezeigt hätten, welche Feldfrüchte und Getreide sie dort wie anbauen sollten. In Nordamerika lernten die Weißen den Anbau von Mais, in Südamerika die Zucht von weißen Kartoffeln. Und noch heute werden in den USA am Erntedankfest, dem berühmten Thanksgiving Day, traditionell Truthahn, Süßkartoffeln, Preiselbeeren und Kürbiskuchen gegessen.
Im Jahr 1810 schickte Tecumseh, der große Shawnee-Häuptling, der 30 Jahre vorher mithalf, die Vereinigten Staaten zu begründen, nach zahllosen Vertragsbrüchen seiner weißen Freunde eine Botschaft an den Präsidenten James Madison, in der es hieß: »Dies Land ist unser. Niemand hat das Recht, uns daraus zu vertreiben, denn wir waren die ersten Besitzer ... Denn der Große Geist kennt keine

Von 1830 bis 1890 dauerte der Todeskampf der Indianer gegen die Weißen, die auf der Suche nach Land und Gold im Innern des nordamerikanischen Kontinents die Indianer betrogen, vertrieben und ausrotteten. Das Bild zeigt eine öffentliche Hinrichtung von Sioux-Indianern im Jahre 1863.

Grenzen, und auch wir, seine Kinder, werden keine Grenzen anerkennen.« Aber der »Große Geist« ließ seine Kinder im Stich, der »Große weiße Vater« in Washington hatte längst der Forderung der Amerikaner nach »Winning of the West«, der Eroberung des Westens, nachgegeben, und eine Lawine neuer weißer Siedler ins Innere des Kontinents war nicht mehr aufzuhalten. Mit dem Preis von etwa einem Dollar für einen Morgen Land hatte die Besiedlung des Westens begonnen. Die theoretisch dabei mitbeteiligten Indianer, die ja auf dem Papier gleichberechtigt waren, wurden systematisch betrogen, bekämpft und zurückgedrängt. Tecumseh grub das Kriegsbeil wieder aus, er brachte sogar im Jahre 1812

ein Bündnis mehrerer Stämme zustande und hämmerte seinen Brüdern über die Weißen ein: »Treten und schlagen sie uns nicht schon heute wie ihre Schwarzen? Wie lange wird es dauern, bis sie uns wie jene an Pfähle fesseln, uns auspeitschen und für sie auf den Kornfeldern arbeiten lassen? Sollen wir auf diesen Augenblick warten oder sollen wir kämpfend sterben, ehe wir uns einer solchen Schande unterwerfen?« Die Indianer kämpften mit Tecumseh, der sich in dem unglücklichen amerikanisch-britischen Krieg um Kanada von 1812 bis 1814 nun auf die Seite der Engländer gegen die Amerikaner stellte. Als er im Oktober 1813 fiel, zerbrach das Bündnis der Indianer. Von nun an kämpften die einzelnen Stämme allein gegen die übermächtigen »Blauröcke« der amerikanischen Armee. Und die Weißen fuhren fort, sie um Land und Rechte zu betrügen. Allen widerspenstigen »Rothäuten« erklärten sie den Krieg. Zehntausende von Indianern wurden in den Indianerkriegen des 19. Jahrhunderts zusammengeschossen.

So begann ab den dreißiger Jahren des 19. Jahrhunderts der Todeskampf der Indianer. Sechzig Jahre hindurch, bis zum Jahre 1890, spielten sich entsetzliche Tragödien im Innern und im Westen der USA ab, diplomatisch abgeschirmt von der Monroe-Doktrin der US-Regierung aus dem Jahre 1823, dem Verbot jeder Einmischung europäischer Staaten in amerikanische Angelegenheiten. Die Welt erfuhr erst später Einzelheiten vom Schicksal der Indianer, das damit endete, daß gegen Ende des Jahrhunderts von einer Million Indianern um 1830 noch etwa 200 000 lebten.

In zwei Jahren, von 1838 bis 1840, wurden alle Stämme östlich des Mississippi aus ihrer Heimat vertrieben. Rund 7000 Soldaten unter Führung des General Scott waren dazu in das Gebiet einmarschiert, hatten die Indianer in mehrere Lager gesperrt, ihnen Vieh, Möbel und Gerät geraubt und ihre Dörfer niedergebrannt. Danach begann der berüchtigte »Zug der Tränen« für die Indianer, die von Scotts Soldaten in einem endlosen und unmenschlichen Marsch nach Oklahoma abgeschoben wurden. Tausende von Frauen und Kindern der Vertriebenen starben unterwegs an Hunger und Kälte. Der Assistent eines Generalarztes der US-Armee hat den Eintopf beschrieben, der den Indianern auf dem Marsch zugemutet wurde: »Rindfleisch, Rinderköpfe und Eingeweide, Bohnen, Mehl und Schweinefleisch ... Das Ganze hatte die Konsistenz eines sehr dünnen Mehlkochs ... es hatte einen sehr üblen Geruch, den Geruch des Inhalts der Rindereingeweide ... der Satz roch nach Aas wie verwestes Fleisch. Einige Indianer weigerten sich, es zu essen, sie sagten, sie könnten es nicht, es werde ihnen davon übel. Tatsächlich starben Tausende an Diarrhöe und anderen Leiden, die durch das Aas, das man ihnen gab, verursacht wurden.« Der Präsident jener Jahre soll hinterher in Washington festgestellt haben: »Die Vertreibung ... hat die glücklichste Wirkung gehabt.«

In Florida hatte um 1842, nach über 20 Jahren Kleinkrieg, der berühmte General Jackson (von 1829 bis 1837 dann Präsident der USA) die Seminolen-Indianer unterworfen und aus ihrer Heimat vertrieben – und zwar mit dem politischen Argument der Sicherung der Grenzen Floridas: »Das muß getan werden, sonst würde die Grenze durch die indianischen Ansiedlungen sehr geschwächt werden, und es entstünde da ein ständiger Zufluchtsort für unsere Sklaven. Die entlaufenen Sklaven ... müssen aus Florida entfernt werden, sonst wird es zu Mord und Verwirrung kommen.« Diese Argumentation fand später auch Eingang in die Geschichtsbücher, ja sogar in die Kinderbücher über den Wilden Westen. Daß sie zumindest im Fall der Seminolen falsch war, geht klar aus einem Brief von General Thomas Jessup an den damaligen US-Kriegsminister hervor: »Wir haben hinsichtlich der Seminolen den Fehler begangen, sie umzusiedeln, obgleich ihr Land nicht für Ackerzwecke benötigt wurde, sie den weißen Einwohnern nicht im Wege waren und ihr Land zum größten Teil eine unerforschte Wildnis war, deren Inneres uns so unbekannt war wie das Innere von China.« Jessups Einwand und auch die Warnungen anderer Politiker im Osten wurden fortgeschwemmt von der rücksichtslosen Expansion der Wirtschaft der USA in allen Bundesstaaten und von der Gier nach dem Gold in Kalifornien, wo es in den Jahren 1848/1849

zu einem kurzen, aber heftigen Goldfieber kam. Und als schließlich auch der amerikanische Bürgerkrieg 1865 beendet war, gab es für den Run nach dem goldenen Westen kein Halten mehr. Den ersten Wagentrecks der Siedler folgten diejenigen der Viehzüchter, Farmer, Händler und Handwerker. Amerika hatte sein großes Erlebnis. Verdrängt wurde die Existenz der Indianer. Sie wurden ganz einfach als Störenfriede abgestempelt, die man entweder aussiedeln oder, noch besser, ausrotten sollte. 1867 sprach der ruhmreiche Bürgerkriegsgeneral Sherman aus, was die Mehrheit der Amerikaner dachte: »Je mehr ich von diesen Indianern sehe, um so mehr bin ich davon überzeugt, daß sie alle getötet oder als Almosenempfänger unterhalten werden müssen.« Er sollte leider recht behalten.
1861 gab es in Neu-Mexiko nach einem Pferdewettkampf vor Fort Wingate, bei dem ein Navajo-Häuptling betrogen worden war und seine Freunde sich danach empörten, eine Schießerei, über die ein US-Captain später berichtete:

»Die Navajos, ihre Squaws und Kinder rannten in alle Richtungen davon und wurden erschossen und mit Bajonetten durchbohrt. Es gelang mir, etwa 80 Mann zusammenzutrommeln ... Dann marschierte ich zur Ostseite des Forts und sah dort, wie ein Soldat zwei kleine Kinder und eine Frau ermordete. Ich rief ihm sofort zu, er solle aufhören. Er blickte auf, gehorchte meinem Befehl jedoch nicht. Ich lief, so schnell ich konnte, zu ihm, konnte aber nicht mehr verhindern, daß er die zwei unschuldigen Kinder tötete und die Squaw schwer verletzte. Ich befahl, ihn zu entwaffnen, festzunehmen und ins Fort zu bringen ... Inzwischen hatte der Colonel dem diensthabenden Offizier den Befehl erteilt, mit der Artillerie (Berghaubitzen) das Feuer auf die Indianer zu eröffnen. Der für die Berghaubitzen verantwortliche Sergeant tat, als ob er den Befehl nicht verstand, denn er betrachtete ihn als unrechtmäßig; doch der diensthabende Offizier beschimpfte und bedrohte ihn, und so mußte er den Befehl ausführen, da er sonst in Schwierigkeiten geraten wäre ...«

1862 nannte ein US-General Carleton die Navajos im Rio-Grande-Tal »Wölfe, die durch die Berge streiften« und gezähmt werden müßten, wozu er diesen Befehl erließ: »Mit den Indianern sind weder Verhandlungen noch irgendwelche Gespräche zu führen. Die Männer sind umzubringen, wann und wo immer sie angetroffen werden. Die Frauen und Kinder sind natürlich nicht zu töten, sondern können gefangengenommen werden.«
1864 hielt der US-Colonel Chivington am Sand Creek im Südosten des späteren Bundesstaates Colorado einem Leutnant, der an einem geplanten Indianermassaker nicht teilnehmen wollte, das er als »Mord im wahrsten Sinn des Wortes« bezeichnete, in einem Wutanfall die Faust vors Gesicht und schrie ihn an: »Der Teufel soll alle holen, die mit den Indianern sympathisieren! Ich bin hier, um Indianer zu töten, und ich glaube, es ist richtig und ehrenhaft, sich aller Methoden, die es unter Gottes Himmel gibt, zu bedienen, um Indianer zu töten.« Der beschimpfte Leutnant, der an der »Expedition« teilnehmen mußte, berichtete später über die von den Soldaten an den Cheyenne-Indianern begangenen Grausamkeiten:

»Als ich am nächsten Tag über das Schlachtfeld ging, sah ich keine Leiche eines Mannes, einer Frau oder eines Kindes, die nicht skalpiert war, und in vielen Fällen waren die Leichen auf gräßlichste Weise verstümmelt – Männern, Frauen und Kindern hatte man die Geschlechtsteile zerschnitten usw.; ich hörte, wie ein Mann sagte, er habe einer Frau die Geschlechtsteile herausgeschnitten und zur Schaustellung auf einen Stock gehängt; ein anderer sagte, er habe einem Indianer die Finger abgeschnitten, um sich der Ringe, die er an der Hand trug, zu bemächtigen; nach meinem besten Wissen und Glauben wurden diese Grausamkeiten mit dem Wissen J. M. Chivingtons begangen, und ich habe nicht gehört, daß er irgend etwas unternahm, um sie zu verhindern; ich hörte von einem wenige Monate alten Kind, das man in den Futterkasten eines Wagens warf, ein Stück mitnahm und dann auf die Erde legte und umkommen ließ; außerdem hörte ich von zahlreichen Fällen, in denen Männer Frauen die Geschlechtsteile herausschnitten und sie über die Sattelknäufe spannten oder sie an ihren Hüten trugen, als sie weiterritten.«

1871 schoß das 5. Kavallerieregiment unter Major Brown am Salt-River-Canyon in einer Felsenhöhle rund 100 Apachen zusammen. Norman B. Wiltsey:

»Über den ganzen Boden der niederen Höhle verstreut lagen blutige Haufen verstümmelter Körper – Männer, Frauen und Kinder ...«

Aus Rache marterten die Indianer zwei englische Abenteurer, die ihnen in die Hände fielen. Colonel Bourek beschrieb deren Ende:

»Die Angreifer ... banden zwei von ihnen an einen Kaktus und begannen sie methodisch mit Pfeilen zu beschießen. Eines der unglückseligen Opfer brach, während es sich in Todesqualen aufbäumte, die gefiederten Spitzen der Pfeile ab, doch jedesmal, wenn es seinen Körper drehte und damit eine noch unverwundete Stelle freigab, schossen die Apachen einen neuen Pfeil ab ...«

Ein Jahr später wurden die letzten Apachen des Stammes der Tonto, die für diese Marterung verantwortlich waren, von US-Soldaten im Morgengrauen in ihrem Dorf noch schlafend überrascht und niedergemacht, sofern sie sich nicht ergaben. Viele sprangen über Felswände und blieben mit zerschmetterten Gliedern liegen. Wiltsey: »Die ganze blutige Affäre hatte kaum ein paar Minuten gedauert. Sie war das Ende jeglichen Widerstandes der Tonto-Apachen gegen die alles besiegenden Weißaugen.«
Solche Beispiele unmenschlicher Verbrechen wiederholten sich in diesen Jahren immer wieder. Setzten sich die bedrängten Indianer zur Wehr, schickte die Armee ihre »Strafexpeditionen« in Marsch. Sioux-Häuptling Red Cloud von den Oglalas prägte das Wort: »Wenn der weiße Mann in mein Land kommt, läßt er eine Spur von Blut hinter sich ...« Und US-General Sheridan (von 1883 bis 1889 US-Generalstabschef) entgegnete einem Comanchen-Häuptling, der sich Sheridan mit dem Hinweis ergab, er sei ein »guter Indianer«: »Die einzigen guten Indianer, die ich gesehen habe, waren tot.« Der Ausspruch wurde weitererzählt, später

wurde daraus das amerikanische Sprichwort: »Nur ein toter Indianer ist ein guter Indianer.«
1875/1876 trieben mehrere Maßnahmen der Regierung und Armee der Vereinigten Staaten die Verfolgung auf die Spitze. Der Ruf nach »Unterwerfen mit Gewalt«, Befehle wie »Zwingen durch Militär« und die Bevollmächtigung General Sheridans durch das Kriegsministerium, gegen die »feindseligen Sioux« mit militärischen Operationen zu beginnen, führten letztlich zu dem einzigen schrecklichen Sieg der Indianer über die »Blauröcke« der US-Armee, dem Sieg beim Little-Bighorn-Fluß im heutigen Staat Wyoming am 25. Juni 1876. Oberster Häuptling der Sioux, Cheyenne und anderer Stämme war der Sioux Sitting Bull, sein weißer Gegner »Long Hair«-General George Armstrong Custer. Die Soldaten anderer Einheiten hatten vorher mit mehreren Überraschungsangriffen die Sioux und ihre Dörfer immer wieder überfallen und dabei ganze Familien erschossen, auch die des Häuptlings Pizi, der später sagte: »Zorn und Haß erfüllten mein Herz. Nachdem dies geschehen war, tötete ich alle meine Feinde mit dem Beil.« Pizi war maßgeblich an dem Sieg der Indianer über Custers Bataillon, das sie mit mehreren hundert Kriegern umzingelten, beteiligt. Ein Indianer berichtete später: »Die Soldaten feuerten viele Schüsse ab, doch die Sioux schossen besser ... Das Blut unserer Leute war heiß und ihre Herzen voll Zorn, und sie machten an diesem Tag keine Gefangenen.« Custer und seine Leute wurden alle bis auf den letzten Mann niedergemacht.
Die späteren Gefechte der Soldaten mit den Indianern wurden mit dem Gedanken an Rache für »Little Bighorn« immer erbitterter geführt. Häuptlinge wurden von den Weißen gekauft, so wie Litte Big Man, der dann 1877 in der Blaurock-Uniform der US-Armee mithalf, den berühmten Häuptling der Oglala-Sioux, Crazy Horse, zu täuschen und zu ermorden. Indianer, die aus ihrer Gefangenschaft, in die sie die US-Soldaten nur unter Druck oder wegen Hunger und Kälte gezwungen hatten, ausbrachen, wurden verfolgt und zusammengeschossen. Auf diese Weise wurde auch die Widerstandskraft der letzten Cheyenne-Indianer gebrochen. Einer ihrer jungen Krieger soll nach dem Massaker am Sand Creek gesagt haben: »Wenn wir im Kampf fallen, werden sich alle unsere Leute unserer Namen entsinnen und sie verehren.« Doch bald gab es keine Cheyenne mehr, die sich der Namen ihrer Krieger entsinnen konnten.
In Denver, im 1873 neu gegründeten Staat Colorado, scheute man sogar nicht davor zurück, die Utes-Indianer als politisch untragbare Kommunisten zu verleumden, damit man sie in die Reservate abschieben und das wertvolle Land besiedeln konnte. In der »Denver Tribune« war zu lesen: »Die Utes sind praktisch Kommunisten, und die Regierung sollte sich schämen, sie in ihrem Müßiggang und ihrer liederlichen Vergeudungssucht zu fördern und zu ermutigen. Sie leben von den Gaben eines fürsorglichen, doch idiotischen Indian Bureau und sind sogar zu faul, sich auf ordnungsgemäße Weise ihre Rationen abzuholen, sondern bestehen darauf, sich zu nehmen, was sie wollen, ganz gleich, wo sie es finden ...«
Der Verrat und Mord vom 15. Dezember 1890 am berühmtesten Häuptling, Sitting Bull, dem Sieger von »Little Bighorn«, leitete schließlich den letzten Akt

der grausamen Hetzjagd auch für die Sioux ein. Verzweifelt über den Mord an ihrem obersten Häuptling, irrten sie in einzelnen Gruppen im Grenzgebiet zwischen Wyoming und Montana umher. Von den US-Soldaten schließlich eingekreist und umzingelt, wurden die sich ergebenden Sioux zum Wounded-Knee-Creek getrieben und in einem provisorischen Lager untergebracht. Es waren insgesamt noch 120 Männer und 230 Frauen. Als man ihnen dort am 29. Dezember dann alle Messer, Beile und Gewehre abnahm und einer der Indianer bei der Abgabe seines Gewehrs zu lange zögerte, weil er taub war, brach die Hölle los. Ein grausiges Schlachten der wehrlosen Indianer, auch der Frauen und Kinder, begann. Die rund 470 US-Soldaten feuerten mit Gewehren und Kanonen in das provisorische Lager und auf die flüchtenden Indianerfrauen. Eine überlebende Squaw erzählte später: »Wir versuchten fortzulaufen, doch sie schossen auf uns, als wären wir Büffel ...« Und eine andere: »Mein Großvater, meine Großmutter und mein Bruder wurden getötet, als wir die Schlucht durchquerten, und dann schlug eine Kugel durch meine rechte Hüfte und traf mein rechtes Handgelenk, und ich konnte nicht weiter, weil ich nicht mehr laufen konnte, und nachdem der Soldat mich getroffen hatte, kam ein kleines Mädchen zu mir und kroch unter meine Decke.«

Bei dem Massaker am Wounded-Knee-Creek wurden 153 Tote gezählt. Aber viele Verwundete krochen noch fort und starben später im Schneesturm. Insgesamt fielen dem Massaker über 300 Indianer zum Opfer. Am vierten Tag nach Weihnachten wurden die verletzten Überlebenden, vier Männer und 47 Frauen und Kinder, in die nächste Armee-Station gebracht und in der Kirche abgelegt: Über dem Altar stand: »Friede auf Erden und den Menschen ein Wohlgefallen.«

Seit diesem schrecklichen Schlußpunkt der Indianertragödie waren und sind bis heute die Indianer in Nordamerika die ärmsten aller Amerikaner. Sie leben sogar noch schlechter als die Nachkommen der schwarzen Sklaven. Sie erhielten erst 1924 das Wahlrecht, in Neu-Mexiko und Arizona sogar erst 1948. Gebrochen ertrugen die außerhalb der Gesellschaft vegetierenden Indianer ihr Schicksal. Im Jahr 1900 klagte einer von ihnen dem schwedischen Forscher Carl Lumholtz gegenüber: »Ich glaube nicht, daß Gott noch einmal auf die Erde kommen wird. Er hat Angst. Die Menschen haben jetzt zu viele Gewehre.« Und von einem weisen alten Häuptling ist dieses Resümee voller Bitterkeit über das Schicksal seines Volkes überliefert: »Die Weißen haben uns viel versprochen, mehr als ich aufzählen kann, aber gehalten haben sie nur ein Versprechen; sie schworen, unser Land zu nehmen, und sie haben es genommen.«

Heute wird ein Indianer in den USA im Durchschnitt nur 44 Jahre alt, die Lebenserwartung der weißen Amerikaner liegt dagegen bei 71 Jahren. Die Selbstmordrate der jungen Indianer ist dreimal höher als der nationale Durchschnitt, das Durchschnittseinkommen liegt weit unter dem der Weißen. Die über eine Viertelmillion Indianer, die heute in etwa 300 Reservaten und Siedlungen leben, wohnen überwiegend in unzivilisierten Behausungen. Die »New York Times« schrieb 1968: »In die schlimmsten Ecken des Staates hat man die Indianer gesteckt«, in Unterkünfte, die selbst »für Schweine ungeeignet« sind. Gelegentliches Auflehnen der Indianer gegen die Staatsgewalt, die ihnen ständig ihre

Wounded-Knee-Creek, 15. Dezember 1890: Eine Gruppe von bereits besiegten Indianern wird aufgrund eines geringfügigen Anlasses und aus Rache für den Sieg der Sioux über General Custer am Little Bighorn (1876) von US-Soldaten zusammengeschossen. Das Bild zeigt die nach einem Schneesturm im Tode erstarrte Leiche des Sioux-Häuptlings »Big Foot«, der diese Gruppe angeführt hatte.

Rechte beschnitten hat, wurde und wird in Washington mit Repressalien beantwortet. Als 1969 eine Gruppe von Sioux-Indianern die verlassene Gefängnisinsel von Alcatraz vor San Francisco besetzte, unter Berufung auf einen alten Vertrag für ihr Land erklärte und im Mai 1970 den Plan des Innenministeriums, die Insel in einen Nationalpark umzuwandeln, ablehnte, sperrte die Regierung kurzerhand die Elektrizitäts- und Wasserversorgung der Insel. Auch im März 1973 endete der Versuch von 200 Nachkommen der ehemaligen Oglala-Sioux-Indianer, mit der Besetzung der geschichtsträchtigen Ortschaft Wounded Knee am Ort des Massakers von 1890 einen Katalog politischer Forderungen bei der Regierung durchzusetzen, lediglich damit, daß die Welt wieder an ihre armselige Existenz erinnert wurde. Im Bildungsprogramm für alle Indianer in den USA, für das 1972 von der Regierung Nixon ein ansehnlicher Fonds bereitgestellt wurde, ließ der Präsident inzwischen wieder 18 Millionen Dollar streichen und plant, das noch laufende Gesundheitsprogramm zugunsten der Indianer auslaufen zu lassen. »Hoffnung« bleibt den Indianern also nur in der Überlegung, die bereits 1855 Häuptling Sealth anstellte: »Stamm folgt auf Stamm, Nation auf Nation, wie die Wellen der See. Es ist die Ordnung der Natur, und Bedauern ist zwecklos. Mag die Zeit eures Verfalls auch fern sein, sie wird sicher kommen, denn auch der weiße Mann, dessen Gott mit ihm als Freund wanderte und sprach, kann dem allgemeinen Schicksal nicht entrinnen. Vielleicht sind wir schließlich doch Brüder. Wir werden sehen.«

»Ein Fluch dem König, dem König der Reichen, den unser Elend nicht konnte erweichen«

Arbeiter und Fabrikherren, Arme und Reiche, Republikaner und Reaktionäre, Revolutionäre und Soldaten, Sozialdemokraten und Polizisten — England, Frankreich, Deutschland, Österreich-Ungarn, Italien und Polen von 1830 bis 1880

1819

General Wellington läßt in Manchester in eine Arbeiterversammlung schießen

1830

Juli-Revolution mit Barrikadenkämpfen in Paris. Karl X. flieht nach England. Ludwig Philipp I. wird neuer »Bürgerkönig« – Aufstand in Warschau

1831

Textilarbeiteraufstand in Lyon

1836

Papst Gregor XVI. verdammt Gewissensfreiheit als »Wahnsinn« und »seuchenartigen Irrtum«

1840

Kinderarbeit in den Bergwerken in England und Deutschland

1842

Friedrich List stellt fest, daß Bauern die Arbeit von Pferden und Kühen verrichten, »ohne sich der gleichen kräftigen Nahrung dieser Lasttiere erfreuen« zu können

1844

Weber-Aufstand in Schlesien unterdrückt

1846

Polnischer Aufstand in Krakau. Österreich annektiert die Freie Stadt

1848

Februar-Revolution in Paris – Aufstände in Baden, Württemberg, Hessen – Das »Kommunistische Manifest« erscheint in London – Revolution in Wien – März-Unruhen in Berlin, München und Mailand – Republikanische Erhebung in Baden – Nationalversammlung in Frankfurt am Main – Arbeiteraufstand in Paris zusammengeschossen – Erhebung in Wien – Eroberung Wiens durch Feldmarschall Windisch-Grätz – Zusammenbruch der Revolutionen

1849

Letzte Rebellion in Sachsen, der Pfalz und Baden von preußischen Truppen niedergeschlagen – Kossuth flieht aus Ungarn

1851

Napoleon III. läßt im Dezember neue Aufstandsversuche in Paris blutig niederkartätschen

1863

Polnischer Aufstand von russischem und preußischem Militär unterdrückt

Die nach dem Vorbild der Französischen Revolution in den Monarchien Europas mit Beginn des 19. Jahrhunderts durchgeführten Reformen kamen viel zu spät. So auch die »Bauernbefreiung« ab 1807 in Preußen und später in den anderen deutschen Fürstenstaaten, wobei die Bauern allerdings ein Drittel ihres Besitzes an die Grundherren als Entschädigung abtreten mußten. Oder auch die Gewerbefreiheit für die Handwerker ab 1810: Sie brachten zwar in Deutschland mit der Einführung des Gewerbescheins tüchtigen Handwerksgesellen die Möglichkeit zur Gründung eines eigenen Betriebes und für die Bauern endlich den Wegfall der Fesseln der Fronarbeit, aber erst zu einer Zeit, in der sich bereits ein neuer Gesellschaftsstand, eine vierte Klasse, nämlich die des »Proletariats«, des Fabrikarbeiters, mit der Entwicklung der Industrie gebildet hatte. Die eben frei gewordenen Handwerker bekamen durch die Arbeiter sofort wachsende Konkurrenz. Das stellte ihre eigene Arbeit von vornherein schon wieder in Frage. In der langen Reihe von Ausgebeuteten in der Geschichte der Menschheit aber bahnte sich in Europa ein neues Trauerspiel an: das Elend der Fabrikarbeiter. Das Jahrhundert der Sklaverei durch die Maschine hatte begonnen.

Mit der Erfindung der Dampfmaschine und dem mechanischen Webstuhl, beide von Engländern schon 1775 und 1785 konstruiert, nahm diese neue Form der Sklaverei von England aus ihren Weg durch Europa. Sie kam aus einem Land, in dem es bis ins frühe 19. Jahrhundert die Sklaverei gegeben hat, in dem bis 1832 von 15 Millionen Einwohnern nur 400 000 wahlberechtigt waren, noch zu Schopenhauers Zeiten »zwei Drittel der Nation nicht lesen können« und unter der Oberherrschaft von ein paar hundert Adelsfamilien der Klerus und die Großgrundbesitzer den Bauern schlechter als alle Stalltiere behandelten. Noch im späten 19. Jahrhundert mußte der Bauer in England in der Regel noch doppelt soviel arbeiten wie die Verbrecher in den Zuchthäusern. Ein offizieller Bericht von 1865 registrierte: »Er ist eine Null in den Berechnungen des Pächters. Er hat keine Furcht für die Zukunft, weil er über nichts verfügt, außer dem, was zu seiner Existenz absolut unentbehrlich ist ... Komme, was wolle, er hat keinen Anteil an Glück oder Unglück.«

Die für kommende politische Entscheidungen wichtigen Machtpositionen waren mit Beginn des Industriezeitalters im 19. Jahrhundert von den Kaisern und Fürsten auf die neuen wahren Herrscher übergegangen, nämlich auf die Stahl- und Baumwollkönige. Und das Elend der Arbeiter, des »Proletariats«, verbreitete sich vom Ursprungsland der Industrie, von England aus, bald in ganz Europa. In den Fabriken, die in dieser Zeit noch eher Gefängnissen glichen, mußten sich die Arbeiter und Handwerker erneut unterwerfen und zu noch härteren Bedingungen als früher in den kleinen Handwerksbetrieben oder auf den Bauernhöfen schuften. 14, 16 und mehr Stunden am Tag waren sie in den finsteren, ungesunden Fabrikräumen eingesperrt. Viele Fabrikherren verboten ihren Arbeitern, eine Uhr zu tragen, damit sie nicht auf die Zeit achten konnten. Für die Proletarier gab es keine Spur von »Freiheit für alle«, wie überall in Europa getönt wurde. Sie waren die Gefangenen des Fabrikbesitzers, der sie außerdem auch prügeln lassen konnte, wenn sie seiner Meinung nach zu wenig arbeiteten.

Noch schwerer hatten es eigentlich nur noch abgeurteilte Verbrecher, etwa die Bagno-Sträflinge in Frankreich, deren menschenunwürdiges Dasein in Ketten trotz aller unerträglichen Schikanen wenigstens eine geregelte, wenn auch schlechte Verpflegung kannte. Dagegen berichtete ein Gesundheitsbericht von Julian Hunter aus dem Jahr 1866 von 20 großen Armenkolonien in London mit jeweils etwa 10 000 Menschen, »deren elende Lage alles übersteigt, was jemals anderswo in England gesehen worden ist«. Unter diesen waren viele arbeitslose Gelegenheitsarbeiter, die als »freie Engländer« billigere Arbeitstiere waren als die antiken Sklaven und deren Familien in schrecklichen Behausungen und von viel zuwenig und obendrein schlechten Lebensmitteln leben mußten. Im Jahr 1819 hielten Arbeiter und Arbeitslose in Manchester eine Massenversammlung ab. Wellington, der Sieger von Waterloo über Napoleon I., ließ in die Menge schießen. Ergebnis: elf Tote und 400 Verwundete. 1840 betrug die durchschnittliche Lebensdauer der Arbeiter in Liverpool 15 Jahre. In Manchester starben 57 Prozent der Arbeiterkinder vor dem fünften Lebensjahr. Neun- und Zehnjährige arbeiteten nicht selten über 24 Stunden ununterbrochen. Ein Arbeiter sagte über seine Kindheit um 1800 aus:

»Ich war sieben Jahre alt, als ich in der Fabrik zu arbeiten begann. Die Arbeitszeit dauerte von fünf Uhr morgens bis acht Uhr abends mit einer Mittagspause von 30 Minuten. Wir mußten unsere Mahlzeiten einnehmen, wie es gerade möglich war, meist stehend. In der Fabrik gab es 50 Kinder, die alle ungefähr mein Alter hatten. Sie waren oft krank und von schwacher Gesundheit. Es gab immer ein halbes Dutzend, das von der Überanstrengung bei der Arbeit krank war. Durch Schläge mit einer Lederpeitsche wurden wir an die Arbeit gehalten. Die Hauptbeschäftigung eines Werkführers bestand darin, die Kinder zu peitschen ...«

Aus Bergwerken wurde noch 1840 berichtet, daß »vier- bis siebenjährige Kinder zwölf Stunden am Tag alleine in der Dunkelheit sitzen und eine Tür für die Durchfahrt von Lastkarren öffnen müssen. Halbnackte Frauen und Kinder ziehen die Kohle in Behältern ohne Räder hinter sich her. Sie kriechen dabei auf Händen und Füßen durch die schmalen und niedrigen Stollen, wobei das Zugseil zwischen ihren Beinen hindurchführt ...«

So wie in England sah es in den Fabriken und Bergwerken bald auch in Deutschland und in anderen Ländern Europas aus. Nur wenige von den Reichen sahen bewußt dieses Elend, und noch weniger von ihnen erhoben ihre Stimme für die »Proletarier«. Dies taten aber einige Dichter, Schriftsteller und Journalisten. In Frankreich zum Beispiel Saint-Simon (1760 bis 1825), in England Charles Dickens (1812 bis 1870), in Deutschland Georg Büchner (1813 bis 1837), der 1834 in seinem »Hessischen Landboten« schrieb: »Denn was sind die Verfassungen in Deutschland? Nichts als leeres Stroh, woraus die Fürsten die Körner für sich herausgeklopft haben ...« Und Heinrich Heine (1797 bis 1856) brachte in seinem Gedicht »Die Weber« zum Ausdruck, was alle Besitzlosen, Ausgebeuteten und Unterdrückten damals empfanden:

Manchester, 1819: General Wellington, der Sieger von Waterloo, läßt in eine Massenversammlung von Arbeitern und Arbeitslosen schießen und die Menge mit Kavallerie auseinandertreiben. Es gibt 11 Tote und über 400 Verwundete (Kupferstich aus The Manchester Public Libraries).

»Ein Fluch dem Götzen, zu dem wir gebeten
In Winterkälte und Hungersnöten;
Wir haben vergebens gehofft und geharrt,
Er hat uns geäfft und gefoppt und genarrt . . .
Ein Fluch dem König, dem König der Reichen,
Den unser Elend nicht konnte erweichen,
Der den letzten Groschen von uns erpreßt,
Und uns wie Hunde erschießen läßt . . .«

Heine sprach vom Ende des Aufstandes der Weber im Jahr 1844 in Schlesien, den die preußische Regierung rücksichtslos zusammenschießen ließ. Das »Weser-Dampfboot«, eine Zeitschrift aus Minden, schrieb im Juni 1844:

»In Schlesien, in Peterswaldau, in Landenbielau, im Waldenburgschen haben die Weber, diese gutmütigen, in der Regel sogar furchtsamen und kränklichen Menschen, zu den Waffen gegriffen. Zur Unterdrückung des Aufstandes ist eine bedeutende Anzahl Militärs erforderlich gewesen ... sogar Artillerie ließ man aus Schweidnitz herbeischaffen ...«

Und der Philologe Wilhelm Wolff berichtete als Augenzeuge über das Massaker:

»Infolge dreier Gewehrsalven blieben elf Menschen sofort tot. Blut und Gehirn spritzte weit hin. Einem Manne trat das Gehirn über dem Auge heraus. Eine Frau, die zweihundert Schritte entfernt an der Tür ihres Hauses stand, sank regungslos nieder. Einem Manne war die eine Seite des Kopfes hinweggerissen. Die blutige Hirnschale lag entfernt von ihm. Eine Mutter von sechs Kindern starb denselben Abend an mehreren Schußwunden. Ein Mädchen, das in die Strickstunde ging, sank, von Kugeln getroffen, zu Boden. Eine Frau, die ihren Mann stürzen sah, ging auf den Boden und erhängte sich. Ein Knabe von acht Jahren wurde durchs Knie geschossen. Bis jetzt sind überhaupt vierundzwanzig schwer und tödlich Verwundete, außer den obigen elf Toten, bekanntgeworden. Wie viele ihre Wunden verheimlichen, läßt sich vielleicht später erfahren. Nach den ersten Salven herrschte einige Sekunden eine Totenstille. Aber der Anblick des Blutes um und neben ihnen, das Stöhnen und Röcheln der im Verscheiden Begriffenen, der Jammer der Blessierten, trieb die mutigsten unter den Webern zum Widerstande. Sie antworteten mit Steinen, die sie von den Steinhaufen der Straße aufrafften. Als nun zwar noch mehrere Schüsse getan und dadurch abermals einige Weber verwundet wurden, gleichwohl aber die Weber auf der einen Seite entfliehend, von der andern her zurückkehrten und unter den fürchterlichsten Flüchen und Verwünschungen mit Steinen zu werfen fortfuhren, mit Knütteln, Äxten usw. vordrangen, bewerkstelligte der Major von Rosenberger seinen Rückgang. Hätte er länger gezögert, so war es vielleicht für immer zu spät.«

Schlesien, 1844: »Sogar Artillerie ließ man aus Schweidnitz herbeischaffen ...« gegen die Weber, die dort mit einem Aufstand auf ihr Elend aufmerksam machen (Lithographie von Käthe Kollwitz zum Elend der Leinenweber aus dem Zyklus »Weberaufstand«, 1897).

Wilhelm Wolff, dessen Bericht wegen der Zensurbestimmungen in Breslau erst 1845 in Darmstadt veröffentlicht wurde, wurde später ein Freund von Karl Marx (1818 bis 1883). Dieser wiederum schrieb zusammen mit Friedrich Engels (1810 bis 1895) in London in dem berühmten »Kommunistischen Manifest«, das 1848 veröffentlicht wurde: »Die Arbeiter haben nichts zu verlieren als ihre Ketten. Dafür können sie eine ganze Welt gewinnen. Proletarier aller Länder, vereinigt Euch!« Die Wirkung dieses Manifestes hielt über die Revolutionsjahre des 19. Jahrhunderts bis in das 20. Jahrhundert hinein an. Vorher erreichten andere Aufrufe in dieser Richtung nicht diese Wirkung. So hatte zum Beispiel nach der blutigen Juli-Revolution von 1830 in Paris der Revolutionär Blanqui vor Gericht auf die Frage nach seinem Beruf gerufen, er sei Proletarier. Und als man ihm sagte, daß das keine Berufsbezeichnung sei, schleuderte er seinen Richtern entgegen: »Wieso ist das kein Beruf? Es ist der Beruf von 30 Millionen Franzosen, die von ihrer Arbeit leben und aller politischen Rechte beraubt sind!« Tatsächlich schufteten auch in Frankreich Männer, Frauen und Kinder von fünf Uhr morgens bis acht oder neun Uhr abends, wie überall, für Hungerlöhne. Und das Durchschnittsalter der französischen Arbeiter war damals 21 Jahre. Das Leben der Textilarbeiter in Lyon, die im November 1831 rebellierten, beschrieb ein Zeitgenosse und Bürger von Lyon namens Monfalcon so:

»Mehrere Menschen leben zusammengepfercht in einem Raum; für die Nacht nimmt ein Hängeboden mit einer Fläche von höchstens zehn Fuß im Quadrat die ganze Familie auf, das sind Vater, Mutter, zwei oder drei Kinder, ein Arbeiter und seine Arbeiterin. Während sie schlafen, haben sie über ihrem Kopf einen Luftraum von nur vierundzwanzig Zoll Höhe. Die Luft strömt hier immer einen scharfen Geruch aus. In ihr sind auch Krankheitserreger enthalten, die aus dem im Hause in großer Menge vorhandenen Abfall stammen oder durch die Atmung dieser vielen Menschen verschiedenen Geschlechts und Alters in Umlauf gesetzt werden, die hier unter einem Dach leben.«

1848 stand das Volk gegen die Obrigkeit auf, in Frankreich, in Österreich, in Deutschland, in Ungarn, in Italien und in Polen. Europas Volks-Rebellionen gegen ihre Herrscher und Unterdrücker gingen von Frankreich, dem Land der großen Revolution von 1789 (siehe Seite 340 ff.), aus. Am 22. Februar 1848 tobten die ersten Straßenkämpfe in Paris. König Ludwig Philipp (1773 bis 1850) floh, eine provisorische Regierung wurde gebildet und erneut die Republik ausgerufen. Die Herrscher Europas wurden unruhig und warnten sich untereinander. Leopold I. von Belgien (1790 bis 1865), Schwiegersohn des geflohenen Franzosenkönigs, schrieb an den Preußenkönig Friedrich Wilhelm III. (1770 bis 1840): »Und ungefähr 12–15 000 Personen, Arbeiter meistens, gaben ihre Zustimmung zur Ernennung des Gouvernement Provisoire ... Fürwahr, solch eine êlection hat man noch nie gesehen!« Der Preußenkönig seinerseits warnte seine Verwandte in London, Königin Viktoria von England (1818 bis 1901): »Gott hat die Ereignisse zugelassen, die entschieden den Frieden Europas bedrohen.«
Vier Wochen später hatte er die Revolution auch in Berlin, nachdem in Wien

Berlin, 18. März 1848: Barrikadenkampf Berliner Arbeiter und Studenten gegen das königlich-preußische Militär am Köllnischen Rathaus.

wenige Tage vorher der Erzreaktionär Europas, Fürst Metternich (1773 bis 1859), schon in Richtung London Fersengeld gegeben hatte, Bürgerwehr, Studenten und Arbeiter die Stadt beherrschten und im Prater kaiserliche Polizei mit Arbeitern Rückzugsgefechte geführt hatte, wobei sie auch unschuldige Frauen umsäbelte. Und in Preßburg hatte der Revolutionär Ludwig Kossuth am 3. März 1848 vor der ungarischen Ständetafel vorausschauend schon geklagt: »Wir wälzen den Stein des Sisyphus, und der Schmerz der Unbeweglichkeit umwölkt meine Seele mit verzehrender Sorge. Mit blutendem Herzen sehe ich so viel treues Talent in undankbarer Arbeit sich abmühen, die den Qualen der Tretmühle gleicht ...«
Doch ehe diese Situation in der zweiten Hälfte des 19. Jahrhunderts erneut von den Fürsten und Königen herbeigeführt und für weitere Jahrzehnte zementiert wurde, mußte wieder einmal das Volk an den verschiedenen Orten der Rebellionen einen hohen Blutzoll entrichten. Ein Augenzeuge erzählte vom 18. März in Berlin:

»Fünfmal stürmte das Militär die Barrikade an dem Köllnischen Rathaus, aber jedesmal stürzten Reihen von Soldaten von den wohlgezielten Schüssen der Bürgerschützen nieder. Man ging zuletzt so weit, mit den Kartätschen und mit Granaten gegen diese Barrikade zu schießen, so daß das ganze königliche Schloß erzitterte und erdröhnte. Diese Kugeln zerstörten aber mehr das hinter der Barrikade liegende Haus des Konditors d'Heureuse als die Barrikade, und erst nach einem dreistündigen Kampf, nachdem immer neue Truppen herangezogen, immer neuer Kartätschenhagel gewütet hatte, fiel diese Barrikade. Das Militär soll bei solcher vier Offiziere und 30 Mann verloren haben . . .«

Ein preußischer Leutnant beobachtete am gleichen Tag, wie Füsiliere des 2. Garderegiments ein Haus in der Friedrich-, Ecke Mohrenstraße »säuberten«:

»Oberstleutnant von Rauchhaupt . . . eilte auf das Dach, von wo ein Hagel von Steinen und Gewehrfeuer auf die Truppen herabgeregnet hatte. Als er das Dach des vierstöckigen Hauses betrat, feuerte ein Student sofort offen eine Pistole auf ihn ab. Rauchhaupt ergriff ihn mit der Faust beim Kragen und schleuderte das Bürschchen auf die Straße herab. Die nachdringenden Füsiliere taten das gleiche mit der übrigen Besatzung des Daches.«

Im April 1848 wurde ein Aufstand in Baden von Bundestruppen unterdrückt. Im Juni 1848 schlug der General Cavaignac in Paris einen erneuten Arbeiteraufstand mit seinen Truppen nieder, wobei es rund 5000 Tote auf den Straßen gab. Im Oktober 1848 brachen in Wien neue Unruhen aus, doch im November eroberten nach schweren Kämpfen die monarchistischen Truppen unter Feldmarschall Windisch-Grätz die Donaustadt wieder zurück, wobei es erneut viele Tote unter Frauen und Kindern gab. Die Reaktion übte Rache an den Revoluzzern. Friedrich Hebbel versäumte nicht, als Augenzeuge dem neuen österreichischen Ministerpräsidenten, Fürst Schwarzenberg, zu berichten:

». . . die männlichen Leichen hatten ihre Geschlechtsteile als Zigarren im Munde; das ist doch immer schon etwas und wird, ich bürge dafür . . ., der Geschichte nicht verlorengehen.«

Unter den Opfern der Strafgerichte und Hinrichtungen in Wien war auch der Deutsche Robert Blum, vorher Abgeordneter der Linken im Frankfurter Paulskirchen-Parlament. Blum hatte bereits im Mai 1848 realistisch erkannt: »Unser Kampf ist eine Sache der Überzeugung, aber völlig fruchtlos; alles, was vorkommt, ist im voraus entschieden, und so unverschämt ist die Mehrheit, daß sie verwirft, was wir geben oder beantragen, bloß weil wir es beantragen . . .« Diese Worte galten zwar vordergründig für die politischen Redeschlachten unter den 600 Abgeordneten der Frankfurter Nationalversammlung, unter denen übrigens nur ein Bauer saß, aber sie spiegelten Ende 1848 exakt auch das allgemeine Mehrheitsverhältnis von Reaktion und Revolution wider, die überall erstickt wurde. In Berlin rückte der preußische General von Wrangel ein, die Seifenblase eines deutschen Einheitsstaates zerplatzte im Frankfurter Parlament, der Preußenkönig löste die preußische Nationalversammlung auf und lehnte eine »Volkskaiserkrone« ab. Die Demokratie wurde in ganz Europa sehr bald aus dem Felde geschlagen,

Paris, Juni 1848: Gefangene Rebellen werden durch die Straßen der Stadt abgeführt. Während der Revolution ließ General Cavaignac rund 5000 aufständige Arbeiter abschlachten.

auch bei den letzten verzweifelten Aufständen in Sachsen, der Pfalz und in Baden im Mai/Juni 1849. Preußische Soldaten stellten auch dort Ruhe und Ordnung wieder her. Der Dichter Ludwig Uhland (1787 bis 1862) vermerkte in einem Brief über die Auswirkungen dieses letzten Versuches zur Rettung der Revolution: »Noch immerfort bringen uns die Zeitungsblätter aus Baden standrechtliche Erkenntnisse, meist Todesurteile, und, wo die Milde vorschlägt, Verurteilungen zu zehnjährigem Zuchthaus. Von Tag zu Tag hat man die Einstellung dieser außerordentlichen Strafrechtspflege erwartet, vergeblich!« In Baden ging das Wiegenlied um:

»Schlaf, mein Kind, schlaf leis!
Dort draußen geht der Preuß.
Deinen Vater hat er umgebracht,
Deine Mutter hat er arm gemacht,
Und wer nicht schläft in stiller Ruh,
Dem drückt der Preuß die Augen zu ...«

Preußisches Militär griff, zusammen mit russischem, auch wenige Jahre später bei dem polnischen Aufstand im Jahre 1863 auf der Seite der ausländischen Besatzer gegen die sich aus russischer Umklammerung freikämpfenden Polen ein und trug zur blutigen Unterdrückung dieses Aufstandes bei. Schon 1830 hatten die Polen in Warschau eine nationale Regierung errichtet, die aber von den Russen ein Jahr später wieder liquidiert worden war. Danach waren Tausende von polnischen Freiheitskämpfern ins Ausland geflohen, vor allem nach Paris und nach den Vereinigten Staaten. Dann war 1846 aus Krakau ein neuer Aufstand gemeldet worden, der zur österreichischen Annexion der freien Stadt geführt hat. Aber erst 1863 kam es zu einer wirklich nationalen Katastrophe für die Polen. Nach dem Ende der Rebellion im Feuer preußischer und russischer Kanonen wurden viele Führer der Rebellen hingerichtet und Tausende von Polen zur Zwangsarbeit und Deportation verurteilt. Das zerstückelte Polen mußte auf seine nationale Wiedergeburt noch bis zum Ersten Weltkrieg warten.

Eines mußten die Könige und Fürsten in Europa aber trotz ihres Triumphes über die revolutionären Bewegungen doch hinnehmen, nämlich die Erkenntnis, daß ihre Völker auf dem Weg zu selbständigem Denken waren und dies auch zu demonstrieren wagten. 1848/1849 wurde in Europa die bürgerliche Französische Revolution auch in Deutschland, Österreich und in Italien – der Papst mußte zeitweilig fliehen – nachgeholt. Für die Arbeiter allerdings, die anfangs mit in den ersten Reihen der Aufständischen standen, brachten die Revolutionsjahre keinen Erfolg. Doch sie brachten die Anfänge einer revolutionären Unruhe und Bestrebungen zur Solidarität unter den Arbeitern über die Grenzen der Staaten hinweg, die zu den ersten organisierten Arbeiterbewegungen, auch in Deutschland, führten. Bald festigten aber die deutschen Fürsten ihre Macht gründlicher als vorher, jede »Koalition« von Arbeitern wurde durch den Staat verboten. Erneut kamen für den Arbeiter Jahre der Erniedrigung. Viele von ihnen wanderten aus Deutschland und aus anderen Ländern Europas nach Amerika aus, vor allem aus Irland, wo noch 1846 eine fürchterliche Hungerkatastrophe über eine Million Tote forderte. Zwei Millionen überlebende Iren allein suchten danach ihr Glück in der Neuen Welt. Während des ganzen 19. Jahrhunderts, genauer zwischen 1800 und 1890, wurden aus ganz Europa mehr als 50 Millionen Menschen gezählt, die die Alte Welt verließen, um dort dem sozialen Elend zu entgehen.

Doch nicht alle Sozialisten der frühen Zeit verließen Europa. Viele nahmen in den politischen Arenen, in den ersten Volksvertretungen, aber auch während der Zeit der Verfolgung der Sozialdemokraten durch die Polizei im Bismarck-Reich, den Kampf um ihre politischen Ziele im Untergrund auf. Die Arbeiterbewegung bewährte sich dabei als politische Kraft, gemäß der Forderung eines ihrer damaligen Führer, Wilhelm Liebknechts (1826 bis 1900), der in seiner Flugschrift »Warum verfolgt man uns!« 1886 schrieb: »Die deutsche Sozialdemokratie ... sucht nicht in fremdem Land die Verwirklichung ihrer Ideale – sie kämpft in der Heimat, in der Alten Welt –, und in der Alten Welt wird sie siegreich erkämpfen die Neue Welt – die Neue Welt der Freiheit, Gleichheit, Brüderlichkeit und sozialen Ordnung.« Ein anderer sozialdemokratischer Politiker der ersten Stunde, Ferdinand Lassalle (1825 bis 1864), hatte 1859 in seinem Drama »Franz von Sickingen« einen Vierzeiler gedichtet, der aufzeigen sollte, welcher jahrhundertealten historischen Geißel der Menschheit die Kampfansage aller freiheitlich-demokratischen Kräfte galt:

»Ehrwürdger Herr!
Schlecht kennt Ihr die Geschichte.
Ihr habt ganz recht, es ist Vernunft ihr Inhalt,
Doch ihre Form bleibt ewig die Gewalt!«

»Die ganze weiße Rasse schwelgt ganz offen in Gewalttätigkeit«

Inder, Chinesen und Japaner gegen Christen, »Fremde« und Kolonialherren — Asien und Ostasien vom 16. bis zum 20. Jahrhundert

1596
Vertreibung von 12 000 Chinesen auf den Philippinen durch die Spanier, die 1603 auf ihren Ostasien-Kolonien rund 30 000 Chinesen töten

1613
Erste Niederlassung der East Indian Company in Indien

1740
Massaker unter der chinesischen Bevölkerung von Batavia (Holländisch-Ostindien)

1756/1757
Französisch-britischer Kolonialkrieg in Indien. 146 Engländer sterben im »Schwarzen Loch« in Kalkutta

1785
Engländer unterwerfen Süd- und Zentralindien

1803
Delhi und Agra von den Engländern erobert

1815
Ceylon wird britische Kolonie

1820
Engländer unterwerfen Nord-Indien

1840
Engländer annektieren den Pandschab – Opiumkrieg in China

1850 bis 1864
Taiping-Revolution in China fordert 20 Millionen Tote

1857/1858
Großer indischer Aufstand gegen die britische Herrschaft. Massaker von Kanpur und britische Racheakte. Indien wird Kronkolonie (Vizekönigreich)

1863
»Tag der Vertreibung der Barbaren« in Japan (25. Juni)

1868
Beginn der Meiji-Ära in Japan. Der Widerstand der Samurai wird gebrochen

1900/1901
»Boxer«-Aufstand in China

19. Jahrhundert
32 Millionen Hungertote in Indien, davon allein 26 Millionen im letzten Vierteljahrhundert

1919
Gewalttätigkeiten in Delhi, Bombay und im Pandschab. Massaker der Engländer in Amritsar

1920 bis 1945
Gandhis gewaltloser Feldzug gegen die britische Herrschaft in Indien

1946
6000 Menschen in Kalkutta während fünf Tagen Unruhen getötet. 1947 wiederholte sich das Blutbad in Kalkutta mit einer halben Million Toter

Die Kolonialpolitik europäischer Nationen, die nach dem Vorbild der Phöniker, Griechen, Römer, Chinesen, Araber und Türken bereits ab dem 16. Jahrhundert von Portugiesen und Spaniern, dann von Engländern und Franzosen in Amerika, Afrika und Asien praktiziert wurde, bekam mit dem Aufschwung der Nationalstaaten und Großmächte in Europa im 19. Jahrhundert Dimensionen, die Mutterländer und Kolonien zu mächtigen Weltreichen anwachsen ließen. Es zeichneten sich unterschiedliche Formen des Kolonialismus mit mehr oder weniger gewalttätiger Fremdherrschaft in Siedlungs-, Wirtschafts-, Militär- oder Strafkolonien ab, die wiederum in steigendem Maße bei den Kolonisierten, also den Ureinwohnern beziehungsweise den von den Kolonialmächten unterworfenen Kolonialvölkern, Tendenzen zum Widerstand gegen Fremdherrschaft mobilisierten, anfangs zum passiven Widerstand, wie beispielsweise der Verweigerung von Steuern, später zum aktiven Widerstand, also zu revolutionären Umsturzbewegungen. Die Weltgeschichte kennt, wie wir gesehen haben, von Anfang an eine nicht abreißende Kette von kolonialen Ausdehnungen, von Unterwerfungen fremder Völker und deren Ausbeutung. System und Methode im Sinne moderner Regierungs- und Verwaltungsformen brachten die großen Kolonialmächte jedoch erst ab dem 18. und 19. Jahrhundert, im Zeitalter des sogenannten Imperialismus, in ihre Bestrebungen, den eigenen Macht- und Wirtschaftsbereich auf benachbarte, vor allem aber auf überseeische Gebiete auszudehnen – ohne Rücksicht auf die moralischen und politischen Rechte, auf Eigenstaatlichkeit und Unabhängigkeit der kolonialisierten Völker und auf deren Anspruch auf Menschlichkeit und Freiheit. Diese Rechte, in den Mutterländern der Kolonialmächte vom Volk eben erst erkämpft, standen im 19. Jahrhundert den »unzivilisierten« Kolonialvölkern noch nicht zu. Wir haben dies in den Jahrhunderten der Sklaverei in Afrika und Amerika bereits kennengelernt. In den Kolonialreichen der Europäer in Asien war es nicht anders. Unterschiede gab es lediglich im Verhältnis der Europäer zu den traditionellen Großreichen der Chinesen und Japaner, die sich gegen die drohende Einflußnahme und Infiltration der »Fremden« aus dem Westen in einer Geschichtsepoche zur Wehr setzten, als sie selbst noch mit einem Bein in der selbstgewählten Isolation mit Blick auf ihre traditionsreiche Vergangenheit gerichtet verharrten.

Die englische Ostindien-Kompanie, im Jahre 1600 gegründet, errichtete ihre erste Handelsstationen in Indien bereits im Jahr 1613, also wenige Jahre nach dem Tod Akbras (1556 bis 1605), des berühmtesten Großmoguls des mittelalterlichen Indien, dessen Reich direkt auf die Nachkommen der mohammedanischen Mongolen unter Tamerlan (siehe Seite 188 ff.) zurückgeht. So erklärt sich auch, daß unter den Großmogulen in Indien und später noch unter den indischen Fürsten und Radschas (nach hindisch: radsch = Herrschaft) dieselbe Grausamkeit gegenüber unterworfenen Vasallenvölkern anzutreffen war, wie wir dies in der europäischen Einflußzone der Mongolen, nämlich in Rußland (siehe Seite 176 ff.), kennengelernt haben. Nach der Einnahme von fremden Festungen wurden unter den Großmogulen in Indien die besiegten Männer ebenso getötet und deren Köpfe zu einer Säule getürmt, die Frauen und Kinder in die Sklaverei weggeführt, weil sie ja »Ungläubige« waren. Der Gegensatz zwischen den damaligen moslemischen Groß-

mogulen und den von ihnen eroberten Gebieten der Hindu-Sekten, deren älteste Gruppen sich auf das heilige Andachtsbuch der »Bhagavadgita« aus dem 11. Jahrhundert berufen, war für die Moslems, später auch umgekehrt für die Hindus, Rechtfertigung genug für die Motivierung ihrer Grausamkeiten untereinander. Großmogul Babur (1494 bis 1530) schlachtete mit dieser Begründung 1528 die hinduistischen Radschputen in Tschanderi ab, wobei viele Hindus den Selbstmord der Sklaverei vorzogen, was Babur besonders vermerken ließ: »In dieser Weise gingen viele von ihnen in die Hölle.« Dabei verleugnete Babur in eigenen Gedichten mit solchen Zeilen selbst gern seine mongolische Abstammung: »Wenn die mongolische Rasse eine Rasse von Engeln wäre, ist sie doch eine üble Rasse ...; die mongolische Saat ist so, daß, was mit ihr gesät wird, abscheulich ist.«
Von dem großen Akbar, nach dessen Tod sieben Jahre später die ersten englischen Kolonialherren sich in die Politik seiner Nachkommen mischten, ist diese uns altbekannte Rede überliefert: »Ein Herrscher muß stets auf Eroberungen aus sein, sonst werden seine Nachbarn sich gegen ihn in Waffen erheben. Die Armee muß in der Kriegskunst geübt werden, weil sie sich sonst aus Mangel an Übung gehenlassen wird.« Die Folge war, wie Michael Prawdin schreibt, daß die Nachbarn Akbars immer wieder

»... heldenhafte Kämpfe gegen überlegene Kräfte ausfechten, ihr Leben opfern und ihre Frauen und Kinder verbrennen, wenn ihre Festungen fielen. In einem Fall war es eine Rani, eine Frau, die auf einem Elefanten sitzend ihre Truppen in die Schlacht führte und, zweimal von Pfeilen verwundet, sich selber erdolchte, als sie geschlagen wurde. In einem anderen Falle, als nach langem verzweifeltem Widerstand die Festung Tschitor fiel, wurden Dreiviertel der Bevölkerung von 40 000 Menschen hingeschlachtet.«

Das geschah in den Jahren 1567/1568 und blieb in der indischen Geschichte als »Sünde der Schlächterei von Tschitor«, als einer der dunklen Flecke auf Akbars Ruhm hängen, dessen Bücherei die berühmtesten Werke aus dem Sanskrit, dem Griechischen, Arabischen und anderen Sprachen in persischen Übersetzungen in rund 24 000 Manuskripten enthielt.
Die ersten britischen Besitzungen breiteten sich im 17. Jahrhundert in Indien mehr und mehr aus. Zentren eines künftigen indisch-britischen Weltreiches bildeten sich 1639 in Madras, 1661 in Bombay und 1696 in Kalkutta. Den Engländern kam die beginnende Auflösung der Mogul-Herrschaft in Indien entgegen, die sich durch die blutige Verfolgung der Hindus, die zu Aufständen und Abspaltungen führte, selbst zerstörte. Außerdem hatten die Holländer Ende des 17. Jahrhunderts ihre Stellung als Großmacht verloren, und England übernahm Hollands Rolle in Asien, genauer gesagt, die englische »East Indian Company« verdrängte die schon 1602 gegründete holländische Ostindien-Kompanie. Mitte des 18. Jahrhunderts aber mußten sich die Engländer noch der Konkurrenz französischer Handelsherren erwehren, die anfangs fast ganz Südindien, außer Madras und Kalkutta, an sich reißen konnten. Schließlich mobilisierte der 32jährige Robert Clive, Offizier der Streitkräfte der Ostindien-Kompanie, den britischen Widerstand,

nutzte geschickt die Rivalitäten der zerfallenden indischen Fürsten aus und gewann mit den militanten englischen Kaufleuten in Indien Kalkutta zurück. Der Erfolg der Engländer über die Franzosen wurde mit dem 1757 errungenen Sieg von Plassey in Bengalen bei Kalkutta besiegelt, den Clive durch Verrat gegen 20fache Übermacht bei nur zehn eigenen Toten erreichte. Damit war die britische Herrschaft in Indien für die nächsten zwei Jahrhunderte begründet.
Ein Jahr vorher aber passierte in Kalkutta, wo ein unbesonnener junger Nabob das englische Fort angegriffen und die Europäer bis auf eine kleine Gruppe vertrieben hatte, die erste Tragödie in der Geschichte des britischen Kolonialismus in Indien. Die vom Nabob gefangenen letzten 146 englischen Soldaten waren am 20. Juni 1756 in das »Schwarze Loch« der Garnison in Kalkutta eingesperrt worden, einem Raum von nur 37 Quadratmetern mit nur kleinen Fenstern, die wiederum durch eine Veranda von der frischen Luft abgeschnitten waren. Wie dort fast alle Engländer in der folgenden Nacht zugrunde gingen, beschrieb ein Offizier der Ostindien-Kompanie:

»Die erste Wirkung dieser Haft war ein ständiges starkes Schwitzen, das bald einen furchtbaren Durst hervorrief. Der Durst wurde von schrecklichen Brustschmerzen und damit verbundenen Atembeschwerden abgelöst, so daß die Gefangenen kurz vor dem Ersticken waren. Auf verschiedene Art wurde versucht, mehr Raum und mehr Luft zu gewinnen. Jeder zog sich aus; alle Hüte dienten als Fächer ... Da der Durst immer größer und größer wurde, erschallte jedoch bald darauf nur noch ein Schrei: ›Wasser, Wasser!‹
Der gute Jemautdar (ein bestochener alter indischer Diener) ließ sofort einige Schläuche voll Wasser zu den Fenstern bringen. Seine Mildherzigkeit brachte aber keine Erleichterung, sondern verursachte vielmehr neue Qualen. Denn vom Verlangen nach Wasser waren alle derart besessen, daß keiner darauf warten wollte, bis er drankam, und jeder gegen diejenigen kämpfte, die vielleicht vor ihm trinken könnten. In diesem Ringen wurden viele zu Tode gedrückt oder erstickten ...
Schon vor Mitternacht verfielen diejenigen, die noch lebten, aber nicht die frische Luft an den Fenstern atmen konnten, entweder in Lethargie, oder sie rasten im Delirium. Jede Art von Schimpfworten und Beleidigungen wurde geäußert, um die Wachen zu tödlichen Schüssen in das Verließ aufzustacheln. Während die einen den Schöpfer schmähten, wurde der Himmel von anderen in wilden und unartikulierten Gebeten angerufen, bis die völlig Entkräfteten sich niederlegten und ihr Leben auf den Körpern ihrer toten oder leidenden Freunde beendeten ...
Am Morgen kam ein vom Nabob ausgesandter Offizier und erkundigte sich, ob der ranghöchste Engländer noch am Leben sei. Bald danach kehrte jener Mann mit dem Befehl zurück, das Gefängnis zu öffnen. Der Toten waren so viele, und die Überlebenden hatten so wenig Kraft, daß sie fast eine halbe Stunde brauchten, um die Leichen von der Tür wegzuschaffen und sich einen Weg ins Freie zu bahnen. Von den 146 Menschen, die in das »Schwarze Loch« hineingegangen waren, kamen nur noch 23 lebend heraus – die erschütterndsten Gestalten, die je gesehen wurden. Die Truppen des Nabobs betrachteten sie mit Teilnahmslosigkeit und

»Englische Greuel in Indien«, nannte Gustav Doré diese Zeichnung, in der er das Vorgehen der britischen Kolonialtruppen der Sikhs und Gurkhas im Dienste der britischen Krone anprangerte.

befahlen einigen, sofort das Verließ zu säubern, während die übrigen gezwungen wurden, einen Graben auszuheben, in den die Toten geworfen wurden.« Die Engländer rächten sich an den Truppen des Nabob mit einer blutigen Strafexpedition unter Führung von Robert Clive, bevor sie dann ein Jahr später Kalkutta zurückeroberten. Nach dem Sieg von Plassey wurde der junge Nabob, der Sympathien für die Franzosen hatte erkennen lassen, hingerichtet. Clive setzte einen Marionettenherrscher auf den Thron von Bengalen und bereicherte sich und seine Offiziere aus der fürstlichen Schatzkammer. Das machte die Engländer in Indien nicht nur zu erfolgreichen Kaufleuten, sondern auch zu Eroberern im Sinne der zitierten Sätze des Großmoguls Akbar.

Während der folgenden 60 Jahre Herrschaft der East Indian Company in Indien gewannen die Engländer Macht über den größten Teil des Landes, wobei sie immer wieder die Zwistigkeiten unter den einheimischen Fürsten für sich ausnutzten und unter militärischem Einsatz ein Fürstentum nach dem anderen unterwarfen und annektierten. 1785 besiegten sie unter dem Generalgouverneur Warren Hastings die drei Hauptgegner in Zentral- und Südindien. 1803 wurden Delhi und Agra erobert. 1815 war die Eroberung von Ceylon abgeschlossen. 1820 schließlich wurden die Marathen- und Radschputen-Staaten im Norden Indiens unterworfen. Schließlich dehnten die Engländer ihr asiatisches Kolonialreich mit der Annexion des Pandschab (1849) und mit der Eroberung Burmas (1891 abgeschlossen), das sich in Bengalen einmischen wollte, noch weiter aus.

Die Engländer blieben in den eroberten Gebieten überall unter sich, eine Vermischung mit den Einwohnern lehnten sie ab. Diese distanzierte Haltung verstärkte das wachsende Unbehagen der indischen Moslems und Hindus gegen die Überfremdung ihrer Heimatländer, in denen die Engländer 1835 auch noch das britische Schulbildungssystem einführten. Die Folge war eine Vernachlässigung aller indischen Sprachen und des indischen Kulturwesens. Am schlimmsten war jedoch die grenzenlose Verachtung, mit der die Engländer den Einwohnern ihrer

Kolonien begegneten. Darüber hat schon 1817 der spätere Gouverneur von Madras, Sir Thomas Munro, seinen Landsleuten ein vernichtendes Zeugnis ausgestellt: »Fremde Eroberer haben die Eingeborenen mit Gewalt und oft mit großer Grausamkeit behandelt, aber keiner ist ihnen je mit solcher Verachtung entgegengetreten wie wir ... Es erscheint mir nicht nur unedel, sondern auch unpolitisch, den Charakter eines Volkes, das unter unsere Herrschaft gefallen ist, derart herabzusetzen.«

Die Engländer griffen immer weitreichender in innerindische Angelegenheiten ein. Die zweifellos barbarischen Sitten von Kinder- und Ritualmorden oder die der Witwenverbrennung, die tief im indischen Leben verwurzelt waren, wurden gesetzlich verboten und unterdrückt. Indien und seine Massen wurden Teil der britischen Gesellschaftsstruktur, ohne daß die Engländer ihre Mischung aus rassischen Vorurteilen und arrogantem Stolz auf ihre Wohltätigkeit für »unterentwickelte Völker« auch nur um Zentimeter aufgaben. Die Inder waren nur dazu da, England und den Engländern zu dienen und sie zu bereichern. So hatte sich schließlich in der Mitte des 19. Jahrhunderts genug Zündstoff angesammelt, der dann im großen Aufstand der Inder im Jahre 1857/1858 explodierte und in dessen Verlauf mehrere Massaker zuerst von den Aufständischen, danach Racheakte der britischen Soldaten und ihrer Sikhs- und Gurkhas-Einheiten, aus Eingeborenen rekrutierte Elitetruppen, an den Rebellen stattfanden.

Am 10. Mai begann in Merath das, was die Inder die Große Revolution und die westlichen Historiker den Sepoyaufstand nennen. In Merath befreiten Meuterer die Sepoys (eingeborene hinduistische und mohammedanische Reitersoldaten in der britischen Armee), die inhaftiert worden waren. Anlaß dazu war ihre Ablehnung der neuen Patronen in der britischen Armee. Die Engländer hatten zuvor einen neuen Gewehrtyp in der Armee ausgegeben, deren Patronenhülsen dick eingefettet werden mußten, was sofort das Gerücht in Umlauf setzte, die Patronen müßten mit Rinder- oder Schweinefett eingerieben werden. Diese Fette zu berühren, war aber sowohl bei den orthodoxen Hindus als auch, was Schweinefett anging, bei den Mohammedanern verboten.

Die indischen Soldaten, soweit sie streng hinduistisch oder mohammedanisch lebten, meuterten in ganz Nordindien und riefen nach dem Marsch auf Delhi, das sie ohne große Schwierigkeiten einnahmen, den letzten Mogul Bahadur Shah II. zum »Kaiser von Indien« aus. Doch bald zeigte sich, daß die ersten Meutereien spontan und schlecht organisiert waren. Die Engländer unterdrückten die Aufstände mit brutaler Gewalt und rächten sich für die vorgekommenen Mordtaten der Aufständischen, bei denen auch englische Frauen und Kinder umgebracht worden waren. Die Frau des Kommandanten von Lucknow, Lady Inglis, notierte unter dem 28. Juni 1857 in ihrem Tagebuch:

»Heute erhielten wir die furchtbare Nachricht, daß Sir Hugh Wheeler einen Vertrag mit Nana (dem Anführer der Aufständischen in Cawnpore beziehungsweise Kanpur) geschlossen habe, nachher aber mit seiner ganzen Garnison verraten und ermordet worden sei ...«

Über das dort stattgefundene Massaker und die britische Rache schrieb Winston S. Churchill anhand neuester Quellen:

»In Kanpur kam es zu einem grauenhaften Massaker. 21 Tage lang wurden 900 Briten und treugesinnte Inder – beinahe die Hälfte waren Frauen und Kinder – von 3000 Sepoys, an deren Spitze Nana Sahib stand, belagert und angegriffen. Am 26. Juni versprach man ihnen schließlich freien Abzug. Als sie die Stadt in Booten verließen, nahm man sie unter Feuer, und alle Männer wurden getötet. Frauen und Kinder, die das Blutbad überlebten, kamen ins Gefängnis. In der Nacht des 15. Juli war eine Entsatzarmee unter Sir Henry Havelock, einem Veteranen aus den indischen Kriegen, nur mehr 20 Meilen entfernt. Nana Sahib befahl seinen Sepoys, die Gefangenen zu töten. Sie weigerten sich. Daraufhin schlachteten fünf Mörder die Eingekerkerten mit Messern ab und warfen die Leichen in einen Brunnen. Zwei Tage später traf Havelock ein. ›Hätte ein christlicher Bischof dieses Gemetzel gesehen, wie ich es sah‹, schrieb lange Zeit später ein Augenzeuge, ›ich bin fest überzeugt, daß er sein Schwert umgegürtet hätte.‹ Hier und anderswo nahmen britische Truppen furchtbare Rache. Man band die Meuterer, manchmal lebendigen Leibes, vor die Mündungen der Kanonen oder nähte ihre Körper in Kuh- und Schweinehäute ein ...«

Erst nach zwei Jahren hatten die Engländer endgültig wieder die Oberhand gewonnen, Delhi nach dreimonatiger Belagerung wieder eingenommen und die britische Herrschaft schließlich mehr denn je gefestigt. Auch das alte indische Wirtschaftssystem der Provinzen wurde nun völlig verändert. Die Kleinbauern, die immer in der Vergangenheit für Notzeiten Vorräte angelegt hatten, verarmten dadurch, die kleinen Handwerker wurden arbeitslos, während Großgrundbesitzer hohe Gewinne erwirtschafteten. Die Folge dieser Wirtschaftspolitik der englischen Kolonialherren waren 32 Millionen verhungerter Inder zwischen 1800 und 1900, davon allein 26 Millionen im letzten Viertel des 19. Jahrhunderts.
In den Reihen der indischen Studenten an den Colleges und Universitäten bildete sich Ende des 19. Jahrhunderts eine europäisierte indische Oberschicht, deren bewußte Pflege nationaler Traditionen zu einer indischen Nationalbewegung führte. 1885 wurde, von den Engländern nur unsicher geduldet, ein Indischer Nationalkongreß gegründet. Das Jahr 1916 war eine weitere Station auf dem Weg zur Unabhängigkeit Indiens von den Engländern, deren Königin Viktoria seit 1877 den Titel »Kaiserin von Indien« trug: In diesem Jahr forderten die Hindus und Moslems gemeinsam die Autonomie Indiens. Als Gegenleistung dienten die Inder in den Reihen der englischen Armee im ersten Weltkrieg. Zu dieser Zeit hatte ein Mann auf den Indischen Nationalkongreß Einfluß genommen, der den politischen Kampf um die Selbstbestimmung mit den Mitteln der altindischen »Idealen Wahrheit«, der Gewaltlosigkeit und Läuterung durch Nächstenliebe, aufnahm: Mahatma Gandhi (1869 bis 1948). Er opponierte gegen das von den Engländern verlängerte Verbot der Versammlungsfreiheit. Aber noch ehe seine Bewegung Boden gewinnen konnte, führte seine Forderung in Delhi, Bombay und dem Pandschab im März 1919 zu Gewalttätigkeiten und neuen Aufständen. Gandhi

büßte mit drei Tagen Fasten für seinen »Fehler«, während zur gleichen Zeit, am 13. April, ein Ereignis geschah, das die Inder endgültig in eine Front gegen die Engländer vereinigte. An diesem Tag hatten sich 10 000 oder mehr Inder in einem Park bei Amritsar versammelt – trotz oder in Unkenntnis des Versammlungsverbots. Englisches Militär unter Führung des Brigadegenerals Reginald Dyer, eines in Indien geborenen und aufgewachsenen Kolonialoffiziers alter Schule, marschierte auf, und Dyer gab den Befehl, in die Menge zu schießen, um eine »genügende moralische Wirkung« zu erzielen. Zehn Minuten dauerte das Massaker von Amritsar, danach lagen auf dem Platz, der nur wenige enge Ausgänge hatte, 379 Tote und mehr als 1200 Verletzte.

Gandhis Bewegung für einen indischen Nationalismus weitete sich nun zu einer Massenbewegung. Gandhi schrieb: »Die Engländer wollen, daß wir den Kampf auf der Ebene der Maschinengewehre ausfechten ... Die einzige Möglichkeit, sie zu schlagen, besteht darin, diesen Kampf auf einem Feld auszutragen, wo wir die Waffen haben und sie nicht.« Er führte in den nächsten 25 Jahren einen »Krieg« gegen die Engländer, wie ihn die Welt noch nicht gesehen hatte. Seine verletzenden moralischen Waffen sahen so aus: Seine Anhänger und Anhängerinnen legten sich auf Eisenbahnschienen oder blockierten vor den englischen Geschäften die Bürgersteige. 1922 wurde Gandhi erstmals verhaftet und zu sechs Jahren Gefängnis verurteilt, aber zwei Jahre später wieder begnadigt. 1928 verlangte der Nationalkongreß den Dominion-Status für Indien innerhalb eines

Indien, 1857/58: Nach der Niederschlagung des »Großen Aufstandes« der Inder gegen die britische Kolonialherrschaft übten die Engländer grausame Rache für die Massaker der Aufständischen an englischen Frauen und Kindern. Sie banden die Rebellenführer vor Kanonenrohre und richteten sie durch »blow away« (Wegblasen).

Jahres. 1930 unternahm Gandhi mit seinen Anhängern den »Salzmarsch« zum Meer, um gegen das Salzmonopol der Regierung zu protestieren, und rief die Bauern auf, selbst Salz herzustellen. Die Regierung des britischen Vizekönigs Lord Irwin verhaftete mit Gandhi insgesamt 60 000 Demonstranten. Es zeigte sich aber, daß ein Gandhi im Gefängnis noch unbequemer war als ein Gandhi in Freiheit. Da die Rebellion weiter bedrohlich um sich griff, mußten die Engländer ihn schließlich wieder freilassen, um mit den Führern des Kongresses und mit ihm zu verhandeln. Winston Churchill, damals ein Wortführer der britischen Imperialisten, entrüstete sich öffentlich über das »ekelhafte und erniedrigende Schauspiel dieses früheren Rechtsanwaltes und jetzigen aufrührerischen Fakirs, der halbnackt die Stufen des vizeköniglichen Palastes hinaufschreitet, um als gleichwertiger Gesprächspartner mit dem Vertreter des Kaisers und Königs zu verhandeln«.

Während sich dann im Zweiten Weltkrieg der Inder Subhas Chandra Bose mit Hitlers Nationalsozialismus verbündete, führte Gandhi einen Antikriegs-Propagandafeldzug gegen die Engländer, unterstützt von Jawaharlal Nehru (1889 bis 1964). 1940 forderten die Moslems einen unabhängigen Moslemstaat in Pakistan. 1942 bot Sir Stafford Cripps (1889 bis 1952) den Indern eine Dominion-Verfassung nach Kriegsende an, was Gandhi mit der Aufforderung beantwortete: »Engländer, verlaßt Indien!«

Das taten sie aber erst am 15. August 1947, als sie Indien und Pakistan zu unabhängigen und getrennten Staaten erklärten. Ein Jahr vorher, nach Nehrus gesamtindischer Regierungsbildung im August 1946, schlugen die über die neue Regierungsform uneinigen Hindus und Moslems in Kalkutta fünf Tage lang aufeinander los. 6000 Menschen wurden in diesen Tagen als letzter großer Blutzoll auf dem Weg zur Unabhängigkeit getötet. Aber auch nach dem Abzug der Engländer hielten die Unruhen an, ja sie steigerten sich zu einem fürchterlichen Vernichtungskrieg zwischen Moslems und Hindus. Durch die Teilung Indiens wurden zwölf Millionen Menschen vertrieben, ein neues Blutbad geschah in Kalkutta. Joe David Brown:

»In den Rinnsteinen der Straßen von Kalkutta floß das Blut von Moslems und Hindus in Strömen. Eine halbe Million Menschen starb, die Zahl derer, die verwundet, vergewaltigt oder entführt wurden, ist nie ermittelt worden.«

Der Prediger der Gewaltlosigkeit aber, Mahatma Gandhi, wurde am 30. Januar 1948 in Delhi auf dem Weg zu einer Gebetsversammlung von einem jungen hinduistischen Journalisten, einem gewalttätigen Fanatiker, mit einem Revolver niedergeschossen. Der Haß zwischen Moslems und Hindus überschattete auch weiterhin, bis in die jüngste Geschichte hinein, das Zusammenleben der Inder untereinander und mit ihren Nachbarn. Immer wieder forderte er unschuldige Opfer, zuletzt im schrecklichen Bürgerkrieg um das heute unabhängige Bangladesh, wo aus politischen und religiösen Motiven entsetzliche Blutbäder stattfanden.

Zur gleichen Zeit, als die Engländer in Indien ihre erste Kolonialniederlassung einrichteten, also zu Beginn des 17. Jahrhunderts, ging in China die seit der Vertreibung der Mongolen aus Peking im Jahre 1368 (siehe Seite 186) andauernde Zeit der Ming-Dynastie zu Ende. Drei Jahrhunderte lang hatte China, vielleicht als Reaktion auf die Fremdherrschaft der Mongolen, hinter einem dichten Vorhang der Verachtung für alle Ausländer gelebt. Diese brachten lediglich die Kunde von einem prachtvollen Zentrum der Kultur in China nach dem Westen, und diese Vorstellung hielt sich bis ins 20. Jahrhundert hinein. Dabei konnte auch in China noch im Jahre 1620 n. Chr. geschehen, wofür wir vergleichbare Ereignisse nur aus der Geschichte der alten Hochkulturen vor 5000 Jahren kennen. Im Jahre 1956 fand man in einem zehn Meter tief gelegenen Grab der Ming-Kaiser bei Peking dasjenige von Wan-Li, dem 13. Kaiser dieser Dynastie, und seiner Gemahlin. Man stellte fest, daß Wan-Li 22 Jahre alt war, als mit dem Bau des unterirdischen Grabes begonnen worden war, bei dem viele tausend Menschen mitgearbeitet hatten. Als die Grabstätte schließlich fertig war, wurden alle Menschen, die mit dem Bau sechs Jahre lang beschäftigt waren, unmittelbar an Ort und Stelle hingerichtet, damit sie den genauen Ort der Grabstätte nicht preisgeben konnten. Wie oft solche traditionsgebundenen Rituale die Opferung von Tausenden von Menschen in früheren Jahrhunderten, aber auch noch in der nachfolgenden Mandschu- oder Ch'ing-Dynastie (ab 1644), gefordert haben, können wir nur annehmen, denn die Geschichtsschreibung weiß, daß auch die Mandschus in China bis zum Verfall ihrer Dynastie im 19. Jahrhundert »keinen Grund zu Neuerungen sahen« (Lorenz Fessler).

China wehrte sich in seiner alten Geschichte immer wieder gegen Einflüsse von außen, auch gegen neue Religionen. Als der Buddhismus seinen Siegeszug in Asien antrat und im 8. Jahrhundert auch in China über den einheimischen alten Konfuzianismus und Taoismus – beide Weisen lebten noch vor der Zeitenwende – triumphierte, gab es vorher und nachher noch mehrere Buddhistenverfolgungen, wobei jedoch weniger religiöser Haß als das Wohl und Wehe des Staates und seine Ordnung die Motivierung für die Verfolgungen abgab.

Im Fall des Buddhismus aber wandelte sich die Abwehr bald endgültig in eine Integration desselben neben dem Konfuzianismus und Taoismus. Das Christentum dagegen wurde lange Jahrhunderte mit Erfolg abgewehrt. Ab dem 16. Jahrhundert hatten die Jesuiten versucht, mit einem Kompromiß von christlicher Theologie und konfuzianischem Denken Einfluß zugunsten der römisch-katholischen Kirche in China zu gewinnen. Aber 1742 gab der Vatikan diesen Versuch endgültig auf und drosselte die katholischen Missionsbemühungen in China. Um 1800 gab es lediglich etwa 200 000 chinesische Katholiken.

1840 öffnete dann der Opiumkrieg China der westlichen Welt mit Gewalt. Die Chinesen revoltierten gegen den britischen Opiumhandel in ihrem Land. Doch die britischen Kanonen waren der damaligen chinesischen Kriegskunst weit überlegen und erzwangen den Zutritt von Kaufleuten und Missionaren, die weniger mit christlicher Mission als mit ihren karitativen Einrichtungen von Waisen- und Krankenhäusern Erfolg bei den Chinesen hatten. Auch die europäische Wissenschaft und Zivilisation gewann Boden in China, erschütterte die alte Struktur der chinesischen Gesellschaft und leitete den Verfall des Mandschu-Reiches ein.

China erlebte von nun an ein Jahrhundert der Demütigung durch die Europäer, zuerst durch die Engländer. Diese überrannten im Sommer 1842 die chinesischen Verteidigungsstellungen im Mündungsdelta des Yangtse, zogen stromaufwärts und eroberten Schanghai. Dann rückten sie auf Nanking vor, und als auch diese Stadt sich zu ergeben drohte, waren die Mandschus zum Verhandeln mit den Fremden gezwungen. Die Chinesen mußten Hongkong den Engländern für immer überlassen und fünf Häfen für den Handel öffnen. Später dachten die Chinesen im Süden zuerst an massiven Widerstand. Rebellen verursachten bald in jeder Provinz ein Chaos. Der größte Aufstand jener Zeit war die Taiping-Revolution, die von 1850 bis 1864 andauerte und rund 20 Millionen Menschen das Leben kostete. Angezettelt wurde sie von einem Scharlatan namens Hung, der sich für einen jüngeren Bruder Jesus' hielt und seinen Anhängern weismachte, er habe von Gott den Auftrag bekommen, das Himmelreich auf Erden zu errichten. Da er ein Gegner der Mandschu war, eine Agrarreform und die Aufhebung des Eigentums befürwortete, liefen ihm Tausende von Anhängern zu, mit denen er 1852 durch Hunan nach Norden zog, im März 1853 Nanking erstürmte und die Soldaten der Mandschu-Garnison niedermachte. In einer Predigt eines Taiping-Sektenbruders heißt es:

»Unsere Truppen vernichteten die feindlichen Dämonen und töteten 15 000 Soldaten, dazu 20 000 Frauen und Kinder der Teufelsbesessenen.«

Elf Jahre lang hielt sich der »Himmelskönig« in Nanking, das er zu seiner Hauptstadt machte. Ein europäischer Kaufmann, dem die Flucht aus Nanking gelungen war, schrieb in einem Bericht, den die »North China Herald« in Schanghai veröffentlichte:

»Das ganze einst blühende und volkreiche Gebiet längs meiner Reiseroute ist jetzt verödet. Die Dörfer sind verbrannt und menschenleer. In Städten, die früher Hunderttausende von Einwohnern zählten, traf ich kaum 100 Leute in den Ruinen ... Die Stadt Nanking ist ein Heerlager ... Auf die Mitnahme von Briefen, Aufzeichnungen jeder Art, Geld, geprägtem oder ungeprägtem Edelmetall steht die Todesstrafe, die von Torkommandanten verhängt werden kann und gewöhnlich gleich an der Außenmauer vollstreckt wird ... Die Armee hat ganze Stadtviertel beschlagnahmt. Die Polizei ist äußerst streng. Es gibt nur noch eine Strafe: die Todesstrafe ... Man kann keinen längeren Gang durch die Stadt tun, ohne nicht mindestens auf eine öffentlich zur Schau gestellte Leiche eines Enthaupteten, am Pfahl Erwürgten oder durch den ›langsamen Tod‹ Hingerichteten zu stoßen ...«

Unter der Methode des »langsamen Todes«, im Originaltext des Berichtes als »slow death (slicing method)« ausgewiesen, hatte man zu verstehen, daß dem an einen Pfahl gebundenen Opfer von den Taiping-Soldaten Finger, Zehen, Geschlechtsteile (bei Frauen Brüste), Ohren und Nasen abgeschnitten wurden. Häufig wurde die Todesstrafe auch mit »Lebenden Laternen« vollstreckt: Dem Delinquenten band man ein ölgetränktes Tuch um den Kopf und zündete es an.

Als die Taipings schließlich auch Schanghai immer wieder angriffen, wurde gegen sie, deren »Himmelsreich« sich in eine von Besessenen regierte Hölle verwandelt hatte, eine Armee mit asiatischen und westlichen Söldnern aufgestellt. Zu den westlichen Söldnern gehörten englische und französische Kontingente, die bei der Rückeroberung der von den Taiping-Soldaten besetzten Gebiete ihrerseits wieder grausame Kriegsgreuel begingen. C. Spielmann schrieb über die Racheakte nach der Rückeroberung von Sutschau:

»Auf dem Exekutionsplatz nahm das Köpfen kein Ende, so daß der Boden ganz mit Blut durchtränkt wurde ... Als diese Art des ›Wegsäuberns‹ zu langsam ging, wurden die Unglücklichen durch die Kartätschen des Artilleriekommandeurs Major Bailey einfach ›blow away‹ ... An 30 000 Menschen sollen dieser Blutorgie geopfert worden sein ...«

1864 eroberten die kaiserlichen Streitkräfte auch Nanking zurück. Hung hatte sich während der Belagerung der Stadt vergiftet. 1866 waren auch die Reste aller Anhänger der Taipings nach brutaler und gnadenloser Jagd entweder niedergemacht oder in die Berge Südchinas verjagt worden.

Die Europäer wollten in den folgenden Jahrzehnten aus der offenkundigen Schwäche der Chinesen immer rücksichtsloser ihr Kolonial-Kapital schlagen und stürzten sich wie die Geier auf China, um es unter sich aufzuteilen. Die Franzosen setzten sich im Süden fest, die Russen erzwangen Eisenbahnrechte und Pachtverträge für Häfen in der Mandschurei (Port Arthur), die Deutschen erwarben Eisenbahn- und Bergwerkskonzessionen in Schantung (Bucht von Kiautschou mit dem Hafen Tsingtau), die Engländer dehnten ihren Besitz bei Hongkong aus und erlangten Entwicklungsrechte im Yangtse-Tal, und Japan erhielt Handelskonzessionen in der Provinz Fukien. Auch Amerika sicherte sich die Privilegien, die China den anderen Ländern gewährt hatte. Während dieses Wettrennens um China gewannen die einheimischen nationalen Kräfte immer mehr Einfluß auf den jungen Kaiser. Aber seine konservative Mutter setzte ihn 1898 bis an sein Lebensende (1908) gefangen und beseitigte die Reformer.

Dann brach der »Boxer«-Aufstand los. Er wurde nach der Geheimgesellschaft der »Boxer« genannt, die die Pflege der alten Kunst des Schattenboxens als Vorwand für ihre Agitation gegen die »fremden Teufel« aus dem Westen nahmen und Tausende von Christen und Ausländern in den Provinzen ermordeten. In den Hafenstädten begann ein gezielter Terror. Die »Boxer«-Unruhen nahmen Formen an, die zu einem effektiven Kriegszustand zwischen der in Peking stationierten internationalen Truppe und den »Boxern« führten. In einem Aufruf der »Boxer« hieß es: »Die ›Gesellschaft der Freiwilligen der geschlossenen Faust‹ wird die fremden Teufel bekämpfen. Die Freiwilligen werden die Häuser der Fremden verbrennen und die Tempel wiederherstellen.«

Die offenen Truppengefechte zwischen den »Boxern« und den Europäern waren aber von Anfang an eine einseitige Angelegenheit:

»Als sie nahe heran waren, knieten sie nieder, hoben die Arme zum Himmel und riefen den Gott des Krieges an. Dann gingen sie weiter vor, bis sie, als unsere

Salven begannen, wieder hinstürzten. Nach 20 Minuten bereits waren sie in vollem Rückzug und ließen an die 60 Tote auf dem Feld zurück.«

Am 20. Juni 1900 wurde dann der deutsche Gesandte, Freiherr von Ketteler, in Peking auf offener Straße von einem bestochenen »Boxer« ermordet. Diese Tat verschärfte die Situation entscheidend. Der deutsche Kaiser Wilhelm II. (1859 bis 1941) schickte wenige Tage später ein Expeditionskorps von 30 000 Mann mit diesen Worten nach China: »Pardon wird nicht gegeben, Gefangene werden nicht gemacht! Wie vor 1000 Jahren die Hunnen unter König Etzel sich einen Namen gemacht haben, der sie noch jetzt in Überlieferung und Märchen gewaltig erscheinen läßt, so möge der Name Deutscher in China auf 1000 Jahre durch euch in einer Weise bestätigt werden, daß niemals wieder ein Chinese es wagt, einen Deutschen auch nur scheel anzusehen!«
In Peking waren inzwischen die Christenmassaker im Katholikenzentrum weitergegangen. Ein Augenzeuge: »... entsetzliche Anblicke: Frauen und Kinder in Stücke gehackt, Männer an den Füßen aufgehängt, Nasen und Ohren abgeschnitten, Augen ausgestochen.« Die alliierten Entsatzkräfte der europäischen Kolonialmächte unter dem Kommando des deutschen Feldmarschalls von Waldersee befreiten zwar die im Gesandtschaftsviertel 55 Tage lang belagerten rund 1000 Ausländer und 3000 chinesische Christen, plünderten aber dann unter dem Vorwand der Suche nach »Boxern« auch die Häuser der einheimischen Chinesen. Ein deutscher Legationsrat schrieb:

»Plünderungen von Häusern durch die fremden Truppen, Brutalitäten bei den Haussuchungen, Trunkenheit und Vergewaltigung waren an der Tagesordnung... Wochenlang saßen die Chinesen zitternd in ihren Häusern und fristeten, ständig in Furcht vor dem ominösen Klopfen an der Tür, ihr kümmerliches Leben...«

Nach der Niederschlagung des »Boxer«-Aufstandes legten die Ausländer der Mandschu-Regierung harte Strafen und Entschädigungsforderungen in vielen harten Dollars (739 Millionen) auf.
Die chinesischen Patrioten erkannten, daß unter der alten Kaiserin keine Reform möglich sei. Ihre wichtigsten Vertreter, darunter der Arzt Sun Yat-sen (1866 bis 1925), wandten sich in den folgenden Jahren immer mehr der Idee einer Revolution in China zu. Sie brach aus im Jahre 1911, nach der Gründung der Kuomintang-Partei (Nationale Volkspartei) durch Sun Yat-sen, der trotz westlicher Bildung Chinese genug geblieben war, um mit seinen nützlichen Verbindungen zum Ausland als auch zu den Geheimgesellschaften im Süden Chinas von den Chinesen in ihrer Mehrheit anerkannt zu werden. Seine Revolution leitete die Epoche einer radikalen Erneuerung Chinas ein und bedeutete natürlich den endgültigen Sturz der Mandschu-Dynastie.
Etwa zur gleichen Zeit wie China, also um die Mitte des 19. Jahrhunderts, öffnete sich auch Japan nach jahrtausendelanger Isolation den Einflüssen westlicher Zivilisation und Politik. Bis dahin hatten sich auch die Japaner gegen äußere Einflüsse mit Erfolg gewehrt. Die Missionierung der Japaner hatte im 16. Jahr-

China, 1901: Nach Rebellion der »Boxer«, einer Geheimgesellschaft, die sich gegen die »fremden Teufel«, gegen das Wettrennen der europäischen Kolonialmächte um China und gegen die Christen in China erhoben hatte, wurden die Anführer mit dem chinesischen Handschwert hingerichtet. Das Photo zeigt vier gerichtete Boxer unmittelbar nach der Exekution, umgeben von Gefangenenwärtern und dem Henker, einem chinesischen Gendarmerieoffizier, der sein Schwert vom Blut reinigt.

hundert zuerst gute Erfolge. Als jedoch die eigennützigen Absichten der Missionare den Kaiser zornig machten, ließ er sie und die Christen mit »unmenschlicher Grausamkeit« (Kaempfer) verfolgen. In den Jahren 1637/1638 wurden zum Beispiel in Shimabara, wo die seit langem christianisierten Bauern wegen sozialer und religiöser Unterdrückung rebellierten, etwa 37 000 katholische Japaner bis auf etwa 100 Überlebende mit der Schiffsartillerie holländischer Handelspartner zusammengeschossen.

China, 1901: Angehörige der europäischen Interventionstruppen sehen zu, wie ein »Boxer« von der chinesischen Polizei durch Enthauptung hingerichtet wird.

Der Amerikaner Perry erzwang 1854 mit seinem Kriegsschiff vor Tokio für die USA einen Vertrag mit Konzessionen für zwei japanische Häfen. Handelsverträge mit europäischen Mächten folgten, aber auch für die Japaner demütigende Beschießungen japanischer Häfen. Das seit dem 17. Jahrhundert in Japan regierende Shogunat verlor nun zusehends an Ansehen, während gleichzeitig mit der internationalen Shinto-Bewegung der Tenno-Kult aufgewertet und die Voraussetzungen für die Gründung des modernen Japan geschaffen wurden. Dies begann mit der Meiji-Ära ab 1868 unter dem ersten Kaiser des neuen Japan, Mutsuhito (1852 bis 1912). In 40jähriger Regierungszeit überwand Japan unter ihm die alten Feudalstrukturen und stieg zur imperialen Großmacht im Fernen Osten auf.
Doch an der Schwelle zu dieser neuen Ära war noch der Widerstand des alten Japan, vorgetragen von den Nachkommen der traditionellen Kriegerkaste der Samurai (siehe Seite 184 ff.), zu überwinden. 1862 überfielen die Samurai auf dem Tokaido bei Namamuga eine Gruppe englischer Kaufleute, die dort spazierenritten. Die »Japan Mail« berichtete am 15. September 1862: »Sie begegneten dem Fürsten von Satsuma, in dessen Gefolge sich eine große Anzahl von Samurai befindet ... Einige Samurai machten ein Zeichen, sie sollten zur Seite gehen, was sie taten. Sie hielten die Pferde an, da ihnen aber durch weitere Zeichen bedeutet

wurde, sie sollten umkehren, wandten sie ihre Pferde nach Kanagawa. Ohne ein Wort zu sagen, zogen einige Samurai ihre Schwerter und attackierten sie wütend.« Einige der Kaufleute konnten fliehen, zwei wurden verletzt, einer wurde getötet und verstümmelt.

Für den 25. Juni 1863 setzte der letzte Shogunat-Kaiser einen »Tag der Vertreibung der Barbaren«, wie alle Ausländer von den Samurai genannt wurden, fest. Ein amerikanischer Dampfer wurde an diesem Tag beschossen, einige japanisch-amerikanische Seegefechte endeten mit japanischen Erfolgen.

Die Samurai als Verteidiger des Erbes langer japanischer Isolation machten noch mehrere Versuche, die Entwicklung in Japan zugunsten einer Öffnung nach außen und zu weittragenden inneren Reformen aufzuhalten. Einige Klans, wie der Tokugawa-Klan, mußten dem Tenno regelrecht unterworfen werden. Am 6. November 1868 wurde Wakamatsu von den Truppen des neuen Kaisers erobert. Die letzten rebellierenden Samurai zogen sich auf die nördliche Insel Hokkaido zurück, wo sie erst nach erbitterten Kämpfen am 27. Juni 1869 kapitulierten.

Am 23. März 1868 waren die Gesandten der drei wichtigsten Vertragsmächte mit Japan, Holland, England und Frankreich beim Tenno zur Audienz geladen – eine Sensation für alle Japaner, denn seit 1000 Jahren hatten, außer den Höflingen, nicht einmal die Japaner das Gesicht des Gott-Kaisers sehen dürfen. Kurz vor der Audienz gab es erneut Angriffe traditionsbewußter Japaner auf die »Fremden«.

Japan, 17. Jahrhundert: Nach den eigennützigen Forderungen der katholischen Missionare in Japan läßt der erzürnte Kaiser Tausende von Christen in Japan verfolgen und ermorden. Der alte Stich eines europäischen Künstlers zeigt eine Marterung von Christen über siedenden Quellen in Japan.

Danach wurden am 16. März zwei Offiziere und 18 Soldaten zum Harakiri verurteilt, jener Form des Selbstmordes nach der Tradition der Samurai, bei dem sich die Verurteilten selbst den Leib aufschnitten, während ihnen gleichzeitig ein Diener oder Freund als »letzte Ehre« den Kopf abschlagen durfte. Solche spektakulären Selbstmorde fanden in großer Zahl auch noch Ende des Zweiten Weltkrieges unter den japanischen Offizieren, die sich nicht ergeben wollten, statt. Auch am 23. März 1868, als die »barbarischen« Gesandten bereits auf dem Weg zum Tenno waren, traten dem englischen Geschäftsträger zwei Samurai entgegen und hieben auf die zahlreichen Wachen ein. Über einen der Angreifer fällten die Japaner ein Urteil, dessen Text sowohl die Veränderung, die sich in Japan vollzogen hatte, als auch den Blick zurück auf das alte Japan, widerspiegelte. Das Urteil über den Samurai lautete:

»Gestern, als der englische Gesandte auf dem Wege zum Palast des Tenno war, hast du die englische Wache, die ihn begleitete, mit dem bloßen Schwert angegriffen und einige verwundet. Damit hast du nicht nur eine Verzögerung der Audienz im Palast verursacht, sondern dich auch in die Beziehungen des Tenno zu den fremden Mächten eingemischt. Für dieses schwere Verbrechen wirst du deines Schwertes beraubt, dein Name wird aus der Liste der Samurai gestrichen, und nachdem du öffentlich mit dem Schwerte vom Leben zum Tode gebracht worden bist am 27. dieses Monats, wird dein Kopf drei Tage lang ausgestellt werden.«

Das Verhältnis Europas zu Asien am Ende des 19. Jahrhunderts, besonders das der europäischen Kolonialmächte zu ihren unterworfenen Kolonialvölkern und die »Befriedung« dieser Kolonialvölker mit den stolzen Errungenschaften der europäischen Zivilisation, beurteilte der englische Politiker und Reiseschriftsteller Wilfrid Scawen Blunt (1840 bis 1922), ein Gegner des weltweiten Imperialismus und Anwalt der unterdrückten Völker, so:

»Das alte Jahrhundert neigt sich dem Ende zu und läßt die Welt in einer netten Lage zurück. Das britische Empire spielt dabei die Rolle des Teufels wie kein Weltreich zuvor. Vielleicht werden wir seinen Sturz erleben. Alle Nationen Europas lassen auf Erden in China die Hölle los, massakrieren, plündern und schänden in den eroberten Städten ebenso abscheulich wie im Mittelalter. Der deutsche Kaiser gibt den Befehl zur Metzelei, und der Papst sieht zu und gibt seine Zustimmung. In Südafrika brennen unsere Truppen unter Kicheners Befehl die Farmen nieder, und die Königin, die beiden Häuser des Parlaments und die versammelten Bischöfe danken öffentlich Gott und bewilligen das Geld für dieses Werk. Die Amerikaner geben jährlich 50 Millionen für das Abschlachten der Philippinos aus. Der König von Belgien hat sein ganzes Vermögen im Kongo investiert, wo er die Neger brutalisiert, damit sie seine Taschen füllen. Die Franzosen und Italiener spielen im Augenblick keine so hervorragende Rolle bei dieser Schlächterei, aber ihre Untätigkeit macht ihnen Kummer. Die ganze weiße Rasse schwelgt ganz offen in Gewalttätigkeit, als habe sie niemals den Anspruch erhoben, christlich zu sein. Gottes Fluch auf sie alle gleichermaßen! . . .«

III.

Das zwanzigste Jahrhundert

KOMMUNISTEN, FASCHISTEN, RASSISTEN UND RELIGIONSFANATIKER

Hermann Göring *»Ich habe keine Gerechtigkeit auszuüben, sondern nur zu vernichten und auszurotten.«*

Söldner im Kongo 1965 *»Wie macht man Schwarze weiß? Man erschießt sie und läßt sie in der Sonne liegen.«*

»Brüder, warum tötet man uns?«

Französische Kommunarden, russische Arbeiter, Bolschewiken, Kommunisten und Juden, deutsche und chinesische Kommunisten — »Weißer« und »roter« Terror in Paris (1871), Petersburg (1905), Rußland (1917 bis 1921), Berlin und München (1919), China (ab 1911)

1871
Paris: Aufstand der Kommune (März bis Mai). Geiselmorde der Kommunarden werden mit Massenmord der Versailler Truppen gerächt. Rund 20 000 Opfer unter den Parisern

1880 bis 1917
Judenpogrome in Polen, Litauen, Weißrußland und in der Ukraine

1905
Revolution in Rußland

1906
Niederschlagung russischer Bauernaufstände durch zaristische Armee und Polizei

1917
Februarrevolution. Juli-Tage unter Kerenski. Oktoberrevolution der Bolschewiken

1918 bis 1920
Bürgerkrieg in Rußland (4 000 000 Tote). Neue Judenpogrome (60 000 Tote)

1919
»Weißer« und »roter« Terror in Berlin (Januar/März) und München (April/Mai)

1921
Kronstädter Matrosenaufstand blutig niedergeschlagen (März)

1927
Ausschreitungen und Terror auf beiden Seiten zwischen Kuomintang und Mao-Anhängern in China

1930 bis 1933
»Ausrottungsfeldzüge« der Kuomintang-Truppen gegen Maos Rote Armee

1938
Tschiang Kai-schek läßt die Dämme am »Gelben Fluß« (Hoangho) durchstechen und das Land überfluten: eine halbe Million Tote und zwölf Millionen Obdachlose

1966 bis 1968
Ausschreitungen während der Kulturrevolution in China

Die Weltwende und Weltrevolution des Jahres 1917 hatte ihre Vorgeschichte in den Volkserhebungen und Arbeiteraufständen des 19. Jahrhunderts. Die Konfrontation hieß damals: Arme gegen Reiche, Bauern und Arbeiter gegen Grund- und Industrieherren, Rechtlose gegen Privilegierte und schließlich Sozialisten

gegen Kapitalisten. Der unzureichende Lebensstandard der Masse des Volkes sprach den Fortschritten von Wissenschaft und Industrie hohn. Der Kampf um die soziale Gleichstellung aller Menschen erfaßte alle Länder der Erde, in denen die neue Klasse des »Proletariats« (siehe Seite 392 ff.) aufgebrochen war, um diese Gleichstellung zu erreichen. Das war nicht nur in Rußland der Fall, wo zweifellos mit Abstand die Verhältnisse am rückständigsten waren. Auch in vielen anderen Ländern Europas wurden Aufstände und Rebellionen der modernen Arbeitersklaven von der Obrigkeit und deren Soldaten und Polizisten immer wieder unterdrückt. Die Opfer dieser meist blutigen Auseinandersetzungen waren in der Regel zwischen die Fronten geratene Unschuldige und die hoffnungslos unterlegenen Rebellen.
So war es auch beim Aufstand der Kommune in Paris vom März bis Mai 1871, wo die Antwort auf die Losung der Kommune »Freiheit oder Tod« eindeutig »Tod« hieß. Die konservative Regierung eines konservativen Frankreich, das eben im Deutsch-Französischen Krieg eine vernichtende Niederlage hinnehmen mußte, fürchtete die Pariser Kommune noch mehr als den preußischen Militarismus, denn sie ließ die 62tägige Herrschaft des Volkes in Paris mit Hilfe Preußens unterdrücken, das der Nation die größte Schmach ihrer Geschichte angetan hatte. Die rote Fahne als Zeichen des Aufruhrs des »niederen« Volkes einigte die Regierenden über die Feindschaft eines eben beendeten Krieges hinweg gegen die »rote« Gefahr. Zwar hatte die Pariser Kommune noch wenig mit dem Sozialismus oder Kommunismus späterer Jahrzehnte zu tun, sie hatte auch keine gewaltsame Revolution geplant, doch die Unzufriedenen, die Geknechteten und ihre politischen Sprecher in allen Ländern erklärten sich mit der Kommune in Paris solidarisch. Der deutsche Sozialdemokrat Wilhelm Liebknecht hatte dies getan und 1874 die allgemeine Zielsetzung der Sozialdemokraten erklärt: »Zwei Welten stehen jetzt schroff einander gegenüber: die Welt der Besitzenden und die Welt der Nichtbesitzenden. Zwei Welten, die nicht nebeneinander bestehen können, von denen die eine der anderen Platz machen muß ... Unser Streben ist ein revolutionäres! Revolution! Furchtbares Schreckbild für alte Weiber beider Geschlechter! Ja, wir sind Revolutionäre! Wir wollen eine Umgestaltung der heutigen Gesellschaft an Haupt und Gliedern.« Und der französische Bürger Jean-Baptiste Millière, führender Vertreter im Pariser Kommune-Aufstand, formulierte: »Die herrschenden Klassen vermodern, und die französische Kultur ist für immer verloren, wenn sie noch länger in den Händen dieser faulenden Oligarchie bleibt.«
Trotz der gemäßigten Ziele der Kommune, bessere Löhne und Arbeitsbedingungen, ausreichende Preiskontrolle durch die Regierung zur Garantie wirtschaftlicher Sicherheit zu erreichen, begleiteten die Tage der Kommune Szenen schrecklicher Gewaltsamkeit. Diese begannen nach dem Abzug der preußischen Truppen am 18. März aus Paris, als Regierungstruppen in Montmartre die Kanonen der Nationalgarde zurückeroberten, diese aber nicht fortschleppen konnten und die durch die Sturmglocke alarmierte Nationalgarde zusammen mit dem Volk die Regierungstruppen überrannten, sich der Generale Lecomte und Thomas be-

mächtigten und diese in einem Vorstadtgarten kurzerhand an die Wand stellten und erschossen. Georges Clemenceau (1841 bis 1929), damals Bürgermeister von Montmartre, war zu spät gekommen, um die Erschießung zu verhindern. Er schrieb später: »Der Mob, der den Hof füllte, ergoß sich unter dem Zwang einer Art kollektiver Besessenheit auf die Straße ... Alle brüllten wie wilde Tiere, ohne zu merken, was sie taten. Dann beobachtete ich jenes pathologische Phänomen, das man Blutdurst nennen könnte. Ein Hauch von Wahnsinn schien über diesen Mob hinweggegangen zu sein ...«

Regierungschef Thiers und sein Kriegsminister flohen nach Versailles. Unter dem Ruf »Vive la République!« lieferten in den Kasernen von Paris die Truppen ihre Waffen ab oder wurden entwaffnet. Das Stadthaus wurde umzingelt und besetzt, auf dem Glockenturm des Gebäudes entrollte der Leutnant und Revolutionär Brunel eine rote Fahne. Am 22. März gab es in der Rue de la Paix den ersten Zusammenstoß zwischen konservativen »Freunden der Ordnung« und Nationalgardisten mit einem Dutzend Toter und vielen Verwundeten. Am 26. März wurde in Paris gewählt. Der neue Stadtrat von Paris wurde im Verhältnis vier zu eins von den »Roten« kontrolliert, die sich den Titel »Kommune von Paris« zulegten und am 28. März im Stadthaus die Kommune proklamierten. Ähnliche Aufstandsbewegungen in den Provinzstädten Frankreichs wurden von der Versailler Regierung rasch niedergeworfen. In Marseille gab es dabei Massenhinrichtungen mit mehr als 150 toten Kommunarden.

In Paris stritten sich die Kommunarden über die nächsten Schritte ihrer Herrschaft, während Thiers in Versailles von dem Sozialistenfeind Bismarck einen Teil der noch in deutscher Gefangenschaft befindlichen 400 000 regulären Truppen freibekam, weil Bismarck ein Übergreifen der Pariser Kommune auf die deutschen Sozialisten fürchtete. Am 3. April 1871 machten die Pariser einen Ausfall in Richtung Versailles. Er wurde verraten, und ein neues Blutbad begann. Augenzeuge Lissagaray schreibt: »Die Pariser ergeben sich. Alsbald packen die Versailler die Soldaten, welche in den Reihen der Föderierten (Nationalgardisten der Kommune) gekämpft hatten, und erschießen sie ...«

Am Sonntag, dem 21. Mai, wurden die Versailler Truppen von der Nachricht überrascht, in der Nähe des Tores Point-du-Jour wären die erschöpften Wachen fortgegangen. Daraufhin drangen in wenigen Stunden 70 000 Soldaten in die Stadt ein. Doch jetzt schlossen sich die Kommunarden zusammen und kämpften mit einer Entschlossenheit, wie sie sie zuvor nicht gezeigt hatten. Es folgte die »blutige Woche« in Paris. Als der Kampf aussichtslos wurde, packten die Kommunarden Schießpulver, Teer und Petroleum in mehrere Gebäude, darunter die Tuilerien, und entzündeten eine Flammenmauer zwischen den Kämpfenden. In blinder Wut ließen die Versailler Truppen alle Hemmungen fallen und töteten von nun an erbarmungslos, auch Frauen und Kinder. »Das schöne Paris«, schrieb der Reporter der Londoner Zeitung »The Daily News«, Archibald Forbes, aus Paris, »ist jetzt ein grausiges, ein verwüstetes, ein brennendes, ein blutbespritztes Paris«. Die erschossenen Generale Lecomte und Thomas wurden von den Versaillern gerächt:

Paris, Mai 1871: »Zweiundvierzig Männer, drei Frauen und vier Kinder werden an die Nummer 6 der Rue des Rosiers geführt, wo man sie zwingt, mit entblößtem Haupt vor der Mauer, an deren Fuß die Generale am 18. März hingerichtet worden waren, niederzuknien. Hierauf werden sie getötet ...« (Zeitgenössische Zeichnung).

»Zweiundvierzig Männer, drei Frauen und vier Kinder werden an die Nummer 6 der Rue des Rosiers geführt, wo man sie zwingt, mit entblößtem Haupte vor der Mauer, an deren Fuß die Generale am 18. März hingerichtet worden waren, niederzuknien. Hierauf werden sie getötet. Eine Frau, die ihr Kind in den Armen hält, weigert sich niederzuknien und ruft ihren Gefährten zu: ›Zeigt diesen Elenden, daß ihr aufrecht sterben könnt!‹ An den folgenden Tagen werden diese Schlächtereien fortgesetzt. Jeder Schub Gefangener wurde vorher eine Zeitlang vor der mit Kugeln gespickten Mauer aufgestellt. Dann erschoß man sie auf dem Abhang des Hügels, der den Weg nach St-Denis beherrscht ...«

Und Lissagaray schreibt weiter:

»Batignolles und Montmartre sehen die ersten Massenmetzeleien. Jedes Individuum, das eine Uniform oder Kommißschuhe trägt, wird ›von Rechts wegen‹ ohne Erklärung, ohne Verhör, erschossen ...«

Zwischen dem 26. Mai und dem 2. Juni erreichte das Blutvergießen unvorstellbare Ausmaße. Die Kommunarden konterten mit eigenen Greueltaten. Ein kleiner Beamter führte 50 Gefangene aus dem Gefängnis La Roquette in einen kleinen Hof und ließ sie vor ein Erschießungspeloton stellen. Auch der Erzbischof von Paris wurde zusammen mit vier weiteren Priestern erschossen. Als die Versailler seinen Körper fanden, stellten sie ihrerseits wieder 147 Kommunarden an eine Mauer und mähten sie nieder. Und als dann die konservative Regierung wieder Herr der Stadt war, metzelte sie die Anhänger der Kommune zu Tausenden nieder. Ein englischer Oberst schrieb, bevor er angeekelt von dem Geschehen nach Hause reiste, in einem Brief: »Heute sind 5000 Gefangene erschossen worden. Sie heben tiefe Gräben aus ...«

Weitere Gefangene wurden durch Paris getrieben, eskortiert von aus preußischer Gefangenschaft entlassenen Chasseurs d'Afrique, die die Gefangenen mit Säbelhieben traktierten. Edmond de Goncourt sah eine Abteilung von »vierhundertsieben, darunter sechsundsechzig Frauen«:

»Die Männer sind in Achterreihen aufgeteilt worden und mit einer Schnur aneinandergebunden, die ihnen ins Handgelenk schneidet ... Sie kommen aus allen Schichten, Arbeiter mit harten Gesichtern, Handwerker im Kittel, Bürger im Sozialistenhut, Nationalgardisten, die nicht mehr Zeit hatten, ihre Hosen zu wechseln ...
Bei den Frauen herrscht das gleiche Durcheinander ... Man sieht Bürgersfrauen, Arbeiterinnen und leichte Mädchen, eine trägt die Uniform der Nationalgarde.

Und inmitten all dieser Gestalten hebt sich der tierische Kopf eines Geschöpfes ab, dessen halbes Gesicht eine Quetschung ist. Keine der Frauen zeigt die Apathie der Männer ...«

Manchmal hatte man es nach den Massenmetzeleien so eilig, sich der Körper der Erschossenen, Erstochenen und Erschlagenen zu entledigen, daß einige lebendig begraben wurden. Leute, die in der Nähe eines der Massengräber wohnten, berichteten, daß sie des Nachts Stöhnen gehört und am Morgen »eine geballte Hand aus der Erde ragen« gesehen hätten. Lissagaray beobachtete:

»Die Opfer starben schlicht, ohne Prahlerei. Viele kreuzten die Arme vor den Flinten und kommandierten ›Feuer‹. Frauen und Kinder folgten ihren Gatten und Vätern, indem sie den Soldaten zuriefen: ›Erschießt uns auch!‹ Und man erschoß sie wirklich. Man sah Frauen, die bis dahin dem Kampfe fern geblieben waren, durch die Schlächtereien aufs Äußerste gebracht, in die Straßen stürzen, die Offiziere ohrfeigen, sich hierauf an eine Mauer lehnen und dort den Tod erwarten ...«

Am 29. Mai schrieb die Londoner »Times«: »Die Kriegsgesetze! Sie sind milde und christlich gegenüber den unmenschlichen Gesetzen der Rache, unter denen die Versailler Truppen während der letzten sechs Tage Gefangene, Frauen und Kinder, erschossen, erstochen und aufgeschlitzt haben. Soweit wir uns erinnern können, hat es in der Geschichte nichts Vergleichbares gegeben ...« Und zwei Tage später: »Die Franzosen füllen die dunkelste Seite im Buch ihrer Geschichte und der Weltgeschichte. Die Anklage ruchloser Grausamkeit beschränkt sich nicht mehr auf eine Partei oder eine Klasse. Die Versailler Truppen scheinen die Kommunisten (!) in ihrer reinen Vergeudung von Menschenblut übertreffen zu wollen.« Das Massengemetzel dauerte bis zu den ersten Junitagen und die summarischen Hinrichtungen bis zur Mitte dieses Monats fort. Alles in allem waren fast 25 000 Menschen getötet worden, das waren zehnmal so viel als unter der 15 Monate währenden Schreckensherrschaft der Revolution von 1789 (siehe Seite 340 ff.). Nachdem am 2. Juni das »Paris-Journal« sogar des Massenmordes überdrüssig wurde und flehte: »Laßt uns nicht mehr töten!«, warteten noch 38 000 Kommunarden in den Gefängnissen auf ihren Prozeß, darunter 650 Knaben unter 17, die so dicht in Ställe und andere behelfsmäßige Gefängnisse eingezwängt wurden, daß einige von ihnen erstickten. Während der nächsten vier Jahre arbeiteten 40 Gerichtshöfe an den Urteilen. 25 000 Personen wurden freigesprochen, 7500 ausgewiesen und weitere 5000 mit Geld- und Gefängnisstrafen belegt. 23 Kommunarden wurden erschossen, wirklich eine bescheidene Zahl verglichen mit den Blutbädern, die vorausgegangen waren. Die berühmteste Kommunardin, die Dichterin und Revolutionärin Louise Michel, deren Frauenbataillon nach einem Historiker »fast die einzige Einheit der Kommunarden« war, »die Mut zeigte«, verlangte für sich den Tod: »Da es scheint, daß jedes Herz, das für die Freiheit schlägt, nur Anrecht hat auf ein Stückchen Blei, so verlange auch ich meinen Teil ... Wenn Sie kein Feigling sind, so töten Sie mich.« Aber sie wurde zu lebenslänglicher Gefangenschaft in einer Strafkolonie auf der Insel Nouméa im Pazifik verurteilt. Durch eine Amnestie im Jahre 1880 wieder freigekommen, nahm sie sofort ihre revolutionäre Tätigkeit in Frankreich wieder auf und zog sich drei weitere Urteile zu, ehe sie sich nach England ins Exil begab, wo sie im Jahre 1905 starb.

In diesem Jahr 1905 versagte, wie Wladimir Iljitsch Uljanow, genannt Lenin (1870 bis 1924), später urteilte, auch eine andere proletarische Revolution, diesmal in Petersburg. Lenin, der die Kommune sein ganzes Leben lang studiert, ihren Heroismus verehrt, ihre Erfolge untersucht, ihre Fehler kritisiert hatte, schrieb am 18. März 1908 über beide Revolutionen: »Das Proletariat blieb auf halbem Wege stehen; anstatt mit der ›Enteignung der Enteigner‹ fortzuschreiten, ließ es sich von Träumen einer Errichtung höchster Gerechtigkeit im Lande forttragen ... Der zweite Irrtum war die unnötige Großmut des Proletariats; statt seine Feinde auszurotten, bemühte es sich, moralischen Einfluß auf sie auszuüben; es legte der Bedeutung rein militärischer Belange im Bürgerkrieg nicht genügend Wert bei, und statt seinen Sieg in Paris durch einen entschlossenen Angriff auf Versailles zu krönen, zögerte es und ließ der Versailler Regierung Zeit, ihre dunklen Kräfte zu sammeln.« Ein Nichtmarxist, der Künstler, Zeitgenosse und berühmte Maler Auguste Renoir, sprach diesen Nachruf auf die Pariser Kommune: »Sie waren Narren; aber in ihnen brannte jene kleine Flamme, die nie verlöscht.«

Diese Flamme brannte auch in den russischen Rebellen des Jahres 1905. Ihre Revolution entsprang einem spontanen Volkswillen wie 1871 bei der Kommune in Paris. Das Volk hatte genug gelitten und ging auf die Straße. Vorausgegangen war ein Streik der 13 200 Arbeiter in den Puntilow-Maschinenwerken in Petersburg, als die Nachricht vom bitteren Ende des Russisch-Japanischen Krieges eintraf. Die Streikbewegung weitete sich aus, am 7. Januar waren bereits 140 000 Arbeiter in Petersburg im Ausstand. Zu diesem Zeitpunkt hatte die zaristische Sicherheitspolizei den Streik noch unter Kontrolle, nämlich durch den jungen und ehrgeizigen Gefängnisgeistlichen Georgi Gapon (1870 bis 1916), der sich als Agent der Polizei zur Verfügung gestellt hatte, um die Arbeiter von den revolutionären und radikalen Organisationen fernzuhalten. Er war es auch, der mit den Arbeitern die Bittschrift vorbereitete, die am Sonntag, dem 9. Januar 1905, vor dem Winterpalast in Petersburg dem Zaren im Verlauf einer friedlichen Demonstration überreicht werden sollte. In der Petition stand: »Wir, die Arbeiter der Stadt St. Petersburg, mit unseren Frauen, unseren Kindern, unseren alten und hinfälligen Angehörigen, sind zu Ihnen gekommen, Majestät, um Gerechtigkeit und Schutz zu erbitten ...« Sie baten Nikolaus II. (1868 bis 1918) weiter um eine verfassunggebende Versammlung, um eine Stimme in der Regierung und um »allgemeine, geheime und gleiche Wahlen«. Außerdem forderten sie den Achtstundentag, die Abschaffung der Überstunden, geheizte Werkstätten und medizinische Betreuung. Nur 45 Jahre nach Aufhebung der Leibeigenschaft (siehe Seite 332) waren diese Forderungen für russische Verhältnisse sensationell. An der Spitze eines Zuges mit rund 200 000 Menschen, angetan mit den besten Sonntagskleidern, marschierten Pope Gapon und zwei andere Priester. Sie trugen Ikonen, und die Menschen sangen »Gott rette unser Volk«. Aber der Zar hörte sie nicht, er war nicht da. Und seine Beamten im Winterpalais gerieten angesichts der Menschenmenge in Panik. Die kaiserliche Garde marschierte gegenüber der harrenden Menschenmenge auf. Ein unbekannter Zeuge beschrieb, was dann geschah:

»Die erste Reihe der Soldaten des Preobrazenskij-Regiments kniete nieder und legte an. Niemand rührte sich, aber die Gesichter sind bleich geworden, viele bekreuzigen sich. Eine Salve geht in das Volk, das sich in der Nähe des Gartens und darin aufhält, geht in die Menge der Neugierigen und in eine Gruppe spielender Kinder. Die Menge erstarrt. Einige denken, es seien Schreckschüsse. Aber ringsherum auf dem Platz und hinter dem Gitter des Gartens stürzen Tote und Verwundete nieder. Von den Bäumen fallen die Jungen wie getötete Spatzen ... Irgendeiner wimmert mit lauter Stimme. Ein Teil der Menge duckt sich plötzlich und entflieht seitwärts. Die Soldaten machen eine Wendung und feuern eine Salve in die Richtung der Admiralität und der Palastbrücke. Eine weitere Wendung nach links und eine Salve in Richtung auf das Generalstabsgebäude, in die fliehende Menge. Die Leute fangen an zu schreien ... Das Volk stürzte sich voller Wut auf die Offiziere, die zufällig durch die Straßen kamen, warf sie von ihren Kutschen herunter, zerfetzte ihnen die Epauletten und entriß ihnen die Säbel. Überall erschollen Schreie: ›Mörder, Henker!‹ Auf dem Nevskij, in der Gogol-Straße, auf der Morskaja, auf der Gorochovaja gab es Menschenansammlungen, die durch die aufgestachelte Kavallerie mit blankem Säbel auseinandergetrieben wurden ...«

Auch Maxim Gorki war Augenzeuge, er schrieb später:

»›Warte ein wenig, Michajlo, was ist denn jetzt?‹ murmelte ein Verwundeter. ›Schießen auf das Volk, ohne Befehl ... das ist verboten. Das soll nicht sein, Michajlo.‹
›Aber nun ist es geschehen!‹ schrie man.
›Sie schossen ... sie säbelten alles nieder‹, bemerkte traurig die Frau.
›Also haben sie doch Befehl erhalten, Michajlo ...‹
›Aber ja!‹ schrie der junge Mann voller Haß, ›dachtest du, daß sie mit dir verhandeln, daß sie dir ein Glas Wein anbieten werden?‹
›Warte, Michajlo ...‹
Der Verwundete hörte auf zu sprechen, stützte seinen Rücken an der Mauer und begann lauter: ›Brüder, warum tötet man uns? Mit welchem Recht? Auf welchen Befehl?‹ ...«

Dem Petersburger Blutbad, das bis zum Sonntagabend etwa 1000 Tote forderte, folgten gleiche Szenen auch in anderen Städten, auf die die Unruhen übergegriffen hatten. Ende Januar streikten fast eine halbe Million Arbeiter, und die Straßen von Städten wie Moskau, Odessa, Warschau und Lodz wurden Schauplatz spontaner Aufstände und schrecklicher Vergeltungsmassaker. Revolutionäre, aus dem Untergrund aufgetaucht, organisierten die Arbeitermassen. Im Mai, nach der Nachricht von der Vernichtung der russischen Flotte bei Tsushima, meuterte die

Besatzung des Panzerkreuzers »Potemkin« in Odessa. Die Matrosen töteten sieben Offiziere, verkündeten: »Nieder mit der Autokratie!« und mußten sich dann nach dem rumänischen Hafen Constanza durchschlagen, wo sie interniert wurden. Als Ende Oktober nahezu die gesamte russische Wirtschaft durch einen Generalstreik lahmgelegt war, die Züge nicht mehr fuhren, die Banken schlossen, Post und Telegramme unbestellt blieben, die Anwälte nicht mehr praktizierten und die Bäcker sich weigerten, Brot zu backen, mußte Nikolaus II. einlenken. In einem kaiserlichen Manifest vom 30. Oktober 1905 legte er der Regierung die Verpflichtung auf, die bürgerlichen Freiheiten zu gewähren und die Forderungen nach parlamentarischen Einrichtungen zu erfüllen. Die Bürgerlichen und Liberalen, die mit den Arbeitern und Bauern gestreikt hatten, waren mit diesen Zugeständnissen einverstanden und entzogen den Streikkomitees ihre Unterstützung. Die Armee hatte im allgemeinen dem Zaren die Treue gehalten. Die Arbeiter und ihre Familien waren nach monatelanger Dauer der Streikbewegung am Ende ihrer Kräfte. Die Revolution von 1905 starb.

Leo Trotzki (1879 bis 1940), der im Oktober 1905 in Petersburg persönlich dafür gesorgt hatte, daß sich die neue Form der Räte (Sowjets) über das ganze Land verbreitete, die dann auf je 500 Arbeiter in den lokalen Räten einen Delegierten in den Obersten Rat (Sowjet) schickten und so eine ständig aktive Führungsspitze bildeten, erkannte: »Die Revolution ist tot, lang lebe die Revo-

Rußland, 1905: Streikende und demonstrierende Arbeiter werden in den Straßen von Petersburg, Moskau, Odessa, Warschau und Lodz von den Soldaten des Zaren zusammengeschlagen. Gorki läßt später in einem Buch einen Arbeiter fragen: »Bruder, warum tötet man uns? Mit welchem Recht? Auf welchen Befehl?«

lution!« Sein erster Versuch, eine proletarische Regierungs- und Verwaltungsform zu etablieren, war zwar sehr kurzlebig, aber er war eine Art Generalprobe für die Revolution von 1917. Trotzki selbst wurde mit den Mitgliedern des Petersburger Sowjet nach Sibirien verbannt, die 1906 viel zu spät ausgebrochenen Bauernaufstände wurden niedergeschlagen, die Dörfer hinterher von militärischen Strafkompanien eingeäschert. Damit war die erste große revolutionäre Bewegung in Rußland endgültig im Blut erstickt.
Auch Lenin hatte den Kommune-Aufstand in Paris und die russische Revolution von 1905 als Generalprobe angesehen. Er schrieb später: »Die Revolutionen von 1908 in der Türkei, von 1909 in Persien und von 1911 in China beweisen, daß der machtvolle Aufstand von 1905 tiefe Spuren hinterlassen hat und sein Einfluß, wie er in dem Vorwärtsdrängen von hundert und aber hundert Millionen Menschen zum Ausdruck kommt, nicht ausgerottet werden kann.« Bis dieses »Vorwärtsdrängen« aber während des Ersten Weltkriegs neue entscheidende Anstöße bekam, schmachteten und litten in den Gefängnissen Rußlands Tausende von politisch Verfolgten, oft genug von der politischen Polizei zu Tode gefoltert. In dem Bericht eines Rigaer Abgeordneten der Duma hieß es im April 1907:

»Diejenigen Gefangenen, die während der Folterungen nicht gestorben waren, deren Wunden aber nicht geheilt werden konnten oder dauernde Spuren hinterließen, wurden nachts in der Nähe des Gefängnisses erschossen. Ein anderer Gefangener wurde von zwei Kosaken an Händen und Füßen gehalten und mit Gummiknütteln so lange geschlagen, bis der Erdboden von Blut triefte. Um Geständnisse zu erzwingen, wurden gefangenen Weibern die Nägel von Fingern und Zehen gerissen, die Haare bündelweise ausgerissen, die Knochen an Armen und Beinen gebrochen. Die Martern und Foltern waren von der Polizeibehörde organisiert und unter ihrer Beteiligung ausgeführt ...«

Ebenfalls wenig im Bewußtsein der Weltöffentlichkeit bekannt ist die Tatsache, daß ab den achtziger Jahren des 19. Jahrhunderts bis zum Jahr 1917, also 35 Jahre lang, immer wieder grauenhafte Pogrome gegen jüdische Kleinhändler und Handwerker in den ihnen zugewiesenen Ansiedlungsrayons in Polen, Litauen, Weißrußland und in der Ukraine vorgekommen sind. Der Umstand, daß bei der Ermordung Zar Alexanders II. im Jahre 1881 eine Jüdin zum engeren Kreis der Verschwörer gehört hatte, war für das zaristische Regime Grund genug, immer wieder mit Polizei und Militär Pogrome zu organisieren, um die Unzufriedenheit des Volkes von seinen wahren Feinden auf die Juden abzulenken. In vielen Städten und Dörfern wurden jüdische Geschäfte, Häuser und Synagogen zerstört und in Brand gesteckt, Frauen vergewaltigt, Männer gemartert und in die Flammen geworfen. Das Militär griff immer erst dann ein, wenn die Pogrome sich bereits Stunden und Tage ausgetobt hatten. 1891 wurden die meisten Juden aus Moskau grausam vertrieben, 1897 wurde dort die Ergreifung eines Juden mit der doppelten Prämie als das Fangen eines Räubers honoriert. Ostern 1903 erlaubte in Kischinew sogar ein Erlaß des Zaren die blutige Abrechnung mit den Juden, nachdem angebliche »Ritualmorde« der Juden vorgekommen waren und den Juden »wirtschaftliche Ausbeutung«, »niedrige soziale Gesinnung« und »revolutionäre Hetze« vorgeworfen wurde – wiederum, um das Volk von den wahren Ursachen des sozialen Elends abzulenken. Bei dem Pogrom in Kischinew am Ostersonntag des Jahres 1903 wurden 45 Juden getötet, 80 schwer verletzt, 500 leicht verletzt und 1500 Häuser zerstört und geplündert. Der Arzt eines Hospitals berichtete von eingelieferten Juden, denen Nägel in den Schädel geschlagen, die Brüste abgeschnitten, die Augen ausgestochen, die Gelenke an Händen und Füßen auseinandergerissen worden waren. Erst nach zwei Tagen Greueltaten schritt das Militär ein. So geschah es auch nach der Revolution von 1905. Jetzt unterstellte die regierungstreue Presse den Juden zusätzlich noch, sie hätten den Japanern heimlich Hilfe geleistet, und gab die Losung aus: »Schlagt die Revolutionäre und die Juden!« In Shitomir gab es in drei Tagen 15 Tote, in Bialystok an einem Tag ungefähr 50, in Odessa an vier Tagen 300 tote Juden. 1910 mußten 1200 jüdische Familien kurzfristig Kiew verlassen. Auch während des Ersten Weltkrieges hielten die Pogrome in Rußland an.

Noch unter der Kerenski-Übergangsregierung nach der Februarrevolution von 1917 meldete das offizielle Organ des Kriegsministeriums am 17. August Ausschreitungen russischer Truppen gegen die Juden. Dabei hatte die Kerenski-Regierung bereits am 3. April 1917 die volle Rechtsgleichheit der Juden verfügt. Aber diese Rechte waren eben leichter zu verkünden als zu verwirklichen.

Lenins Revolution 1917 sollte nach seinen Worten eine »Umwandlung des imperialistischen Krieges in einen Bürgerkrieg« sein. Dieses Ziel, schon im November 1914 fixiert, wollte er verwirklichen mit der Begründung, diese Umwandlung »ist die einzige Lösung des Proletariats, wie die Erfahrung der Pariser Kommune gezeigt hat«. Der historische Rückgriff auf den Mai 1871 erklärt auch die kompromißlose Zielstrebigkeit und Härte, mit der Lenin und Trotzki ihre Revolution durchpeitschten. Lenin wollte nicht den Fehler der Kommune wiederholen, »Kompromisse und Ausgleiche« zu schließen. Und Trotzki, der Kommissar der Roten Armee, wollte nicht den Kommune-Fehler wiederholen, »dem weißen Terror der Bourgoisie nicht mit dem ›roten Terror‹ des Proletariats« begegnet zu sein. Er war sich mit Lenin einig, Terror dann auszuüben, wenn das Ziel der Revolution gefährdet war, was dann auch wirklich zu wilden Grausamkeiten während des Bürgerkrieges führte, als es um das Überleben der Revolution ging. Im Verlauf der Revolution selbst gab es auch schon Ausschreitungen, vor allem natürlich gegen die politischen Gegner. Damit die Opferungen der Juli-Tage 1917 sich während der Oktoberrevolution nicht wiederholen sollten, veröffentlichte Maxim Gorki einen flammenden Artikel, in dem es hieß:

»Die Menschen werden einander töten, weil sie es nicht verstehen, ihre tierische Dummheit zu überwinden ... Kurz, es wird sich das blutige, sinnlose Gemetzel wiederholen, das wir schon gesehen haben und das im ganzen Land die moralische Bedeutung der Revolution bereits angegriffen, aber auch ihren kulturellen Sinn erschüttert hat. Es ist durchaus wahrscheinlich, daß die Ereignisse diesmal einen noch blutigeren und pogromistischeren Charakter annehmen werden ...«

Der Terror auf beiden Seiten während des blutigen Bürgerkrieges von 1918 bis 1921 forderte wieder Tausende von Toten. Auch das Massaker in Jekaterinburg (heute Swerdlowsk) am 16./17. Juli 1918 an der Familie des Zaren, das vom dortigen lokalen Sowjet aus Furcht vor den herannahenden »Weißen« allein verantwortet wurde, gehörte dazu.

Der Sommer 1918 war ein Sommer des Schreckens. Rund 100 000 ausländische Soldaten, Engländer, Italiener, Japaner und Amerikaner, bedrohten im Osten auf russischem Boden die Sowjetregierung gemeinsam mit Monarchisten und gemäßigten Sozialrevolutionären. Zudem standen in der Ukraine noch die deutschen Truppen. Mordanschläge, Revolten, Hungersnot und Typhus beunruhigten die russische Bevölkerung. Der »rote Gegenterror« fegte ebenfalls durch das ganze Land. Sinowjew ließ in Petrograd 1000 verhaftete Geiseln erschießen. In Moskau erschoß die Tscheka Dserschinskijs mehr als 2000 Personen. Ein Mordanschlag auf Lenin zog in einer Art Kettenreaktion den Tod von 20 000 »Bürgerlichen« nach sich. 1919 fiel das berühmte Reiterkorps unter Budjonny in der von den Deutschen geräumten Ukraine ein. In Charkow und Kiew erlebten die Einwohner nach dem »weißen« den »roten« Terror mit sadistischen Ausschreitungen und grausamen Hinrichtungen Tausender unschuldiger Menschen.

Am Ende des Bürgerkrieges, den Trotzkis Rote Armee für sich entschied und der insgesamt rund vier Millionen Menschen das Leben kostete, gab es noch die Revolte der Kronstädter Matrosen gegen das neue Sowjet-Regime: »Wir treten ein für die freie Wahl von Vertretern der arbeitenden Klassen. Die kommunistisch gelenkten Räte waren unseren Nöten und Forderungen gegenüber immer taub; sie antworteten nur mit Kugeln ...« Aber am Ende des langen Bürgerkrieges ließen sich die Sowjets ihren Sieg nicht mehr durch eine Konterrevolution in Kronstadt nehmen. Zehn Tage lang wehrte sich die Kronstädter Garnison mit 14 000 Mann, darunter 10 000 Matrosen, verbissen gegen Trotzkis Rote Armee. Am Morgen des 18. März 1921 war der letzte Widerstand gebrochen, die letzten überlebenden Rebellen wurden von Exekutionskommandos erschossen oder in Straflager deportiert. Nacht für Nacht waren die Einheiten der Tscheka unterwegs und »säuberten« durch Massenerschießungen. Ein Teilnehmer des Kampfes in Kronstadt bekannte später: »Ich bin fünf Jahre im Krieg gewesen, aber ich kann mich an ein derartiges Gemetzel nicht erinnern.«

Der Bürgerkrieg in Rußland brachte auch den Juden wieder eine neue Verfolgungszeit. Zwischen Dezember 1918 und April 1921 gab es allein in der Ukraine 887 große und 349 kleine Pogrome, die rund 60 000 Tote und über 70 000 Verletzte forderten. Der »weiße« Terror stempelte sie zu Bolschewisten. Unter Denikins Regime in der Ukraine im Herbst 1919 sagte der Hetman Kosyr-Syrka dem verhafteten Rabbiner in Owrutsch ins Gesicht: »Ich weiß, daß du ein Bolschewist bist, daß alle Juden ebenfalls Bolschewiken sind. Ich werde alle Juden ausrotten. Laß sie um die Synagoge zusammentreten und teile ihnen meinen Entschluß mit.« Daraufhin wurden in Owrutsch 80 Juden getötet und 1200 Häuser niedergebrannt. Ähnliche Szenen spielten sich auch in anderen Gebieten Rußlands bis zum Ende des Bürgerkrieges ab, dann beruhigten sich die Verhältnisse, ohne

»Weißer« Terror gegen Kommunisten und Bolschewisten, »roter« Terror gegen Bürgerliche und Interventionstruppen bringen während des Bürgerkrieges nach der Oktoberrevolution blutige Ausschreitungen auf beiden Seiten.

jedoch den Juden ihre vertraglich garantierten Minderheitsrechte jemals voll zu gewähren.

Die Revolutionszeit 1918/1919 in Deutschland war eigentlich nur eine Kette mehrerer Aufstände von links und rechts, die in verschärfter Form im Frühjahr 1919 zu Morden in Berlin, während des »Spartakusaufstands« im Januar und des Generalstreiks im März 1919, vor allem aber bei der Niederwerfung der Räterepublik in Bayern Ende April/Anfang Mai führten. Der Terror in Deutschland begann mit dem brutalen Mord an den Sozialistenführern Rosa Luxemburg und Karl Liebknecht am 15. Januar 1919 in Berlin. Harry Graf Kessler (1868 bis 1937), gewiß kein Kommunistenfreund, notierte in seinem Tagebuch: »Jetzt dieser gräßliche Tod im Tiergarten, nachts am neuen See erschossen von eigenen Transporteuren ...« Die Ausschreitungen setzten sich während des Spartakusaufstands fort und führten, in den Tagen des Standrechtes vom 2. bis 6. März, als Gustav Noske jenen Befehl gab, nachdem »jede Person, die mit den Waffen in der Hand gegen Regierungstruppen kämpfend angetroffen wird«, ohne Zögern »sofort zu erschießen« sei, zu insgesamt 1200 Toten in Berlin, darunter zahlreiche Unbeteiligte. Und als München Ende April 1919 von den rechtsradikalen Freikorps im Dienste der Regierung eingeschlossen war, wurden im Verlauf des Vordringens der Freikorps in die Stadt unabhängig von den Kampfhandlungen insgesamt 457 Menschen willkürlich ermordet. Augenzeuge und Dichter Oskar Maria Graf erinnerte sich später:

»Ohne Verhör und Urteil hatten die ›Weißen‹ Dutzende von meist völlig unbeteiligten Arbeitern standrechtlich auf ihrem Anmarsch bereits erschossen. Gnadenlos verfuhren sie mit ihren Gegnern, furchtbar wüteten die Landsknechte der ›Freikorps‹. Als Antwort darauf wurden die festgenommenen Thule-Leute (Angehörige der ›Thule‹-Gesellschaft und Gegenrevolutionäre, die damals im Hotel ›Vier Jahreszeiten‹ residierten) aufgrund des Belastungsmaterials mit zwei gefangenen Regierungssoldaten nach kurzem Verhör erschossen und – prompt wirkte die ungemein aufreizende Agitation der Thule-Verschwörer, jetzt übergellte die Nachricht von der ›bestialischen Schreckenstat der vertierten Geiselmörder im Luitpoldgymnasium‹ sogar den wüsten Kampflärm. Das befeuerte die Regierungstruppen und Freikorps zu letzter Rücksichtslosigkeit, und ein verwildertes Jagen und Morden aller Revolutionsverdächtigen hub an. Das schamloseste Denunziantentum feierte Triumphe. ›Da! – Da, sehn Sie, der? – Der rote Lump, der Strolch!‹ wiesen einige Passanten auf einen rasch dahingehenden Mann. Schon klapperten Stiefelschritte. ›Halt!‹ rief es, es krachte, der Mann fiel lautlos vornüber aufs Pflaster ...«

Bei Starnberg trafen die Freikorps auf eine übende Arbeiter-Sanitäter-Kolonne. Kurzerhand wurden alle Sanitäter an einem Bahndamm niedergeschossen. Im Lager Puchheim bei München griffen sie 53 russische Kriegsgefangene auf, trieben sie in einen Steinbruch und ermordeten sie, obwohl diese Russen nicht das mindeste mit der Räterepublik zu tun hatten. Schließlich, in München eindringend, erwischten württembergische Freikorpssoldaten im Kellerraum eines Prinzenpalais 21 Angehörige des Vereins katholischer Gesellen, die sich revolutionär gaben. Sie wurden, wie Oskar Maria Graf schrieb, »buchstäblich zerhackt und bis zur Unkenntlichkeit zertrampelt ...«

Den größten Blutzoll einer Revolution des Proletariats im 20. Jahrhundert forderte jedoch zweifellos die durch Jahrzehnte andauernde Revolution der Chinesen, erst ab 1911 unter dem Rebellen Sun Yat-sen, dann während des Kampfes um die Macht zwischen den Anhängern der Kuomintang unter Tschiang Kai-schek (geb. 1887) und den Kommunisten unter Mao Tse-tung (geb. 1893) zwischen 1927 und 1936. Nach einer gemeinsamen Front der Nationalisten und Kommunisten während des chinesisch-japanischen Krieges ab 1937 und während des Zweiten Weltkrieges bis 1945, zerbrach dieses unnatürliche Bündnis schnell wieder: Mao gründete 1949 die Volksrepublik China und Tschiang Kai-scheks Nationalregierung floh nach Taiwan.

Eine chronologische Dokumentation der Kriegsgreuel und Massenverfolgungen in China von Sun Yat-sens »Kampf gegen den Imperialismus« bis heute ist hier unmöglich, sie muß sich auf wenige wichtige Daten und Ereignisse beschränken. Revoltierende Volksmassen wüteten erstmals Mitte der zwanziger Jahre in Schanghai und Kanton, nachdem es zum Bruch zwischen den Nationalisten und Kommunisten gekommen war. Im Protokoll der »Internationalen Pressekorrespondenz« über die »VII. Tagung des erweiterten Exekutivkomitees der Kommunistischen Internationale (Komintern)« vom November 1926 klangen die blutigen Aufstände in Formulierungen an wie: Neue Arbeiterbewegung in Kanton, Streiks in Schanghai und Hankau, Aufschwung der revolutionären Bauernbewegung in Kwantung, Hunan und anderen Provinzen, Meutereien in der Provinz

Tschekiang, Antimilitaristenbewegung in Leking und Tientsin, Aufstände der »Roten Lanze«. Das Jahr 1927 stand im Zeichen des offenen Kampfes zwischen Tschiang Kai-schek und Mao Tse-tung. Nachdem die Truppen Tschiangs im Norden den Widerstand der letzten Mandschu-Truppen gebrochen hatten, ging er im Süden gegen die kommunistischen Revolutionäre vor, wobei für die zeitweilige kommunistische Machtübernahme in Kanton blutige Vergeltung genommen wurde. In Pressetelegrammen aus Schanghai vom 15./16. Dezember heißt es:

»Angesichts der erfolgten Unterdrückung der Revolution in Kanton werden in Hongkong sorgfältig die Ausweise aller aus Kanton Eintreffenden geprüft und eine Durchsuchung der Angekommenen vorgenommen. Pressemeldungen zufolge wurden bereits bis 200 chinesische Kommunisten verhaftet. Alle, die mit der Bewegung im Zusammenhang stehen, alle, die einen roten Stern auf der Brust tragen, werden erschossen. 40 Kommunisten, die sich über den Fluß übersetzen lassen wollten, wurden erschossen. Die Durchsuchungen in der ganzen Stadt und in allen Gewerkschaften werden fortgesetzt. Alle der Zugehörigkeit zum Kommunismus Verdächtigen werden erschossen, niedergeschlagen oder erdrosselt. Im Arbeitsspital wurden 70 Personen erschossen ...
Aus Hankau wird gemeldet, daß die Stadt Huanau, die eine Woche lang in den Händen der Arbeiter und der Kommunisten sich befand, von Regierungstruppen besetzt wurde. 1500 Kommunisten und Bauern wurden getötet ...
Laut Meldungen von Schanghai-Blättern wütete in Kanton ein unerhörter ›weißer‹ Terror. Es ist eine schonungslose Ausrottung von Kommunisten und Kommunistinnen im Gange. Man pflegt je einige Personen in Baumwolle zusammenzuschnüren, mit Benzin zu begießen und zu verbrennen. Alle Verhafteten werden ausnahmslos erschossen ...«

Von 1928 bis 1934 bereitete Mao in Hunan die Bauern auf die große Revolution vor, indem er durch kommunistische Guerillakrieger im Innern des Landes immer mehr Machtbasen schuf und die Forderung nach einer Umverteilung des Landes den Bauern schmackhaft machte. Mao selbst schrieb: »Das Hauptangriffsziel der Bauern waren die schlechte Gentry der Dorftyrannen sowie gesetzlose Grundeigentümer; daneben alle Arten patriarchalischer Ideen und Systeme, korrupte Beamte in den Städten und schlechte Sitten auf dem Lande. Dieser Angriff war gerade wie reißender Sturm und Gewittergüsse. Wer sich beugte, blieb bestehen; wer Widerstand leistete, ging zugrunde ...« Welche Opfer diese »Gewittergüsse« der roten Bauernarmeen forderten, ist nicht nachgewiesen. Auch gibt es keine genauen Zahlen über die Opfer in den eigenen Reihen während der »Ausrottungsfeldzüge« Tschiang Kai-scheks gegen die Rote Armee von 1930 bis 1933. Etwa »eine Million Bauern sollen verhungert oder als Folge der Kämpfe niedergemetzelt worden sein« (Fessler). Um der nationalistischen Übermacht auszuweichen, begann Mao seinen strapaziösen »Langen Marsch« nach Norden. Ende 1935 erreichte er das Bergland von Nord-Shensi, den späteren Ausgangspunkt für die Eroberung von ganz China. Den »Langen Marsch« hatten 90 000 Soldaten begonnen und nur etwa 20 000 beendet; er wurde zur Legende.

Der Zweite Weltkrieg aber schob die kommunistische Eroberung Chinas noch um genau zehn Jahre, ins Jahr 1947, hinaus. Während dieser Zeit kämpften Nationalisten und Kommunisten ab 1937 gemeinsam in Guerilla-Einheiten gegen die Japaner; seit Beginn des pazifischen Krieges überließen die Chinesen mehr und mehr die Kriegführung den Alliierten. Nach Kriegsende versuchten die Amerikaner vergebens Mao und Tschiang zu einer Koalition zu bewegen. 1947 begann der Endkampf zwischen den Nationalisten und den Kommunisten, wobei die Armee der Kuomintang-Truppen im gleichen Maße abnahm, wie die der Kommunisten zu. Und vom Herbst 1948 an brachte die chinesische Rote Armee schließlich ohne nennenswerte fremde Hilfe in einem Siegeszug ohnegleichen ganz China, von der Mandschurei bis in den äußersten Süden und Südwesten, in ihre Gewalt. Die gequälte Bevölkerung konnte endlich aufatmen; hatte sie doch entsetzliche Verluste hinnehmen müssen und während mehrerer Jahrzehnte keinen Frieden im Lande mehr gekannt. Eine Aktion im Jahre 1938 forderte unter der Bevölkerung am »Gelben Fluß« allein über eine halbe Million Tote und zwölf Millionen Obdachlose: Um den Vormarsch der Japaner aufzuhalten, hatte Tschiang Kai-schek einfach die Dämme des Hoangho durchstechen und das Land überfluten lassen.

Rotchinas Weg von 1950 bis heute wurde immer wieder von einzelnen Aufständen und Unruhen erschüttert, über die im westlichen Ausland nur wenige Informationen bekannt wurden. Bereits 1951 gab es eine blutige Säuberungskampagne gegen sogenannte »Konterrevolutionäre«. Abweichler vom Parteikurs wurden auch in den kommenden Jahren rücksichtslos ausgemerzt, so auch in der »Kampagne gegen die Rechtsabweichler« ab Juni 1957 während der gerade zu Ende gehenden »Hundert-Blumen«-Periode. Die Abweichler wurden entweder gleich hingerichtet oder mit Zuchthaus bestraft. 1958 gab es aktiven Widerstand gegen Maos »Sprung-nach-vorn«-Bewegung. 1959 rebellierten die Tibeter, der Dalai Lama floh nach Indien, Tibet wurde eine rotchinesische Provinz. Auch diese Annexion ging nicht ohne Blutzoll ab. 1961 sprach Peking selbst von »Säuberungsaktionen unter den Funktionären« wegen Nichterfüllung des landwirtschaftlichen Produktionsplans. 1962 flohen aus Kuangtung 70 000 Chinesen nach Hongkong, die Engländer mußten fast 30 000 wieder zurückschicken. Im August 1963 kam es nach Meldungen von AP in der Provinz Kwantung zu einem Massaker in Chao Yang, wobei 400 chinesische Landarbeiter niedergeschossen wurden; einen Monat später wurden Aufstände im Grenzgebiet zwischen der Provinz Sinkiang und der Sowjetrepublik Kasachstan sowie Kirgisien von den Chinesen niedergeschlagen. Die bisher stärkste Erschütterung Rotchinas kam dann während der Rebellion der »Roten Garden« in der »Kulturrevolution« ab dem Jahr 1966. Die Rotgardisten proklamierten im August 1966: »Nieder mit der alten Welt! Nieder mit den Zeugnissen der Vergangenheit! Zerstört den Feudalismus, die Bourgeoisie und ihre Überreste! China muß eine neue Welt bauen!« Dann wurden Tempel, Friedhöfe und jahrhundertealte Kunstwerke zerstört; wer sie schützen wollte oder in den Verdacht geriet, Revisionist oder gar Kapitalist zu sein, wurde tätlich angegriffen: »Ich habe einen alten Mann gesehen, er war halbnackt und mit Staub bedeckt, die Hände

auf dem Rücken zusammengebunden und ein Plakat vor der Brust. Eine Gruppe junger Revolutionäre trieb ihn mit Peitschenhieben voran ...«
Im Sommer darauf kamen aus China immer wieder Meldungen von aufständischen Arbeitern und Bauern gegen die Auswüchse der Kulturrevolution und von Straßenkämpfen, die mit »Äxten, Messern, Steinen und Pfeilen« teilweise sehr blutig ausgetragen wurden. Der »Spiegel«-Redakteur Meyer sah im August in Sian illustrierte Wandzeitungen mit toten und verwundeten Rotgardisten:

»In der Elf-Millionen-Stadt Schanghai kleben Bilder ermordeter Rebellen an allen Straßenecken. Greuelphotos zeigen zerstückelte Mao-Jünger: Körper mit abgeschnittenen Nasen und Ohren, aufgeschlitzten Bäuchen.«

Regelrechte Massaker wurden aus den Provinzen Kwangtung und Fukien gemeldet. Bei Krawallen im Südwesten von Yünnan bis Tibet sollen angeblich mehrere tausend Tote gezählt worden sein. Ähnliche Meldungen kamen 1967 auch noch aus anderen Provinzen.
1968 schließlich hörte die Welt von den angeblich »letzten Zuckungen« der Kulturrevolution in China. Sie wurden auf schauerliche Weise durch Photos bewiesen, die durch die Weltpresse gingen: Sie zeigten schrecklich zugerichtete Leichen, die zu Hunderten vom hochwasserführenden Perlfluß in der britischen Kronkolonie Hongkong und im portugiesischen Macao angeschwemmt worden waren. Die Körper der Toten waren gefesselt, einige geköpft. Man stellte fest, daß viele Opfer vor dem Tode gefoltert worden waren. Westlichen Chinaexperten zufolge waren es Opfer rivalisierender Rebellen an der »Kulturkriegsfront«.

1962 flohen aus Kuangtung 70 000 Chinesen nach Hongkong, die Engländer mußten etwa 30 000 wieder zurückschicken. Im Bild chinesische Flüchtlinge an der illegalen Grenze vor Hongkong.

»Eine gewaltige Ausmerze ist der Krieg«

Spanische und deutsche Faschisten, Nationalsozialisten, Sozialisten und Kommunisten; Deutsche, Italiener, Franzosen, Russen, Amerikaner, Japaner und Millionen Namenlose in aller Welt — Terror und Gegenterror im spanischen Bürgerkrieg und im Zweiten Weltkrieg von 1936 bis 1945

1934
Verfolgung der Sozialisten in Österreich

1936
Massaker auf republikanischer (etwa 75 000 Opfer) und nationalspanischer Seite (etwa 250 000 bis 750 000 Opfer) im spanischen Bürgerkrieg

1937
Bombenangriff auf Guernica — Kriegsverbrechen in China durch Japaner und Chinesen

1939
Beginn des Zweiten Weltkriegs (1. September). Bombenangriff auf Warschau — Beginn der Besatzungspolitik in Polen; Ermordung polnischer Patrioten

1940
Luftangriff auf Rotterdam (14. Mai) — Blitzkriege gegen Dänemark, Norwegen, Holland, Belgien und Frankreich

1941
Krieg auf dem Balkan und in Nordafrika. Deutscher Überfall auf die Sowjetunion (22. Juni). Papst Pius XII. rühmt Hitlers Rußlandfeldzug als »Verteidigung der Grundlagen der christlichen Kultur«

1941/1942
Kroatische Faschisten ermorden insgesamt etwa 350 000 Serben und Juden in eigenen Konzentrationslagern

1941 bis 1943
Im belagerten Leningrad sterben mehr als eine Million Menschen

1942
Vergeltungsaktion der SS und Polizei in Lidice

1943
Endphase des totalen Luftkrieges gegen deutsche Städte beginnt — Ende in Stalingrad (2. Februar) — Entdeckung des Massenmordes in Katyn (13. April)

1944
Französische Marokkaner vergewaltigen 60 000 Italienerinnen — Invasion in Nordfrankreich (6. Juni) — Nach dem Attentat auf Hitler werden rund 5000 Menschen zum Tode verurteilt — Sowjetische Morde in Nennersdorf/Ostpreußen — Deutscher Gefangenenmord an amerikanischen Soldaten bei Malmedy

1945
Luftangriff auf Dresden fordert etwa 250 000 Tote (14./15. Februar) — Racheakte der Tschechen in Prag — Gegenterror der Russen gegen Deutsche auf dem Vormarsch bis Berlin — Hiroshima (6. August: 100 000 Tote), Nagasaki (9. August: 40 000 Tote)

1945/1946
Vertreibung der Deutschen aus den Ostgebieten — Flüchtlingselend

Der spanische, italienische und deutsche Faschismus stürzte Europa in einen Abgrund der Unmenschlichkeit von nie gekanntem Ausmaß. Noch heute rätseln die Historiker darüber, wie das alles möglich war. Die einzelnen Stationen des Terrors auf dem Weg in die Katastrophe des Zweiten Weltkrieges und während dieses entsetzlichsten aller Kriege sind heute bekannt. Wenden wir uns im Rahmen dieser Dokumentation nur solchen Ereignissen in der Geschichte dieses jahrelangen und weltweiten Völkermordens zu, die auf beiden Seiten der Fronten als unauslöschliche Verbrechen gegen die Menschlichkeit bekannt wurden und die den Tod von Millionen Wehrloser und Unschuldiger zur Folge hatten.
Der spanische Bürgerkrieg von 1936 bis 1939 führte der Welt klar vor Augen, wie tief der Haß war, der zwischen den faschistischen und liberal-sozialistischen Lagern quer durch Europa brannte, welche unmenschlichen Folgen eine große europäische Auseinandersetzung zwischen diesen Lagern haben mußte und wie ein moderner totaler Luftkrieg gegen die Zivilbevölkerung des Gegners aussah, denn die Hilfeleistung italienischer und deutscher Bombenflieger in Spanien war sowohl entscheidend für den Sieg der Faschisten als auch die Generalprobe der deutschen »Luftwaffe« für kommende »Aufgaben«.
Im Juli 1936 bewaffnete sich in Madrid das Volk gegen die faschistische Bedrohung, der Bürgerkrieg brach los. Die Wut des Volkes gegen die rebellierenden Franco-Offiziere, die die Republik verraten hatten, loderte hell auf. Es kam zu spontanen wilden Massakern. Ein Augenzeuge berichtet über den Sturm des Volkes auf eine Kaserne in Madrid:

»Die Leute sprangen vom Boden auf. Da merkte ich zum erstenmal, daß viele Frauen unter ihnen waren. Und alle liefen auf die Kaserne zu. Ich wurde mitgerissen und lief mit ihnen. Nun konnte ich die steinerne Doppeltreppe in der Mitte der Brustwehr sehen. Sie war eine schwarze, in zwei Ströme geteilte wogende Masse von Menschen, die einander treppenaufwärts stießen und schoben. Auf der oberen Terrasse blockierte eine zweite dichte Menschenmasse den Ausgang der Treppen. Wütendes Geratter von Maschinengewehren durchschnitt plötzlich die Luft. Mit einem unmenschlichen Aufschrei versuchte die Masse auseinanderzukommen ... Jetzt war die Menge ein einziger anhaltender Schrei. Und ununterbrochen ratterten die Maschinengewehre.
Dann wußten wir mit einemmal, obwohl es uns niemand gesagt hatte: die Kaserne war im Sturm genommen worden ...«

Das Ende dieses und vieler anderer Massaker zum Auftakt des spanischen Bürgerkrieges war dann so:

»Im Vorbeigehen warf ich einen Blick auf den Fahnensaal, dessen Tür weit offenstand. Er war voll von Leichen getöteter Offiziere, die in wilden Haufen dort lagen, die einen mit den Armen auf dem Tisch, die anderen auf dem Fußboden, wieder andere auf den Fenstersimsen. Einige von ihnen waren noch blutjunge Burschen. Draußen auf dem Glacis lagen die Hunderte von Leichen im prallen Schein der Sonne. In den Gärten ringsum herrschte Ruhe ...«

In den ersten Monaten kam es zu vielen Massenmorden, wobei sehr oft Unschuldige und Unbeteiligte getötet wurden. Jay Allen, ein Reporter der »Chicago Tribune«, schilderte, was ihm in Badajoz nach der Eroberung der Stadt durch die faschistischen Rebellen erzählt wurde:

»Sie flüsterten. Tausende von Republikanern, Sozialisten und Kommunisten, Männer und Frauen der Miliz, wurden nach dem Fall von Badajoz hingeschlachtet. Ihr einziges Verbrechen bestand darin, daß sie die Republik gegen den Aufstand der Generale und der Landeigner verteidigt hatten.

Zwischen fünfzig und hundert Menschen wurden seitdem an jedem Tag erschossen. Die arabischen Truppen und die Fremdenlegionäre plündern. Das schlimmste von allem: die portugiesische Internationale Polizei (Grenzpolizei), in Erfüllung ihrer internationalen Gepflogenheiten, schickt Hunderte und aber Hunderte von Republikanern, die vor ihrem sicheren Tod unter den Schüssen der Hinrichtungskommandos fliehen, zurück ...«

Derselbe Journalist schrieb auch: »Ich weiß, auch die andere Seite hat Schlimmes getan. Almendra Lejo, ein Anhänger der Rechten, wurde gekreuzigt und mit Benzin überschüttet und dann lebendig verbrannt. Ich kenne Leute, die sahen verkohlte Leichen. Ich weiß das. Ich habe von Hunderten, ja Tausenden gehört, die unschuldig waren und unter den Händen einer rachsüchtigen Masse fielen. Aber ich weiß auch, wer sich erhob, um Spanien zu retten, und die Massen so aufbrachte, daß sie sich derart grausam verteidigten ...«

Die Zahl der Hinrichtungen durch die Rebellen war von Distrikt zu Distrikt verschieden. Zivilgouverneure und andere von der Volksfrontregierung eingesetzte Beamte wurden fast immer erschossen. Die Frauen, Schwestern und Töchter der hingerichteten Männer teilten manchmal deren Schicksal. Viele Einzelheiten blieben im dunkeln. Doch fest steht, daß damals Menschen vor ihrer Familie erschossen und auch gefoltert wurden; und daß General Franco Befehl gab, ihm Begnadigungsgesuche erst nach vollzogener Hinrichtung vorzulegen. Nach den zeitgenössischen Quellen geschahen auch einzelne besonders sadistische Grausamkeiten bei den Hinrichtungen. So zwangen rechtsradikale Carlisten, die Requetés, einen Mann, die Arme kreuzförmig auszubreiten und »Viva Cristo Rey!« zu rufen, während man ihm ein Glied nach dem anderen abschnitt und ihn schließlich mit Bajonettstichen tötete. Seine Frau, die zum Zuschauen gezwungen worden war, wurde wahnsinnig.

Die Zahl der Opfer auf seiten der Republikaner in den ersten Monaten des Bürgerkrieges bis etwa Juli 1937 ist bis heute nicht genau ausfindig gemacht. Die geschätzten Zahlen schwanken zwischen 200 000 und 750 000 Toten in den von Nationalspanien beherrschten Gebieten. Der britische Historiker Hugh Thomas schreibt zu den Motiven solcher Freude am Morden, daß die Mehrheit bei den Rechten Männer waren, »die es im tiefsten Herzen für ihre Pflicht hielten, die entsetzliche Ketzerei des Liberalismus, Sozialismus, Kommunismus und Anarchismus auszurotten. Sie glaubten vor Gott, daß diese Ideen ihr schönes, zeitloses Spanien zu vernichten drohten.«

Auf der anderen Seite forderte die Rache des republikanischen Spanien auf nicht minder grausame Weise ihre Opfer, wenn auch nur in den ersten Wochen des Bürgerkriegs, vom Juli bis zum September, und nicht in so großer Zahl wie bei den Faschisten und Falangisten. Thomas spricht von rund 75 000 Toten, die zu Beginn des Bürgerkriegs ungesetzlich im republikanischen Teil Spaniens hingerichtet oder ermordet wurden, und klagt mit Recht auch diese Mordtaten an:

»Im ganzen republikanischen Spanien wurden Kirchen und Klöster wahllos niedergebrannt. So gut wie nirgends hatte die Kirche sich an dem Aufstand beteiligt. Fast alle Geschichten von Aufständischen, die von Kirchtürmen heruntergeschossen hätten, waren unwahr. Dennoch griff man die Kirchen an – als Hochburgen der aristokratischen oder bürgerlichen Weltanschauung... Protestantische Kirchen wurden übrigens in Ruhe gelassen und blieben offen... Mit dem Kirchen- und Klostersturm ging eine ungeheure Welle von Morden an Priestern und Mönchen sowie an Angehörigen der ›Bourgeoisie‹ einher... Viele Morde beging man mit einer Mischung von Frivolität und Sadismus...«

Wie quälend und barbarisch für die einzelnen Opfer der Weg in den Tod war, erzählt der katholische Dichter Georges Bernanos, der während des faschistischen Terrors auf den Balearen im Haus eines Falangistenführers wohnte und dort die Ausrottung der Arbeiter auf Mallorca, von einem italienischen »Schwarzhemd« befohlen, beobachtete:

»Ich sah auf den Ramblas (Hauptstraßen) in Mallorca Lastwagen mit Männern. Diese Lastwagen rasten donnernd auf gleicher Höhe mit den farbenfrohen Terrassen vorbei, auf denen sich ein ländlicher Jahrmarkt abspielte. Diese Lastwagen waren grau von Staub, grau waren auch die Männer, die immer zu viert nebeneinanderhockten, ihre grauen Mützen auf den Knien und ihre Hände an den Säumen ihrer Hosen. Sie wurden jeden Abend von verlassenen Dörfern hereingebracht. Man trieb sie zusammen, wenn sie von den Feldern kamen. Da saßen sie nun und machten ihre letzte Reise, ihre Hemden klebten verschwitzt an den Schultern, ihre Arme schmerzten von des Tages Arbeit. Sie hatten die Suppe auf dem Tisch stehenlassen müssen, und auch die Frau, die, zu spät, mit einem Tuch mit den wenigen Habseligkeiten zum Gartentor gekommen war: ›A Dios! Recuerdos!‹ Von nun an wurden in den Vororten und Dörfern von Palma jeden Abend Menschen ausgehoben. Wo immer sich dies auch abspielte, die Szene war immer ähnlich. Überall hörte man zuerst ein diskretes Klopfen an der Tür einer Wohnung oder einer Hütte. Dann folgten die Schritte auf dem Flur oder im Garten, und aus dem Schatten kam das tödliche Geflüster, während irgendein armer Teufel sein Ohr gegen die Wand lehnte oder am Schlüsselloch lauschte: ›Folgen Sie uns!‹ Die gleichen Worte zu der Frau, die vor Angst dem Wahnsinn nahe war und deren Hände zitterten, während sie ihre wenigen Habseligkeiten zusammensuchte, und draußen auf der Straße immer noch der Donner der Motoren.
›Die Kinder sollte ich wohl nicht wecken. Oder? Es hat wohl keinen Zweck. Sie bringen mich doch ins Gefängnis, Señor?‹

›Genau‹, sagt der Killer, der manchmal noch nicht zwanzig Jahre alt ist. Dann Einsteigen in den Lastwagen, wo zwei oder drei Kameraden schon Platz genommen haben, traurig, mit unsicherem Blick ... Hombre! Der Wagen gibt ein mahlendes Geräusch von sich und fährt ab. Solange er sich auf der Hauptstraße bewegt, ist noch ein wenig Hoffnung. Aber schon rumpelt er über einen ausgefahrenen Feldweg. ›Aussteigen!‹ Sie springen herunter, stellen sich auf, küssen eine Medaille oder nur einen Daumennagel. Bang, bang! Die Leichen werden zu einem Abhang geschleppt, wo der Totengräber sie am nächsten Tag finden wird, um den Hals ein Kissen aus geronnenem Blut. Ich rede vom Totengräber, denn immer achten sie darauf, daß das, was sie tun, nahe bei einem Kirchhof geschieht. Und der Bürgermeister wird dann in die Bücher schreiben: ›Soundso starb an zerebralem Blutandrang ...‹ «

So wie diese Morde in Spanien nur ein Vorspiel noch größerer Katastrophen in Europa waren, begangen im Namen irgendeiner Ideologie, so war auch das, was sich auf den spanischen Straßen an Not und Elend unter den aus den Kampfgebieten flüchtenden Menschen abspielte, ebenfalls nur ein Vorspiel für spätere, noch entsetzlichere Fluchtbewegungen. Und ein wahrhaftes Menetekel der Unmenschlichkeit des späteren Bombenkrieges, heute noch in einem Atemzug mit Warschau, Rotterdam, Coventry, Dresden, Hiroshima und Hanoi zu nennen, war die Zerstörung der baskischen Kleinstadt Guernica im April 1937 als erstes großes Kriegsverbrechen des nationalsozialistischen Deutschland. In diesem Zusammenhang erscheint es unwichtig, ob die deutsche »Legion Condor« allein oder zusammen mit italienischen und nationalspanischen Flugzeugen erstmals die »Flächenwirkung« eines Bombenteppichs auf eine wehrlose Stadt testen wollte. Hugh Thomas hat aufgrund von Augenzeugenberichten diese nüchterne Darstellung vom Ablauf des Luftangriffs gegeben:

»Mit seinen 7000 Einwohnern unterscheidet sich Guernica wenig von den anderen kleinen Ortschaften des freundlichen Hügellandes. Dennoch ist es seit Urzeiten als die Stadt der baskischen Sonderrechte berühmt. Hier steht die heilige Eiche, unter welcher die spanischen Herrscher oder ihre Vertreter schwören mußten, die Rechte der Basken zu achten.

Der 26. April 1937 war ein Montag und deshalb in Guernica Markttag. Die Bauern der Umgebung brachten ihre Produkte auf den Marktplatz. Zu dieser Zeit war die Front dreißig Kilometer von der Stadt entfernt.

Um 15 Uhr 30 schlugen die Klöppel der Kirchenglocken einmal an. Es war die Luftwarnung. Die Umgebung hatte schon Luftangriffe erlebt; Guernica selbst aber war bisher nicht gebombt worden. Zwanzig Minuten vor 17 Uhr kamen Flugzeuge des Typs Heinkel 111, warfen Bomben auf das Städtchen und belegten die Straßen mit Maschinengewehrfeuer. Den Heinkelmaschinen folgten Flugzeuge des Typs Junkers 52. Die Menschen begannen aus der Stadt zu flüchten. Die Flüchtenden wurden ebenfalls aus Maschinengewehren beschossen. Alle zwanzig Minuten kam bis 19 Uhr 45 eine neue Welle von Flugzeugen und warf Spreng- und Brandbomben ab. Letztere wogen bis zu 500 Kilogramm. Die Stadtmitte war nun zerstört, ihre Reste brannten noch. Es gab 1654 Tote und 889 Verwundete. Der baskische Landtag und die historische Eiche blieben unversehrt, da sie abseits von der Stadtmitte lagen.«

Etwa sechs Stunden nach der letzten Angriffswelle fuhr der Sergeant Aristarco Yoldi von Bilbao aus durch das brennende Guernica zur Front:

»Außer dem Zischen und Brausen der Flammen hörte man keinen Laut. Niemand redete, und selbst die Ochsen, die ziellos durch die Straßen trotteten, waren still. Jeder war wie betäubt. Ich kannte Guernica gut, es war nicht wiederzuerkennen. Es ist eine kleine Stadt mit roten Dächern und weißen Mauern gewesen, sehr sauber. An Markttagen kommen die Leute meilenweit her, um hier Esel, Kühe und landwirtschaftliche Produkte zu handeln. Markttage waren immer lustige Tage. Die Leute saßen herum, handelten, tranken Wein und sangen. Heute sang niemand. Tote Tiere lagen verkohlend in den Straßen. Man versuchte die angekohlten Kadaver auf Ochsenkarren zu laden und sie auf den Friedhof zu bringen. Die Wolken hingen niedrig. Der Himmel schien erfüllt mit züngelnden Flammen, denn die Wolken spiegelten die brennende Stadt ...«

Zweieinhalb Jahre später brannte der Himmel über Warschau, Hunderte von Einwohnern der polnischen Hauptstadt starben unter dem Feuerhagel der deutschen Sturzkampfbomber, Tausende wurden obdachlos. Hitler, der mit seinen braunen Horden die erste Demokratie in Deutschland liquidierte, hatte seinen Eroberungskrieg mit dem Überfall auf das fast wehrlose Polen vom Zaun gebrochen. Einer der zahlreichen deutschen Gelehr-

Der spanische Bürgerkrieg war das Vorspiel zur Katastrophe des Zweiten Weltkrieges. Wie diese Frau waren später Hunderttausende auf der Flucht vor dem Wahnsinn des Krieges.

ten, deren Schriften den Boden für den Rassenwahn der Nationalsozialisten vorbereiteten, der Philosoph und Psychiater Kurt Hildebrandt (1881 bis 1966), gab im Jahre 1939 eine plausible Erklärung für die Motive des Denkens der faschistischen Eroberer:

»Eine gewaltige Ausmerze ist der Krieg. Wenn auch manche Untüchtige für immer geschädigt werden, so werden doch gerade sie im wesentlichen geschont, die Tüchtigen vernichtet. Die direkte Ausmerze des Krieges ist also ausgesprochen kontraselektorisch. Dies gilt aber nur, soweit wir unsere Betrachtung auf eine Nation beschränken. Betrachten wir aber die Nationen in ihrer Mehrheit, so wird die siegreiche, im allgemeinen also kräftigere, vielleicht Bedingungen durchsetzen, die ihre Volksvermehrung ungeheuer steigern! ...«

Nacheinander überzogen die deutschen Faschisten mit ihren Verbündeten Polen, Dänemark, Norwegen, Belgien, Holland und Frankreich, dann die Balkanländer, Nordafrika von Tripolis bis Ägypten und schließlich die Sowjetunion mit der Furie eines Krieges, der noch grauenvoller als alle bisherigen war, weil seine waffentechnische Todesmaschinerie noch gezielter und massiver mordete. Die Menschen in diesen Ländern wurden in einen Strudel von Angst und Tod gerissen. Ein junger deutscher Soldat in Frankreich beobachtete dieses Ausgeliefertsein bei einer alten Frau, der er begegnete und von der er nach Hause schrieb:

»Nur schwer ließ sie sich bewegen, aus Furcht vor neuen Granaten und aus Angst vor dem Ungewissen. Wir führten sie in ihre Wohnung zurück, die Straße hinauf. Mit zitternder Stimme dachte sie an ihren Sohn, der 1918 gefallen war, an ihre Tochter, die 1914, im August, bei der Geburt von Zwillingen vor Angst und Schrecken gestorben war, während der Mann im Felde war. Im Zimmer lagen Wäsche, Geschirr, Stühle, Tische, Kästen durcheinander, das Dach war geborsten und schien darauf zu warten einzustürzen. Verstaubt lag in einem Winkel das Bild des gefallenen Sohnes. Weinend griff sie danach und drückte ihre Lippen auf das Glas. Wie ich dann gehen wollte, griff sie nach meinen Händen ...«

Millionen anderen Frauen in allen vom Krieg heimgesuchten Ländern ging es so. Ein junger Russe erlebte den Überfall der faschistischen Soldaten und die Flucht seiner Landsleute:

»An den Händen der Mütter, auf den Schultern der Väter – Kinder. Manche fahren ihre Kinder in Wagen, andere halten die ganz Kleinen an der Hand. Sie führen auch Ziegen und Kühe mit sich. In den Händen und auf dem Rücken trägt jeder, was ihm zuletzt in die Hand fiel, den Pelz, die Katze, einen Sack mit Mundvorrat, einen Topf mit Blumen ... Nur langsam überholen die Lastwagen die Menge. Sie werden bestürmt, man bittet, mitgenommen zu werden, hängt sich hinten an, fällt herunter. Manche Lastwagen sind zum Brechen voll mit Menschen beladen. Das sind die Glücklichen, sie müssen nicht zu Fuß gehen ...«

Die Soldaten auf beiden Seiten spüren hautnah die »Ausmerze« von Gefecht zu Gefecht: »Man besteigt die Fahrzeuge, die Motoren werden angeworfen, fast als sei gar nichts gewesen. Da merkt man plötzlich, daß der Platz neben einem leer geworden ist...«, schrieb ein deutscher Offizier nach Hause. In feindliche Gefangenschaft geratene Soldaten waren zu langjähriger, oft unmenschlicher Haft verurteilt. Die Haft für politische Gegner in den berüchtigten Kellern der Gestapo wurde für Millionen von Verfolgten innerhalb und außerhalb Deutschlands zur Hölle. Der tschechische Kommunist Jan Valtin, der diese Hölle überlebte, schrieb in seinen Erinnerungen:

»Einhundertundeinen Tag dauerte die Inquisition. Alle diese Wochen und Monate kämpfte ich wie ein verwundetes Tier in einer Falle. Es waren einhundertein Tage blutbefleckter Finsternis inmitten mitleidloser Unholde. Abgesehen von einer Woche war ich die ganze Zeit allein oder eben in Gesellschaft der Folterknechte. Zwei Monate lang lag ich in Ketten und in Einzelhaft. Drei Monate lang sah ich nicht einmal ein Stück Seife, noch wurde mir die Möglichkeit gegeben, zu baden oder mich zu rasieren. Ich schrieb keine Briefe und empfing keine. Die Welt draußen hatte für mich aufgehört zu existieren...«

Die Greuel im Verlauf des Kriegsgeschehens waren zahllos und die Betroffenen denselben ohnmächtig ausgeliefert. Nur ein Beispiel: Nicht weniger als eine Million Menschen starb allein während der deutschen Belagerung in der Stadt Leningrad von 1941 bis 1943. Die »Prawda« schrieb am 20. Jahrestag der Blockade, daß »die Welt noch nie eine ähnliche Massenvernichtung der Zivilbevölkerung, so furchtbare menschliche Leiden und Entbehrungen erlebt hat, wie sie das Schicksal den Leningradern aufgebürdet hat«.
Hitlers Faschisten errichteten in allen eroberten Ländern ein gut organisiertes Terrorregime mit einer Besatzungs- und Bevölkerungspolitik nach dem Motto »Beherrschen, verwalten und ausbeuten«. Millionen »fremdvölkischer Zivilarbeiter« wurden »ausgehoben« und zur Zwangsarbeit »umgesiedelt«. Tausende von Geiseln wurden von den SS-Polizeieinheiten in den »besetzten Gebieten« gefangengehalten und schließlich erschossen. Nach welchen Prinzipien die SS-Einheiten ihre Kriegsverbrechen verübten, geht aus einer Schrift des SS-Hauptamtes aus dem Jahr 1942 hervor, wo es heißt: »Die Aufgabe der SS muß es sein, die europäische Jugend zu einer harten und entschlossenen Front zusammenzuschließen. Der westliche Gegner ist nicht bereit, für eine höhere Welt zu sterben, weil er sie nicht kennt. Der Gegner im Osten hat den Völkern bisher nur Unterdrückung und Entbehrung gebracht. Wenn es unantastbare Menschenwerte gibt, dann werden sie von der Front des deutschen Heeres verteidigt. Auf unserer Seite steht die neue Idee...«
Diese Weltanschauung forderte insgesamt 52 Millionen Menschenleben, auch hinter der Front, wie etwa bei den sowjetischen Partisanen, deren Losung hieß »Nur vorwärts, damit es den Faschisten eng wird auf dieser Erde«, und bei den Widerstandskämpfern in Frankreich, Griechenland, Jugoslawien und Italien, in Norwegen, Dänemark, Holland und Belgien. Ein italienischer Widerstandskämpfer schrieb wenige Wochen vor seinem Tod im Jahre 1944: »Heute ist die Stunde der Diktaturen. Und die Diktaturen würden immer, auch wenn es ihnen gelänge,

Wunder zu wirken, Straßen und Brücken zu bauen, Sümpfe trockenzulegen, siegreiche Kriege zu führen und neue Reiche zu gründen, gleich verachtenswert bleiben, weil sie den Menschen ignorieren, seine Würde demütigen und seine wesentlichen Werte leugnen.«
Das haben die Kriegsverbrechen der SS bewiesen, wie zum Beispiel das Massaker in der Kirche von Oradour am 10. Juni 1944. In einem amtlichen Bericht der französischen Regierung lesen wir:

»Um 17.00 Uhr drangen deutsche Soldaten in die Kirche ein und stellten auf der Kommunionbank ein Erstickungsgerät auf, das aus einer Art Kiste bestand, aus der brennende Zündschnüre hervorragten. Nach kurzer Zeit war die Luft nicht mehr atembar; jemandem gelang es jedoch, die Sakristeitür aufzureißen, wodurch es möglich wurde, die von der Erstickung betroffenen Frauen und Kinder wiederzubeleben. Die deutschen Soldaten begannen dann durch die Kirchenfenster zu schießen, sie drangen hierauf in die Kirche ein, um die letzten Überlebenden durch Maschinenpistolenschüsse zu erledigen, und schütteten einen leicht entzündbaren Stoff auf den Boden. Eine einzige Frau konnte sich retten. Sie war an einem Kirchenfenster emporgeklettert, um zu fliehen, als die Rufe einer Mutter, die dieser Frau ihr Kind anvertrauen wollte, die Aufmerksamkeit eines Postens auf sie lenkte. Er gab Feuer und verletzte sie schwer. Sie konnte ihr Leben nur dadurch retten, daß sie sich tot stellte ... Gegen 18.00 Uhr hielten die deutschen Soldaten die in der Nähe vorbeifahrende Lokalbahn an und ließen die nach Oradour fahrenden Reisenden aussteigen. Sie streckten sie durch Maschinenpistolenschüsse nieder und warfen ihre Leichen in die Feuersbrunst ...«

Auch die »Vergeltungsaktion« der SS für das Attentat tschechischer Widerstandskämpfer an dem Reichsprotektor von Böhmen und Mähren, Reinhard Heydrich, war ein Kriegsverbrechen. Das Dorf Lidice wurde am 1. Juli 1942 ausradiert, die völlig unschuldigen Männer des Dorfes, insgesamt 173 (Männer und Jungen), niedergeschossen, die Frauen und Kinder sind in Konzentrationslagern verschollen. Kriegsverbrechen geschahen mit Zunahme der Brutalisierung in der Endphase des totalen Krieges an allen Fronten und auf beiden Seiten der Fronten, bei den Deutschen und Alliierten im Westen ebenso wie bei den Deutschen und Sowjets im Osten und den Alliierten und Japanern im Fernen Osten. Die Kriegspropaganda auf beiden Seiten machte keinen Unterschied mehr zwischen Zivilbevölkerung und Militär, das Morden wurde alltäglich:
Da ließ der französische General Alphonse Juin seine marokkanischen Truppen im Mai 1944 in der italienischen Provinz Frosinone 50 Stunden lang auf die dort lebenden Frauen und Mädchen los. Er wollte seine Marokkaner zum Kampf aufmuntern, denn er hatte Befehl erhalten, »mit allen Mitteln und zu jedem Preis« die deutschen Linien zu durchbrechen. Die Marokkaner »tobten sich«, wie später ein italienischer Abgeordneter das Geschehen beurteilte, »wie eine Horde entfesselter Wüstlinge gegen die terrorisierte und vom Krieg so schwer heimgesuchte Bevölkerung aus« und vergewaltigten etwa 60 000 Frauen und Mädchen im Alter zwischen 12 und 80 Jahren.

Ein anklagendes Bilddokument über den Einsatz von SS-Polizeieinheiten: Geiselerschießungen in Pancowa im Jahr 1941 wegen »Anschläge auf deutsche Soldaten«.

Da ermordeten im Winter 1944/1945 deutsche Polizeieinheiten bei Malmedy gefangene amerikanische Soldaten genauso brutal wie deutsche SS-Einheiten in der Schlußphase des Krieges ihre Landsleute, die nicht mehr in den letzten Tagen des Krieges sterben wollten, in vielen grausigen Einzelfällen an die Wand stellten oder an Bäumen aufknüpften. Ein 14jähriger Hitlerjunge berichtete aus dem Endkampf um Berlin:

»In zwei Tagen und zwei Nächten wechselte Oranienburg viermal den Besitzer. Und dabei gingen eben fast alle von uns drauf. Dann schoß der Russe noch mit der Stalinorgel in die Stadt. Und als wir Schluß machen wollten und nach Hause gingen, wurden wir angehalten und mußten mit, nach Eden zu, über den Kanal flüchten. Mein Jungzugführer, der sich weigerte, wurde von ein paar SS-Männern und einem SA-Mann am nächsten Baum aufgehängt. Er war ja auch schon 15 Jahre . . .«

Da ließ ein 39jähriger SS-Hauptscharführer am 26. März 1945 in Hirzenhain, Krs. Büdingen, insgesamt 81 Frauen aus Rußland, Polen, Luxemburg, Frankreich und Deutschland, die in einem »Arbeitserziehungslager« der Gestapo auf die von der Frankfurter Gestapo bereits verfügte Entlassung warteten, erschießen – ohne Befehl, ohne Grund, aus reinem Fanatismus oder Sadismus.
Da starben Tausende von Zivilisten in deutschen Städten im Keller ihrer Häuser oder im Flammenmeer der Phosphor-Brandbomben auf den Straßen, als in den letzten Kriegsjahren die Amerikaner und Engländer abwechselnd Tag und Nacht die Bombenschächte ihrer fliegenden »Superfestungen« über ihnen entleerten. Ein Augenzeuge berichtete nach einem Bombenangriff auf Heilbronn am 4. Dezember 1944:

»Bei der Öffnung der Keller bot sich ein grauenhafter Anblick. Die Insassen, oft hundert oder mehr, hatten die Türen und Notausstiege zu stürmen versucht und lagen in Schichten übereinander, viele mögen buchstäblich erdrückt worden sein. Viele, die aus den Kellern herausgekommen waren und sich gerettet glaubten, wurden noch auf den Straßen und Plätzen vom Tode ereilt. Die ungeheure Hitze im Freien raubte den Atem und tötete sie ... Tod und Verderben überall, dazu ein Höllenlärm durch die einstürzenden Häuser, die Angstschreie dahinrasender Menschen, die Hilferufe der in den Kellern Eingesperrten, das klägliche Jammern der Kinder und über allem das Dröhnen der Flugzeuge, das Krachen der Bomben ...«

Da wurden nach dem Attentat auf Adolf Hitler 1944 und 1945 alle deutschen Widerstandskämpfer »wie Schlachtvieh« aufgehängt und nach dem Befehl der »Sippenhaftung« auch Angehörige und Verwandte vor den berüchtigten Volksgerichtshof gezerrt. Viele entzogen sich der »Aburteilung« durch Selbstmord. Insgesamt forderte das Attentat den Tod von rund 5000 Menschen.
Da rächten die Sowjets mit dem Betreten deutscher Gebiete bis zum Ende in Berlin hundertfach die Morde der deutschen SS-Polizeieinheiten an russischen Frauen, Greisen und Kindern damit, daß sie in Ostpreußen, Schlesien und in anderen eroberten deutschen Gebieten Jagd auf deutsche Frauen machten, sie aus den riesigen trostlosen Flüchtlingstrecks, die oft überrollt wurden, herausholten, schändeten und mordeten. Das Zeugnis von Margaret Boveri in ihrem Buch »Tage des Überlebens« ist nur einer von vielen ähnlich schrecklichen Berichten:

»Die ersten Russen waren noch nett, obwohl sie auch plünderten ... Später kam ein Verbrecher mit einigen anderen auf einem Lastauto. Dieser wurde bereits tätlich. Die Manholts riefen den Kommissar oder Offizier um Hilfe. Der war sehr anständig und schimpfte den Verbrecher zusammen. Abends kamen dieselben aber wieder. Elsbeth meint, aus Rache fürs Geschimpftwerden – vorher war sie von anderen dreimal vergewaltigt worden –, die Einzelheiten weiß ich nicht. Manholts flohen ins Haus der befreundeten Familie Giese gegenüber. Dort fielen in einem finsteren Gang drei Männer über Elsbeth her. Der eine schlug ihr mit zwei Faustschlägen die Zähne aus; dann schlug er in die Augen. Der andere schlug ihr mit einem Eisen ein Loch in die Stirn. Sie blutete stark, und die Männer waren daran, sie zu erwürgen. Es gelang ihr aber mit Bärenkräften, sich zu entwinden, sie weiß heute noch nicht wie, und in der Dunkelheit zu entkommen. Bob, sie und Petra flohen ins Gebüsch, wo sie die Nacht verbrachten, Bob auch blutig geschlagen. Petra vergewaltigt – Bob mißhandelt, weil sein Auto, das sie holen wollten, keine Reifen mehr hatte. Inzwischen haben sie das Auto auch ohne Reifen abgeholt. Als die drei am Morgen wieder in das Giese-Haus zurückkamen, hörten sie aus dem Keller Wimmern: Frau Giese und ihre vier reizenden Töchter und eine Frau v. Sydow und deren Tochter waren erhängt im Keller. Dazwischen lag ein schnarchender Russe. Die Frauen waren aber nicht durch Erhängen getötet, sondern vorher vergewaltigt und übel zugerichtet worden, wohl Lustmord ...«

Das Gegenstück zu Guernica im spanischen Bürgerkrieg wurde die Zerstörung Dresdens am 14./15. Februar 1945. Die Stadt brannte sieben Tage lang und wurde fast ganz eingeäschert. Die schwedische Tageszeitung »Svenska Dagbladet« meldete über ihre Berliner Redaktion am 21. Februar über das Inferno in Dresden:

»Augenzeugen, die nach Berlin gekommen sind, suchen vergeblich nach Worten, wenn sie andeuten wollen, was geschehen ist. Zuerst kam ein Hagel von Brandbomben, berichten sie. Und als die Menschen aus den vielen brennenden Häusern flüchteten, folgten Sprengbomben und Luftminen, die mitten in den Menschenmassen explodierten. Menschenleiber wurden zerrissen, und nach dem Angriff konnte man vielerorts seinen Fuß nicht hinsetzen, ohne auf Leichen oder Leichenteile zu treten. Man sah tote Menschen, von denen der Luftdruck auch das letzte Stück ihrer Kleider gerissen hatte. In der Elbe schwammen Leichen und Leichenteile, und verstümmelte Leiber lagen eingeklemmt zwischen Trümmern. Wie eine Gnade wirkte es, wenn sich eine Schicht von Sand und Asche auf die Toten gelegt hatte. Große Scharen von Flüchtlingen wurden von den Bomben getroffen. Die Folgen können nicht beschrieben werden -- eine Ernte des Todes unter fliehenden Betagten, Frauen und Kindern ...«

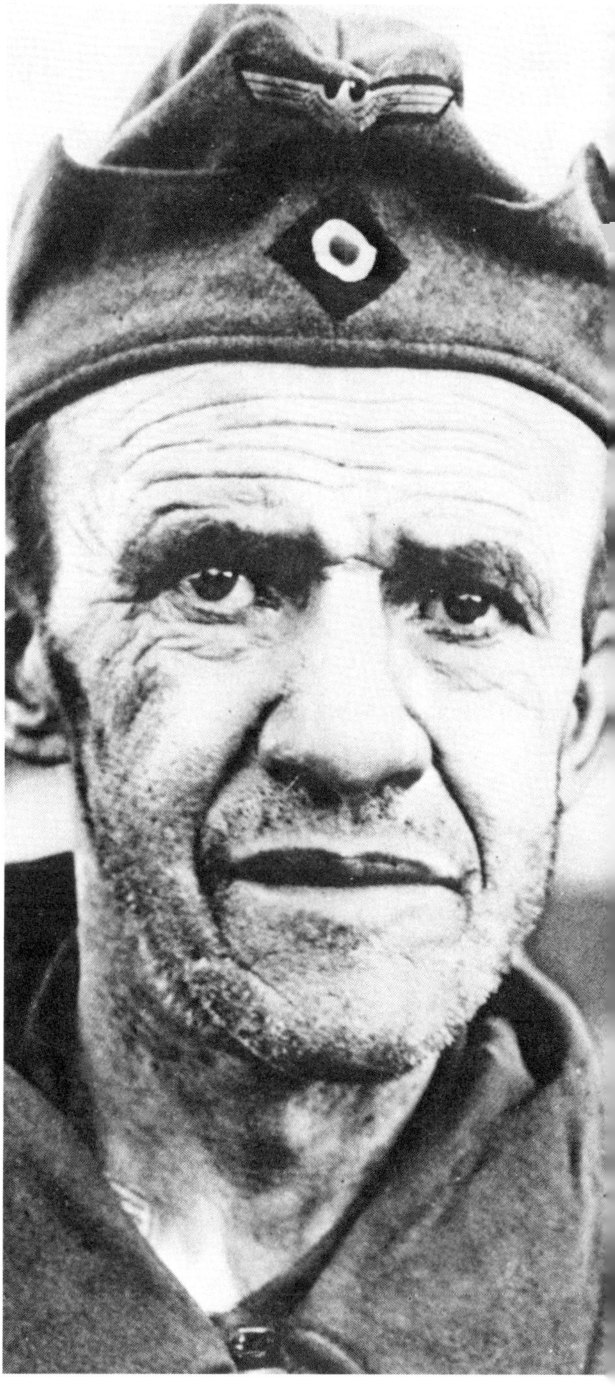

1945: Im Chaos des Zusammenbruchs fragen sich Millionen wie er: »Wofür habe ich gekämpft und gelitten?«

Etwa eine Viertelmillion Menschen starb in diesem Inferno, das waren um vieles mehr als die rund hunderttausend Toten von Hiroshima und die 40 000 Toten von Nagasaki, zu denen allerdings die Überlebenden, welche später an den Folgen der Strahlen starben, hinzugerechnet werden müßten. Ein Japaner, der wegen der am 6. August 1945 in Hiroshima erlittenen Strahlenschäden sechs Jahre danach den Freitod wählte, schrieb nach dem Abwurf der ersten Atombombe:

»In der Frühe gegen acht Uhr stand ich am 6. August 1945 auf. Am letzten Abend war zweimal Luftalarm gegeben worden, doch es kam kein Angriff ... Plötzlich traf mich jetzt ein Schlag auf den Kopf, und vor meinen Augen wurde es finster. Ich schrie laut und hob die Hände, doch in der Dunkelheit hörte ich nur einen Sturm herabsausen, sonst verstand ich nichts ... Meine eigenen Rufe hörte ich wie die Stimme eines anderen Menschen. Als dann, wenn auch verschwommen, erkennbar wurde, wie die Umwelt aussah, war mir zumute, als ob ich mitten auf der Bühne eines schweren Unglücks stünde. Hinter den dicken Wolken von Staub erschien ein blauer Raum, immer mehr Räume tauchten auf. Langsam ging ich über den Fußboden, wo auch die Binsenmatten weggerissen waren. Da kam mir meine Schwester in großer Eile entgegen: ›Wurdest du nicht getroffen? Wurdest du nicht getroffen, ja?‹ schrie sie. ›Deine Augen bluten, wasche dich schnell.‹ Sie sagte mir noch, daß in der Küche Wasser fließe ... Vom Lagerhaus des benachbarten pharmazeutischen Werkes kamen jetzt kleine Flammen. Es war höchste Zeit, das Weite zu suchen ... Plötzlich befanden wir uns an einer Stelle, wo die Hitze der Flammen ungeheuer tobte. Dann fanden wir wieder eine Straße und erreichten die Sakae-Brücke. Hier drängten sich immer mehr Flüchtlinge zusammen. Ich nahm den Weg zum Palast Izomi und verlor K. aus den Augen. Das Gebüsch wurde durch die Gewalt der fliehenden Menschen niedergetreten, so daß von selbst ein Steg entstand, die hoch emporragenden Bäume waren meist bis zur Hälfte abgebrochen. Der bekannte Garten am Fluß war jetzt schwer beschädigt. Ich sah das Gesicht einer älteren Frau, die sich bei einem Strauch niederkauerte und entkräftet ausstreckte. Ihr völlig verstörtes Wesen schien irgendwie anzustecken. Zum erstenmal erblickte ich ein solches Gesicht, aber noch unheimlichere Gesichter mußte ich nachher ständig sehen ...
Durch ein ergreifendes Rufen ›Onkel!‹ wurde ich angehalten. Im Fluß lag ein nackter Junge, bis zum Kopf im Wasser, tot, und weniger als einen Meter von diesem Leichnam entfernt kauerten zwei Frauen auf einer Steinstufe. Ihre Gesichter waren um die eineinhalbfache Größe angeschwollen, häßlich verzerrt. Erst an ihrem angebrannten struppigen Haar erkannte ich sie als Frauen. Dieser Anblick löste zunächst weniger Mitleid als Schrecken in mir aus. Die beiden Frauen flehten, als sie mich bemerkten: ›Die Bettdecke da unter dem Baum gehört uns, bringen Sie uns die Decke doch bitte hierher!‹ Unter dem Baum sah ich allerdings etwas wie eine Decke. Da aber darauf schon ein Schwerverletzter im Sterben lag, konnte man nichts mehr mit ihr machen ...«

In den meisten vom Krieg betroffenen Ländern herrschte 1945, nachdem endlich die Waffen schwiegen, ein fürchterliches Chaos. Vor allem in Deutschland begegnete man bei jedem Schritt dem Leid und Elend auf den Straßen und in den Ruinen. Der Krieg war zwar zu Ende, aber Tausende waren in Fluchtkolonnen, Vertriebenentransporten oder Gefangenengruppen noch unterwegs, krank, unter Umständen immer noch dem Tode nahe. Max Frisch erzählt in seinem Tagebuch noch im Jahr 1946 diese »Episode« aus Berlin:

»Jemand berichtet aus Berlin: Ein Dutzend verwahrloste Gefangene, geführt von einem russischen Soldaten, gehen durch eine Straße; vermutlich kommen sie aus einem fernen Lager, und der junge Russe muß sie irgendwohin zur Arbeit führen oder, wie man sagt, zum Einsatz. Irgendwohin; sie wissen nichts über ihre Zukunft; es sind Gespenster, wie man sie allenthalben sehen kann. Plötzlich geschieht es, daß eine Frau, die zufällig aus einer Ruine kommt, aufschreit und über die Straße heranläuft, einen der Gefangenen umarmt – das Trüpplein muß stehenbleiben, und auch der Soldat begreift natürlich, was sich ereignet hat; er tritt zu dem Gefangenen, der die Schluchzende im Arm hält, und fragt: ›Deine Frau?‹ / ›Ja –.‹ / Dann fragt er die Frau: ›Dein Mann?‹ / ›Ja –.‹ / Dann deutet er ihnen mit der Hand: ›Weg – laufen, laufen – weg!‹
Sie können es nicht glauben, bleiben stehen; der Russe marschiert weiter mit den elf andern, bis er, einige hundert Meter später, einem Passanten winkt und mit der Maschinenpistole zwingt, einzutreten: damit das Dutzend, das der Staat von ihm verlangt, wieder voll ist.«

Bis Ende 1947 waren aus Ostpreußen, Pommern, Brandenburg, Schlesien, Polen, der Tschechoslowakei, der UdSSR, Österreich, Jugoslawien, Ungarn und Rumänien rund 11,8 Millionen Deutsche vertrieben worden. Zur gleichen Zeit waren bei diesen Vertreibungen über drei Millionen Menschen umgekommen.

Hiroshima, 6. August 1945: »Zum erstenmal erblickte ich ein solches Gesicht, aber noch unheimlichere Gesichter mußte ich nachher ständig sehen ...«, schrieb ein Überlebender des ersten Atombombenabwurfs (Hiroshima-Dokumentation »Wir können nicht schweigen!«).

»Ein Jude stirbt nicht wann er will, sondern wann wir wollen!«

Deutsche gegen Juden — Hitlers »Endlösung« der Judenfrage in Europa von 1933 bis 1945

1933 bis 1939
Mehr als 250 Gesetze und Verordnungen gegen Juden in Deutschland

1939
Beginn der »völkischen Ausrottungsmaßnahmen« gegen die Juden in Polen (September) — Göring überträgt Heydrich die »Lösung der Judenfrage durch Auswanderung und Evakuation« (24. Januar) — Sicherheitspolizei und SD im RSHA vereinigt (Ende September) — Beginn der Zwangsgettos in Polen

1940
Himmler macht Eichmann zum Leiter des Judenreferates im RSHA (Januar)

1941
Hitler überträgt Himmler »Sonderaufgaben« — Massaker in Kowno (Juni) — »Gelber Stern« im Reichsgebiet eingeführt (1. September) — Beginn der systematischen Judendeportationen nach Osteuropa (ab Oktober) — Massenerschießungen in Rowno und Blutbad in Riga — Blutbad in Wilna mit 32 000 Opfern (22. Dezember) — Erste Judenvergasungen in Chelmno (8. Dezember)

1942
»Wannsee-Konferenz« beschließt die »Endlösung der Judenfrage« (20. Januar) — Massaker in Uman (16. September) — Liquidierung von 229 052 Juden in den baltischen Staaten abgeschlossen (31. Januar) — Erste Selektion für die Gaskammer in Auschwitz (23. Juni)

1943
Aufstand und Vernichtung des Warschauer Gettos (April/Mai) — Liquidierung polnischer Gettos befohlen (11. Juni) — Aufstand in Treblinka (2. August) — Ermordung der Juden in Majdanek (3. November)

1944
Erster Judentransport von Athen nach Auschwitz (14. April) — Deportation von 476 000 Juden aus Ungarn nach Auschwitz (8. Juli) — Abtransport aller Juden aus Holland nach Deutschland (September) — Letzte Vergasungen in Auschwitz (Ende Oktober) — Eichmann deportiert 38 000 Juden aus Budapest nach Buchenwald und Ravensbrück (18. November)

1945
Auschwitz von den Russen befreit (26. Januar) — Buchenwald von den Amerikanern (11. April), Bergen-Belsen von den Engländern (15. April) befreit — Dachau befreit (28. April) — Letzte Massaker der SS in Sachsenhausen und Ravensbrück (4. Mai)

Die größte Schuld vor der Weltgeschichte, die je ein Volk auf sich geladen hat, war eine »Begleiterscheinung« des Zweiten Weltkriegs, nämlich das in deutschen Nazi-Gehirnen ausgebrütete, wahrhaft apokalyptische Verbrechen der Ausrottung der Juden Europas, die »Endlösung« Hitlers und seiner SS für über fünf Millionen Angehörige eines einzigen Volkes.

Mit Boykott-Hetze und »Rassenschande«-Demonstrationen begann, was wenige Jahre später in Deutschland und Europa als »Endlösung der Judenfrage« bekannt wurde.

Wir haben im Altertum, im Mittelalter und zuletzt im zaristischen und russischen Bürgerkrieg 1918 bis 1920 von Judenverfolgungen und Judenpogromen gehört (siehe Seiten 27 ff., 150 ff., 430 f.). Die Motivation für diese Verfolgungen war sehr vielschichtig, behielt aber bis ins zwanzigste Jahrhundert hinein überall den Haupttenor, daß die Juden ja doch »an allem schuld seien«. Vom Anfang der Nazi-Herrschaft an hämmerte dies auch die ebenso stupide wie primitive »Stürmer«-Greuel- und Boykotthetze eines Julius Streicher den deutschen »Volksgenossen« ein. Sein oberster Chef hatte ja bereits in seinen »Kampf«-Bekenntnissen klar seine Meinung über die Juden jedem kundgetan, der es lesen wollte und konnte. Hermann Rauschning, 1933 noch Senatspräsident des Freistaates Danzig, schrieb nach seiner Flucht 1936 in die Schweiz über Hitlers Antisemitismus: »Für Hitler ist der Jude das schlechthin Böse. Er hat ihn zu dem Herrn seiner Gegenwelt emporgesteigert. Er sieht ihn mit dem mythischen Auge, und er braucht ihn, um sich selbst an ihm zu steigern. Aber dahinter liegt, für jeden tastbar, ein höchst persönliches, höchst primitives Haß- und Rachegefühl.« Und Rauschning gegenüber brachte er diese auf den einfachen Nenner: »Es kann nicht zwei auserwählte Völker geben. Wir sind das Volk Gottes . . . Zwei Welten stehen einander gegenüber! Der Gottesmensch und der Satansmensch . . . Der Arier und der Jude . . .« Wenige Wochen nach der Machtergreifung schon wurde klar, was mit den Juden im »neuen« Reich geschehen würde. Nach der schon während des Reichstagsbrand-Prozesses geübten Praxis, daß Gewalt vor Recht gehe – was Hermann Göring in einer Wahlversammlung mit dem Satz bestätigte: »Ich habe keine Gerechtigkeit auszuüben, sondern nur zu vernichten und auszurotten« –, wurden am 28. März 1933 alle Organisationen der NSDAP angewiesen, »sofort Aktionskomitees zu bilden zur praktischen planmäßigen Durchführung des Boykotts jüdischer Geschäfte, jüdischer Waren, jüdischer Ärzte und jüdischer Rechtsanwälte«. Am 1. April 1933 begann mit diesem organisierten

Boykott »des deutschen Volkes Abwehraktion gegen den jüdischen Weltverbrecher«. Schaufenster wurden eingeschlagen und jüdische Geschäftsleute, Rechtsanwälte und Ärzte in sogenannte »Schutzhaft« genommen. Sie teilten mit den politischen Gegnern das Schicksal jahrelanger Haft hinter den Drahtzäunen der Konzentrationslager. Hitler ließ auch von Anfang an keinen Zweifel daran, wie er sich die Haft in den KZ-Lagern vorstellte: »Ich will nicht, daß man aus den Konzentrationslagern Pensionsanstalten macht. Der Terror ist das wirksamste politische Mittel ... Es ist meine Pflicht, jedes Mittel anzuwenden, um das deutsche Volk zur Härte zu erziehen und auf den Krieg vorzubereiten ...«
Mit Gesetzen und ständig zunehmender öffentlicher Diskriminierung wurde in Deutschland eine umfassende Pogromstimmung angeheizt. Am 7. April 1933 wurden im »Gesetz zur Wiederherstellung des Berufsbeamtentums« erstmals durch die Bezeichnung »Nichtarier« die Juden ganz legal herabgesetzt. Im Herbst 1933 bestimmte das Reichserbhofgesetz, daß niemand Bauer sein durfte, wer bis zum Jahre 1800 zurück einen jüdischen Vorfahren hatte. Am 1. August 1933 drangen SA-Männer in einer pommerschen Kleinstadt in eine jüdische Abendschule ein, verschleppten 16 junge Juden in eine SA-Kaserne und mißhandelten sie so, daß einer von ihnen starb. Ähnliche erste Pogrom-Aktionen wurden immer häufiger aus kleinen Orten in Franken, Schwaben, Hessen, am Niederrhein und in Schlesien gemeldet. Übergriffe, sprich Morde, die bei solchen Pogromen vorkamen, wurden im Polizeibericht vertuscht. In Breslau berichteten die »Breslauer Nachrichten« am 15. September 1935 von einer Bluttat nach einem Fußballspiel an dem Sohn eines kriegsgefallenen Juden. Obwohl die Zeitung sehr vorsichtig berichtete, wurde sie beschlagnahmt, die Meldung im Ausland aber nachgedruckt:

»Mit Stöcken, Peitschen und Messern wurde der Jude vom Mob niedergeschlagen. Seine Finger wurden gebrochen. Stark blutend versuchte Baumgartner sich vom Boden zu erheben, doch wurde er von einem Nazisportler erneut in den Magen getreten. Ein anderer Stiefeltritt ging ins Gesicht, und das rechte Auge lief aus. Die junge Braut Baumgartners ... eilte zu Hilfe, doch wurde auch sie von den Nazis mißhandelt. Die herbeigerufene Polizei fand Baumgartner im Sterben. Er wurde ins Krankenhaus geschafft, wo er bald seinen Wunden erlag. Sein Gesicht war so zerschlagen, daß seine herbeigerufene Mutter ihn zunächst nicht erkannte.«

Am gleichen Tag waren die »Nürnberger Rassegesetze« unterzeichnet worden, die eine Ehe und den außerehelichen Geschlechtsverkehr zwischen Juden und Deutschen oder »Artverwandten« verboten. Bereits vor Verkündigung des Gesetzes hatte sich der »Stürmer« ab Mitte Juli mit 293 Fällen angeblicher »Rassenschande« beschäftigt.
Von 1933 bis 1939 wurden in Deutschland gegen die Juden über 250 Gesetze, Verordnungen. Erlässe usw. beschlossen, die sie »in allen Lebensbereichen entrechteten und Tür und Tor für Erpressungen und Denunziationen öffneten« (H. G. Adler). Vom 10. November vormittags bis zum 11. November am frühen Morgen dauerte 1938 ein in ganz Deutschland verübtes Vergeltungspogrom für

einen in Paris erschossenen deutschen Diplomaten, das von der SA und SS, die es organisierten, zynisch »Reichskristallnacht« genannt wurde. Dabei wurden 400 Synagogen verwüstet und verbrannt, 7500 Geschäfte zerstört, über 26 000 Juden verhaftet und ins KZ geschafft. Wer in den folgenden Wochen den Nachweis der Möglichkeit einer Auswanderung erbringen konnte, wurde wieder freigelassen. Aber auch gemordet und genotzüchtigt wurde in dieser Nacht, vornehmlich von SA-Leuten. Das Oberste Parteigericht beschränkte sich darauf, Mörder von 91 Juden wegen »Disziplinlosigkeit« zu verwarnen und ihnen die Amtsfähigkeit für drei Jahre abzuerkennen.

In der Zeitschrift »Der Judenkenner«, Berlin, war schon am 7. Oktober 1935 zu lesen gewesen: »Wenn eine judenhörige fremde Armee Deutschlands Boden betreten wird, dann werden ihre Tritte über die Leichen getöteter Hebräer gehen.« Für den Fall von deutschen Armeen auf fremdem Boden drohte Hitler am 30. Januar 1939 im Reichstag an, daß das Ergebnis eines vom »internationalen Finanzjudentum« angezettelten Weltkriegs nicht dessen Sieg, sondern »die Vernichtung der jüdischen Rasse in Europa« bringen würde. Der Fall war gegeben, als nicht das »internationale Finanzjudentum«, sondern allein Hitler selbst am 1. September 1939 den Zweiten Weltkrieg mit dem Überfall auf Polen entfesselte und die ersten »Vernichtungs«-Aktionen gegen polnische Juden von den Einsatzgruppen der Sicherheitspolizei sofort hinter der Front begannen. So wurden zum Beispiel am 29. September in Wloclawek 800 Juden niedergemetzelt. Nach dem ersten »Blitzsieg« kam es zu planmäßigen Erschießungen in Westpolen. Schließlich befahl Heydrich, die Juden in Ostpolen zu konzentrieren. Der Leidensweg der Juden in Polen hatte begonnen. Nach der Einnahme Ostgaliziens schrieb der Gestapo-Beamte Felix Landau am 7. Juli 1941 in sein Tagebuch:

»Wir fuhren weiter die Straße entlang. Hunderte von Juden mit blutüberströmten Gesichtern, Löchern in den Köpfen, gebrochenen Händen und heraushängenden Augen, laufen die Straße entlang. Einige blutüberströmte Juden tragen andere, die zusammengebrochen sind. Wir fuhren zur Zitadelle, dort sahen wir Dinge, die bestimmt noch selten jemand gesehen hat. Am Eingang ... stehen Soldaten mit faustdicken Knüppeln und schlagen hin, wo sie treffen. Am Eingang drängen die Juden heraus, daher liegen Reihen von Juden übereinander wie Schweine und wimmern sondergleichen, und immer wieder traben die hochkommenden Juden blutüberströmt davon. Wir bleiben stehen und sehen nach, wer das Kommando führt. ›Niemand.‹ Irgend jemand hat die Juden freigelassen. Aus Wut und Haßgefühl heraus nun werden die Juden getroffen. Nichts dagegen, nur sollten sie die Juden in diesem Zustand nicht herumlaufen lassen.«

Es war natürlich nicht »niemand«, der das Kommando führte und die Juden freigelassen hatte. In Kowno (Litauen) hatte die Sicherheitspolizei zum Beispiel am 28. Juni 1941 Hunderte von Juden durch freigelassene Zuchthäusler mit Eisenrohren erschlagen lassen.

Auf dem Weg zur »Endlösung der Judenfrage« waren inzwischen in Berlin weitere Stationen abgesteckt worden: Am 24. Januar 1939 hatte Göring Heydrich

Kowno/Litauen, 28. Juni 1941: Die SS-Sicherheitspolizei läßt Hunderte von Juden durch freigelassene Zuchthäusler mit Eisenrohren erschlagen.

mit der »Lösung der Judenfrage durch Auswanderung oder Evakuation« beauftragt und damit die Angelegenheit der Sicherheitspolizei übertragen. Ende September 1939 wurde die Sicherheitspolizei (Gestapo und Kriminalpolizei) mit dem SD (innere und äußere Abwehr) zum RSHA (Reichssicherheitshauptamt) unter Heydrichs (später Kaltenbrunners) Leitung vereinigt. Oberster Chef war der Reichsführer SS und Chef der Deutschen Polizei, Heinrich Himmler, der im Januar 1940 Adolf Eichmann zum Leiter des Judenreferats im RSHA berief. Von Herbst 1939 bis Frühjahr 1941 wurden die Juden Polens, aus Mähren, Wien und Stettin in den als »Generalgouvernement« verwalteten Teil Ostpolens in vorgesehene Reservate, in Zwangsgettos oder zur Zwangsarbeit deportiert.
Mary Berg, die zwei Jahre im Warschauer Getto lebte, schrieb am 10. Januar 1941 in ihr Tagebuch:

»In der vergangenen Nacht durchlebten wir mehrere Stunden tödlicher Angst. Gegen elf Uhr nachts drangen deutsche Gendarmen in das Zimmer ein, in dem unser Haus-Komitee tagte, tasteten die Männer ab und beschlagnahmten alles Geld, das sie fanden. Dann befahlen sie den Frauen, sich auszuziehen, in der Hoffnung, verborgene Diamanten zu finden. Unsere Untermieterin Frau R., die zufällig im Zimmer war, protestierte mutig und erklärte, sie würde sich nicht in Gegenwart von Männern ausziehen. Dafür erhielt sie einen heftigen Schlag ins Gesicht und wurde noch brutaler abgesucht als die anderen. Die Frauen mußten ungefähr zwei Stunden nackt bleiben, während die Nazis Revolver gegen ihre Brüste und ihren Unterleib richteten und drohten, alle zu erschießen, wenn sie nicht Dollars oder Diamanten herausgäben. Endlich, gegen zwei Uhr morgens, gingen sie mit einer spärlichen Beute von ein paar Uhren, armseligen Ringen und einem kleinen Betrag polnischer Zlotys. Sie hatten weder Diamanten noch Dollars gefunden. Die Einwohner des Ghettos erwarten jede Nacht solche Überfälle, aber die Sitzungen der Haus-Komitees werden trotzdem weitergeführt ...«

Den entsetzlichsten Anblick im Warschauer Getto boten die vielen dort dahinvegetierenden Kinder. Ludwig Hirschfeld berichtete später über die Kinder von Warschau:

»Innerhalb des Ghettos halten sich stets unzählige Kinder auf. Auf der ›arischen‹ Seite glotzen Neugierige auf das sich ihnen bietende jämmerliche Schauspiel der zerfetzten Horden. Diese Kinderhorden im Ghetto sind die eigentlichen Ernährer desselben. Sieht der Deutsche nur eine Sekunde fort, so laufen sie behende auf die ›arische‹ Seite hinüber. Das dort gekaufte Brot, die Kartoffeln und sonstiges wird unter Lumpen versteckt, und dann gilt es, auf die gleiche Art zurückzuschlupfen ...
Nicht alle deutschen Wachposten sind Mörder und Henker, aber leider greifen viele schnell zur Waffe und feuern auf die Kinder. Tagtäglich – es ist kaum zu fassen – bringt man angeschossene Kinder ins Krankenhaus.
Alle Juden müssen Armbinden mit dem Davidstern tragen, nur die Kinder sind ausgenommen. Dadurch wird ihnen der Lebensmittelschmuggel erleichtert. Oft werfen die Kinder von der auf der ›arischen‹ Straßenseite am Ghetto vorüberfahrenden Straßenbahn in dem Augenblick Päckchen ab und ins Ghetto hinein, wenn die Bahn das Ghettotor passiert, und springen dann hinterdrein. Auch die Mauern werden von Kindern erklettert, aber dies muß sehr schnell geschehen, damit sich nicht etwa der Wachposten gerade umschaut. Er schießt sofort, wenn er es entdeckt ...
Tausende von zerlumpten Bettlern erinnern an das hungernde Indien. Grauenhafte Schauspiele erlebt man täglich. Eine halbverhungerte Mutter versucht, ihr Kind an vertrockneten Brüsten zu nähren. Neben ihr liegt vielleicht noch ein totes, älteres Kind. Man sieht Sterbende mit ausgebreiteten Armen und fortgestreckten Beinen mitten auf dem Damm liegen. Die Beine sind gedunsen, oft erfroren, und die Gesichter schmerzverzerrt. Wie ich höre, amputiert man den Bettlerkindern täglich erfrorene Finger und Zehen, Hände und Füße ...
Einmal fragte ich ein kleines Mädchen: ›Was möchtest du sein?‹ Sie antwortet: ›Ein Hund, denn die Posten mögen Hunde gern.‹ Die Juden, die in ›arischen‹ Vierteln arbeiten, bekommen Passierscheine, um an ihre Arbeitsplätze zu gelangen. Die Wache muß mit dem Hut in der Hand im Laufschritt passiert werden. Es kommt vor, daß die Posten eine Gruppe anhalten und befehlen, daß alle sich auskleiden und im Kot wälzen. Auch Kniebeugen lassen sie gern machen. Manchmal muß man sogar tanzen. Die Posten stehen dann dabei und wollen sich totlachen.«

Kinder im Warschauer Getto, 1942: Fotoausschnitt aus einem von den Nazis ursprünglich zu Propagandazwecken gedrehten Film, der nach dem Krieg wiederentdeckt wurde.

Zu den Vorbereitungen des Überfalls auf die Sowjetunion gehörte für Hitler auch am 13. März 1941 die Übertragung von »Sonderaufgaben« an Himmler zur Vorbereitung der politischen Verwaltung »im Operationsgebiet des Heeres«. Dazu gehörte der berühmte Kommissarbefehl, der eine Aufforderung zum Mord an »bolschewistischen Hetzern, Freischärlern, Saboteuren und Juden« enthielt, soweit sie nicht zur Zwangsarbeit geeignet waren. Am 31. Juli 1941 trug Göring Heydrich auf, »alle erforderlichen Vorbereitungen in organisatorischer, sachlicher und materieller Hinsicht zu treffen für eine Gesamtlösung der Judenfrage im deutschen Einflußgebiet in Europa«. Hitler selbst hatte bereits am 3. März 1941 dem Chef des Wehrmachtführungsamtes, General Jodl, diktiert: »Die jüdisch-bolschewistische Intelligenz als bisheriger Unterdrücker des Volkes muß beseitigt werden.« Zu seiner Wahnvorstellung, der Bolschewismus sei ein typisches Produkt des Judentums, paßten genau die verbrecherischen »Vorbereitungen« für die Behandlung von Bolschewisten und Juden. Diese konnten nur in einer riesigen Ausrottungsmaschinerie der Juden im besetzten Europa enden. Ab Mitte Oktober 1941 begannen die systematischen Deportationen nach Osteuropa aus Deutschland, Österreich und Böhmen-Mähren. Und bereits am 8. Dezember 1941, also vor der berüchtigten »Wannsee-Konferenz« vom 20. Januar 1942, auf der die »Endlösung der Judenfrage« beschlossen wurde, hatten in Chelmno die Vergasungen von Juden beider Geschlechter und jeglichen Alters begonnen.

Im Reichsgebiet selbst war mit der »Polizeiverordnung über die Kennzeichnung der Juden« vom 1. September 1941 die Voraussetzung für eine systematische Deportation geschaffen worden. Die Verordnung besagte, daß ohne Bewilligung seiner Wohngemeinde kein Jude seinen Wohnort verlassen durfte und alle Juden ab sechs Jahren in der Öffentlichkeit den Judenstern tragen mußten. Auswanderern wurde das Vermögen legal entzogen, die im Reich noch nicht »abgeholten« Juden waren nun jederzeit unter Kontrolle, und sollten sie strafbare Handlungen begehen, wurden diese nicht von Gerichten, sondern nach der 13. Verordnung zum Reichsbürgergesetz direkt von der Polizei geahndet. Dieser »Rechtstod« für Juden galt übrigens auch für straffällige Polen, Russen, Ukrainer und Zigeuner. Parallel zur Vernichtung der Juden wurden nämlich auch die Zigeuner systematisch als »unreine« Volksgruppe ein Opfer des nationalsozialistischen Rassenwahns. Etwa eine halbe Million Zigeuner kam in den Konzentrations- und Vernichtungslagern um.

Mit dem Überfall auf die Sowjetunion begann dort in den besetzten Gebieten eine endlose Kette fürchterlicher Greuel, ausgeführt von den nach dem »Kommissarbefehl« handelnden »Einsatzgruppen« der Sicherheitspolizei und des SD samt ihren Helfern, wozu auch oft normale Wehrmachtssoldaten abkommandiert wurden. Der deutsche Oberleutnant Erwin Bingel berichtete später, wie die durch eine ausgerufene »Volkszählung« getäuschten Juden am gewünschten Sammelplatz in Uman am 16. September 1942 erscheinen mußten und was dann mit ihnen geschah. Oberleutnant Bingel hatte mit seinen Soldaten von der Stadtkommandantur den Befehl erhalten, die Bahnstrecken unter Bewachung zu stellen sowie den Flughafen von Uman zu bewachen und für jeden Verkehr für einen Tag zu sperren. Helfer bei der nachfolgenden »Aktion« der Feldgendarmerie und eingeflogenen SS-Soldaten waren ukrainische Miliz-Männer, die auch in den Straßen Umans die Anschläge mit der Aufforderung zur »Volkszählung« der Juden verbreitet hatten. Erwin Bingel berichtete:

»Dieser Anschlag hatte zur Folge, daß jeder der Verlangten erschien. Die an sich harmlose Aufforderung war einigermaßen in Verbindung zu bringen mit den schon erfolgten Vorbereitungen. Um so entsetzter waren wir alle von dem, was wir in den nächsten Stunden zu sehen bekamen. Man hatte eine Reihe der Juden antreten lassen und führte sie an die einzelnen Tische. An diesen Tischen mußten sie sich aufstellen und alles, was sie auf dem Leib hatten, ausziehen. Ein ganzer Teil hatte noch Schmuckstücke bei sich, die sie auf den Tisch legen mußten. Nun mußten sie sich nach dieser Entkleidung in eine Reihe vor die aufgeworfenen Gruben stellen, ganz gleich, welchen Geschlechts sie waren, und die Kommandos schwenkten hinter dieser Reihe ein, um ihre unmenschlichen Taten, die wohl schon in aller Welt bekannt geworden sind, zu vollbringen.

Mit Maschinenpistolen und 0,8-Pistolen legten diese Leute mit einer derartigen Geschäftigkeit diese Reihe um, daß man wohl fast annehmen konnte, sie hätten dieses Treiben schon zu ihrer Lebensaufgabe bestimmt.

Frauen, die Kinder von vierzehn Tagen bis drei Wochen an der Brust trugen, wurden von diesem fürchterlichen Gang nicht verschont. Es blieb ihnen auch nicht erspart, daß sie mit ansehen mußten, wie man ihre Kinder an den Beinchen faßte und sie mit einem Schlag der Pistole oder mit einem Knüppel erschlug und sie

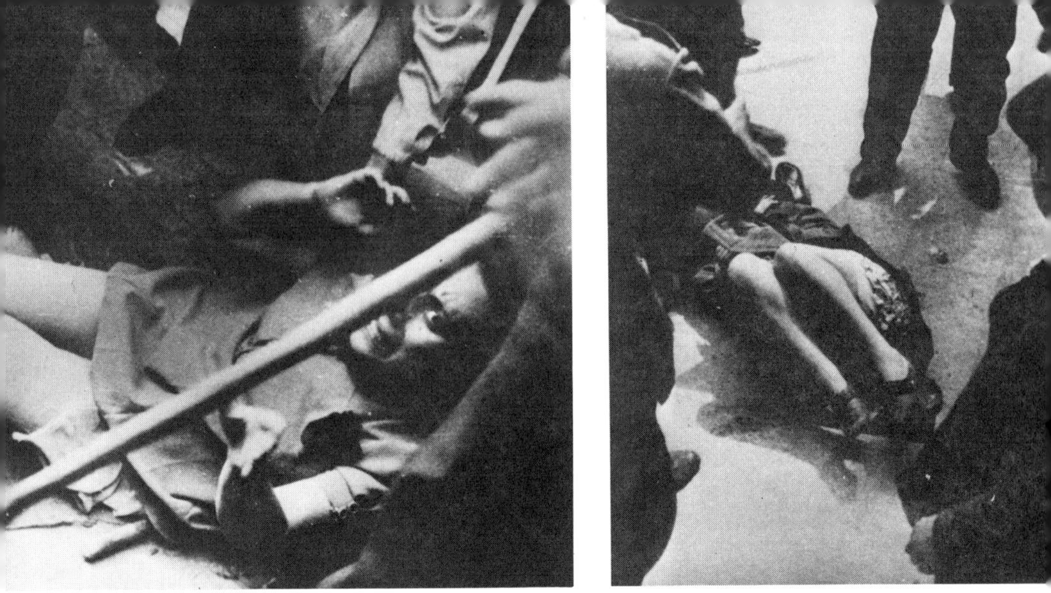

Ukraine, 1942: Einer der zuschauenden deutschen Soldaten hatte die Nerven, diese »Schnappschüsse« während eines Juden-Pogroms ukrainischer Miliz zu fotografieren (oben und rechte Seite).

anschließend zu den teils noch Lebenden in die Grube warf. Erst als man ihnen durch dieses Mitansehen das Schlimmste angetan hatte, gab man ihnen die Kugel, die sie von diesem Anblick befreite.
Die ganze Aktion dauerte von vormittags acht Uhr bis nachmittags um halb fünf Uhr. Um siebzehn Uhr war der Platz wie ausgestorben, nur einige Hunde tummelten sich, von dem Blutgeruch, der greifbar in der Luft hing, angezogen, auf dem Platz. Noch hallten uns die Schüsse in den Ohren ...
Da man in den höheren Behördenstellen annahm, und zwar mit Recht, daß diese Aktion sehr wahrscheinlich einen Prestigeverlust für die deutsche Kriegsführung bedeutete oder nach sich ziehen könnte, da ja die sogenannte Elitetruppe zur Ausführung dieser schändlichen Mordtat befohlen war, ging man auf folgende Art vor: man setzte die in Uman von der SS ausgebildete ukrainische Miliz an. Befehligt wurden sie wiederum von einigen SS-Offizieren und einigen SS-Unterführern. Durch diese Maßnahme nahm das Ganze einen nationalen Anstrich an. Dieser Aktion fielen weitere sechstausend Menschen zum Opfer; die Zahl wurde amtlich bestätigt ...«

Der Massenmord in Uman war nur eine von vielen derartigen Aktionen. Wie sehr den Mördern ihre Tätigkeit zu einem mechanischen Geschäft wurde, geht aus diesem Zitat aus dem »Tätigkeitsbericht« vom 3. August 1942 der in Minsk stationierten »Gruppe Arlt«, einem SS-Sonderkommando, hervor:

»Die Judentransporte trafen in regelmäßigen Abständen in Minsk ein und wurden von uns betreut. So beschäftigten wir uns bereits am 18. und 19. 6. 1942 wieder mit dem Ausheben von Gruben im Siedlungsgelände ... Am 26. 6. starteten wir ... zu einer Aktion nach Baranowitsche ... Im Zuge dieser Aktion räumten wir das Judengetto in Slonim. Etwa 4000 Juden wurden an diesem Tage der Erde übergeben. Am 30. 6. kehrten wir wieder nach Minsk zurück. Die nächstfolgenden Tage waren mit Sacheninstandsetzen, Waffenreinigung, Waffendurchsicht ausgefüllt... Am 21., 22. und 23. 7. werden neue Gruben ausgehoben. Am 24. 7. trifft bereits wieder ein Transport mit 1000 Juden aus dem Reich hier ein. Am 25. 7. bis 27. 7. werden neue Gruben ausgehoben. Am 28. 7. Großaktion im Minsker russischen Getto: 6000 Juden werden zur Grube gebracht...«

Durch die Einsatzgruppen der SS und anderer Einheiten mit fremden Hilfskräften wurden allein in der Sowjetunion während der deutschen Besetzung etwa 1,3 Millionen russische Juden »zur Grube gebracht«. Perfekter noch war der industrialisierte Massenmord in den Vernichtungslagern auf polnischem Boden, in Treblinka, Sobibor, Belzec, Majdanek, Chelmno und Auschwitz. Grete Salus, eine heute in Israel lebende Jüdin, deren Mann in Auschwitz ermordet worden ist und die selbst Auschwitz überlebte, gab nach dem Krieg diesen Bericht über die erste Nacht in Auschwitz:

»Ich mußte in die Stille hineinhorchen, ich hörte nach draußen. Da schien es mir auf einmal, wie wenn irgendwo draußen ein Gong angeschlagen würde, ein unheimlicher Ton in dieser furchtbaren Nacht. Da – waren das Schritte? Ja, da gingen Menschen, viele Menschen. Plötzlich hörte ich eine Frauenstimme in einer fremden Sprache aufschreien wie in höchster Not – einige Male. Dann ein Laufen, ein dumpfer Laut – Stille. Von irgendwo Schüsse. Ich hatte das Gefühl: so – jetzt bin ich verrückt geworden. Das war ja gar nicht wahr, das war nur eine Halluzination. Produkt meiner gemarterten Nerven. Ich fühlte, wie sich mein Körper ganz mit

kaltem Schweiß bedeckt hatte. Um mich herum schien alles zu schlafen, manchmal sprach eine aus dem Schlafe. Ich war ganz allein, glaubte die einzige Wachende zu sein. Später im Lager erfuhr ich, daß dem nicht so war. Es hatten einige dasselbe gehört und nicht recht gewußt, ob es sich wirklich zutrug. Oft wurden auf diese Weise Menschen in den Gasblock oder auch direkt ins Grab gebracht, und auf dem Weg dorthin stürzten sie sich in den elektrischen Draht. Jetzt, nach dem Kriege, erzählte mir eine junge Ungarin: kurz nach der Ankunft in Auschwitz – nachdem sie bereits in einem Block untergebracht war – wurde sie im Verlaufe einer Selektion mit ihrer schwangeren Freundin in den Gasblock gebracht. Hier war es unbeschreiblich. Einige wimmerten nur so vor sich hin, andere waren bereits wahnsinnig. Viele beteten. Empfangen wurden sie mit den zynischen Worten: ›Hier gibt es nur einen Ausweg, durch den Kamin.‹ Sie selbst war erfüllt von dem einen Gedanken: ›heraus.‹ Sie hatte unwahrscheinliches Glück, es kam ein Arzt mit noch etwas menschlichem Empfinden. Sie sagte ihm, daß sie doch ganz gesund und auch nicht schwanger sei. Mit Hilfe dieses Arztes kam sie mit noch drei anderen Mädchen aus diesem Totenhause heraus und dann in einen Arbeitstransport. Sie wollte lange nicht darüber sprechen und weigerte sich, nähere Details zu schildern. Diese Nacht schlief ich auch nicht eine Minute, wagte aber nicht in meiner Bedrängnis, eine der Kameradinnen zu wecken, horchte immer gespannt nach draußen und kam nicht los von alldem. Ich tastete in mein Gesicht, ob da nicht tiefe Furchen entstanden. Denn jetzt hatte ich alles blitzartig begriffen und wußte, Wettlauf mit dem Tod. So lag ich wach bis zum Zählappell. Wir sahen verfallen aus nach dieser Nacht und wurden den anderen erschreckend ähnlich. Auschwitz hatte uns bereits seinen Stempel aufgedrückt, und wir waren eingereiht in diesen gespenstischen Zug noch Lebender. Wir waren nicht mehr Zuschauer, wir waren nun mittendrin in dem Elend. Wir sahen sie nun ganz nahe, diese grinsende Fratze, und schlossen schaudernd die Augen vor ihrer unfaßbaren Häßlichkeit.«

Zwanzig Jahre später, beim großen Frankfurter Auschwitz-Prozeß im Jahr 1964, sagte ein Zeuge aus:

»Einmal hat ein Häftling denen, die in das Krematorium geführt wurden, gesagt, wohin sie gingen. Der Mann, zu dem er gesprochen hat, geht zum SS-Mann Georges und fragt ihn: ›Ist es wahr, gehen wir wirklich in den Tod?‹ Georges fragt: ›Wer hat das gesagt?‹ Der Mann zeigt auf den Häftling. Dieser Häftling wurde lebendig verbrannt. Wir mußten zuschauen, denn das sollte eine Warnung für uns sein.«

Wer wann in den Tod gehen mußte, war ja schließlich allein die Angelegenheit der SS-»Endlöser«. Diese »Überlegenheit« veranlaßte im Jahr 1943 einen SS-Mann in einem der vier Konzentrationslager, die Simon Wiesenthal, der heutige Leiter des jüdischen Dokumentationszentrums in Wien, überlebte, zu diesem nach einem gescheiterten Selbstmordversuch zu sagen: »Ein Jude stirbt nicht, wann er will, sondern wann wir wollen!«
Rudolf Höß, der Lagerkommandant von Auschwitz, 1947 in Polen gehenkt,

beschrieb 1946 so kaltblütig, wie er selbst mordete, was mit den Todgeweihten geschah: »Die zur Vernichtung bestimmten Juden wurden möglichst ruhig – Männer und Frauen getrennt – zu den Krematorien geführt. Im Auskleideraum wurde ihnen durch die dort beschäftigten Häftlinge des Sonderkommandos in ihrer Sprache gesagt, daß sie nun zum Baden und zur Entlausung kämen, daß sie ihre Kleider ordentlich zusammenlegen sollten und sich vor allem den Platz zu merken hätten, damit sie nach der Entlausung ihre Sachen schnell wiederfinden könnten. Die Häftlinge des Sonderkommandos hatten selbst das größte Interesse daran, daß der Vorgang sich schnell, ruhig und reibungslos abwickelte. Nach der Entkleidung gingen die Juden in die Gaskammer, die, mit Brausen und Wasserleitungsröhren versehen, völlig den Eindruck eines Baderaumes machte. Zuerst kamen die Frauen mit den Kindern hinein, hernach die Männer, die ja immer nur die an Zahl wenigeren waren. Dies ging fast immer ganz ruhig, da die Ängstlichen und das Verhängnis vielleicht Ahnenden von den Häftlingen des Sonderkommandos beruhigt wurden. Auch blieben diese Häftlinge und ein SS-Mann bis zum letzten Moment in der Kammer. Die Tür wurde nun schnell zugeschraubt und das Gas sofort durch die bereitstehenden Desinfektoren in die Einwurfluken durch die Decke der Gaskammer in einen Luftschacht bis zum Boden geworfen. Dies bewirkte die sofortige Entwicklung des Gases. Durch das Beobachtungsloch in der Tür konnte man sehen, daß die dem Einwurfschacht am nächsten Stehenden sofort tot umfielen. Man kann sagen, daß ungefähr ein Drittel sofort tot war. Die anderen fingen an zu taumeln, zu schreien und nach Luft zu ringen. Das Schreien ging aber bald in ein Röcheln über, und in wenigen Minuten lagen alle. Nach spätestens 20 Minuten regte sich keiner mehr ...«

Den »Befreiern« der Konzentrationslager bot sich 1945 — hier in Bergen-Belsen — ein unfaßbares Bild des Grauens: Haufen von Leichen lagen »wie Zündhölzer gestapelt«. Mit Bulldozern mußten tote Häftlinge, die zu Skeletten abgemagert waren, in Massengräbern verscharrt werden.

Vor Kriegsende, als die Alliierten im Westen und die Russen im Osten den Lagern immer näher kamen, konnten viele Häftlinge nicht mehr zur »Endlösung« in die Vernichtungslager, die teilweise schon befreit worden waren, verschickt werden. Sie wurden an Ort und Stelle oder auf den Evakuierungsmärschen von einem Lager zum anderen erschossen, erschlagen. Viele starben an Krankheiten und Hunger. Den nach Deutschland vordringenden Amerikanern, Engländern und Russen bot sich deshalb in den Lagern ein grauenhaftes Bild. US-Panzergeneral Patton, der mit den Generalen Eisenhower und Bradley das Lager Ohrdruf bei Weimar besichtigte, schrieb darüber:

»Als sich unsere Truppen näherten, hielten es die Deutschen für angezeigt, die Spuren ihrer Verbrechen zu verwischen. Sie zwangen daher die Insassen, die kürzlich beerdigten Leichname auszugraben und eine Art Riesenrost aus Eisenbahnschienen auf einem Ziegelfundament zu bauen. Die Leichen wurden daraufgelegt und der Versuch gemacht, sie zu verbrennen. Er mißlang jedoch. Ganz unwillkürlich dachte man an ungeheuerliche kannibalische Orgien. Die Grube unter dem Rost war mit einer grünlichen Flüssigkeit angefüllt, aus der Arme, Beine und ganze Körperteile ragten. Walker und Middleton hatten sich entschlossen, so viele ihrer Soldaten wie möglich die Greuelstätte sehen zu lassen. Dadurch kam ich auf den Gedanken, auch die Einwohner hinzuführen. Als ich das Walker sagte, erzählte er mir, er habe bereits den Bürgermeister und seine Frau bringen lassen. Auf dem Heimweg verübten beide Selbstmord ...«

Nach den neuesten Forschungen des amerikanischen Historikers Raul Hilberg wurden während des Dritten Reiches in allen besetzten Ländern und in Deutschland 5,1 Millionen Juden ermordet, davon allein 3 Millionen in Polen.
Bis in unsere Gegenwart hinein, also nach fast 30 Jahren, wurden immer wieder neue Massengräber der nationalsozialistischen Terrorherrschaft in Europa mit bereits vermoderten Leichen entdeckt. Erst im Dezember 1970 fand man in Dubki auf der Krim die Leichen von 1480 Männern, Frauen und Kindern, die dort am 14. April 1944 umgebracht oder, wie es damals hieß, »zur Grube gebracht« worden waren. »Noch heute«, so schrieb Robert Neumann kürzlich in einem »Konkret«-Kommentar, »gibt es zwischen 7000 und 12 000 Mörder in Deutschland – solche, die nie vor einem Gericht gestanden haben, oder auch solche, die sich's eingerichtet haben und wieder in Freiheit sind.« Die Frage ist demnach, ob wir unter Mördern weiterleben oder auch noch 30 Jahre nach Kriegsende Kriegsverbrecherprozesse weiterführen sollen. Man kann sich dazu, meint Robert Neumann, so oder so stellen, nur eines sollten wir dabei beachten: »Mit Ignorieren ist die Frage nicht aus der Welt geschafft.« Der Wahrheit nämlich, daß unter Hitler von Deutschen ein Ausmaß an entsetzlichen Verbrechen begangen wurde, wie sie die Weltgeschichte bisher nicht kannte, müssen wir uns immer wieder stellen. Golo Mann formulierte es so: »Um diese Wahrheit muß gekämpft werden, sie gilt es immer wieder durchzusetzen gegenüber wohlhäbiger Vergeßlichkeit, Gleichgültigkeit, gedankenloser Roheit.«

»Ein Gebäude von Terror und Leiden . . .«

Stalinisten gegen Kommunisten und Intellektuelle — Die Sowjetunion und ihr Herrschaftsbereich von 1934 bis heute

1924
Tod Lenins (21. Januar) — »Troika« Stalin-Sinowjew-Kamenjew

1929
Trotzki wird aus der Sowjetunion ausgewiesen (18. Januar)

1934
Dekret über Kollektivhaftung der Familien von politisch Belasteten (Juni) — NKWD anstatt GPU (früher Tscheka) gegründet (Juli) — Mord an Kirow (1. Dezember) — Beginn der Säuberungskampagnen Stalins gegen Oppositionelle

1935
Verurteilung von 40 politischen Gegnern Stalins zum Tode (März) — Beginn einer großen »Vernichtungskampagne« (ab Mai) — Schdanow schickt Zehntausende aus Leningrad mit Familie nach Sibirien

1936
Schauprozeß gegen 16 führende Kommunisten (19. bis 24. August) — Säuberung im großen Stil (ab September)

1937
Neuer Schauprozeß gegen 17 prominente Kommunisten, darunter Karl Radek (23. bis 30. November) — Scheinprozeß gegen Marschall Tuchatschewskij (11. Juni) — Säuberung in der Roten Armee

1938
Dritter Schauprozeß gegen 21 »Trotzkisten«, darunter Bucharin, von denen 18 erschossen werden (2. bis 13. März) — 20 000 Politkommissare von NKWD-Kommandos umgebracht

1939
Hitler-Stalin-Pakt (23. August)

1940
Trotzki in Mexiko ermordet (20. August)

1953
Arbeiteraufstand in der DDR (17. Juni)

1956
Einleitung der »Entstalinisierung« durch Chruschtschow auf dem XX. Parteitag der KPdSU (Februar) — Volksaufstand in Ungarn (Oktober/November)

1961
XXII. Kongreß der KPdSU: Chruschtschows »Scherbengericht« über Stalin

1968
Intervention der Truppen der Warschauer-Pakt-Staaten in der CSSR gegen die Politik des »Prager Frühlings« (21. August)

Als Lenin 1924 starb, wurde sein Leichnam in eine Kommunardenfahne gehüllt. Und Stalin (1879 bis 1953) überreichte man Lenins Mantel, ausgerechnet Stalin, der die Kommune von Paris eine »unvollständige, zerbrechliche Diktatur« genannt hatte. Vielleicht hat auch Stalin später auf seine Weise aus den Erfahrungen der

Pariser Kommune Konsequenzen gezogen und dafür sorgen wollen, daß niemand gegen seine Herrschaft den Vorwurf einer »zerbrechlichen Diktatur« erheben konnte. Das war sie auch nie. Von Anfang an hielt er die Zügel der Macht eisern in der Hand und errichtete in Rußland nicht das ersehnte »Arbeiterparadies«, sondern ein despotisches Polizeiregime von absoluter Grausamkeit, ein Regime, das den Forderungen der Geschichte in keiner Weise entsprach, da Lenins und Trotzkis Revolution den Stalin-Staat doch längst überwunden hatte. Bei Stalin hatten sich, wie Chruschtschow es später einmal formulierte, »über die reine Vernunft die Schatten der Vergangenheit« gelegt, die Schatten Iwans IV., Peters des Großen und der achthundertjährigen Geschichte des Kreml. Die Sowjetunion Stalins blieb unter diesen Schatten, bis N. S. Chruschtschow im Oktober 1961 im Verlauf des XXII. Kongresses der KPdSU seinen ehemaligen Herrn und Meister an den Pranger stellte und ihn öffentlich vielfältiger Verbrechen und Untaten anklagte.
Stalins grausames Regime war zu keiner Zeit so deutlich zutage getreten wie in den Jahren 1934 bis 1938, als er zuerst die nach der Ausweisung Trotzkis noch verbliebene alte Garde Lenins aus dem Weg räumte, um allein oben zu sein, und als er dann schließlich Partei, Verwaltung und Armee von allen »staatsgefährdenden« und »unzuverlässigen« Elementen säuberte. Im Juni 1934 hatte er ein Dekret herausgegeben, worin er die Kollektivhaftung der Familie für solche Haltungen oder Handlungen in seinem Apparat einführte. Einen Monat später wurde die GPU (»politische Staatsverwaltung«), die Nachfolgerin von Lenins Tscheka, aufgelöst und durch das NKWD (»Volkskommissariat für innere Angelegenheiten«) ersetzt, ja sogar die Überwachung der Presse wurde etwas gelockert. Aber es war nur ein Scheinmanöver, denn nach dem Mord an dem Parteisekretär von Leningrad, Sergej M. Kirow, am 1. Dezember 1934, wurde offenbar, welche Akzente der Gewalt und des Terrors Stalin in seinem Machtbereich zu setzen gedachte.
Der britische Historiker Robert Conquest schrieb vor wenigen Jahren: »Der Mord an Kirow durfte mit Recht das Verbrechen des Jahrhunderts genannt werden. Im Laufe der nächsten vier Jahre wurden Hunderte von Genossen, darunter die hervorragendsten Führer der Revolution, erschossen, weil sie angeblich den Mord mitverschuldet hatten; Millionen gingen in den Tod als Mitschuldige an der ungeheuren Verschwörung, die hinter diesem Mord stehen sollte. Kirows Tod wurde zum Grundstein des ganzen Gebäudes von Terror und Leiden, mit dem sich Stalin die despotische Herrschaft über die sowjetischen Völker sicherte . . .«
Wer Kirow durch einen Studenten erschießen ließ, ist bis heute ungeklärt. Conquest meint, es spräche alles dafür, daß »Stalin selbst den Mord angestiftet hatte«. Kirow galt jedoch immer als treuer Nachwuchsmann Stalins und als sein intimster Freund. Seinen Tod jedenfalls nahm Stalin nun zum Anlaß, nicht nur nach Tausenden von imaginären »Kirow-Mördern« zu fahnden, hinter denen er eine weltweite kommunistische Verschwörung gegen sich im In- und Ausland vermutete, sondern er benutzte nun die günstige Gelegenheit, ein Kesseltreiben gegen alle seine politischen Gegner einzuleiten, sie vor ein »Ketzergericht« stalinistischer Prägung zu stellen und sie schließlich in ekelhaften, manipulierten Schauprozessen aburteilen zu lassen. Handlanger für diese »Säuberung« lieferte ihm die überall vorherrschende

Mit der Ausweisung Trotzkis aus der Sowjetunion im Jahr 1929 hatte Stalin seinen gefährlichsten politischen Gegner ausgeschaltet. Stalins »Säuberungen« illustrierte Wilhelm Schulz im »Simplicissimus« mit dem Text: »Es sind immer die gleichen Gewehre — nur die Opfer ändern sich.«

Angst aller Beteiligten, selbst eines Tages in das Räderwerk der Verfolgung zu geraten, was später tatsächlich auch einigen Genossen passierte. In einem ersten Prozeß unter Ausschluß der Öffentlichkeit wurden die Hintermänner des Mordes an Kirow, die keinen Verteidiger haben durften, zum Tode verurteilt und hingerichtet. Stalin hatte nämlich noch vor der ersten Untersuchung des Mordes in Leningrad ein Gesetz beschließen lassen, wonach die Untersuchungsorgane angewiesen wurden, »beschleunigt« zu arbeiten, die zu erwartenden Todesurteile »wegen Verbrechen dieser Kategorie« nicht hinauszuschieben »im Hinblick auf eine eventuelle Begnadigung« und die Todesurteile »unmittelbar nach Urteilsverkündung zu vollstrecken«. Dann ließ Stalin Material über alle seine vermeintlichen Gegner in seiner Umgebung sammeln, zuerst über die alten Lenin-Gefährten Sinowjew und Kamenjew, Stalins ehemalige »Troika«-Mitstreiter gegen Trotzki nach dem Tod Lenins. Sie mußten gestehen, daß »ihre Politik« möglicherweise indirekt Veranlassung zu terroristischen Aktionen gegeben habe, und wurden mit zehn beziehungsweise fünf Jahren Zwangsarbeit bestraft. Weitere 40 Männer aus Stalins Umgebung wurden im Frühjahr 1935 hinter verschlossenen Türen abgeurteilt.

Schließlich setzte ab 1935 dann eine regelrechte Jagd in der Partei und in der Kommunistischen Jugend auf mögliche Terroristen oder Verdächtige ein. Andrej A. Schdanow (1892 bis 1948), den Stalin nach Leningrad zur »Säuberung« schickte, ließ dort Zehntausende mit ihren Familien nach Nordsibirien deportieren.

Massenweise wurden auch aus anderen Städten »Kirow-Mörder« und »Terroristen« in Gefängnisse und sibirische Konzentrationslager eingewiesen. Im Mai 1935 begann Stalin mit einer umfassenden »Vernichtung aller Volksfeinde«. Nach der Aufforderung zur »Überprüfung« und zu »Kritik und Selbstkritik« ging eine Welle hemmungsloser Denunziationen durch das Land, Hunderttausende wurden verhaftet. Es genügte dafür die Tatsache, daß jemand aus dem Ausland Post erhalten hatte.

Die Gefangenen wurden unmenschlich behandelt, ihr Widerstand durch Unterernährung und Zwangsarbeit gebrochen. Als Stalin einmal gefragt wurde, wie lange er noch weitermachen wolle, Menschen erschießen zu lassen, soll er geantwortet haben: »Solange es notwendig sein wird.« Mit entwürdigenden Verhören, raffinierten und entsetzlichen Foltermethoden wurden erwünschte Geständnisse erpreßt. Manchmal kamen Gründe zur Aburteilung zum Vorschein, die ausgesprochen lächerlich waren, aber gerade deshalb auf gespenstische Weise die kleinbürgerliche Szenerie des Stalinschen Terrorsystems erhellten. So berichtete Susanne Leonhard, die deutsche Kommunistin, die auf der Flucht vor Hitlers Gestapo über Schweden in die Sowjetunion gekommen war und 1936 verhaftet wurde, vom Verhör einer Mitgefangenen:

»Erst nach langer Zeit wurde Sonja zum zweiten Male zum Verhör gerufen. Diesmal ging sie gleichgültig hin und kam achselzuckend zurück. Sie erfuhr nun, warum sie in die Hände der NKWD gefallen und zur ›politischen Verbrecherin‹ geworden war. Vor einiger Zeit hatte im Betrieb ein junger Arbeitskollege einen der vielen Stalinwitze erzählt. Man hatte ein bißchen gelacht und dann von etwas anderem gesprochen. Der Anekdotenerzähler war aber, was natürlich niemand geahnt hatte, ein agent provocateur. Wer in den Augen der NKWD für politisch zuverlässig gelten will, muß jedes irgendwo erlauschte ›antisowjetische Wort‹ anzeigen. Das hatte Sonja nicht getan.
Sie wurde nie wieder verhört. Nach drei- oder vierwöchiger Untersuchungshaft erhielt Sonja ihren Urteilsspruch. Es war der für ›kleine Staatsverbrechen‹ übliche: fünf Jahre Arbeitslager. Wir erfuhren es durch unser Nachrichtenbüro, die Gemeinschaftstoilette ...«

Im August 1936 wuden in Moskau 16 Mitglieder des »trotzkistisch-sinowjewistischen terroristischen Zentrums« mit Sinowjew und Kamenjew an der Spitze im ersten großen Schauprozeß verurteilt und durch Erschießung hingerichtet. Nach der Ablösung des NKWD-Chefs Genrich Jagoda (1891 bis 1938) durch Jeschow, der sich vorher schon bei den Menschenjagden auf Intellektuelle einen Namen gemacht hatte, wurde unter Jeschow der Höhepunkt der Säuberungs-, Inquisitions- und Gerichtsverfahren in den Jahren 1936 bis 1938 erreicht. Im Januar 1937 saßen wieder 17 prominente Bolschewisten in Moskau vor dem Obersten Militärgericht, darunter auch der bekannte Karl Radek, der langjährige Verbindungsmann zur deutschen KPD. Da alle Angeklagten »geständig« und »selbstkritisch« waren, wurden zwölf von ihnen am 30. Januar 1937 erschossen, drei weitere zu zehn Jahren Gefängnis verurteilt. Einer von den Verurteilten, Pjatakow, hatte ein Jahr vorher noch in der »Prawda« gegen die Angeklagten des ersten Schauprozesses von 1936 gewettert: »Sie müssen beseitigt werden wie Aas, das die reine erfrischende Luft des Landes der Sowjets verpestet, gefährliches Aas, das den Tod unserer Führer hervorruft ...«
»Aas« suchten Stalins Schnüffler schließlich auch in der Roten Armee, die 1937/38 einem fürchterlichen Aderlaß vom Marschall bis hinunter zum kleinen Kaderoffizier unterzogen wurde, wobei wieder auch deren Familien in den Sog der Denunziationen gerieten, die in der Regel zur Deportation führten. Nach einer neuen sowjetischen Berechnung fielen der Säuberung der Roten Armee zum Opfer: 3 von 5 Marschällen, 14 von 16 Armee-Befehlshabern, 8 von 8 Admiralen der Roten Flotte, 60 von 67 Kommandierenden Generalen, 136 von 199 Divisionskommandeuren, 221 von 397 Brigadekommandeuren und schließlich das halbe Offizierskorps, ins-

gesamt etwa 35 000 Mann, die alle entweder eingesperrt oder erschossen wurden. Alle 11 Stellvertretenden Verteidigungskommissare und 75 von 80 Mitgliedern des Obersten Kriegsrates wurden ebenfalls entfernt. Keine Armee der Welt hätte einen solchen Aderlaß ohne Folgen überstanden. Chruschtschow erklärte dann auch 1956: »Die Politik, Repressalien in großem Maßstab gegen militärische Kader zu ergreifen, führte auch zur Untergrabung der militärischen Disziplin ... Dies übte einen negativen Einfluß auf die militärische Disziplin in der ersten Phase des Zweiten Weltkrieges aus.«

Zur Aburteilung der Militärs lieferte übrigens Hitlers SD-Chef Heydrich gefälschte Dokumente. Und während des Strafgerichts über die Rote Armee wurde ein neuer »Trotzkistenprozeß« vorbereitet, der im März 1938 über die Moskauer Schaubühne ging, zur gleichen Zeit, als Hitler Österreich ins Reich heimholte. Auch hierbei saßen prominente Kommunisten wie der Parteitheoretiker Bucharin auf der Anklagebank. Von 21 Angeklagten wurden 18 erschossen, 3 zu Gefängnisstrafen zwischen 15 und 25 Jahren verurteilt. Danach ging hinter den Schauprozessen wieder die Säuberung des Kaders der Politkommissare weiter, der insgesamt 20 000 Menschen zum Opfer fielen, die von NKWD-Kommandos umgebracht wurden. Viele »Mitgefangene«, Familienmitglieder und Verwandte der von den Säuberungskampagnen Betroffenen, waren den unmenschlichen Haftumständen nicht gewachsen und verübten, wenn sie konnten, Selbstmord. Die kurze Geschichte aus den Erinnerungen von Margarete Buber-Neumann (geboren 1901), der Frau des deutschen Kommunisten Heinz Neumann, der seit seiner Verhaftung durch den NKWD 1937 verschollen ist, mag hier stellvertretend für Tausende anderer gleichartiger Fälle stehen:

»... Alexandra war klein und früher mal rund gewesen, hatte eine Stupsnase und zeigte beim Lachen alle Zähne. Aber nun begannen ihre Haare zu ergrauen und die schönen großen Zähne abzubrechen. Alexandra war schon 1935 verhaftet worden. Sie hatte als Modistin in Moskau gearbeitet, zuerst in einem Geschäft, dann machte sie sich selbständig. Sie muß sehr geschickt gewesen sein. Man vermittelte ihr als Kundschaft die Damen der japanischen Botschaft. Sie ging zur Botschaft zum Anprobieren und wurde dort einmal zum Tee eingeladen. Kurz danach verhaftete sie die GPU. Ihre Unschuld muß so eindeutig gewesen sein, daß man sie nicht verurteilte, sondern in ›freie‹ Verbannung schickte. Alexandra war verheiratet, ihr Mann Konzertsänger. Sie verlangte selbstverständlich nicht von ihm, daß er sie in die Verbannung begleitete, die eine kleine Stadt am Rande der Kasakischen Steppe war. Dort lebten schon viele Verbannte. Den meisten ging es sehr schlecht, denn sie hatten nichts zum Leben. Es gab keine Arbeitsmöglichkeit. Der einzige Beruf, den man ergreifen konnte, war der eines Wasserträgers. Die Ziehbrunnen lagen verstreut, zum Teil außerhalb des Ortes, und die Verbannten trugen der kasakischen Bevölkerung das Wasser zu. Aber Alexandra bescherte den Frauen der kasakischen Sowjetbeamten, die bis dahin mohammedanisch gekleidet waren, die ersten europäischen Hüte und Kleider. Sie hatte durchschlagenden Erfolg, und als sie dann auch noch begann, für die kasakische Männerwelt eine Art Uniformmütze

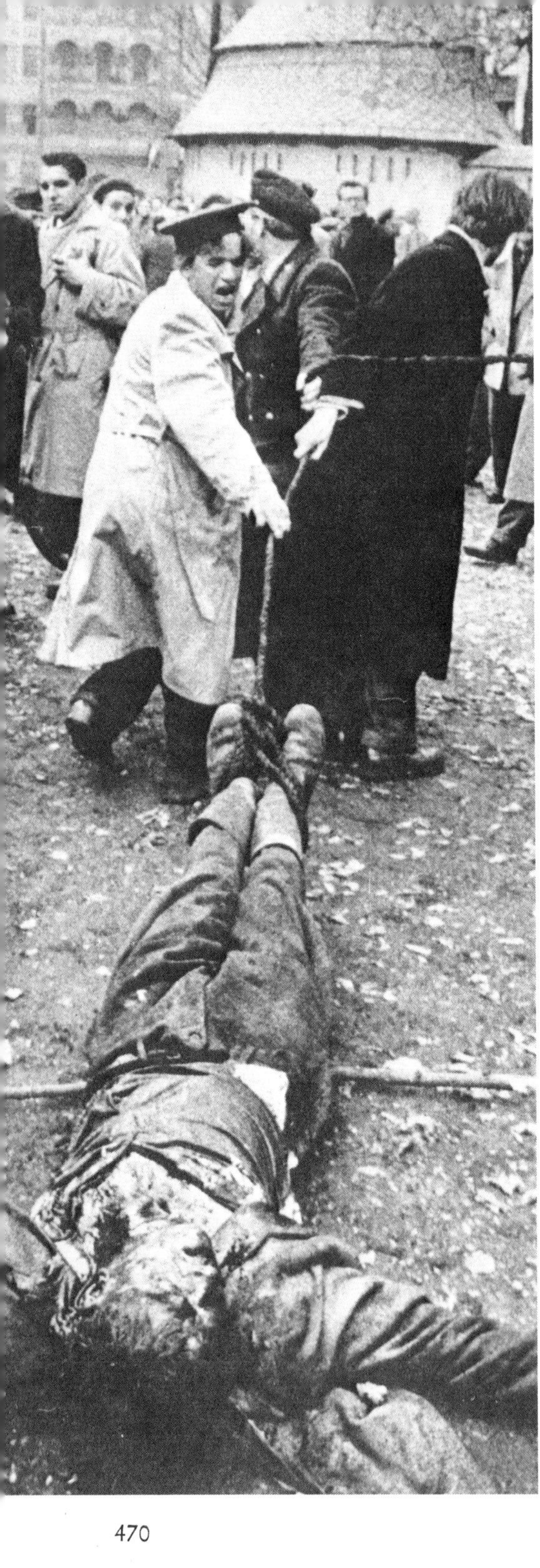

zu kreieren, wurde sie mit Geld und Lebensmitteln überschüttet. Sie erzählte, daß sie nie vorher so üppig gelebt habe wie in dem Städtchen am Rande der Steppe. Sie bat und flehte ihren Mann in Briefen an, er solle sie wenigstens einmal besuchen. Er wagte es nicht. Sie hörte auf, ihm zu schreiben. Ihre Verbannung war auf drei Jahre festgesetzt. Nach zweieinhalb Jahren, eines Nachts im Winter 1938, wurden sämtliche Verbannte verhaftet und auf Schlitten zur nächsten NKWD-Stelle gebracht. Alexandra schilderte mir lachend ihr erstes Verhör: ›Ich war in alles eingewickelt, was ich besaß. Über dem Mantel noch ein Umschlagtuch, um den Kopf zwei Kopftücher. Ich sah aus wie eine Kugel auf Rädern, und an den Füßen trug ich dicke Filzstiefel. So kam ich herein zum Untersuchungsrichter und mußte mich auf einen Schraubsessel setzen, der viel zu hoch war. Ich balancierte wie auf einem Thron und schwitzte entsetzlich vor Angst und Hitze. Da las er mir meine Anklage vor: ‚Sie haben gemeinsam mit den Verbannten des Ortes . . . einen bewaffneten Aufstand vorbereitet!' Ich verstand gar nicht, was er meinte, und fragte: ‚Mit welchen Waffen denn, Herr Untersuchungsrichter?' Da mußte er selbst lachen, wahrscheinlich bei der Vorstellung, wie ich Kugel einen Revolver schwingen wollte.‹

In Moskaus Machtbereich gab und gibt es keine Abweichung. Das mußten die Deutschen in der DDR am 17. Juni 1953, die Ungarn im Oktober/November 1956 erfahren, als russische Panzer »die Ordnung wiederherstellten«. In Ungarn wüteten die Revolutionäre gegen die Uniformträger des verhaßten alten Regimes, gegen AVH und Polizei.

Aber es endete gar nicht humoristisch. Alexandra wurde zu acht Jahren KZ verurteilt ... Sie litt entsetzlich unter Hunger. Eines Tages, wir arbeiteten im Schafstall, blieb sie allein zurück, während wir dem Ochsenwagen folgten ... Als wir zurückkehrten, gelang es mir gerade noch, Alexandra vom Strick loszumachen. Sie hatte sich aufgehängt ...«

Am 21. August 1968 mußten auch die Tschechen die bittere Erfahrung machen, daß allein Moskau den Kurs des Ostblocks bestimmt. Wieder forderte eine russische Intervention, die diesmal den »Prager Frühling« fürchtete, sinnlose Opfer unter der Zivilbevölkerung, die sich verzweifelt die Frage nach der Schuld der Opfer stellte.

Die Überfüllung in den Straflagern war unvorstellbar, die Zwangsarbeit mörderisch und die Verpflegung katastrophal. Die Sterbequote kletterte erschreckend hoch. Von den insgesamt sieben Millionen Menschen, die 1936 deportiert wurden, starben bis zum Jahr 1938 etwa 20 Prozent. Und bis 1940 waren die 1936 eingelieferten Häftlinge fast alle bereits tot. Auch noch unter L. P. Berija (1899 bis 1953), der 1938 dem NKWD-Chef Jeschow in dessen Amt folgte, wurden die Säuberungen unentwegt fortgesetzt, allerdings ohne Schauprozesse. Diese »Vernichtung ungeheurer Menschenmassen in summarischem Verfahren hatte offenbar das Ziel, ausnahmslos alle Elemente zu treffen, die im Falle einer politischen Krise, insbesondere aber im Falle eines Krieges fähig gewesen wären, Stalins Politik zu stören oder ihn zu stürzen und eine neue Regierung zu bilden« (Valentin Gitermann). Stalin, der von einem kommenden Krieg überzeugt war, konnte diesen, als er da war, dann auch allein führen. Der Preis für die Alleinherrschaft während des Zweiten Weltkriegs waren zwei Millionen liquidierte Russen und sieben Millionen Deportierte, letztere fanden später fast alle den Tod.

Der prominente ehemalige Kommunist und Schriftsteller Arthur Koestler rechnete mit dieser Epoche unter der Überschrift »Der Dank des ›Sozialistischen Vaterlandes‹ « so ab: »In keinem Jahrhundert und in keinem Land sind so viele Revolutionäre umgebracht und zu Sklaven gemacht worden wie in Sowjetrußland. Und da ich selbst sieben Jahre lang für alle Torheiten und Verbrechen, die unter dem Banner des Marxismus begangen wurden, eine Ausrede zu finden wußte, ist für mich das Schauspiel dieser dialektischen Seiltänze, mit deren Hilfe im Grunde anständige Leute ihr eigenes Gewissen betrügen, noch entmutigender als die schlichte Barbarei der Armen im Geiste ...«

Die Wunden dieser »Barbarei der Armen im Geiste« vernarbten in der Sowjetunion überraschend schnell. Stalin selbst hatte 1939, kurz vor dem Krieg, gesagt:

Außerhalb des Machtbereichs Moskaus richteten sich die immer gleichen Gewehre häufig gegen die Kommunisten. Eine besonders blutige Kommunistenjagd veranstaltete Indonesien ein Jahr vor der Entmachtung Sukarnos im Jahr 1965. Der im Bild attackierte rotchinesische Student in Djakarta ist ein Opfer unter Hunderttausenden. Insgesamt kamen bei dieser Kommunistenverfolgung 350 000 Menschen ums Leben.

»Wir können mit Sicherheit davon ausgehen, daß wir in Zukunft keine Massensäuberungen mehr brauchen werden.« Die Massenmorde unter Genossen hatte Moskau später nicht mehr nötig, doch mit unbotmäßigen Untertanen und Satelliten wurde die Sowjetunion unter Stalin (Mord an den abgefallenen Tataren nach dem Zweiten Weltkrieg), unter Chruschtschow und heute noch mit brutaler Gewalt fertig. Alle Völker im Machtbereich Moskaus mußten das immer wieder bis in die Gegenwart erfahren: Polen, Deutsche, Ungarn und Tschechen vor allen anderen. Ein junger ungarischer Staatssekretär der Revolutionsregierung Imre Nagy (1896 bis 1958) sprach auch davon, als er während der Ungarischen Revolution im November 1956 zu dem »Spiegel«-Reporter Hans Germani sagte: »Seit Hunderten von Jahren ist es unser Schicksal, für ganz Europa zu verbluten.« Das gleiche kann man auch von den Tschechen sagen, die als bisher letztes »Ostblock«-Volk im Jahre 1968 Moskaus Faust im Nacken spürten, als sie versuchten, eigene Wege im Lager eines fragwürdigen »Sozialismus« zu gehen.

Und heute erreichen uns trotz strengster Geheimhaltung auch aus der Sowjetunion immer wieder Nachrichten von einer neuen, sehr subtilen Form der Behandlung oppositioneller Intellektueller im eigenen Haus: man erklärt sie, wie etwa den Dichter Wladimir Bukowski, für geistesgestört und steckt sie, wenn Gefängnis (Andrej Amalrik u. a. sowjetische Schriftsteller) und Zwangsarbeit nichts fruchten, in »Sonderkliniken«: »Das Personal besteht aus Aufsehern, die aus den Truppen des Innenministeriums stammen, jedoch bei diesen Gelegenheiten über ihren Uniformen weiße Mäntel tragen; die gleichfalls mit weißen Mänteln bekleideten Wärter werden unter den gemeinen Verbrechern (Dieben, Räubern, Rückfälligen aller Art) angeworben. Unter den Mitgliedern des ärztlichen Personals schließlich gibt es viele, die unter dem vorschriftsmäßigen weißen Mantel Offiziersschulterstücke tragen.« So berichtet das »Klinik«-Opfer Victor Feinberg, ein russischer Dichter unserer Tage, der im Juli 1970 einen Brief-Appell an die Vereinten Nationen mit Details über die »Sonderkliniken« gerichtet hatte.

»Über den Gräbern Weißer und Araber zu Tausenden und Schwarzer zu Millionen«

Schwarze gegen Weiße, Weiße gegen Schwarze, Schwarze gegen Schwarze — Afrika von 1952 bis heute

1952
Mau-Mau-Aufstand in Kenia (bis Ende 1956)

1954
Beginn des bewaffneten Aufstandes in Algerien (1. November)

1955
Algerische Massaker an Franzosen in Algerien — Französische Vergeltungsmassaker

1958
Französische Fallschirmjäger übernehmen die Macht in Algerien — Algerische Exilregierung gebildet (19. September)

1960
Barrikaden in Algier — Revolution im Kongo beginnt (bis 1965) — Nigeria wird unabhängig — Massaker von Sharpeville in Südafrika

1962
OAS-Terror in Algerien — Aufstand der Bahutus gegen die Watussis in Burundi — Kurden-Aufstände — Bürgerkrieg im Jemen (bis 1965)

1963
Kenia wird unabhängig — UN-Aktion gegen Katanga — Christenmassaker im Sudan

1964
Geiselmorde in Stanleyville und anderen Orten (November) — Vergeltungsmassaker der Söldner und Kongolesen

1965
Bahutu-Aufstand in Burundi

1967
Bürgerkrieg in Biafra beginnt nach blutigen Eingeborenenmassakern der Haussa an den Ibos

1968
Im Sommer verhungern täglich mehr als 6000 Ibos in Biafra

1969/1970
Rebellion im Tschad von französischen Truppen und Fremdenlegionären brutal niedergeschlagen

seit 1972
Massaker zwischen Bahutus und Watussis in Burundi (150 000 Tote)

1973
Amin läßt in Uganda Rebellen öffentlich erschießen (Februar) — Schwarze Guerillas in Rhodesien — Aussagen der UN-Menschenrechtskommission klagen Portugals Kolonialpolitik an (März) — Bekanntwerden der Massaker in Mozambique (Juli)

Afrika ist gleichzeitig der älteste und der jüngste Erdteil, der älteste in der Geschichte der Menschheit, der jüngste an politischer Mündigkeit. Das alte Afrika der Forscher und Kolonisatoren des 19. Jahrhunderts gibt es heute nicht mehr. Die unberührten Urwälder, der riesige Natur- und Tierbestand, wurden rücksichtslos einem Traum geopfert und für ein modernes Afrika stark dezimiert. Das alte Afrika ging schließlich in der kontinentalen afrikanischen Revolution nach dem Zweiten Weltkrieg unter, in den vielen blutigen Auseinandersetzungen zwischen Schwarzen und Weißen und Schwarzen untereinander, die noch heute anhalten. Wie bei der Kolonisation des amerikanischen Kontinents Hunderttausende von Indianern das Opfer der »Entdeckung« waren, wurden es in Afrika gleichermaßen Hunderttausende von Schwarzen in den wenigen Jahren, in denen Afrikas Landkarte sich grundlegend veränderte. Mit Recht schreibt der Journalist John Cohen, daß das neue Afrika »über den Gräbern Weißer und Araber zu Tausenden und Schwarzer zu Millionen« entstanden sei und sich noch heute im Aufbruch befindet. Seit genau drei Jahrzehnten ist Afrika dabei, seine hundertjährige Kolonialzeit abzuschütteln – mit unterschiedlichem Erfolg. Die geballte Kraft hinter den Befreiungsbewegungen aus dem Joch des Kolonialismus hat zu Explosionen des Hasses, der Gewalt und des Mordes geführt. An einige exemplarische Beispiele der Menschenverachtung und des Massenmordes zwischen Schwarz und Weiß und umgekehrt in diesen drei Jahrzehnten eines neuen Afrika wollen wir uns hier erinnern. Der Norden ging mit dem Streben nach Unabhängigkeit voraus. Im tropischen Afrika gab es bis Ende 1959 erst fünf unabhängige Staaten, nämlich Äthiopien, Liberia, Ghana, Guinea und den Sudan. Der Süden wird heute noch überwiegend von Weißen beherrscht.

Im Norden setzte der Kampf um Algerien, der von 1954 bis 1962 zwischen Frankreich und der Algerischen Befreiungsfront tobte, erstmals für die Welt ein Zeichen, wohin Afrika steuerte. Der algerische Revolutionär und ehemalige Feldwebel der französischen Armee, Belkassem Krim, wollte Terrormethoden zuerst von der Befreiungsfront fernhalten: »Man kann nicht eine ganze Bevölkerung durch Terror bei der Stange halten, und wir brauchen die Leute auf unserer Seite ... Doch wir hatten Verräter in den eigenen Reihen. Und wir mußten auch auf die Unterdrückungsmaßnahmen der Franzosen antworten – auf Massaker, Folter, Bombenteppiche ...«

Tatsächlich gab es von Anfang an viele Fälle von blutigen Bombenattentaten, Morden und Massakern von algerischen Terroristen gegenüber den Franzosen. Der folgende Aufruf an die »Brüder aus dem Aurès« (algerische Terroristen) in der »Ez Zitouna« aus Tunis vom 26. August 1956 sprach eine klare Sprache:

»Meine Brüder, tötet nicht nur ... sondern verstümmelt Eure Feinde auf den öffentlichen Straßen ... Stecht ihnen die Augen ... schneidet ihnen die Arme ab ... und hängt sie. Vergewissert Euch, daß alles, was Ihr tut, Furcht und Feigheit in den Soldaten des Kolonialismus weckt. Sie sind keine menschlichen Wesen, sie sind Raubtiere, die nur das Gesetz des Dschungels kennen. Seid sicher, meine Brüder, daß die Soldaten, die ihren Kameraden an einem Baum hängen sehen, ohne Arm und Bein und mit leeren Augenhöhlen, seid sicher, sage ich, daß diese Soldaten in Zukunft die Karawanen mit Waffen und Nachschub durchlassen und wie Ratten davonlaufen werden.«

Der Schreiber hatte nur teilweise recht. Sicher bewirkten die auch aus religiösen Motiven verübten Massaker an »Ungläubigen« in den Jahren 1955/1956, wo beispielsweise in der Minenstadt El Halia europäische Bergleute mitsamt ihren Familien »bis aufs letzte Kind getötet wurden« (Crozier), die Verbreitung von Furcht und Schrecken unter der französischen und frankreichtreuen Bevölkerung Algeriens. Mit weitaus mehr Grausamkeit aber und noch entsetzlicheren Terrormaßnahmen in großem Umfang antworteten jedoch die Franzosen auf die algerische Herausforderung, vor allem, als ab Januar 1957 die französischen Fallschirmtruppen, die Paras, die Funktion einer Staatssicherheitspolizei in Algerien bekamen. Eine der Terrormaßnahmen war ein unerschöpflich erscheinendes Repertoire an gräßlichen Folterarten. Der französische Zivil-Generalinspektor in Algerien, Wuillaume, gab Ende 1955 zu, daß durch Folter »erstklassige Resultate« erzielt worden seien, und forderte die Behörden auf, diejenigen Polizisten zu unterstützen, die solche Foltern anwandten. Einige Arten der Folter waren: elektrische Schläge auf Geschlechtsteile und Ohren; Einsperren in den »Sonnenkäfig«; nackt, mit gefesselten Armen und Beinen über einen Balken hängen; die Hand des Opfers am Türrahmen festhalten und dann die Tür zuschlagen; das nackte, gefesselte Opfer mit dem Rücken auf eine Rolle Stacheldraht binden; Stockschläge; Messer immer tiefer in das Fleisch drücken; das Opfer, an einem Seil festgebunden, aus einem Hubschrauber in etwa 200 Meter Höhe herauswerfen. Die Liste könnte noch fortgesetzt werden. Später erfanden andere Menschen in anderen Ländern, zum Beispiel in Südamerika, noch andere Methoden dazu.
»Man will den, der unter der Folter nachgibt, nicht nur zum Sprechen zwingen; man drückt ihm einen Stempel auf: den des Untermenschen«, schrieb Jean-Paul Sartre im März 1958 im Vorwort zu dem Buch eines weißen Opfers der weißen Folter, des kommunistischen Journalisten und Herausgebers einer Zeitung in Algier, Henri Alleg. Sein Buch »Die Folter«, 1958 auch in Deutschland erschienen, machte die Welt auf Frankreichs Krieg mit Algerien aufmerksam. Hier ein kurzer Auszug aus Allegs Schilderungen über seine eigene Folterung:

»Der Strom hatte meine Zunge, meine Lippen, meinen Hals ausgetrocknet, sie waren rauh und hart wie Holz. Irulin wußte, daß die elektrische Folter einen unerträglichen Durst verursacht. Er hatte seine Streichhölzer weggelegt und nahm nun einen Becher und ein Zinngefäß zur Hand. ›Es sind jetzt zwei Tage, daß du nicht getrunken hast. Also noch vier bis zum Verrecken. Vier Tage, das ist lang. Du wirst noch deine Pisse auflecken.‹ In Augenhöhe und nahe an meinem Ohr ließ er ein wenig Wasser in den Becher laufen und wiederholte: ›Du redest, und dann kannst du trinken. Du redest, und dann kannst du trinken . . .‹«

Später, nachdem Alleg in die Zelle gebracht worden war, um sich zu »erholen«, hörte er hinter den Wänden:

»Sie folterten bis zum Morgengrauen. Durch die Trennungswand hindurch hörte ich das Brüllen und Wehklagen, gedämpft durch Knebel, und die Flüche und Schläge, ich wußte bald, daß diese Nacht keine Ausnahme war, sondern das ›Übliche‹ im Haus ...«

Die Franzosen inszenierten auch großangelegte Vergeltungsmassaker. So brachte »Newsweek« bereits 1955 eine Meldung, wonach für die Ermordung von 50 Franzosen am 20. August in Qued Zem durch Eingeborene 15 000 einheimische Berber in der gleichen Gegend von Truppen der Fremdenlegion massakriert worden waren. Noch wenige Monate vor der Volksabstimmung in Algerien am 1. Juli 1962, die dem Land die Unabhängigkeit brachte, berichtete ein Augenzeuge über den Terror der rechtsextremistischen Geheimorganisation OAS, die sich für ein französisches Algerien stark machte, aus Oran:

»Eines Abends wurde ein algerischer Arbeiter durch Beinschuß verletzt. Sein europäischer Arbeitgeber lehnte den Verwundeten an eine Mauer und wischte ihm mit seinem eigenen Taschentuch den Schweiß vom Gesicht. Eine gutgekleidete Europäerin sah das und schrie voll Abscheu: ›Und so was will Franzose sein!‹ Die rasende Menge stimmte ihr zu ...«

Das erste afrikanische Land im tropischen Afrika, das mit Bluttaten gegen die Weißen von sich reden machte, war das damals noch unter britischer Kolonialherrschaft stehende, ab 1963 unabhängige Kenia. Im Herbst 1952 war dort der Mau-Mau-Aufstand einer eindeutig weißfeindlichen Geheimsekte mit Geister- und Ahnenkult ausgebrochen. Aber auch viele schwarze Brüder unter den Kikujus, dem überwiegend englandtreuen Stamm in Kenia, wurden von den Mau-Mau-Verschwörern aus dem gleichen Stamm verfolgt und niedergemacht, wenn sie – freiwillig oder gezwungen – Spitzeldienste für die Weißen leisteten. Auch Kikujus, die den Mau-Mau-Eid, einen blutigen Ritualeid, nicht leisten wollten, wurden umgebracht. L. Leaky schrieb: »Niemand wird jemals wissen, wieviel Tausende ›vermißter‹ Kikujus bei dieser Gelegenheit starben.« Die Opfer an weißen britischen Siedlern waren zahlenmäßig erstaunlich gering für die mehrere Jahre andauernden Aufstände. Bis Ende 1956 ermordeten die Mau-Mau auf bestialische Weise 95 Europäer, davon 63 britische Soldaten, 29 Inder und etwa 1900 Afrikaner, meist Kikujus, wobei diese letzte Zahl vermutlich noch viel höher lag. Auf der anderen Seite aber gingen die Engländer, die um ihre Kolonie fürchteten, gegen die Mau-Mau-Anhänger ähnlich erbarmungslos vor, wie wir das schon aus früheren Jahrhunderten in Indien kennengelernt haben (siehe Seite 404 ff.). Ebenfalls bis Ende 1956 hatten die Engländer in Kenia mindestens 120 000 aufständische Schwarze hinrichten lassen.
Der nächste große Unruheherd Afrikas entstand 1959/1960 am Kongo, als die Belgier, ganz plötzlich und für das Land völlig unvorbereitet, dem Kongo die politische Unabhängigkeit einräumten. Die alten, schon Geschichte gewordenen Kongogreuel unter den Belgiern seit der Berliner Kongokonferenz 1884/1885, wobei innerhalb dreier Jahrzehnte die Eingeborenen von Belgisch-Kongo von

Kongo, 1960 bis 1965: Schwarze stehen Schwarzen gegenüber: Kongolesen gegen Simbas und Mulélés. Tschombé holte gegen die Rebellen der Simbas weiße Söldner ins Land. Einer von ihnen prägte das teuflische Wort von der Möglichkeit, wie man Schwarze »weiß« machen könne: nämlich dadurch, daß man sie erschießt »und in der Sonne liegen« läßt. Mit grausamer Härte gingen sie gegen die Schwarzen vor.

29 Millionen auf rund 10 Millionen dezimiert wurden, gebaren nun von 1960 bis 1965 neue Greuel. Das Land wurde mit dem Abzug der belgischen Offiziere, Beamten und Techniker in ein Chaos gestürzt, in dem die afrikanische Freiheitsbewegung, von den benachbarten jungen Staaten übergreifend, rasch und nachhaltig Fuß fassen konnte: Im Juli 1960 meuterte die kongolesische Armee. Die Bergbauprovinz Katanga erklärte sich für unabhängig, belgische Truppen intervenierten. Lumumba erbat Hilfe von der UN, wurde von Mobutu entmachtet und 1961 auf der Flucht nach Stanleyville ermordet. 1963 unternahm die UN eine Befreiungsaktion in Katanga mit UN-Truppen. Erneut kam es, wie 1960/1961, zu blutigen Ausschreitungen. Und als 1964 die UN-Truppen wieder abzogen, wurde der umstrittene Tschombé Ministerpräsident einer kongolesischen Zentralregierung. Gegen sie erhoben sich die teilweise in Peking geschulten, in der Regel aber von Stammesmythen getriebenen Rebellen der Simbas und Mulélés. Tschombé ließ sie mit amerikanischer Dollarhilfe und weißen Söldnern bekämpfen. Die folgende Szene aus dem Buch von David Reed macht deutlich, mit welcher Mordgier auch die Kongolesen selbst gegen die schwarzen Rebellen kämpften. Man lieferte sich keine Gefechte, es waren Gemetzel auf beiden Seiten:

»Ein fünfzigjähriger Südafrikaner, ein Mann, der alles andere als verweichlicht war, erzählte, wie er und seine Kameraden in der Nähe von Yakoma einen jungen Simba schwer verwundet hatten. Die Söldner standen vor dem Verwundeten und fragten sich, was sie tun sollten. ›Was ich sah, war glatter Mord, ich sage Ihnen, glatter Mord‹, so berichtete er. ›Einer unserer kongolesischen Soldaten kam mit einem Dolch und stach ihm fünfmal in die Brust. Dann schnitt er ihm die Kehle durch und wischte den Dolch an dem Bein des Jungen ab ...‹«

Die Söldner lernten schnell von ihren schwarzen Freunden und umgekehrt. Ein belgischer Söldner brüstete sich: »Ich kämpfe für die weiße Rasse. Die Afro-Asiaten sind unsere Todfeinde. Jeden Tag mindestens einen Kaffer killen – das ist mein Ziel.« Ein deutscher Söldner erzählte, was mit Gefangenen geschah:

»Die Gefangenen werden in sämtliche Körperteile getreten und nackend in die Sonne gelegt, werden sozusagen geschmort für einige Stunden. Dann wird Wasser über die Fesseln gegossen, damit sich die Stricke zusammenziehen. Einem wurde eine Schlinge um den Hals gelegt, Beine und Arme wurden unter Spannung am Rücken zusammengebunden. Dann haben sie ihm erst eine Kugel in die Brust gegeben.«

Und ein südafrikanischer Söldner prägte das teuflische Wort darüber, wie man Schwarze »weiß« macht: »Man erschießt sie und läßt sie in der Sonne liegen!«
Die Schwarzen rächten sich. Sie überfielen mit Pfeilen und Speeren die Siedlungen der Weißen und massakrierten sie. Im Herbst 1964 nahmen sie in Stanleyville mehrere hundert Weiße als Geiseln und traktierten diese über 100 Tage lang, bis belgische Fallschirmjäger sie wieder befreiten. Beim Herannahen der Fallschirmjäger aber, die auf dem Flugplatz gelandet waren, schossen einige Rebellen noch mit Gewehren in die Geiselgruppe. Mehrere Männer, Frauen und Kinder wurden dabei getötet. Die Geiselnahme der Simbas in Stanleyville forderte den Tod von etwa 40 Weißen, darunter Priester und Nonnen. Außerdem metzelten sie in der Zeit der Besetzung Stanleyvilles dort etwa 2000 bis 4000 Kongolesen nieder, wobei sie ihre Opfer lebendig verbrannten oder ihnen mit Macheten Ohren, Nasen und Genitalien abschnitten, oder die Augen ausstachen. Bis Ende 1965 wurden auch noch in anderen Orten des nördlichen Kongo an die 100 Leichen von ermordeten Europäern, meist Belgiern, und noch mehr von kongolesischen Soldaten gefunden.
Nach dem Geiselmord nahmen Söldner und kongolesische Soldaten grausame Rache. Sie liefen Amok durch Stanleyville und erschossen jeden Kongolesen, den sie antrafen. Sie stürmten das Büro der Lumumba-Partei und metzelten dort etwa 25 Schwarze nieder, die sich in Schränken und Schreibtischen versteckt hatten. Der Kommandeur der belgischen Fallschirmjäger, sicher allerhand gewöhnt, war entsetzt: »Ich habe in meinem ganzen Leben nie zuvor ein derartiges Blutbad gesehen. Es wurden keine Gefangenen gemacht. Jeder wurde niedergeschossen, aufgeschlitzt oder zu Tode geprügelt. Es war bestialisch.«

Biafra, 1968 bis 1970: Auf dem Rücken der Ibos in Biafra, die sich nach Verfolgungen durch die Haussa von Nigeria lossagten, werden politische und wirtschaftliche Streitigkeiten, hinter denen die Interessen der Großmächte in West und Ost stehen, ausgetragen. Fast die Hälfte aller Kinder der Ibos verhungern, insgesamt werden im Januar 1970 rund 1,5 Millionen tote Ibos gezählt; eine weitere halbe Million kam während des zweijährigen Bürgerkrieges um.

Der Kongo ist auch heute noch so, wie ihn 1967 der amerikanische Journalist Henry Tanner beschrieben hat: »Ein riesiges, praktisch nicht zu regierendes Stück Afrika, zusammengehalten von einem Dutzend Flughäfen, einem Fernschreibnetz und einer Armee, die sich zwar gebessert hat, aber noch immer unberechenbar ist und Gelegenheiten zum Plündern und Morden bereitwillig nutzt . . .«

1967 brach ein Bürgerkrieg in dem 1960 von den Engländern aus der Kolonialherrschaft entlassenen volkreichsten jungen Staat Afrikas aus, in Nigeria. Ein

Jahr später gingen die entsetzlichen Bilder von hungernden Kindern durch die Weltpresse. Wie kam es zu diesem neuen Fall von Völkermord in Afrika?
In dem künstlichen Staatsgebilde Nigeria lebten untereinander mehrere sich feindlich gesinnte Stämme. Als die Haussa über die Ibos herfielen und 30 000 von ihnen abschlachteten, flüchteten die Ibos in den Süden, in ihre eigentliche Stammesheimat Biafra, und proklamierten am 30. Mai 1967 ihre Unabhängigkeit von Lagos. Mitentscheidend für die spätere Katastrophe waren jedoch auch die handfesten wirtschaftlichen Interessen der Großmächte am Öl Nigerias, westlicher auf seiten Biafras, östlicher auf seiten Nigerias.
Nigeria schickte nach dem »Abfall« Biafras die Truppen seiner Zentralregierung los, um das Gebiet der Ibos mit Gewalt wieder zurückzuholen. Staatschef General Gowon wollte dies bewußt mit Bürgerkrieg und Aushungerung der Ibos erreichen; auf der anderen Seite war Ojukwu, der Staatschef von Biafra, nach seinen eigenen Worten »lieber bereit zum Massenselbstmord, als zu kapitulieren«. So kam es dazu, daß zwischen den Interessen um Öl und der sturen Haltung beider Gegner das Volk der Ibos dazu verurteilt wurde, langsam zu verhungern. Im Sommer 1968 starben täglich über 6000 Menschen an Hunger. Unbeschreibliche Szenen müssen sich in dem kleinen Land abgespielt haben. Jede Hilfsaktion von außen wurde von Nigeria blockiert. Die Flak der Nigerianer beschoß die Blockadebrecher, die »Stockfisch«-Bomber, wie man die Flugzeuge einer viel zu spät einsetzenden internationalen Hilfsaktion nannte. Mehrere Transporter wurden abgeschossen, wobei die Besatzungen meist ums Leben kamen. Biafra wurde »das größte Leichenhaus unserer Erde«, wie ein deutscher Pastor in Biafra sagte. Zum Zeitpunkt der Kapitulation Biafras, im Januar 1970, waren 1,5 Millionen Ibos verhungert, davon etwa die Hälfte aller Kinder. Eine weitere halbe Million Menschen kam im Verlauf des Bürgerkriegs ums Leben.
Afrika kam nicht zur Ruhe. Neben der seit dem Massaker von Sharpeville (68 tote Farbige im Jahre 1960) in der Weltöffentlichkeit bis heute endgültig zementierten Apartheid-Politik in Südafrika, der schon jahrzehntelang anhaltenden Diskriminierung und Mißachtung der Menschenrechte bei den schwarzen Bürgern im Land um das »Kap der guten Hoffnung«, wurde die Welt immer wieder von Greuelnachrichten über plötzlich ausbrechende Bürgerkriege und Stammesfehden aufgeschreckt:
Da überfiel kurz vor der Unabhängigkeitsfeier von Nordrhodesien 1964 die Lumpa-Sekte für ihre »Heilige« Alice Lenshina wochenlang friedliche Negersiedlungen und mordete mit Speeren, Äxten, Haumessern und Schrotflinten etwa 500 Menschen, weil diese mit dem »ewigen Paradies«, das die rund tausend Sektierer versprachen, nichts zu tun haben wollten.
Da wurden im Jahre 1963 Christenmassaker aus dem Sudan gemeldet.
Da kämpften 1969/1970 aufgrund von zehn Jahre alten Verträgen französische Soldaten und Fremdenlegionäre für die Regierung des frankreichtreuen Präsidenten François Tombalbaye gegen aufständische Negerstämme im Tschad. Mit ihnen kämpften Männer vom französischen Geheimdienst, über deren Kampfmethoden ein deutscher Exfremdenlegionär später erzählte:

»Diesmal reißen die Geheimdienstler den Gefangenen die Nägel heraus. Sie zerquetschen ihnen die Hoden mit Zangen, als sie noch immer nicht reden. Viele von uns ekeln diese Folterungen. So verpassen manche Legionäre ihren Gefangenen lieber den Gnadenschuß, als daß sie sie dem Deuxième Bureau übergeben ... Alte Legionäre, denen dieser Feldzug nicht paßt, schimpfen an diesem Tag mehr als sonst: ›Indochina und Algerien – das waren noch Kriege. Hier im Tschad aber – das ist primitive Schlächterei!‹ ...«

Da bekriegen sich seit 1972 immer wieder die Mehrheit der Bahutus und die Minderheit der Watussis, die aber im zentralafrikanischen Burundi seit Jahren alle hohen Posten in Regierung, Armee und Verwaltung einnehmen. Schon 1962 und 1965 erhoben sich die Bahutus gegen die Watussis. Europäer waren bisher in den Auseinandersetzungen tabu, vermutlich, weil sie sich bisher nicht aktiv eingeschaltet haben. Im Frühjahr 1972 sammelten sich die Bahutus am Ostufer des Tanganjikasees erneut und erschlugen 20 000 Watussis. Schließlich kamen mehrere hundert Soldaten der Regierung auf gepanzerten Fahrzeugen und mit Helikoptern ihren Stammesbrüdern zu Hilfe und richteten ihrerseits wieder ein neues Massaker unter den Bahutus an, die sich mit Speeren gegen die Maschinenpistolen zur Wehr setzten. Mehr als 150 000 Opfer soll es unter den verfeindeten Stämmen bis Mitte 1972 gegeben haben. 1973 gab es neue Ausschreitungen.
Da ließ ebenfalls 1972 der Staatspräsident von Uganda, Idi Amin, die Ausländer aus seinem Land vertreiben, nachdem er viele von ihnen vorher ins Gefängnis gesteckt hatte, und ließ im Februar 1973 zwölf angebliche Rebellen öffentlich erschießen.
Da liefern sich seit Frühjahr 1973 schwarze Guerillas Gefechte mit der 40 000-Mann-Armee Rhodesiens, des Staates, der sich vor über sieben Jahren einseitig von England lossagte.
Da führen schließlich die Portugiesen seit Jahren in Angola und in ihren anderen Kolonien einen grausamen Kolonialkrieg gegen schwarze Guerillas und unterdrücken die Eingeborenen. Im März 1973 übergab eine Expertengruppe der in Genf tagenden Menschenrechtskommission der Vereinten Nationen der UN aktenkundige Zeugenaussagen von Greueln und Verbrechen der portugiesischen Kolonialherren. Danach werden ganze Familien in »strategische Zentren« oder »Friedenslager«, die man besser als Konzentrationslager bezeichnet, umgesiedelt. Danach werden die Afrikaner ständig in Todesfurcht gehalten. Ihre Kinder bekommen keine Schulbildung, und politische Gefangene werden grausam gefoltert. Nach dem Expertenbericht bombardieren schließlich die Portugiesen die von Rebellen gesäuberten Gebiete mit Napalmbomben und giftigen Chemikalien, um sie unbewohnbar zu machen. Bei der Bekämpfung der Rebellen arbeiten Portugiesen und Südafrikaner Hand in Hand über die Grenzen hinweg.
Nur eine Zeugenaussage sei hier herausgegriffen: Der Zeuge Corneliu Conforme Chauque sagte aus, daß nach einer Minenexplosion am 3. April 1972, bei der ein Armeefahrzeug auf dem Weg von Moatize nach Zobwe (Mozambique) beschädigt worden war, portugiesische Soldaten in das Dorf Mbola eindrangen

In Afrikas Süden, wo in Südafrika, Rhodesien und den portugiesischen Kolonien heute fünf Millionen Weiße über 37 Millionen Schwarze herrschen, droht für die Zukunft ein neues Vietnam. Die Polizei der Herrschenden ist oft Häscher, Richter und Henker zugleich.

und die Bewohner fragten, ob sie die Explosion gehört hätten. Als diese verneinten, griffen sich die Soldaten die schwangeren Frauen des Dorfes und ermordeten drei von ihnen, indem sie ihnen mit ihren Bajonetten den Leib aufschlitzten und die Fetusse herauszerrten. Andere Frauen ermordeten sie durch Bajonettstiche oder durch Schläge auf den Kopf, weil, so sagten sie, »die Aufständischen nie ausgerottet werden, wenn wir die Schwangeren am Leben lassen«.

Portugal ist dafür verantwortlich zu machen, daß nach vier Jahrhunderten Kolonialherrschaft 90 Prozent der Eingeborenen in Angola und in Mozambique sogar 99 Prozent noch Analphabeten sind. Portugal ist noch heute das einzige Land Europas, das sich gegen den Antikolonialismus in der westlichen Welt wendet. Die Dementis der Portugiesen zu den jüngsten Massakerberichten aus Mozambique, nach denen in Wiriyamu am 16. Dezember 1972 4000 Afrikaner und zur gleichen Zeit in Chawola 53 eingeborene Männer, Frauen und Kinder erschossen und ihre Leichen verbrannt worden sein sollen, sind wenig glaubhaft. Und noch unglaubwürdiger werden sie durch den Einwand der Portugiesen, die beiden Dörfer gäbe es nicht auf der Landkarte Mozambiques, wenn man weiß, daß dort die Dörfer nach den Namen der Dorfältesten benannt werden und diese Namen also sofort nach dem Wechsel eines Dorfältesten umgetauft werden.

Auf der Südspitze Afrikas, in Südafrika, Rhodesien und in den portugiesischen Kolonien, stehen heute fünf Millionen Weiße mehr als 37 Millionen Schwarzen gegenüber. Die Weißen wollen ihre Rasse »reinhalten« und weiterhin ohne schwarze Einmischung oder gar deren Beteiligung herrschen. Mit Recht befürchten deshalb viele afrikanische Politiker für die Zukunft ein neues Vietnam in Südafrika.

»Wie in einem Schlachthaus . . .«

Revolutionäre Bauern, Guerilleros und Tupamaros gegen Kolonialherren; Großgrundbesitzer gegen Indianer — Südamerika im 20. Jahrhundert

1810 bis 1824
Befreiung Südamerikas von der spanischen Kolonialherrschaft

1910 bis 1920
Mexikanische Revolution

1948 bis 1963
Bürgerkrieg in Kolumbien kostet einer Viertelmillion Menschen das Leben.

ab 1957
Massaker an den Indianern im brasilianischen Urwald (Nova Fazenda)

1956 bis 1959
Revolution auf Kuba — Massenexekutionen an den Batistá-Anhängern

1962
Erste Stadtguerillas in Uruguay

1964
Staatsstreich der Armee in Brasilien — Ausrottung der Cocáma-Indianer in Peru mit Napalmbomben

1967
»Ché« Guevara in Bolivien ermordet

1970
Karl Graf Spreti, deutscher Botschafter in Guatemala, von Guerillas ermordet (31. März) — Salvador Allende wird in demokratischen Wahlen Präsident von Chile (September) — Tupamaros entführen und ermorden den CIA-Agenten Daniel Mitrione

1971
In Bolivien kostet der 150. Putsch in 146 Jahren 60 Bolivianern das Leben

ab 1972
Hunderttausend Brasilianer roden den Urwald quer durch das Amazonas-Becken — Besiedelung der Waldflächen mit landlosen Bauern geplant. Aussiedelung und »Zivilisierung« der Indianer

1973
Unruhige Diktaturen und Militärregime in Venezuela, Bolivien, Brasilien, Ecuador, Uruguay, Guatemala, Paraguay. Relativ stabile Staatsgebilde in Mexiko und Peru. Sozialistische Demokratie in Chile durch das Militär liquidiert — Perón nach Argentinien zurückgekehrt

Die Probleme Südamerikas kann man nur richtig verstehen, wenn man sich mit den Kämpfen und der Entwicklung genau vertraut macht, die die Länder dieses Kontinents durchgemacht haben, seit die letzte spanische Garnison 1826 aus Peru vertrieben wurde, seit Simon Bolivar (1783 bis 1830) die Spanier aus Venezuela, Kolumbien, Ecuador und Peru vertrieben hat. Da eine genaue Analyse des Weges von Südamerika in die Welt von heute den Rahmen dieser Darstellung sprengen würde, beschränken wir uns auf schlaglichtartige Einblicke in die Entwicklung einiger Länder, die für diesen »Kontinent vor der Verzweiflung« (Carlos Widmann) typisch sind, und auf eine Darstellung vom grausamen Schicksal der Indianer Südamerikas.

Schon die Revolution Bolivars Anfang des 19. Jahrhunderts war von unvorstellbaren Kriegsgreueln begleitet, besonders von seiten der Spanier. Bolivar selbst sagte über die Opfer der Revolution in Venezuela: »Über das heldenhafte und unglückliche Venezuela sind die Kriegswirren mit solcher Heftigkeit dahingebraust und haben solche Verheerungen angerichtet, daß es jetzt zur Unfruchtbarkeit verdammt ist ... Ungefähr eine Million Einwohner zählte Venezuela, und ohne Übertreibung läßt sich sagen, daß ein Viertel davon umgekommen ist, umgekommen durch Feuer, Schwert, Hunger, Pest, Verfolgungen ...«

Für die Greuel der Spanier, die dann die Llaneros des Libertadors Bolivar ebenso unerbittlich rächten, hier ein Beispiel. Über die Einnahme Valencias durch den spanischen General Boves im Juli 1814 schrieb Wolfram Dietrich in seiner Bolivar-Biographie aufgrund zeitgenössischer Quellen:

»Boves aber raste wie ein Gewittersturm über das Land. Alle Verwundeten und Gefangenen, die ihm in die Hände gerieten, ließ er töten; einen republikanischen Oberst lud er ein, mit ihm zu speisen, während des Mahles gab er plötzlich Befehl, ihn aufzuhängen und das Haupt des Toten seinen Freunden in Calabozo als Gastgeschenk zu übersenden. Die Städte, in die er einzog, machte er der Wüste gleich. Vor Valencia ward er aufgehalten. Die tapfere Besatzung trotzte wochenlang allen Anstürmen. Erst als alle Mittel aufgezehrt waren und viele Einwohner vor Durst und Hunger umfielen, ging sie am 10. Juli auf das Ansinnen Boves' ein, gegen die Zusicherung freien Abzugs mit Wehr und Waffen zu kapitulieren. Der Sieger hatte einen fürchterlichen Eid geschworen, daß er die eingegangenen Bedingungen halten würde. Nachdem er in Valencia eingezogen war, ließ er den Gouverneur, die Offiziere, alle überlebenden Soldaten, mehrere hundert an der Zahl, dazu 90 der angesehensten Bürger der Stadt, niedermetzeln. Die Frauen und Töchter der Gemordeten wurden von seinen entmenschten Offizieren gezwungen, Boves einen feierlichen Empfang zu bereiten. Und während die Todesschreie ihrer Gatten und Väter durch die geöffneten Fenster hereindrangen, mußten sie, von dem Unhold selbst angeführt, im hellerleuchteten Saale beim Klang von 30 Geigen tanzen, bis die Musik langsam schwächer wurde und plötzlich ganz abbrach: weil ein Musiker nach dem anderen von seinem Platz gerissen und hinausgeschleift worden war, um draußen erdrosselt zu werden ...«

Auch hundert Jahre später, während der mexikanischen Revolution, in dem Jahrzehnt von 1910 bis 1920, verbreiteten Kriegsgreuel, die man allenfalls mit den Taten eines Tamerlan oder Iwan des Schrecklichen vergleichen kann, lähmendes Entsetzen. Da wurden den Gefangenen die Fußsohlen abgetrennt, und sie wurden gezwungen, so lange über offenes Land zu laufen, bis sie erlöst, das heißt niedergeschossen wurden. Einige Gefangene ließ man Fluchtversuche unternehmen, damit ein Rebellenhauptmann seine Schießkünste zeigen konnte, als ginge es darum, auf Hasen zu schießen. Männer wurden bis zum Hals in Sand eingegraben, so daß ihre Köpfe von Pferdehufen wie Melonen gespalten wurden, wenn die Kavallerie über sie hinwegritt. Wieder andere wurden an Pferdeschwänze gebunden und über das Pflaster geschleift. Völlig unschuldige Menschen wurden aufgehängt, um zu demonstrieren, daß man Geldforderungen ernst meinte.

So wie Mexiko sich seine Freiheit erkauft hatte, mußten diese Erfahrungen auch die anderen südamerikanischen Länder machen und machen sie noch heute. Da mußten zum Beispiel die Bolivianer Tausende von Menschen opfern, um in rund 150 Jahren ihrer Geschichte mehr als 150 Putsche in ihrem Land zu erleben, wobei sie bis heute noch nicht einmal relative Freiheit erreichten. Da starben allein in Kolumbien während des Bürgerkrieges von 1948 bis 1953 eine Viertelmillion Menschen. Und heute geschieht fast in jeder Minute irgendwo zwischen Mexiko und Buenos Aires ein politischer Mord, ein Attentat oder eine Entführung. Zur gleichen Zeit foltern Polizisten Gefangene, sammeln sich Guerilleros in den Bergen. Südamerika steckt in einem permanenten Bürgerkrieg. Das Beispiel Chile haben wir noch vor Augen. Die Hälfte der 270 Millionen Lateinamerikaner ist unterernährt, und von der zweiten Hälfte verdient nur eine Minderheit mehr als 200 Mark im Monat. Südamerika ist im ganzen in den letzten Jahrzehnten immer ärmer geworden, denn die Industrienationen zahlen für die südamerikanischen Exportgüter Kupfer, Zinn, Zucker und Wolle immer weniger Geld. Außerdem sind die größten Fabri-

In Südamerika geschieht heute fast in jeder Minute ein Attentat oder politischer Mord, foltern Polizisten Gefangene, sammeln sich Guerilleros in den Bergen und planen Stadtguerillas einen neuen Anschlag. Die Opfer auf beiden Seiten werden immer mehr. Im Bild hilft ein Pater einem verwundeten Polizisten nach einer blutigen Demonstration mit 200 Toten in Venezuela im Jahr 1962 auf die Beine.

ken ohnehin in den Händen von Ausländern. Nicht weniger als vier Fünftel aller Südamerikaner leben unter einer Diktatur, ohne Streikrecht, ohne freie Presse, dafür mit einer Militärmission der Vereinigten Staaten von Amerika, die in vielen Ländern wegen deren wirtschaftlicher Abhängigkeit mitregieren und auf einen Wink aus Washington in Südamerika beliebige Umstürze inszenieren können. Immer direkter aber regiert dort heute die brutale Gewalt, von den sich ständig ablösenden Diktatoren gleichmäßig etabliert. Diese Gewalt hat fast überall jede demokratische Opposition unterdrückt und provoziert ständig den bewaffneten Widerstand der im Geiste Fidel Castros und Ernesto »Ché« Guevaras operierenden Guerillas, die »das Leitbild einer Jugend« geworden sind, »die keinen anderen Weg mehr sieht« (Heinrich Jaenecke).
Ein brasilianischer Journalist faßte die Situation in Brasilien nach dem Militärputsch 1964 so zusammen: »Vor dem Staatsstreich war es ein berauschendes Gefühl, Brasilianer zu sein. Wir waren dabei, unser Land zu entdecken. Wir hatten das Gefühl, mit Riesenschritten in die Zukunft zu marschieren, wir wollten modern sein, fortschrittlich, den Bauern helfen – und dann kam der Umschwung. Wir Studenten waren plötzlich allein. Die demokratischen Politiker kapitulierten. Gewerkschaften von Gewicht gab es nicht. Die Bauern resignierten. Sie haben noch nie revoltiert. Wenn sich etwas tun sollte, mußten wir es tun.« Die brasilianischen Studenten trafen sich zu einem Kongreß, um »Kampfmaßnahmen« zu besprechen, alle 700 Kongreßteilnehmer wurden verhaftet. Seitdem gibt es in Brasilien Stadtguerillas. Politische Gefangene werden in Brasilien ebenso wie in anderen südamerikanischen Diktaturen gefoltert. In den vom »Europa-Lateinamerika-Komitee« im April 1970 veröffentlichten Berichten von Folterungen, die sich auf aus Brasilien herausgeschmuggelte Häftlingsaussagen stützen, lesen wir zum Beispiel den Fall des Studenten José Adao Pindo aus Belo Horizonte:

»Verhaftet am 8. April 1969 ... Joaquin Fereira Concalves, Sekretär des Sicherheitsdienstes der Stadt, stand neben ihm, wies auf seine Peiniger hin und sagte: ›Wenn du mir innerhalb von zehn Minuten nicht alles sagst, was du weißt, überlasse ich dich diesen Leuten.‹ Nach zehn Minuten wurde er fortwährend mit Elektroschocks am Nacken, auf der Zunge und an den Genitalien traktiert. Tags darauf wurde sein wunder, blutender und mit Brandwunden völlig bedeckter Körper erneut bestialisch geprügelt und mit Scheren und Rasiermessern geschnitten ... er mußte der Folter eines anderen Gefangenen namens José Alfredo zusehen ... Nach einigen Tagen wurde er erneut geschlagen und verlor wieder das Bewußtsein. Kaum kam er wieder zu sich, als man ihm gewaltsam einen Besenstiel in den After trieb. Am 5. Juni wurde er wiederum geprügelt und Elektroschocks ausgesetzt. Am 13. Juni mußte er zusehen, wie sein Mitgefangener Rogerio Campos Teixeira gefoltert wurde. Am 17. Juni schlug man ihn von neuem. Er mußte dem Martyrium seiner Mitgefangenen zusehen, unter ihnen Elias Siqueira. Er wurde weiter in Abständen von fünf bis sechs Tagen gefoltert ... Am 2. September zwang man ihn, den seinem Kameraden Apio Costa Rosa zugefügten Foltern zuzusehen.«

Im »Bulletin der Brasilianischen Informationsfront«, Nr. 6 vom 20. Februar 1970, ein in Paris gedrucktes, von brasilianischen Widerstandsorganisationen redigiertes Informationsblatt, das das Schweigen durch die brasilianische Pressezensur mit Informationen ins Ausland brechen will, gab Gisela Maria Cocenza Avelar, eine fünfundzwanzigjährige Sozialarbeiterin, Mutter eines Kindes, diesen Erfahrungsbericht von der berüchtigten »Papageienschaukel«, einer besonders grausamen Foltermethode:

»Meine Knie und Ellenbogen wurden zusammengebunden, ein hindurchgeschobener Stock hob mich in etwa einen Meter Höhe. Man versetzte mir Hiebe, und der Sergeant Leo peitschte mein Gesäß, während der andere mit einer Gummirute meine Füße bearbeitete. Manchmal hielt er ein, um sich an mir zu vergehen. Er vollendete den Sexualakt jedoch nicht, vielleicht aus Furcht vor einer Schwangerschaft. Hauptmann Jesu verließ manchmal den Raum, um Leo mehr Freiheit zu lassen. Ich wurde derart gepeitscht, abgetätschelt und mißhandelt, daß ich es heute noch nicht wage, davon zu berichten. Gegen 17.30 Uhr wurde ich durch den Sergeanten Leo in das Frauengefängnis zurückgebracht. Dort empfing mich die Beamtin Maria Jose de Araujo. Weitere Beamtinnen, Justina und Georgina, haben den Grad meiner physischen Erschöpfung feststellen können, in der ich mich befand. Am Sonntag, dem 24., alarmierte man die Gefängnisärztin Frau Nailda und holte sie zu meiner Behandlung. Sie verabreichte mir vor allem Schmerztabletten, ferner besonders Medikamente für den Magen und die Ohren sowie Beruhigungsmittel. Die zehn Häftlinge, die sich in der Gemeinschaftszelle befanden, in die ich drei Tage später gebracht wurde, haben die Foltermale auf meinem Körper gesehen . . .«

Dem »stern«-Reporter Heinrich Jaenecke sagte Brasiliens Generalstabschef General Muricy im Sommer 1970: »Wir haben keine politischen Gefangenen. Wir haben nur Terroristen, das sind Kriminelle. Die Frage der Gerichtsbarkeit ist eine Frage der juristischen Struktur. Die Subversion fällt unter die Militärgerichtsbarkeit. Vergessen Sie nicht: Es handelt sich um einen Guerillakrieg.«
In der Tat ist das nicht nur in Brasilien so, ganz Südamerika wird heute von Bürgerkriegen heimgesucht oder bedroht. Die Tupamaros und Guerillas, die Partisanen in den Städten und Provinzen, machten die Welt erst in den vergangenen Jahren auf die bereits geschilderten Realitäten in Südamerika aufmerksam. Heute weiß man, daß ganze Bevölkerungsteile in den südamerikanischen Ländern außerhalb von Gesellschaft, Nation und Volkswirtschaft leben und daß die Mehrheit der Südamerikaner von einer kleinen Oberschicht in feudalistischer Herrschaftsstruktur ausgebeutet wird. Und über die Rolle des Militärs in Südamerika sollte die Meinung des brasilianischen Generalstabschefs vielleicht durch das Urteil des aus Mexiko stammenden amerikanischen Südamerika-Spezialisten Victor Alba ergänzt werden, der sagte: »Im 20. Jahrhundert sind die Streitkräfte eine reine Polizeitruppe in Diensten der Oligarchie geworden. Ihre Aufgabe ist es, jeden Fortschritt demokratischer Kräfte zu verhindern, die soziale Gerechtigkeit anstreben.«

Wo sich aber demokratische Kräfte durchgesetzt haben, wie seit zweieinhalb Jahren in Chile unter Salvador Allende, müssen sie gegen innere und äußere reaktionäre Infiltration, massive Aushungerungsversuche ausländischer Kapitalgesellschaften und gegen rechtsradikalen Terror um ihr Überleben kämpfen. Chiles Situation ist deshalb, mit einem möglichen Bürgerkrieg vor der Tür, genauso typisch für Südamerika wie die Diktaturen und Militärregime in anderen lateinamerikanischen Ländern.

In Brasilien, der »Rechtsdiktatur zwischen Armut und Revolution« (Marcio M. Alves), wo 72 Geheimdienst- und Polizeiorganisationen die Militärdiktatur fest im Griff haben, verhungern nicht nur die Armen, sondern auch die Indianer werden systematisch ausgerottet, und kurzsichtige Verkehrsplaner lassen die Urwälder sterben. Seit Jahren bohren sich wie gigantische Lindwürmer die Bulldozer durch die für den Sauerstoffhaushalt der ganzen Erde so wichtigen riesigen Urwälder im Amazonasbecken. Außer dieser an sich schon verbrecherischen Umweltpolitik ziehen diese Bauvorhaben auch noch Ungerechtigkeit und unsoziale Folgen nach sich: nämlich die »Umsiedlung« der Favellas-Armensiedlungen von den Städten in die Nähe der Baustellen im Urwald, wo Tausende von Brasilianern für ihre Arbeit beim Urwaldroden viel zu geringe Löhne erhalten. Der Fremde in Brasilien wird so vom wenig attraktiven Leben der Ärmsten der Armen »ferngehalten«, denn auf diese Weise werden die Favellas in den Urwald »verbannt«.

Auf die von der Ausrottung bedrohten Urwaldindianer Brasiliens machten vor vier Jahren schwedische Völkerkundler und Journalisten aufmerksam. Sie berichteten vom Massenmord an Zehntausenden von Indianern, von ganzen Indianerstämmen. Der schwedische Fernsehregisseur Torgny Anderberg erklärte 1969: »Wir haben zugelassen, daß Hitler sechs Millionen Juden ausrottet. Hier in Südamerika geschieht zur Stunde das gleiche, und die Welt verschließt davor die Augen.« Und der schwedische Völkerkundler Lars Persson fügte hinzu: »Südamerika steht vor einer Endlösung, durch die acht Millionen Indianer physisch vernichtet werden sollen.«

Die Ausrottung der Indianer begann nach dem Zweiten Weltkrieg, als europäische Einwanderer neues Land suchten und dabei bis in die Reservate im Urwald vorstießen. Die Großgrundbesitzer, die landgierigen »Fazendeiros«, engagierten sich berufsmäßige Killer, die unter den Indianern aufzuräumen begannen: Sie überfielen deren Dörfer und fingen die Indianer ein, um sie als Arbeitssklaven auszubeuten. Ein Mädchen vom Stamm der Bororo-Indianer erzählte:

»Die Indianer mußten auf den Fazendas als Sklaven arbeiten. Ich war noch ein Kind, als sie mich meiner Mutter wegnahmen. Später hörte ich, daß sie meine Mutter aufgehängt hatten und eine ganze Nacht so hängen ließen. Sie war sehr krank, und ich wollte sie sehen, bevor sie starb ... Als ich zurückkam, schlugen sie mich mit einer Peitsche aus geflochtenen Lederstreifen. Die indianischen Mädchen wurden alle mißbraucht ... Schon zweijährige Kinder mußten unter Peitschenhieben in einer Mühle arbeiten ... Um die Pferde einzusparen, mußten vier Kinder ständig die Mühle drehen ...«

Hier liegt ein namenloses Opfer von denen, die gegen Diktatur und Militärregime in Südamerika kämpfen: das Opfer eines der »Todeskommandos« der Armee, die seit 1964 in Brasilien an der Macht ist.

Nach der Ausbeutung kam die Ausrottung. Der französische Archäologe Marcel F. Homet berichtete dem »Spiegel« über seine Beobachtungen und Erlebnisse im Jahr 1958:

»Zu dieser Zeit gab es im Innern Brasiliens eine Anzahl von Großgrundbesitzern, die sich wie die ersten Sheriffs in den USA aufführten. Sie hatten sich den hochtrabenden Titel ›Coronel da Guarda Civil‹ angemaßt. Diese Zivilgarde existierte aber in Wirklichkeit nicht. Einer dieser ›Coronels‹, die durch ihre Brutalität eine Art richterliche Gewalt erlangt hatten und engen Kontakt zum Indianerschutzdienst pflegten, war ein gewisser Adolfo Brasil, der sich rühmte, mit bloßer Hand über zehn Indianer erschlagen zu haben. Dieser Adolfo Brasil ist einer der Hauptschuldigen am Massaker von Nova Fazenda im Jahre 1957. Er wollte für die Gold- und Diamantensucher ein Bordell einrichten. Da er aber für dieses Projekt keine weißen Frauen auftreiben konnte, überfiel er mit einer Bande Pistolerios einen Indianerstamm. Die Männer wurden erschlagen, die Frauen und Mädchen in ein Bordell nach Boa Vista gebracht ... Wenn sie an den Mißhandlungen sadistischer ›Garimpeiros‹, der Kautschuk- und Diamantensucher, zugrunde gegangen waren, unternahm Adolfo Brasil eine weitere Expedition, um Nachschub zu holen ...«

Von Großgrundbesitzern, Kautschuksammlern und Diamantenhändlern bezahlte, schießwütige Desperados organisierten in den sechziger Jahren mehrere »Expeditionen« in das Mato-Grosso-Gebiet, um dort den Indianerstamm der Cintas Largas und andere Indianer auf entsetzliche Weise auszurotten. Der britische Journalist Norman Lewis hat Anfang 1969 für die Sonntagszeitung »The Sunday Times« in Brasilien an Ort und Stelle zusammengetragen, wie dies geschah: Die bezahlten Mörder verteilten mit Arsen getränkte Zuckerstückchen, sie warfen aus Flugzeugen Dynamitladungen in die Indianerdörfer und beschossen Flüchtende mit Maschinengewehren, sie impften zwei Stämme der Pataché-Indianer durch Pockeninjektionen zu Tode. Mehrere Cintas Largas, so stellte Lewis fest, überlebten und wurden am oberen Aribuana-Fluß beim Bau neuer Siedlungen beobachtet. Ein um sein versprochenes Kopfgeld betrogener Indianermörder berichtete später einem Jesuitenpater auf Tonband, wie er und seine Kumpane nach tagelangen Märschen durch den Urwald die Indianer aus dem Hinterhalt mit Maschinenpistolen niedermähten. Eine junge Indianerin mit einem etwa fünfjährigen Kind überlebte das Massaker. Der Bandenführer Chico Luis nahm ihr das Kind weg und erschoß es mit den Worten: »Diese Bastarde werden alle ausgerottet!« Mit der Indianerin hatte Chico Luis etwas Besonderes vor. Der Augenzeuge sagte aus:

sim foram mortos os Cintas Largas: Chico Luis empunhara uma metralhadora, enquanto os outros atiravam
res calibre 35 e rifles "papo amarelo". Os silvícolas foram mortos quando montavam suas choupanas. N
sequer tempo de armar seus arcos e flechas.

Massacre no Paralelo Onze (I)

Lei da Selva: 50 Conto
Por um Cinta Larga Mo

Os repórteres Carlos Rangel e Jorge Péter iniciam ho-
com exclusividade para O GLOBO, uma série de repor-
ens sôbre o que tem sido o massacre de índios por se-
gueiros. Começam o seu trabalho com o depoimento de
pistoleiro — Ataíde Pereira dos Santos — homem frio,
ato, que dá a idéia de um honesto vendedor de picolé

do interior. Este bandido foi a figura central
do chamado paralelo 11, em Mato Grosso,
rica em ouro e diamante, quase inacessível, e
mento está gravado em Cuiabá, na 6.ª Inspetoria
(Texto na 19.ª página)

Mato Grosso, Brasilien: Die Indianer des Cintas-Largas-Stammes werden von Desperados und Revolvermännern im Auftrag von landgierigen Großgrundbesitzern ausgerottet. Der Zeitungsausschnitt stammt aus der brasilianischen Zeitung »O Globo« vom 15. Februar 1966; die Zeichnung rekonstruiert eine Mordaktion gegen ein Dorf der Cintas Largas.

»Er hängte die Indianerin mit dem Kopf nach unten an einem Baum auf, die Beine auseinander, und hieb sie mit seiner Machete von oben nach unten in zwei Hälften. Fast mit einem einzigen Schnitt, möchte ich sagen. Wie in einem Schlachthaus war die Erde im ganzen Dorf blutbespritzt. Wir warfen die Leichen in den Fluß ...«

Brasiliens Regierung prangerte diese Greuel erst nach Bekanntwerden derselben in der in- und ausländischen Presse an, konnte aber weitere Einzelaktionen von Landsuchern gegen Indianer nicht verhindern. Wo sie noch nicht ausgerottet waren, stellten gelegentliche Untersuchungen, die in den letzten Jahren erfolgten, immer noch Hunger und ständige Ausbeutung durch die Weißen fest. 1970 ließ die brasilianische Regierung eine Selbstschutz-Truppe aus ausgesuchten Indianern zusammenstellen, die aus den verschiedensten noch lebenden Stämmen kommen. Die ersten ausgebildeten Indianer-Polizisten wurden inzwischen zu ihren Stämmen zurückgeschickt, um dort für die Einhaltung der Gesetze zu sorgen und um das Eindringen Weißer in die neu abgesteckten Indianerreservate zu verhindern. Das weitere Schicksal der brasilianischen Indianer im Mato Grosso beurteilt Norman Lewis so: »Niemand weiß genau, wie viele Stämme heute noch existieren. Es können 300 oder auch mehr sein mit einer Bevölkerung von insgesamt 50 000 Personen ...« Die Prognose des brasilianischen Völkerkundlers Darci Ribeiro: »Im Jahre 1980 wird kein einziger Indianer mehr in Brasilien am Leben sein.«

Der bereits zitierte schwedische Völkerkundler Lars Persson hat zwischen 1963 und 1969 auch in anderen südamerikanischen Ländern gelebt und auf einer Pressekonferenz im Oktober 1969 in Kopenhagen über die Ausrottung der Indios auch in diesen Ländern berichtet. Hier noch einige Auszüge aus seinem Bericht:

»In Peru flogen am 18. März 1964 um drei Uhr nachmittags zwei B-26-Bomber der peruanischen Luftwaffe über den Dschungel im östlichen Teil des Landes. Ihr Ziel waren einige Dörfer der Cocáma-Indianer in der Nähe des Yavari-Flusses. Zuerst wurden die Hütten mit Maschinengewehren beschossen, dann mit Napalmbomben in Brand gesteckt ... Die Motilones im Grenzgebiet zwischen Kolumbien und Venezuela wurden von beiden Staaten unterdrückt. Ursprünglich bestand der Stamm aus 5000 Indianern, sie waren die besten Getreidebauern weit und breit. Vor 15 Jahren lebten hier noch 1500 Motilones, heute sind es 300 ... Das Dorf, in dem ich lebte, wurde ständig von den weißen Siedlern bedroht. Wahllos töteten sie alles Wild in der Umgebung, um die Indianer auszuhungern und so zu zwingen, ihr Land aufzugeben und als unterbezahlte Knechte bei den Großgrundbesitzern zu arbeiten ...«

Verachtung und planmäßige Ausrottung der Waldindios, die sich »Aché« nennen, was soviel wie »Menschen« heißt, von den Paraguayern aber als »Guayaki«, was soviel wie »tollwütige Ratten« bedeutet, genannt werden, ist seit Jahren auch das Schicksal der nicht »zivilisierten« Indianer im Staate des Diktators Stroessner. Die Zukunft der Indianer in Südamerika paßt also ins Bild des immer ärmer werdenden Halbkontinents. Den Urwaldindios droht noch heute nach wie vor Sklaverei oder Ausrottung, die »zivilisierten« Indianer vegetieren weiterhin in Hunger und Armut dahin.

Dieses Foto stammt ebenfalls aus der brasilianischen Zeitung »O Globo«. Es zeigt, wie die Indianermörder eine junge Indianerin an den Füßen aufhängen, um sie dann mit einer Machete in der Mitte durchzuhacken.

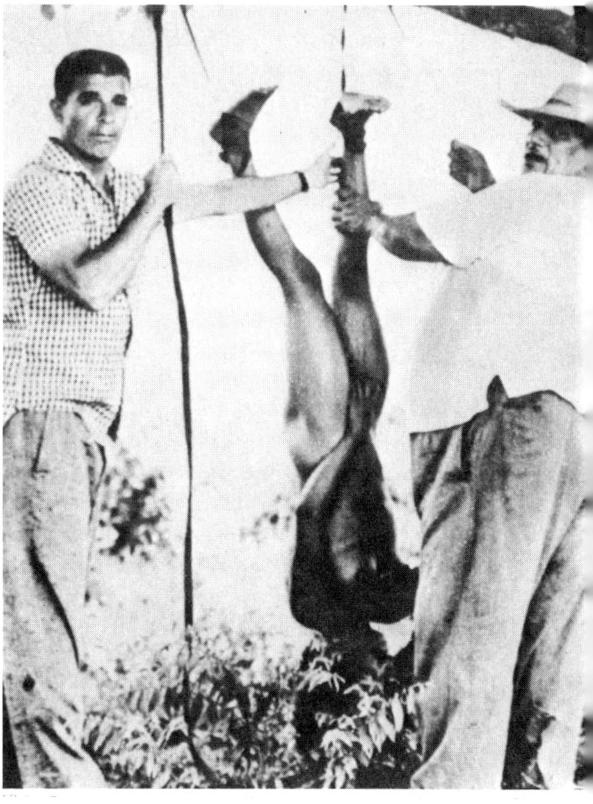

»Es ist falsch zu töten, aber hier tue ich es Tag für Tag«

Franzosen, Amerikaner, Vietcong, Süd- und Nordvietnamesen und ihre Opfer — Kriegsverbrechen in Indochina von 1946 bis 1973

1946
»Haiphong-Zwischenfall«: Franzosen demonstrieren ihre Stärke durch einen Feuerüberfall: 6000 tote Zivilisten

1954
Der Fall von Dien Bien Phu. Im Genfer Indochina-Abkommen wird Vietnam in Nord und Süd geteilt

1955
Eine amerikanische »militärische Beistandsgruppe« beginnt mit der Ausbildung der Armee Südvietnams

1960
Die Vietcong-Guerillas schließen sich zur Nationalen Befreiungsfront zusammen

1963
Buddhistenverfolgungen in Südvietnam

1964
US-Präsident Johnson befiehlt erste Luftangriffe auf Nordvietnam — Morde an Bürgerrechtskämpfern in USA

1965
Amerikanische Bomber bombardieren irrtümlich ein »befreundetes Dorf«: 48 Tote, 55 Verwundete — Bürgerrechtsmärsche von 25 000 Menschen in Alabama/USA

1967
Im Bombenhagel auf Lang Vei sterben mehr als 100 Vietnamesen

1968
My-Lai-Massaker: Überlebende vermissen 567 Mitbürger, die Amerikaner schätzen nur 100 bis 370 Tote — Kommunistische Massenmorde im zeitweilig besetzten Hué — Martin Luther King (4. April) und Robert Kennedy (12. Juni) ermordet

1970
Erste Berichte über die »Tigerkäfige« auf der südvietnamesischen KZ-Insel Con Son

1972
Schwerste US-Bombenteppiche auf Gebiete um Hanoi und Haiphong

1973
Waffenstillstandsabkommen von Paris. Abzug der Amerikaner. Gefangenenaustausch. Der Krieg in Laos und Kambodscha geht weiter

6000 unschuldige Zivilisten im Vietnamesenviertel der Hafenstadt Haiphong waren die ersten Opfer des Krieges in Indochina. Ein fürchterliches Blutbad war der grausige Auftakt zu diesem »schmutzigen« Krieg, der heute noch täglich neue unschuldige Opfer fordert. Was heute in Kambodscha der Feuersturm der amerikanischen Kampfbomber, die täglich bis zu 250 Einsätze fliegen, an »hohen Ver-

30 Jahre lang lebten in Vietnam die Menschen unter dem Terror eines mörderischen Krieges, der bis zum Waffenstillstand im Januar 1973 über zwei Millionen Tote forderte, von denen mehr als die Hälfte nicht bei Kampfhandlungen getötet wurde. Im Bild bedroht ein amerikanischer GI eine als Vietcong verdächtigte Vietnamesin.

lusten unter der Zivilbevölkerung« verursacht, bewirkten damals, am 23. November 1946, die 15,2-cm-Geschütze des französischen Kreuzers »Suffren«. Mitten im Frieden jagten die Geschützbedienungen befehlsgemäß Breitseite auf Breitseite in das Menschengewimmel einer großen Flüchtlingskolonne von Zivilisten, die sich vor einer lediglich angedrohten Vergeltungsaktion der Franzosen in Sicherheit bringen wollten. Diese Aktion hielt der Oberkommandierende der französischen Truppen in Indochina für notwendig, »um den Vietnamesen eine Lektion zu erteilen« und im Vertrauen auf die bewährte alte Kanonenboot-Diplomatie der alten Kolonialherren ihre Stärke zu demonstrieren. Dem brutalen Exempel, das die Franzosen statuierten, ging bei einer Schmuggel-Kontrolle eine Schießerei zwischen französischer Militärpolizei und vietnamesischer Miliz der von Ho Chi Minh am 2. September 1945 proklamierten »Demokratischen Republik Vietnam« voraus.

Die Demonstration der Franzosen hatte ihre Wirkung – allerdings eine andere, als man sich in Paris und Saigon erhofft hatte: Tausende empörter Vietnamesen solidarisierten sich mit dem von Ho Chi Minh propagierten Befreiungskampf angesichts des eklatanten Vertragsbruchs der Franzosen, die ja noch am 6. März 1946 mit Ho Chi Minh ein Abkommen über die Unabhängigkeit Vietnams abgeschlossen hatten. Am 19. Dezember 1946, drei Wochen nach dem Massaker, das als »Haiphong-Zwischenfall« in die Geschichte eingegangen ist, schickte General Giap, der Schöpfer der noch jungen Vietminh-Befreiungsarmee, zum erstenmal seine Soldaten gegen die »kapitalistischen Kolonialherren« – im ersten Indochinakrieg bis 1954 gegen die Franzosen, dann ab 1961 gegen die sich immer stärker engagierenden Amerikaner.

Der Terror und Gegenterror zwischen Vietcong, Amerikanern, Süd- und Nordvietnamesen, deren Krieg ohne Rücksicht auf die Zivilbevölkerung geführt wurde, forderte bis zum Januar 1973 insgesamt über zwei Millionen Tote, von denen mehr als die Hälfte nicht bei Kampfhandlungen getötet wurde. Diese Opfer unter Zivilisten setzen sich nach amerikanischen Schätzungen von 1961 bis 1973 zusammen aus etwa einer Million Südvietnamesen, rund 100 000 Nordvietnamesen, 250 000 Kambodschanern, etwa 50 000 Laoten und etwa 10 000 Amerikanern. Die Zahl der Flüchtlinge in ganz Indochina wurde nach dem Abschluß des Waffenstillstandsabkommens mit insgesamt elf Millionen angegeben, davon allein acht Millionen in Südvietnam. Ungezählt blieben die Millionen von Verwundeten, Witwen, Waisen und vor allem die zahllosen Opfer des politischen Terrors zwischen den Fronten der ideologischen und psychologischen Kriegführung, die Opfer von Kriegsverbrechen hinter allen Fronten, die Opfer von religiösem Fanatismus als Folge des Krieges (beispielsweise die Opfer der Buddhistenverfolgungen unter dem katholischen Präsidenten Diem in Südvietnam) oder die in den Gefangenenlagern des südvietnamesischen Staates schon zu Tode gefolterten und noch heute dort täglich unmenschlich geschundenen »politischen« Gefangenen.

Ein amerikanischer Soldat schrieb im Mai 1969 an seine Mutter in Richmond/Kalifornien unter anderen diese Zeilen:

»Liebe Mutter,

wie geht es Dir. Ich hoffe gut. Ich weiß nicht, wie es mir selber geht. Ich mußte heute drei Frauen töten und mit ansehen, wie ein Baby erschossen wurde. Mutter, ich konnte nichts dafür. Ich wollte sie nicht töten. Aber ich konnte nicht anders. Es war töten oder getötet werden. Die eine Frau hatte ein Gewehr, und die anderen beiden hatten große Buschmesser. Eine der Frauen hatte ein Baby auf dem Rücken. Ich verbrannte die Leichen der Frauen. Der Kommandeur unserer Kompanie sagte mir, ich sollte das Baby töten. Ich sah auf das Baby, das vor mir auf der Erde lag und nach seiner Mutter schrie, die ich gerade getötet hatte und deren Leiche ich verbrannte. Ich hob mein Gewehr, um das Baby zu erschießen, aber ich konnte nicht abdrücken. Da hat ein anderer es getan und den ganzen Kopf des Babys weggeschossen. Das Kind lag da und war ganz klein und hilflos und harmlos. Sie haben es dann ins Feuer geworfen und verbrannt.

Das alles hat mich so mitgenommen, daß ich weinte und mich übergeben mußte. Ich kann das Gesicht des Babys nicht vergessen. Mutter, wenn ich jemanden töte, der versucht, mich zu töten, dann ist das eine Sache, aber ein hilfloses Baby abzuschießen, das ist ganz verflucht was anderes. Ich kann nicht schlafen und nicht essen. Ich versuche die ganze Zeit, mir einzureden, daß das alles nicht passiert ist, aber ich weiß jede Minute, daß es doch geschehen ist. Es macht mich völlig fertig, nur daran zu denken. Mutter, ich bin ein gekaufter Killer! Ich bin in dem Glauben aufgewachsen, daß es falsch ist zu töten, aber hier tue ich es Tag für Tag. Ich versuche wegzulaufen, aber es gibt keinen Ort, wo ich hin kann. Ich kann einfach nicht weg. Mutter, hilf mir, das alles zu verstehen . . .«

Nicht alle US-Soldaten zeigten Gewissensbisse, zum Beispiel nicht Leutnant Calley, seine Vorgesetzten und einige seiner Kameraden, als sie am 16. März 1968 in My Lai mehrere hundert vietnamesische Zivilisten, meist Frauen und Kinder, gnadenlos erschossen, um einen »Auftrag« auszuführen, dessen »Aufgabe« darin bestand, in einem »blitzschnellen Angriff alles unschädlich zu machen . . . Alles zu killen!« (Calley).
Der Fotograf Ronald Haeberle, der »als Soldat meine Kameraden nicht beim Töten fotografieren wollte« und dann die um die ganze Welt gegangenen Fotos »ihrer Opfer« machte, berichtete als Augenzeuge über das Massaker in My Lai:

»Wir waren noch außerhalb des Dorfes. In etwa 100 Meter Entfernung sah ich 15 Vietnamesen – darunter Frauen und Kinder – auf einem Feldweg. Plötzlich eröffneten die Soldaten mit ihren M-16-Schnellfeuergewehren und Granatgewehren vom Typ M-79 das Feuer auf die Gruppe. Zu meiner Rechten lief eine Frau, die aus der Deckung zu kommen schien. Erst schoß nur ein GI auf sie. Dann feuerten alle Soldaten. Sie zielten auf ihren Kopf. Die Knochensplitter flogen durch die Luft. Noch nie zuvor hatte ich gesehen, daß Amerikaner gezielt auf unbewaffnete Zivilisten schossen . . . Ich sehe noch zwei kleine Jungen vor mir, der eine vielleicht drei, der andere sechs Jahre alt. Ein Kerl schoß mit einem M-16 auf sie. Der größere Junge warf sich schützend auf seinen kleineren Bruder. Der Soldat feuerte eine Leuchtpatrone in sie hinein, ihre Spitze schien im Fleisch des älteren Jungen zu brennen. Der Mann pumpte sechs weitere Schüsse in die Kinder und ließ sie liegen . . .«

My Lai, 16. März 1968: »Ich sehe noch zwei kleine Jungen vor mir, der eine vielleicht drei, der andere sechs Jahre alt. Ein Kerl schoß mit einem M-16 auf sie. Der größere Junge warf sich schützend auf seinen kleineren Bruder . . .«, kommentierte Augenzeuge und Fotograf Ronald Haeberle eines seiner Fotos.

Zur gleichen Zeit analysierten in den Vereinigten Staaten Politiker und Bürgerrechtler, Weiße und Farbige, den »heißen Sommer« des vergangenen Jahres 1967 mit seinen blutigen Rassenunruhen, der den zweiten Bürgerkrieg Amerikas im eigenen Land einleitete und Hunderten von Menschen, schwarzen und weißen Amerikanern, das Leben nahm. Die Politiker schrieben in dem Bericht: »Es ist an der Zeit, Zerstörungen und Gewalt einzustellen ...« Wenige Wochen später, drei Wochen nach dem Massaker von My Lai, wurden in den Vereinigten Staaten zwei Männer ermordet, die leidenschaftlich gegen Rassismus und Gewalt ihre Stimme erhoben hatten: Martin Luther King und Robert Kennedy. Der letztere war ebenso leidenschaftlich engagiert als Kritiker der amerikanischen Vietnampolitik. Eine Minderheit forderte den totalen Krieg in Vietnam, eine Mehrheit wollte aus dem Teufelskreis von Krieg und Eskalation des Schreckens heraus. Die Minderheit setzte sich durch. Der Schrecken in Vietnam ging weiter.
Grauen packt uns beim Lesen dieser Zeilen eines Dokuments aus dem Russel-Sartre-Bericht »Das Vietnam-Tribunal«, ein Auszug aus einem Augenzeugenbericht über die Methoden amerikanischer Spezialeinheiten beim Verhör gefangener Vietcong:

»... richtete ein Soldat ein Gewehr auf eine Frau und schoß sie nieder. Ein Mann mit gebrochenem Bein wurde herangeschleppt ... begann der Chef des ›Einschüchterungskommandos‹ ihn zu verhören ... während ein Soldat sein gebrochenes Bein mit Fußtritten malträtierte ..., daß schließlich der Knochen zum Vorschein kam. Ein Leutnant zog ein Messer, eine Waffe, die alle amerikanischen Marines bei sich tragen und die sich besonders bei den Spezialeinheiten großer Beliebtheit erfreut. Der Leutnant ... machte sich ein Vergnügen daraus ... Linien über Brust und Bauch des Vietnamesen zu zeichnen, ohne das Fleisch tief aufzuschneiden ... schließlich ... streckte ein Messerstich ihn zu Boden. Das ... Messer ... grub sich tief in den Körper ein und durchbohrte den Magen. Dann sprang ein anderer Kompaniechef auf das arme Opfer, das schon im Sterben lag, und tobte sich an ihm aus. Er riß ihm die Gallenblase heraus und schwang sie wie eine Trophäe über den Kopf seines Opfers. Wochen später trug er sie noch immer in einem kleinen Plastikbeutel wie einen Talisman um den Hals ...«

Terroraktionen der Nordvietnamesen zielten in erster Linie auf die Einschüchterung der neutralen ländlichen Bevölkerung, damit diese nicht mit der Regierung in Saigon zusammenarbeitet. Als diese Aktionen aber in Massenhinrichtungen ausarteten, wie etwa während der zeitweiligen Besetzung von Hué im Frühjahr 1968 durch die Truppen von General Giap, zerstörten solche Vorfälle die Vorstellungen vieler neutraler Beobachter, daß die Vietcong-Bewegung sich auf das ganze vietnamesische Volk stützen würde. Der Korrespondent der »Neuen Zürcher Zeitung« berichtete am 30. April 1968 aus Saigon:

»Vor einigen Wochen vorgenommene Schätzungen des Ausmaßes der während der kommunistischen Besetzung Hués von nordvietnamesischen Truppen und dem Vietcong durchgeführten Hinrichtungen scheinen sich als bedeutend zu niedrig zu erweisen. Gemäß dem heute von alliierter Seite veröffentlichten Ergebnis einer von mehreren zivilen und militärischen Stellen veranstalteten gründlichen Untersuchung

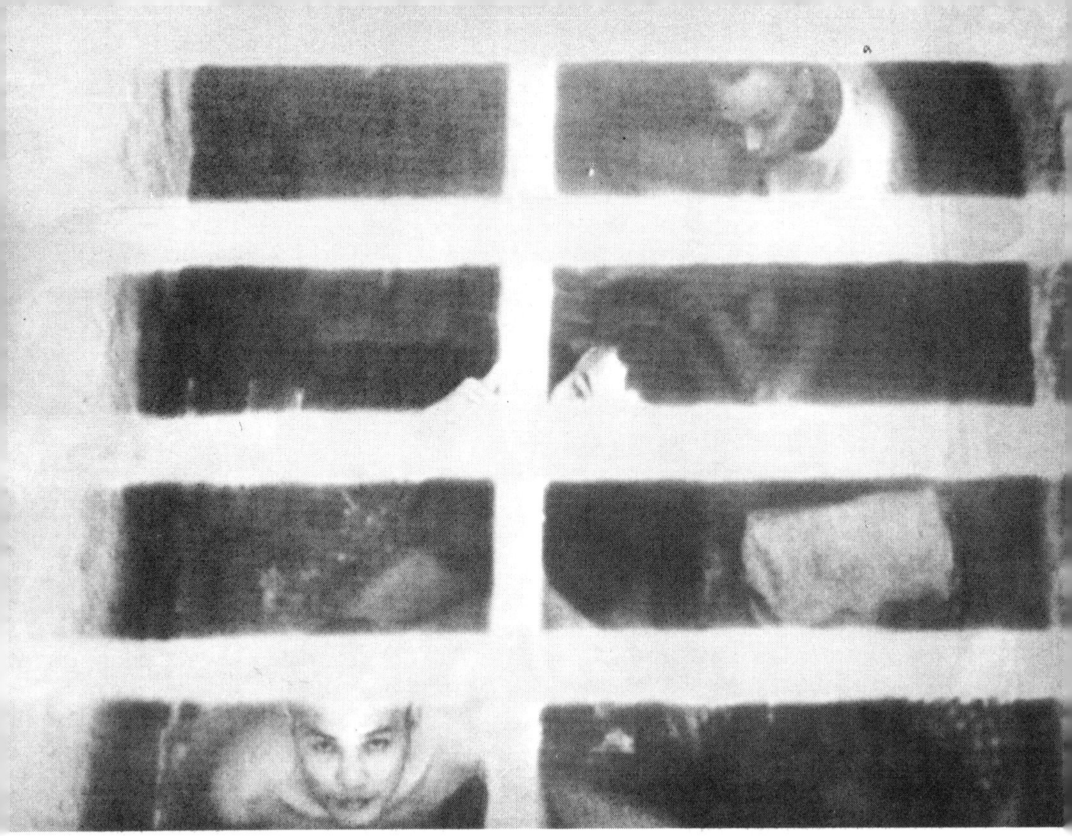

Ein »Tigerkäfig« in einem südvietnamesischen KZ-Lager: 2,70 mal 1,50 Meter groß sind die Löcher, in denen, nach oben durch Gitter abgeschlossen, bis zu fünf Gefangene weder stehen noch liegen können und — zwischen ihren Exkrementen angekettet — in hockender Stellung dahinvegetieren.

beläuft sich die Zahl der Opfer auf über 1000. Massengräber wurden an 19 verschiedenen Orten entdeckt, wo je zwischen drei und über 200 Leichen gefunden wurden. Die meisten hatten die Hände hinter dem Rücken zusammengebunden. Viele sind erschossen worden, einzelne enthauptet. Es gab anscheinend auch Opfer, die lebendig begraben wurden ...«

Bevor eine internationale Überwachungskommission die südvietnamesische KZ-Insel Con Son besuchte, um die Greuelberichte über die »Tigerkäfige« zu prüfen, ließen die Behörden von Staatspräsident Thieu über 100 Gefangene laufen, die dort mehrere Jahre hindurch eine sogenannte »politische Umerziehung« überlebt hatten. Entlassen wurden menschliche Kreaturen, die man nach den Worten eines »Time«-Korrespondenten »nicht mehr als Menschen bezeichnen kann«: verkrüppelte Gestalten, die sich nur noch auf allen vieren vorwärtsbewegen konnten, weil sie zu entkräftet waren oder wegen zerschlagener Glieder nicht mehr gehen und stehen konnten.
Zwei junge Franzosen, die im November 1972 aus einem südvietnamesischen Gefängnis nach Hause entlassen wurden, berichteten im Februar 1973 gegenüber den Reportern der französischen Wochenzeitschrift »Le nouvel Observateur« über

die Hölle in den Gefängnissen Südvietnams. André Menras, 23 Jahre alt, und Jean-Pierre Debris, 24 Jahre alt, waren 1968 nach Vietnam gegangen, um dort am Lyzeum Blaise-Pascal in Da Nang ihren Militärdienst abzuleisten. Sie sahen in ihrer Freizeit den Terror, die Hoffnungslosigkeit, das zerstörte Land und die apathische Bevölkerung und protestierten aus persönlichem Engagement zuerst mit selbstverfaßten Flugblättern, dann mit einer Vietcong-Fahne, die sie als Ausländer am 25. Juli 1970 mitten in Saigon auf der Statue für die südvietnamesischen »Marines« vor dem Gebäude der Nationalversammlung hißten. Die Folge war ein Volksauflauf und der Zusammenbruch des Verkehrs. Dann wurden sie von vietnamesischer Geheimpolizei abgeführt, verhört, als kommunistische Agenten verdächtigt und schließlich in das Gefängnis eingeliefert.
Einer der jungen Franzosen erzählte von einem vietnamesischen Mitgefangenen:

»Ich habe ihn zuerst im Hof gesehen. Er war gelähmt. Man hatte ihm die Kniegelenke gebrochen. Wenn man schlägt, dann immer auf die Knie, die Knöchel und die Schulterblätter und auch auf den Kopf. Sie wollen, daß der Mensch nicht mehr funktioniert ... Er war in Zelle OB 1 uns gegenüber, ein Stockwerk tiefer, mit 24 anderen politischen Häftlingen. Von ihnen waren 23 tuberkulös, darunter Phoung. Man schlägt ihnen auf die Brust, bis sie Blut spucken, dann steckt man sie in feuchte Zellen. Zum Essen bekommen sie ein Stück Brot und manchmal einen Zipfel verdorbenen Fleisches. Auf diese Weise wurden viele tuberkulös. Phoung war ein Bauernsohn aus Vinh Long im Delta. Er hatte nie die Schule besucht. Er war als Verdächtiger in seinem Dorf festgenommen worden. Man hatte ihn verhört, gefoltert, dann nach Saigon geschickt. Neue Verhöre, neue Folterungen. Dort hat man ihm die Knie gebrochen. Dann wurde er nach Poulo-Condor geschickt, in die berüchtigten ›Tigerkäfige‹. Man hat behauptet, daß sie seit dem Besuch einer amerikanischen Kommission nicht mehr existieren. Wir haben Haufen von Gefangenen gesehen, die von dort zurückgekehrt waren: Die Käfige sind neu gebaut worden, noch schlimmer als früher, noch kleiner. Drei oder fünf Gefangene sind in jedem Käfig. Sie können weder gemeinsam stehen noch sich hinlegen. Sie machen sich der Reihe nach lang, während die anderen hocken. Sie bekommen täglich 400 Gramm Reis und eine Handvoll Salz ...
Aber das Schlimmste ist die Krankheit. Ohne Pflege, das bedeutet Vernichtung. Mehr noch, man versucht psychologisch auszurotten. Man verlangt von den Häftlingen, jeden Morgen um 6.30 Uhr vor der Saigoner Flagge zu salutieren. In unserem Gefängnis zwang man jeden zum Strammstehen in der Zelle. Wir haben uns geweigert, sie haben nicht darauf bestanden. Aber wenn ein Vietnamese sich weigert, dem der Wächter ›Stillgestanden‹ zubrüllt, dann prügelt man ihn mit dem Gummiknüppel zu Tode. Wenn er am nächsten Morgen noch lebt und sich beharrlich zeigt, wird er als ›verstockt‹ klassifiziert und in einer lichtlosen Spezialzelle in Ketten gelegt ...«

Als Bundespräsident Heinemann am 10. April 1973 aus Rücksicht auf Staatsräson und Bündnisinteressen den Präsidenten Südvietnams, Thieu, in Bonn empfangen mußte und ihm über eine Stunde lang eindringliche Vorhaltungen wegen der

Folterungen in den Gefängnissen seines Landes machte, wollte Thieu solche Berichte nicht wahrhaben.
Menras und Debris erzählten auch, wie sie versucht haben, ihre Schicksalsgenossen vor der Deportation zu retten:

»Die Chefs hatten uns im Hof isoliert, alle Türen waren geschlossen. Wortlos beschlossen wir, uns nicht zu rühren, um zu versuchen, die Deportation unserer Freunde zu verhindern und um anwesend zu sein, wenn sie geschlagen würden. Diese hatten beschlossen, sich nichts gefallen zu lassen, sie hatten Wasser gekocht, um es auf die Wachen zu schütten, die sie abholen kamen ... Sie waren entschlossen, der Deportation Widerstand zu leisten, denn die Deportation ist das Todesurteil. Einer der Chefs sagte zu uns: ›Der Oberst will euch sehen.‹ Wir errieten den Grund und weigerten uns zu gehen.
Dann haben sie über Lautsprecher in voller Lautstärke amerikanische Musik gespielt. Jedesmal, wenn sie das tun, wenden sie die Gummiknüppel an, und es geschieht, um die Schreie der Gefangenen zu übertönen. Etwa 40 Kapos mit Knüppeln, Handschellen und Fahrradketten kamen und gingen in Richtung OB 1. Wir haben versucht, sie zu hindern. André hat Schläge mit dem Gummiknüppel bekommen ... Schließlich haben sie uns Handschellen angelegt und uns bei den Füßen gepackt. Wir wurden über die Treppe gezogen, so daß der Kopf an jeder Stufe anschlug ... Die Kapos haben OB 1 mit Gasgranaten angegriffen. Das brennt auf der Haut und in den Augen, und man wird bewußtlos ... Unsere Freunde wurden aufgeladen, in Ketten gelegt und nach Poulo-Condor deportiert. Wir haben sie nie wiedergesehen ...«

Der Fotograf dieses Bildes aus Kambodscha berichtete am 5. Juli 1973, daß kambodschanische Regierungssoldaten Gefangene der roten Khmer enthauptet hätten, um ihnen den Bauch aufzuschlitzen und die Leber zu verzehren.

Unter den Deportierten war auch Andrés Freund Phoung. Über ihn hörte er später von einem wieder zurückverlegten Gefangenen, welches Schicksal Phoung als einer unter vielen anderen unbekannten Gefangenen erleiden mußte:

»Er (Phoung) kam ins Lager 7 auf Poulo-Condor. Die Kapos haben Schlüssel für alle Zellen. Sie nehmen Heroin. Jeden Abend suchen sie sich einen Gefangenen aus, den sie zum Vergnügen prügeln. Wenn Sie sich in der Nacht nähern, dann muß man schreien, alle Gefangenen schreien dann mit, und die Kapos sind gezwungen, mit dem Schlagen aufzuhören. Sie haben geschlagen, geschlagen, vor allem auf den Kopf. Jetzt ist er umnachtet, er ist irre ... Er ist verrückt ...«

An dieser Stelle konnte André Menras nicht mehr weitersprechen, er weinte.
Nach einem im Juni 1973 erschienenen Weißbuch über Südvietnam sind in den Gefängnissen Südvietnams noch 94 000 politische Gefangene inhaftiert.

»Der religiöse Abscheu im Bund mit der Furie des nationalen Hasses«

Irische Katholiken und Protestanten, Mitglieder der IRA und der UFF sowie britische Soldaten — Nordirland seit dem 12. Jahrhundert

1171
Heinrich II. erobert Irland, das ihm Papst Hadrian IV. zum Lehen gegeben hatte

1601
Elizabeth I. führt die englische Kirchenverfassung in Irland ein

1641
Irische Massenmorde an englischen Siedlern und Herren in Nordirland

1649/1650
Cromwell siegt im Bürgerkrieg und unterwirft Irland in blutigen Massakern

1689
Irland schließt sich Jakob II. an, der vor Wilhelm von Oranien nach Irland geflohen ist. Entsetzung der von Iren belagerten britischen Kolonistenstadt Derry durch die Engländer. Seitdem wird am 1. August von der protestantischen Bevölkerung von Londonderry (vorher Derry) der »Orange Day« gefeiert

1789
Ein von Protestanten geführter Aufstand gegen die Engländer niedergeschlagen

1800
Anschluß des irischen Parlaments an das von Großbritannien

1861
Ein von irischen Auswanderern in den USA gegründeter Geheimbund (Fenier) kämpft in Irland gegen die Engländer

1916
Ausrufung der irischen Republik

1920
Dominion-Status für Irland. Nordirland (Ulster) und Südirland (Freistaat »Irland« ab 1922) getrennt

1949
Irland tritt aus dem Commonwealth aus

1968
Erste Gewalttaten in Nordirland zwischen Katholiken und Protestanten

1969
Die Polizei in Belfast und Londonderry verliert die Kontrolle über die Gewaltakte. Premier Chichester-Clark ruft britische Soldaten zu Hilfe

1971
Seit zwei Jahren anhaltender Bürgerkrieg in Nordirland

1972
»Blutsonntag« von Londonderry (30. Januar). Bombenexplosionen in Belfast. Generalstreik. Nordirland-Gesetz (Übernahme in englische Verwaltung). Irlands Anti-IRA-Gesetz (Dezember)

1973
Generalstreik (Februar). IRA-Bombenanschläge in London. »Weißbuch« (Beibehaltung des Status quo). Mord an Oppositionspolitiker Wilson in Belfast. Der Terror greift auf England über.

Die Gewaltherrschaft der Engländer über die von den Kelten abstammenden Iren begann im 12. Jahrhundert. Die englischen Könige begründeten sie mit dem Argument, daß von der Grünen Insel aus jederzeit eine Kontinentalmacht England von der Flanke her angreifen könnte. Aber die Iren ließen sich von Anfang an weder die Herrschaft durch fremdes Blut und fremde Sprache gefallen, sie wehrten sich auch mit Erfolg dagegen, britische Protestanten zu werden. Und die englischen Grundbesitzer, die das Land ausbeuteten, trugen in den folgenden Jahrhunderten dazu bei, den Widerstandswillen der Iren wachzuhalten. Ständige Revolten, die immer wieder aufflackerten und von den Engländern blutig niedergeschlagen wurden, markierten schon die ersten drei Jahrhunderte der Geschichte Irlands unter den englischen Königen.
Zwar erreichte »Blaubart« Heinrich VIII. im Jahr 1539, daß er als Oberhaupt auch der irischen Kirche anerkannt wurde und der kirchliche Zehnte von dort in seine Kasse floß, er konnte aber den irischen Katholizismus ebensowenig ausrotten, wie die Einführung der englischen Kirchenverfassung in Irland im Jahr 1601 unter Königin Elisabeth I. die irischen Katholiken nur noch mehr zum Kampf gegen die englischen Herren aufstachelte. Diese legten ihrerseits immer mehr Haß und Brutalität bei ihren Aktionen gegen irische Aufständische an den Tag. 1575 metzelten sie unter dem Kommando des Earl von Essex zum Beispiel auf der Insel Rathlin vor der nördlichen Küste Nordirlands gnadenlos 600 sich dort versteckt haltende Rebellen mit Frauen und Kindern nieder. Und dies war unter Elisabeths Regierungszeit keineswegs das einzige Massaker. Der englische Historiker Froude (1818 bis 1894) notierte, daß »einen Irländer zu töten nicht mehr erachtet wurde, als wenn man einen tollwütigen Hund getötet hätte«.
Im Zeitalter der Glaubenskriege des 16. und 17. Jahrhunderts in Europa brach sich der Regilionsfanatismus nach dem Vorbild der Pariser Bartholomäusnacht auch in Irland seine Bahnen. Das Land wurde im Herbst 1641 in ein einziges Chaos gestürzt. Die Landbevölkerung und die hungrigen und geknechteten besitzlosen Massen erhoben sich gegen den Landadel, die Grundbesitzer und Protestanten und nahmen erneut für die jahrhundertelange englische Unterdrückung grausame Rache. Die gejagten Besitzenden und Protestanten flüchteten in die wenigen Garnisonsstädte. Wer sie nicht rechtzeitig erreichte, fiel den wilden Haufen der irischen Bauern in die Hände. Der Historiker Leopold von Ranke (1795 bis 1886) schrieb zwei Jahrhunderte später über die Ereignisse von 1641:

»Aber wer vermöchte die Wut und ihre Greuel zu schildern, die sonst weit und breit in dem offenen Land über die Unbeschützten und Waffenlosen hereinbrachen. Viele Tausende sind umgekommen; ihre Leichen erfüllten das Land und dienten den Geiern zum Fraß ... Der religiöse Abscheu trat in einen scheußlichen Bund mit der Furie des nationalen Hasses. Die Motive der Sizilianischen Vesper durchdrangen sich mit denen der Bartholomäusnacht.«

Die Regierung in London antwortete wie gewohnt. In weiten Landstrichen wurde die allgemeine Niedermetzelung der männlichen Einwohner und die völlige Verwüstung des Landes proklamiert und praktiziert.

Irland, 1641: Die irische Landbevölkerung, hungrige und geknechtete Menschen, erhebt sich gegen ihre englischen Unterdrücker und nimmt grausame Rache für jahrhundertelange Bevormundung. Auch damals schon waren die Iren in der Mehrzahl katholisch und die englischen Siedler, die sie massakrierten, protestantisch. (Holzschnitt aus dem 19. Jahrhundert.)

Über 300 Jahre nach den Massenmorden von 1641 stellte der nordirische Schriftsteller Andrew Boyd fest: »In Irland wird religiöser Fanatismus erbarmungslos wie eine Erbkrankheit weitergegeben.«

Drei Jahrhunderte lang rebellierten die Iren immer wieder gegen England, brachen blutige Bürgerkriege aus, und viele Iren verließen nach der großen Hungersnot im 19. Jahrhundert ihre Heimat. 1920 wurden Nord- und Südirland getrennt, der Süden trat 1949 aus dem britischen Commonwealth aus, der Norden (Ulster) kämpft heute noch um seine Freiheit.

Seit Mitte der sechziger Jahre unseres Jahrhunderts hatten sich die Katholiken Nordirlands zu einer Bürgerrechtsbewegung zusammengeschlossen, die zuerst friedlich um die in Nordirland verweigerten Grundrechte kämpfen wollte. Ab 1969 aber führte dann der jahrhundertealte Haß zwischen Iren und Engländern, zwischen verarmten und verelendeten nordirischen Katholiken und schamlos privilegierten nordirischen Protestanten, zu einem wahnwitzigen Bürgerkrieg am Rande von Europa, der immer noch andauert. So konnte am 30. Januar 1972 in Londonderry in Nordirland geschehen, was der italienische Journalist Fulvio Grimaldi als Augenzeuge sah: »Sie sprangen von ihren Wagen und schossen mit unglaublicher Mordlust in die Menge . . .«

Die »Menge« waren singende katholische Demonstranten in der Williams Street in Londonderry, die an diesem Sonntag für den Anschluß Nordirlands an die Republik Irland auf die Straße gingen und die englischen Soldaten mit Flüchen, Steinwürfen und Molotowcocktails zu dem »mordlustigen« Schießen provozierten. Der englische Kommandeur behauptete später, daß Heckenschützen aus der Menge zuerst geschossen hätten und erst danach seine Leute »das Feuer gezielt auf bewaffnete Angreifer« eröffnet hätten. Mediziner stellten aber bei der Untersuchung der 13 Toten dieses »Blutsonntags« bei mindestens vier Leichen Schußwunden im Rücken fest. Und der katholische Priester Edward Daly erinnert sich:

»Ich habe keinen Zivilisten schießen sehen. Geschossen hat nur die Armee. Was mich am meisten entsetzte, war die Kaltblütigkeit der Fallschirmjäger. Sie lachten und machten makabre Witze, als die Menschen zu Boden gingen.«

Und ein anderer Augenzeuge:

»Ich sah, wie sich ein junger Mann, der verwundet worden war, gegen eine Mauer kauerte. Er schrie: ›Nicht schießen, nicht schießen!‹ Ein Fallschirmjäger ging auf ihn zu und feuerte aus einem Meter Entfernung. Ich sah, wie ein 15jähriger Junge sich schützend vor seine Freundin stellte und versuchte, sie in Sicherheit zu bringen: Er schwenkte ein Taschentuch, hielt seine andere Hand an die Mütze. Ein Fallschirmjäger ging auf ihn zu, schoß ihm aus einem Meter Entfernung in den Bauch . . .«

»Vergib uns, wie wir vergeben« mahnte 1969 ein Plakat an einer Hauswand in der Lord Street in Belfast. Für die Kinder Nordirlands sind bis heute Zerstörung und Tod alltäglich.

Im August 1972 beschwor der englische Journalist Charles Poolsmith einen »tristen Alltag in Irland« und schilderte eindringlich, wie britisches Militär das IRA-Viertel von Londonderry stürmte:

»Dann kommen sie von allen Seiten. Panzerspähwagen und Truppentransporter, Jeeps und die Scharfschützen der britischen Armee in ihren grün-gelb gescheckten Tarnuniformen. In der Bogside, dem katholischen Getto von Londonderry, heulen die Sirenen. Über den Dächern kreisen Hubschrauber.
In einem Vorgarten, im Schatten eines Hochhauses, das die Bogside beherrscht wie ein gigantischer Wachturm, liegen zwei junge britische Soldaten hinter einem Maschinengewehr. Der Regen hat den Ruß auf ihren Gesichtern verschmiert, der sie unkenntlich machen sollte während des Angriffs auf das Katholikenviertel. ›Sie werden später 'rauskommen und uns erledigen‹, knurrt einer der Soldaten und deutet auf die menschenleere Straße. ›Wenn wir müde werden, greifen sie uns bestimmt an‹, meint der andere. ›Wir sind schon die ganze Nacht auf den Beinen ...‹
Stets hatten die IRA-Mörder hier, in den trostlosen Slums der Bogside, Unterschlupf gefunden. Seit Jahren forderten Protestanten sowie die britische Öffentlichkeit den Sturm auf diese Bastionen des nordirischen Terrorismus. Als jetzt, gestern morgen, 2000 britische Soldaten den lange erwarteten Angriffsbefehl auf das selbsternannte Katholikengetto ›Free Derry‹ erhielten, entluden sich die aufgestauten Haßgefühle auf beiden Seiten. Zwei Stunden nach dem Sturm schlich ich mich durch die Straßen der Bogside. Noch immer prasselte der Regen auf Wege und Plätze, auf denen sich Dreck

Nach dem »Blutsonntag« von Londonderry am 30. Januar 1972: Ein britischer Soldat setzte seinen Helm ab, als in Dungiven eine Protestdemonstration wegen der Opfer von Londonderry an ihm vorbeizog.

und Ruß zu einer rutschigen Schmiere gemischt hatten. Kaum eine Fensterscheibe ist ganz geblieben, alle Läden sind geschlossen. Auf dem Dach eines der kleinen roten Ziegelhäuser liegt die Leiche eines Mannes in schwarzem Gummimantel. Seine Füße ragen über die Dachrinne. Dazwischen der Lauf eines Gewehrs. Ein einsamer IRA-Schütze, der auf die anrückenden Soldaten gefeuert hat. Niemand nimmt sich die Zeit, den Toten zu bergen. Rund um das Haus haben Schützenpanzer der britischen Armee Stellung genommen. Die Türme fest verschlossen. Einer der Hubschrauber kreist kaum 20 Meter über dem Toten, dessen Mantel sich im Rotorwind aufbläht.

Hinter den zerschossenen Fenstern des Hauses bewegt sich plötzlich ein Vorhang, ein Kopf wird sichtbar. Aus einer Ruine gegenüber springen drei britische Soldaten, die automatischen Waffen im Anschlag. Einer von ihnen feuert eine Garbe in den grauen Himmel. Der Kopf hinter dem Vorhang verschwindet. Die Soldaten nehmen ihre Helme mit dem breiten Kugelschutz ab und treten zurück in die Ruine. Zwei Stunden später holte ein Durchsuchungskommando zwei uralte Bewohner aus dem Haus. Sie wissen nicht, daß auf ihrem Dach ein Toter liegt. Sie wissen nicht einmal, warum so viele britische Soldaten in ihrem Viertel sind. Der alte Mann legt seinen Arm um die Frau, als die Soldaten die beiden in einen Jeep verfrachten. ›Warum habt ihr nur geschossen?‹ fragt er einen britischen Offizier, der ihn begleitet. ›Warum habt ihr mein Haus zerstört?‹

Der Offizier, ein Schotte, blickt noch einmal zum Dach hinauf, bevor er seinem Fahrer den Befehl gibt, die beiden Alten zum Verhör zu bringen. Der breite Kugelschutz unter seinem Helm läßt nicht erkennen, was er in diesem Augenblick denkt. Ob er sich an über 400 Tote erinnert, die seit Beginn der Unruhen erschossen wurden? Durch Bomben zerfetzt, exekutiert von militanten Mitgliedern der katholischen oder protestantischen Terrororganisationen? ...

›Die IRA schlägt zurück‹, brüllten Frauen den Briten entgegen. Und plötzlich strömten die Menschen hinaus in den Regen. Weiber umringten die Soldaten, Jugendliche gruben Steine aus dem Pflaster.

Ein Soldat wischt die Spucke aus seinem Gesicht und blickt, leise fluchend, dem jungen Mädchen nach, das verheißungsvoll lächelnd auf ihn zugegangen war. ›Englische Bastarde‹, schrien die alten Weiber, ›Schweine‹, ›Sieg-Heil‹, ›Gestapo‹. Dann fliegen die ersten Steine, und dann ist wieder trister Alltag in Nordirland ...«

Im Frühjahr 1973 zählte man in Nordirland bereits über 800 Tote, die auf beiden Seiten der Fronten erschossen wurden oder durch Bombenanschläge ums Leben kamen. Einer von ihnen, der 19 Jahre alte britische Soldat Ihrer Majestät Gary Barlow, der Anfang März 1973 in Belfast ermordet wurde, starb unter Umständen, die in einem mörderischen Fanatismus neue Akzente setzten: Gary Barlow wurde von einer Horde fanatischer Frauen mißhandelt und totgeschlagen. Der Journalist Peter Wolf berichtete:

»Sein Kopf war eine blutige Masse, Arme und Beine mehrfach gebrochen. Gary Barlow starb, bevor ihn der diensthabende Arzt untersuchen konnte. Der Tod dieses Rekruten signalisiert eine neue Phase in den blutigen Bürgerkriegswirren Nordirlands. Denn Gary Barlow wurde von Frauen mißhandelt und ermordet. Es hatte im Morgengrauen begonnen. Aus einem der tristen Häuser im Belfaster Katholikenviertel Lower Falls war ein Schuß gefallen. Eine Armeepatrouille, zwölf britische Soldaten in gepanzerten Wagen, riegelte sofort die kleine Straße ab.

In diesem Augenblick begannen die Anwohner mit ihrer ohrenbetäubenden Begleitmusik. Frauen beugten sich aus den Fenstern und trommelten mit Kochlöffeln auf die Deckel von Mülltonnen – das übliche Warnsignal der Katholiken von Belfast, wenn Soldaten in der Nähe sind.

Als die Soldaten ihre Haussuchungen begannen, war die Straße voll Menschen. Niemand seiner Kameraden bemerkte, daß der Rekrut Barlow von aufgebrachten Frauen abgedrängt wurde. In eine Häuserecke gedrängt, wurde er beschimpft, bespuckt, geschlagen, als eine der Frauen dem Soldaten ihre Handtasche über den Kopf schlug, war dies wie ein Signal zum Sturm.

Mindestens 40 Frauen stürzten sich auf den Soldaten, rissen ihn zu Boden, trampelten auf ihm herum. Plötzlich hatten einige der Angreiferinnen Gegenstände in ihren Händen. Fahrradpumpen, Schraubenzieher, Stuhlbeine,

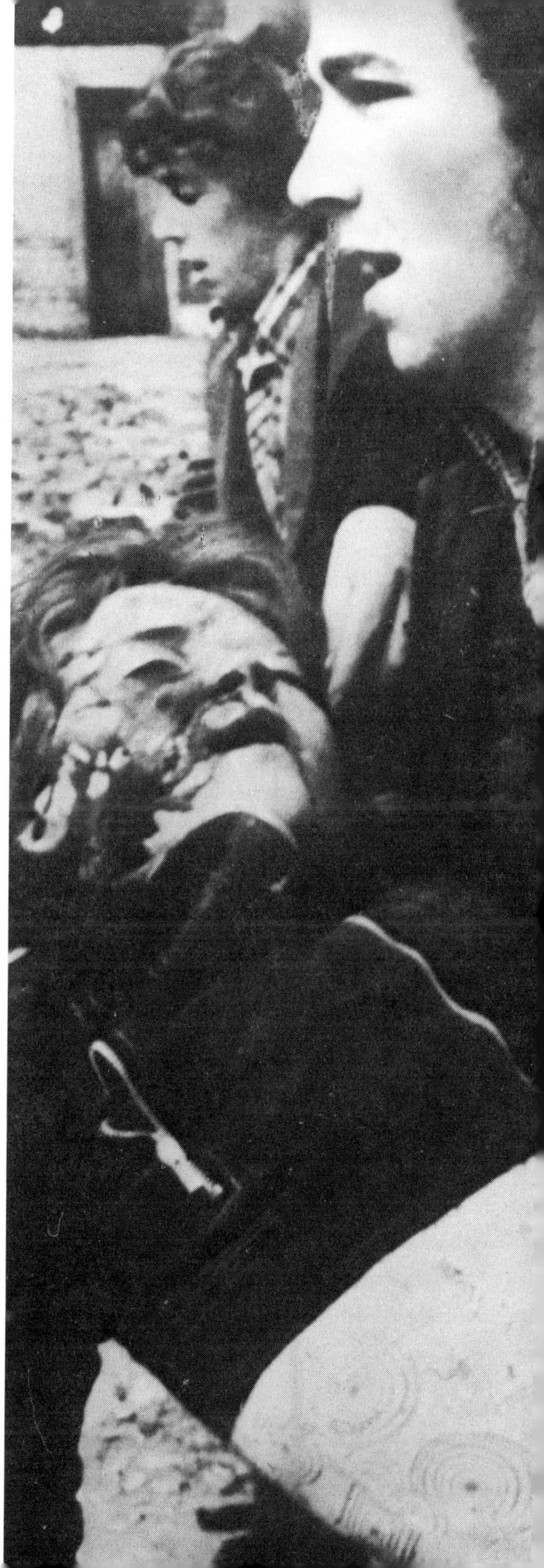

Belfast, Sonntag, den 11. Juni 1972: Eine junge Mutter trägt ihren verletzten Jungen aus der Gefahrenzone. Demonstranten hatten die »Schutzmacht« mit Flüchen und Steinwürfen provoziert. Die britischen Soldaten hatten zurückgeschossen.

Pistolen. Der Soldat hatte längst die Besinnung verloren, als ein Schuß fiel. Erst in diesem Augenblick bemerkten die anderen Soldaten, daß ihr Kamerad nicht mehr bei ihnen war. Wie in Panik stürzten die Frauen in alle Richtungen davon. Auf dem Pflaster lag Gary Barlow, regungslos. Neben ihm zwei Pistolen. Welche der rasenden Frauen den Schuß abgefeuert hatte, wird wohl nie geklärt werden.«

Ebenso bestialisch war die Ermordung des katholischen Oppositionspolitikers Paddy Wilson und seiner protestantischen Begleiterin. Wilson wurde am 26. Juni 1973 mit 30 Stichwunden in Kopf, Brust und Hals, seine Begleiterin mit den gleichen tödlichen Wunden in einem Steinbruch bei Belfast aufgefunden. Ein nordirischer Polizeioffizier sagte beim Anblick der Leichen: »Diejenigen, die das gemacht haben, sind wie Tiere. Nur eins haben sie bis jetzt nicht gewagt: ihre Opfer aufzufressen.« Eines dieser Ungeheuer hatte noch in der Mordnacht unter dem Namen »Captain Black« eine Belfaster Zeitungsredaktion angerufen: »Wir haben eben Paddy Wilson erwischt. Nach dem, was die IRA-Tiere uns angetan haben, sehen wir nicht länger zu – wir werden weiter zur Vergeltung töten.« Es war ein Auftakt zu einer Serie neuer Attentate und Morde der UFF (»Ulster Freedom Fighters«), einer protestantischen Gegenterrorbande. IRA und UFF bekämpfen sich nach wie vor auch heute noch. Der Bombenterror hält weiterhin an und fordert immer wieder neue Opfer, meist unschuldige Zivilisten und Passanten. Auch Halbwüchsige stehen in den Diensten der Terrorbanden, und die britischen Besatzungssoldaten, Gegner Nummer 1 der IRA-Terroristen, leben in Belfast noch gefährlicher als früher. Heckenschützen nehmen immer wieder ihre Patrouillen unter Beschuß. Im Jahr 1972 sollen angeblich 124 britische Soldaten nach Schweden desertiert sein; sie wollen nicht hinterrücks in einem Bürgerkrieg erschossen werden, der sie im Grunde nicht interessiert.

Eine des Terrors überdrüssig gewordene ehemalige IRA-Partisanin, Maria McGuire, beschuldigte einen der IRA-Führer des planvollen Mordes an vielen Zivilisten mit diesen Worten, die die ganze Tragik der Situation des geschlagenen Landes umreißt: »Die Ziele der Republikanischen Bewegung sind: die militärische oder wirtschaftliche Herrschaft der Briten in Irland zu brechen und eine demokratisch-sozialistische Regierung in einer wiedervereinigten Republik zu erreichen, in der die katholische Kirche dann vom Staat getrennt sein soll. Ein neues Irland. Wie aber kann man es rechtfertigen, wenn man als Werkzeug eines Mannes benutzt wird, der protestantische Bombenopfer leichthin als Fanatiker abtut, die den Tod verdient haben? Es bedeutet doch nur: daß immer mehr irisches Blut vergossen wird, um eine neue Generation heranzuziehen, die wiederum von Blut und Haß genährt ist. Irland hat schon zu viele Märtyrer ...«

LITERATUR

Alexandrow, Victor: Die Geheimnisse des Kreml. 800 Jahre Geschichte. München 1964

Alleg, Henri: Die Folter. München 1958

Arrian: Alexander des Großen Siegeszug durch Asien. Zürich 1950

Austin, Victor (Hrsg.): Der amerikanische Bürgerkrieg in Augenzeugenberichten. Düsseldorf 1963

Babinger, Franz: Mehmed der Eroberer und seine Zeit. München 1953

Bähr, Hans Walter (Hrsg.): Die Stimme des Menschen. München 1961

Barring, Ludwig: Götterspruch und Henkerhand. Bergisch-Gladbach 1967

Baschwitz, Kurt: Hexen und Hexenprozesse. München 1963

Borries, Achim von (Hrsg.): Selbstzeugnisse des deutschen Judentums 1870—1945. Frankfurt/Main 1962

Botkin, B. A.: Die Stimme des Negers. Befreite Sklaven erzählen. Hamburg 1963

Braunholtz, Elisabeth (Hrsg.): Erinnerungen aus dem Indischen Aufstand 1857/58. Hamburg 1908

Brehm, Bruno: Schatten der Macht. Graz-Wien-Stuttgart 1949

Brentjes, Burchard: Land zwischen den Strömen. Heidelberg o. J.

Brome, Vincent: Auf dem Weg zum Überfluß. Wiesbaden 1964

Brown, Dee: Begrabt mein Herz an der Biegung des Flusses. Hamburg 1972

Brown, Joe David: Indien. Time-Live International, N. V. 1968

Brune, Johannes Maria: Die Papageienschaukel. Diktatur und Folter in Brasilien. Düsseldorf 1971

Buber-Neumann, Margarete: Als Gefangene bei Stalin und Hitler. München 1958

Buchner, E.: Anno Dazumal. Bd. I. Berlin o. J.

Bühler, Johannes: Die Germanen in der Völkerwanderung. Leipzig 1922

Bukowskij, Wladimir: Opposition. Eine neue Geisteskrankheit in der Sowjetunion? München 1971

Burcardus, Johannes: Alexander VI. und sein Hof. Stuttgart o. J.

Burckhardt, Jacob: Die Kultur der Renaissance in Italien, Stuttgart 1960

Caesar, Gajus Julius: Der Gallische Krieg. Bremen 1958

Carpini, Johann de Plano: Geschichte der Mongolen und Reisebericht 1245—1247. Leipzig 1930

Cartier, Raymond: Europa erobert Amerika. München 1962

Cartier, Raymond: Peter der Große. Kaiser und Barbar. München 1964

Chambon, Joseph: Der französische Protestantismus. Sein Weg bis zur Französischen Revolution. Zollikon-Zürich 1948

Chroniken des Mittelalters: Widukind — Otto von Freising — Helmold. München 1964

Churchill, Winston S.: Geschichte. Band I bis IV. Bern 1956

Cohen/Jacopetti: Africa Addio. München 1966

Cortez, Ferdinand: Erster und Zweiter Bericht an Kaiser Karl V. über die Eroberung von Mexiko. Köln o. J.

Coudy, Julien (Hrsg.): Die Hugenottenkriege in Augenzeugenberichten. Düsseldorf 1965

Crozier, Brian: Die Rebellen. Anatomie des Aufstands. München 1961

Cumming, W. P., R. A. Skleton, D. B. Quinn: Die Entdeckung Nordamerikas. München-Gütersloh-Wien 1972

Diaz del Castillo, Bernal: Wahrhafte Geschichte der Entdeckung und Eroberung von Mexiko. Stuttgart 1965

Deschner, Karlheinz: Abermals krähte der Hahn. Eine kritische Kirchengeschichte von den Anfängen bis zu Pius XII. Stuttgart 1962

–: Das Jahrhundert der Barbarei. München 1966

Deutsch, Leo G.: Sechzehn Jahre in Sibirien. Erinnerungen eines russischen Revolutionärs. Stuttgart 1908

Dietrich, Wolfram: Simon Bolivar und die lateinamerikanischen Unabhängigkeitskriege. Hamburg 1934

Durant, Will und Ariel: Kulturgeschichte der Menschheit. 32 Bände. Lausanne o. J.

Ebrard, A.: Bilder aus dem Sevennenkrieg. Heidelberg 1879

Einhard: Vita Karoli Magni. Das Leben Karls des Großen. Stuttgart 1968

Erlanger, Philippe: Bartholomäusnacht 1572. München 1966

Eusebius: Leben Konstantins. In: Bibliothek der Kirchenväter. Kempten-München o. J.

Eustathios: Die Normannen in Thessalonike. Graz-Wien-Köln 1955

Fessler, Loren: China. Time-Life International, N. V. 1968

Ferrara, Orestes: Alexander VI. Borgia. Zürich-Stuttgart 1957

Fleming, Peter: Die Belagerung zu Peking. Stuttgart 1961

Friedell, Egon: Kulturgeschichte der Neuzeit. München o. J.

Friedenthal, Richard: Ketzer und Rebell. Jan Hus und das Jahrhundert der Revolutionskriege. München 1972

Frisch, Max: Tagebuch 1946–1949. Frankfurt/Main 1950
Frischauer, Paul: Knaurs Sittengeschichte der Welt, Bd. II. Von Rom bis zum Rokoko. Zürich 1969
Fülöp-Miller, René: Macht und Geheimnis der Jesuiten. München 1960
Furneauy, Rupert: Massacre at Amritsar. London 1963
Gosztony, Peter (Hrsg.): Der Kampf um Berlin 1945 in Augenzeugenberichten. Düsseldorf 1970
Graf, Oskar Maria: Gelächter von außen. Aus meinem Leben 1918–1933. München 1966

Hacker, Friedrich: Materialien zum Thema Aggression. Wien-München-Zürich 1972
Haenisch, Erich: Die Geheime Geschichte der Mongolen. Leipzig 1948
Heissig, Walther: Ein Volk sucht seine Geschichte. Die Mongolen und die verlorenen Dokumente ihrer großen Zeit. Düsseldorf-Wien 1964
Herodot: Historien. Stuttgart 1955
Hóman, Bálint: Geschichte des Ungarischen Mittelalters. Berlin 1943
Homeyer, H.: Attila. Der Hunnenkönig von seinen Zeitgenossen dargestellt. Berlin 1951
Horne, Alistair: Paris ist tot – es lebe Paris! München 1967
Hulsewé, A. F. P.: China im Altertum. In: Propyläen-Weltgeschichte, Bd. II: Hochkulturen des mittleren und östlichen Asiens. Berlin-Frankfurt-Wien 1962

Irving, David: Der Untergang Dresdens. Gütersloh 1964

Jacobs, Eberhard und *Eva de Vitray:* Heinrich VIII. von England in Augenzeugenberichten. Düsseldorf 1969
Jacobs, Paul, Saul Landau und *Eve Pell:* Brüder, sollen wir uns unterwerfen? Die verleugnete Geschichte Amerikas. München 1972
Jessen, Hans (Hrsg.): Der Dreißigjährige Krieg in Augenzeugenberichten. Düsseldorf 1963
– (Hrsg.): Die Deutsche Revolution 1848/49 in Augenzeugenberichten. Düsseldorf 1968
Josephus, Flavius: De Bello Judaico – Der Jüdische Krieg, 2 Bde. München 1962/63
Junghans, Helmar (Hrsg.): Die Reformation in Augenzeugenberichten. Düsseldorf 1967
Kamen, Henry: Die spanische Inquisition. München 1969
Kaulfuß-Diesch, Karl (Hrsg.): Das Buch der Reformation. Geschrieben von Mitlebenden. Leipzig 1917
Keramane, Hafid: Schwarzbuch Algerien. Hamburg 1961
Kessler, Harry Graf: Tagebücher 1918—1937. Frankfurt/Main 1961
Kinder, H. und *W. Hilgemann:* dtv-Atlas zur Weltgeschichte. Karten und chronologischer Abriß, Bde. I und II. München 1964/66
Kirsch, Hans-Christian (Hrsg.): Der spanische Bürgerkrieg in Augenzeugenberichten. Düsseldorf 1967
Kleßmann, Eckart (Hrsg.): Napoleons Rußlandfeldzug in Augenzeugenberichten. Düsseldorf 1964
– (Hrsg.): Deutschland unter Napoleon in Augenzeugenberichten. Düsseldorf 1965
Klöss, Erhard (Hrsg.): Der Luftkrieg über Deutschland 1939—1945. München 1963
Koestler, A. und andere: Ein Gott, der keiner war. München 1962
Kohn, Richard (Hrsg.): Die Russische Revolution in Augenzeugenberichten. Düsseldorf 1964
Konetzke, Richard: Entdecker und Eroberer Amerikas. Von Christoph Kolumbus bis Hernán Cortez. Frankfurt/Main 1963
Kramer, S. N.: Geschichte beginnt mit Sumer. München 1959
Krause, F. E. A.: Cingis Han. Die Geschichte seines Lebens nach den chinesischen Reichsannalen. Heidelberg 1922
Krell, Max (Hrsg.): Aus den Tagen der Schreckensherrschaft. Memoiren der Frau Roland über die Französische Revolution. Dresden 1927
Krickeberg, Walter: Altmexikanische Kulturen. Berlin 1956
Küntzel, Ulrich: Die Finanzen großer Männer. Wien-Düsseldorf 1964

Lamartine: Girondisten und Jakobiner. Übertragen und herausgegeben von Alfred Neumann. München 1947
Landauer, Gustav: Die Französische Revolution in Briefen. Hamburg 1961
Langer, Werner (Hrsg.): Briefe des alten Frankreich. Wiesbaden 1949
Las Casas, Bartholomé de: Kurzgefaßter Bericht von der Verwüstung der westindischen Länder. Frankfurt/Main 1966
Lea, Henry Charles: Geschichte der Spanischen Inquisition. Bde. I—III. Leipzig 1911/12
Leakey, L. S. B.: Mau-Mau und die Kikuyus. München 1953
Leithäuser, Joachim G. (Hrsg.): Reportagen zur Weltgeschichte. Stuttgart 1964
Leonhard, Susanne: Gestohlenes Leben. Stuttgart 1959
Lissagaray, Prosper: Geschichte der Commune von 1871. Frankfurt/Main, 1971
Ludwig, Gerhard: Massenmorde im Weltgeschehen. Stuttgart 1951

Madariaga, Salvador de: Die Erben der Conquistadoren. Das spanische Reich in Amerika. Stuttgart 1954
Mann, Golo: Deutsche Geschichte des 19. und 20. Jahrhunderts. Frankfurt/Main 1958
Mannix, Daniel P. und *Malcolm Cowley:* Black Cargoes. A History of the Altantic Slave Trade 1518–1865. New York 1962
Margaretha von Valois: Lebenserinnerungen. München 1922
Mladoniowitz, Peter von: Hus in Konstanz. Slavische Geschichtsschreiber, Bd. III. Graz-Wien-Köln 1963
Müller, Herbert J.: Geschichte ohne Mythos. Bilder vergangener Kulturen. Köln-Berlin 1965
Müller, Ulrich Friedrich (Hrsg.): Die Französische Revolution 1789–1815. Ebenhausen bei München 1961
Napoleon: Die Memoiren seines Lebens. 7 Bde. Wien-Hamburg-Zürich o. J.
Niketas Choniates: Die Kreuzfahrer erobern Konstantinopel. Byzantinische Geschichtsschreiber, Band IX. Graz-Wien-Köln 1958
Orlandi, Enzo (Hrsg.): Dschingis Khan und seine Zeit. Wiesbaden 1968
Orthbandt, Eberhard: Das deutsche Abenteuer. Baden-Baden 1960
–: Die Zeit der Staufer. Stuttgart 1965
Otten, Karl: Der schwarze Napoleon. Toussaint Louverture und der Negeraufstand auf San Domingo. 1931
Palacky, Franz: Der Mongolen-Einfall im Jahre 1241. Prag 1842
Pernou, Régine: Die Kreuzzüge in Augenzeugenberichten. Düsseldorf 1961
Pernou, Régine und *Flaissier* (Hrsg.): Die Französische Revolution in Augenzeugenberichten. Düsseldorf 1962
Pirker, Theo (Hrsg.): Die Moskauer Schauprozesse 1936–1938. München 1963
Piggott, Stuart (Hrsg.): Die Welt aus der wir kommen. Die Vorgeschichte der Menschheit. München-Zürich 1961
Pleticha, Heinrich (Hrsg.): Kulturgeschichte aus erster Hand. Würzburg 1963
Pleticha, Heinrich und *Roland Vocke* (Hrsg.): Geschichte aus erster Hand. Würzburg 1963
Plinius der Jüngere: Aus dem alten Rom. Briefe. Stuttgart 1960
Plumb, John H.: Das Große Knaur-Buch der Renaissance. München-Zürich 1962
Plutarch: Römische Heldenleben. Stuttgart 1953
Plutarch VI (48. Band): Berlin-Schöneberg 1855–1920
Pöls, Werner (Hrsg.): Historisches Lesebuch 1815–1871. Frankfurt/Main 1966
Polybios I, II, III: Berlin und Stuttgart 1855–1911
Pope-Hennessy, James: Geschäft mit schwarzer Haut. München 1970
Poturzyn, M. J. Krück von: Der Prozeß gegen die Templer. Stuttgart 1963
Prawdin, Michael: Das Reich aus dem Nichts. Stuttgart 1965
Pross, Harry: Die Zerstörung der deutschen Politik. Dokumente 1871–1933. Frankfurt/Main 1959
Prokop: Anekdota. Geheimgeschichte des Kaiserhofes von Byzanz. München 1961
–: Vandalenkrieg – Gotenkrieg. München 1966
Raumer, Kurt von: Die Zerstörung der Pfalz von 1689. München-Berlin 1930
Reischauer, Edwin O.: Die Reisen des Mönchs Ennin. Stuttgart 1963
Reed, David: 111 Tage Stanleyville. Der Aufstand der Simbas. Wien-Hamburg 1965
Rice, David Talbot (Hrsg.): Morgen des Abendlandes. Von der Antike zum Mittelalter. München-Zürich 1965
Riemschneider, M.: Die Welt der Hethiter. Stuttgart 1961
Rückkehr der Götter. Die Aufzeichnungen der Azteken über den Untergang ihres Reiches. Köln-Opladen 1962
Runciman, Steven: Die sizilianische Vesper. München 1959
Runes, Dagobert D.: Despotism. A Pictorial History of Tyranny. New York 1963
Russell, Bertrand und *Jean-Paul Sartre:* Das Vietnam-Tribunal II. Reinbek bei Hamburg 1972
Sack, John (Hrsg.): »Ich war gern in Vietnam.« Leutnant Calley berichtet. Frankfurt/Main 1972
Salimbene von Parma: Chronik. Geschichtsschreiber der deutschen Vorzeit. Bd. 94. Leipzig 1945
Schaeffner, Claude (Hrsg.): Weltgeschichte in Bildern, 24 Bde. Lausanne 1968
Scheffer, Paul: Augenzeuge im Staate Lenins. München 1972
Schendell, Werner: Wilhelm von Oranien. Befreier der Niederlande. Weimar 1950
Schmidt, Ludwig: Geschichte der Wandalen. München 1942
Schmökel, H.: Ur, Assur und Babylon. Stuttgart 1955
Schoenberner, Gerhard: Der gelbe Stern. Hamburg 1960
–: Wir haben es gesehen. Hamburg 1962
Schreiber, Hermann: Die zehn Gebote. Der Mensch und sein Recht. Wien-Düsseldorf 1962
Schüller-Piroli, Susanne: Borgia. Die Zerstörung einer Legende. Geschichte einer Dynastie. Olten-Freiburg i. Br. 1963

Schulz, Ursula (Hrsg.): Die Deutsche Arbeiterbewegung 1848–1919 in Augenzeugenberichten. Düsseldorf 1968
Schwebell, Gertrude C.: Die Geburt des modernen Japan in Augenzeugenberichten. Düsseldorf 1970
Seidensticker, Edward: Japan. Time-Life International, N. V. 1967
Shien-yen und *Karl Hinkel:* 4600 Jahre China. Göttingen 1930
Smith, Alson J.: In Preußen keine Pompadour. Wilhelm II. und die Gräfin Waldersee. Stuttgart 1965
Soden, W. von: Herrscher im Alten Orient. Berlin 1954
Sphrantzes, Georgios: Die letzten Tage von Konstantinopel. Byzantinische Geschichtsschreiber, Bd. I. Graz-Wien-Köln 1961
Spielmann, C.: Die Taiping-Revolution in China. Halle 1900
Stern, Bernhard: Russische Grausamkeit einst und jetzt. Berlin 1908
Stupperich, Robert: Geschichte der Reformation. München 1967
Suchanow, N. N.: 1917 – Tagebuch der Russischen Revolution. München 1967
Sueton: Cäsarenleben. Stuttgart 1957

Tacitus: Historien. Stuttgart 1959
Thiele, Heinz: Leben in der Gotik. München 1948
Tzenoff: Geschichte der Bulgaren und der anderen Südslaven von der römischen Eroberung der Balkanhalbinsel an bis zum Ende des neunten Jahrhunderts. Berlin-Leipzig 1935
Thomas, Hugh: Der spanische Bürgerkrieg. Berlin-Frankfurt-Wien 1961

Uskull, Boris: Armeen und Amouren. Ein Tagebuch aus napoleonischer Zeit. Reinbek bei Hamburg 1965

Valtin, Jan: Tagebuch der Hölle. Köln-Berlin 1957
Vogt, Joseph: Sklaverei und Humanität im klassischen Griechentum. Wiesbaden 1953
Volkmann, Hans: Die Massenversklavungen der Einwohner eroberter Städte in der hellenistisch-römischen Zeit. Wiesbaden 1961

Waas, Adolf: Die Bauern im Kampf um Gerechtigkeit 1300–1525. München 1964
Wahl, Rudolf: Karl der Große. Berlin 1934
Wallace, Robert: Der Aufstieg Rußlands. Zeitalter der Menschheit. Time-Life International, N. V. 1969
Warmington: Karthago. Wiesbaden 1963
Wendt, Herbert: Es begann in Babel. Rastatt 1958
Wickert, Erwin: Der Auftrag. München 1964
Wiegler, Paul: Der Antichrist. Eine Chronik des dreizehnten Jahrhunderts. Dresden o. J.
Wiltsey, N. B.: Die Herren der Prärie. Der Todeskampf der Indianer. Stuttgart 1963
Winkelmann, Eduard: Geschichte der Angelsachsen bis zum Tode König Alfreds. Berlin 1883
Wittlin, A. St.: Isabella. Begründerin der Weltmacht Spanien. Erlenbach-Zürich-Leipzig o. J.
Wolkonskij, Michael: Die ersten russischen Freiheitskämpfer des 19. Jahrhunderts: Die Dekabristen. Zürich 1946

Ziegler, Gilette: Das Schwarze Paris. Düsseldorf, 1969
– (Hrsg.): Der Hof Ludwigs XIV. in Augenzeugenberichten. Düsseldorf 1964
Zimmermanns, W.: Großer Deutscher Bauernkrieg. Hrsg. von W. Blos. Stuttgart 1891
Zwischen Rom und Byzanz: Pannonische Legende, Bulgarische Legende, Laurentius-Chronik. Slavische Geschichtsschreiber, Bd. I. Graz-Wien-Köln 1958

Abel, Friedrich, Kreuz des Südens. In: »Zeit-Magazin«, Nr. 4/1972 – »Abendzeitung«, München, 1963: 1. 7.; 1971: 24. 8.; 1972: 1. 8.; 1973: 13. 2., 6. 3., 29. 3., 16. 7. – Böhm, Wolfgang, 1572: Die Mordnacht von Sankt Bartholomä. In: »Damals«, Gießen, 4. Jahrg., Juli 1972 – Burger, Hannes, Wider welchen Teufel beten? In: »Süddeutsche Zeitung«, 21.–23. 4. 1973. – »Der Spiegel«, 1955: Nr. 42; 1956: Nr. 47; 1962: Nr. 11; 1965: Nr. 1; 1967: Nr. 33, 40; 1968: Nr. 11, 13, 19, 21, 29, 34, 36; 1969: Nr. 8, 25; 1970: Nr. 11, 12, 36, 43, 48; 1971: Nr. 6, 7, 8; 1972: Nr. 7, 53; 1973: Nr. 8, 15, 22, 23, 27, 29 – »Die Zeit«, Hamburg, 1964: Nr. 33 – »Frankfurter Rundschau«, 1963: Nr. 191, 227; 1964: Nr. 47; 1970: Nr. 164; 1972: Nr. 141; 1973: Nr. 162 – Grunow, Alfred, Dostojewski in Sibirien. In: »Damals«, 1972: Nr. 12 – »Illustrierte Zeitung«, Leipzig, 15. 3. 1845: Nr. 89 – Jaenecke, Heinrich, Schießen oder erschossen werden. In: »stern«, 1970: Nr. 38 – »Konkret«, 1968: Nr. 4; 1969: Nr. 17; 1970: Nr. 3, 4, 8 – »Kontraste«, 1965: Nr. 19 – »Le Nouvel Observateur«, Nr. 430, 5.–11. Februar 1973 – Lewis, Norman, Sie werden alle ausgerottet. In: »Der Spiegel«, 1969: Nr. 44, 45, 46 – Neumann, Robert, Die Henker von der Krim. In: »Konkret«, 1971: Nr. 2 – dto., Massenmord – eine alte Kamelle? In: »Konkret«, 1973: Nr. 16 – Pause, Gerhard, Frau in Seide 2100 Jahre alt. In: »Zeit-Magazin«, Hamburg, 1972: Nr. 42 – Schickel, Alfred, Rußland im Bürgerkrieg. In: »Damals«, 1973: Nr. 7, 8 – »stern«, 1966: Nr. 2; 1968: Nr. 30; 1969: Nr. 49; 1973: Nr. 26 – »Süddeutsche Zeitung«, München, 1963: Nr. 21; 1966: Nr. 133; 1970: Nr. 258; 1973: Nr. 59, 93 – Widmann, Carlos, Südamerika – Kontinent vor der Verzweiflung. In: »Monat«, 1970: Nr. 267